21世纪法学系列教材·参考资料

人权法教学参考资料选编

（第二版）

白桂梅 刘 骁 编

图书在版编目(CIP)数据

人权法教学参考资料选编/白桂梅,刘骁编. —2 版. —北京:北京大学出版社,2021.11
21 世纪法学系列教材·参考资料
ISBN 978-7-301-32636-7

Ⅰ.①人… Ⅱ.①白…②刘… Ⅲ.①人权法—世界—高等学校—教学参考资料 Ⅳ.①D912.7

中国版本图书馆 CIP 数据核字(2021)第 205620 号

书　　　名	人权法教学参考资料选编(第二版)
	RENQUANFA JIAOXUE CANKAO ZILIAO XUANBIAN (DI-ER BAN)
著作责任者	白桂梅　刘　骁　编
责 任 编 辑	郭薇薇
标 准 书 号	ISBN 978-7-301-32636-7
出 版 发 行	北京大学出版社
地　　　址	北京市海淀区成府路 205 号　100871
网　　　址	http://www.pup.cn
电 子 信 箱	law@pup.pku.edu.cn
新 浪 微 博	@北京大学出版社　@北大出版社法律图书
电　　　话	邮购部 010-62752015　发行部 010-62750672　编辑部 010-62752027
印 刷 者	河北涿县鑫华书刊印刷厂
经 销 者	新华书店
	730 毫米×980 毫米　16 开本　47.5 印张　1126 千字
	2012 年 3 月第 1 版
	2021 年 11 月第 2 版　2022 年 1 月第 2 次印刷
定　　　价	120.00 元

未经许可,不得以任何方式复制或抄袭本书之部分或全部内容。
版权所有,侵权必究
举报电话: 010-62752024　电子信箱: fd@pup.pku.edu.cn
图书如有印装质量问题,请与出版部联系,电话: 010-62756370

第二版前言

随着国际人权法的迅速发展,十年前的文件和资料已经远远不够了。在第一版的基础上,我们增加了一些新的联合国文件,其中包括新通过的国际人权公约和国际文件,还有一些区域性国际文件,个别属于第一版漏编的。此外,我们还增加了国际人道法的内容。

由于二版增加了很多新文件,本着尽量精简内容的原则,我们把国际人权条约机构通过的一般性意见均放入二维码以便需要的读者查询(文件名在目录上均有体现)。此外,由于一些文件过长,例如《德班宣言和行动纲领》《国际劳工组织关于工作中基本原则和权利宣言》等,我们也通过放入二维码的方式处理。

关于该书内容、文字、格式规范方面,有如下几点说明:

(1) 各二维码中的 PDF 文件,为保证文件的权威性和一手性,我们主要使用的是从联合国网站下载的官方版本(例外情况详见文件脚注),有中文版的尽量使用中文版,包括一版中已经存在的经翻译的中文版本,我们也予以保留。实在没有中文版且无翻译版本的,我们才放入英文版本。

(2) 各类文件的中文官方翻译水平参差,有些有文字方面的错漏。但为了忠实于联合国文件的官方文本,保留其"原汁原味",各文件里面的用字,甚至是别字、错字的地方我们做了最大程度的保留,例如"需"和"须"、"身份"和"身分"、"其他"和"其它"等等,非编辑遗漏,实为原文如此,还请读者周知。还有文件各层级标识和标点符号方面的使用,也尊重了原版文件的格式。

(3) 二维码中收入的各类 PDF 文件的颁布时间、颁布机构、翻译人员等各不相同,因此文件名的格式规范方面也存在较大差异。但为了读者查询方便,我们尽量在目录和正文文件标题上进行了格式的规范和统一,但可能就存在标题名和二维码内 PDF 文件名并不完全一致的情况,还请读者周知。

编写过程中,收集文件是一项比较繁重的工作,我们得到了北京大学法学院人权硕士班在读学生刘欣羽、屈尘和周洛伊同学的鼎力相助。我们的责任编辑郭薇薇女士对初稿进行了多次认真校对,从文字到标点符号,敬业精神值得钦佩。北京大学出版社将《选编》列入出版计划,推动了该书的尽快出版和面世。在此,我们向他们表示由衷的感谢。

另外,还要特别感谢瑞典国际发展合作署和瑞典隆德大学罗尔·瓦伦堡人权与人道法研究所一如既往的大力支持和协助。

编者

2021 年 8 月 2 日

第一版前言

"国家尊重和保障人权"是我国的宪法原则。在这项原则的指引下,我国的人权教育和研究均在稳步发展。然而,正如《国家人权行动计划(2009—2010年)》中所说的:"中国的人权发展还面临诸多挑战,不断推进人权事业发展任重道远。"

为了推进我国的人权事业,为我国从事人权教育、人权研究和人权实践活动的人们提供关于人权的第一手资料,我们编写了《人权法教学参考资料选编》(以下简称《选编》)。《选编》不仅包括联合国9个核心人权公约,还根据联合国2002年出版的《人权:国际文件汇编》的体例,按主题分类选编了其他国际人权文件。此外,《选编》还包括欧洲、美洲、非洲、亚洲和阿拉伯区域人权文件(该部分文件因无中文版本,全部由刘骁翻译,白桂梅校)。国际劳工组织通过的关于劳工权利的8个核心文件也收编进来。

考虑到国际人权机构通过的一般性意见对于全面理解国际人权公约及其实施的重要性,我们还选择了一些一般性意见将其放在相关公约的后面以便读者查阅。另外需要说明的是,由于《选编》中大多数资料均选取的是公认的权威译本,所以为了尽量保持原汁原味,对原文本中的文字和标点等细节编辑时采取了谨慎态度,能不修改的就尽量保持原样,以尊重原材料的权威性和普遍认知度。

由于水平有限,编写过程中的错误在所难免,请各位读者指正。

《选编》得到瑞典隆德大学罗尔·瓦伦堡人权与人道法研究所北京办事处葛珍珠和陈婷婷女士的大力支持,特此表示感谢。《选编》的责任编辑郭薇薇女士对本书体例和编排提出了许多宝贵意见,在此表示衷心感谢。

编者

2012 年春

目 录

I 国际人权宪章与联合国核心国际人权公约

A. 国际人权宪章 …………………………………………………………… (3)
1. 世界人权宣言 ………………………………………………………… (3)
2. 经济、社会、文化权利国际公约 …………………………………… (6)
3. 经济、社会、文化权利国际公约任择议定书 ……………………… (12)
4. CESCR 第 1 号一般性意见:缔约国的报告(1989 年) …………… (17)
5. CESCR 第 3 号一般性意见:《公约》第 2 条第 1 款缔约国义务的性质(1990 年) ……………………………………………………………… (17)
6. CESCR 第 5 号一般性意见:残疾人(1994 年) …………………… (18)
7. CESCR 第 25 号一般性意见:《公约》第 15 条第 1 款(丑)项,第 2 款,第 3 款、第 4 款关于《经济社会文化权利国际公约》的科学与经济、社会及文化权利(2020 年) ………………………………………………………………… (18)
8. 公民权利和政治权利国际公约 ……………………………………… (18)
9. 公民权利和政治权利国际公约任择议定书 ………………………… (29)
10. 旨在废除死刑的公民权利和政治权利国际公约第二任择议定书 …… (31)
11. CCPR 第 12 号一般性意见:《公约》第 1 条自决权(1984 年) …… (33)
12. CCPR 第 18 号一般性意见:不歧视(1989 年) …………………… (33)
13. CCPR 第 20 号一般性建议:《公约》第 7 条禁止酷刑和其他残忍不人道或有辱人格的待遇或处罚(1992 年) ………………………………… (33)
14. CCPR 第 23 号一般性意见:《公约》第 27 条少数群体的权利(1994 年) …… (33)
15. CCPR 第 28 号一般性建议:《公约》第 3 条男女权利平等(2000 年) …… (34)
16. CCPR 第 29 号一般性意见:《公约》第 4 条紧急状态期间的克减问题(2001 年) ……………………………………………………………… (34)
17. CCPR 第 30 号一般性意见:《公约》第 40 条缔约国的报告义务(2002 年) …… (34)
18. CCPR 第 37 号一般性意见:《公约》第 21 条和平集会权(2020 年) …… (34)

B. 联合国核心国际人权公约 ……………………………………………… (35)
19. 禁止酷刑和其他残忍、不人道或有辱人格的待遇或处罚公约 …… (35)

20. 禁止酷刑和其他残忍、不人道或有辱人格的待遇或处罚公约任择议定书 …… (42)
21. CAT 第 4 号一般性意见:参照《公约》第 22 条执行第 3 条(2017 年) ……… (50)
22. 消除一切形式种族歧视国际公约 ……………………………………………… (50)
23. CERD 第 21 号一般性意见:自决权(1996 年) …………………………………… (57)
24. CERD 第 23 号一般性建议:土著人民的权利(1997 年) ……………………… (57)
25. CERD 第 25 号一般性建议:种族歧视与性别有关的方面(2000 年) ………… (58)
26. CERD 第 27 号一般性建议:对罗姆人的歧视(2000 年) ……………………… (58)
27. CERD 第 34 号一般性建议:针对非洲人后裔的种族歧视(2011 年) ………… (58)
28. CERD 第 35 号一般性建议:打击种族主义仇恨言论(2013 年) ……………… (58)
29. CERD 第 36 号一般性建议:防止和打击执法人员种族定性行为（2020 年）… (58)
30. 消除对妇女一切形式歧视公约 ………………………………………………… (59)
31. 消除对妇女一切形式歧视公约任择议定书 …………………………………… (66)
32. CEDAW 第 13 号一般性建议:同工同酬(1989 年) …………………………… (69)
33. CEDAW 第 14 号一般性建议:女性生殖器残割(1990 年) …………………… (69)
34. CEDAW 第 17 号一般性建议:妇女无偿家务劳动的衡量和量化及其在国民
    生产总值中的确认(1991 年) …………………………………………………… (70)
35. CEDAW 第 21 号一般性建议:婚姻和家庭关系中的平等(1994 年) ………… (70)
36. CEDAW 第 25 号一般性建议:《公约》第 4 条第 1 款暂行特别措施
    (2004 年) ………………………………………………………………………… (70)
37. CEDAW 第 35 号一般性建议:基于性别的暴力侵害妇女行为(更新第 19 号
    一般性建议)(2017 年) ………………………………………………………… (70)
38. CEDAW 第 36 号一般性建议:女童和妇女受教育权(2017 年) ……………… (70)
39. CEDAW 第 37 号一般性建议:气候变化背景下减少灾害风险所涉性别方面
    (2018 年) ………………………………………………………………………… (71)
40. CEDAW 第 38 号一般性建议:全球移民背景下贩卖妇女和儿童问题
    (2020 年) ………………………………………………………………………… (71)
41. 儿童权利公约 …………………………………………………………………… (71)
42. 儿童权利公约关于设定来文程序的任择议定书 ……………………………… (83)
43. 儿童权利公约关于儿童卷入武装冲突问题的任择议定书 …………………… (88)
44. 儿童权利公约关于买卖儿童、儿童卖淫和儿童色情制品问题的任择议定书 … (91)
45. CRC 第 1 号一般性意见:教育的目的(2001 年) ……………………………… (96)
46. CRC 第 2 号一般性建议:独立的国家人权机构在增进和保护儿童权利
    方面的作用(2002 年) ………………………………………………………… (96)
47. CRC 第 4 号一般性意见:在《儿童权利公约》框架内青少年的健康和发展
    (2003 年) ………………………………………………………………………… (97)
48. CRC 第 5 号一般性意见:执行《儿童权利公约》(第 4、42 条和第 44 条第 6 款)
    的一般措施(2003 年) ………………………………………………………… (97)
49. CRC 第 8 号一般性意见:儿童受保护免遭体罚和其他残忍或不人道形式
    惩罚的权利(尤其是第 19 条、第 28 条第 2 款和第 37 条)(2006 年) ……… (97)

50. CRC 第 11 号一般性意见：土著儿童及其在《公约》下的权利（2009 年）……… (97)
51. CRC 第 14 号一般性意见：《公约》第 3 条第 1 款儿童将他或她的最大利益
    列为一种首要考虑的权利（2013 年）……………………………………… (97)
52. CRC 第 17 号一般性意见：《公约》第 31 条儿童享有休息和闲暇、从事游戏
    和娱乐活动、参加文化生活和艺术活动的权利（2013 年）……………… (98)
53. CRC 第 20 号一般性意见：在青少年期落实儿童权利（2016 年）…………… (98)
54. CRC 第 23 号一般性意见：关于原籍国、过境国、目的地国和返回国在具
    国际移民背景儿童的人权方面的国家义务的 CMW 第 4 号和 CRC 第 23 号
    联合一般性意见（2017 年）………………………………………………… (98)
55. CRC 第 25 号一般性意见：与数字环境有关的儿童权利（2021 年）………… (98)
56. 保护所有移徙工人及其家庭成员权利国际公约…………………………… (98)
57. CMW 第 1 号一般性意见：移徙家政工人（2011 年）……………………… (120)
58. CMW 第 2 号一般性意见：身份不正常的移徙工人及其家庭成员权利
    （2013 年）…………………………………………………………………… (120)
59. CMW 第 3 号一般性意见：关于具国际移民背景儿童的人权问题一般性原则
    的保护所有移徙工人及其家庭成员权利委员会第 3 号和儿童权利委员会
    第 22 号联合一般性意见（2017 年）………………………………………… (120)
60. CMW 第 4 号一般性意见：关于原籍国、过境国、目的地国和返回国在具国际
    移民背景儿童的人权方面的国家义务的 CMW 第 4 号和 CRC 第 23 号联合
    一般性意见（2017 年）……………………………………………………… (120)
61. 残疾人权利公约……………………………………………………………… (121)
62. 残疾人权利公约任择议定书………………………………………………… (136)
63. CRPD 第 1 号一般性意见：《公约》第 12 条在法律面前获得平等承认
    （2014 年）…………………………………………………………………… (139)
64. CRPD 第 2 号一般性意见：《公约》第 9 条无障碍（2014 年）……………… (139)
65. CRPD 第 3 号一般性意见：残疾妇女和女童（2016 年）…………………… (139)
66. CRPD 第 4 号一般性意见：包容性教育权（2016 年）……………………… (139)
67. CRPD 第 5 号一般性意见：独立生活和融入社区（2017 年）……………… (139)
68. CRPD 第 6 号一般性意见：平等和不歧视（2018 年）……………………… (139)
69. CRPD 第 7 号一般性意见：残疾人，包括残疾儿童通过其代表组织参与
    《公约》的执行和监测（2018 年）…………………………………………… (140)
70. 保护所有人免遭强迫失踪国际公约………………………………………… (140)

Ⅱ 人权行动及增进和保护人权相关文件

71. 德黑兰宣言…………………………………………………………………… (153)
72. 维也纳宣言和行动纲领……………………………………………………… (155)
73. 关于个人、群体和社会机构在促进和保护普遍公认的人权和基本自由方面的
    权利和义务宣言……………………………………………………………… (170)

74. 关于国家机构的地位的原则("巴黎原则") ……………………………… (174)
75. 粗暴违反国际人权法和严重违反国际人道主义法行为受害人获得补救和赔偿权基本原则和准则 …………………………………………………… (177)
76. 和平权利宣言 ……………………………………………………………… (183)
77. 变革我们的世界:2030年可持续发展议程(2015年) ………………… (186)

III 区域性人权文件

A. 欧洲人权文件 ……………………………………………………………… (189)
78. 欧洲社会宪章(修订) …………………………………………………… (189)
79. 欧洲保护人权和基本自由公约 …………………………………………… (210)
80. 欧洲保护人权和基本自由公约第一议定书 ……………………………… (220)
81. 欧洲保护人权和基本自由公约第十五议定书 …………………………… (220)
82. 欧洲保护人权和基民自由公约第十六议定书 …………………………… (220)
83. 欧洲保护少数民族框架公约 ……………………………………………… (220)
84. 欧洲防止酷刑和不人道或有辱人格的待遇或处罚公约 ………………… (220)
85. 欧洲社会保障准则 ………………………………………………………… (220)
86. 保护儿童免遭性剥削和性虐待公约 ……………………………………… (221)
87. 防止和反对针对妇女的暴力和家庭暴力公约("伊斯坦布尔公约") … (221)
88. 欧洲行使儿童权利公约 …………………………………………………… (221)
89. 欧洲委员会关于打击人口贩运的行动公约 ……………………………… (221)

B. 美洲人权文件 ……………………………………………………………… (222)
90. 美洲人权公约 ……………………………………………………………… (222)
91. 美洲人权公约经济、社会和文化权利领域附加议定书 ………………… (236)
92. 美洲人权公约废除死刑议定书 …………………………………………… (242)
93. 美洲国际贩卖未成年人问题公约 ………………………………………… (243)
94. 美洲保护老年人人权条约 ………………………………………………… (243)
95. 美洲反对一切形式歧视和不容忍条约 …………………………………… (243)
96. 美洲反对种族主义、种族歧视和有关形式的不容忍公约 ……………… (243)
97. 美洲消除对残疾人一切形式歧视公约 …………………………………… (243)
98. 美洲强迫失踪人口公约 …………………………………………………… (243)
99. 美洲防止、惩罚和消除对妇女暴力行为公约 …………………………… (244)
100. 美洲防止酷刑公约 ……………………………………………………… (244)

C. 非洲、阿拉伯和亚洲人权文件 ………………………………………… (245)
101. 非洲人权和民族权宪章 ………………………………………………… (245)
102. 非洲人权和民族权宪章关于非洲妇女权利的议定书 ………………… (254)

103. 非洲儿童权利和福利宪章 …………………………………………（254）
104. 开罗伊斯兰人权宣言 ……………………………………………（254）
105. 阿拉伯人权宪章 …………………………………………………（255）
106. 东南亚国家联盟宪章 ……………………………………………（264）
107. 东盟人权宣言 ……………………………………………………（275）
108. 东盟保护和促进移徙工人权利共识 ……………………………（279）
109. 南亚区域合作联盟防止和打击贩运妇女儿童从事卖淫问题公约 …（279）

Ⅳ 国际劳工组织文件

110. 歧视(就业及职业)公约 …………………………………………（283）
111. 强迫劳动公约(国际劳工组织第二十九号公约) ………………（285）
112. 废止强迫劳动公约 ………………………………………………（291）
113. 结社自由和组织权利保护公约 …………………………………（293）
114. 组织和集体谈判权利的原则应用公约 …………………………（296）
115. 1951年同酬公约("第100号公约") ……………………………（299）
116. 准予就业最低年龄公约 …………………………………………（301）
117. 禁止和立即行动消除最恶劣形式的童工劳动公约 ……………（305）
118. 关于促进就业和失业保护的公约(第168号) …………………（308）
119. 国际劳工组织关于工作中基本原则和权利宣言 ………………（316）
120. 就业政策公约(节选) ……………………………………………（316）
121. 工商企业与人权:实施联合国"保护、尊重和补救"框架指导原则 …………（317）

Ⅴ 自决权利相关文件

122. 给予殖民地国家和人民独立宣言 ………………………………（321）
123. 联合国土著人民权利宣言 ………………………………………（322）
124. 土著和部落人民公约 ……………………………………………（329）

Ⅵ 防止歧视相关文件

125. 禁止并惩治种族隔离罪行国际公约 ……………………………（341）
126. 取缔教育歧视公约 ………………………………………………（344）
127. 种族与种族偏见问题宣言 ………………………………………（348）
128. 反对体育领域种族隔离的国际宣言 ……………………………（352）
129. 在民族或族裔、宗教和语言上属于少数群体的人的权利宣言 …（355）
130. 基因隐私权与不歧视 ……………………………………………（357）
131. 消除基于宗教或信仰原因的一切形式的不容忍和歧视宣言 …（359）
132. 德班宣言和行动纲领(1981) ……………………………………（361）

VII 反奴隶制、奴役、强迫劳动和类似的制度与习俗相关文件

133. 禁奴公约……（365）
134. 废止奴隶制、奴隶贩卖及类似奴隶制的制度与习俗补充公约……（367）
135. 禁止贩卖人口及取缔意图营利使人卖淫的公约……（371）
136. 联合国打击贩运人口的全球行动计划……（375）

VIII 保护被拘留或监禁的人相关文件

137. 囚犯待遇最低限度标准规则……（383）
138. 囚犯待遇基本原则……（393）
139. 关于医务人员、特别是医生在保护被监禁和拘留的人不受酷刑和其他残忍、不人道或有辱人格的待遇或处罚方面的任务的医疗道德原则……（394）
140. 关于保护面对死刑的人的权利的保障措施……（395）
141. 执法人员行为守则……（396）
142. 执法人员使用武力和火器的基本原则……（399）
143. 关于律师作用的基本原则……（402）
144. 关于检察官作用的准则……（406）
145. 联合国非拘禁措施最低限度标准规则（"东京规则"）……（409）
146. 联合国少年司法最低限度标准规则（"北京规则"）……（416）
147. 关于司法机关独立的基本原则……（430）
148. 联合国囚犯待遇最低限度标准规则（"纳尔逊·曼德拉规则"）……（433）
149. 保护所有遭受任何形式拘留或监禁的人的原则……（443）
150. 有效调查和记录酷刑和其他残忍、不人道或有辱人格待遇或处罚的原则……（448）
151. 联合国保护被剥夺自由少年规则……（450）
152. 联合国关于女性囚犯待遇和女性罪犯非拘禁措施的规则（"曼谷规则"）……（459）
153. 联合国预防少年犯罪准则（"利雅得准则"）……（472）
154. 联合国关于在刑事司法系统中获得法律援助机会的原则和准则……（478）

IX 新闻自由相关文件

155. 国际更正权公约……（495）
156. 人权事务委员会第34号一般性意见：《公约》第19条见解自由和言论自由（2011年）……（497）
157. 联合国关于记者安全和有罪不罚问题的行动计划……（507）

X 社会福利、进步和发展相关文件

158. 发展权利宣言 (517)
159. 社会进步和发展宣言 (519)
160. 世界消灭饥饿和营养不良宣言 (526)
161. 利用科学和技术进展以促进和平并造福人类宣言 (529)
162. 人民享有和平权利宣言 (530)
163. 世界人类基因组与人权宣言 (531)
164. 世界文化多样性宣言 (532)

XI 国籍、无国籍状态、庇护和难民相关文件

165. 关于难民地位的公约 (537)
166. 关于难民地位的议定书 (546)
167. 关于难民和移民的纽约宣言 (548)
168. 难民问题全球契约 (565)
169. 关于无国籍人地位的公约 (582)

XII 战争罪行和危害人类罪行相关文件

170. 防止及惩治灭绝种族罪公约 (593)
171. 战争罪及危害人类罪不适用法定时效公约 (595)
172. 国际刑事法院罗马规约(节选) (597)

XIII 国际人道法文件

173. 1949年8月12日改善战地武装部队伤者病者境遇之日内瓦公约 (613)
174. 1949年8月12日改善海上武装部队伤者病者及遇船难者境遇之日内瓦公约 (626)
175. 1949年8月12日关于战俘待遇之日内瓦公约 (638)
176. 1949年8月12日关于战时保护平民之日内瓦公约 (672)
177. 1949年8月12日日内瓦四公约关于保护国际性武装冲突受难者的附加议定书(第一附加议定书) (704)
178. 1949年8月12日日内瓦四公约关于保护非国际性武装冲突受难者的附加议定书(第二附加议定书) (737)
179. 粗暴违反国际人权法和严重违反国际人道主义法行为受害人获得补救和赔偿权基本原则和准则 (743)

I 国际人权宪章与联合国核心国际人权公约

A. 国际人权宪章

1. 世界人权宣言*

(联合国大会1948年12月10日通过)

序　言

鉴于对人类家庭所有成员的固有尊严及其平等的和不移的权利的承认,乃是世界自由、正义与和平的基础,

鉴于对人权的无视和侮蔑已发展为野蛮暴行,这些暴行玷污了人类的良心,而一个人人享有言论和信仰自由并免于恐惧和匮乏的世界的来临,已被宣布为普通人民的最高愿望,

鉴于为使人类不致迫不得已铤而走险对暴政和压迫进行反叛,有必要使人权受法治的保护,

鉴于有必要促进各国间友好关系的发展,

鉴于各联合国家的人民已在联合国宪章中重申他们对基本人权、人格尊严和价值以及男女平等权利的信念,并决心促成较大自由中的社会进步和生活水平的改善,

鉴于各会员国业已誓愿同联合国合作以促进对人权和基本自由的普遍尊重和遵行,

鉴于对这些权利和自由的普遍了解对于这个誓愿的充分实现具有很大的重要性,

因此现在大会,

发布这一世界人权宣言,作为所有人民和所有国家努力实现的共同标准,以期每一个人和社会机构经常铭念本宣言,努力通过教诲和教育促进对权利和自由的尊重,并通过国家和国际的渐进措施,使这些权利和自由在各会员国本身人民及在其管辖下领土的人民中得到普遍和有效的承认和遵行。

第一条

人人生而自由,在尊严和权利上一律平等。他们赋有理性和良心,并应以兄弟关系的精神相对待。

第二条

人人有资格享受本宣言所载的一切权利和自由,不分种族、肤色、性别、语言、宗教、政治或其他见解、国籍或社会出身、财产、出生或其他身份等任何区别。并且不得因一人所属的国

---

① 此处需要对《世界人权宣言》《经济、社会、文化权利国际公约》和《公民权利和政治权利国际公约》的中文本作一定的说明。目前在联合国和我国通行的这三个文件的中文本并非准中文本,而是联合国的通行文本。这些通行中文本与作准中文本或作准英文本存在着一些差别,并有诸多谬误之处。根据《维也纳条约法公约》的规定,本汇编本应使用具有正式法律效力的作准中文本,但考虑到通行中文本在联合国和我国广为使用,已经成为理解和研究这些文件的主要依据,因此本汇编依然选择编入了这些通行文本。至于那些差别或谬误,中国社会科学院国际法研究所孙世彦教授作了大量的比对和研究工作,详见孙世彦:《〈公民及政治权利国际公约〉的两份中文本:问题、比较和出路》,载《环球法律评论》2007年第6期,第75—89页。

家或领土的政治的、行政的或者国际的地位之不同而有所区别,无论该领土是独立领土、托管领土、非自治领土或者处于其他任何主权受限制的情况之下。

第三条

人人有权享有生命、自由和人身安全。

第四条

任何人不得使为奴隶或奴役;一切形式的奴隶制度和奴隶买卖,均应予以禁止。

第五条

任何人不得加以酷刑,或施以残忍的、不人道的或侮辱性的待遇或刑罚。

第六条

人人在任何地方有权被承认在法律前的人格。

第七条

法律之前人人平等,并有权享受法律的平等保护,不受任何歧视。人人有权享受平等保护,以免受违反本宣言的任何歧视行为以及煽动这种歧视的任何行为之害。

第八条

任何人当宪法或法律所赋予他的基本权利遭受侵害时,有权由合格的国家法庭对这种侵害行为作有效的补救。

第九条

任何人不得加以任意逮捕、拘禁或放逐。

第十条

人人完全平等地有权由一个独立而无偏倚的法庭进行公正的和公开的审讯,以确定他的权利和义务并判定对他提出的任何刑事指控。

第十一条

(一) 凡受刑事控告者,在未经获得辩护上所需的一切保证的公开审判而依法证实有罪以前,有权被视为无罪。

(二) 任何人的任何行为或不行为,在其发生时依国家法或国际法均不构成刑事罪者,不得被判为犯有刑事罪。刑罚不得重于犯罪时适用的法律规定。

第十二条

任何人的私生活、家庭、住宅和通信不得任意干涉,他的荣誉和名誉不得加以攻击。人人有权享受法律保护,以免受这种干涉或攻击。

第十三条

(一) 人人在各国境内有权自由迁徙和居住。

(二) 人人有权离开任何国家,包括其本国在内,并有权返回他的国家。

第十四条

(一) 人人有权在其他国家寻求和享受庇护以避免迫害。

(二) 在真正由于非政治性的罪行或违背联合国的宗旨和原则的行为而被起诉的情况下,不得援用此种权利。

第十五条

(一) 人人有权享有国籍。

(二) 任何人的国籍不得任意剥夺,亦不得否认其改变国籍的权利。

第十六条

(一) 成年男女,不受种族、国籍或宗教的任何限制,有权婚嫁和成立家庭。他们在婚姻方面,在结婚期间和在解除婚约时,应有平等的权利。

(二) 只有经男女双方的自由的和完全的同意,才能缔婚。

(三) 家庭是天然的和基本的社会单元,并应受社会和国家的保护。

第十七条

(一) 人人得有单独的财产所有权以及同他人合有的所有权。

(二) 任何人的财产不得任意剥夺。

第十八条

人人有思想、良心和宗教自由的权利;此项权利包括改变他的宗教或信仰的自由,以及单独或集体、公开或秘密地以教义、实践、礼拜和戒律表示他的宗教或信仰的自由。

第十九条

人人有权享有主张和发表意见的自由;此项权利包括持有主张而不受干涉的自由,和通过任何媒介和不论国界寻求、接受和传递消息和思想的自由。

第二十条

(一) 人人有权享有和平集会和结社的自由。

(二) 任何人不得迫使隶属于某一团体。

第二十一条

(一) 人人有直接或通过自由选择的代表参与治理本国的权利。

(二) 人人有平等机会参加本国公务的权利。

(三) 人民的意志是政府权力的基础;这一意志应以定期的和真正的选举予以表现,而选举应依据普遍和平等的投票权,并以不记名投票或相当的自由投票程序进行。

第二十二条

每个人,作为社会的一员,有权享受社会保障,并有权享受他的个人尊严和人格的自由发展所必需的经济、社会和文化方面各种权利的实现,这种实现是通过国家努力和国际合作并依照各国的组织和资源情况。

第二十三条

(一) 人人有权工作、自由选择职业、享受公正和合适的工作条件并享受免于失业的保障。

(二) 人人有同工同酬的权利,不受任何歧视。

(三) 每一个工作的人,有权享受公正和合适的报酬,保证使他本人和家属有一个符合人的尊严的生活条件,必要时并辅以其他方式的社会保障。

(四) 人人有为维护其利益而组织和参加工会的权利。

第二十四条

人人有享受休息和闲暇的权利,包括工作时间有合理限制和定期给薪休假的权利。

第二十五条

(一) 人人有权享受为维持他本人和家属的健康和福利所需的生活水准,包括食物、衣着、住房、医疗和必要的社会服务;在遭到失业、疾病、残废、守寡、衰老或在其他不能控制的情况下丧失谋生能力时,有权享受保障。

(二) 母亲和儿童有权享受特别照顾和协助。一切儿童,无论婚生或非婚生,都应享受同样的社会保护。

第二十六条

(一) 人人都有受教育的权利,教育应当免费,至少在初级和基本阶段应如此。初级教育应属义务性质。技术和职业教育应普遍设立。高等教育应根据成绩而对一切人平等开放。

(二) 教育的目的在于充分发展人的个性并加强对人权和基本自由的尊重。教育应促进各国、各种族或各宗教集团间的了解、容忍和友谊,并应促进联合国维护和平的各项活动。

(三)父母对其子女所应受的教育的种类,有优先选择的权利。

第二十七条

(一)人人有权自由参加社会的文化生活,享受艺术,并分享科学进步及其产生的福利。

(二)人人对由于他所创作的任何科学、文学或美术作品而产生的精神的和物质的利益,有享受保护的权利。

第二十八条

人人有权要求一种社会的和国际的秩序,在这种秩序中,本宣言所载的权利和自由能获得充分实现。

第二十九条

(一)人人对社会负有义务,因为只有在社会中他的个性才可能得到自由和充分的发展。

(二)人人在行使他的权利和自由时,只受法律所确定的限制,确定此种限制的唯一目的在于保证对旁人的权利和自由给予应有的承认和尊重,并在一个民主的社会中适应道德、公共秩序和普遍福利的正当需要。

(三)这些权利和自由的行使,无论在任何情形下均不得违背联合国的宗旨和原则。

第三十条

本宣言的任何条文,不得解释为默许任何国家、集团或个人有权进行任何旨在破坏本宣言所载的任何权利和自由的活动或行为。

2. 经济、社会、文化权利国际公约[①]

(联合国大会1966年12月16日通过)

序 言

本公约缔约各国,

考虑到,按照联合国宪章所宣布的原则,对人类家庭所有成员的固有尊严及其平等的和不移的权利的承认,乃是世界自由、正义与和平的基础,

确认这些权利是源于人身的固有尊严,

确认,按照世界人权宣言,只有在创造了使人可以享有其经济、社会及文化权利,正如享有其公民和政治权利一样的条件的情况下,才能实现自由人类享有免于恐惧和匮乏的自由的理想,

考虑到各国根据联合国宪章负有义务促进对人的权利和自由的普遍尊重和遵行,

认识到个人对其他个人和对他所属的社会负有义务,应为促进和遵行本公约所承认的权利而努力,

---

① 如本选编中对《世界人权宣言》所加的注释,本《公约》的作准中文文本不是现在的文本,而且该作准文本的公约名称中的"国际公约"是"国际盟约"。详见前面《世界人权宣言》所加的注释。

兹同意下述各条：

第一部分

第一条

一、所有人民都有自决权。他们凭这种权利自由决定他们的政治地位，并自由谋求他们的经济、社会和文化的发展。

二、所有人民得为他们自己的目的自由处置他们的天然财富和资源，而不损害根据基于互利原则的国际经济合作和国际法而产生的任何义务。在任何情况下不得剥夺一个人民自己的生存手段。

三、本公约缔约各国，包括那些负责管理非自治领土和托管领土的国家，应在符合联合国宪章规定的条件下，促进自决权的实现，并尊重这种权利。

第二部分

第二条

一、每一缔约国家承担尽最大能力个别采取步骤或经由国际援助和合作，特别是经济和技术方面的援助和合作，采取步骤，以便用一切适当方法，尤其包括用立法方法，逐渐达到本公约中所承认的权利的充分实现。

二、本公约缔约各国承担保证，本公约所宣布的权利应予普遍行使，而不得有例如种族、肤色、性别、语言、宗教、政治或其他见解、国籍或社会出身、财产、出生或其他身份等任何区分。

三、发展中国家，在适当顾到人权及它们的民族经济的情况下，得决定它们对非本国国民的享受本公约中所承认的经济权利，给予什么程度的保证。

第三条

本公约缔约各国承担保证男子和妇女在本公约所载一切经济、社会及文化权利方面有平等的权利。

第四条

本公约缔约各国承认，在对各国依据本公约而规定的这些权利的享有方面，国家对此等权利只能加以限制同这些权利的性质不相违背而且只是为了促进民主社会中的总的福利的目的的法律所确定的限制。

第五条

一、本公约中任何部分不得解释为隐示任何国家、团体或个人有权利从事于任何旨在破坏本公约所承认的任何权利或自由或对它们加以较本公约所规定的范围更广的限制的活动或行为。

二、对于任何国家中依据法律、惯例、条例或习惯而被承认或存在的任何基本人权，不得借口本公约未予承认或只在较小范围上予以承认而予以限制或克减。

第三部分

第六条

一、本公约缔约各国承认工作权,包括人人应有机会凭其自由选择和接受的工作来谋生的权利,并将采取适当步骤来保障这一权利。

二、本公约缔约各国为充分实现这一权利而采取的步骤应包括技术的和职业的指导和训练,以及在保障个人基本政治和经济自由的条件下达到稳定的经济、社会和文化的发展和充分的生产就业的计划、政策和技术。

第七条

本公约缔约各国承认人人有权享受公正和良好的工作条件,特别要保证:

(甲)最低限度给予所有工人以下列报酬:

(1)公平的工资和同值工作同酬而没有任何歧视,特别是保证妇女享受不差于男子所享受的工作条件,并享受同工同酬;

(2)保证他们自己和他们的家庭得有符合本公约规定的过得去的生活。

(乙)安全和卫生的工作条件;

(丙)人人在其行业中有适当的提级的同等机会,除资历和能力的考虑外,不受其他考虑的限制;

(丁)休息、闲暇和工作时间的合理限制,定期给薪休假以及公共假日报酬。

第八条

一、本公约缔约各国承担保证:

(甲)人人有权组织工会和参加他所选择的工会,以促进和保护他的经济和社会利益;这个权利只受有关工会的规章的限制。对这一权利的行使,不得加以除法律所规定及在民主社会中为了国家安全或公共秩序的利益或为保护他人的权利和自由所需要的限制以外的任何限制。

(乙)工会有权建立全国性的协会或联合会,有权组织或参加国际工会组织;

(丙)工会有权自由地进行工作,不受除法律所规定及在民主社会中为了国家安全或公共秩序的利益或为保护他人的利益和自由所需要的限制以外的任何限制;

(丁)有权罢工,但应按照各个国家的法律行使此项权利。

二、本条不应禁止对军队或警察或国家行政机关成员的行使这些权利,加以合法的限制。

三、本条并不授权参加一九四八年关于结社自由及保护组织权国际劳工公约的缔约国采取足以损害该公约中所规定的保证的立法措施,或在应用法律时损害这种保证。

第九条

本公约缔约各国承认人人有权享受社会保障,包括社会保险。

第十条

本公约缔约各国承认:

一、对作为社会的自然和基本的单元的家庭,特别是对于它的建立和当它负责照顾和教育未独立的儿童时,应给以尽可能广泛的保护和协助。缔婚必须经男女双方自由同意。

二、对母亲,在产前和产后的合理期间,应给以特别保护。在此期间,对有工作的母亲应给予给薪休假或有适当社会保障福利金的休假。

三、应为一切儿童和少年采取特殊的保护和协助措施,不得因出身或其他条件而有任何歧视。儿童和少年应予保护免受经济和社会的剥削。雇用他们做对他们的道德或健康有害或对生命有危险的工作或做足以妨害他们正常发育的工作,依法应受惩罚。各国亦应规定限定的年龄,凡雇用这个年龄以下的童工,应予禁止和依法应受惩罚。

第十一条

一、本公约缔约各国承认人人有权为他自己和家庭获得相当的生活水准,包括足够的食物、衣着和住房,并能不断改进生活条件。各缔约国将采取适当的步骤保证实现这一权利,并承认为此而实行基于自愿同意的国际合作的重要性。

二、本公约缔约各国既确认人人享有免于饥饿的基本权利,应为下列目的,个别采取必要的措施或经由国际合作采取必要的措施,包括具体的计划在内:

(甲)用充分利用科技知识、传播营养原则的知识和发展或改革土地制度以使天然资源得到最有效的开发和利用等方法,改进粮食的生产、保存及分配方法;

(乙)在顾到粮食入口国家和粮食出口国家的问题的情况下,保证世界粮食供应,会按照需要,公平分配。

第十二条

一、本公约缔约各国承认人人有权享有能达到的最高的体质和心理健康的标准。

二、本公约缔约各国为充分实现这一权利而采取的步骤应包括为达到下列目标所需的步骤:

(甲)减低死胎率和婴儿死亡率,和使儿童得到健康的发育;

(乙)改善环境卫生和工业卫生的各个方面;

(丙)预防、治疗和控制传染病、风土病、职业病以及其他的疾病;

(丁)创造保证人人在患病时能得到医疗照顾的条件。

第十三条

一、本公约缔约各国承认,人人有受教育的权利。它们同意,教育应鼓励人的个性和尊严的充分发展,加强对人权和基本自由的尊重,并应使所有的人能有效地参加自由社会,促进各民族之间和各种族、人种或宗教团体之间的了解、容忍和友谊,和促进联合国维护和平的各项活动。

二、本公约缔约各国认为,为了充分实现这一权利起见:

(甲)初等教育应属义务性质并一律免费;

(乙)各种形式的中等教育,包括中等技术和职业教育,应以一切适当方法,普遍设立,并对一切人开放,特别要逐渐做到免费;

(丙)高等教育应根据成绩,以一切适当方法,对一切人平等开放,特别要逐渐做到免费;

(丁)对那些未受到或未完成初等教育的人的基础教育,应尽可能加以鼓励或推进;

(戊)各级学校的制度,应积极加以发展;适当的奖学金制度,应予设置;教员的物质条件,应不断加以改善。

三、本公约缔约各国承担，尊重父母和（如适用时）法定监护人的下列自由：为他们的孩子选择非公立的但系符合国家所可能规定或批准的最低教育标准的学校，并保证他们的孩子能按照他们自己的信仰接受宗教和道德教育。

四、本条的任何部分不得解释为干涉个人或团体设立及管理教育机构的自由，但以遵守本条第一款所述各项原则及此等机构实施的教育必须符合于国家所可能规定的最低标准为限。

第十四条

本公约任何缔约国在参加本公约时尚未能在其宗主领土或其他在其管辖下的领土实施免费的、义务性的初等教育者，承担在两年之内制定和采取一个逐步实行的详细的行动计划，其中规定在合理的年限内实现一切人均得受免费的义务性教育的原则。

第十五条

一、本公约缔约各国承认人人有权：

（甲）参加文化生活；

（乙）享受科学进步及其应用所产生的利益；

（丙）对其本人的任何科学、文学或艺术作品所产生的精神上和物质上的利益，享受被保护之利。

二、本公约缔约各国为充分实现这一权利而采取的步骤应包括为保存、发展和传播科学和文化所必需的步骤。

三、本公约缔约各国尊重进行科学研究和创造性活动所不可缺少的自由。

四、本公约缔约各国认识到鼓励和发展科学与文化方面的国际接触和合作的好处。

第四部分

第十六条

一、本公约缔约各国依照本公约这一部分提出关于在遵行本公约所承认的权利方面所采取的措施和所取得的进展的报告。

二、（甲）所有的报告应提交给联合国秘书长；联合国秘书长应将报告副本转交经济及社会理事会按照本公约的规定审议；

（乙）本公约任何缔约国，同时是一个专门机构的成员国者，其所提交的报告或其中某部分，倘与按照该专门机构的组织法规定属于该机构职司范围的事项有关，联合国秘书长应同时将报告副本或其中的有关部分转交该专门机构。

第十七条

一、本公约缔约各国应按照经济及社会理事会在同本公约缔约各国和有关的专门机构进行谘商后，于本公约生效后一年内，所制定的计划，分期提供报告。

二、报告得指出影响履行本公约义务的程度的因素和困难。

三、凡有关的材料应经本公约任一缔约国提供给联合国或某一专门机构时，即不需要复制该项材料，而只需确切指明所提供材料的所在地即可。

第十八条

经济及社会理事会按照其根据联合国宪章在人权方面的责任，得和专门机构就专门机构向理事会报告在使本公约中属于各专门机构活动范围的规定获得遵行方面的进展作出安排。这些报告得包括它们的主管机构所采取的关于此等履行措施的决定和建议的细节。

第十九条

经济及社会理事会得将各国按照第十六条和第十七条规定提出的关于人权的报告和各专门机构按照第十八条规定提出的关于人权的报告转交人权委员会以供研究和提出一般建议或在适当时候参考。

第二十条

本公约缔约各国以及有关的专门机构得就第十九条中规定的任何一般建议或就人权委员会的任何报告中的此种一般建议或其中所提及的任何文件，向经济及社会理事会提出意见。

第二十一条

经济及社会理事会得随时和其本身的报告一起向大会提出一般性的建议以及从本公约各缔约国和各专门机构收到的关于在普遍遵行本公约所承认的权利方面所采取的措施和所取得的进展的材料的摘要。

第二十二条

经济及社会理事会得提请从事技术援助的其他联合国机构和它们的辅助机构以及有关的专门机构对本公约这一部分所提到的各种报告所引起的任何事项予以注意，这些事项可能帮助这些机构在它们各自的权限内决定是否需要采取有助于促进本公约逐步切实的履行的国际措施。

第二十三条

本公约缔约各国同意为实现本公约所承认的权利而采取的国际行动应包括签订公约、提出建议、进行技术援助以及为磋商和研究的目的同有关政府共同召开区域会议和技术会议等方法。

第二十四条

本公约的任何部分不得解释为有损联合国宪章和各专门机构组织法中确定联合国各机构和各专门机构在本公约所涉及事项方面的责任的规定。

第二十五条

本公约中任何部分不得解释为有损所有人民充分地和自由地享受和利用他们的天然财富与资源的固有权利。

第五部分

第二十六条

一、本公约开放给联合国任何会员国或其专门机构的任何会员国、国际法院规约的任何当事国，和经联合国大会邀请为本公约缔约国的任何其他国家签字。

二、本公约须经批准。批准书应交存联合国秘书长。

三、本公约应开放给本条第一款所述的任何国家加入。

四、加入应向联合国秘书长交存加入书。

五、联合国秘书长应将每一批准书或加入书的交存通知已经签字或加入本公约的所有国家。

第二十七条

一、本公约应自第三十五件批准书或加入书交存联合国秘书长之日起三个月后生效。

二、对于在第三十五件批准书或加入书交存后批准或加入本公约的国家,本公约应自该国交存其批准书或加入书之日起三个月后生效。

第二十八条

本公约的规定应扩及联邦国家的所有部分,没有任何限制和例外。

第二十九条

一、本公约的任何缔约国均得提出对本公约的修正案,并将其提交联合国秘书长。秘书长应立即将提出的修正案转知本公约各缔约国,同时请它们通知秘书长是否赞成召开缔约国家会议以审议这个提案并对它进行表决。在至少有三分之一缔约国赞成召开这一会议的情况下,秘书长应在联合国主持下召开此会议。为会议上出席并投票的多数缔约国所通过的任何修正案,应提交联合国大会批准。

二、此等修正案由联合国大会批准并为本公约缔约国的三分之二多数按照它们各自的宪法程序加以接受后,即行生效。

三、此等修正案生效时,对已接受的各缔约国有拘束力,其他缔约国仍受本公约的条款和它们已接受的任何以前的修正案的拘束。

第三十条

除按照第二十六条第五款作出的通知外,联合国秘书长应将下列事项通知同条第一款所述的所有国家:

(甲)按照第二十六条规定所作的签字、批准和加入;

(乙)本公约按照第二十七条规定生效的日期,以及对本公约的任何修正案按照第二十九条规定生效的日期。

第三十一条

一、本公约应交存联合国档库,其中文、英文、法文、俄文、西班牙文各本同一作准。

二、联合国秘书长应将本公约的正式副本分送第二十六条所指的所有国家。

3. 经济、社会、文化权利国际公约任择议定书

(联合国大会2008年12月10日通过)

序　言

本议定书缔约国,

根据《联合国宪章》宣告的原则,承认人类家庭所有成员的固有尊严及其平等和不可剥

夺的权利,是世界自由、正义与和平的基础,

注意到《世界人权宣言》宣告,人人生而自由,在尊严和权利上一律平等,人人有资格享受《宣言》所载的一切权利和自由,不分种族、肤色、性别、语言、宗教、政治或其他意见、民族本源或社会出身、财产、出生或其他身份等任何区别,

忆及《世界人权宣言》和国际人权两公约确认,只有创造条件,使人人都可以享有公民、文化、经济、政治和社会权利,才能实现自由人类免于恐惧和匮乏的理想,

重申一切人权和基本自由都是普遍、不可分割、相互依存、相互关联的,

忆及《经济、社会、文化权利国际公约》(下称《公约》)每一缔约国承诺单独采取步骤或通过国际援助和合作,特别是经济和技术援助和合作,采取步骤,尽最大能力,采用一切适当方法,尤其是包括采用立法措施,逐步争取充分实现《公约》所承认的权利,

考虑到为进一步实现《公约》的宗旨,落实《公约》各项规定,应设法使经济、社会和文化权利委员会(下称"委员会")能够履行本议定书规定的职能,

议定如下:

第一条 委员会接受和审议来文的权限

一、成为本议定书缔约方的《公约》缔约国承认委员会有权根据本议定书条款的规定接受和审议来文。

二、委员会不得接受涉及非本议定书缔约方的《公约》缔约国的来文。

第二条 来文

来文可以由声称因一缔约国侵犯《公约》所规定的任何经济、社会和文化权利而受到伤害的该缔约国管辖下的个人自行或联名提交或以其名义提交。代表个人或联名个人提交来文,应当征得当事人的同意,除非来文人能说明未经当事人同意而代为提交的正当理由。

第三条 可受理性

一、除非委员会已确定一切可用的国内补救办法均已用尽,否则委员会不得审议来文。如果补救办法的应用被不合理地拖延,本规则不予适用。

二、来文有下列情形之一的,委员会应当宣布为不可受理:

(一)未在用尽国内补救办法后一年之内提交,但来文人能证明在此时限内无法提交来文的情况除外;

(二)所述事实发生在本议定书对有关缔约国生效之前,除非这些事实存续至生效之日后;

(三)同一事项业经委员会审查或已由或正由另一国际调查或解决程序审查;

(四)不符合《公约》的规定;

(五)明显没有根据或缺乏充分证据,或仅以大众媒体传播的报道为根据;

(六)滥用提交来文的权利;或

(七)采用匿名形式或未以书面形式提交。

第四条 未显示处境明显不利的来文

委员会必要时可以对未显示来文人处于明显不利境况的来文不予审议,除非委员会认为来文提出了具有普遍意义的严重问题。

第五条 临时措施

一、委员会收到来文后,在对实质问题作出裁断前,可以随时向有关缔约国发出请求,请该国从速考虑根据特殊情况采取必要的临时措施,以避免对声称权利被侵犯的受害人造成可能不可弥补的损害。

二、委员会根据本条第一款行使酌处权,并不意味对来文的可受理性或实质问题作出裁断。

第六条 转交来文

一、除非委员会认定来文不可受理,不送交有关缔约国,否则任何根据本议定书提交委员会的来文,委员会均应当以保密方式提请有关缔约国注意。

二、收文缔约国应当在六个月内向委员会提交书面解释或陈述,澄清有关事项及该缔约国可能已提供的任何补救办法。

第七条 友好解决

一、委员会应当向有关当事方提供斡旋,以期在尊重《公约》规定的义务的基础上友好解决有关问题。

二、一旦达成友好解决协定,根据本议定书提交的来文审议工作即告结束。

第八条 审查来文

一、委员会应当根据提交委员会的全部文件资料审查根据本议定书第二条收到的来文,但这些文件资料应当送交有关当事方。

二、委员会应当通过非公开会议审查根据本议定书提交的来文。

三、委员会在审查根据本议定书提交的来文时,可以酌情查阅其他联合国机构、专门机构、基金、方案和机制及包括区域人权系统在内的其他国际组织的相关文件资料,以及有关缔约国的任何意见或评论。

四、委员会在审查根据本议定书提交的来文时,应当审议缔约国依照《公约》第二部分规定采取的步骤的合理性。在这方面,委员会应当注意到缔约国可以为落实《公约》规定的权利而可能采取的多种政策措施。

第九条 委员会意见的后续行动

一、委员会在审查来文后,应当向有关当事方传达委员会对来文的意见及可能提出的任何建议。

二、缔约国应当适当考虑委员会的意见及可能提出的建议,并应当在六个月内向委员会提交书面答复,包括通报根据委员会意见和建议采取的任何行动。

三、委员会可以邀请缔约国就委员会的意见或建议所可能采取的任何措施提供进一步资料,包括在委员会认为适当的情况下,在缔约国随后根据《公约》第十六条和第十七条提交的报告中提供这些资料。

第十条 国家间来文

一、本议定书缔约国可以在任何时候根据本条作出声明,承认委员会有权接受和审议涉及一缔约国声称另一缔约国未履行《公约》所规定义务的来文。根据本条规定提交来文的缔约国须已声明本国承认委员会有此权限,委员会方可接受和审议此种来文。来文涉及尚未作出这种声明的缔约国的,委员会不得予以接受。

根据本条规定接受的来文,应当按下列程序处理:

(一)本议定书一缔约国如果认为另一缔约国未履行《公约》规定的义务,可以用书面函件提请该缔约国注意此事,也可以将此事通知委员会。收函国在收到函件后三个月内,应当以书面形式向发函国作出解释或其他陈述,澄清此事,其中应当尽可能和具体地提及已经对此事,即将对此事或可以对此事采取的国内程序和补救办法;

(二)如果在收函国收到最初函件后六个月内,有关事项尚未达成有关缔约国双方满意的解决,任何一方均有权以通知委员会和另一方的方式将此事提交委员会;

(三)对于提交委员会的事项,委员会只有在确定已经就该事援用并用尽一切可用的国内补救办法后,方可予以处理。如果补救办法的应用被不合理地拖延,本规则不予适用;

(四)在不违反本款第(三)项规定的情况下,委员会应当向有关缔约国提供斡旋,以期在尊重《公约》规定的义务的基础上友好地解决有关事项;

(五)委员会应当举行非公开会议审查根据本条提交的来文;

(六)对于依照本款第(二)项规定提交的任何事项,委员会可以要求第(二)项所提的有关缔约国提供任何相关资料;

(七)委员会审议有关事项时,本款第(二)项所提的有关缔约国有权派代表出席并提出口头和(或)书面意见;

(八)委员会应当在收到本款第(二)项规定的通知之日后尽可能适当地权宜行事,按照下列方式提出报告:

1. 如果按本款第(四)项规定达成解决办法,委员会的报告应当限于简要陈述事实及所达成的解决办法;

2. 如果未能按本款第(四)项规定达成解决办法,委员会的报告应当列举与有关缔约国之间问题相关的事实。有关缔约国的书面意见及口头意见记录应当附于报告之内。委员会也可以只向有关缔约国提出委员会认为与两国之间的问题相关的意见。在上述情况下,报告应当送交有关缔约国。

二、根据本条第一款作出的声明,应当由缔约国交存联合国秘书长,由秘书长将声明副本分送其他缔约国。任何声明可随时以通知秘书长的方式予以撤回。

撤回不得妨碍对业已根据本条发出的来文所涉任何事项的审议;在秘书长收到撤回声明的通知后,除非有关缔约国作出新的声明,否则不得再接受任何缔约国根据本条提交的其他来文。

第十一条 调查程序

一、本议定书缔约国可以在任何时候作出声明,承认本条规定的委员会权限。

二、如果委员会收到可靠资料,显示某一缔约国严重或有系统地侵犯《公约》规定的任何经济、社会和文化权利,委员会应当邀请该缔约国合作研究这些资料,并为此就有关资料提出意见。

三、在考虑有关缔约国可能提出的任何意见以及委员会掌握的任何其他可靠资料后,委员会可以指派一名或多名成员进行调查,从速向委员会报告。必要时,在征得有关缔约国同意后,调查可以包括前往该国领土访问。

四、调查应当以保密方式进行,并应当在程序的各个阶段寻求有关缔约国的合作。

五、对调查结果进行审查后,委员会应当将调查结果连同任何评论和建议一并送交有关缔约国。

六、有关缔约国应当在收到委员会送交的调查结果、评论和建议后六个月内，向委员会提交本国意见。

七、依照本条第二款规定进行的调查程序结束后，委员会经与有关缔约国协商，可以决定在本议定书第十五条规定的委员会年度报告中摘要介绍程序结果。

八、依照本条第一款规定作出声明的任何缔约国，可以随时通知秘书长撤回其声明。

第十二条　调查程序的后续行动

一、委员会可以邀请有关缔约国在其根据《公约》第十六条和第十七条提交的报告中，详述就根据本议定书第十一条进行的调查所采取的任何措施。

二、必要时，委员会可以在第十一条第六款所述六个月期间结束后，邀请有关缔约国向委员会通报该国就调查所采取的措施。

第十三条　保护措施

缔约国应当采取一切适当措施，确保在其管辖下的个人不会因为根据本议定书与委员会联络而受到任何形式的不当待遇或恐吓。

第十四条　国际援助与合作

一、对于显示有必要获得技术咨询或协助的来文和调查，委员会应当酌情在征得有关缔约国同意后，将委员会的意见或建议，连同缔约国可能就这些意见或建议提出的意见和提议，送交联合国各专门机构、基金和方案以及其他主管机构。

二、委员会也可以在征得有关缔约国同意后，提请上述机构注意任何根据本议定书审议的来文所引起的事项；此种事项可以协助它们在各自权限范围内决定是否应当采取可能具有促进作用的国际措施，以协助各缔约国在落实《公约》确认的权利方面取得进展。

三、应当依照大会相关程序设立一个依照《联合国财务条例和细则规定》管理的信托基金，以期在征得有关缔约国同意后，向缔约国提供专家和技术援助，加强《公约》所载权利的落实，推动根据本议定书在经济、社会和文化权利领域进行国家能力建设。

四、本条规定不妨碍各缔约国履行《公约》规定的义务。

第十五条　年度报告

委员会的年度报告应当摘要介绍根据本议定书开展的活动。

第十六条　传播与信息

各缔约国承诺广泛宣传和传播《公约》及本议定书，为获得信息以了解委员会的意见和建议，特别是涉及本国的事项的意见和建议提供便利，并在这方面以无障碍模式向残疾人提供信息。

第十七条　签署、批准和加入

一、本议定书开放供任何已签署、批准或加入《公约》的国家签署。

二、本议定书须经已批准或加入《公约》的国家批准。批准书交存联合国秘书长。

三、本议定书开放供任何已批准或加入《公约》的国家加入。

四、向联合国秘书长交存加入书后，加入即行生效。

第十八条　生效

一、本议定书在第十份批准书或加入书交存联合国秘书长之日起三个月后生效。

二、对于在第十份批准书或加入书交存后批准或加入议定书的国家,议定书在该国交存批准书或加入书之日起三个月后生效。

第十九条 修正

一、任何缔约国均可以对本议定书提出修正案,提交联合国秘书长。秘书长应当将任何提议的修正案通告各缔约国,请缔约国通知秘书长,表示是否赞成召开缔约国会议对提案进行审议和作出决定。在上述通告发出之日起四个月内,如果有至少三分之一的缔约国赞成召开缔约国会议,秘书长应当在联合国主持下召开会议。经出席并参加表决的缔约国三分之二多数通过的任何修正案,应当由秘书长提交联合国大会核准,然后提交所有缔约国接受。

二、依照本条第一款的规定通过并核准的修正案,应当在交存的接受书数目达到修正案通过之日缔约国数目的三分之二后第三十天生效。此后,修正案应当在任何缔约国交存其接受书后第三十天对该缔约国生效。修正案只对接受该项修正案的缔约国具有约束力。

第二十条 退约

一、缔约国可以随时书面通知联合国秘书长退出本议定书。退约应当在秘书长收到通知之日起六个月后生效。

二、退约不妨碍本议定书各项规定继续适用于退约生效之日前根据第二条和第十条提交的任何来文,以及退约生效之日前根据第十一条启动的任何程序。

第二十一条 秘书长的通知

联合国秘书长应当将下列具体情况通知《公约》第二十六条第一款所提的所有国家:

(一)本议定书的签署、批准和加入;

(二)本议定书和任何根据第十九条提出的修正案的生效日期;

(三)任何根据第二十条发出的退约通知。

第二十二条 正式语文

一、本议定书应当交存联合国档案库,其阿拉伯文、中文、英文、法文、俄文和西班牙文文本同等作准。

二、联合国秘书长应当将本议定书经证明无误的副本分送《公约》第二十六条所提的所有国家。

4. CESCR 第 1 号一般性意见:缔约国的报告(1989 年)

5. CESCR 第 3 号一般性意见:《公约》第 2 条第 1 款缔约国义务的性质(1990 年)

6. CESCR 第 5 号一般性意见：
残疾人（1994 年）

7. CESCR 第 25 号一般性意见：
《公约》第 15 条第 1 款（丑）项，第 2 款、第 3 款、第 4 款关于《经济社会文化权利国际公约》的科学与经济、社会及文化权利（2020 年）

8. 公民权利和政治权利国际公约①

（联合国大会 1966 年 12 月 16 日通过）

序　言

本公约缔约各国，

考虑到，按照联合国宪章所宣布的原则，对人类家庭所有成员的固有尊严及其平等的和不移的权利的承认，乃是世界自由、正义与和平的基础，

确认这些权利是源于人身的固有尊严，

确认，按照世界人权宣言，只有在创造了使人人可以享有其公民和政治权利，正如享有其经济、社会、文化权利一样的条件的情况下，才能实现自由人类享有公民及政治自由和免于恐惧和匮乏的自由的理想，

考虑到各国根据联合国宪章负有义务促进对人的权利和自由的普遍尊重和遵行，

认识到个人对其他个人和对他所属的社会负有义务，应为促进和遵行本公约所承认的

---

① 关于该公约作准文本和公约名称的问题，详见《世界人权宣言》和《经济、社会、文化权利国际公约》的注释。

权利而努力,

兹同意下述各条:

第一部分

第一条

一、所有人民都有自决权。他们凭这种权利自由决定他们的政治地位,并自由谋求他们的经济、社会和文化的发展。

二、所有人民得为他们自己的目的自由处置他们的天然财富和资源,而不损害根据基于互利原则的国际经济合作和国际法而产生的任何义务。在任何情况下不得剥夺一个人民自己的生存手段。

三、本公约缔约各国,包括那些负责管理非自治领土和托管领土的国家,应在符合联合国宪章规定的条件下,促进自决权的实现,并尊重这种权利。

第二部分

第二条

一、本公约每一缔约国承担尊重和保证在其领土内和受其管辖的一切个人享有本公约所承认的权利,不分种族、肤色、性别、语言、宗教、政治或其他见解、国籍或社会出身、财产、出生或其他身份等任何区别。

二、凡未经现行立法或其他措施予以规定者,本公约每一缔约国承担按照其宪法程序和本公约的规定采取必要的步骤,以采纳为实施本公约所承认的权利所需的立法或其他措施。

三、本公约每一缔约国承担:

(甲)保证任何一个被侵犯了本公约所承认的权利或自由的人,能得到有效的补救,尽管此种侵犯是以官方资格行事的人所为;

(乙)保证任何要求此种补救的人能由合格的司法、行政或立法当局或由国家法律制度规定的任何其他合格当局断定其在这方面的权利;并发展司法补救的可能性;

(丙)保证合格当局在准予此等补救时,确能付诸实施。

第三条

本公约缔约各国承担保证男子和妇女在享有本公约所载一切公民和政治权利方面有平等的权利。

第四条

一、在社会紧急状态威胁到国家的生命并经正式宣布时,本公约缔约国得采取措施克减其在本公约所承担的义务,但克减的程度以紧急情势所严格需要者为限,此等措施并不得与它根据国际法所负有的其他义务相矛盾,且不得包含纯粹基于种族、肤色、性别、语言、宗教或社会出身的理由的歧视。

二、不得根据本规定而克减第六条、第七条、第八条(第一款和第二款)、第十一条、第十五条、第十六条和第十八条。

三、任何援用克减权的本公约缔约国应立即经由联合国秘书长将它已克减的各项规定、实行克减的理由和终止这种克减的日期通知本公约的其他缔约国家。

第五条

一、本公约中任何部分不得解释为隐示任何国家、团体或个人有权利从事于任何旨在破坏本公约所承认的任何权利和自由或对它们加以较本公约所规定的范围更广的限制的活动或行为。

二、对于本公约的任何缔约国中依据法律、惯例、条例或习惯而被承认或存在的任何基本人权,不得借口本公约未予承认或只在较小范围上予以承认而加以限制或克减。

第三部分

第六条

一、人人有固有的生命权。这个权利应受法律保护。不得任意剥夺任何人的生命。

二、在未废除死刑的国家,判处死刑只能是作为对最严重的罪行的惩罚,判处应按照犯罪时有效并且不违反本公约规定和防止及惩治灭绝种族罪公约的法律。这种刑罚,非经合格法庭最后判决,不得执行。

三、兹了解:在剥夺生命构成灭种罪时,本条中任何部分并不准许本公约的任何缔约国以任何方式克减它在防止及惩治灭绝种族罪公约的规定下所承担的任何义务。

四、任何被判处死刑的人应有权要求赦免或减刑。对一切判处死刑的案件均得给予大赦、特赦或减刑。

五、对十八岁以下的人所犯的罪,不得判处死刑;对孕妇不得执行死刑。

六、本公约的任何缔约国不得援引本条的任何部分来推迟或阻止死刑的废除。

第七条

任何人均不得加以酷刑或施以残忍的、不人道的或侮辱性的待遇或刑罚。特别是对任何人均不得未经其自由同意而施以医药或科学试验。

第八条

一、任何人不得使为奴隶;一切形式的奴隶制度和奴隶买卖均应予以禁止。

二、任何人不应被强迫役使。

三、(甲)任何人不应被要求从事强迫或强制劳动;

(乙)在把苦役监禁作为一种对犯罪的惩罚的国家中,第三款(甲)项的规定不应认为排除按照由合格的法庭关于此项刑罚的判决而执行的苦役;

(丙)为了本款之用,"强迫或强制劳动"一辞不应包括:

(1)通常对一个依照法庭的合法命令而被拘禁的人或在此种拘禁假释期间的人所要求的任何工作或服务,非属(乙)项所述者;

(2)任何军事性质的服务,以及在承认良心拒绝兵役的国家中,良心拒绝兵役者依法被要求的任何国家服务;

(3)在威胁社会生命或幸福的紧急状态或灾难的情况下受强制的任何服务;

(4)属于正常的公民义务的一部分的任何工作或服务。

第九条

一、人人有权享有人身自由和安全。任何人不得加以任意逮捕或拘禁。除非依照法律所确定的根据和程序,任何人不得被剥夺自由。

二、任何被逮捕的人,在被逮捕时应被告知逮捕他的理由,并应被迅速告知对他提出的任何指控。

三、任何因刑事指控被逮捕或拘禁的人,应被迅速带见审判官或其他经法律授权行使司法权力的官员,并有权在合理的时间内受审判或被释放。候审判的人受监禁不应作为一般规则,但可规定释放时应保证在司法程序的任何其他阶段出席审判,并在必要时报到听候执行判决。

四、任何因逮捕或拘禁被剥夺自由的人,有资格向法庭提起诉讼,以便法庭能不拖延地决定拘禁他是否合法以及如果拘禁不合法时命令予以释放。

五、任何遭受非法逮捕或拘禁的受害者,有得到赔偿的权利。

第十条

一、所有被剥夺自由的人应给予人道及尊重其固有的人格尊严的待遇。

二、(甲)除特殊情况外,被控告的人应与被判罪的人隔离开,并应给予适合于未判罪者身份的分别待遇;

(乙)被控告的少年应与成年人分隔开,并应尽速予以判决。

三、监狱制度应包括以争取囚犯改造和社会复员为基本目的的待遇。少年罪犯应与成年人隔离开,并应给予适合其年龄及法律地位的待遇。

第十一条

任何人不得仅仅由于无力履行约定义务而被监禁。

第十二条

一、合法处在一国领土内的每一个人在该领土内有权享受迁徙自由和选择住所的自由。

二、人人有自由离开任何国家,包括其本国在内。

三、上述权利,除法律所规定并为保护国家安全、公共秩序、公共卫生或道德、或他人的权利和自由所必需且与本公约所承认的其他权利不抵触的限制外,应不受任何其他限制。

四、任何人进入其本国权利,不得任意加以剥夺。

第十三条

合法处在本公约缔约国领土内的外侨,只有按照依法作出的决定才可以被驱逐出境,并且,除非在国家安全的紧迫原因另有要求的情况下,应准予提出反对驱逐出境的理由和使他的案件得到合格当局或由合格当局特别指定的一人或数人的复审,并为此目的而请人作代表。

第十四条

一、所有的人在法庭和裁判所前一律平等。在判定对任何人提出的任何刑事指控或确定他在一件诉讼案中的权利和义务时,人人有资格由一个依法设立的合格的、独立的和无偏倚的法庭进行公正的和公开的审讯。由于民主社会中的道德的、公共秩序的或国家安全的理由,或当诉讼当事人的私生活的利益有此需要时,或在特殊情况下法庭认为公开审判会损害司法利益因而严格需要的限度下,可不使记者和公众出席全部或部分审判;但对刑事案件或法律诉讼的任何判刑决应公开宣布,除非少年的利益另有要求或者诉讼系有关儿童监护权的婚姻争端。

二、凡受刑事控告者，在未依法证实有罪之前，应有权被视为无罪。

三、在判定对他提出的任何刑事指控时，人人完全平等地有资格享受以下的最低限度的保证：

（甲）迅速以一种他懂得的语言详细地告知对他提出的指控的性质和原因；

（乙）有相当时间和便利准备他的辩护并与他自己选择的律师联络。

（丙）受审时间不被无故拖延；

（丁）出席受审并亲自替自己辩护或经由他自己所选择的法律援助进行辩护；如果他没有法律援助，要通知他享有这种权利；在司法利益有此需要的案件中，为他指定法律援助，而在他没有足够能力偿付法律援助的案件中，不要他自己付费；

（戊）讯问或业已讯问对他不利的证人，并使对他有利的证人在与对他不利的证人相同的条件下出庭和受讯问；

（己）如他不懂或不会说法庭上所用的语言，能免费获得译员的援助；

（庚）不被强迫作不利于他自己的证言或强迫承认犯罪。

四、对少年的案件，在程序上应考虑到他们的年龄和帮助他们重新做人的需要。

五、凡被判定有罪者，应有权由一个较高级法庭对其定罪及刑罚依法进行复审。

六、在一人按照最后决定已被判定犯刑事罪而其后根据新的或新发现的事实确实表明发生误审，他的定罪被推翻或被赦免的情况下，因这种定罪而受刑罚的人应依法得到赔偿，除非经证明当时不知道的事实的未被及时揭露完全是或部分是由于他自己的缘故。

七、任何人已依一国的法律及刑事程序被最后定罪或宣告无罪者，不得就同一罪名再予审判或惩罚。

第十五条

一、任何人的任何行为或不行为，在其发生时依照国家法或国际法均不构成刑事罪者，不得据以认为犯有刑事罪。所加的刑罚也不得重于犯罪时适用的规定。如果在犯罪之后依法规定了应处以较轻的刑罚，犯罪者应予减刑。

二、任何人的行为或不行为，在其发生时依照各国公认的一般法律原则为犯罪者，本条规定并不妨碍因该行为或不行为而对任何人进行的审判和对他施加的刑罚。

第十六条

人人在任何地方有权被承认在法律前的人格。

第十七条

一、任何人的私生活、家庭、住宅或通信不得加以任意或非法干涉，他的荣誉和名誉不得加以非法攻击。

二、人人有权享受法律保护，以免受这种干涉或攻击。

第十八条

一、人人有权享受思想、良心和宗教自由。此项权利包括维持或改变他的宗教或信仰的自由，以及单独或集体、公开或秘密地以礼拜、戒律、实践和教义来表明他的宗教或信仰的自由。

二、任何人不得遭受足以损害他维持或改变他的宗教或信仰自由的强迫。

三、表示自己的宗教或信仰的自由，仅只受法律所规定的以及为保障公共安全、秩序、卫生或道德、或他人的基本权利和自由所必需的限制。

四、本公约缔约各国承担,尊重父母和(如适用时)法定监护人保证他们的孩子能按照他们自己的信仰接受宗教和道德教育的自由。

第十九条

一、人人有权持有主张,不受干涉。

二、人人有自由发表意见的权利;此项权利包括寻求、接受和传递各种消息和思想的自由,而不论国界,也不论口头的、书写的、印刷的、采取艺术形式的、或通过他所选择的任何其他媒介。

三、本条第二款所规定的权利的行使带有特殊的义务和责任,因此得受某些限制,但这些限制只应由法律规定并为下列条件所必需:

(甲)尊重他人的权利或名誉;

(乙)保障国家安全或公共秩序,或公共卫生或道德。

第二十条

一、任何鼓吹战争的宣传,应以法律加以禁止。

二、任何鼓吹民族、种族或宗教仇恨的主张,构成煽动歧视、敌视或强暴者,应以法律加以禁止。

第二十一条

和平集会的权利应被承认。对此项权利的行使不得加以限制,除去按照法律以及在民主社会中为维护国家安全或公共安全、公共秩序,保护公共卫生或道德或他人的权利和自由的需要而加的限制。

第二十二条

一、人人有权享受与他人结社的自由,包括组织和参加工会以保护他的利益的权利。

二、对此项权利的行使不得加以限制。除去法律所规定的限制以及在民主社会中为维护国家安全或公共安全、公共秩序,保护公共卫生或道德,或他人的权利和自由所必需的限制。本条不应禁止对军队或警察成员的行使此项权利加以合法的限制。

三、本条并不授权参加一九四八年关于结社自由及保护组织权国际劳工组织公约的缔约国采取足以损害该公约中所规定的保证的立法措施,或在应用法律时损害这种保证。

第二十三条

一、家庭是天然的和基本的社会单元,并应受社会和国家的保护。

二、已达结婚年龄的男女缔婚和成立家庭的权利应被承认。

三、只有经男女双方的自由的和完全的同意,才能缔婚。

四、本公约缔约各国应采取适当步骤以保证缔婚双方在缔婚、结婚期间和解除婚约时的权利和责任平等。在解除婚约的情况下,应为儿童规定必要的保护办法。

第二十四条

一、每一儿童应有权享受家庭、社会和国家为其未成年地位给予的必要保护措施,不因种族、肤色、性别、语言、宗教、国籍或社会出身、财产或出生而受任何歧视。

二、每一儿童出生后就立即加以登记,并应有一个名字。

三、每一儿童有权取得一个国籍。

第二十五条

每个公民应有下列权利和机会,不受第二条所述的区分和不受不合理的限制:

(甲) 直接或通过自由选择的代表参与公共事务;

(乙) 在真正的定期的选举中选举和被选举,这种选举应是普遍的和平等的并以无记名投票方式进行,以保证选举人的意志的自由表达;

(丙) 在一般的平等的条件下,参加本国公务。

第二十六条

所有的人在法律前平等,并有权受法律的平等保护,无所歧视。在这方面,法律应禁止任何歧视并保证所有的人得到平等的和有效的保护,以免受基于种族、肤色、性别、语言、宗教、政治或其他见解、国籍或社会出身、财产、出生或其他身份等任何理由的歧视。

第二十七条

在那些存在着人种的、宗教的或语言的少数人的国家中,不得否认这种少数人同他们的集团中的其他成员共同享有自己的文化、信奉和实行自己的宗教或使用自己的语言的权利。

第四部分

第二十八条

一、设立人权事务委员会(在本公约里以下简称"委员会")。它应由十八名委员组成,执行下面所规定的任务。

二、委员应由本公约缔约国国民组成,他们应具有崇高道义地位和在人权方面有公认的专长,并且还应考虑使若干具有法律经验的人参加委员会是有用的。

第二十九条

一、委员会委员由具有第二十八条所规定的资格的人的名单中以无记名投票方式选出,这些人由本公约缔约国为此目的而提名。

二、本公约每一缔约国至多得提名二人,这些人应为提名国的国民。

三、任何人可以被再次提名。

第三十条

一、第一次选举至迟应于本公约生效之日起六个月内举行。

二、除按第三十四条进行补缺选举而外,联合国秘书长应在委员会每次选举前至少四个月书面通知本公约各缔约国,请它们在三个月内提出委员会委员的提名。

三、联合国秘书长应按姓名字母次序编造这样提出的被提名人名单,注明提名他们的缔约国,并应在每次选举前至少一个月将这个名单送交本公约各缔约国。

四、委员会委员的选举应在由联合国秘书长在联合国总部召开的本公约缔约国家会议举行。在这个会议里,本公约缔约国的三分之二应构成法定人数;凡获得最多票数以及出席并投票的缔约国代表的绝对多数票的那些被提名人当选为委员会委员。

第三十一条

一、委员会不得有一个以上的委员同为一个国家的国民。

二、委员会的选举应考虑到成员的公匀地域分配和各种类型文化及各主要法系的代表性。

第三十二条

一、委员会的委员任期四年。他们如被再次提名可以再次当选。然而,第一次选出的委员中有九名的任期在两年后即届满;这九人的姓名应由第三十条第四款所述会议的主席在第一次选举完毕后立即抽签决定。

二、任期届满后的选举应按公约本部分的上述各条进行。

第三十三条

一、如果委员会其他委员一致认为某一委员由于除暂时缺席以外的其他任何原因而已停止执行其任务时,委员会主席应通知联合国秘书长,秘书长应即宣布该委员的席位出缺。

二、倘遇委员会委员死亡或辞职时,主席应立即通知联合国秘书长,秘书长应宣布该席位自死亡日期或辞职生效日期起出缺。

第三十四条

一、按照第三十三条宣布席位出缺时,如果被接替的委员的任期从宣布席位出缺时起不在六个月内届满者,联合国秘书长应通知本公约各个缔约国,各缔约国可在两个月内按照第二十九条的规定,为填补空缺的目的提出提名。

二、联合国秘书长应按姓名字母次序编造这样提出来的被提名人名单,提交本公约各缔约国。然后按照公约本部分的有关规定进行被缺选举。

三、为填补按第三十三条宣布出缺的席位而当选的委员会委员的任期为按同条规定出缺的委员会委员的剩余任期。

第三十五条

委员会委员在获得联合国大会的同意时,可以按照大会鉴于委员会责任的重要性而决定的条件从联合国经费中领取薪俸。

第三十六条

联合国秘书长应为委员会提供必要的工作人员和便利,使能有效执行本公约所规定的职务。

第三十七条

一、联合国秘书长应在联合国总部召开委员会的首次会议。

二、首次会议以后,委员会应按其议事规则所规定的时间开会。

三、委员会会议通常应在联合国总部或联合国驻日内瓦办事处举行。

第三十八条

委员会每个委员就职以前,应在委员会的公开会议上郑重声明他将一秉良心公正无偏地行使其职权。

第三十九条

一、委员会应选举自己的职员,任期二年。他们可以连选连任。

二、委员会应制定自己的议事规则,但在这些规则中应当规定:

(甲)十二名委员构成法定人数;

(乙)委员会的决定由出席委员的多数票作出。

第四十条

一、本公约各缔约国承担在(甲)本公约对有关缔约国生效后的一年内及(乙)此后每逢委员会要求这样做的时候,提出关于它们已经采取而使本公约所承认的各项权利得以实施的措施和关于在享受这些权利方面所作出的进展的报告。

二、所有的报告应送交联合国秘书长转交委员会审议。报告中应指出影响实现本公约的因素和困难,如果存在着这种因素和困难的话。

三、联合国秘书长在同委员会磋商之后,可以把报告中属于专门机构职司范围的部分的副本转交有关的专门机构。

四、委员会应研究本公约各缔约国提出的报告,并应把它自己的报告以及它可能认为适当的一般建议送交各缔约国。委员会也可以把这些意见同它从本公约各缔约国收到的报告的副本一起转交经济及社会理事会。

五、本公约各缔约国得就按照本条第四款所可能作出的意见,向委员会提出意见。

第四十一条

一、本公约缔约国得按照本条规定,随时声明它承认委员会有权接受和审议一缔约国指控另一缔约国不履行它在本公约下的义务的通知。按照本条规定所做的通知,必须是由曾经声明其本身承认委员会有权的缔约国提出的,才能加以接受和审议。任何通知如果是关于尚未作出这种声明的缔约国的,委员会不得加以接受。按照本条规定所接受的通知,应按下列程序处理:

(甲)如本公约某缔约国认为另一缔约国未执行公约的规定,它可以用书面通知提请该国注意此事项。收到通知的国家应在收到后三个月内对发出通知的国家提供一项有关澄清此事项的书面解释或任何其他的书面声明,其中应可能地和恰当地引证在此事上已经采取的、或即将采取的、或现有适用的国内办法和补救措施。

(乙)如果此事项在收受国接到第一次通知后六个月内尚未处理得使双方满意,两国中任何一国有权用通知委员会和对方的方式将此事项提交委员会。

(丙)委员会对于提交给它的事项,应只有在它认定在这一事项上已按照普遍公认的国际法原则求助于和用尽了所有现有适用的国内补救措施之后,才加以处理。在补救措施的采取被无理拖延的情况下,此项通知则不适用。

(丁)委员会审议按本条规定所作的通知时,应以秘密会议进行。

(戊)在服从分款(丙)的规定的情况下,委员会应对有关缔约国提供斡旋,以便在尊重本公约所承认的人权和基本自由的基础上求得此事项的友好解决。

(己)在提交委员会的任何事项上,委员会得要求分款(乙)内所述的有关缔约国提供任何有关情报。

(庚)在委员会审议此事项时,分款(乙)内所述的有关缔约国应有权派代表出席并提出口头和/或书面说明。

(辛)委员会应在收到按分款(乙)提出的通知之日起十二个月内提出一项报告:

如果案件在分款(戊)所规定的条件下获得解决,委员在其报告中应限于对事实经过作一简短陈述;案件有关双方提出的书面说明和口头说明的记录,也应附在报告上。在每一事项上,应将报告送交各有关缔约国。

二、本条的规定应于有十个本公约缔约国已经作出本条第一款所述的声明时生效。各缔约国的这种声明应交存联合国秘书长;秘书长应将声明副本转交其他缔约国。缔约国得随时通知秘书长撤回声明。此种撤回不得影响对曾经按照本条规定作出通知而要求处理的任何事项的审议；在秘书长收到缔约国撤回声明的通知后，对该缔约国以后所做的通知，不得再予接受，除非该国另外作出了新的声明。

第四十二条

一、（甲）如按第四十一条规定提交委员会处理的事项未能获得使各有关缔约国满意的解决，委员会得经各有关缔约国事先同意，指派一个专设和解委员会（以下简称"和委会"）。和委会应对有关缔约国提供斡旋，以便在尊重本公约的基础上求得此事项的友好解决；

（乙）和委会由各有关缔约国接受的委员五人组成。如各有关缔约国于三个月内对和委员会组成的全部或一部分未能达成协议，未得协议和委员会委员应由委员会用无记名投票方式以三分之二多数自其本身委员中选出。

二、和委会委员以其个人身份进行工作。委员不得为有关缔约国的国民，或为非本公约缔约国的国民，或未按第四十一条规定作出声明的缔约国的国民。

三、和委会应选举自己的主席及制定自己的议事规则。

四、和委会会议通常应在联合国总部或联合国驻日内瓦办事处举行，但亦得在和委会同联合国秘书长及各有关缔约国磋商后决定的其他方便地点举行。

五、按第三十六条设置的秘书处应亦为按本条指派的和委会服务。

六、委员会所收集整理的情报，应提供给和委会，和委会亦得请有关缔约国提供任何其他有关情报。

七、和委会于详尽审议此事项后，无论如何应于受理该事项后十二个月内，向委员会主席提出报告，转送各有关缔约国：

（甲）如果和委会未能在十二个月内完成对案件的审议，和委会在其报告中应限于对其审议案件的情况作一简短的陈述；

（乙）如果案件不能在尊重本公约所承认的人权的基础上求得友好解决，和委会在其报告中应限于对事实经过和所获解决作一简短陈述；

（丙）如果案件不能在分款（乙）规定的条件下获得解决，和委会在其报告中应说明对于各有关缔约国间争执事件的一切有关事实问题的结论，以及对于就该事件寻求友好解决的各种可能性的意见。此项报告中亦应载有各有关缔约国提出的书面说明和口头说明的记录；

（丁）和委会的报告如系按分款（丙）的规定提出，各有关缔约国应于收到报告后三个月内通知委员会主席是否接受和委员的报告的内容。

八、本条规定不影响委员会在第四十一条下所负的责任。

九、各有关缔约国应依照联合国秘书长所提概算，平均负担和委会委员的一切费用。

十、联合国秘书长应被授权于必要时在各有关缔约国依本条第九款偿还用款之前，支付和委员会委员的费用。

第四十三条

委员会委员，以及依第四十二条可能指派的专设和解委员会委员，应有权享受联合国特权及豁免公约内有关各款为因联合国公务出差的专家所规定的各种便利、特权与豁免。

第四十四条

有关实施本公约的规定，其适用不得妨碍联合国及各专门机构的组织法及公约在人权方面所订的程序,或根据此等组织法及公约所订的程序,亦不得阻止本公约各缔约国依照彼此间现行的一般或特别国际协定,采用其他程序解决争端。

第四十五条

委员会应经由经济及社会理事会向联合国大会提出关于它的工作的年度报告。

第五部分

第四十六条

本公约的任何部分不得解释为有损联合国宪章和各专门机构组织法中确定联合国各机构和各专门机构在本公约所涉及事项方面的责任的规定。

第四十七条

本公约的任何部分不得解释为有损所有人民充分地和自由地享受和利用它们的天然财富与资源的固有的权利。

第六部分

第四十八条

一、本公约开放给联合国任何会员国或其专门机构的任何会员国、国际法院规约的任何当事国、和经联合国大会邀请为本公约缔约国的任何其他国家签字。

二、本公约须经批准。批准书应交存联合国秘书长。

三、本公约应开放给本条第一款所述的任何国家加入。

四、加入应向联合国秘书长交存加入书。

五、联合国秘书长应将每一批准书或加入书的交存通知已经签字或加入本公约的所有国家。

第四十九条

一、本公约应自第三十五件批准书或加入书交存联合国秘书长之日起三个月生效。

二、对于在第三十五件批准书或加入书交存后批准或加入本公约的国家,本公约应自该国交存批准书或加入书之日起三个月生效。

第五十条

本公约的规定应扩及联邦国家的所有部分,没有任何限制和例外。

第五十一条

一、本公约的任何缔约国均得提出对本公约的修正案,并将其提交联合国秘书长。秘书长应立即将提出的修正案转知本公约各缔约国,同时请它们通知秘书长是否赞成召开缔约国家会议以审议这个提案并对它进行表决。在至少有三分之一缔约国家赞成召开这一会议的情况下,秘书长应在联合国主持下召开此会议。为会议上出席投票的多数缔约国家所通过的任何修正案,应提交联合国大会批准。

二、此等修正案由联合国大会批准并为本公约缔约国的三分之二多数按照它们各自的宪法程序加以接受后,即行生效。

三、此等修正案生效时,对已加接受的各缔约国有拘束力,其他缔约国仍受本公约的条款和它们已接受的任何以前的修正案的拘束。

第五十二条

除按照第四十八条第五款作出的通知外,联合国秘书长应将下列事项通知同条第一款所述的所有国家:

(甲)按照第四十八条规定所作的签字、批准和加入;

(乙)本公约按照第四十九条规定生效的日期,以及对本公约的任何修正案按照第五十一条规定生效的日期。

第五十三条

一、本公约应交存联合国档库,其中文、英文、法文、俄文、西班牙文各本同一作准。

二、联合国秘书长应将本公约的正式副本送第四十八条所指的所有国家。

9. 公民权利和政治权利国际公约任择议定书

(联合国大会1966年12月16日通过)

本议定书缔约国,

认为为求进一步达成公民权利和政治权利国际公约(以下简称公约)的目标及实施其各项规定,允宜授权公约第四部分所设的人权事务委员会(以下简称委员会)依照本议定书所定办法,接受并审查个人声称因公约所载任何权利遭受侵害而为受害人的来文,

兹议定如下:

第一条

成为本议定书缔约国的公约缔约国承认委员会有权接受并审查该国管辖下的个人声称为该缔约国侵害公约所载任何权利的受害者的来文。来文所涉公约缔约国如非本议定书的缔约国,委员会不得予以接受。

第二条

以不违反第一条的规定为限,凡声称其在公约规定下的任何权利遭受侵害的个人,如对可以运用的国内补救办法,悉已援用无遗,得向委员会书面提出申请,由委员会审查。

第三条

依据本议定书提送的任何来文,如系不具名、或经委员会认为滥用此项呈文权、或不符合公约的规定者,委员会应不予受理。

第四条

一、除第三条规定外,委员会应将根据本议定书所提出的任何来文提请被控违反公约任何规定的本议定书缔约国注意。

二、收到通知的国家应于六个月内书面向委员会提出解释或声明,说明原委,如该国业已采取救济办法,则亦应一并说明。

第五条

一、委员会应参照该个人及关系缔约国所提出的一切书面资料,审查根据本议定书所收到的来文。

二、委员会不得审查任何个人来文,除非已断定:

(子)同一事件不在另一国际调查或解决程序审查之中;

(丑)该个人对可以运用的国内补救办法悉已援用无遗。但如补救办法的实施有不合理的拖延,则不在此限。

三、委员会审查本议定书所称的来文,应举行不公开会议。

四、委员会应向关系缔约国及该个人提出其意见。

第六条

委员会应将其根据本议定书进行的工作摘要列入公约第四十五条所规定的委员会年度报告。

第七条

在 1960 年 12 月 14 日联合国大会通过关于给予殖民地国家和人民独立宣言的第 1514 (XU) 号决议目标未达成以前,凡联合国宪章及联合国与其各专门机构主持下订立的其他国际公约与文书给予此等人民的请愿权利,不因本议定书各项规定而受任何限制。

第八条

一、本议定书开放给业已签署公约的国家签字。

二、本议定书须经业已批准或加入公约的国家批准。批准书应交存联合国秘书长。

三、本议定书开放给业已批准或加入公约的国家加入。

四、加入应向联合国秘书长交存加入书。

五、联合国秘书长应将每一批准书或加入书的交存,通知业已签署或加入本议定书的所有国家。

第九条

一、以公约生效为条件,本议定书应于第十件批准书或加入书交存联合国秘书长之日起三个月发生效力。

二、对于第十件批准书或加入书交存后批准或加入本议定书的国家,本议定书应自该国交存批准书或加入书之日起三个月发生效力。

第十条

本议定书各项规定应一律适用于联邦国家的全部领土,并无限制或例外。

第十一条

一、本议定书缔约国得提议修改本议定书,将修正案提交联合国秘书长。秘书长应将提议之修正案分送本议定书各缔约国,并请其通知是否赞成召开缔约国会议,以审议并表决所提议案。如缔约国三分之一以上赞成召开会议,秘书长应在联合国主持下召开此会议。经出席会议并投票的缔约国过半数通过的修正案,应提请联合国大会核可。

二、修正案经联合国大会核可,并经本议定书缔约国三分之二各依本国宪法程序接受后,即发生效力。

三、修正案生效后,对接受此种修正的缔约国具有拘束力;其他缔约国仍受本议定书原订条款及其前此所接受修正案的拘束。

第十二条

一、任何缔约国得随时书面通知联合国秘书长退出本议定书。退约应于秘书长接得通知之日起三个月发生效力。

二、退约不得影响本议定书各项规定对于退约生效日期以前依照第二条提出的任何来文的继续适用。

第十三条

除本议定书第八条第五款的通知外,联合国秘书长应将下列事项通知公约第四十八条第一款所称的所有国家:

(子) 依第八条所为的签字、批准及加入;

(丑) 依第九条本议定书发生效力的日期,及依第十一条任何修正案发生效力的日期;

(寅) 依第十二条提出的退约。

第十四条

一、本议定书应交存联合国档库,其中文、英文、法文、俄文及西班牙文各本同一作准。

二、联合国秘书长应将本议定书正式副本分送公约第四十八条所称的所有国家。

10. 旨在废除死刑的公民权利和政治权利国际公约第二任择议定书

(联合国大会1989年12月15日通过)

本议定书缔约国,

认为废除死刑有助于提高人的尊严和促使人权的持续发展,

回顾1948年12月10日通过的《世界人权宣言》的第三条和1966年12月16日通过的《公民权利和政治权利国际公约》的第六条,

注意到《公民权利和政治权利国际公约》第六条提到废除死刑所用的措词强烈暗示废除死刑是可取的,

深信废除死刑的所有措施应被视为是在享受生命方面的进步,

切望在此对废除死刑作出国际承诺,

兹议定如下:

第一条

一、在本议定书缔约国管辖范围内,任何人不得被处死刑。

二、每一缔约国应采取一切必要措施在其管辖范围内废除死刑。

第二条

一、本议定书不接受任何保留,唯在批准或加入时可提出这样一项保留:即规定在战时可对在战时犯下最严重军事性罪行被判罪的人适用死刑。

二、提出这项保留的缔约国在批准或加入时应向联合国秘书长递交在战时适用的本国法律有关规定。

三、提出这项保留的缔约国应把适用于其本国领土的任何战争状态的开始或结束通知秘书长。

第三条

本议定书缔约国应在其按照公约第四十条的规定向人权事务委员会提交的报告中载列他们为实施本议定书而采取的措施的资料。

第四条

对于按照公约第四十一条作出声明的缔约国,人权事务委员会关于接受和审议缔约国声称另一缔约国不履行其义务的来文的权限,应扩大以包括本议定书的各项规定,除非有关缔约国在批准或加入时作出相反的声明。

第五条

对于1966年12月16日通过的《公民权利和政治权利国际公约》第一任择议定书的缔约国,人权事务委员会关于接受和审议受有关国家管辖的个人的来文的权限,扩大以包括本议定书的各项规定,除非有关缔约国在批准或加入时作出相反的声明。

第六条

一、本议定书的规定应作为公约的附加规定予以适用。

二、在不妨碍可能根据本议定书第二条提出保留的条件下,本议定书第一条第一款所保证的权利不应受到公约第四条的任何克减。

第七条

一、本议定书开放给业已签署公约的国家签字。

二、本议定书须经业已批准或加入公约的国家批准。批准书应交存联合国秘书长。

三、本议定书开放给业已批准或加入公约的国家加入。

四、加入时应向联合国秘书长交存加入书。

五、联合国秘书长应将每一批准书或加入书的交存通知业已签署或加入本议定书的所有国家。

第八条

一、本议定书应于第十件批准书或加入书交存联合国秘书长之日起三个月后发生效力。

二、对于第十件批准书或加入书交存后批准或加入本议定书的国家,本议定书应自该国交存批准书或加入书之日起三个月后发生效力。

第九条

本议定书各项规定应一律适用于联邦国家的全部领土并无限制或例外。

第十条

联合国秘书长应将下列事项通知公约第四十八条第一款所称的所有国家:

(a) 根据本议定书第二条提出的保留意见、来文和通知;

(b) 据本议定书第四或第五条提出的声明;

(c) 根据本议定书第八条所作的签署、批准和加入;

(d) 根据本议定书第八条本议定书发生效力的日期。

第十一条

一、本议定书应交存联合国档案库,其阿拉伯文、中文、英文、俄文和西班牙文各本同一作准。

二、联合国秘书长应将本议定书正式副本分送公约第四十八条所称的所有国家。

11. CCPR 第 12 号一般性意见：《公约》第 1 条自决权（1984 年）

12. CCPR 第 18 号一般性意见：不歧视（1989 年）

13. CCPR 第 20 号一般性建议：《公约》第 7 条禁止酷刑和其他残忍不人道或有辱人格的待遇或处罚（1992 年）

14. CCPR 第 23 号一般性意见：《公约》第 27 条少数群体的权利（1994 年）

15. CCPR 第 28 号一般性建议：
《公约》第 3 条男女权利平等（2000 年）

16. CCPR 第 29 号一般性意见：
《公约》第 4 条紧急状态期间的
克减问题（2001 年）

17. CCPR 第 30 号一般性意见：
《公约》第 40 条缔约国的报告义务
（2002 年）

18. CCPR 第 37 号一般性意见：
《公约》第 21 条和平集会权（2020 年）

B. 联合国核心国际人权公约

19. 禁止酷刑和其他残忍、不人道或有辱人格的待遇或处罚公约

（联合国大会1984年12月10日通过）

本公约缔约各国，考虑到根据《联合国宪章》宣布的原则，承认人类大家庭一切成员具有平等与不可剥夺的权利是世界自由、公正与和平的基础；

认识到上述权利源于人的固有尊严；考虑到《宪章》尤其是第五十五条中规定，各国有义务促进对人权和基本自由的普遍尊重和遵守；

注意到《世界人权宣言》第五条和《公民权利和政治权利国际公约》第七条都规定不允许对任何人施行酷刑和其他残忍、不人道或有辱人格的待遇或处罚；

并注意到大会于1975年12月9日通过的《保护人人不受酷刑和其他残忍、不人道或有辱人格的待遇或处罚宣言》，希望在全世界更有效地开展反对酷刑和其他残忍、不人道或有辱人格的待遇或处罚的斗争，兹协议如下：

第一部分

第一条

1. 就本公约而言，"酷刑"是指为了向某人或第三者取得情报或供状，为了他或第三者所作或涉嫌的行为对他加以处罚，或为了恐吓或威胁他或第三者，或为了基于任何一种歧视的任何理由，蓄意使某人在肉体或精神上遭受剧烈疼痛或痛苦的任何行为，而这种疼痛或痛苦是由公职人员或以官方身份行使职权的其他人所造成或在其唆使、同意或默许下造成的。纯因法律制裁而引起或法律制裁所固有或附带的疼痛或痛苦则不包括在内。

2. 本条规定并不妨碍载有或可能载有适用范围更广的规定的任何国际文书或国家法律。

第二条

1. 每一缔约国应采取有效的立法、行政、司法或其他措施，防止在其管辖的任何领土内出现施行酷刑的行为。

2. 任何特殊情况，不论为战争状态、战争威胁、国内政局动荡或任何其他社会紧急状态，均不得援引为施行酷刑的理由。

3. 上级官员或政府当局的命令不得援引为施行酷刑的理由。

第三条

1. 如有充分理由相信任何人在另一国家将有遭受酷刑的危险,任何缔约国不得将该人驱逐、遣返或引渡至该国。

2. 为了确定这种理由是否存在,有关当局应考虑到所有有关的因素,包括在适当情况下,考虑到在有关国家境内是否存在一贯严重、公然、大规模地侵犯人权的情况。

第四条

1. 每一缔约国应保证,将一切酷刑行为均应定为刑事罪行。该项规定也应适用于施行酷刑的企图以及任何人合谋或参与酷刑的行为。

2. 每一缔约国应根据上述罪行的严重程度,规定适当的惩罚。

第五条

1. 每一缔约国应采取各种必要措施,确定在下列情况下,该国对第四条所述的罪行有管辖权:

(a) 这种罪行发生在其管辖的任何领土内,或在该国注册的船舶或飞机上;

(b) 被控罪犯为该国国民;

(c) 受害人为该国国民,而该国认为应予管辖。

2. 每一缔约国也应采取必要措施,确定在下列情况下,该国对此种罪行有管辖权:被控罪犯在该国管辖的任何领土内,该国不按第八条规定将其引渡至本条第1款所述的任何国家。

3. 本公约不排除依照国内法行使的任何刑事管辖权。

第六条

1. 任何缔约国管辖的领土内如有被控犯有第四条所述罪行的人,该国应于审查所获情报后确认根据情况必要时,将此人拘留,或采取其他法律措施确保此人留在当地。拘留和其他法律措施应合乎该国法律的规定,但延续时间只限于进行任何刑事诉讼或引渡程序所需的时间。

2. 该缔约国应立即对事实进行初步调查。

3. 按照本条第一款被拘留的任何人,应得到协助,立即与距离最近的本国适当代表联系,如为无国籍人,则与其通常居住国的代表联系。

4. 任何国家依据本条将某人拘留时,应立即将此人已被拘留及构成扣押理由的情况通知第五条第1款所指的国家。进行本条第二款所提的初步调查的国家,应迅速将调查结果告知上述国家,并说明是否有意行使管辖权。

第七条

1. 缔约国如在其管辖的领土内发现有被控犯有第四条所述任何罪行的人,在第五条所指的情况下,如不进行引渡,则应将该案提交由主管当局以便起诉。

2. 主管当局应根据该国法律,以审理情节严重的任何普通犯罪案件的同样方式作出判决。对第五条第二款所指的情况,起诉和定罪所需的证据标准决不应宽于第五条第一款所指情况适用的标准。

3. 任何人因第四条规定的任何罪行而被起诉时,应保证他在诉讼的所有阶段都得到公平的待遇。

第八条

1. 第四条所述各种罪行应视为属于缔约各国间现有的任何引渡条约所列的可引渡罪行。缔约各国保证将此种罪行作为可引渡罪行列入将来相互之间缔结的每项引渡条约。

2. 以订有条约为引渡条件的缔约国,如收到未与其签订引渡条约的另一缔约国的引渡请求,可将本公约视为对此种罪行要求引渡的法律根据。引渡必须符合被请求国法律规定的其他条件。

3. 不以订有条约为引渡条件的缔约国,应在相互之间承认此种罪行为可引渡罪行,但须遵守被请求国法律规定的各种条件。

4. 为在缔约国间进行引渡的目的,应将此种罪行视为不仅发生在行为地,而且发生在按照第五条第1款必须确定管辖权的国家领土内。

第九条

1. 缔约各国在就第四条所规定的任何罪行提出刑事诉讼方面,应尽力相互协助,其中包括提供它们所掌握的为诉讼所必需的一切证据。

2. 缔约各国应依照它们之间可能订有的关于相互提供司法协助的条约履行本条第1款下的义务。

第十条

1. 每一缔约国应保证在可能参与拘留、审讯或处理遭到任何形式的逮捕、扣押或监禁的人的民事或军事执法人员、医务人员、公职人员及其他人员的训练中,充分列入关于禁止酷刑的教育和资料。

2. 每一缔约国应将禁止酷刑列入所发关于此类人员职务的规则或指示之中。

第十一条

每一缔约国应经常有系统地审查对在其管辖的领土内遭到任何形式的逮捕、扣押或监禁的人进行审讯的规则、指示、方法和惯例以及对他们的拘留和待遇的安排,以避免发生任何酷刑事件。

第十二条

每一缔约国应确保在有适当理由认为在其管辖的任何领土内已发生酷刑行为时,其主管当局立即进行公正的调查。

第十三条

每一缔约国应确保凡声称在其管辖的任何领土内遭到酷刑的个人有权向该国主管当局申诉,并由该国主管当局对案件进行迅速而公正的审查。应采取步骤确保申诉人和证人不因提出申诉或提供证据而遭受任何虐待或恐吓。

第十四条

1. 每一缔约国应在其法律体制内确保酷刑受害者得到补偿,并享有获得公平和充分赔偿(其中包括尽力使其完全复原)的强制执行权利的费用。如果受害者因受酷刑死亡,其受抚养人应享有获得赔偿的权利。

2. 本条任何规定均不影响受害者或其他人根据国家法律规定可能获得赔偿的任何权利。

第十五条

每一缔约国应确保在任何诉讼程序中不得援引任何业经确定系以酷刑取得的口供为证据,但这类口供可用作被控施用酷刑者刑讯逼供的证据。

第十六条

1. 每一缔约国应保证防止公职人员或以官方身份行使职权的其他人在该国管辖的任何领土内施加、唆使、同意或默许未达到第一条所述酷刑程度的其他残忍、不人道或有辱人格的待遇或处罚的行为。特别是第十、十一、十二、十三条所规定义务均应适用,唯其中酷刑一词均以其他形式的残忍、不人道或有辱人格的待遇或处罚等字代替。

2. 本公约各项规定不妨碍任何其他国际文书或国家法律中关于禁止残忍、不人道或有辱人格的待遇或处罚,或有关引渡或驱逐的规定。

第二部分

第十七条

1. 应设立禁止酷刑委员会(以下简称委员会),履行下文所规定的职责。委员会应由具有高尚道德地位和公认在人权领域具有专长的十名专家组成,他们应以个人身份任职。专家应由缔约国选举产生,同时考虑到公平地区分配和一些具有法律经验人员参加的好处。

2. 委员会成员应从缔约国提名的名单中以无记名投票方式选举产生。每一缔约国可从本国国民中提名一人。缔约国应考虑到:从根据《公民权利和政治权利国际盟约》成立的人权事务委员会委员中提名愿意担任禁止酷刑委员会成员的人是有好处的。

3. 委员会成员的选举在由联合国秘书长召开的两年一期的缔约国会议上进行。这些会议以三分之二缔约国的出席为法定人数,获得票数最多且占出席并参加表决的缔约国代表所投票数的绝对多数者,即当选为委员会成员。

4. 委员会的第一次选举应在本公约生效之日起六个月内进行。联合国秘书长应在委员会每次选举日之前的至少四个月,以书面邀请本公约缔约国在三个月内提出委员会成员候选人名单。秘书长应将经提名的所有人选按字母顺序开列名单,注明提名的缔约国,并将名单送交本公约缔约国。

5. 委员会成员当选后任期应为四年。如再度提名,连选可连任。但首次当选的成员中有五名成员的任期应于二年届满;首次选举后,本条第3款所指会议的主席应立即以抽签方式选定这五位成员。

6. 如委员会成员死亡,或辞职,或因任何其他原因不能履行其在委员会的职责,提名他的缔约国应从其国民中任命另一位专家补足其任期,但须获得过半数缔约国的同意。在联合国秘书长通知提议的任命的六个星期内,如无半数或半数以上缔约国表示反对,这一任命应被视为已获同意。

7. 缔约各国应负担委员会成员履行委员会职责时的费用。

第十八条

1. 委员会选举主席团成员,任期两年。连选可连任。

2. 委员会应自行制定其议事规则,但该规则中除其他外应规定:

（a）六名成员构成法定人数；

（b）委员会的决定应以出席成员的过半数票作出。

3. 联合国秘书长应提供必要的人员和设施，供委员会有效履行本公约规定的职责。

4. 联合国秘书长应召开委员会的首次会议。首次会议以后，委员会应按其议事规则规定的时间开会。

5. 缔约各国应负责支付缔约国以及委员会举行会议的费用，包括偿付联合国依据本条第3款所承付提供工作人员和设施等任何费用。

第十九条

1. 缔约国应在本公约对其生效后一年内，通过联合国秘书长向委员会提交关于其履行公约义务所采措施的报告。随后，缔约国应每四年提交关于其所采新措施的补充报告以及委员会可能要求的其他报告。

2. 联合国秘书长应将这些报告送交所有缔约国。

3. 每份报告应由委员会加以审议，委员会可以对报告提出它认为适当的一般性评论，并将其转交有关缔约国。该缔约国可以随时向委员会提出任何说明，作为答复。

4. 委员会可以斟酌决定将它依照本条第3款所作的任何评论，连同从有关缔约国收到的这方面的说明，载入其按照第二十四条所编写的年度报告中。应有关缔约国的请求，委员会还可在其中附载根据本条第一款提交的报告。

第二十条

1. 如果委员会收到可靠的情报，认为其中有确凿证据迹象显示在某一缔约国境内经常施行酷刑，委员会应请该缔约国合作研究该情报，并为此目的就有关情报提出说明。

2. 委员会考虑到有关缔约国可能提出的任何说明以及可能得到的其他有关情报，如果认为有正当理由，可以指派一名或一名以上成员进行秘密调查并立即向委员会提出报告。

3. 如果是根据本条第二款进行调查，委员会应寻求有关缔约国的合作。在该缔约国的同意下，这种调查可以包括到该国境内访问。

4. 委员会审查其成员按照本条第二款所提交的调查结果后，应将这些结果连同根据情况似乎适当的任何意见或建议一起转交该有关缔约国。

5. 本条第一款至第四款所指委员会的一切程序均应保密，在程序的各个阶段，均应寻求缔约国的合作。这种按照第二款所进行的调查程序完成后，委员会在与有关缔约国协商后，可将关于这种程序的结果摘要载入其按照第二十四条所编写的年度报告。

第二十一条

1. 本公约缔约国可在任何时候根据本条，声明承认委员会有权接受和审议某一缔约国声称另一缔约国未履行本公约所规定义务的来文。但须提出此种来文的缔约国已声明本身承认委员会有此权限，委员会方可按照本条规定的程序予以接受和审议此种来文。如来文涉及未曾作此种声明的缔约国，则委员会不得根据本条规定加以处理。根据本条规定所接受的来文应按下列程序处理：

（a）某一缔约国如认为另一缔约国未实行本公约的规定，可用书面通知提请后者注意这一问题。收文国在收到通知后三个月内应书面向发文国提出解释或任何其他声明以澄清问题，其中应尽量适当地提到对此事已经采取、将要采取或可以采取的国内措施和补救办法；

(b) 如在收文国收到最初来文后六个月内,未能以有关缔约国双方均感满意的方式处理这一问题,任何一方均有权以通知方式将此事提交委员会,并通知另一方;

(c) 委员会对根据本条提交给它的事项,只有在已查明对该事项已依公认的国际法原则援引和用尽一切国内补救办法时,方可予以处理,但补救办法的施行如发生不当稽延,或因违反本公约行为的受害者不可能得到有效救济,则此一规则不适用;

(d) 委员会根据本条审查来文时,应举行非公开会议;

(e) 在不违反(c)项规定的前提下,委员会应对有关缔约国提供斡旋,以便在尊重本公约所规定义务的基础上,友好地解决问题。为此,委员会可于适当时设立特设调解委员会;

(f) 委员会对根据本条提交的任何事项均可要求(b)项所指有关缔约国提供任何有关的资料;

(g) 委员会审议此事时,(b)项所指有关缔约国应有权派代表出席并提出口头和(或)书面意见;

(h) 委员会应在收到(b)项规定的通知之日起十二个月内提出报告:

(i) 如能按(e)项规定解决,委员会的报告应限于简单叙述事实和所达成的解决办法;

(ii) 如不能按(e)项规定解决,委员会的报告应限于简单叙述事实;有关缔约国的书面意见和口头意见记录应附于报告之后。关于上述每种情况的报告均应送交有关缔约国。

2. 在本公约的五个缔约国根据本条第1款规定作出声明后,本条规定即行生效。缔约国应将这种声明交存于联合国秘书长,秘书长应将声明副本分送其他缔约国。此类声明可随时通知秘书长予以撤销。这种撤销不得妨碍对根据本条已发文书中所载任何事项的审议。秘书长在收到任何缔约国通知撤销的声明后,不应再接受其根据本条所发的其他来文,除非有关缔约国作出新的声明。

第二十二条

1. 本公约缔约国在任何时候根据本条,声明承认委员会有权接受和审议在该国管辖下声称因该缔约国违反本公约条款而受害的个人或其代表所送交的来文。如来文涉及未曾作出这种声明的缔约国,则委员会不应予以接受。

2. 根据本条提出的任何来文。如采用匿名方式或委员会认为滥用提出此类文书的权利或与本公约规定不符,委员会应视为不能接受。

3. 在不违反第二款规定的前提下,对于根据本条提交委员会的任何来文,委员会应提请根据第1款作出声明并被指称违反本公约任何规定的本公约缔约国予以注意。收文国应在六个月内向委员会提出书面解释或声明以澄清问题,如该国已采取补救办法,也应加以说明。

4. 委员会应根据个人或其代表以及有关缔约国所提供的一切资料,审议根据本条所收到的来文。

5. 委员会除非已查明下述情况,不应审议个人根据本条提交的来文:

(a) 同一事项过去和现在均未受到另一国际调查程序或解决办法的审查;

(b) 个人已用尽一切国内补救办法;但在补救办法的施行已发生不当稽延或对违反本公约行为的受害者不可能提供有效救济的情况下,本规则不适用。

6. 委员会根据本条审查来文时,应举行非公开会议。

7. 委员会应将其意见告知有关缔约国和个人。

8. 在本公约的五个缔约国根据本条第一款规定作出声明后,本条规定即行生效。缔约国应将这种声明交存于联合国秘书长,秘书长应将声明副本分送其他缔约国。此类声明可随时通知秘书长予以撤销。这种撤销不得妨碍对根据本条已发文书中所载任何事项的审议。秘书长在收到任何缔约国通知撤销的声明后,不应再接受个人或其代表根据本条所发的其他来文,除非有关缔约国作出新的声明。

第二十三条
委员会成员和根据第二十一条第一款(e)项任命的特设调解委员会成员,可根据《联合国特权和豁免公约》有关章节的规定,应享有为联合国服勤的专家的便利、特权和豁免。

第二十四条
委员会应根据本公约向缔约国和联合国大会提交一份关于其活动的年度报告。

第三部分

第二十五条
1. 本公约对所有国家开放签字。

2. 本公约需经批准。批准书应交存于联合国秘书长。

第二十六条
本公约对所有国家开放加入。一旦加入书交存于联合国秘书长,加入即行生效。

第二十七条
1. 本公约在第二十份批准书或加入书交存于联合国秘书长之日起第三十天开始生效。

2. 在第二十份批准书或加入书交存后批准或加入本公约的国家,本公约在其批准书或加入书交存之日起第三十天对该国开始生效。

第二十八条
1. 各国在签署或批准本公约或在加入本公约时,可声明不承认第二十条所规定的委员会的职权。

2. 按照本条第1款作出保留的任何缔约国,可随时通知联合国秘书长撤销其保留。

第二十九条
1. 本公约任何缔约国均可提出修正案,并送交联合国秘书长。然后,由秘书长将这一建议的修正案转交缔约各国,并要求它们通知秘书长是否同意举行一次缔约国会议以便审议和表决这一提案。如在来文发出之日起四个月内至少有三分之一的缔约国同意召开这样一次会议,秘书长应在联合国主持下召开这次会议。由出席会议并参加表决的缔约国过半数通过的任何修正案应由秘书长提请所有缔约国同意。

2. 当本公约三分之二的缔约国通知联合国秘书长,它们已按照本国的宪法程序同意这一修正案时,根据本条第一款通过的修正案即行生效。

3. 修正案一经生效,即应对同意修正案的国家具有约束力,其他国家则仍受本公约条款或以前经其同意的修正案的约束。

第三十条

1. 两个或两个以上缔约国之间有关本公约的解释或适用的任何争端,如不能通过谈判解决,在其中一方的要求下,应提交仲裁。如果自要求仲裁之日起六个月内各方不能就仲裁之组织达成一致意见,任何一方均可按照国际法院规约要求将此争端提交国际法院。

2. 每一国家均可在签署或批准本公约或加入本公约时,宣布认为本条第1款对其无拘束力。其他缔约国在涉及作出这类保留的任何国家时,亦不受本条第1款的拘束。

3. 按照本条第二款作出保留的任何缔约国,可随时通知联合国秘书长撤销其保留。

第三十一条

1. 缔约国可以书面通知联合国秘书长退约。秘书长收到通知书之日起一年后,退约即行生效。

2. 这种退约不具有解除缔约国有关退约生效之日前发生的任何行为或不行为在本公约下所承担的义务的效能。退约也不得以任何方式妨碍委员会继续审议在退约生效前已在审议的任何问题。

3. 自一个缔约国的退约生效之日起,委员会不得开始审议有关该国的任何新问题。

第三十二条

联合国秘书长应将下列事项通知联合国所有会员国和本公约所有签署国或加入国:

(a) 根据第二十五条和第二十六条进行的签署、批准和加入情况;

(b) 本公约根据第二十七条生效日期;任何修正案根据第二十九条生效日期;

(c) 根据第三十一条退约情况。

第三十三条

1. 本公约的阿拉伯文、中文、英文、法文、俄文和西班牙文文本具有同等效力,应交存于联合国秘书长。

2. 联合国秘书长应将本公约的正式副本转送给所有国家。

20. 禁止酷刑和其他残忍、不人道或有辱人格的待遇或处罚公约任择议定书

(联合国大会2002年12月18日通过)

序　言

本议定书缔约国,

重申酷刑和其他残忍、不人道或有辱人格的待遇或处罚一律在禁止之列并且构成对人权的严重侵犯,

确信需要采取进一步措施实现《禁止酷刑和其他残忍、不人道或有辱人格的待遇或处罚

公约》(下称《公约》)的目标,需要加强保护被剥夺自由者免受酷刑和其他残忍、不人道或有辱人格的待遇或处罚,

忆及《禁止酷刑和其他残忍、不人道或有辱人格的待遇或处罚公约》第2条和第16条要求每一缔约国采取有效措施防止在其管辖的任何领土内出现酷刑和其他残忍、不人道或有辱人格的待遇或处罚行为,

确认各国负有执行这些条款的首要责任,确认加强保护被剥夺自由的人和全面尊重其人权是所有各方的共同责任,并确认国际执行机构机制的作用是补充和加强国内措施,

忆及有效防止酷刑和其他残忍、不人道或有辱人格的待遇或处罚要求进行教育并综合采取立法、行政、司法或其他措施,

又忆及1993年6月在维也纳举行的世界人权会议切实宣告,为消灭酷刑而进行的努力首先应注重预防,并要求通过一项《公约》的任择议定书,以便建立一个预防性的定期查访拘留地点的制度,

坚信以定期查访拘留地点为基础的预防性非司法手段可加强对被剥夺自由者的保护使其免受酷刑和其他残忍、不人道或有辱人格的待遇或处罚,

兹协议如下,

第一部分 一般原则

第1条

本议定书的目标是建立一个由独立国际机构和国家机构对存在被剥夺自由者的地点进行定期查访的制度,以预防酷刑和其他残忍、不人道或有辱人格的待遇或处罚。

第2条

1. 应设立禁止酷刑委员会预防酷刑和其他残忍、不人道或有辱人格待遇或处罚小组委员会(以下简称预防小组委员会),该小组委员会应履行本议定书所规定的职能。

2. 预防小组委员会应在《联合国宪章》的范围内工作,并遵循其宗旨和原则以及联合国关于被剥夺自由者待遇的准则。

3. 预防小组委员会还应遵守保密、公正、非选择性、普遍性和客观性原则。

4. 预防小组委员会和缔约国应在执行本议定书方面相互合作。

第3条

每一缔约国应在国内一级设立、指定或保持一个或多个预防酷刑和其他残忍、不人道或有辱人格的待遇或处罚的查访机构(下称国家预防机制)。

第4条

1. 每一缔约国应允许第2条和第3条所指机制按照本议定书的规定对其管辖和控制下任何确实或可能按照公共机关的命令或怂恿或在其同意或默许下剥夺人的自由的地方(下称拘留地点)进行查访。进行这种查访目的在于必要时加强对这类人的保护,使其免于酷刑和其他残忍、不人道或有辱人格的待遇或处罚。

2. 为本议定书的目的,剥夺自由指任何形式的拘留或监禁或将人置于公共或私人扣押之下并由于按照任何司法、行政或其他公共机关的命令而不准其凭意愿离开。

第二部分　预防小组委员会

第 5 条

1. 小组委员会应由十名委员组成。在五十个国家批准或加入本议定书后，预防小组委员会委员应增加到二十五名。

2. 预防小组委员会委员应从品德高尚的人士中遴选，这些人士应确实具有裁判领域公认的专业经验，特别是刑法、监狱或警察管理或与被剥夺自由者待遇有关的领域公认的专业经验。

3. 小组委员会的组成应适当考虑到委员的公平地域分配以及缔约国的不同文明形式和法律制度的代表性。

4. 小组委员会的组成还应根据男女平等和不歧视原则考虑到男女代表性的均衡。

5. 预防小组委员会中不得有任何两名委员为同一国家的国民。

6. 小组委员会委员应以个人身份任职，应保持独立和公正，并应能随时从事预防工作，高效率地为小组委员会服务。

第 6 条

1. 每个缔约国可根据第 2 款最多提出具备第 5 条所规定资格并符合其要求的两名候选人，同时应提供关于被提名者资格的详细资料。

2. (a) 小组委员会委员候选人应具有本议定书缔约国的国籍。

(b) 两名候选人中至少应有一名具有提名缔约国的国籍。

(c) 一个缔约国获提名的国民不得超过两名。

(d) 一个缔约国在提名另一个缔约国的国民之前，应征求并获得该缔约国的书面同意。

3. 联合国秘书长应至少在进行选举的缔约国会议举行之日前五个月致函缔约国，请其在三个月之内提交提名。秘书长应提交按姓氏字母顺序排列的所有这样提名的人员名单，同时标明提名的缔约国。

第 7 条

1. 小组委员会委员应以下述方式选出：

(a) 首要考虑应当是符合第 5 条的要求和标准；

(b) 初次选举最迟应在本议定书生效之日后六个月内进行；

(c) 缔约国应以无记名投票的方式选举预防小组委员会委员；

(d) 预防小组委员会委员的选举应在由联合国秘书长每两年召开一次的缔约国会议上进行。参加会议的缔约国法定数目应是三分之二，选出的小组委员会委员应是获得票数最多并是获得出席会议并参加投票的缔约国代表票数的绝对多数的人。

2. 如果在选举过程中有一个缔约国的两名国民符合作为委员会委员的资格，获得票数较多的候选人应成为小组委员会委员。在两名国民所获得票数相等的情况下，按下述程序确定：

(a) 在这两名候选人中只有一名是提名缔约国国民的情况下，该国民应成为小组委员会委员；

(b) 在这两名候选人均为提名缔约国国民的情况下，应单独进行一次无记名投票以决定哪位国民应成为小组委员会委员；

(c) 在这两名候选人均不是提名缔约国国民的情况下，应单独进行一次无记名投票以决定哪位国民应为小组委员会委员。

第 8 条

如果预防小组委员会的一名委员死亡或辞职，或由于其他原因不能再履行职责，该委员的提名缔约国应在考虑到保持各领域胜任能力的适当平衡所需要的情况下，提出另一名具有第 5 条所规定资格并符合其要求的人员，以在小组委员会工作至下一次缔约国会议，但需得到多数缔约国的同意。除非半数或更多缔约国在收到联合国秘书长关于建议任命的通知以后六周内表示反对，否则即应认为已经同意。

第 9 条

预防小组委员会委员任期四年。他们如果再次被提名，可连选一次。第一次选出委员的半数任期为两年；第 7 条第 1 款 d 项所指会议的主席在第一次选举之后应立即通过抽签确定这部分委员的名单。

第 10 条

1. 预防小组委员会应选出主席团委员，任期两年。他们可连选连任。
2. 预防小组委员会应制定自己的议事规则，这些规则除其他外应规定：
(a) 半数加一名委员为法定人数；
(b) 预防小组委员会的决定由出席会议委员的多数票作出；
(c) 预防小组委员会的会议不公开。
3. 预防小组委员会首次会议由联合国秘书长召集。首次会议之后，小组委员会在其议事规则规定的时间开会。预防小组委员会和禁止酷刑委员会每年至少应有一届会议同时举行。

第三部分　预防小组委员会的职权范围

第 11 条

预防小组委员会应：

(a) 查访第 4 条所指地点，并就保护被剥夺自由的人免于遭受酷刑和其他残忍、不人道或有辱人格的待遇或处罚向缔约国提出建议；

(b) 对于国家预防机制：

(一) 在必要时就这些机制的设立向缔约国提供咨询意见和援助；

(二) 与国家预防机制保持直接的联系，必要情况下保持机密联系，并为其提供培训和技术援助，以加强这些机制的能力；

(三) 在评估需求和必要措施方面向这些机制提供咨询和援助，以加强对被剥夺自由者的保护，使其免遭酷刑和其他残忍、不人道或有辱人格的待遇或处罚；

(四) 向缔约国提出建议和意见，以便加强国家预防机制预防酷刑和其他残忍、不人道或有辱人格的待遇或处罚的能力和任务；

（c）为从总的方面预防酷刑，与有关的联合国机关和机制合作，并与致力于加强保护人民使其免遭酷刑和其他残忍、不人道或有辱人格的待遇或处罚的国际、区域和国家机构或组织合作。

第 12 条

为使预防小组委员会能够行使第 11 条所列的职权，缔约国承诺：

（a）在其领土上接待预防小组委员会并准予查访本议定书第 4 条所界定的拘留地点。

（b）提供预防小组委员会可能要求的一切有关资料，以便评估存在哪些需求和应采取哪些措施，以加强对被剥夺自由者的保护，使其免遭酷刑和其他残忍、不人道或有辱人格的待遇或处罚；

（c）鼓励和便利预防小组委员会与国家预防机制进行联系；

（d）研究预防小组委员会的建议并就可采取的执行措施与小组委员会进行对话。

第 13 条

1. 预防小组委员会应为执行第 11 条所定任务确定对缔约国进行定期查访的计划，第一次应以抽签方式确定。

2. 在进行磋商以后，预防小组委员会应将查访计划通知缔约国，使之能够立即为查访作出必要的实际安排。

3. 查访应至少由预防小组委员会的两名委员负责进行。必要时，可由经证明具备本议定书所涉领域专业经验和知识的专家陪同委员进行查访，这些专家应从依据缔约国、联合国人权事务高级专员办事处以及联合国国际预防犯罪中心提出的建议准备的专家名册中选出。在准备专家名册时，有关缔约国最多可提出五名本国专家。缔约国可反对某一专家参加查访，在这种情况下，预防小组委员会应提议另派专家。

4. 如果预防小组委员会认为适当，可提出在定期查访之后进行一次短时间的后续查访。

第 14 条

1. 为使预防小组委员会能够完成其任务，本议定书缔约国承诺准予小组委员会：

（a）不受限制地得到关于第 4 条所界定的拘留地点内被剥夺自由者人数及拘留地点数目和位置的所有资料；

（b）不受限制地得到关于这些人的待遇和拘留条件的所有资料；

（c）在不违反第 2 款的前提下，不受限制地查看所有拘留地点及其装置和设施；

（d）有机会亲自或认为必要时在译员的协助下，在没有旁人在场时自由会见被剥夺自由者以及小组委员会认为可提供相关资料的任何其他人；

（e）自由选择准备查访的地点和准备会见的人。

2. 只有出于紧急和迫切的国防、公共安全、自然灾害或被查访地点严重动乱的原因暂时不能进行查访，才允许反对查访特定拘留地点。缔约国不得援引存在宣布的紧急状态本身作为反对查访的理由。

第 15 条

任何人或组织向预防小组委员会或其成员提供任何资料，不论真实与否，任何公共机关或官员不得因此而下令、实施、准许或容忍对该人或该组织的任何惩处，也不得以任何其他方式损害该人或该组织。

第 16 条

1. 预防小组委员会应将其建议和意见秘密交送缔约国,并在相关的情况下交送国家预防机制。

2. 预防小组委员会应在有关缔约国提出请求的情况下公布报告以及该缔约国的任何评论。如果该缔约国公布报告的一部分,预防小组委员会可公布报告的全部或其中的一部分。然而,有关个人的资料非经该人明确同意不得公布。

3. 预防小组委员会应向禁止酷刑委员会提交一份公开的年度报告。

4. 如果缔约国拒绝按照第 12 条和第 14 条与预防小组委员会合作或该拒绝按照小组委员会的建议采取措施改善有关情况,禁止酷刑委员会可以在应小组委员会要求,在为该缔约国提供机会表示自己的意见之后,以委员的多数票决定就该事项发表公开声明或公布小组委员会的报告。

第四部分　国家预防机制

第 17 条

每个缔约国最迟在本议定书生效或其批准或加入一年后应保持、指定或设立一个或多个独立的国家预防机制,负责在本国一级预防酷刑。为本议定书的目的,在符合议定书规定的前提下,可将中央一级以下的单位设立的机制指定为国家预防机制。

第 18 条

1. 缔约国应保证国家预防机制职能的独立性及其工作人员的独立性。

2. 缔约国应采取必要措施确保国家预防机制的成员具有必需的能力和专业知识。缔约国应争取实现性别平衡和使各民族群体和少数人群体得到适当代表。

3. 缔约国承诺为国家预防机制的运作提供必要的资源。

4. 缔约国在设立国家预防机制时应充分考虑到《有关促进和保护人权的国家机构的地位的原则》。

第 19 条

国家预防机制最低限度应具有如下权力:

(a) 定期检查在第 4 条所界定地点的被剥夺自由者的境况,以期必要时加强保护使其免受酷刑和其他残忍、不人道或有辱人格的待遇或处罚;

(b) 联系联合国的有关准则,向主管机关提出建议,以期改善被剥夺自由者的待遇和条件,防止酷刑和其他残忍、不人道或有辱人格的待遇或处罚;

(c) 就有关这一问题的立法草案或已有立法提出建议或意见。

第 20 条

为了使国家预防机制能够履行任务,本议定书的缔约国承诺允许这些机制:

(a) 得到关于第 4 条所界定拘留地点内被剥夺自由者人数及这些地点的数目和所在位置的所有资料;

(b) 得到关于这些人的待遇和拘留条件的所有资料;

(c) 查看所有拘留地点及其装置和设施;

(d) 有机会亲自或认为必要时在译员的协助下，在没有旁人在场时自由会见被剥夺自由者以及国家预防机制认为可提供相关资料的任何其他人；

(e) 自由选择准备查访的地点和准备会见的人；

(f) 有权与小组委员会接触、通报情况和会晤。

第 21 条

1. 任何人或组织向国家预防机制提供任何资料，不论真实与否，任何公共机关或官员不得因此而下令、实施、准许或容忍对该人或该组织的任何惩处，也不得以任何其他方式损害该人或该组织。

2. 国家预防机制收集的机密资料不予透露。个人资料非经有关个人明确同意不得公布。

第 22 条

有关缔约国的主管机关应研究国家预防机制的建议，并就可采取的执行措施与该机制进行对话。

第 23 条

本议定书缔约国承诺公布并散发国家预防机制的年度报告。

第五部分 声 明

第 24 条

1. 缔约国在批准本议定书时，可声明推迟履行根据第三部分或第四部分承担的义务。

2. 推迟期不超过三年。在缔约国作出适当陈述并与预防小组委员会磋商之后，禁止酷刑委员会可将推迟期再延长两年。

第六部分 财务条款

第 25 条

1. 预防小组委员会在执行本议定书方面的开支由联合国承担。

2. 联合国秘书长应为小组委员会依照本议定书有效行使职能提供必要的工作人员和便利。

第 26 条

1. 应根据大会的有关程序设立一个特别基金，按照联合国的财务条例和细则加以管理，以便帮助为缔约国在预防小组委员会查访之后落实小组委员会的建议以及开展国家预防机制的教育方案提供经费。

2. 特别基金的经费可来自各国政府、政府间组织和非政府组织以及其他私营或公营实体的自愿捐款。

第七部分 最后条款

第 27 条

1. 本议定书开放供所有已签署《公约》的国家签字。

2. 本议定书须经已批准或加入《公约》的任何国家批准。批准书应交存联合国秘书长。

3. 本议定书开放供已批准或加入《公约》的任何国家加入。

4. 加入应于加入书交存联合国秘书长之时生效。

5. 联合国秘书长应将每一批准书或加入书的交存通知所有已签署或加入本议定书的国家。

第 28 条

1. 本议定书自第二十份批准书或加入书交存联合国秘书长之日起三十天生效。

2. 对于在第二十份批准书或加入书交存联合国秘书长之后批准或加入的每一国家,本议定书应于该国交存批准书或加入书之日起三十天生效。

第 29 条

本议定书各项规定适用于联邦国家的全部领土,无任何限制或例外。

第 30 条

不得对本议定书提出保留。

第 31 条

本议定书的规定不影响缔约国根据建立查访拘留地点制度的区域公约承担的义务。鼓励预防小组委员会与根据这些区域公约设立的机构进行磋商和合作,以避免工作重复,并有效促进实现的议定书的目标。

第 32 条

本议定书的规定不影响 1949 年 8 月 12 日《日内瓦四公约》及其 1997 年 6 月 8 日《附加议定书》缔约国的义务,也不应影响任何缔约国批准红十字国际委员会在国际人道主义法未涵盖的情形中查访拘留地点的可能性。

第 33 条

1. 任何缔约国得随时书面通知联合国秘书长退出本议定书,秘书长随后应通知本议定书和《公约》的其他缔约国。退出议定书应从秘书长收到通知之日起一年后生效。

2. 退出议定书并不免除缔约国根据本议定书在以下方面承担的义务:在退出生效之日前发生的任何行为或情况;预防小组委员会已经决定或可能决定对有关缔约国采取的行动;退出也绝不影响预防小组委员会继续审议退出生效之日前已在审议的任何问题。

3. 在缔约国退出生效之日后,预防小组委员会不应再开始有关该国的任何新事项的审议。

第 34 条

1. 本议定书的任何缔约国均可提出修正案并将其提交联合国秘书长。秘书长应立即将提出的修正案送达本议定书各缔约国,同时请它们通知秘书长是否赞成召开缔约国会议以审议此项提案并对之进行表决。在送达之日起四个月内至少有三分之一缔约国赞成召开这一会议的情况下,秘书长应召集联合国主持下的会议。修正案在得到出席会议并参加表决的三分之二多数缔约国通过之后,应由秘书长提交所有缔约国予以接受。

2. 根据本条第 1 款通过的修正案经本议定书三分之二多数的缔约国根据各自的宪法程序予以接受后即行生效。

3. 修正案一旦生效,即对接受修正案的缔约国具有约束力,其他缔约国则仍受本议定书各项规定和它们早先接受的任何修正案的约束。

第 35 条

预防小组委员会委员及国家预防机制成员应享有独立行使其职能所需要的特权和豁免。预防小组委员会委员应享有1946年2月13日《联合国特权与豁免公约》第二十二节所规定的特权与豁免,但须遵守该公约第二十三节的规定。

第 36 条

预防小组委员会委员在缔约国进行查访时,应在不妨害本议定书的规定和宗旨及他们应享有的特权和豁免的情况下:

(a) 遵守接受查访的国家的法律和规章;

(b) 避免任何不符合他们任务的公正和国际性质的行为或活动。

第 37 条

1. 本议定书的阿拉伯文、中文、英文、法文、俄文和西班牙文本具有同等效力,交联合国秘书长保存。

2. 联合国秘书长应将本议定书经核证的副本转发所有国家。

21. CAT 第 4 号一般性意见:参照《公约》第 22 条执行第 3 条(2017 年)

22. 消除一切形式种族歧视国际公约

(联合国大会1965年12月21日通过)

本公约缔约国,

鉴于联合国宪章系以全体人类天赋尊严与平等的原则为基础,所有会员国均担允采取共同及个别行动与本组织合作,以达成联合国宗旨之一,即不分种族、性别、语言或宗教,增进并激励对于全体人类的人权及基本自由的普遍尊重与遵守,

鉴于世界人权宣言宣示人皆生而自由,在尊严及权利上均各平等,人人有权享受该宣言所载的一切权利与自由,无分轩轾,尤其不因种族、肤色或民族而分轩轾,

鉴于人人在法律上悉属平等并有权享受法律的平等保护,以防止任何歧视及任何煽动歧视的行为,

鉴于联合国已谴责殖民主义及与之并行的所有隔离及歧视习例,不论其所采形式或所在地区为何,又一九六〇年十二月十四日给予殖民地国家和人民独立宣言(大会第1514(XV)号决议)已确认并郑重宣示有迅速无条件终止此类习例的必要,

鉴于一九六三年十一月二十日联合国消除一切形式种族歧视宣言(大会第1904(XVIII)

号决议)郑重宣告迅速消除全世界一切种族歧视形式及现象及确保对人格尊严的了解与尊重,实属必要,

深信任何基于种族差别的种族优越学说,在科学上均属错误,在道德上应予谴责,在社会上均属失平而招险,无论何地,理论上或实践上的种族歧视均无可辩解,

重申人与人间基于种族、肤色或人种的歧视,为对国际友好和平关系的障碍,足以扰乱民族间的和平与安全,甚至共处于同一国内的人与人间的和谐关系,

深信种族壁垒的存在为任何人类社会理想所嫉恶,

怵于世界若干地区仍有种族歧视的现象,并怵于基于种族优越或种族仇恨的政府政策,诸如"种族隔离"、分隔或分离政策,

决心采取一切必要措施迅速消除一切种族歧视形式及现象,防止并打击种族学说及习例,以期促进种族间的谅解,建立毫无任何形式的种族隔离与种族歧视的国际社会,

念及一九五八年国际劳工组织所通过关于就业及职业歧视公约与一九六〇年联合国教育、科学及文化组织所通过取缔教育歧视公约,

亟欲实施联合国消除一切形式种族歧视宣言所载的原则并确保为此目的尽早采取实际措施,

爰议定条款如下:

第一部分

第一条

一、本公约称"种族歧视"者,谓基于种族、肤色、世系或民族或人种的任何区别、排斥、限制或优惠,其目的或效果为取消或损害政治、经济、社会、文化或公共生活任何其他方面人权及基本自由在平等地位上的承认、享受或行使。

二、本公约不适用于缔约国对公民与非公民间所作的区别、排斥、限制或优惠。

三、本公约不得解释为对缔约国关于国籍、公民身份或归化的法律规定有任何影响,但以此种规定不歧视任一籍民为限。

四、专为使若干须予必要保护的种族或民族团体或个人获得充分进展而采取的特别措施以期确保此等团体或个人同等享受或行使人权及基本自由者,不得视为种族歧视,但此等措施的后果须不致在不同种族团体间保持各别行使的权利,且此等措施不得于所定目的的达成后继续实行。

第二条

一、缔约国谴责种族歧视并承诺立即以一切适当方法实行消除一切形式种族歧视与促进所有种族间的谅解的政策,又为此目的:

(子)缔约国承诺不对人、人群或机关实施种族歧视行为或习例,并确保所有全国性及地方性的公共当局及公共机关均遵守此项义务行事;

(丑)缔约国承诺对任何人或组织所施行的种族歧视不予提倡、维护或赞助;

(寅)缔约国应采取有效措施对政府及全国性与地方性的政策加以检查,并对任何法律规章足以造成或持续不论存在于何地的种族歧视者,予以修正、废止或宣告无效;

（卯）缔约国应以一切适当方法，包括依情况需要制定法律，禁止并终止任何人、任何团体或任何组织所施行的种族歧视；

（辰）缔约国承诺于适当情形下鼓励种族混合主义的多种族组织与运动，以及其他消除种族壁垒的方法，并劝阻有加深种族分野趋向的任何事物。

二、缔约国应于情况需要时在社会、经济、文化及其他方面，采取特别具体措施确保属于各该国的若干种族团体或个人获得充分发展与保护，以期保证此等团体与个人完全并同等享受人权及基本自由，此等措施于所定目的达成后，绝不得产生在不同种族团体间保持不平等或个别行使权利的后果。

第三条

缔约国特别谴责种族分隔及"种族隔离"并承诺在其所辖领土内防止、禁止并根除具有此种性质的一切习例。

第四条

缔约国对于一切宣传及一切组织，凡以某一种族或属于某一肤色或人种的人群具有优越性的思想或理论为根据者，或试图辩护或提倡任何形式的种族仇恨及歧视者，概予谴责，并承诺立即采取旨在根除对此种歧视的一切煽动或歧视行为的积极措施，又为此目的，在充分顾及世界人权宣言所载原则及本公约第五条明文规定的权利的条件下，除其他事项外：

（子）应宣告凡传播以种族优越或仇恨为根据的思想，煽动种族歧视，对任何种族或属于另一肤色或人种的人群实施强暴行为或煽动此种行为，以及对种族主义者的活动给予任何协助者，包括筹供经费在内，概为犯罪行为，依法惩处；

（丑）应宣告凡组织及有组织的宣传活动与所有其他宣传活动的提倡与煽动种族歧视者，概为非法，加以禁止，并确认参加此等组织或活动为犯罪行为，依法惩处；

（寅）应不准全国性或地方性公共当局或公共机关提倡或煽动种族歧视。

第五条

缔约国依本公约第二条所规定的基本义务承诺禁止并消除一切形式种族歧视，保证人人有不分种族、肤色或民族或人种在法律上一律平等的权利，尤得享受下列权利：

（子）在法庭上及其他一切司法裁判机关中平等待遇的权利；

（丑）人身安全及国家保护的权利以防强暴或身体上的伤害，不问其为政府官员所加抑为任何私人、团体或机关所加；

（寅）政治权利，其尤著者为依据普遍平等投票权参与选举——选举与竞选——参加政府以及参加处理任何等级的公务与同等服公务的权利；

（卯）其他公民权利，其尤著者为：

(1) 在国境内自由迁徙及居住的权利；

(2) 有权离去任何国家，连其本国在内，并有权归返其本国；

(3) 享有国籍的权利；

(4) 缔结婚姻及选择配偶的权利；

(5) 单独占有及与他人合有财产的权利；

(6) 继承权；

(7) 思想、良心与宗教自由的权利；

(8) 主张及表达自由的权利；

(9) 和平集会及结社自由的权利；

(辰) 经济、社会及文化权利,其尤著者为：

(1) 工作、自由选择职业、享受公平优裕的工作条件、免于失业的保障、同工同酬、获得公平优裕报酬的权利；

(2) 组织与参加工会的权利；

(3) 住宅权；

(4) 享受公共卫生、医药照顾、社会保障及社会服务的权利；

(5) 享受教育与训练的权利；

(6) 平等参加文化活动的权利；

(已) 进入或利用任何供公众使用的地方或服务的权利,如交通工具、旅馆、餐馆、咖啡馆、戏院、公园等。

第六条

缔约国应保证在其管辖范围内,人人均能经由国内主管法庭及其他国家机关对违反本公约侵害其人权及基本自由的任何种族歧视行为,获得有效保护与救济,并有权就因此种歧视而遭受的任何损失向此等法庭请求公允充分的赔偿或补偿。

第七条

缔约国承诺立即采取有效措施尤其在讲授、教育、文化及新闻方面以打击导致种族歧视之偏见,并增进国家间及种族或民族团体间的谅解、宽恕与睦谊,同时宣扬联合国宪章之宗旨与原则、世界人权宣言、联合国消除一切形式种族歧视宣言及本公约。

第二部分

第八条

一、兹设立消除种族歧视委员会(以下简称"委员会")由德高望重、公认公正的专家十八人组成,由本公约缔约国自其国民中选出,以个人资格任职;选举时须顾及公匀地域分配及各种不同文明与各主要法系的代表性。

二、委员会委员应以无记名投票自缔约国推荐的人员名单中选出。缔约国得各自本国国民中推荐一人。

三、第一次选举应自本公约生效之日起六个月后举行。联合国秘书长应于每次选举日前至少三个月时函请缔约国于两个月内提出其所推荐之人的姓名。秘书长应将所有如此推荐的人员依英文字母次序,编成名单,注明推荐此等人员的缔约国,分送各缔约国。

四、委员会委员的选举应在秘书长于联合国会所召开的缔约国会议中举行。该会议以三分之二缔约国为法定人数,凡得票最多,且占出席及投票缔约国代表绝对多数票者当选为委员会委员。

五、(子) 委员会委员任期四年。但第一次选举产生的委员中,九人的任期应于两年终了时届满,第一次选举后,此九人的姓名应即由委员会主席抽签决定。

(丑) 临时出缺时,其专家不复担任委员会委员的缔约国,应自其国民中指派另一专家,经委员会核准后,填补遗缺。

六、缔约国应负责支付委员会委员履行委员会职务时的费用。

第九条

一、缔约国承诺于(子)本公约对其本国开始生效后一年内,及(丑)其后每两年,并凡遇委员会请求时,就其所采用的实施本公约各项规定的立法、司法、行政或其他措施,向联合国秘书长提出报告,供委员会审议。委员会得请缔约国递送进一步的情报。

二、委员会应按年将工作报告送请秘书长转送联合国大会,并得根据审查缔约国所送报告及情报的结果,拟具意见与一般建议。此项意见与一般建议应连同缔约国核具的意见,一并提送大会。

第十条

一、委员会应自行制订其议事规则。

二、委员会应自行选举职员,任期两年。

三、委员会的秘书人员应由联合国秘书长供给。

四、委员会会议通常应在联合国会所举行。

第十一条

一、本公约一缔约国如认为另一缔约国未实施本公约的规定,得将此事通知委员会注意。委员会应将此项通知转知关系缔约国。收文国应于三个月内,向委员会提出书面说明或声明,以解释此事,如已采取补救办法并说明所采办法。

二、如此事于收文国收到第一次通知后六个月内,当事双方未能由双边谈判或双方可以采取的其他程序,达成双方满意的解决,双方均有权以分别通知委员会及对方的方法,再将此事提出委员会。

三、委员会对于根据本条第二款规定提出委员会的事项,应先确实查明依照公认的国际法原则,凡对此事可以运用的国内补救办法皆已用尽后,始得处理。但补救办法的实施拖延过久时不在此例。

四、委员会对于收受的任何事项,得请关系缔约国供给任何其他有关资料。

五、本条引起的任何事项正由委员会审议时,关系缔约国有权遣派代表一人于该事项审议期间参加委员会的讨论,但无投票权。

第十二条

一、(子)委员会主席应于委员会搜集整理认为必需的一切情报后,指派一专设和解委员会(以下简称和解会),由五人组成,此五人为委员会委员或非委员会委员均可。和解会委员之指派,须征得争端当事各方的一致充分同意,和解会应为关系各国斡旋俾根据尊重公约的精神,和睦解决问题。

(丑)遇争端各当事国于三个月内对和解会的组成的全部或一部未能达成协议时,争端各当事国未能同意的和解会委员,应由委员会用无记名投票法以三分之二多数票从其本身的委员中选举。

二、和解会委员以私人资格任职。和解会委员不得为争端当事各国的国民,亦不得为非本公约缔约国的国民。

三、和解会自行选举主席,制订议事规则。

四、和解会会议通常应在联合国会所举行,或和解会决定的方便地点举行。

五、依本公约第十条第三款供给的秘书人员,于缔约国间发生争端,致成立和解会时,应亦为和解会办理事务。

六、争端各当事国依照联合国秘书长所提概算,平均负担和解委员会的一切费用。

七、秘书长于必要时,有权在争端各当事国依本条第六款偿付之前,支付和解会委员的费用。

八、委员会所搜集整理的情报应送交和解会,和解会得请关系国家供给任何其他有关情报。

第十三条

一、和解会应于详尽审议上称事项后,编撰报告书,提交委员会主席,内载其对于与当事国间争执有关的一切事实问题的意见,并列述其认为适当的和睦解决争端的建议。

二、委员会主席应将和解会报告书分送争端各当事国。各当事国应于三个月内,通知委员会主席是否接受和解会报告书所载的建议。

三、委员会主席应于本条第二款规定的期限届满后,将和解会报告书及关系缔约国的宣告,分送本公约其他缔约国。

第十四条

一、缔约国得随时声明承认委员会有权接受并审查在其管辖下自称为该缔约国侵犯本公约所载任何权利行为受害者的个人或个人联名提出的来文。本文所指为未曾发表此种声明的缔约国时,委员会不得接受。

二、凡发表本条第一款所规定的声明的缔约国得在其本国法律制度内设立或指定一主管机关,负责接受并审查在其管辖下自称为侵犯本公约所载任何权利行为受害者并已用尽其他可用的地方补救办法的个人或个人联名提出之请愿书。

三、依照本条第一款所发表的声明及依照本条第二款所设立或指定的任何机关名称应由关系缔约国交存联合国秘书长,再由秘书长将其副本分送本公约其他缔约国。上述声明得随时通知秘书长撤回,但此项撤回不得影响正待委员会处理的来文。

四、依照本条第二款设立或指定的机关应置备请愿书登记册,此项登记册的正式副本应经适当途径每年转送秘书长存档,但以不得公开揭露其内容为条件。

五、遇未能从依本条第二款所设立或指定的机关取得补偿时,请愿人有权于六个月内将此事通知委员会。

六、(子)委员会应将其所收到的任何来文秘密提请据称违反公约任何条款的缔约国注意,但非经关系个人或联名个人明白表示同意,不得透露其姓名。委员会不得接受匿名来文。

(丑)收文国应于三个月内向委员会提出书面说明或声明,解释此事,如已采取补救办法,并说明所采办法。

七、(子)委员会应参照关系缔约国及请愿人所提供的全部资料,审议来文。非经查实请愿人确已用尽所有可用的国内补救办法,委员会不得审议请愿人的任何来文。但补救办法之实施拖延过久时,不在此例。

(丑)委员会倘有任何意见或建议,应通知关系缔约国及请愿人。

八、委员会应于其常年报告书中列入此种来文的摘要,并斟酌情形列入关系缔约国之说明与声明及委员会的意见与建议的摘要。

九、委员会应于本公约至少已有十缔约国受依照本条第一款所发表声明的拘束后始得行使本条所规定的职权。

第十五条

一、在大会一九六〇年十二月十四日第1514(XV)号决议所载给予殖民地国家和人民独立宣言的目标获致实现前，本公约各项规定绝不限制其他国际文书或联合国及其各专门机构授予此等人民的请愿权。

二、（子）依本公约第八条第一款设立的委员会应自处理与本公约原则目标直接有关事项而审理托管及非自治领土居民或适用大会第1514(XV)号决议的一切其他领土居民所递请愿书的联合国各机关，收受本公约事项有关的请愿书副本，并就各该请愿书向各该机关表示意见及提具建议。

（丑）委员会应收受联合国主管机关所递关于各管理国家在本条（子）项所称领土内所实施与本公约原则目标直接有关的立法、司法、行政或其他措施之报告书，表示意见并提具建议。

三、委员会应在其提送大会的报告书内列入其自联合国各机关所收到请愿书与报告书的摘要及委员会对各该请愿书及报告书的意见与建议。

四、委员会应请联合国秘书长提供关于本条第二款（子）项所称领土之一切与本公约目标有关并经秘书长接获的情报。

第十六条

本公约关于解决争端或控诉之各项条款的适用，应不妨碍联合国及其专门机构组织法或所通过公约内关于解决歧视方面争端或控诉规定的其他程序，亦不阻止本公约缔约国依照彼此间现行一般或特殊国际协定，采用其他程序以解决争端。

第三部分

第十七条

一、本公约开放给联合国会员国或其任何专门机构的会员国、国际法院规约当事国及经联合国大会邀请成为本公约缔约国的任何其他国家签字。

二、本公约须经批准。批准书应交存联合国秘书长。

第十八条

一、本公约应开放给本公约第十七条第一款所称的任何国家加入。

二、加入应向联合国秘书长交存加入书。

第十九条

一、本公约应自第二十七件批准书或加入书交存联合国秘书长之日后第三十日起发生效力。

二、本公约对于在第二十七件批准书或加入书交存后批准或加入公约之国家应自该国交存批准书或加入书之日后第三十日起发生效力。

第二十条

一、秘书长应收受各国于批准或加入时所作的保留并分别通知本公约所有缔约国或可成为缔约国的国家。凡反对此项保留的国家应于从此项通知书日期起算之九十日内，通知秘书长不接受此项保留。

二、凡与本公约的目标及宗旨抵触的保留不得容许,其效果足以阻碍本公约所设任何机关之业务者,也不得准许。凡经至少三分之二本公约缔约国反对者,应视为抵触性或阻碍性之保留。

三、前项保留得随时通知秘书长撤销。此项通知自收到之日起生效。

第二十一条

缔约国得以书面通知联合国秘书长退出本公约。退约应于秘书长接获通知之日起,一年后发生效力。

第二十二条

两个或两个以上缔约国间关于本公约的解释或适用的任何争端不能以谈判或以本公约所明定的程序解决者,除争端各方商定其他解决方式外,应于争端任何一方请求时提请国际法院裁决。

第二十三条

一、任何缔约国得随时以书面向联合国秘书长提出修改本公约之请求。

二、联合国大会应决定对此项要求采取的步骤。

第二十四条

秘书长应将下列事项通知本公约第十七条第一款所称的所有国家:

(子)依第十七条及第十八条所为的签字、批准及加入;

(丑)依第十九条本公约发生效力的日期;

(寅)依第十四条及第二十条及第二十三条接获的来文及声明;

(卯)依第二十一条所为的退约。

第二十五条

一、本公约应交存联合国档库,其中文、英文、法文、俄文及西班牙文各本同一作准。

二、联合国秘书长应将本公约的正式副本分送所有属于本公约第十七条第一款所称各类之一的国家。

为此,下列各代表秉其本国政府正式授予之权,谨签字于自一九六六年三月七日起得由各国在纽约签署的本公约,以昭信守。

23. CERD 第 21 号一般性意见:自决权(1996 年)

24. CERD 第 23 号一般性建议:土著人民的权利(1997 年)

25. CERD 第 25 号一般性建议：种族歧视与性别有关的方面（2000 年）

26. CERD 第 27 号一般性建议：对罗姆人的歧视（2000 年）

27. CERD 第 34 号一般性建议：针对非洲人后裔的种族歧视（2011 年）

28. CERD 第 35 号一般性建议：打击种族主义仇恨言论（2013 年）

29. CERD 第 36 号一般性建议：防止和打击执法人员种族定性行为（2020 年）

30. 消除对妇女一切形式歧视公约

（联合国大会1979年12月18日通过）

本公约缔约各国，

注意到《联合国宪章》重申对基本人权、人格尊严和价值以及男女平等权利的信念，

注意到《世界人权宣言》申明不容歧视的原则，并宣布人人生而自由，在尊严和权利上一律平等，且人人都有资格享受该宣言所载的一切权利和自由，不得有任何区别，包括男女的区别，

注意到有关人权的各项国际公约的缔约国有义务保证男女平等享有一切经济、社会、文化、公民和政治权利，

考虑到在联合国及各专门机构主持下所签署旨在促进男女权利平等的各项国际公约，

还注意到联合国和各专门机构所通过旨在促进男女权利平等的决议、宣言和建议，

关心到尽管有这些各种文件，歧视妇女的现象仍然普遍存在，

考虑到对妇女的歧视违反权利平等和尊重人的尊严的原则，阻碍妇女与男子平等参加本国的政治、社会、经济和文化生活，妨碍社会和家庭的繁荣发展，并使妇女更难充分发展为国家和人类服务的潜力，

关心到在贫穷情况下，妇女在获得粮食、保健、教育、训练、就业和其他需要等方面，往往机会最少，

深信基于平等和正义的新的国际经济秩序的建立，将大有助于促进男女平等，

强调彻底消除种族隔离、一切形式的种族主义、种族歧视、新老殖民主义、外国侵略、外国占领和外国统治、对别国内政的干预，对于男女充分享受其权利是必不可少的，

确认国际和平与安全的加强，国际紧张局势的缓和，各国不论其社会和经济制度如何彼此之间的相互合作，在严格有效的国际管制下全面彻底裁军、特别是核裁军，国与国之间关系上正义、平等和互利原则的确认，在外国和殖民统治下和外国占领下的人民取得自决与独立权利的实现，以及对各国国家主权和领土完整的尊重，都将会促进社会进步和发展，从而有助于实现男女的完全平等，

确信一国的充分和完全的发展，世界人民的福利以及和平的事业，需要妇女与男子平等充分参加所有各方面的工作，

念及妇女对家庭的福利和社会的发展所作出的巨大贡献至今没有充分受到公认，又念及母性的社会意义以及父母在家庭中和在养育子女方面所起的作用，并理解到妇女不应因生育的任务而受到歧视，因为养育子女是男女和整个社会的共同责任，

认识到为了实现男女完全平等需要同时改变男子和妇女在社会上和家庭中的传统任务，

决心执行《消除对妇女歧视宣言》内载的各项原则，并为此目的，采取一切必要措施，消除这种歧视的一切形式及现象，

兹协议如下：

第一部分

第一条

在本公约中，"对妇女的歧视"一词是指基于性别而作的任何区别、排斥或限制，其影响或目的均足以妨碍或否认妇女不论已婚未婚在男女平等的基础上认识、享有或行使在政治、经济、社会、文化、公民或任何其他方面的人权和基本自由。

第二条

缔约各国谴责对妇女一切形式的歧视，协议立即用一切适当办法，推行消除对妇女歧视的政策。为此目的，承担：

(a) 男女平等的原则如尚未列入本国宪法或其他有关法律者，应将其列入，并以法律或其他适当方法，保证实现这项原则；

(b) 采取适当立法和其他措施，包括在适当情况下采取制裁，禁止对妇女的一切歧视；

(c) 为妇女确立与男子平等的权利的法律保护，通过各国的主管法庭及其他公共机构，保证切实保护妇女不受任何歧视；

(d) 不采取任何歧视妇女的行为或做法，并保证公共当局和公共机构的行动都不违背这项义务；

(e) 采取一切适当措施，消除任何个人、组织或企业对妇女的歧视；

(f) 采取一切适当措施，包括制定法律，以修改或废除构成对妇女歧视的现行法律、规章、习俗和惯例；

(g) 废止本国刑法内构成对妇女歧视的一切规定。

第三条

缔约各国应承担在所有领域，特别是在政治、社会、经济、文化领域，采取一切适当措施，包括制定法律，保证妇女得到充分的发展和进步，以确保妇女在与男子平等的基础上，行使和享有人权和基本自由。

第四条

1. 缔约各国为加速实现男女事实上的平等而采取的暂行特别措施，不得视为本公约所指的歧视，亦不得因此导致维持不平等的标准或另立标准；这些措施应在男女机会和待遇平等的目的达到之后，停止采用。

2. 缔约各国为保护母性而采取的特别措施，包括本公约所列各项措施，不得视为歧视。

第五条

缔约各国应采取一切适当措施：

(a) 改变男女的社会和文化行为模式，以消除基于因性别而分尊卑观念或基于男女任务定型所产生的偏见、习俗和一切其他做法。

(b) 保证家庭教育应包括正确了解母性的社会功能和确认教养子女是父母的共同责任，当然在任何情况下都应首先考虑子女的利益。

第六条

缔约各国应采取一切适当措施，包括制定法律，以禁止一切形式贩卖妇女及意图营利使妇女卖淫的行为。

第二部分

第七条

缔约各国应采取一切适当措施,消除在本国政治和公共生活中对妇女的歧视,特别应保证妇女在与男子平等的条件下:

(a) 在一切选举和公民投票中有选举权,并在一切民选机构有被选举权;

(b) 参加政府政策的制订及其执行,并担任各级政府公职,执行一切公务;

(c) 参加有关本国公众和政治生活的非政府组织和协会。

第八条

缔约各国应采取一切适当措施,保证妇女在与男子平等不受任何歧视的条件下,有机会在国际上代表本国政府参加各国际组织的工作。

第九条

1. 缔约各国应给予妇女与男子有取得、改变或保留国籍的同等权利。缔约各国应特别保证,与外国人结婚或于婚姻存续期间丈夫改变国籍均不当然改变妻子的国籍,使她成为无国籍人,或把丈夫的国籍强加于她。

2. 缔约各国在关于子女的国籍方面,应给予妇女与男子平等的权利。

第三部分

第十条

缔约各国应采取一切适当措施以消除对妇女的歧视,以保证妇女在教育方面享有与男子平等的权利,特别是在男女平等的基础上保证:

(a) 在各种教育机构,不论其在城市或农村,在专业和职业辅导、取得学习机会和文凭等方面都有相同的条件。在学前教育、普通教育、技术、专业和高等技术教育以及各种职业训练方面,都应保证这种平等;

(b) 课程、考试、师资的标准、校舍和设备的质量一律相同;

(c) 为消除在各级和各种方式的教育中对男女任务的任何定型观念,应鼓励实行男女同校和其他有助于实现这个目的的教育形式,并特别应修订教科书和课程以及相应地修改教学方法;

(d) 领受奖学金和其他研究补助金的机会相同;

(e) 接受成人教育、包括成人识字和实用读写能力的教育的机会相同,特别是为了尽早缩短男女之间存在的教育水平上的一切差距;

(f) 减少女生退学率,并为离校过早的少女和妇女安排种种方案;

(g) 积极参加运动和体育的机会相同;

(h) 有接受特殊知识辅导的机会,以有助于保障家庭健康和幸福,包括关于计划生育的知识和辅导在内。

第十一条

1. 缔约各国应采取一切适当措施,消除在就业方面对妇女的歧视,以保证她们在男女平等的基础上享有相同权利,特别是:

(a) 人人有不可剥夺的工作权利;

(b) 享有相同就业机会的权利,包括在就业方面相同的甄选标准;

(c) 享有自由选择专业和职业,提升和工作保障,一切服务的福利和条件,接受职业培训和进修,包括实习培训、高等职业培训和经常性培训的权利;

(d) 同等价值的工作享有同等报酬(包括福利)和享有平等待遇的权利,在评定工作的表现方面,也享有平等待遇的权利;

(e) 享有社会保障的权利,特别是在退休、失业、疾病、残废和老年或在其他丧失工作能力的情况下,以及享有带薪假的权利;

(f) 在工作条件方面享有健康和安全保障,包括保障生育机能的权利。

2. 缔约各国为使妇女不致因结婚或生育而受歧视,又为保障其有效的工作权利起见,应采取适当措施:

(a) 禁止以怀孕或产假为理由予以解雇,以及以婚姻状况为理由予以解雇的歧视,违反规定者予以制裁;

(b) 实施带薪产假或具有同等社会福利的产假,而不丧失原有工作、年资或社会津贴;

(c) 鼓励提供必要的辅助性社会服务,特别是通过促进建立和发展托儿设施系统,使父母得以兼顾家庭义务和工作责任并参与公共事务;

(d) 对于怀孕期间从事实有害于健康的工种的妇女,给予特别保护。

3. 应根据科技知识,定期审查与本条所包涵的内容有关的保护性法律,必要时应加以修订、废止或推广。

第十二条

1. 缔约各国应采取一切适当措施,消除在保健方面对妇女的歧视,保证她们在男女平等的基础上取得包括有关计划生育的保健服务。

2. 尽管有本条第一款的规定,缔约各国应保证为妇女提供有关怀孕、分娩和产后期间的适当服务,于必要时予以免费,并保证在怀孕和哺乳期间得到充分营养。

第十三条

缔约各国应采取一切适当措施以消除在经济和社会生活的其他方面对妇女的歧视,保证她们在男女平等的基础上有相同权利,特别是:

(a) 领取家属津贴的权利;

(b) 银行贷款、抵押和其他形式的金融信贷的权利;

(c) 参与娱乐活动、运动和文化生活各个方面的权利。

第十四条

1. 缔约各国应考虑到农村妇女面临的特殊问题和她们对家庭生计包括她们在经济体系中非商品化部门的工作方面所发挥的重要作用,并应采取一切适当措施,保证对农村妇女适用本公约的各项规定。

2. 缔约各国应采取一切适当措施,以消除对农村地区妇女的歧视,保证她们在男女平等

的基础上参与农村发展并受其益惠,尤其是保证她们有权:

(a) 参与各级发展规划的拟订和执行工作;

(b) 利用充分的保健设施,包括计划生育方面的知识、辅导和服务;

(c) 从社会保障方案直接受益;

(d) 接受各种正式和非正式的培训和教育,包括有关实用读写能力的培训和教育在内,以及除了别的以外,享受一切社区服务和推广服务的益惠,以提高她们的技术熟练程度;

(e) 组织自助团体和合作社以通过受雇和自雇的途径取得平等的经济机会;

(f) 参加一切社区活动;

(g) 有机会取得农业信贷,利用销售设施,获得适当技术,并在土地改革和土地垦殖计划方面享有平等待遇;

(h) 享受适当的生活条件,特别是在住房、卫生、水电供应、交通和通讯等方面。

第四部分

第十五条

1. 缔约各国应给予男女在法律面前平等的地位。

2. 缔约各国应在公民事务上,给予妇女与男子同等的法律行为能力,以及行使这种行为能力的相同机会。特别应给予妇女签订合同和管理财产的平等权利,并在法院和法庭诉讼的各个阶段给予平等待遇。

3. 缔约各国同意,旨在限制妇女法律行为能力的所有合同和其他任何具有法律效力的私人文书,应一律视为无效。

4. 缔约各国在有关人身移动和自由择居的法律方面,应给予男女相同的权利。

第十六条

1. 缔约各国应采取一切适当措施,消除在有关婚姻和家庭关系的一切事务上对妇女的歧视,并特别应保证她们在男女平等的基础上:

(a) 有相同的缔结婚约的权利;

(b) 有相同的自由选择配偶和非经本人自由表示、完全同意不缔结婚约的权利;

(c) 在婚姻存续期间以及解除婚姻关系时,有相同的权利和义务;

(d) 不论婚姻状况如何,在有关子女的事务上,作为父母亲有相同的权利和义务。但在任何情形下,均应以子女的利益为重;

(e) 有相同的权利自由负责地决定子女人数和生育间隔,并有机会使妇女获得行使这种权利的知识、教育和方法;

(f) 在监护、看管、受托和收养子女或类似的制度方面,如果国家法规有这些观念的话,有相同的权利和义务。但在任何情形下,均应以子女的利益为重;

(g) 夫妻有相同的个人权利,包括选择姓氏、专业和职业的权利;

(h) 配偶双方在财产的所有、取得、经营、管理、享有、处置方面,不论是无偿的或是收取价值酬报的,都具有相同的权利。

2. 童年订婚和结婚应不具法律效力,并应采取一切必要行动,包括制定法律,规定结婚最低年龄,并规定婚姻必须向正式机构登记。

第五部分

第十七条

1. 为审查执行本公约所取得的进展,应设立一个消除对妇女歧视委员会(以下称委员会),由在本公约所适用的领域方面德高望重和有能力的专家组成,其人数在本公约开始生效时为十八人,到第三十五个缔约国批准或加入后为二十三人。这些专家应由缔约各国自其国民中选出,以个人资格任职,选举时须顾及公平地域分配原则及不同文化形式与各主要法系的代表性。

2. 委员会委员应以无记名投票方式自缔约各国提名的名单中选出。每一缔约国得自本国国民中提名一人候选。

3. 第一次选举应自本公约生效之日起六个月后举行。联合国秘书长应于每次举行选举之日至少三个月前函请缔约各国于两个月内提出其所提名之人的姓名。秘书长应将所有如此提名的人员依英文字母顺序,编成名单,注明推荐此等人员的缔约国,分送缔约各国。

4. 委员会委员的选举应在秘书长于联合国总部召开的缔约国会议中举行。该会议以三分之二缔约国为法定人数,凡得票最多且占出席及投票缔约国代表绝对多数票者当选为委员会委员。

5. 委员会委员任期四年。但第一次选举产生的委员中,九人的任期应于两年终了时届满,第一次选举后,此九人的姓名应立即由委员会主席抽签决定。

6. 在第三十五个国家批准或加入本公约后,委员会将按照本条第2、3、4款增选五名委员,其中两名委员任期为两年,其名单由委员会主席抽签决定。

7. 临时出缺时,其专家不复担任委员会委会的缔约国,应自其国民中指派另一专家,经委员会核可后,填补遗缺。

8. 委员会委员应经联合国大会批准后,鉴于其对委员会责任的重要性,应从联合国资源中按照大会可能决定的规定和条件取得报酬。

9. 联合国秘书长应提供必需的工作人员和设备,以便委员会按本公约规定有效地履行其职务。

第十八条

1. 缔约各国应就本国实行本公约各项规定所采取的立法、司法、行政或其他措施以及所取得的进展,向联合国秘书长提出报告,供委员会审议:
(a) 在公约对本国生效后一年内提出,并且
(b) 自此以后,至少每四年并随时在委员会的请求下提出。

2. 报告中得指出影响本公约规定义务的履行的各种因素和困难。

第十九条

1. 委员会应自行制订其议事规则。

2. 委员会应自行选举主席团成员,任期两年。

第二十条

1. 委员会一般应每年开会为期不超过两星期以审议按照本公约第十八条规定提出的报告。

2. 委员会会议通常应在联合国总部或在委员会决定的任何其他方便地点举行。

第二十一条

1. 委员会应就其活动,通过经济及社会理事会,每年向联合国大会提出报告,并可根据对所收到缔约各国的报告和资料的审查结果,提出意见和一般性建议。这些意见和一般性建议,应连同缔约各国可能提出的评论载入委员会所提出的报告中。

2. 联合国秘书长应将委员会的报告转送妇女地位委员会,供其参考。

第二十二条

各专门机构对属于其工作范围内的本公约各项规定,有权派代表出席关于其执行情况的审议。委员会可邀请各专门机构就在其工作范围内各个领域对本公约的执行情况提出报告。

第六部分

第二十三条

如载有对实现男女平等更为有利的任何规定,其效力不得受本公约的任何规定的影响,如:

(a) 缔约各国的法律;或

(b) 对该国生效的任何其他国际公约、条约或协定。

第二十四条

缔约各国承担在国家一级采取一切必要措施,以充分实现本公约承认的各项权利。

第二十五条

1. 本公约开放给所有国家签署。

2. 指定联合国秘书长为本公约的保存者。

3. 本公约须经批准,批准书交存联合国秘书长。

4. 本公约开放给所有国家加入,加入书交存联合国秘书长后开始生效。

第二十六条

1. 任何缔约国可以随时向联合国秘书长提出书面通知,请求修正本公约。

2. 联合国大会对此项请求,应决定所须采取的步骤。

第二十七条

1. 本公约自第二十份批准书或加入书交存联合国秘书长之日后第三十天开始生效。

2. 在第二十份批准书或加入书交存后,本公约对于批准或加入本公约的每一国家,自该国交存其批准书或加入书之日后第三十天开始生效。

第二十八条

1. 联合国秘书长应接受各国在批准或加入时提出的保留书,并分发给所有国家。

2. 不得提出与本公约目的和宗旨抵触的保留。

3. 缔约国可以随时向联合国秘书长提出通知,请求撤销保留,并由他将此项通知通知各有关国家。通知于收到的当日生效。

第二十九条

1. 两个或两个以上的缔约国之间关于本公约的解释或适用方面的任何争端,如不能谈判解决,经缔约国一方要求,应交付仲裁。如果自要求仲裁之日起六个月内,当事各方不能就仲裁的组成达成协议,任何一方得依照《国际法院规约》提出请求,将争端提交国际法院审理。

2. 每一个缔约国在签署或批准本公约或加入本公约时,得声明本国不受本条第一款的约束,其他缔约国对于作出这项保留的任何缔约国,也不受该款的约束。

3. 依照本条第二款的规定作出保留的任何缔约国,得随时通知联合国秘书长撤回该项保留。

第三十条

本公约阿拉伯文、中文、英文、法文、俄文和西班牙文文本具有同等效力,均应交存联合国秘书长。

下列署名的全权代表,在本公约之末签名,以昭信守。

31. 消除对妇女一切形式歧视公约任择议定书

(联合国大会1999年10月6日通过)

本议定书缔约国,

注意到《联合国宪章》重申对基本人权、人的尊严和价值以及男女权利平等的信念,

又注意到《世界人权宣言》宣布,人人生而自由,在尊严和权利上一律平等,人人有资格享受该宣言所载一切权利和自由,不得有任何区别,包括男女的区分,

回顾国际人权盟约以及其他国际人权文书禁止基于性别的歧视,

又回顾《消除对妇女一切形式歧视公约》("公约"),其中各缔约国谴责对妇女一切形式的歧视,商定毫不拖延地采取一切适当措施,执行消除对妇女歧视的政策,

重申他们决心确保妇女充分和平等地享有所有人权和基本自由,并采取有效的行动,防止侵犯这些权利和自由,

兹商定如下:

第1条

本议定书缔约国("缔约国")承认消除对妇女歧视委员会("委员会")有权接受和审议根据第2条提出的来文。

第2条

来文可由声称因为一缔约国违反公约所规定的任何权利而受到伤害的该缔约国管辖下的个人或个人联名或其代表提出。如果代表个人或联名的个人提出来文,应征得该个人或联

名的个人同意,除非撰文者能说明有理由在未征得这种同意时,可由其代表他们行事。

第 3 条

来文应以书面提出,不得匿名。委员会不应收受涉及非本议定书缔约方之公约缔约国的来文。

第 4 条

1. 委员会受理一项来文之前,必须确定所有可用的国内补救办法已经用尽,或是补救办法的应用被不合理地拖延或不大可能带来有效的补救,否则不得审议。

2. 在下列情况下,委员会应宣布一项来文不予受理:

(a) 同一事项业经委员会审查或已由或正由另外一项国际调查或解决程序加以审查;

(b) 来文不符合公约的规定;

(c) 来文明显没有根据或证据不足;

(d) 来文滥用提出来文的权利;

(e) 来文所述的事实发生在本议定书对有关缔约国生效之前,除非这些事实在该日期之后仍继续存在。

第 5 条

1. 在收到来文后并在确定是非曲直之前,委员会可随时向有关缔约国转送一项要求,请该国紧急考虑采取必要的临时措施,以避免对声称被侵权的受害者造成可能无法弥补的损害。

2. 委员会根据本条第 1 款行使斟酌决定权并不意味来文的是否可予受理问题或是非曲直业已确定。

第 6 条

1. 除非委员会认为一项来文不可受理而不必通知有关缔约国,否则委员会应在所涉个人同意向该缔约国透露其身份的情况下,以机密方式提请有关缔约国注意根据本议定书向委员会提出的任何来文。

2. 在六个月内,接到要求的缔约国应向委员会提出书面解释或声明,澄清有关事项并说明该缔约国可能已提供的任何补救办法。

第 7 条

1. 委员会应根据个人或联名的个人或其代表提供的和有关缔约国提供的一切资料审议根据本议定书收到的来文,条件是这些资料须转送有关各方。

2. 委员会在审查根据本议定书提出的来文时,应举行非公开会议。

3. 审查来文后,委员会应将关于来文的意见和可能有的建议转送有关各方。

4. 缔约国应适当考虑委员会的意见及其可能有的建议,并在六个月内向委员会提出书面答复,包括说明根据委员会意见和建议采取的任何行动。

5. 委员会可邀请缔约国就其依据委员会的意见或可能有的建议采取的任何措施提供进一步资料,包括如委员会认为适当的话,在缔约国此后根据公约第 18 条提交的报告中提供更多的资料。

第 8 条

1. 如果委员会收到可靠资料表明缔约国严重地或系统地侵犯公约所规定的权利,委员会应邀请该缔约国合作审查这些资料,并为此目的就有关资料提出意见。

2. 在考虑了有关缔约国可能已提出的任何意见以及委员会所获得的任何其他可靠资料后,委员会可指派一个或多个成员进行调查,并赶紧向委员会报告。如有正当理由并征得缔约国同意,此项调查可包括前往该缔约国领土进行访问。

3. 在审查这项调查的结果之后,委员会应将这些结果连同任何评论和建议一并转送有关缔约国。

4. 有关缔约国应在收到委员会转送的调查结果、评论和建议六个月内,向委员会提出意见。

5. 此项调查应以机密方式进行,在该程序的各个阶段均应争取缔约国的合作。

第 9 条

1. 委员会可邀请有关缔约国在其根据公约第 18 条提交的报告中包括为响应根据本议定书第 8 条进行的调查所采取任何措施的细节。

2. 委员会于必要时可在第 8 条第 4 款所述六个月期间结束后邀请有关缔约国向它通告为响应此项调查而采取的措施。

第 10 条

1. 每一缔约国可在签署或批准或加入本议定书时声明不承认第 8 和 9 条给予委员会的管辖权。

2. 根据本条第 1 款作出声明的任一缔约国可随时通知秘书长,撤销这项声明。

第 11 条

缔约国应采取一切适当步骤确保在其管辖下的个人不会因为根据本议定书同委员会通信而受到虐待或恐吓。

第 12 条

委员会应在其根据公约第 21 条提出的年度报告中包括它根据本议定书进行的活动的纪要。

第 13 条

每一缔约国承诺广为传播并宣传公约及本议定书,便利人们查阅关于委员会意见和建议的资料,特别是涉及该缔约国的事项。

第 14 条

委员会应制订自己的议事规则,以便在履行本议定书所赋予的职能时予以遵循。

第 15 条

1. 本议定书开放给已签署、批准或加入公约的任何国家签字。

2. 本议定书须经已批准或加入公约的任何国家批准。批准书应交存联合国秘书长。

3. 本议定书应开放给已批准或加入公约的任何国家加入。

4. 凡向联合国秘书长交存加入书,加入即行生效。

第 16 条

1. 本议定书自第十份批准书或加入书交存联合国秘书长之日后三个月开始生效。

2. 在本议定书生效后批准或加入本议定书的每一个国家,本议定书自该国交存其批准书或加入书之日后三个月开始生效。

第 17 条

不允许对本议定书提出保留。

第 18 条

1. 任何缔约国可对本议定书提出修正案并将修正案送交联合国秘书长备案。秘书长应立即将任何提议的修正案通报缔约国,请它们向秘书长表示是否赞成举行缔约国会议以便就该提案进行审议和表决。如有至少三分之一缔约国赞成举行会议,则秘书长应在联合国主持下召开这一会议。经出席会议并参加表决的多数缔约国通过的任何修正案须提交联合国大会核准。

2. 各项修正案经联合国大会核准并经本议定书缔约国三分之二多数依其本国宪法程序接受即行生效。

3. 各项修正案一生效,即应对已接受修正案的缔约国具有约束力,其他缔约国则仍受本议定书的规定以及它们已接受的先前任何修正案的约束。

第 19 条

1. 任何缔约国可随时以书面形式通知联合国秘书长,宣告退出本议定书。退约应于秘书长收到通知之日后六个月开始生效。

2. 退约不妨碍本议定书的规定继续适用于在退约生效日之前根据第 2 条提出的任何来文或根据第 8 条所发起的任何调查。

第 20 条

联合国秘书长应通知所有国家:

(a) 根据本议定书的签署、批准和加入;

(b) 本议定书以及根据第 18 条提出的任何修正案开始生效的日期;

(c) 根据第 19 条宣告的任何退约。

第 21 条

1. 本议定书的阿拉伯文、中文、英文、法文、俄文和西班牙文文本具有同等效力,均应交存联合国档库。

2. 联合国秘书长应将本议定书业经核准无误的副本转送公约第 25 条所指的所有国家。

32. CEDAW 第 13 号一般性建议:
同工同酬(1989 年)

33. CEDAW 第 14 号一般性建议:
女性生殖器残割(1990 年)

**34. CEDAW 第 17 号一般性建议:
妇女无偿家务劳动的衡量和量化及其在
国民生产总值中的确认(1991 年)**

**35. CEDAW 第 21 号一般性建议:
婚姻和家庭关系中的平等(1994 年)**

**36. CEDAW 第 25 号一般性建议:
《公约》第 4 条第 1 款暂行特别措施
(2004 年)**

**37. CEDAW 第 35 号一般性建议:
基于性别的暴力侵害妇女行为
(更新第 19 号一般性建议)(2017 年)**

**38. CEDAW 第 36 号一般性建议:
女童和妇女受教育权(2017 年)**

39. CEDAW 第 37 号一般性建议：气候变化背景下减少灾害风险所涉性别方面（2018 年）

40. CEDAW 第 38 号一般性建议：全球移民背景下贩卖妇女和儿童问题（2020 年）

41. 儿童权利公约

（联合国大会 1989 年 11 月 20 日通过）

序　　言

本公约缔约国，**考虑到**按照《联合国宪章》所宣布的原则，对人类家庭所有成员的固有尊严及其平等和不移的权利的承认，乃是世界自由、正义与和平的基础，

铭记联合国人民在《宪章》中重申对基本人权和人格尊严与价值的信念，并决心促成更广泛自由中的社会进步及更高的生活水平，

认识到联合国在《世界人权宣言》和国际人权盟约中宣布和同意：人人有资格享受这些文书中所载的一切权利和自由，不因种族、肤色、性别、语言、宗教、政治或其他见解、国籍或社会出身、财产、出生或其他身份等而有任何区别，

回顾联合国在《世界人权宣言》中宣布：儿童有权利享受特别照料和协助，

深信家庭作为社会的基本单元，作为家庭所有成员、特别是儿童的成长和幸福的自然环境，应获得必要的保护和协助，以充分负起它在社会上的责任，

确认为了充分而和谐地发展其个性，应让儿童在家庭环境里，在幸福、亲爱和谅解的气氛中成长，

考虑到应充分培养儿童可在社会上独立生活，并在《联合国宪章》宣布的理想精神下，特别是在和平、尊严、宽容、自由、平等和团结的精神下，抚养他们成长，

铭记给予儿童特殊照料的需要已在 1924 年《日内瓦儿童权利宣言》和在大会 1959 年 11 月 20 日通过的《儿童权利宣言》中予以申明,并在《世界人权宣言》、《公民权利和政治权利国际盟约》(特别是第 23 条和第 24 条)、《经济、社会、文化权利国际盟约》(特别是第 10 条)以及关心儿童福利的各专门机构和国际组织的章程及有关文书中得到确认,

铭记如《儿童权利宣言》所示,"儿童因身心尚未成熟,在其出生以前和以后均需要特殊的保护和照料,包括法律上的适当保护",

回顾《关于儿童保护和儿童福利,特别是国内和国际寄养和收养办法的社会和法律原则宣言》、《联合国少年司法最低限度标准规则》(北京规则)以及《在非常状态和武装冲突中保护妇女和儿童宣言》,

确认世界各国都有生活在极端困难情况下的儿童,对这些儿童需要给予特别的照顾,

适当考虑到每一民族的传统及文化价值对儿童的保护及和谐发展的重要性,

确认国际合作对于改善每一国家、特别是发展中国家儿童的生活条件的重要性,

兹协议如下:

第一部分

第 1 条

为本公约之目的,儿童系指 18 岁以下的任何人,除非对其适用之法律规定成年年龄低于 18 岁。

第 2 条

1. 缔约国应尊重本公约所载列的权利,并确保其管辖范围内的每一儿童均享受此种权利,不因儿童或其父母或法定监护人的种族、肤色、性别、语言、宗教、政治或其他见解、民族、族裔或社会出身、财产、伤残、出生或其他身份而有任何差别。

2. 缔约国应采取一切适当措施确保儿童得到保护,不受基于儿童父母、法定监护人或家庭成员的身份、活动、所表达的观点或信仰而加诸的一切形式的歧视或惩罚。

第 3 条

1. 关于儿童的一切行动,不论是由公私社会福利机构、法院、行政当局或立法机构执行,均应以儿童的最大利益为一种首要考虑。

2. 缔约国承担确保儿童享有其幸福所必需的保护和照料,考虑到其父母、法定监护人、或任何对其负有法律责任的个人的权利和义务,并为此采取一切适当的立法和行政措施。

3. 缔约国应确保负责照料或保护儿童的机构、服务部门及设施符合主管当局的标准,尤其是安全、卫生、工作人员数目和资格以及有效监督等方面的标准。

第 4 条

缔约国应采取一切适当的立法、行政和其他措施以实现本公约所确认的权利。关于经济、社会及文化权利,缔约国应根据其现有资源所允许的最大限度并视需要在国际合作范围内采取此类措施。

第 5 条

缔约国应尊重父母或于适用时尊重当地习俗认定的大家庭或社会成员、法定监护人或

其他对儿童负有法律责任的人以下的责任、权利和义务,以符合儿童不同阶段接受能力的方式适当指导和指引儿童行使本公约所确认的权利。

第 6 条

1. 缔约国确认每个儿童均有固有的生命权。
2. 缔约国应最大限度地确保儿童的存活与发展。

第 7 条

1. 儿童出生后应立即登记,并有自出生起获得姓名的权利,有获得国籍的权利,以及尽可能知道谁是其父母并受其父母照料的权利。
2. 缔约国应确保这些权利按照本国法律及其根据有关国际文书在这一领域承担的义务予以实施,尤应注意不如此儿童即无国籍之情形。

第 8 条

1. 缔约国承担尊重儿童维护其身份包括法律所承认的国籍、姓名及家庭关系而不受非法干扰的权利。
2. 如有儿童被非法剥夺其身份方面的部分或全部要素,缔约国应提供适当协助和保护,以便迅速重新确立其身份。

第 9 条

1. 缔约国应确保不违背儿童父母的意愿使儿童与父母分离,除非主管当局按照适用的法律和程序,经法院审查,判定这样的分离符合儿童的最大利益而确有必要。在诸如由于父母的虐待或忽视、或父母分居而必须确定儿童居住地点的特殊情况下,这种裁决可能有必要。
2. 凡按本条第 1 款进行诉讼,均应给予所有有关方面以参加诉讼并阐明自己意见之机会。
3. 缔约国应尊重与父母一方或双方分离的儿童同父母经常保持个人关系及直接联系的权利,但违反儿童最大利益者除外。
4. 如果这种分离是因缔约国对父母一方或双方或对儿童所采取的任何行动,诸如拘留、监禁、流放、驱逐或死亡(包括该人在该国拘禁中因任何原因而死亡)所致,该缔约国应按请求将该等家庭成员下落的基本情况告知父母、儿童或适当时告知另一家庭成员,除非提供这类情况会有损儿童的福祉。缔约国还应确保有关人员不致因提出这类请求而承受不利后果。

第 10 条

1. 按照第 9 条第 1 款所规定的缔约国的义务,对儿童或其父母要求进入或离开一缔约国以便与家人团聚的申请,缔约国应以积极的人道主义态度迅速予以办理。缔约国还应确保申请人及其家庭成员不致因提出这类请求而承受不利后果。
2. 父母居住在不同国家的儿童,除特殊情况以外,应有权同父母双方经常保持个人关系和直接联系。为此目的,并按照第 9 条第 1 款所规定的缔约国的义务,缔约国应尊重儿童及其父母的权利。离开任何国家的权利只应受法律所规定并为国家安全、公共秩序、公共卫生或道德、或他人的权利和自由所必需且与本公约所承认的其他权利不相抵触的限制约束。

第 11 条

1. 缔约国应采取措施制止非法将儿童移转国外和不使返回本国的行为。
2. 为此目的,缔约国应致力缔结双边或多边协定或加入现有协定。

第 12 条

1. 缔约国应确保有主见能力的儿童有权对影响到其本人的一切事项自由发表自己的意见,对儿童的意见应按照其年龄和成熟程度给以适当的看待。

2. 为此目的,儿童特别应有机会在影响到儿童的任何司法和行政中,以符合国家法律的诉讼规则的方式,直接或通过代表或适当机构陈述意见。

第 13 条

1. 儿童应有自由发表言论的权利;此项应包括通过口头、书面或印刷、艺术形式或儿童所选择的任何其他媒介,寻求、接受和传递各种信息和思想的自由,而不论国界。

2. 此项权利的行使可受某些限制约束,但这些限制仅限于法律所规定并为以下目的所必需:

(a) 尊重他人的权利和名誉;或

(b) 保护国家安全或公共秩序或公共卫生或道德。

第 14 条

1. 缔约国应尊重儿童享有思想、信仰和宗教自由的权利。

2. 缔约国应尊重父母并于适用时尊重法定监护人以下的权利和义务,以符合儿童不同阶段接受能力的方式指导儿童行使其权利。

3. 表明个人宗教或信仰的自由,仅受法律所规定并为保护公共安全、秩序、卫生或道德或他人之基本权利和自由所必需的这类限制约束。

第 15 条

1. 缔约国确认儿童享有结社自由及和平集会自由的权利。

2. 对此项权利的行使不得加以限制,除非符合法律所规定并在民主社会中为国家安全或公共安全、公共秩序、保护公共卫生或道德或保护他人的权利和自由所必需。

第 16 条

1. 儿童的隐私、家庭住宅或通信不受任意或非法干涉,其荣誉和名誉不受非法攻击。

2. 儿童有权享受法律保护,以免受这类干涉或攻击。

第 17 条

缔约国确认大众传播媒介的重要作用,并应确保儿童能够从多种的国家和国际来源获得信息和资料,尤其是旨在促进其社会、精神和道德福祉和身心健康的信息和资料。为此目的,缔约国应:

(a) 鼓励大众传播媒介本着第 29 条的精神散播在社会和文化方面有益于儿童的信息和资料;

(b) 鼓励在编制、交流和散播来自不同文化、国家和国际来源的这类信息和资料方面进行国际合作;

(c) 鼓励儿童读物的著作和普及;

(d) 鼓励大众传播媒介特别注意属于少数群体或土著居民的儿童在语言方面的需要;

(e) 鼓励根据第 13 条和第 18 条的规定制定适当的准则,保护儿童不受可能损害其福祉的信息和资料之害。

第 18 条

1. 缔约国应尽其最大努力,确保父母双方对儿童的养育和发展负有共同责任的原则得到确认。父母、或视具体情况而定的法定监护人对儿童的养育和发展负有首要责任,儿童的最大利益将是他们主要关心的事。

2. 为保证和促进本公约所列举的权利,缔约国应在父母和法定监护人履行其抚养儿童的责任方面给予适当协助,并应确保发展育儿机构、设施和服务。

3. 缔约国应采取一切适当措施确保就业父母的子女有权享受他们有资格得到的托儿服务和设施。

第 19 条

1. 缔约国应采取一切适当的立法、行政、社会和教育措施,保护儿童在受父母、法定监护人或其他任何负责照管儿童的人的照料时,不致受到任何形式的身心摧残、伤害或凌辱,忽视或照料不周、虐待或剥削,包括性侵犯。

2. 这类保护性措施应酌情包括采取有效程序以建立社会方案,向儿童和负责照管儿童的人提供必要的支助,采取其他预防形式,查明、报告、查询、调查、处理和追究前述的虐待儿童事件,以及在适当时进行司法干预。

第 20 条

1. 暂时或永久脱离家庭环境的儿童,或为其最大利益不得在这种环境中继续生活的儿童,应有权得到国家的特别保护和协助。

2. 缔约国应按照本国法律确保此类儿童得到其他方式的照顾。

3. 这种照顾除其他外,包括寄养、伊斯兰法的"卡法拉"(监护)、收养或者必要时安置在适当的育儿机构中。在考虑解决办法时,应适当注意有必要使儿童的培养教育具有连续性和注意儿童的族裔、宗教、文化和语言背景。

第 21 条

凡承认和(或)许可收养制度的国家应确保以儿童的最大利益为首要考虑,并应:

(a) 确保只有经主管当局按照适用的法律和程序并根据所有有关可靠的资料,判定鉴于儿童有关父母、亲属和法定监护人方面的情况允许收养,并且判定必要时有关人士已根据可能必要的辅导对收养表示知情的同意,方可批准儿童的收养;

(b) 确认如果儿童不能安置于寄养或收养家庭,或不能以任何适当方式在儿童原籍国加以照料,跨国收养可视为照料儿童的一个替代办法;

(c) 确保得到跨国收养的儿童享有与本国收养相当的保障的标准;

(d) 采取一切适当措施确保跨国收养的安排不致使所涉人士获得不正当的财务收益;

(e) 在适当时通过缔结双边或多边安排或协定本条的目标,并在这一范围内努力确保由主管当局或机构负责安排儿童在另一国收养的事宜。

第 22 条

1. 缔约国应采取适当措施,确保申请难民身份的儿童或按照适用国际法或国内法及程序可视为难民的儿童,不论有无父母或其他任何人的陪同,均可得到适当的保护和人道援助,以享有本公约和该有关国家为其缔约国的其他国际人权或人道主义文书所规定的可适用权利。

2. 为此目的，缔约国应对联合国和与联合国合作的其他主管的政府间组织或非政府组织所作的任何努力提供其认为适当的合作，以保护和援助这类儿童，并为只身的难民儿童追寻其父母或其他家庭成员，以获得必要的消息使其家庭团聚。在寻不着父母或其他家庭成员的情况下，也应使该儿童获得与其他任何由于任何原因而永久或暂脱离家庭环境的儿童按照本公约的规定所得到的同样保护。

第 23 条

1. 缔约国确认身心有残疾的儿童应能在确保其尊严、促进其自立、有利于其积极参与社会生活的条件下享有充实而适当的生活。

2. 缔约国确认残疾儿童有接受特别照顾的权利，应鼓励并确保在现有资源范围内，依据申请，斟酌儿童的情况和儿童的父母或其他照料人的情况，对合格儿童及负责照料该儿童的人提供援助。

3. 鉴于残疾儿童的特殊需要，考虑到儿童的父母或其他照料人的经济情况，在可能时应免费提供按照本条第 2 款给予的援助，这些援助的目的应是确保残疾儿童能有效地获得接受教育、培训、保健服务、康复服务、就业准备和娱乐机会，其方式应有助于该儿童尽可能充分地参与社会，实现个人发展，包括其文化和精神方面的发展。

4. 缔约国应本着国际合作精神，在预防保健以及残疾儿童的医疗、心理治疗和功能治疗领域促进交换适当资料，包括散播和获得有关康复教育方法和职业服务方面的资料，以其使缔约国能够在这些领域提高其能力和技术并扩大其经验。在这方面，应特别考虑到发展中国家的需要。

第 24 条

1. 缔约国确认儿童有权享有可达到的最高标准的健康，并享有医疗和康复设施。缔约国应努力确保没有任何儿童被剥夺获得这种保健服务的权利。

2. 缔约国应致力充分实现这一权利，特别是应采取适当措施，以

（a）降低婴幼儿死亡率；

（b）确保向所有儿童提供必要的医疗援助和保健，侧重发展初级保健；

（c）消除疾病和营养不良现象，包括在初级保健范围内利用现有可得的技术和提供充足的营养食品和清洁饮水，要考虑到环境污染的危险和风险；

（d）确保母亲得到适当的产前和产后保健；

（e）确保向社会各阶层、特别是向父母和儿童介绍有关儿童保健和营养、母乳育婴的优点、个人卫生和环境卫生及防止意外事故的基本知识，使他们得到这方面的教育并帮助他们应用这种基本知识；

（f）开展预防保健、对父母的指导以及计划生育教育和服务。

3. 缔约国应致力采取一切有效和适当的措施，以期废除对儿童健康有害的传统习俗。

4. 缔约国承担促进和鼓励国际合作，以其逐步充分实现本条所确认的权利，在这方面，应特别考虑到发展中国家的需要。

第 25 条

缔约国确认在有关当局为照料、保护或治疗儿童身心健康的目的下受到安置的儿童，有权获得对给予的治疗以及与所受安置有关的所有其他情况进行定期审查。

第 26 条

1. 缔约国应确认每个儿童有权受益于社会保障、包括社会保险,并应根据其国内法律采取必要措施充分实现这一权利。

2. 提供福利时应酌情考虑儿童及负有赡养儿童义务的人的经济情况和环境,以及与儿童提出或代其提出的福利申请有关的其他方面因素。

第 27 条

1. 缔约国确认每个儿童均有权享有足以促进其生理、心理、精神、道德和社会发展的生活水平。

2. 父母或其他负责照顾儿童的人负有其能力和经济条件许可范围内确保儿童发展所需生活条件的首要责任。

3. 缔约国按照本国条件并在其能力范围内,应采取适当措施帮助父母或其他负责照顾儿童的人实现此项权利,并在需要时提供物质援助和支助方案,特别是在营养、衣着和住房方面。

4. 缔约国应采取一切适当措施,向在本国境内或境外儿童的父母或其他对儿童负有经济责任的人追索儿童的赡养费。尤其是,遇到儿童负有经济责任的人住在与儿童不同的国家的情况时,缔约国应促进加入国际协定或缔结此类协定以及作出其他适当安排。

第 28 条

1. 缔约国确认儿童有受教育的权利,为在机会均等的基础上逐步实现此项权利,缔约国尤应:

(a) 实现全面的免费义务小学教育;

(b) 鼓励发展不同形式的中学教育、包括普通和职业教育,使所有儿童均能享有和接受这种教育,并采取适当措施,诸如实行免费教育和对有需要的人提供津贴;

(c) 以一切适当方式根据能力使所有人均有受高等教育的机会;

(d) 使所有儿童均能得到教育和职业方面的资料和指导;

(e) 采取措施鼓励学生按时出勤和降低辍学率。

2. 缔约国应采取一切适当措施,确保学校执行纪律的方式符合儿童的人格尊严及本公约的规定。

3. 缔约国应促进和鼓励有关教育事项方面的国际合作,特别着眼于在全世界消灭愚昧与文盲,并便利获得科技知识和现代教学方法。在这方面,应特别考虑到发展中国家的需要。

第 29 条

1. 缔约国一致认为教育儿童的目的应是:

(a) 最充分地发展儿童的个性、才智和身心能力;

(b) 培养对人权和基本自由以及《联合国宪章》所载各项原则的尊重;

(c) 培养对儿童的父母、儿童自身的文化认同、语言和价值观、儿童所居住国家民族价值观、其原籍国以及不同于其本国的文明的尊重;

(d) 培养儿童本着各国人民、族裔、民族和宗教群体以及原为土著居民的人之间谅解、和平、宽容、男女平等和友好的精神,在自由社会里过有责任感的生活;

(e) 培养对自然环境的尊重。

2. 对本条或第 28 条任何部分的解释均不得干涉个人和团体建立和指导教育机构的自由,但须始终遵守本条第 1 款载列的原则,并遵守在这类机构中实行的教育应符合国家可能规定的最低限度标准的要求。

第 30 条

在那些存在有族裔、宗教或语言方面属于少数人或原为土著居民的人的国家,不得剥夺这种属于少数人或原为土著居民的儿童与其群体的其他成员共同享有自己的文化、自己的宗教并举行宗教仪式、或使用自己的语言的权利。

第 31 条

1. 缔约国确认儿童有权享有休息和闲暇,从事与儿童年龄相宜的游戏和娱乐活动,以及自由参加文化生活和艺术活动。

2. 缔约国应尊重并促进儿童充分参加文化和艺术生活的权利,并应鼓励提供从事文化、艺术、娱乐和休闲活动的适当和均等的机会。

第 32 条

1. 缔约国确认儿童有权受到保护,以免受经济剥削和从事任何可能妨碍或影响儿童教育或有害儿童健康或身体、心理、精神、道德或社会发展的工作。

2. 缔约国应采取立法、行政、社会和教育措施确保本条得到执行。为此目的,并鉴于其他国际文书的有关规定,缔约国尤应:

(a) 规定受雇的最低年龄;

(b) 规定有关工作时间和条件的适当规则;

(c) 规定适当的惩罚或其他制裁措施以确保本条得到有效执行。

第 33 条

缔约国应采取一切适当措施,包括立法、行政、社会和教育措施,保护儿童不致非法使用有关国际条约中界定的麻醉药品和精神药物,并防止利用儿童从事非法生产和贩运此类药物。

第 34 条

缔约国承担保护儿童免遭一切形式的色情剥削和性侵犯之害,为此目的,缔约国尤应采取一切适当的国家、双边和多边措施,以防止:

(a) 引诱或强迫儿童从事任何非法的性活动;

(b) 利用儿童卖淫或从事其他非法的性行为;

(c) 利用儿童进行淫秽表演和充当淫秽题材。

第 35 条

缔约国应采取一切适当的国家、双边和多边措施,以防止为任何目的或以任何形式诱拐、买卖或贩运儿童。

第 36 条

缔约国应保护儿童免遭有损儿童福利的任何方面的一切其他形式的剥削之害。

第 37 条

缔约国应确保:

(a) 任何儿童不受酷刑或其他形式的残忍、不人道或有辱人格的待遇或处罚。对未满

18岁的人所犯罪行不得判以死刑或无释放可能的无期徒刑；

（b）不得非法或任意剥夺任何儿童的自由。对儿童的逮捕、拘留或监禁应符合法律规定并仅应作为最后手段，期限应为最短的适当时间；

（c）所有被剥夺自由的儿童应受到人道待遇，其人格固有尊严应受尊重，并应以考虑到他们这个年龄的人的需要的方式加以对待。特别是，所有被剥夺自由的儿童应同成人隔开，除非认为反之最有利于儿童，并有权通过信件和探访同家人保持联系，但特殊情况除外；

（d）所有被剥夺自由的儿童均有权迅速获得法律及其他适当援助，并有权向法院或其他独立公正的主管当局就其被剥夺自由一事合法性提出异议，并有权迅速就任何此类行动得到裁定。

第38条

1. 缔约国承担尊重并确保尊重在武装冲突中对其适用的国际人道主义法律中有关儿童的规则。

2. 缔约国应采取一切可行措施确保未满15岁的人不直接参加敌对行动。

3. 缔约国应避免招募任何未满15岁的人加入武装部队。在招募已满15岁但未满18岁的人时，缔约国应致力首先考虑年龄最大者。

4. 缔约国按照国际人道主义法律规定它们在武装冲突中保护平民人口的义务，应采取一切可行措施确保保护和照料受武装冲突影响的儿童。

第39条

缔约国应采取一切适当措施，促使遭受下述情况之害的儿童身心得以康复并重返社会：任何形式的忽视、剥削或凌辱虐待；酷刑或任何其他形式的残忍、不人道或有辱人格的待遇或处罚；或武装冲突。此种康复和重返社会应在一种能促进儿童的健康、自尊和尊严的环境中进行。

第40条

1. 缔约国确认被指称、指控或认为触犯刑法的儿童有权得到符合以下情况方式的待遇，促进其尊严和价值感并增强其对他人的人权和基本自由的尊重。这种待遇应考虑到其年龄和促进其重返社会并在社会中发挥积极作用的愿望。

2. 为此目的，并鉴于国际文书的有关规定，缔约国尤应确保：

（a）任何儿童不得以行为或不行为之时本国法律或国际法不禁止的行为或不行为之理由被指称、指控或认为触犯刑法；

（b）所有被指称或指控触犯刑法的儿童至少应得到下列保证：

（Ⅰ）在依法判定有罪之前应被假定为无罪；

（Ⅱ）迅速直接地被告知其被控罪名，适当时应通过其父母或法定监护人告知，并获得准备和提出辩护所需的法律或其他适当协助；

（Ⅲ）要求独立公正的主管当局或司法机构在其得到法律或其他适当协助的情况下，通过依法公正审理作出判决，并且须有其父母或法定监护人在场，除非认为这样做不符合儿童的最大利益，特别要考虑到其年龄或状况；

（Ⅳ）不得被迫作口供或认罪；应可盘问或要求盘问不利的证人，并且使自己的证人在平等条件下出庭并受盘问；

（Ⅴ）若被判定触犯刑法，有权要求高一级独立公正的主管当局或司法机构依法复查此一判决及由此对之采取的任何措施；

（Ⅵ）若儿童不懂或不会说所用语言，有权免费得到译员的协助；

（Ⅶ）其隐私在诉讼的所有阶段均得到充分尊重。

3. 缔约国应致力于促进规定或建立专门适用于被指称、指控或确认为触犯刑法的儿童的法律、程序、当局和机构，尤应：

（a）规定最低年龄，在此年龄以下的儿童应视为无触犯刑法之行为能力；

（b）在适当和必要时，制订不对此类儿童诉诸司法程序的措施，但须充分尊重人权和法律保障。

4. 应采用多种处理办法，诸如照管、指导和监督令、辅导、察看、寄养、教育和职业培训方案及不交由机构照管的其他办法，以确保处理儿童的方式符合其福祉并与其情况和违法行为相称。

第41条

本公约的任何规定不应影响更有利于实现儿童权利且可能载于下述文件中的任何规定：

（a）缔约国的法律；

（b）对该国有效的国际法。

第二部分

第42条

缔约国承担以适当的积极手段，使成人和儿童都能普遍知晓本公约的原则和规定。

第43条

1. 为审查缔约国在履行根据本公约所承担的义务方面取得的进展，应设立儿童权利委员会，执行下文所规定的职能。

2. 委员会应由10名品德高尚并在本公约所涉领域具有公认能力的专家组成。委员会成员应由缔约国从其国民中选出，并应以个人身份任职，但须考虑到公平地域分配原则及主要法系。

3. 委员会成员应以无记名表决方式从缔约国提名的人选名单中选举产生。每一缔约国可从其本国国民中提名一位人选。

4. 委员会的初次选举应最迟不晚于本公约生效之日后的6个月进行，此后每两年举行一次。联合国秘书长应至少在选举之日前4个月函请缔约国在两个月内提出其提名的人选。秘书长随后应将已提名的所有人选按字母顺序编成名单，注明提名此等人选的缔约国，分送本公约缔约国。

5. 选举应在联合国总部由秘书长召开的缔约国会议上进行。在此等会议上，应以2/3缔约国出席作为会议的法定人数，得票最多且占出席并参加表决缔约国代表绝对多数票者，当选为委员会成员。

6. 委员会成员任期4年。成员如获再次提名，应可连选连任。在第一次选举产生的成员中，有5名成员的任期应在两年结束时届满；会议主席应在第一次选举之后立即以抽签方式选定这 5 名成员。

7. 如果委员会某一成员死亡或辞职或宣称因任何其他原因不再能履行委员会的职责，提名该成员的缔约国应从其国民中指定另一名专家接替余下的任期，但须经委员会批准。

8. 委员会应自行制订其议事规则。

9. 委员会应自行选举其主席团成员，任期 2 年。

10. 委员会会议通常应在联合国总部或在委员会决定的任何其他方便地点举行。委员会通常应每年举行一次会议。委员会的会期应由本公约缔约国会议决定并在必要时加以审查，但需经大会核准。

11. 联合国秘书长应为委员会有效履行本公约所规定的职责提供必要的工作人员和设施。

12. 根据本公约设立的委员会的成员，经大会核可，得从联合国资源领取薪酬，其条件由大会决定。

第 44 条

1. 缔约国承担按下述办法，通过联合国秘书长，向委员会提交关于它们为实现本公约确认的权利所采取的措施以及关于这些权利的享有方面的进展情况的报告：

（a）在本公约对有关缔约国生效后两年内；

（b）此后每五年一次。

2. 根据本条提交的报告应指明可能影响本公约规定的义务履行程度的任何因素和困难。报告还应载有充分的资料，以使委员会全面了解本公约在该国的实施情况。

3. 缔约国若已向委员会提交全面的初次报告，就无须在其以后按照第 1 款（b）项提交的报告中重复原先已提供的基本资料。

4. 委员会可要求缔约国进一步提供与本公约实施情况有关的资料。

5. 委员会应通过经济及社会理事会每两年向大会提交一次关于其活动的报告。

6. 缔约国应向其本国的公众广泛供应其报告。

第 45 条

为促进本公约的有效实施和鼓励在本公约所涉领域进行国际合作：

（a）各专门机构、联合国儿童基金会和联合国其他机构应有权派代表列席对本公约中属于它们职责范围内的条款的实施情况的审议。委员会可邀请各专门机构、联合国儿童基金会以及它可能认为合适的其他有关机关就本公约在属于它们各自职责范围内的领域的实施问题提供专家意见。委员会可邀请各专门机构、联合国儿童基金会和联合国其他机构就本公约在属于它们活动范围内的领域的实施情况提交报告；

（b）委员会在其可能认为适当时应向各专门机构、联合国儿童基金会和其他有关机构转交缔约国要求或说明需要技术咨询或援助的任何报告以及委员会就此类要求或说明提出的任何意见和建议；

（c）委员会可建议大会请秘书长代表委员会对有关儿童权利的具体问题进行研究；

（d）委员会可根据依照本公约第四十四和四十五条收到的资料提出提议和一般性建议。此类提议和一般性建议应转交有关的任何缔约国并连同缔约国作出的任何评论一并报告大会。

第三部分

第 46 条
本公约应向所有国家开放供签署。

第 47 条
本公约须经批准。批准书应交存联合国秘书长。

第 48 条
本公约应向所有国家开放供加入。加入书应交存于联合国秘书长。

第 49 条
1. 本公约自第 20 份批准书或加入书交存联合国秘书长之日后的第 30 天生效。
2. 本公约对于在第 20 份批准书或加入书交存之后批准或加入本公约的国家,自其批准书或加入书交存之日后的第 30 天生效。

第 50 条
1. 任何缔约国均可提出修正案,提交给联合国秘书长。秘书长应立即将提议的修正案通知缔约国,并请它们表明是否赞成召开缔约国会议以审议提案并进行表决。如果在此类通知发出之日后的 4 个月内,至少有 1/3 的缔约国赞成召开这样的会议,秘书长应在联合国主持下召开会议。经出席会议并参加表决的缔约国多数通过的任何修正案应提交联合国大会批准。
2. 根据本条第 1 款通过的修正案若获大会批准并为缔约国 2/3 多数所接受,即行生效。
3. 修正案一旦生效,即应对接受该项修正案的缔约国具有约束力,其他缔约国则仍受本公约各项条款和它们已接受的任何早先的修正案的约束。

第 51 条
1. 联合国秘书长应接受各国在批准或加入时提出的保留,并分发给所有国家。
2. 不得提出内容与本公约目标和宗旨相抵触的保留。
3. 缔约国可随时向联合国秘书长提出通知,请求撤销保留,并由他将此情况通知所有国家。通知于秘书长收到当日起生效。

第 52 条
缔约国可以书面通知联合国秘书长退出本公约。秘书长收到通知之日起 1 年后退约即行生效。

第 53 条
指定联合国秘书长为本公约的保管人。

第 54 条
本公约的阿拉伯文、中文、英文、法文、俄文和西班牙文文本具有同等效力,应交存联合国秘书长。

下列全权代表,经各自政府正式授权,在本公约上签字,以资证明。

42. 儿童权利公约关于设定来文程序的任择议定书

（联合国大会2011年12月19日第66/138号决议通过）

本议定书缔约国，

考虑到根据《联合国宪章》申明的原则，承认人类家庭所有成员的固有尊严及其平等和不可剥夺的权利，是世界自由、正义与和平的基础，

注意到《儿童权利公约》（下称《公约》）缔约国承认其中为在其管辖范围内的每一名儿童规定的权利，不因儿童或其父母或法定监护人的种族、肤色、性别、语言、宗教、政治或其他见解、民族、族裔或社会出身、财产、伤残、出生或其他身份而有任何差别，

重申一切人权和基本自由都是普遍、不可分割、相互依存、相互关联的，

又重申儿童作为权利主体和作为享有尊严并且能力在不断发展的个人的地位，

认识到儿童身份的特殊性和依赖性可能使之很难就侵犯其权利的行为寻求补救办法，

考虑到本议定书将加强并补充国内和区域的机制，使儿童能够就侵犯其权利的行为提出申诉，

认识到儿童的最大利益应当成为在就侵犯儿童权利的行为寻求补救办法时的首要考虑，而此种补救办法应考虑到各级均需要有体恤儿童的程序，

鼓励各缔约国建立适当的国家机制，使权利受到侵犯的儿童可在国内获得有效的补救办法，

回顾国家人权机构和负责增进和保护儿童权利的其他相关专门机构在这方面可以发挥的重要作用，

考虑到为加强和补充这种国家机制，进一步推动执行《公约》及酌情执行其《关于买卖儿童、儿童卖淫和儿童色情制品问题的任择议定书》和《关于儿童卷入武装冲突问题的任择议定书》，应使儿童权利委员会(下称"委员会")能够履行本议定书规定的职能，

议定如下：

第一部分 一般规定

第1条 儿童权利委员会的职权范围

1. 本议定书缔约国承认本议定书规定的委员会的职权。
2. 委员会不应就侵犯本议定书缔约国未加入的文书所规定权利事宜对该国行使职权。
3. 委员会不应接收涉及未加入本议定书的国家的来文。

第2条 委员会行使职能时所应奉行的一般原则

委员会在行使本议定书赋予的职能时，应奉行儿童最大利益的原则。委员会也应顾及儿童的权利和意见，根据儿童的年龄和成熟程度充分重视他们的意见。

第 3 条　议事规则

1. 委员会应通过行使本议定书赋予的职能时所须遵守的议事规则。委员会在制定规则时，尤其应顾及本议定书第 2 条，以保证采用体恤儿童的程序。

2. 委员会应在其议事规则中列入保障措施，防止代表儿童行事者操纵儿童，并可拒绝审查它认为不符合儿童最大利益的任何来文。

第 4 条　保护措施

1. 缔约国应当采取一切适当措施，确保在其管辖下的个人不会因为根据本议定书与委员会的联系或合作而遭到任何侵犯人权行为或受到任何虐待或恐吓。

2. 未经有关个人或群体的明确同意，不应公开透露其身份。

第二部分　来 文 程 序

第 5 条　个人来文

1. 受缔约国管辖的个人或群体，如声称是缔约国侵犯其加入的以下任何文书所载任何权利的受害者时，均可亲自或由人代理提交来文：

(a)《公约》；

(b)《关于买卖儿童、儿童卖淫和儿童色情制品问题的任择议定书》；

(c)《关于儿童卷入武装冲突问题的任择议定书》。

2. 代表个人或群体提交来文时，应当征得当事人的同意，除非提交人能说明未经当事人同意而代为提交的正当理由。

第 6 条　临时措施

1. 委员会收到来文后，在对案情作出裁断前，可以随时向有关缔约国发出请求，请该国从速考虑采取在特殊情况下可能需要采取的临时措施，以避免对声称侵犯人权行为的受害者造成可能无法弥补的损害。

2. 委员会根据本条第 1 款行使酌处权，并不意味对来文的可受理性或案情实质作出裁断。

第 7 条　可否受理

在下列情形下，委员会应当视来文不可受理：

(a) 匿名来文；

(b) 非书面来文；

(c) 来文滥用提交此类来文的权利，或不符合本《公约》和（或）其任择议定书的规定；

(d) 同一事项业经委员会审查或已由或正由另一项国际调查或解决程序审查；

(e) 未用尽一切可用的国内补救办法。本规则不适用于补救办法的应用被不合理拖延或不大可能带来有效的补偿的情况；

(f) 来文明显没有根据或缺乏充分证据；

(g) 来文所述事实发生在本议定书对有关缔约国生效之前，除非这些事实持续至生效之日后；

(h) 未在用尽国内补救办法后一年之内提交，但提交人能证明在此时限内无法提交来文的情况除外。

第8条 转交来文

1. 除非委员会在未征求有关缔约国的意见前即认定来文不可受理,否则对于任何根据本议定书提交委员会的来文,委员会均应尽快以保密方式提请有关缔约国注意。

2. 缔约国应向委员会提交书面解释或陈述,澄清有关事项,并说明本国可能已提供的任何补救办法。缔约国应在六个月内尽快提出答复。

第9条 友好解决

1. 委员会应向有关当事方提供斡旋,以期在尊重本《公约》和(或)其任择议定书规定的义务的基础上达成友好解决。

2. 一旦在委员会主持下商定友好解决办法,根据本议定书提交的来文审议工作即告结束。

第10条 审议来文

1. 委员会应当根据提交委员会的全部文件资料,尽快审议根据本议定书收到的来文,但这些文件资料应当送交有关当事方。

2. 委员会应当举行非公开会议,审查根据本议定书收到的来文。

3. 委员会如要求采取临时措施,便应加速审议来文。

4. 委员会在审查声称经济、社会或文化权利受到侵犯的来文时,应审议缔约国根据《公约》第4条采取的步骤是否合理。同时,委员会应注意到缔约国为落实《公约》规定的经济、社会和文化权利有可能采取多种政策措施。

5. 委员会在审查来文后,应当及时向有关当事方传达委员会对来文的意见及可能提出的任何建议。

第11条 后续行动

1. 缔约国应适当考虑委员会的意见及可能提出的建议,并向委员会提交书面答复,包括通报根据委员会意见和建议采取的任何行动。缔约国应在六个月内尽快提出答复。

2. 委员会可以邀请缔约国就根据委员会的意见或建议采取的任何措施、或任何友好解决协议的执行情况提供进一步资料,包括在委员会认为适当的情况下,在缔约国随后根据《公约》第44条、以及酌情根据《关于买卖儿童、儿童卖淫和儿童色情制品问题的任择议定书》第12条或《关于儿童卷入武装冲突问题的任择议定书》第8条提交的报告中提供这些资料。

第12条 国家来文

1. 本议定书缔约国可以随时作出声明,承认委员会有权接收和审议涉及一缔约国声称另一缔约国未履行其加入的以下任何文书所载义务的来文:

(a)《公约》;

(b)《关于买卖儿童、儿童卖淫和儿童色情制品问题的任择议定书》;

(c)《关于儿童卷入武装冲突问题的任择议定书》。

2. 委员会不接受涉及未作出上述声明的缔约国的来文,也不接受未作出上述声明的缔约国提交的来文。

3. 委员会应向有关缔约国提供斡旋,以期在尊重本《公约》及其任择议定书规定的义务的基础上达成友好解决。

4. 根据本条第 1 款作出的声明,应当由缔约国交存联合国秘书长,由秘书长将声明副本分送其他缔约国。任何声明可随时以通知秘书长的方式予以撤回。撤回声明不得妨碍对业已根据本条发出的来文所涉任何事项的审议;在秘书长收到撤回声明的通知后,除非有关缔约国作出新的声明,否则不得再接收任何缔约国根据本条提交的其他来文。

第三部分 调 查 程 序

第 13 条 对严重或一贯侵犯人权行为的调查程序

1. 如果委员会收到可靠资料,表明一缔约国严重或一贯侵犯《公约》、或其《关于买卖儿童、儿童卖淫和儿童色情制品问题的任择议定书》或《关于儿童卷入武装冲突问题的任择议定书》所规定的权利,则委员会应邀请该缔约国合作审查这些资料,并为此迅速就相关资料提出意见。

2. 在考虑了有关缔约国可能已提出的任何意见以及委员会掌握的任何其他可靠资料后,委员会可以指派一名或多名成员进行调查,并从速向委员会报告。如有正当理由,在征得缔约国同意后,调查可以包括前往该国领土访问。

3. 此类调查应以保密方式进行,并应当在程序的各个阶段寻求有关缔约国的合作。

4. 在对此类调查结果进行审查之后,委员会应及时将调查结果连同任何意见和建议一并送交有关缔约国。

5. 有关缔约国应在收到委员会送交的调查结果、意见和建议后六个月内,尽快向委员会提交本国意见。

6. 根据本条第 2 款进行的调查程序结束后,委员会经与有关缔约国协商,可以决定在本议定书第 16 条规定的委员会报告中摘要介绍程序结果。

7. 各缔约国可以在签署、批准、或加入本议定书时,声明不承认本条规定的委员会对于第 1 款所列部分或所有文书所载权利的权限。

8. 根据本条第 7 款发表声明的任何缔约国,可随时通知联合国秘书长撤回其声明。

第 14 条 调查程序的后续行动

1. 必要时,委员会可在第 13 条第 5 款所述六个月期限结束后,邀请有关缔约国向委员会通报该国为响应根据本议定书第 13 条开展的调查所采取的和计划采取的措施。

2. 委员会可邀请有关缔约国就根据本议定书第 13 条进行的调查所采取的任何措施提供进一步资料,包括在委员会认为适当的情况下,在随后根据《公约》第 44 条、以及酌情根据《关于买卖儿童、儿童卖淫和儿童色情制品问题的任择议定书》第 12 条或《关于儿童卷入武装冲突问题的任择议定书》第 8 条提交的报告中提供这些资料。

第四部分 最 后 条 款

第 15 条 国际援助与合作

1. 对于显示有必要获得技术咨询或协助的来文和调查,委员会可在征得有关缔约国同意后,将委员会的意见或建议,连同缔约国可能就这些意见或建议提出的意见和提议,送交联合国各专门机构、基金和计(规)划署及其他主管机构。

2. 委员会也可以在征得有关缔约国同意后,提请上述机构注意任何根据本议定书审议的来文所产生的事项;据此协助它们在各自权限范围内决定是否应当采取可能具有促进作用的国际措施,以推进各缔约国在落实《公约》和(或)其任择议定书确认的权利方面取得进展。

第 16 条　向大会提交报告

委员会应在其根据《公约》第 44 条第 5 款向大会提交的两年期报告中,摘要介绍根据本议定书开展的活动。

第 17 条　传播和宣传任择议定书

各缔约国承诺广泛宣传和传播本议定书,通过适当、积极的手段,以无障碍的形式,便利成人和儿童包括残疾人了解委员会的意见和建议,特别是涉及该缔约国事项的意见和建议。

第 18 条　签署、批准和加入

1. 本议定书开放供任何已签署、批准或加入《公约》或其第一、第二项任择议定书中的任何一项的国家签署。

2. 本议定书须经已批准或加入《公约》或其第一、第二项任择议定书中的任何一项的国家批准。批准书交存联合国秘书长。

3. 本议定书开放供任何已批准或加入《公约》或其第一、第二项任择议定书中的任何一项的国家加入。

4. 向秘书长交存加入书后,加入即行生效。

第 19 条　生效

1. 本议定书在第十份批准书或加入书交存三个月后生效。

2. 对于在第十份批准书或加入书交存后批准或加入本议定书的每一个国家而言,本议定书自该国交存其批准书或加入书之日起三个月后生效。

第 20 条　生效后发生的侵犯行为

1. 委员会的权限仅限于本议定书生效后发生的缔约国侵犯《公约》和(或)其第一、第二项任择议定书所载任何权利的行为。

2. 如一国在本议定书生效后成为缔约国,则该国对委员会的义务仅限于本任择议定书对该国生效后发生的侵犯《公约》和(或)其第一、第二项任择议定书所载任何权利的行为。

第 21 条　修正

1. 任何缔约国均可以对本议定书提出修正案,并提交联合国秘书长。秘书长应将任何提议的修正案通告缔约国,并请缔约国通知秘书长,说明是否赞成举行缔约国会议,对提案进行审议和作出决定。在上述通告发出之日起四个月内,如果有至少三分之一的缔约国赞成举行缔约国会议,则秘书长应当在联合国主持下举行会议。经出席并参加表决的缔约国三分之二多数通过的任何修正案,应当由秘书长提交大会核准,然后提交所有缔约国供其接受。

2. 依照本条第 1 款的规定通过并核准的修正案,应当在交存的接受书数量达到修正案通过之日缔约国数目的三分之二后第三十天生效。此后,修正案应当在任何缔约国交存其接受书后第三十天对该缔约国生效。修正案只对接受该项修正案的缔约国具有约束力。

第 22 条 退约

1. 缔约国可以随时书面通知联合国秘书长退出本议定书。退约应当在秘书长收到通知之日起一年后生效。

2. 退约不妨碍本议定书各项规定继续适用于退约生效之日前根据第 5 条或第 12 条提交的任何来文,以及退约生效之日前根据第 13 条发起的任何调查。

第 23 条 保存人和秘书长的通知

1. 联合国秘书长为本议定书的保存人。

2. 秘书长应当将下列情况通知所有国家:

(a) 本议定书的签署、批准和加入;

(b) 本议定书和任何根据第 21 条提出的修正案的生效日期;

(c) 根据本议定书第 22 条发出的任何退约通知。

第 24 条 语文

1. 本议定书应当交存联合国档案库,其阿拉伯文、中文、英文、法文、俄文和西班牙文文本同等作准。

2. 联合国秘书长应当将本议定书经认证的副本分送所有国家。

43. 儿童权利公约 关于儿童卷入武装冲突问题的任择议定书

(联合国大会 2000 年 5 月 25 日通过)

本议定书缔约国,

欣慰地注意到儿童权利公约获得极大的支持,可见各方决心致力于促进和保护儿童权利,

重申必须特别保护儿童权利,要求一视同仁地不断改善儿童的情况,使儿童在和平与安全的条件下成长和接受教育,

不安地注意到武装冲突对儿童造成有害和广泛的影响,并对持久和平安全和发展造成长期后果,

谴责在武装冲突情况中以儿童为目标,以及直接攻击受国际法保护的物体,包括学校和医院等一般有大量儿童的场所的行为,

注意到国际刑事法院规约获得通过,特别是将征募或招募不满 15 岁的儿童,或在国际武装冲突和非国际武装冲突中利用他们积极参与敌对行动定为战争罪,

因此,考虑到为进一步加强使儿童权利公约确认的权利,需要加强保护儿童,使其不卷入武装冲突,

注意到儿童权利公约第 1 条规定,为该公约的目的,儿童系指不满 18 岁的任何人,除非对其适用的法律规定成年年龄低于 18 岁,

深信公约任择议定书提高可被招募加入武装部队和参加敌对行动的人的年龄,将切实促进落实有关儿童的一切行动均应以儿童的最大利益为首要考虑的原则,

注意到 1995 年 12 月第二十六届红十字会和红新月会国际会议特别建议冲突各当事方采取一切可行措施,确保不满 18 岁的儿童不参加敌对行动,

欢迎国际劳工组织关于禁止和立即行动消除最有害的童工形式的第 182 号公约于 1999 年 6 月获得一致通过,其中也禁止强迫或强制招募儿童参加武装冲突,

最严重关切并谴责非国家武装部队的武装团体在国境内外招募训练和使用儿童参加敌对行动,并确认在这方面招募训练和使用儿童的人所负的责任,

回顾武装冲突各当事方均有义务遵守国际人道主义法的规定,

强调本议定书不妨碍联合国宪章所载的宗旨和原则,包括其第五十一条以及有关的人道主义法规范,

铭记以充分尊重宪章所载的宗旨和原则以及遵守适用的人权文书为基础的和平与安全是充分保护儿童的必要条件,在武装冲突和外国占领期间尤其如此,

确认因其经济或社会状况或性别特别容易被人以违反本议定书的方式招募或用于敌对行动的儿童的特殊需要,

注意到必须考虑儿童卷入武装冲突的经济社会和政治根源,

深信需要加强国际合作执行本议定书,帮助受武装冲突之害的儿童恢复身心健康和重返社会,

鼓励社区尤其是儿童和受害儿童参与传播有关执行本议定书的宣传和教育方案,

兹协议如下:

第 1 条

缔约国应采取一切可行措施,确保不满 18 周岁的武装部队成员不直接参加敌对行动。

第 2 条

缔约国应确保不满 18 周岁的人不被强制招募加入其武装部队。

第 3 条

1. 考虑到儿童权利公约第 38 条所载原则,并确认公约规定不满 18 周岁的人有权获得特别的保护,缔约国应提高该条第 3 款所述个人自愿应征加入本国武装部队的最低年龄。

2. 每一缔约国在批准或加入本议定书时应交存一份具有约束力的声明,规定其允许自愿应征加入本国武装部队的最低年龄,并说明其为确保不强迫或胁迫进行此类招募而采取的保障措施。

3. 允许不满 18 周岁的人自愿应征加入本国武装部队的缔约国应设置保障措施,至少确保:

(a) 此种应征确实是自愿的;

(b) 此种应征得到本人父母或法定监护人的知情同意;

(c) 这些人被充分告知此类兵役所涉的责任;

(d) 这些人在被接纳服本国兵役之前提供可靠的年龄证明。

4. 每一缔约国可随时加强其声明,就此事通知联合国秘书长,由秘书长通知所有缔约国,此种通知在秘书长收到之日起生效。

5. 按照儿童权利公约第 28 条和第 29 条,提高本条第 1 款所述入伍年龄的规定不适用于缔约国武装部队开办或控制的学校。

第 4 条

1. 非国家武装部队的武装团体在任何情况下均不得招募或在敌对行动中使用不满 18 周岁的人。

2. 缔约国应采取一切可行措施防止此种招募和使用,包括采取必要的法律措施,禁止并将这种做法按刑事罪论处。

3. 本条的适用不影响武装冲突任何当事方的法律地位。

第 5 条

本议定书的任何规定不得被解释为排除更有利于实现儿童权利的缔约国法律或国际文书和国际人道主义法的规定。

第 6 条

1. 每一缔约国应采取一切必要的法律、行政和其他措施,确保在其管辖范围内有效执行和实施本议定书的规定。

2. 缔约国承诺以适当手段使成人和儿童普遍知晓并向他们宣传本议定书的各项原则和规定。

3. 缔约国应采取一切可行措施,确保在违反本议定书的情况下被招募或用于敌对行动的本国管辖范围内的人退伍或退役,缔约国在必要时应向这些人提供一切适当援助,协助其恢复身心健康和重返社会。

第 7 条

1. 缔约国应通过技术合作和财政援助等方式合作执行本议定书,包括防止违反本议定书的任何活动,协助受违反本议定书行为之害的人康复和重返社会提供此类援助和合作时,应与有关缔约国和有关国际组织磋商。

2. 缔约国在有能力的情况下应通过现有的多边双边或其他方案或通过按联合国大会规则设立的自愿基金提供此类援助。

第 8 条

1. 每一缔约国应在本议定书对其生效两年内向儿童权利委员会提交一份报告,提供详尽资料,说明本国为执行议定书的规定而采取的措施,包括为执行关于参加和招募的条款而采取的措施。

2. 提交全面报告后,每一缔约国应在根据公约第 44 条提交儿童权利委员会的报告中,提供与执行本议定书有关的任何进一步资料。议定书的其他缔约国应每五年提交一份报告。

3. 儿童权利委员会可要求缔约国提供与执行本议定书有关的进一步情况。

第 9 条

1. 本议定书开放供公约任何缔约国或已签署公约的任何国家签署。

2. 本议定书须经批准并开放供任何国家加入。批准书或加入书应交存联合国秘书长。

3. 秘书长应以公约和本议定书保管人的身份,通知公约所有缔约国和已签署公约的所有国家根据第 13 条送交的每一份声明。

第10条

1. 本议定书在第10份批准书或加入书交存后3个月生效。

2. 对于在本议定书生效后批准或加入的国家,议定书在其批准书或加入书交存之日后一个月生效。

第11条

1. 缔约国可在任何时候书面通知联合国秘书长退出本议定书,秘书长应立即通知公约其他缔约国和已签署公约的所有国家。退约应于秘书长收到通知之日后1年生效。但是,在该年结束时如果退约缔约国正处于武装冲突之中,退约在武装冲突终止之前应仍未生效。

2. 此类退约不解除缔约国依本议定书对退约生效日期前发生的任何行为所承担的义务,退约也绝不妨碍委员会继续审议在退约生效日前业已开始审议的任何事项。

第12条

1. 任何缔约国均可提出修正案提交给联合国秘书长。秘书长应立即将提议的修正案通知各缔约国,并请它们表明是否赞成召开缔约国会议以审议提案并进行表决。如果在此类通知发出之后的4个月内,至少有1/3的缔约国赞成召开这样的会议,秘书长应在联合国主持下召开会议,经出席会议并参加表决的缔约国过半数通过的任何修正案应提交联合国大会批准。

2. 根据本条第1款通过的修正案如果获得大会批准并为缔约国2/3多数接受,即行生效。

3. 修正案一旦生效,即应对接受该次修正案的缔约国具有约束力,其他缔约国则仍受本议定书各项条款和它们已接受的任何早先的修正案的约束。

第13条

1. 本议定书的阿拉伯文、中文、英文、法文、俄文和西班牙文文本具有同等效力,均应交存联合国档案库。

2. 联合国秘书长应将本议定书经证明无误的副本分送公约所有缔约国和已签署公约的所有国家。

44. 儿童权利公约
关于买卖儿童、儿童卖淫和儿童色情
制品问题的任择议定书

(联合国大会2000年5月25日通过)

本议定书各缔约国,

考虑到为了进一步实现儿童权利公约的宗旨并执行其各项规定,特别是第1条、第11条、第21条、第32条、第33条、第34条、第35条和第36条,应当扩大各缔约国应为确保保护

儿童免遭买卖儿童、儿童卖淫和儿童色情制品之害而采取的各项措施,

又考虑到儿童权利公约确认儿童有权受到保护,不受经济剥削,不从事可能有危害性或可能影响其教育或有害儿童的健康或身体心理精神道德或社会发展的任何工作,

严重关切为买卖儿童、儿童卖淫和儿童色情制品的目的而进行的国际儿童贩运十分猖獗且日益严重,

深切关注特别容易侵害儿童的色情旅游仍然广泛存在,因为它直接助长了买卖儿童、儿童卖淫和儿童色情制品,

认识到包括女童在内的一些特别脆弱的群体较易遭受性剥削,并认识到性剥削的受害人以女童居多,

关注互联网和其他不断发展的技术提供的儿童色情制品越来越多,并回顾1999年在维也纳召开的打击互联网上的儿童色情制品国际会议,特别是其结论要求世界各地将儿童色情制品的制作分销出口传送进口蓄意拥有和广告宣传按刑事罪论处,并强调各国政府与互联网业界建立更加密切的合作与伙伴关系的重要性,

认为应采用一种全面的方法来消除引发性因素,其中包括发展不足、贫困经济、失衡社会经济结构、不公平家庭瘫痪、缺乏教育、城乡移徙性别歧视、不负责任的成人性行为、有害的传统习俗、武装冲突和贩卖儿童,从而有助于消除买卖儿童、儿童卖淫和儿童色情制品,

又认为需要努力提高公众意识,以减少消费者对买卖儿童、儿童卖淫和儿童色情制品的需求,还认为必须加强各行动者的全球合作以及在国家一级改善执法行动的重要性,

注意到关于保护儿童的国际法律文书的各项规定,其中包括保护儿童和国家间收养方面合作海牙公约、国际儿童拐骗事件的民事问题海牙公约、关于在父母责任和保护儿童措施方面的管辖权适用法律、承认执行和合作的海牙公约以及国际劳工组织关于禁止和立即行动消除最有害的童工形式的第182号公约,

欣慰地注意到儿童权利公约获得极大的支持,可见各方决心致力于促进和保护儿童权利,

认识到执行防止买卖儿童、儿童卖淫和儿童色情制品行动纲领和1996年8月27日至31日在斯德哥尔摩举行的反对利用儿童从事商业色情活动世界大会的宣言和行动议程的规定以及有关国际组织的其他有关决定和建议的重要性,

适当考虑到每一民族的传统及文化价值对儿童的保护及和谐发展的重要性,

兹协议如下:

第1条

缔约国应根据本议定书的规定,禁止买卖儿童、儿童卖淫和儿童色情制品。

第2条

为本议定书的目的:

(a) 买卖儿童系指任何人或群体将儿童转予另一人或群体以换取报酬或其他补偿的行为或交易;

(b) 儿童卖淫系指在性活动中利用儿童以换取报酬或其他补偿;

(c) 儿童色情制品系指以任何手段显示儿童进行真实或模拟的露骨性活动或主要为海淫而显示儿童性器官的制品。

第 3 条

1. 每一缔约国应起码确保本国刑法对下列行为和活动作出充分的规定,不论这些犯罪行为是在国内还是跨国实施的,也不论是个人还是有组织地实施的:

(a) 在第 2 条界定的买卖儿童的范围内,这些罪行是指为下述目的以任何手段提供送交或接受儿童:

  a. 对儿童进行性剥削;

  b. 为牟利而转移儿童器官;

  c. 使用儿童从事强迫劳动;

  d. 作为中介不正当地诱使同意,以违反适用的有关收养的国际法律文书的方式收养儿童;

(b) 出售、获取、介绍或提供儿童,进行第 2 条所界定的儿童卖淫活动;

(c) 为上述目的制作、分销、传送、进口、出口、出售、销售或拥有第 2 条所界定的儿童色情制品。

2. 在不违反缔约国本国法律规定的情况下,同样的法律规定应适用于这些行为的犯罪未遂共谋或共犯。

3. 每一缔约国应按照罪行的严重程度,以适当刑罚惩处这些罪行。

4. 在不违反本国法律规定的情况下,每一缔约国应酌情采取适当措施确定法人对本条第 1 款规定的罪行的责任。在不违反缔约国的法律原则的情况下,可将法人的这一责任定为刑事、民事或行政责任。

5. 缔约国应采取一切适当的法律和行政措施,确保参与儿童收养的所有人均按照适用的国际法律文书行事。

第 4 条

1. 当第 3 条第 1 款所述罪行在其境内或其为注册国的船只或飞行器上实施时,每一缔约国应采取必要的措施,确立其对这些罪行的管辖权。

2. 每一缔约国可在下列情况下采取必要措施,确立其对第 3 条第 1 款所述罪行的管辖权:

(a) 犯罪嫌疑人为该国国民或惯常居所所在该国境内的人;

(b) 受害人为该国国民。

3. 犯罪嫌疑人在该国境内而该国因罪行系由其国民所实施而不将其引渡至另一个缔约国时,该缔约国也应采取必要措施确立它对上述罪行的管辖权。

4. 本议定书不排除根据国内法行使的任何刑事管辖权。

第 5 条

1. 第 3 条第 1 款所述罪行应视为可引渡罪行列入缔约国之间现有的任何引渡条约,并且应根据各缔约国之间后来缔结的每一项引渡条约所规定的条件将这些罪行作为可引渡罪行列入这些条约。

2. 以订有条约为引渡条件的缔约国在接到未与其缔结任何引渡条约的另一个缔约国提出的引渡请求时,可将本议定书视为就这些罪行进行引渡的法律依据引渡应当符合被请求国法律规定的条件。

3. 不以订有条约作为引渡条件的缔约国应将这类罪行视为在它们之间可进行引渡的罪行,但必须遵守被请求国法律规定的条件。

4. 为了在缔约国之间进行引渡的目的,此类罪行不仅应被视为在罪行发生地实施的罪行,而且应被视为在必须根据第4条确立其管辖权的国家境内实施的罪行。

5. 就第3条第1款所述的一项罪行提出引渡要求时,如果被请求的缔约国基于罪犯的国籍而不予引渡或不愿引渡,则该国应当采取适当措施将案件提交其主管当局进行起诉。

第6条

1. 对第3条第1款所述罪行进行调查或提起刑事诉讼或引渡程序时,各缔约国应当相互给予最大程度的协助,其中包括协助获取它们掌握的对进行这种程序所必要的证据。

2. 各缔约国应当根据它们之间可能已存在的任何司法互助条约或其他安排履行它们在本条第1款之下承担的义务。在不存在这类条约或安排的情况下,各缔约国应根据其国内法提供互助。

第7条

缔约国应根据本国法律的规定:

（a）采取措施,规定酌情扣押和没收用于实施或便利进行本议定书所规定的罪行的材料、资产和其他工具等物品和犯罪所得收益;

（b）执行另一个缔约国提出的请求扣押或没收(a)和(b)项所述物品或收益;

（c）采取措施暂时或永久地查封用于实施这些罪行的场所。

第8条

1. 缔约国应当采取适当措施,在刑事司法程序的各个阶段保护受本议定书所禁止的行为之害的儿童的权益,特别应当:

（a）承认受害儿童的脆弱性并变通程序,以照顾他们的特别需要,其中包括作证儿童的特别需要;

（b）向受害儿童讲述其权利作用和程序的范围时间和进度以及对其案件的处置;

（c）按照本国法律的程序规则允许在影响到受害儿童的个人利益的程序中提出和考虑受害儿童的意见需要和问题;

（d）在整个法律程序中向受害儿童提供适当的支助服务;

（e）适当保护受害儿童的隐私和身份,并根据本国法律采取措施,避免不当发布可能导致暴露受害儿童身份的消息;

（f）在适当情况下确保受害儿童及其家庭和为其作证的人的安全,使他们不受恐吓和报复;

（g）在处理案件和执行向受害儿童提供赔偿的命令或法令方面避免不必要的延误。

2. 缔约国应当确保受害人实际年龄不详不妨碍开展刑事调查,包括旨在查明受害人年龄的调查。

3. 缔约国应当确保刑事司法系统在对待受本议定书所述罪行之害的儿童方面,应以儿童的最大利益为首要考虑。

4. 缔约国应当采取措施,确保对在业务上与本议定书所禁止的罪行的受害人接触的人员进行适当的培训,特别是法律和心理培训。

5. 缔约国应在适当情况下采取措施,保护从事防止这种罪行和保护和帮助这种罪行的受害人康复的人员和/或组织的安全和完整性。

6. 本条的任何规定均不应解释为妨碍或违反被告人享有公平和公正审判的权利。

第 9 条

1. 缔约国应制定或加强执行和宣传法律行政措施、社会政策和方案,以防止本议定书所述各项罪行,应当特别重视保护特别容易遭受这些做法伤害的儿童。

2. 缔约国应当通过以各种恰当手段进行宣传教育和培训,提高包括儿童在内的广大公众对本议定书所述罪行的预防措施以及这些罪行的有害影响的认识,缔约国在履行其在本条款下承担的义务时应当鼓励社区特别是儿童和受害儿童参与包括在国际一级开展的这类宣传教育和培训方案。

3. 缔约国应当采取一切可行措施,确保向这些罪行的受害人提供一切适当的援助,包括使他们真正重返社会并使他们身心完全康复。

4. 缔约国应当确保本议定书所述罪行的所有受害儿童均应有权提起适当程序,在无歧视的情况下要求应负法律责任者作出损害赔偿。

5. 缔约国应当采取适当措施,有效禁止制作和散播宣传本议定书所述罪行的材料。

第 10 条

1. 缔约国应采取一切必要步骤,加强国际合作,作出多边区域和双边安排,以防止侦察调查起诉和惩治涉及买卖儿童、儿童卖淫、儿童色情制品和狎童旅游行为的责任者,缔约国还应促进本国政府机关和国际非政府组织和国际组织的国际合作与协调。

2. 缔约国应当促进国际合作,协助受害儿童身心康复和重返社会,并协助遣送受害儿童回国。

3. 缔约国应当促进加强国际合作,以消除贫困和发展不足等促使儿童易受买卖儿童、儿童卖淫、儿童色情制品和狎童旅游等行为之害的根源。

4. 缔约国在有能力的情况下应当通过现有的多边区域双边或其他方案提供财政技术或其他援助。

第 11 条

本议定书的任何规定不应影响更有利于实现儿童权利的任何规定,包括下列法律所载的任何规定:

(a) 缔约国的法律;或

(b) 对该国生效的国际法。

第 12 条

1. 每一缔约国应在本议定书对该缔约国生效后两年内向儿童权利委员会提交一份报告,提供其为执行本议定书的规定而采取的各项措施的详尽资料。

2. 在提交全面报告后,每一缔约国应在其根据公约第44条向儿童权利委员会递交的报告中进一步列入执行本议定书的任何其他资料。本议定书的其他缔约国应每五年递交一份报告。

3. 儿童权利委员会可要求各缔约国提供有关执行本议定书的进一步资料。

第 13 条

1. 本议定书开放供公约任何缔约国或已签署公约的任何国家签署。

2. 本议定书须经批准并开放供任何国家加入。批准书或加入书应交存联合国秘书长。

第 14 条

1. 本议定书在第 10 份批准书或加入书交存后 3 个月生效。

2. 对于在本议定书生效后批准或加入的国家,议定书在其交存批准书或加入书之日后 1 个月生效。

第 15 条

1. 任何缔约国均可在任何时候书面通知联合国秘书长退出本议定书,秘书长应当立即通知公约其他缔约国和签署公约的所有国家。退约在秘书长收到通知之日后 1 年生效。

2. 此类退约不解除缔约国依本议定书对退约生效日期前发生的任何罪行承担的义务。退约也绝不妨碍委员会继续审议在退约生效日期前业已开始审议的任何事项。

第 16 条

1. 任何缔约国均可提出修正案,提交给联合国秘书长。秘书长应立即将提议的修正案通知各缔约国,并请它们表明是否赞成召开缔约国会议,以审议提案并进行表决。如果在此类通知发出之后的 4 个月内,至少有 1/3 的缔约国赞成召开这样的会议,秘书长应在联合国主持下召开会议,经出席会议并参加表决的缔约国过半数通过的任何修正案应提交联合国大会批准。

2. 根据本条第 1 款通过的修正案如果获得大会批准并为缔约国 2/3 多数接受,即行生效。

3. 修正案一旦生效,即应对接受该项修正案的缔约国具有约束力,其他缔约国则仍受本议定书各项条款和它们已接受的任何早先的修正案的约束。

第 17 条

1. 本议定书的阿拉伯文、中文、英文、法文、俄文和西班牙文文本具有同等效力,应交存联合国档案库。

2. 联合国秘书长应将本议定书经证明无误的副本分送公约所有缔约国和签署公约的所有国家。

45. CRC 第 1 号一般性意见:教育的目的(2001 年)

46. CRC 第 2 号一般性建议:独立的国家人权机构在增进和保护儿童权利方面的作用(2002 年)

47. CRC 第 4 号一般性意见:
在《儿童权利公约》框架内青少年的
健康和发展(2003 年)

48. CRC 第 5 号一般性意见:
执行《儿童权利公约》(第 4、42 条和
第 44 条第 6 款)的一般措施(2003 年)

49. CRC 第 8 号一般性意见:
儿童受保护免遭体罚和其他残忍或
不人道形式惩罚的权利(尤其是第 19 条、
第 28 条第 2 款和第 37 条)(2006 年)

50. CRC 第 11 号一般性意见:
土著儿童及其在《公约》下的权利
(2009 年)

51. CRC 第 14 号一般性意见:
《公约》第 3 条第 1 款儿童将他或
她的最大利益列为一种首要
考虑的权利(2013 年)

52. CRC 第 17 号一般性意见：《公约》第 31 条儿童享有休息和闲暇、从事游戏和娱乐活动、参加文化生活和艺术活动的权利（2013 年）

53. CRC 第 20 号一般性意见：在青少年期落实儿童权利（2016 年）

54. CRC 第 23 号一般性意见：关于原籍国、过境国、目的地国和返回国在具国际移民背景儿童的人权方面的国家义务的 CMW 第 4 号和 CRC 第 23 号联合一般性意见（2017 年）

55. CRC 第 25 号一般性意见：与数字环境有关的儿童权利（2021 年）

56. 保护所有移徙工人及其家庭成员权利国际公约

（联合国大会 1990 年 12 月 18 日通过）

序　言

本公约缔约国，

考虑到联合国关于人权的各项基本文书，尤其是《世界人权宣言》、《经济、社会、文化权利国际公约》、《公民及政治权利国际公约》、《消除一切形式种族歧视国际公约》、《消除对妇女一切形式歧视公约》和《儿童权利公约》内载的原则，

又考虑到在国际劳工组织体制内拟订的各项有关文书内载的原则和标准，特别是《关于移徙就业的公约》(第 97 号)和《关于恶劣情况下的移徙和促进移徙工人机会和待遇平等的公约》(第 143 号)、《关于移徙就业的建议书》(第 86 号)和《关于移徙工人的建议书》(第 151 号)，以及《关于强迫或强制劳动的公约》(第 29 号)和《关于废止强迫劳动的公约》(第 105 号)，

重申联合国教育、科学及文化组织《反对教育歧视公约》内载的原则的重要性，

回顾《禁止酷刑和其他残忍、不人道或有辱人格的待遇或处罚公约》、《第四届联合国预防犯罪和罪犯待遇大会宣言》、《执法人员行为守则》和各项有关禁奴的公约，

回顾按照国际劳工组织的章程，劳工组织的目标之一是保护非在本国就业的工人的利益，铭记该组织在有关移徙工人及其家庭成员的事项方面具有专家知识和经验，

认识到在联合国各机关内，所进行的有关移徙工人及其家庭成员的工作的重要性，特别是在人权委员会和社会发展委员会，在联合国粮食及农业组织、联合国教育、科学及文化组织和世界卫生组织以及在其他国际组织内，

又认识到一些国家在区域或双边基础上在保护移徙工人及其家庭成员的权利方面所取得的进展，以及在这个领域各项双边和多边协定的重要性和效用，

认识到移徙现象的重要性和规模，涉及千百万人和影响到国际社会中的许多国家，

意识到移徙工人的流动对各国和有关人民的影响，并愿意建立规范，通过接受关于移徙工人及其家庭成员待遇的基本原则，或可帮助协调各国的看法，

考虑到移徙工人及其家庭成员往往由于离开了他们的原籍国以及在就业国逗留可能遭遇到困难等等原因而面临的脆弱处境，

深信移徙工人及其家庭成员的权利尚未在世界各地得到充分的确认，因此需要适当的国际保护，

考虑到移徙往往对移徙工人的家庭成员及其本人造成严重问题，特别是由于家庭分散的原因，

铭记移徙过程中所涉及的人的问题在不正常的移徙中更为严重，因此深信应鼓励采取适当行动以期防止和消灭对移徙工人的秘密移动和运输，同时保证他们的基本人权得到保护，

考虑到没有证件或身份不正常的工人受雇的工作条件往往比其他工人不利，并且考虑到一些雇主认为这正是雇用这种劳力的一个诱因，以便坐享不公平竞争之利，

并考虑到如果所有移徙工人的基本人权受到更为广泛的确认，雇用身份不正常的移徙工人的做法将会受阻，并且给予身份正常的移徙工人及其家庭成员某些其他权利，将可鼓励所有移徙的人和雇主尊重并遵守有关国家所制定的法律和程序，

因此深信需要制订一项全面的、可以普遍适用的公约以重申并建立基本规范，对所有移徙工人及其家庭成员的权利提供国际保护，

兹协议如下：

第一部分 范围和定义

第1条

1. 本公约，除此后另有规定外，适用于所有移徙工人及其家庭成员，不分性别、种族、肤色、语言、宗教或信念、政治见解或其他意见、民族、族裔或社会根源、国籍、年龄、经济地位、财产、婚姻状况、出身或其他身份地位等任何区别。

2. 本公约适用于移徙工人及其家庭成员的整个移徙过程，包括准备移徙、离开、过境和整个逗留期间，在就业国的有报酬活动以及回返原籍国或惯常居住国。

第2条

为本公约的目的：

1. "移徙工人"一词指在其非国民的国家将要、正在或已经从事有报酬的活动的人。

"边境工人"一词指在一邻国保持惯常住所并通常每日返回或至少每星期返回一次该国的移徙工人；

(b) "季节性工人"一词指其工作性质视季节性条件而定并且只在一年内的部分期间工作的移徙工人；

(c) "海员"一词包括渔民在内，指受雇在其非国民的国家注册船舶上工作的移徙工人；

(d) "近海装置上的工人"一词指受雇在其非国民的国家管辖范围内的近海装置上工作的移徙工人；

(e) "行旅工人"一词指其惯常住所在一国但由于其职业性质须在另一国或另外一些国家从事短期逗留的移徙工人；

(f) "项目工人"一词指为就业国所接纳在规定时间内完全从事其雇主在该国所进行特定项目工作的移徙工人；

(g) "特定聘用工人"一词指以下情况的移徙工人：

（Ⅰ）由其雇主送往就业国并在限制和规定时间内从事某一特定工作或任务者；或

（Ⅱ）在限制和规定时间内从事需要专业、商业、技术或其他高度专门技能的工作者；或

（Ⅲ）应就业国雇主的要求，在限制和规定时间内从事暂时或短期的工作者；且该人于获准停留期届满时，或在此以前如不再承担该特定任务或从事该工作时，必须离开就业国；

(h) "自营职业工人"一词是指从事非属雇用合同的有报酬活动，通常是单独或与其家庭成员共同通过此种活动谋生的移徙工人，以及经就业国适用的立法或双边或多边协定承认为从事自营职业的任何其他移徙工人。

第3条

本公约不适用于：

(a) 国际组织和机构派遣或雇用或一国外派或在其境外雇用的从事公务的人员，他们的入境和身份由一般国际法或特定的国际协定或公约加以规定；

(b) 一国外派或在其境外雇用或代表一国参与发展方案和其他合作方案的人员，他们的入境和身份由与就业国达成的协定加以规定并且按照该协定他们不被视为移徙工人；

(c) 作为投资者在非原籍国居住的人；

(d) 难民和无国籍的人，但有关缔约国的有关国家法律或对其生效的国际文书规定适用的情况除外；

(e) 学生和受训人员；

(f) 未获就业国接纳入境居住和从事有报酬活动的海员和近海装置上的工人；

第 4 条

为本公约的目的，"家庭成员"一词指移徙工人的已婚配偶或依照适用法律与其保持具有婚姻同等效力关系的人，以及他们的受抚养子女和经适用法律或有关国家间适用的双边或多边协定所确认为家庭成员的其他受养人。

第 5 条

为本公约的目的，移徙工人及其家庭成员：

(a) 如在就业国内依照该国法律和该国为缔约国的国际协定，获准入境、逗留和从事有报酬活动，则视为有证件或身份正常；

(b) 如不符合本条(a)项所规定的条件，则视为没有证件或身份不正常。

第 6 条

为本公约的目的：

(a) "原籍国"一词指当事人为其国民的国家；

(b) "就业国"一词指视情形而定，移徙工人将要、正在或已经从事有报酬活动的所在国家；

(c) "过境国"一词指当事人前往就业国或从就业国前往原籍国或惯常居住国的任何旅途中所通过的任何国家。

第二部分　权利方面不歧视

第 7 条

缔约国依照关于人权的各项国际文书，承担尊重并确保所有在其境内或受其管辖的移徙工人及其家庭成员，享有本公约所规定的权利，不分性别、种族、肤色、语言、宗教或信念、政治见解或其他意见、民族、族裔或社会根源、国籍、年龄、经济地位、财产、婚姻状况、出身或其他身份地位等任何区别。

第三部分　所有移徙工人及其家庭成员的人权

第 8 条

1. 移徙工人及其家庭成员应可自由离开任何国家，包括其原籍国在内。除法律规定，为保护国家安全、公共秩序、公共卫生或道德或他人的权利和自由，并且不违反本公约本部分所承认的其他权利的限制外，此项权利不受任何限制。

2. 移徙工人及其家庭成员应有权随时进入其原籍国并在其原籍国停留。

第9条

移徙工人及其家庭成员的生命权应受法律保护。

第10条

移徙工人或其家庭成员不应受到酷刑或残忍、不人道、有辱人格的待遇或处罚。

第11条

1. 移徙工人或其家庭成员不得被使为奴隶或受奴役。

2. 移徙工人或其家庭成员不得被要求从事强迫或强制劳动。

3. 在苦役监禁得作为对犯罪的一种处罚的国家,本条第2款的规定不应视为排除按照主管法庭关于此项刑罚的判决而执行的苦役。

4. 为本条的目的,"强迫或强制劳动"一词不应包括:

(a) 通常对依照法庭的合法命令被拘禁的人或对从此种拘禁中有条件释放的人所要求的任何工作或劳务,非属本条第3款所述者;

(b) 在威胁社会生活或福祉的紧急状态或灾难的情况下任何强制的劳务;

(c) 有关国家公民也需承担的属于正常公民义务一部分的任何工作或劳务。

第12条

1. 移徙工人及其家庭成员应有权享有思想、良心和宗教自由。这项权利应包括信仰或皈依自己所选择的宗教或信仰的自由,以及不论个别或是集体、公开或是私下,通过礼拜、虔守、举行仪式或传播教义等来表明其宗教或信仰的自由。

2. 移徙工人及其家庭成员不得受胁迫从而有损其信仰或皈依所选宗教或信仰的自由。

3. 表明其宗教或信仰的自由得仅受法律所规定并为保护公共安全、秩序、卫生或道德或他人的基本权利和自由所必需的限制。

4. 本公约缔约国承允尊重至少有一方为移徙工人的父母和适用时法定监护人确保他们的子女按照他们自己的信仰接受宗教和道德教育的自由。

第13条

1. 移徙工人及其家庭成员应有权持有主张,不受干涉。

2. 移徙工人及其家庭成员应有权享有表达意见的自由;这项权利应包括通过不论是采取口头、书面或印刷方式、以艺术形式或通过他们所选择的任何其他媒介,寻求、接受和传递各种消息和思想的自由,而不论国界。

3. 本条第2款所规定的权利的行使带有特殊的义务和责任。因此其行使得受某些限制,但这些限制只应由法律规定并为下列条件所必需:

(a) 尊重他人的权利或名誉;

(b) 保护有关国家的国家安全或公共秩序,或公共卫生或道德;

(c) 防止任何战争宣传;

(d) 防止任何鼓吹民族、种族或宗教仇恨而构成煽动歧视、敌视或暴力的行为。

第14条

移徙工人或其家庭成员的隐私、家庭、住宅、通信或其他联系,不应受任意或非法干涉,其荣誉和名誉也不受非法攻击。移徙工人及其家庭成员应有权享有法律保护,不受此种干涉或攻击。

第 15 条

移徙工人或其家庭成员的财产，不论个人所有或与他人共有，不应被任意剥夺。在根据就业国现行法律，移徙工人或其家庭成员的财产全部或部分被没收时，当事人应有权获得公平和适当的赔偿。

第 16 条

1. 移徙工人及其家庭成员应有权享有人身自由和安全。

2. 移徙工人及其家庭成员应有权受到国家的有效保护，以免遭到无论公务人员或个人、团体或机构施以暴力、身体伤害、威胁和恫吓。

3. 执法人员对移徙工人或其家庭成员身份的任何核查，均应按照法律规定的程序进行。

4. 移徙工人及其家庭成员不应遭到个别或集体任意逮捕或拘禁；除根据法律所规定的这种理由并按照法律所规定的这种程序外，他们不得被剥夺自由。

5. 被逮捕的移徙工人及其家庭成员应在被逮捕之时尽可能以他们所了解的语言被告知逮捕理由，并应以他们所了解的语言被迅速告知对他们提出的任何指控。

6. 因刑事指控被逮捕或拘留的移徙工人及其家庭成员，应迅速由法官或经法律授权行使司法权力的其他官员予以传讯，并应有权在合理的时间内受审或获释。候审期间通常不应予以拘押，但其释放可以保证在司法程序的任何其他阶段出庭受审并于必要时出庭接受判决的执行为条件。

7. 遇某一移徙工人或其一家庭成员遭逮捕或审前关押或拘押或者以任何其他方式拘留时：

（a）如当事人有此要求，应毫不拖延地将其逮捕或拘禁情事及其理由告知其原籍国的领事或外交当局或代表该国利益的领事或外交当局；

（b）当事人应有权与上述当局联系，对当事人给上述当局的任何通信应毫不拖延地予以传递，当事人也应有权在毫不拖延的情况下接到上述当局送出的通信；

（c）应毫不拖延地告知当事人此项权利及按照有关国家间适用的任何有关条约规定的各种权利，与上述当局的代表通信和会面，并同他们安排其法律代理人。

8. 因遭逮捕或拘禁而被剥夺自由的移徙工人及其家庭成员应有权向法庭提出诉讼，以期该法庭可毫不拖延地就其拘禁合法与否作出判决，并在拘禁不合法时下令予以释放。他们出庭时，如不懂或不会说庭上所用语言，应于必要时获得无需他们支付费用的译员的协助。

9. 遭到非法逮捕或拘禁的移徙工人及其家庭成员，应享有获得可强制执行的赔偿的权利。

第 17 条

1. 被剥夺自由的移徙工人及其家庭成员应受到人道的对待，并尊重其固有的人的尊严和文化特性。

2. 被控告的移徙工人及其家庭成员，除特殊情况外，应与已经定罪的人隔离，并应给予合乎其未定罪者身份的分别待遇。被控告的未成年人应与成年人隔开，并应尽快予以审判。

3. 任何移徙工人或其家庭成员在过境国或就业国因触犯移徙条例被拘留时，应尽实际可能，被安置于与已经定罪的人或拘留候审的人分开的处所。

4. 在法庭所判的服刑监禁任何期间内，对移徙工人或其家庭成员的待遇的基本宗旨应在改造他们,使他们日后能过正常的社会生活。未成年犯应与成年犯隔离,并应给予合乎其年龄和法律地位的待遇。

5. 在拘禁或监禁期间,移徙工人及其家庭成员应如国民一样,享有家人探访的权利。

6. 遇某一移徙工人被剥夺自由时,有关国家的主管当局应注意其家庭成员可能遭遇的问题,特别是其配偶和未成年子女的问题。

7. 根据就业国或过境国现行法律受到任何形式的拘禁或监禁的移徙工人及其家庭成员,应享有与处于相同情况的这些国家国民同样的权利。

8. 如因检查任何违反有关移徙条例情事的目的而将某一移徙工人或其一家庭成员加以拘留,不得要求其负担由此产生的任何费用。

第 18 条

1. 在法院和法庭上,移徙工人及其家庭成员有权享有与有关国家国民平等的地位。在审判对他们提出的任何刑事指控或他们在诉讼案中的权利和义务时,他们应有权获得一个依法设立的独立公正的主管法庭进行公平而且公开的审理。

2. 受刑事控告的移徙工人及其家庭成员,未经依法证实有罪之前,应有权被假定为无罪。

3. 在审判对他们提出的任何刑事指控时,移徙工人及其家庭成员应有权享有下列最低限度的保证:

(a) 迅速以一种他们所了解的语言详细告知对他们提出的指控性质和案由;

(b) 有充分时间和便利准备他们的辩护并同他们自己选择的律师联系;

(c) 立即受审,不得无故拖延;

(d) 出庭受审并亲自或通过自己所选择的法律援助进行辩护;如果没有法律援助,应通知他们享有这项权利;在审判有此必要的任何情况下,为他们指定法律援助,并在他们没有足够能力支付的任何这种情况下,可免自己付费;

(e) 诘问或间接诘问他造证人,并且使自己的证人在他造证人同样的条件下出庭并受诘问;

(f) 如他们不懂或不会说法庭所用语言,可免费获得译员的协助;

(g) 不被强迫作不利自己的证言或强迫承认犯罪。

4. 对未成年人案件,审判程序应考虑到他们的年龄和帮助他们重新做人的需要。

5. 被判定犯罪的移徙工人及其家庭成员,应有权由上级法院对其定罪和判刑依法进行复审。

6. 遇某一移徙工人或其一家庭成员经最终判决判定犯有刑事罪而其后因新的或新发现的案情确实表明审判不当时,其定罪被撤销或其被赦免的情况下,因这种定罪而受到刑罚的人应依法得到赔偿,但经证明未知案情未能及时揭露应由其本人完全或部分负责者除外。

7. 对移徙工人或其家庭成员已按照有关国家法律和刑事程序经最终定罪或无罪开释者,不得就同一罪名再予审判或科刑。

第 19 条

1. 移徙工人或其家庭成员的任何行为或不行为,于发生时依照国内法或国际法均不构成刑事犯罪者,不得据以认为犯有任何刑事罪,也不得被加以重于犯罪时适用的刑罚。如果在犯罪之后,法律规定应处以较轻的刑罚,则其应受益。

2. 在对某一移徙工人或其一家庭成员所犯刑事罪量刑时,应就该移徙工人的身份、尤其是有关其居住或工作的权利给予人道的考虑。

第 20 条

1. 移徙工人或其家庭成员不得仅由于未履行合同义务而被监禁。

2. 移徙工人或其家庭成员不得仅由于未履行工作合同产生的义务,而被剥夺其居住许可或工作许可,或被驱逐出境,除非履行这种义务构成这种许可的一个条件。

第 21 条

除依法经正当授权的公务人员外,任何人没收、销毁或企图销毁身份证件、准许入境或在一国境内逗留、居住或营业的证件、或工作许可证,均属非法。经授权对这类证件进行没收,必须提出详细收据。在任何情况下,不允许销毁某一移徙工人或其一家庭成员的护照或等同证件。

第 22 条

1. 不得对移徙工人及其家庭成员采取集体驱逐的措施。对每一宗驱逐案件都应逐案审查和决定。

2. 只有按照主管当局依法作出的决定,方可将移徙工人及其家庭成员从缔约国境内驱逐出境。

3. 应以他们所了解的语言将判决传达给他们。如果没有另外的强制性规定,经他们要求,应以书面方式将判决传达给他们,除涉及国家安全的特殊情况外,应说明判决的理由。在作出判决之前或至迟在作出判决之时,应把这些权利告知当事人。

4. 除司法当局作出最终判决的情况外,当事人应有权提出其不应被驱逐的理由,并由有关当局对其案件进行复审,除因国家安全的重大理由另有规定外。在进行这类复审之前,当事人应有权要求暂缓执行驱逐的判决。

5. 已经执行的驱逐判决如其后予以取消,当事人应有权依法要求赔偿,而以前的判决不得被用来阻止当事人再次进入有关国家。

6. 如被驱逐出境,当事人在离境之前或之后应有合理机会解决任何应得工资和其他应享权利的要求以及任何未决义务。

7. 在不影响一宗驱逐判决的执行的情况下,该一判决所涉的某一移徙工人或其一家庭成员可寻求进入非其原籍国的国家。

8. 遇某一移徙工人或其一家庭成员被驱逐出境时,驱逐出境的费用不应由其负担。但得要求当事人支付自己的旅费。

9. 从就业国被驱逐出境的事实不得损害某一移徙工人或其一家庭成员按照该国法律所获的任何权利,包括接受工资及其他应享的权利。

第 23 条

移徙工人及其家庭成员在本公约所承认的权利受到损害时,应有权寻求其原籍国领事或外交机关或代表该国利益的国家的领事或外交机关的保护和协助。特别是在处理驱逐出境时,应毫不拖延地将此项权利告知当事人,驱逐国当局并应为行使这项权利提供便利。

第 24 条

每个移徙工人及其每一家庭成员均应有权在任何地方获得承认其在法律之前的人格。

第 25 条

1. 移徙工人在工作报酬和以下其他方面,应享有不低于适用于就业国国民的待遇:

(a) 其他工作条件,即加班、工时、每周休假、有薪假日、安全、卫生、雇佣关系的结束,以及依照国家法律和惯例,本词所涵盖的任何其他工作条件;

(b) 其他雇用条件,即最低就业年龄、在家工作的限制,以及依照国家法律和惯例经认为是雇用条件的任何其他事项。

2. 在私人雇用合约中,克减本条第 1 款所述的平等待遇原则,应属非法。

3. 缔约国应采取一切适当措施,确保移徙工人不因其逗留或就业有任何不正常情况而被剥夺因本原则而获得的任何权利。特别是雇主不得由于任何这种不正常情况而得免除任何法律的或合同的义务,或对其义务有任何方式的限制。

第 26 条

1. 缔约国承认移徙工人及其家庭成员有权:

(a) 参与工会的及任何其他为保护他们经济、社会、文化和其他利益而依法成立的协会的集会和活动,仅受有关组织规则的限制;

(b) 自由参加任何工会或上述任何这类协会,仅受有关组织规则的限制;

(c) 向任何工会或上述任何这类协会寻求援助和协助。

2. 这些权利的行使除受法律所规定并在民主社会中为了国家安全、公共秩序或保护他人的权利和自由所需要的限制以外,不受任何其他限制。

第 27 条

1. 在社会保障方面,移徙工人及其家庭成员应享有与就业国国民同样的待遇,只要他们符合该国适用的立法以及适用的双边或多边条约的规定。原籍国和就业国的有关当局可在任何时候作出必要安排来确定适用这一准则的方式。

2. 在适用的立法不允许移徙工人及其家庭成员享有一种福利的情况下,有关国家应审查是否可能根据处于类似情况的本国国民所获待遇,偿还当事人对这种福利所缴的款额。

第 28 条

移徙工人及家庭成员应有权按与有关国家国民同等的待遇接受维持其生命或避免对其健康的不可弥补的损害而迫切需要的任何医疗。不得以他们在逗留或就业方面有任何不正常情况为由,而拒绝给予此种紧急医疗。

第 29 条

移徙工人的每一名子女均应享有具备姓名、进行出生登记和获得国籍的权利。

第 30 条

移徙工人的每一名子女应照与有关国家国民同等的待遇享有接受教育的基本权利。不得以其父亲或母亲在就业国的逗留或就业方面有任何不正常情况为由或因为其本人的逗留属不正常的情况,而拒绝或限制其进入公立幼儿园或学校。

第 31 条

1. 缔约国应保证尊重移徙工人及其家庭成员的文化特性,并且不得阻碍他们与其原籍国保持文化联系。

2. 缔约国可采取适当措施协助和鼓励这方面的努力。

第 32 条

移徙工人及其家庭成员在结束他们在就业国的逗留时,应有权汇兑他们的收益和储蓄,并且根据有关国家适用的立法,带走他们的私人财物和物品。

第 33 条

1. 移徙工人及其家庭成员应有权获得视情形而定原籍国、就业国或过境国告知以下方面的资料:

(a) 本公约所赋予他们的权利;

(b) 有关国家的法律和惯例规定的接纳他们入境的条件、他们的权利和义务以及使他们遵守该国行政的或其他的正规手续的这类其他事项。

2. 缔约国应采取其认为适当的一切措施传播上述资料或确保雇主、工会或其他有关机关或机构提供上述资料。并应酌情与其他有关国家合作。

3. 经请求应向移徙工人及其家庭成员免费并尽可能以他们所能了解的语言充分提供此类资料。

第 34 条

本公约本部分的任何规定不得有以下影响:免除移徙工人及其家庭成员遵守任何过境国家或就业国的法律和规章的义务,或免除他们尊重该等国家居民的文化特性的义务。

第 35 条

本公约本部分的任何规定不得解释为意含没有证件或身份不正常的移徙工人或其家庭成员情况的正常化,或其情况得致这种正常化的任何权利,也不得损害旨在确保本公约第六部分所规定的合理而且公平的国际移徙的措施。

第四部分 有证件或身份正常的移徙工人及其家庭成员的其他权利

第 36 条

在就业国境内有证件或身份正常的移徙工人及其家庭成员,除享有本公约第三部分所列的各项权利之外,还享有本部分所列的各项权利。

第 37 条

移徙工人及其家庭成员有权在离国以前或至迟在就业国接受其入境之时,获原籍国或就业国酌情充分告知适用于其入境的一切条件,特别是有关下述事项的条件:他们的逗留,他们可从事的有报酬活动,他们在就业国必须符合的规定,以及这些条件有任何变动时他们必须联系的机关。

第 38 条

1. 就业国应尽可能批准移徙工人及其家庭成员暂时离开而不影响视情形而定其逗留许可或其工作许可。就业国这样做时,应考虑到移徙工人及其家庭成员的特殊需要和义务,特别是在其原籍国的特殊需要和义务。

2. 移徙工人及其家庭成员有权充分获知批准这类暂时离开的条件。

第 39 条

1. 移徙工人及其家庭成员有权在就业国领土内自由迁移和在当地自由选择住所。

2. 本条第 1 款所述权利不应受任何限制，但经法律规定为保护国家安全、公共秩序、公共卫生或道德或他人的权利和自由所必需且不违反本公约所承认的其他各项权利的限制除外。

第 40 条

1. 移徙工人及其家庭成员应有权在就业国成立社团和工会，以促进和保护其经济、社会、文化和其他利益。

2. 除法律所规定且在民主社会为国家安全、公共秩序的利益或为保护他人的权利和自由所必需之外，不得对行使对这一项权利施加任何限制。

第 41 条

1. 移徙工人及其家庭成员应有权按照其原籍国的立法规定，参加该国的公共事务，并在该国的选举中有选举权和被选举权。

2. 有关国家应酌情并按照本国立法规定，便利这些权利的行使。

第 42 条

1. 缔约国应考虑设立各种程序或机构，以便可在原籍国和在就业国通过这些程序或机构考虑到移徙工人及其家庭成员的特殊需要、愿望和义务，并应酌情考虑是否可能让移徙工人及其家庭成员在这些机构中有他们自由选出的代表。

2. 就业国在有关地方社区的生活和行政的决定方面，应按照其本国立法的规定，便利移徙工人及其家庭成员进行磋商或参加。

3. 移徙工人在就业国可享有该国行使其主权所给予他们的政治权利。

第 43 条

1. 移徙工人在以下方面应享有与就业国国民同等的待遇：

(a) 在符合有关机构和服务的入学规定和其他规章的情况下，享用教育机构和服务；

(b) 享受职业指导和就业服务；

(c) 享受职业训练和再训练设施和机构；

(d) 享受住房、包括公共住宅计划，以及在租金方面不受剥削的保障；

(e) 享受社会服务和保健服务，但需符合参加各该种计划的规定；

(f) 参加合作社和自行管理的企业，但这不应意味他们移徙工人地位的改变，并应符合有关机构的条例和规章；

(g) 享受和参加文化生活。

2. 缔约国应促进确保待遇实际平等的条件，使移徙工人在就业国批准的逗留条件符合适当的规定时，能够享有本条第 1 款所述的权利。

3. 就业国不应阻止移徙工人的雇主为其提供住房或社会或文化服务设备。依照本公约第 70 条的规定，就业国可要求所提供的这类设备符合该国一般适用的关于设置此类设备的规定。

第 44 条

1. 缔约国确认家庭是社会的自然基本单元并有权受到社会和国家的保护,应采取适当措施,确使保护移徙工人的家庭完整。

2. 缔约国应采取其认为妥当并符合其权限范围的措施,便利移徙工人同他们的配偶或依照适用法律与移徙工人的关系具有相当于婚姻效力的个人以及同受他们抚养的未成年未婚子女团聚。

3. 就业国应根据人道的理由,有利地考虑按照本条第 2 款规定给予移徙工人其他家庭成员同等的待遇。

第 45 条

1. 移徙工人的家庭成员在就业国内在以下方面应享有与该国国民同等的待遇:

(a) 在符合有关机构和服务的入学规定和其他规章的情况下,享用教育设施和服务;

(b) 享受职业指导和训练机构和服务,但需符合参加的规定;

(c) 享受社会服务和保健服务,但需符合参加各该种计划的规定;

(d) 享受和参加文化生活。

2. 就业国应斟酌情况同原籍国协作,实施一项旨在促进移徙工人的子女进入当地学校系统就读的政策,特别是在有关教学当地语文方面。

3. 就业国应努力促进移徙工人子女的母语和文化学习,原籍国在这方面应斟酌情况给予协作。

4. 就业国可以移徙工人子女的母语提供特别教学方案,必要时可同原籍国协作。

第 46 条

移徙工人及其家庭成员在:

(a) 离开原籍国或惯常居住国时;

(b) 最初进入就业国时;

(c) 最后离开就业国时;

(d) 最后回返原籍国或惯常居住国时;

其个人和家庭财物以及其获准进入就业国从事有报酬活动所需的设备,按照有关国家适用的立法规定以及有关的国际协定和有关国家因参加关税联盟而承担的义务,享有免付进出口税捐和税款的待遇。

第 47 条

1. 移徙工人应有权将其收益和储蓄、特别是为维持其家庭生计所需的款项,从就业国汇至原籍国或其他任何国家。这种汇兑应遵从有关国家适用的立法所规定的程序并遵从适用的国际协定。

2. 有关国家应采取适当措施便利这种汇兑。

第 48 条

1. 在不妨碍适用的双重征税协定的情况下,移徙工人及其家庭成员在就业国内的收益方面:

(a) 不应缴付比本国国民在类似情况所缴付的为高或繁重的任何种类税款、税捐或规费;

(b) 有权享受适用于本国国民在类似情况所享任何种类税款的减免办法,或任何税款的宽减办法,包括其受抚养家庭成员所享的税款宽减办法。

2. 缔约国应致力采取适当措施,避免对移徙工人及其家庭成员的收益和储蓄双重课税。

第 49 条

1. 在国家法律规定居留和就业须要分别获得许可时,就业国应至少在准许移徙工人从事有报酬活动的同一期间,给予他们居留许可。

2. 在就业国内被允许自由选择其有报酬活动的移徙工人,不应仅由于在其工作许可或类似许可到期之前终止其有报酬活动,而被视为身份不正常或丧失其居留许可。

3. 为允许本条第 2 款所指移徙工人有足够时间寻找其他有报酬活动,至少在相当于可享有失业津贴的期间,不应撤销其居留许可。

第 50 条

1. 遇某一移徙工人死亡或解除婚姻关系,就业国应有利地考虑准许以家庭团聚为由在该国居住的该移徙工人的家庭成员留在该国;就业国应考虑到他们已在该国居住时间的长短。

2. 未获这种许可的家庭成员,应准许他们在离境前一段合理时间处理其在就业国的事务。

3. 本条第 1 款和第 2 款的规定不得解释为损害到就业国的立法或适用于该国的双边和多边条约在其他情况下给予这些家庭成员的任何逗留和工作的权利。

第 51 条

在就业国内不被允许自由选择其有报酬活动的移徙工人,不应仅由于在其工作许可到期之前终止其有报酬活动,而被视为身份不正常或丧失其居留许可,但居留许可明确规定以入境从事某项有报酬活动为条件者不在此列。此类移徙工人有权在工作许可所余期间寻找其他工作、参加公共工程计划和再训练,但须符合工作许可具体规定的此类条件和限制。

第 52 条

1. 移徙工人在就业国内应有权自由选择其有报酬活动,但须符合下列限制或条件。

2. 就业国得对任何移徙工人:

(a) 根据本国利益的需要和国家立法的规定,限制从事某些种类的工作、职务、服务或活动;

(b) 根据其关于对境外取得的职业资格给予承认的立法规定,限制自由选择有报酬活动。但有关缔约国应尽力对这类资格给予承认。

3. 对获准工作的时间有限制的移徙工人,就业国并得:

(a) 对自由选择其有报酬活动的权利附加以下条件,即移徙工人已合法在其境内居留以从事国家立法规定一段期间不超过两年的有报酬活动;

(b) 为推行给予本国国民或给予依据立法或双边或多边协定为此目的同化为国民的人优先的政策,限制移徙工人从事有报酬的活动。任何此类限制对已合法在其境内居留以从事国家立法规定一段期间不超过五年的有报酬活动的移徙工人应停止适用。

4. 就业国应规定已获接纳入境工作的移徙工人可获准自行从事工作的条件。应考虑到该移徙工人已在就业国合法停留的期间。

第 53 条

1. 如某一移徙工人的家庭成员本人的居留或入境许可没有时间限制或可自动延期时,则他们应获准依照本公约第 52 条所规定适用于该移徙工人的同样条件,自由选择他们有报酬的活动。

2. 关于某一移徙工人的不被允许自由选择他们有报酬活动的家庭成员,除适用的双边和多边协定另有规定外,缔约国应对他们申请从事有报酬活动的许可,给予较申请进入就业国的其他工人为优先的有利考虑。

第 54 条

1. 在不损及关于其居住许可或其工作许可规定以及本公约第 25 条和第 27 条规定的权利的情况下,移徙工人在下列方面应享有与就业国国民同等的待遇:

(a) 解雇保障;

(b) 失业津贴;

(c) 参加旨在遏制失业现象的公共工程计划;

(d) 在失去工作时或在其他有报酬活动终止时获得其他工作,但须符合本公约第 52 条的规定。

2. 某一移徙工人如声称其雇主违反了工作合同上的条件,应有权按照本公约第 18 条第 1 款的规定,向就业国主管当局提出申诉。

第 55 条

获准从事一项有报酬活动的移徙工人,在符合该种许可所附的条件的情况下,享有与从事该项有报酬活动的就业国国民同等的待遇。

第 56 条

1. 本公约本部分所指移徙工人及其家庭成员,除根据就业国国家立法规定的理由,并依照第三部分所述的保障规定外,不得从就业国被驱逐出境。

2. 不得为了剥夺某一移徙工人或其一家庭成员根据居留许可和工作许可而享有的权利的目的而进行驱逐。

3. 在考虑是否驱逐某一移徙工人或其一家庭成员时,应照顾到人道的考虑和当事人已在就业国居住时间的长短。

第五部分 适用于特殊类别的移徙工人及其家庭成员的规定

第 57 条

本公约本部分具体规定的持有证件或身份正常的特殊类别的移徙工人及其家庭成员,应享有第三部分所列权利以及除下面所述例外情况外第四部分所列权利。

第 58 条

1. 本公约第 2 条第 2 款(a)项界定的边境工人,考虑到他们的惯常住所不在就业国境内,应享有第四部分所规定由于他们身在该国并在其境内工作而可适用他们的权利。

2. 就业国应有利地考虑在经过一段规定期间后,给予边境工人自由选择其有报酬活动的权利。给予该项权利应不影响他们作为边境工人的身份。

第 59 条

1. 本公约第 2 条第 2 款(b)项界定的季节工人,考虑到他们在就业国只逗留一年中的部分时间,应享有第四部分所规定由于他们身在该国并在其境内工作而可适用他们并符合他们在该国作为季节工人的身份的权利。

2. 就业国对于在其境内已受雇相当一段期间的季节工人,应在符合本条第 1 款的规定下,考虑给予从事其他有报酬活动的可能性,并且在符合适用的双边和多边协定下,给予较申请进入该国的其他工人为优先的机会。

第 60 条

本公约第 2 条第 2 款(e)项界定的行旅工人,应享有第四部分所规定由于他们身在就业国并在其境内工作而可给予他们并符合在该国作为行旅工人的身份的权利。

第 61 条

1. 本公约第 2 条第 2 款(f)项界定的项目工人及其家庭成员,应享有第四部分所规定的各项权利,但以下条款的规定除外:第 43 条第 1 款(b)项和(c)项、有关公共住宅计划的第 43 条第 1 款(d)项、第 45 条第 1 款(b)项和第 52 至 55 条。

2. 某一项目工人如声称其雇主违反了工作合同上的条件,应有权按照本公约第 18 条第 1 款的规定,向对该名雇主具有管辖权的国家主管当局提出申诉。

3. 有关缔约国依照其现行双边或多边协定的规定,应致力使项目工人在从事项目工作期间仍受原籍国或惯常居住国社会保障制度的充分保护。有关缔约国应采取适当措施,以避免在这方面权利受到任何否定或要重复缴款。

4. 在不损及本公约第 47 条规定以及有关双边或多边协定的情况下,有关缔约国应允许项目工人的工资在其原籍国或惯常居住国给付。

第 62 条

1. 本公约第 2 条第 2 款(g)项界定的特定聘用工人,应享有第四部分所规定的各项权利,但以下条款的规定除外:第 43 条第 1 款(b)项和(c)项、有关公共住宅计划的第 43 条第 1 款(d)项、第 52 条和第 54 条第 1 款(d)项。

2. 特定聘用工人的家庭成员应享有本公约第四部分有关移徙工人家庭成员的权利,但第 53 条的规定除外。

第 63 条

1. 本公约第 2 条第 2 款(h)项界定的自营职业工人,应享有第四部分所规定的各项权利,但只适用于持有雇用合同的工人的权利除外。

2. 在不损及本公约第 52 和 79 条的情况下,自营职业工人结束经济活动本身并不表示对其本人或其家庭成员在就业国内逗留或从事有报酬活动许可的撤销,但明确规定居住许可取决于接纳他们入境从事具体有报酬活动的情况除外。

第六部分　增进工人及其家庭成员国际移徙的合理、公平、人道和合法条件

第64条

1. 在不损及本公约第79条的情况下,有关缔约国应酌情进行协商与合作,以期增进工人及其家庭成员国际移徙的合理、公平和人道条件。

2. 在这方面,不仅应适当顾及劳力需求和资源,还应顾到所涉移徙工人及其家庭成员的社会、经济、文化及其他需要以及这种移徙对有关社会造成的后果。

第65条

1. 缔约国应设有适当机构来处理有关工人及其家庭成员的国际移徙问题。除其他外,这种机构的职务应包括:

(a) 制订和执行关于这种移徙的政策;

(b) 同涉及这种移徙的其他缔约国的主管当局交换资料,进行协商与合作;

(c) 提供关于有关移徙和就业的政策、法律和规章、关于同其他国家就移徙缔结的协定和关于其他有关事项的适当资料,特别是向雇主、工人和他们的组织提供这种资料;

(d) 向移徙工人及其家庭成员提供关于离境、旅行、到达、逗留、从事有报酬活动、出境和返回所需的许可、正规手续和安排的资料,以及关于在就业国内工作和生活的条件和关于关税、货币、税款和其他有关法律和规章的资料,并给予这些方面的适当协助。

2. 缔约国应酌情便利提供满足移徙工人及其家庭成员的社会、文化和其他需要所必需的适当领事服务和其他服务。

第66条

1. 在符合本条第2款的规定下,进行活动以招募工人在另一国就业的权利应限于:

(a) 进行这种活动的所在国的公共机构或机关;

(b) 根据有关国家间的协定,就业国的公共机构或机关;

(c) 按双边或多边协定设立的机关。

2. 如经有关缔约国按照本国立法和惯例可能设立的公共当局授权、核可和监督,机构、未来雇主或代表它们的人员也可被允许进行这种活动。

第67条

1. 有关缔约国应酌情合作采取措施,使移徙工人及其家庭成员在决定返回或在居住许可或工作许可满期时或在其在就业国身份不正常时,有秩序地返回其原籍国。

2. 关于身份正常的移徙工人及其家庭成员,有关缔约国应根据这些国家共同议定的条件酌情进行合作,为他们重新定居创造适当的经济条件,并便利他们在原籍国在社会和文化方面的持久重新融合。

第68条

1. 缔约国、包括过境国在内,应进行协作,以期防止和杜绝身份不正常的移徙工人非法或秘密移动和就业。有关各国管辖范围内为此目的采取的措施应包括:

(a) 制止散播有关移民出境和入境的错误资料的适当措施;

(b) 侦查和杜绝移徙工人及其家庭成员的非法或秘密移动,并对组织、办理或协助组织

或办理这种移动的个人、团体或实体加以有效制裁的措施;

(c) 对于对身份不正常的移徙工人或其家庭成员使用暴力、威胁或恫吓的个人、团体或实体加以有效制裁的措施。

2. 就业国应采取杜绝其境内身份不正常的移徙工人的就业的一切适当和有效措施,包括适当时对雇用此类工人的雇主加以制裁。这些措施不得损害移徙工人由于受雇对其雇主而言的权利。

第69条

1. 缔约国遇其境内有身份不正常的移徙工人及其家庭成员时,应采取适当措施确保这种情况不会继续下去。

2. 有关缔约国在考虑按照适用的国家立法和双边或多边协定使这类人的身份正常化的可能性时,应适当顾及他们在就业国入境时的情况、他们逗留的时间长短及其他有关的考虑,特别是有关其家庭状况的考虑。

第70条

缔约国应采取不亚于适用于本国国民的措施,确保身份正常的移徙工人及其家庭成员的工作和生活条件符合强健、安全、卫生的标准和人的尊严的原则。

第71条

1. 缔约国应在必要时提供便利,将死亡移徙工人或死亡家庭成员的遗体运回原籍国。

2. 关于涉及某一移徙工人或其一家庭成员的死亡赔偿问题,缔约国应酌情协助当事人及时解决问题。这些问题的解决应按照本公约的规定和任何有关的双边或多边协定,根据适用的国家法律进行。

第七部分 公约的适用

第72条

1. (a) 为审查本公约适用情况的目的,应设立保护所有移徙工人及其家庭成员权利委员会(以下简称"委员会");

(b) 委员会在本公约开始生效时应由十名专家组成,在本公约对第四十一个缔约国生效之后由十四名专家组成,这些专家应是德高望重、公正不偏且在本公约所涉领域具有公认能力的。

2. (a) 委员会的成员应由缔约国从缔约国提名的人员名单中以无记名投票方式选出,同时应适当考虑到公平地域分配、包括原籍国和就业国,以及考虑到各主要法系的代表性。每一缔约国可从其本国国民中提名一人;

(b) 成员应以个人资格当选和任职。

3. 第一次选举应在本公约生效之日起六个月内举行,其后的选举每两年举行一次。联合国秘书长应在每一次选举日期至少四个月之前向所有缔约国发出信件,请它们在两个月内提名候选人。秘书长应按字母顺序开列被提名人名单,注明提名的缔约国,并应至迟在该次选举日期前一个月内将被提名人的名单及履历一并提交缔约国。

4. 委员会成员的选举应由秘书长在联合国总部召开缔约国会议进行。该会议的法定人数应为缔约国的三分之二,获得出席并参加表决的缔约国最多票数并为绝对多数票者当选为成员。

5. (a) 委员会成员的任期应为四年。但第一次选举的当选成员五人的任期应在两年结束时届满,该五名成员应由缔约国会议主席在第一次选举后立即由抽签方式选定;

(b) 应在本公约对第四十一个缔约国生效时,根据本条第2、3和4款的规定,选举委员会的另四名成员。此次选举的当选成员二人的任期应在两年结束时届满;该二名成员应由缔约国会议主席以抽签方式选定;

(c) 委员会成员如获提名可连选连任。

6. 如果委员会的一名成员死亡或辞职,或是宣布因任何其他理由而无法再履行委员会的职责,提名该专家的缔约国应从该国国民任命另一名专家接任,直到此项任期届满。新任命须经委员会认可。

7. 联合国秘书长应为委员会有效履行职责提供所需的工作人员和设施。

8. 委员会成员应依照大会所定的条件,从联合国资源支取薪酬。

9. 委员会成员应享有《联合国特权及豁免公约》有关章节为执行联合国任务的专家所规定的便利、特权和豁免。

第 73 条

1. 缔约国承允:

(a) 在公约对有关缔约国生效后一年内;

(b) 此后每隔五年及当委员会要求时;就其为实施本公约各项规定所采取的立法、司法、行政和其他措施的情况,向联合国秘书长提出报告,供委员会审议。

2. 按照本条编写的报告还应说明影响本公约执行情况的任何因素和困难,并应载列涉及有关缔约国的移徙流动的特征资料。

3. 委员会应决定适用于报告内容的任何进一步指导方针。

4. 缔约国应向本国的民众广泛提供其报告。

第 74 条

1. 委员会应审查每一缔约国所提出的报告,并应将它可能认为适当的这类评论递送有关缔约国。该缔约国可向委员会提出对委员会按照本条所作任何评论的意见。在审议这些报告时,委员会可要求缔约国提供补充资料。

2. 联合国秘书长应在委员会每届常会召开前的适当时间,将有关缔约国提出报告的副本以及与审议这些报告有关的资料送交国际劳工局总干事,以便劳工局可就本公约所涉属于国际劳工组织职权范围内的事项提供专家意见以协助委员会。委员会在审议时应考虑劳工局可能提供的这类评论和材料。

3. 联合国秘书长同委员会磋商后,还可将这些报告中属于其他专门机构和政府间组织主管范围内的有关部分的副本送交它们。

4. 委员会可请各专门机构和联合国其他机构以及政府间组织和其有关机关就本公约所涉属于它们活动范围内的事项提交书面资料,供委员会审议。

5. 委员会应邀请国际劳工局指定代表以咨询身份参加委员会会议。

6. 委员会可邀请其他专门机构和联合国各机构以及政府间组织的代表出席委员会审议

属于它们主管领域事项的会议并发表意见。

7. 委员会应向联合国大会就本公约的执行情况提出年度报告,其载有它本身根据特别是审查缔约国提出的报告和任何意见所提出的考虑和建议。

8. 联合国秘书长应将委员会的年度报告递送本公约缔约国、经济及社会理事会、联合国人权委员会、国际劳工总局总干事和其他有关组织。

第 75 条

1. 委员会应自行制订其议事规则。

2. 委员会应选出其主席团成员,任期两年。

3. 委员会通常应每年举行会议。

4. 委员会会议一般应在联合国总部举行。

第 76 条

1. 本公约缔约国可在任何时候根据本条规定宣布它承认委员会受理和审议以下来文的权限:一个缔约国指称另一个缔约国没有履行其在本公约规定下所承担义务的来文。根据本条规定,只有已作出声明承认委员会对它的权限的缔约国所提出的来文,方可予以受理和审议。委员会不得受理涉及尚未作出这种声明的缔约国的来文。根据本条规定所受理的来文应按以下程序处理。

(a) 如本公约一个缔约国认为另一个缔约国没有履行其在本公约规定下所承担的义务,可用书面函件将此事项提请该缔约国注意。缔约国也可将此事项通知委员会。受函国在收到函件三个月内,应给予送函国一个书面解释或任何其他说明以澄清事项,其中在可能和有关情况下,应提及就此事项所已采取的、尚待采取的或者已经有的国内程序和补救措施;

(b) 在受函国收到初次函件后六个月内,就此事项如果未能有令双方满意的调整,任何一方应有权向委员会和向对方发出通知,将此事项向委员会提出;

(c) 遵照公认的国际法原则,委员会只有在它已确定就此事项已采取并试尽一切可能的国内补救办法之后,才应处理提交给它的事项。但在委员会认为补救办法的施行发生不当稽延的情况下,本规则不适用;

(d) 在符合本款(c)项规定情况下,委员会应向有关缔约国提供斡旋,以期在尊重本公约所载列的义务的基础上友好地解决问题;

(e) 委员会审查根据本条规定的来文时,应举行非公开会议;

(f) 对于按照本款(b)项规定向它提出的任何事项,委员会可要求(b)项所指的有关缔约国提供任何有关资料;

(g) 本款(b)项所指的有关缔约国应有权在委员会审议该事项时出席会议并作出口头和(或)书面陈述;

(h) 委员会应在收到根据本款(b)项提出的通知后十二个月内提出报告:

(一) 如在本款(d)项的范围内达成解决办法,委员会的报告应限于简述事实经过和达成的解决办法;

(二) 如未在本款(d)项的范围内达成解决办法,委员会的报告应载列关于有关缔约国之间问题的相关事实。报告应附有有关缔约国的书面函件和口头陈述的记录。委员会还可仅向有关缔约国传达它或许认为与它们之间问题有关的任何意见。任何情形下,报告都应送交有关缔约国。

2. 本条规定应在本公约十个缔约国根据本条第1款作出声明时即行生效。缔约国应将这种声明交存联合国秘书长，秘书长应将副本分送其他缔约国。可随时通知秘书长撤销声明。这种撤销不应影响对根据本条已分送来文所载任何事项的审议；在秘书长收到撤销声明的通知后，根据本条不得受理任何缔约国的其他来文，除非有关缔约国已作出新的声明。

第77条

1. 本公约缔约国可在任何时候根据本条规定宣布它承认委员会受理和审议以下来文的权限：在该缔约国管辖下声称本公约所规定的他们的个人权利受到该缔约国侵犯的个人或其代表送交的来文。委员会不得受理涉及尚未作出这种声明的缔约国的来文。

2. 根据本条规定，任何来文如采用匿名方式或经委员会认为滥用提出此类来文的权利或与本公约规定不符，委员会应视为不能受理。

3. 委员会除非已查明下述情况，不应审议个人根据本条规定的任何来文：

（a）同一事项过去和现在均未受到另一国际调查程序或解决办法的审查；而且

（b）个人已用尽一切国内补救办法；但在委员会认为补救办法的施行发生不当稽延或是对该个人不可能有任何实质性上的助益的情况下，本规则不适用。

4. 在符合本条第2款规定情况下，委员会对于根据本条规定提交委员会的任何来文，应提请根据第1款已作出声明且被指称违反本公约任何规定的缔约国予以注意。受函国应在六个月内向委员会提出书面解释或说明以澄清事项，如该国已采取任何补救办法，也应加以说明。

5. 委员会应参照个人或其代表以及有关缔约国所提供的一切资料，审议根据本条所受理的来文。

6. 委员会审查根据本条规定的来文时，应举行非公开会议。

7. 委员会应将其意见告知有关缔约国和个人。

8. 本条规定应在本公约十个缔约国根据本条第1款作出声明时即行生效。缔约国应将这种声明交存联合国秘书长，秘书长应将副本分送其他缔约国。可随时通知秘书长撤销声明。这种撤销不应影响对根据本条已分送来文所载任何事项的审议；在秘书长收到撤销声明的通知后，根据本条不得受理个人或其代表的其他来文，除非有关缔约国已作出新的声明。

第78条

本公约第76条规定的适用，不得妨碍联合国及其各专门机构的组织法文书或通过的各项公约所规定的关于解决本公约所适用领域的争端或控诉的任何程序，也不得阻碍缔约国按照相互之间现行的国际协定诉诸任何解决争端的程序。

第八部分　一　般　规　定

第79条

本公约的任何规定不得影响每一缔约国制定批准移徙工人及其家庭成员入境的准则的权利。关于有关移徙工人及其家庭成员的合法情况和待遇的其他事项，缔约国应受本公约规定的限制的约束。

第 80 条

本公约任何规定不得解释为减损《联合国宪章》和各专门机构组织法中关于联合国各机构和各专门机构在本公约所涉事项方面个别职责的各项规定。

第 81 条

1. 本公约任何规定不得影响由于以下的规定给予移徙工人及其家庭成员较为有利的权利或自由：

（a）缔约国的法律或惯例；或

（b）对有关缔约国生效的任何双边或多边条约。

2. 本公约任何规定不得解释为任何国家、团体或个人有权从事任何活动或行动以损害本公约所载列的任何权利和自由。

第 82 条

本公约所规定的移徙工人及其家庭成员的权利不得放弃。不容许对移徙工人及其家庭成员施加任何形式压力以图他们放弃或摒绝上述任何权利。不得以合同方式克减本公约所承认的权利。缔约国应采取适当措施确保这些原则获得尊重。

第 83 条

本公约每一缔约国承允：

（a）确保任何被侵犯本公约所承认的权利或自由的人应得到有效的补救，尽管此种侵犯是执行公职之人所为；

（b）确保任何寻求此种补救的人应由主管司法、行政或立法当局或由国家法律制度规定的任何其他主管当局审查和裁决其要求，并研拟司法补救的可能性；

（c）确保主管当局在准予此等补救时应予施行。

第 84 条

每一缔约国承允采取立法及其他必要措施以执行本公约各项规定。

第九部分　最后条款

第 85 条

指定联合国秘书长为本公约保管人。

第 86 条

1. 本公约开放给所有国家签署。本公约须经批准。

2. 本公约开放给任何国家加入。

3. 批准书或加入书应交由联合国秘书长保存。

第 87 条

1. 本公约自第二十份批准书或加入书交存之日起三个月后的月份首日发生效力。

2. 对于在本公约生效后批准或加入的每一国家，本公约对该国自交存批准书或加入书之日起三个月后的月份首日发生效力。

第 88 条

批准或加入本公约的国家不得拒绝适用本公约的任何一个部分，或在不损及第 3 条的情况下,在适用本公约时排斥任何一类移徙工人。

第89条

1. 任何缔约国可在本公约对该有关国家生效五年以后,向联合国秘书长提出一项书面通知,退出本公约。

2. 退约应于联合国秘书长收到通知之日起十二个月后的月份首日发生效力。

3. 退约不得有以下这种作用:免除在退约生效之前按照本公约对任何行为或不行为应负的义务;退约也决不得影响委员会继续审议退约生效之前已经开始审议的任何问题。

4. 自缔约国退约生效之日起,委员会不应开始审议关于该国的任何新问题。

第90条

1. 在本公约生效五年后,任何缔约国可随时以书面通知联合国秘书长要求修订公约。秘书长即可向缔约国传达任何修订提议,并要求缔约国就是否赞同召开缔约国会议审议并表决提议事宜通知秘书长。在通知发出四个月内如有至少三分之一的缔约国同意召开会议,秘书长应召开由联合国主持的此种会议。任何修订经出席并参加表决的大多数缔约国通过,应提交大会批准。

2. 此等修订由联合国大会批准并为缔约国三分之二多数按照各自的宪法程序加以接受后,即行生效。

3. 此等修订生效时,对已予接受的缔约国有约束力,其他缔约国仍受本公约的规定和它们已接受的任何先前修订的约束。

第91条

1. 联合国秘书长应接受缔约国在签署、批准或加入时提出的保留,并将保留案文分发所有国家。

2. 不得提出与本公约目的和宗旨抵触的保留。

3. 缔约国可随时向联合国秘书长提出通知,请求撤销保留,并由他将此项通知告知所有国家。该项通知收到后,当日生效。

第92条

1. 两个或两个以上的缔约国之间关于本公约的解释或适用方面的任何争端,如不能谈判解决,经一方要求,应交付仲裁。如果自要求仲裁之日起六个月内,当事各方不能就仲裁的组成达成协议,任何一方得遵照《国际法院规约》提出请求,将争端提交国际法院审理。

2. 每一缔约国得在签署或批准本公约或加入本公约时,声明该国不受本条第1款的约束。其他缔约国对于作出这项声明的任何缔约国,也不受该款的约束。

3. 按照本条第2款的规定作出声明的任何缔约国,可随时通知联合国秘书长撤回该项声明。

第93条

1. 本公约的阿拉伯文、中文、英文、法文、俄文、西班牙文文本具有同等效力,均交存联合国秘书长。

2. 联合国秘书长向所有国家递送本公约证明无误之副本。

为此,下列全权代表经由各自政府正式授权,在本公约上签字,以昭信守。

57. CMW 第 1 号一般性意见：移徙家政工人（2011 年）

58. CMW 第 2 号一般性意见：身份不正常的移徙工人及其家庭成员权利（2013 年）

59. CMW 第 3 号一般性意见：关于具国际移民背景儿童的人权问题一般性原则的保护所有移徙工人及其家庭成员权利委员会第 3 号和儿童权利委员会第 22 号联合一般性意见（2017 年）

60. CMW 第 4 号一般性意见：关于原籍国、过境国、目的地国和返回国在具国际移民背景儿童的人权方面的国家义务的 CMW 第 4 号和 CRC 第 23 号联合一般性意见（2017 年）

61. 残疾人权利公约

(联合国大会 2006 年 12 月 13 日通过)

序　言

本公约缔约国，

(一) 回顾《联合国宪章》宣告的各项原则确认人类大家庭所有成员的固有尊严和价值以及平等和不可剥夺的权利，是世界自由、正义与和平的基础，

(二) 确认联合国在《世界人权宣言》和国际人权公约中宣告并认定人人有权享有这些文书所载的一切权利和自由，不得有任何区别，

(三) 重申一切人权和基本自由都是普遍、不可分割、相互依存和相互关联的，必须保障残疾人不受歧视地充分享有这些权利和自由，

(四) 回顾《经济、社会、文化权利国际公约》、《公民及政治权利国际公约》、《消除一切形式种族歧视国际公约》、《消除对妇女一切形式歧视公约》、《禁止酷刑和其他残忍、不人道或有辱人格的待遇或处罚公约》、《儿童权利公约》和《保护所有移徙工人及其家庭成员权利国际公约》，

(五) 确认残疾是一个演变中的概念，残疾是伤残者和阻碍他们在与其他人平等的基础上充分和切实地参与社会的各种态度和环境障碍相互作用所产生的结果，

(六) 确认《关于残疾人的世界行动纲领》和《残疾人机会均等标准规则》所载原则和政策导则在影响国家、区域和国际各级推行、制定和评价进一步增加残疾人均等机会的政策、计划、方案和行动方面的重要性，

(七) 强调必须使残疾问题成为相关可持续发展战略的重要组成部分，

(八) 又确认因残疾而歧视任何人是对人的固有尊严和价值的侵犯，

(九) 还确认残疾人的多样性，

(十) 确认必须促进和保护所有残疾人的人权，包括需要加强支助的残疾人的人权，

(十一) 关注尽管有上述各项文书和承诺，残疾人作为平等社会成员参与方面继续面临各种障碍，残疾人的人权在世界各地继续受到侵犯，

(十二) 确认国际合作对改善各国残疾人，尤其是发展中国家残疾人的生活条件至关重要，

(十三) 确认残疾人对其社区的全面福祉和多样性作出的和可能作出的宝贵贡献，并确认促进残疾人充分享有其人权和基本自由以及促进残疾人充分参与，将增强其归属感，大大推进整个社会的人的发展和社会经济发展以及除贫工作，

(十四) 确认个人的自主和自立，包括自由作出自己的选择，对残疾人至关重要，

(十五) 认为残疾人应有机会积极参与政策和方案的决策过程，包括与残疾人直接有关

的政策和方案的决策过程，

（十六）关注因种族、肤色、性别、语言、宗教、政治或其他见解、民族本源、族裔、土著身份或社会出身、财产、出生、年龄或其他身份而受到多重或加重形式歧视的残疾人所面临的困难处境，

（十七）确认残疾妇女和残疾女孩在家庭内外往往面临更大的风险，更易遭受暴力、伤害或凌虐、忽视或疏忽、虐待或剥削，

（十八）确认残疾儿童应在与其他儿童平等的基础上充分享有一切人权和基本自由，并回顾《儿童权利公约》缔约国为此目的承担的义务，

（十九）强调必须将两性平等观点纳入促进残疾人充分享有人权和基本自由的一切努力之中，

（二十）着重指出大多数残疾人生活贫困，确认在这方面亟需消除贫穷对残疾人的不利影响，

（二十一）铭记在恪守《联合国宪章》宗旨和原则并遵守适用的人权文书的基础上实现和平与安全，是充分保护残疾人，特别是在武装冲突和外国占领期间充分保护残疾人的必要条件，

（二十二）确认无障碍的物质、社会、经济和文化环境、医疗卫生和教育以及信息和交流，对残疾人能够充分享有一切人权和基本自由至关重要，

（二十三）认识到个人对他人和对本人所属社区负有义务，有责任努力促进和遵守《国际人权宪章》确认的权利，

（二十四）深信家庭是自然和基本的社会组合单元，有权获得社会和国家的保护，残疾人及其家庭成员应获得必要的保护和援助，使家庭能够为残疾人充分和平等地享有其权利作出贡献，

（二十五）深信一项促进和保护残疾人权利和尊严的全面综合国际公约将大有助于在发展中国家和发达国家改变残疾人在社会上的严重不利处境，促使残疾人有平等机会参与公民、政治、经济、社会和文化生活，

议定如下：

第一条　宗旨

本公约的宗旨是促进、保护和确保所有残疾人充分和平等地享有一切人权和基本自由，并促进对残疾人固有尊严的尊重。

残疾人包括肢体、精神、智力或感官有长期损伤的人，这些损伤与各种障碍相互作用，可能阻碍残疾人在与他人平等的基础上充分和切实地参与社会。

第二条　定义

为本公约的目的：

"交流"包括语言、字幕、盲文、触觉交流、大字本、无障碍多媒体以及书面语言、听力语言、浅白语言、朗读员和辅助或替代性交流方式、手段和模式，包括无障碍信息和通信技术；

"语言"包括口语和手语及其他形式的非语音语言；

"基于残疾的歧视"是指基于残疾而作出的任何区别、排斥或限制，其目的或效果是在政治、经济、社会、文化、公民或任何其他领域，损害或取消在与其他人平等的基础上，对一切人

权和基本自由的认可、享有或行使。基于残疾的歧视包括一切形式的歧视,包括拒绝提供合理便利;

"合理便利"是指根据具体需要,在不造成过度或不当负担的情况下,进行必要和适当的修改和调整,以确保残疾人在与其他人平等的基础上享有或行使一切人权和基本自由;

"通用设计"是指尽最大可能让所有人可以使用,无须作出调整或特别设计的产品、环境、方案和服务设计。"通用设计"不排除在必要时为某些残疾人群体提供辅助用具。

第三条 一般原则

本公约的原则是:

(一)尊重固有尊严和个人自主,包括自由作出自己的选择,以及个人的自立;

(二)不歧视;

(三)充分和切实地参与和融入社会;

(四)尊重差异,接受残疾人是人的多样性的一部分和人类的一份子;

(五)机会均等;

(六)无障碍;

(七)男女平等;

(八)尊重残疾儿童逐渐发展的能力并尊重残疾儿童保持其身份特性的权利。

第四条 一般义务

一、缔约国承诺确保并促进充分实现所有残疾人的一切人权和基本自由,使其不受任何基于残疾的歧视。为此目的,缔约国承诺:

(一)采取一切适当的立法、行政和其他措施实施本公约确认的权利;

(二)采取一切适当措施,包括立法,以修订或废止构成歧视残疾人的现行法律、法规、习惯和做法;

(三)在一切政策和方案中考虑保护和促进残疾人的人权;

(四)不实施任何与本公约不符的行为或做法,确保公共当局和机构遵循本公约的规定行事;

(五)采取一切适当措施,消除任何个人、组织或私营企业基于残疾的歧视;

(六)从事或促进研究和开发本公约第二条所界定的通用设计的货物、服务、设备和设施,以便仅需尽可能小的调整和最低的费用即可满足残疾人的具体需要,促进这些货物、服务、设备和设施的提供和使用,并在拟订标准和导则方面提倡通用设计;

(七)从事或促进研究和开发适合残疾人的新技术,并促进提供和使用这些新技术,包括信息和通信技术、助行器具、用品、辅助技术,优先考虑价格低廉的技术;

(八)向残疾人提供无障碍信息,介绍助行器具、用品和辅助技术,包括新技术,并介绍其他形式的协助、支助服务和设施;

(九)促进培训协助残疾人的专业人员和工作人员,使他们了解本公约确认的权利,以便更好地提供这些权利所保障的协助和服务。

二、关于经济、社会和文化权利,各缔约国承诺尽量利用现有资源并于必要时在国际合作框架内采取措施,以期逐步充分实现这些权利,但不妨碍本公约中依国际法立即适用的义务。

三、缔约国应当在为实施本公约而拟订和施行立法和政策时以及在涉及残疾人问题的其他决策过程中,通过代表残疾人的组织,与残疾人,包括残疾儿童,密切协商,使他们积极参与。

四、本公约的规定不影响任何缔约国法律或对该缔约国生效的国际法中任何更有利于实现残疾人权利的规定。对于根据法律、公约、法规或习惯而在本公约任何缔约国内获得承认或存在的任何人权和基本自由,不得以本公约未予承认或未予充分承认这些权利或自由为借口而加以限制或减损。

五、本公约的规定应当无任何限制或例外地适用于联邦制国家各组成部分。

第五条 平等和不歧视

一、缔约国确认,在法律面前,人人平等,有权不受任何歧视地享有法律给予的平等保护和平等权益。

二、缔约国应当禁止一切基于残疾的歧视,保证残疾人获得平等和有效的法律保护,使其不受基于任何原因的歧视。

三、为促进平等和消除歧视,缔约国应当采取一切适当步骤,确保提供合理便利。

四、为加速或实现残疾人事实上的平等而必须采取的具体措施,不得视为本公约所指的歧视。

第六条 残疾妇女

一、缔约国确认残疾妇女和残疾女孩受到多重歧视,在这方面,应当采取措施,确保她们充分和平等地享有一切人权和基本自由。

二、缔约国应当采取一切适当措施,确保妇女充分发展,地位得到提高,能力得到增强,目的是保证妇女能行使和享有本公约所规定的人权和基本自由。

第七条 残疾儿童

一、缔约国应当采取一切必要措施,确保残疾儿童在与其他儿童平等的基础上,充分享有一切人权和基本自由。

二、在一切关于残疾儿童的行动中,应当以儿童的最佳利益为一项首要考虑。

三、缔约国应当确保,残疾儿童有权在与其他儿童平等的基础上,就一切影响本人的事项自由表达意见,并获得适合其残疾状况和年龄的辅助手段以实现这项权利,残疾儿童的意见应当按其年龄和成熟程度适当予以考虑。

第八条 提高认识

一、缔约国承诺立即采取有效和适当的措施,以便:

(一) 提高整个社会,包括家庭,对残疾人的认识,促进对残疾人权利和尊严的尊重;

(二) 在生活的各个方面消除对残疾人的定见、偏见和有害做法,包括基于性别和年龄的定见、偏见和有害做法;

(三) 提高对残疾人的能力和贡献的认识。

二、为此目的采取的措施包括:

(一) 发起和持续进行有效的宣传运动,提高公众认识,以便:

1. 培养接受残疾人权利的态度;
2. 促进积极看待残疾人,提高社会对残疾人的了解;

3. 促进承认残疾人的技能、才华和能力以及他们对工作场所和劳动力市场的贡献；

（二）在各级教育系统中培养尊重残疾人权利的态度，包括从小在所有儿童中培养这种态度；

（三）鼓励所有媒体机构以符合本公约宗旨的方式报道残疾人；

（四）推行了解残疾人和残疾人权利的培训方案。

第九条 无障碍

一、为了使残疾人能够独立生活和充分参与生活的各个方面，缔约国应当采取适当措施，确保残疾人在与其他人平等的基础上，无障碍地进出物质环境，使用交通工具，利用信息和通信，包括信息和通信技术和系统，以及享用在城市和农村地区向公众开放或提供的其他设施和服务。这些措施应当包括查明和消除阻碍实现无障碍环境的因素，并除其他外，应当适用于：

（一）建筑、道路、交通和其他室内外设施，包括学校、住房、医疗设施和工作场所；

（二）信息、通信和其他服务，包括电子服务和应急服务。

二、缔约国还应当采取适当措施，以便：

（一）拟订和公布无障碍使用向公众开放或提供的设施和服务的最低标准和导则，并监测其实施情况；

（二）确保向公众开放或为公众提供设施和服务的私营实体在各个方面考虑为残疾人创造无障碍环境；

（三）就残疾人面临的无障碍问题向各有关方面提供培训；

（四）在向公众开放的建筑和其他设施中提供盲文标志及易读易懂的标志；

（五）提供各种形式的现场协助和中介，包括提供向导、朗读员和专业手语译员，以利向公众开放的建筑和其他设施的无障碍；

（六）促进向残疾人提供其他适当形式的协助和支助，以确保残疾人获得信息；

（七）促使残疾人有机会使用新的信息和通信技术和系统，包括因特网；

（八）促进在早期阶段设计、开发、生产、推行无障碍信息和通信技术和系统，以便能以最低成本使这些技术和系统无障碍。

第十条 生命权

缔约国重申人人享有固有的生命权，并应当采取一切必要措施，确保残疾人在与其他人平等的基础上切实享有这一权利。

第十一条 危难情况和人道主义紧急情况

缔约国应当依照国际法包括国际人道主义法和国际人权法规定的义务，采取一切必要措施，确保在危难情况下，包括在发生武装冲突、人道主义紧急情况和自然灾害时，残疾人获得保护和安全。

第十二条 在法律面前获得平等承认

一、缔约国重申残疾人享有在法律面前的人格在任何地方均获得承认的权利。

二、缔约国应当确认残疾人在生活的各方面在与其他人平等的基础上享有法律权利能力。

三、缔约国应当采取适当措施，便利残疾人获得他们在行使其法律权利能力时可能需要的协助。

四、缔约国应当确保,与行使法律权利能力有关的一切措施,均依照国际人权法提供适当和有效地防止滥用保障。这些保障应当确保与行使法律权利能力有关的措施尊重本人的权利、意愿和选择,无利益冲突和不当影响,适应本人情况,适用时间尽可能短,并定期由一个有资格、独立、公正的当局或司法机构复核。提供的保障应当与这些措施影响个人权益的程度相称。

五、在符合本条的规定的情况下,缔约国应当采取一切适当和有效的措施,确保残疾人享有平等权利拥有或继承财产,掌管自己的财务,有平等机会获得银行贷款、抵押贷款和其他形式的金融信贷,并应当确保残疾人的财产不被任意剥夺。

第十三条　获得司法保护

一、缔约国应当确保残疾人在与其他人平等的基础上有效获得司法保护,包括通过提供程序便利和适龄措施,以便利他们在所有法律诉讼程序中,包括在调查和其他初步阶段中,切实发挥其作为直接和间接参与方,包括其作为证人的作用。

二、为了协助确保残疾人有效获得司法保护,缔约国应当促进对司法领域工作人员,包括警察和监狱工作人员进行适当的培训。

第十四条　自由和人身安全

一、缔约国应当确保残疾人在与其他人平等的基础上:

(一)享有自由和人身安全的权利;

(二)不被非法或任意剥夺自由,任何对自由的剥夺均须符合法律规定,而且在任何情况下均不得以残疾作为剥夺自由的理由。

二、缔约国应当确保,在任何程序中被剥夺自由的残疾人,在与其他人平等的基础上,有权获得国际人权法规定的保障,并应当享有符合本公约宗旨和原则的待遇,包括提供合理便利的待遇。

第十五条　免于酷刑或残忍、不人道或有辱人格的待遇或处罚

一、不得对任何人实施酷刑或残忍、不人道或有辱人格的待遇或处罚。特别是不得在未经本人自由同意的情况下,对任何人进行医学或科学试验。

二、缔约国应当采取一切有效的立法、行政、司法或其他措施,在与其他人平等的基础上,防止残疾人遭受酷刑或残忍、不人道或有辱人格的待遇或处罚。

第十六条　免于剥削、暴力和凌虐

一、缔约国应当采取一切适当的立法、行政、社会、教育和其他措施,保护残疾人在家庭内外免遭一切形式的剥削、暴力和凌虐,包括基于性别的剥削、暴力和凌虐。

二、缔约国还应当采取一切适当措施防止一切形式的剥削、暴力和凌虐,除其他外,确保向残疾人及其家属和照护人提供考虑到性别和年龄的适当协助和支助,包括提供信息和教育,说明如何避免、识别和报告剥削、暴力和凌虐事件。缔约国应当确保保护服务考虑到年龄、性别和残疾因素。

三、为了防止发生任何形式的剥削、暴力和凌虐,缔约国应当确保所有用于为残疾人服务的设施和方案受到独立当局的有效监测。

四、残疾人受到任何形式的剥削、暴力或凌虐时,缔约国应当采取一切适当措施,包括提

供保护服务,促进被害人的身体、认知功能和心理的恢复、康复及回归社会。上述恢复措施和回归社会措施应当在有利于本人的健康、福祉、自尊、尊严和自主的环境中进行,并应当考虑到因性别和年龄而异的具体需要。

五、缔约国应当制定有效的立法和政策,包括以妇女和儿童为重点的立法和政策,确保查明、调查和酌情起诉对残疾人的剥削、暴力和凌虐事件。

第十七条 保护人身完整性

每个残疾人的身心完整性有权在与其他人平等的基础上获得尊重。

第十八条 迁徙自由和国籍

一、缔约国应当确认残疾人在与其他人平等的基础上有权自由迁徙、自由选择居所和享有国籍,包括确保残疾人:

(一)有权获得和变更国籍,国籍不被任意剥夺或因残疾而被剥夺;

(二)不因残疾而被剥夺获得、拥有和使用国籍证件或其他身份证件的能力,或利用相关程序,如移民程序的能力,这些能力可能是便利行使迁徙自由权所必要的;

(三)可以自由离开任何国家,包括本国在内;

(四)不被任意剥夺或因残疾而被剥夺进入本国的权利。

二、残疾儿童出生后应当立即予以登记,从出生起即应当享有姓名权利,享有获得国籍的权利,并尽可能享有知悉父母并得到父母照顾的权利。

第十九条 独立生活和融入社区

本公约缔约国确认所有残疾人享有在社区中生活的平等权利以及与其他人同等的选择,并应当采取有效和适当的措施,以便利残疾人充分享有这项权利以及充分融入和参与社区,包括确保:

(一)残疾人有机会在与其他人平等的基础上选择居所,选择在何处、与何人一起生活,不被迫在特定的居住安排中生活;

(二)残疾人获得各种居家、住所和其他社区支助服务,包括必要的个人援助,以便在社区生活和融入社区,避免同社区隔绝或隔离;

(三)残疾人可以在平等基础上享用为公众提供的社区服务和设施,并确保这些服务和设施符合他们的需要。

第二十条 个人行动能力

缔约国应当采取有效措施,确保残疾人尽可能独立地享有个人行动能力,包括:

(一)便利残疾人按自己选择的方式和时间,以低廉费用享有个人行动能力;

(二)便利残疾人获得优质的助行器具、用品、辅助技术以及各种形式的现场协助和中介,包括以低廉费用提供这些服务;

(三)向残疾人和专门协助残疾人的工作人员提供行动技能培训;

(四)鼓励生产助行器具、用品和辅助技术的实体考虑残疾人行动能力的各个方面。

第二十一条 表达意见的自由和获得信息的机会

缔约国应当采取一切适当措施,包括下列措施,确保残疾人能够行使自由表达意见的权利,包括在与其他人平等的基础上,通过自行选择本公约第二条所界定的一切交流形式,寻求、接受、传递信息和思想的自由:

（一）以无障碍模式和适合不同类别残疾的技术，及时向残疾人提供公共信息，不另收费；

（二）在正式事务中允许和便利使用手语、盲文、辅助和替代性交流方式及残疾人选用的其他一切无障碍交流手段、方式和模式；

（三）敦促向公众提供服务，包括通过因特网提供服务的私营实体，以无障碍和残疾人可以使用的模式提供信息和服务；

（四）鼓励包括因特网信息提供商在内的大众媒体向残疾人提供无障碍服务；

（五）承认和推动手语的使用。

第二十二条 尊重隐私

一、残疾人，不论其居所地或居住安排为何，其隐私、家庭、家居和通信以及其他形式的交流，不得受到任意或非法的干预，其荣誉和名誉也不得受到非法攻击。残疾人有权获得法律的保护，不受这种干预或攻击。

二、缔约国应当在与其他人平等的基础上保护残疾人的个人、健康和康复资料的隐私。

第二十三条 尊重家居和家庭

一、缔约国应当采取有效和适当的措施，在涉及婚姻、家庭、生育和个人关系的一切事项中，在与其他人平等的基础上，消除对残疾人的歧视，以确保：

（一）所有适婚年龄的残疾人根据未婚配偶双方自由表示的充分同意结婚和建立家庭的权利获得承认；

（二）残疾人自由、负责任地决定子女人数和生育间隔，获得适龄信息、生殖教育和计划生育教育的权利获得承认，并提供必要手段使残疾人能够行使这些权利；

（三）残疾人，包括残疾儿童，在与其他人平等的基础上，保留其生育力。

二、如果本国立法中有监护、监管、托管和领养儿童或类似的制度，缔约国应当确保残疾人在这些方面的权利和责任；在任何情况下均应当以儿童的最佳利益为重。缔约国应当适当协助残疾人履行其养育子女的责任。

三、缔约国应当确保残疾儿童在家庭生活方面享有平等权利。为了实现这些权利，并为了防止隐藏、遗弃、忽视和隔离残疾儿童，缔约国应当承诺及早向残疾儿童及其家属提供全面的信息、服务和支助。

四、缔约国应当确保不违背儿童父母的意愿使子女与父母分离，除非主管当局依照适用的法律和程序，经司法复核断定这种分离确有必要，符合儿童本人的最佳利益。在任何情况下均不得以子女残疾或父母一方或双方残疾为理由，使子女与父母分离。

五、缔约国应当在近亲属不能照顾残疾儿童的情况下，尽一切努力在大家庭范围内提供替代性照顾，并在无法提供这种照顾时，在社区内提供家庭式照顾。

第二十四条 教育

一、缔约国确认残疾人享有受教育的权利。为了在不受歧视和机会均等的情况下实现这一权利，缔约国应当确保在各级教育实行包容性教育制度和终生学习，以便：

（一）充分开发人的潜力，培养自尊自重精神，加强对人权、基本自由和人的多样性的尊重；

（二）最充分地发展残疾人的个性、才华和创造力以及智能和体能；

(三) 使所有残疾人能切实参与一个自由的社会。

二、为了实现这一权利,缔约国应当确保:

(一) 残疾人不因残疾而被排拒于普通教育系统之外,残疾儿童不因残疾而被排拒于免费和义务初等教育或中等教育之外;

(二) 残疾人可以在自己生活的社区内,在与其他人平等的基础上,获得包容性的优质免费初等教育和中等教育;

(三) 提供合理便利以满足个人的需要;

(四) 残疾人在普通教育系统中获得必要的支助,便利他们切实获得教育;

(五) 按照有教无类的包容性目标,在最有利于发展学习和社交能力的环境中,提供适合个人情况的有效支助措施。

三、缔约国应当使残疾人能够学习生活和社交技能,便利他们充分和平等地参与教育和融入社区。为此目的,缔约国应当采取适当措施,包括:

(一) 为学习盲文、替代文字、辅助和替代性交流方式、手段和模式,定向和行动技能提供便利,并为残疾人之间的相互支持和指导提供便利;

(二) 为学习手语和宣传聋人的语言特性提供便利;

(三) 确保以最适合个人情况的语文及交流方式和手段,在最有利于发展学习和社交能力的环境中,向盲、聋或聋盲人,特别是盲、聋或聋盲儿童提供教育。

四、为了帮助确保实现这项权利,缔约国应当采取适当措施,聘用有资格以手语和(或)盲文教学的教师,包括残疾教师,并对各级教育的专业人员和工作人员进行培训。这种培训应当包括对残疾的了解和学习使用适当的辅助和替代性交流方式、手段和模式、教育技巧和材料以协助残疾人。

五、缔约国应当确保,残疾人能够在不受歧视和与其他人平等的基础上,获得普通高等教育、职业培训、成人教育和终生学习。为此目的,缔约国应当确保向残疾人提供合理便利。

第二十五条 健康

缔约国确认,残疾人有权享有可达到的最高健康标准,不受基于残疾的歧视。缔约国应当采取一切适当措施,确保残疾人获得考虑到性别因素的医疗卫生服务,包括与健康有关的康复服务。缔约国尤其应当:

(一) 向残疾人提供其他人享有的、在范围、质量和标准方面相同的免费或费用低廉的医疗保健服务和方案,包括在性健康和生殖健康及全民公共卫生方案方面;

(二) 向残疾人提供残疾特需医疗卫生服务,包括酌情提供早期诊断和干预,并提供旨在尽量减轻残疾和预防残疾恶化的服务,包括向儿童和老年人提供这些服务;

(三) 尽量就近在残疾人所在社区,包括在农村地区,提供这些医疗卫生服务;

(四) 要求医护人员,包括在征得残疾人自由表示的知情同意基础上,向残疾人提供在质量上与其他人所得相同的护理,特别是通过提供培训和颁布公共和私营医疗保健服务职业道德标准,提高对残疾人人权、尊严、自主和需要的认识;

(五) 在提供医疗保险和国家法律允许的人寿保险方面禁止歧视残疾人,这些保险应当以公平合理的方式提供;

(六) 防止基于残疾而歧视性地拒绝提供医疗保健或医疗卫生服务,或拒绝提供食物和液体。

第二十六条 适应训练和康复

一、缔约国应当采取有效和适当的措施,包括通过残疾人相互支持,使残疾人能够实现和保持最大程度的自立,充分发挥和维持体能、智能、社会和职业能力,充分融入和参与生活的各个方面。为此目的,缔约国应当组织、加强和推广综合性适应训练和康复服务和方案,尤其是在医疗卫生、就业、教育和社会服务方面,这些服务和方案应当:

(一)根据对个人需要和体能的综合评估尽早开始;

(二)有助于残疾人参与和融入社区和社会的各个方面,属自愿性质,并尽量在残疾人所在社区,包括农村地区就近安排。

二、缔约国应当促进为从事适应训练和康复服务的专业人员和工作人员制订基础培训和进修培训计划。

三、在适应训练和康复方面,缔约国应当促进提供为残疾人设计的辅助用具和技术以及对这些用具和技术的了解和使用。

第二十七条 工作和就业

一、缔约国确认残疾人在与其他人平等的基础上享有工作权,包括有机会在开放、具有包容性和对残疾人不构成障碍的劳动力市场和工作环境中,为谋生自由选择或接受工作的权利。为保障和促进工作权的实现,包括在就业期间致残者的工作权的实现,缔约国应当采取适当步骤,包括通过立法,除其他外:

(一)在一切形式就业的一切事项上,包括在征聘、雇用和就业条件、继续就业、职业提升以及安全和健康的工作条件方面,禁止基于残疾的歧视;

(二)保护残疾人在与其他人平等的基础上享有公平和良好的工作条件,包括机会均等和同值工作同等报酬的权利,享有安全和健康的工作环境,包括不受骚扰的权利,并享有申诉的权利;

(三)确保残疾人能够在与其他人平等的基础上行使工会权;

(四)使残疾人能够切实参加一般技术和职业指导方案,获得职业介绍服务、职业培训和进修培训;

(五)在劳动力市场上促进残疾人的就业机会和职业提升机会,协助残疾人寻找、获得、保持和恢复工作;

(六)促进自营就业、创业经营、创建合作社和个体开业的机会;

(七)在公共部门雇用残疾人;

(八)以适当的政策和措施,其中可以包括平权行动方案、奖励和其他措施,促进私营部门雇用残疾人;

(九)确保在工作场所为残疾人提供合理便利;

(十)促进残疾人在开放劳动力市场上获得工作经验;

(十一)促进残疾人的职业和专业康复服务、保留工作和恢复工作方案。

二、缔约国应当确保残疾人不被奴役或驱役,并在与其他人平等的基础上受到保护,不被强迫或强制劳动。

第二十八条 适足的生活水平和社会保护

一、缔约国确认残疾人有权为自己及其家属获得适足的生活水平,包括适足的食物、衣物、住房,以及不断改善生活条件;缔约国应当采取适当步骤,保障和促进在不受基于残疾的歧视的情况下实现这项权利。

二、缔约国确认残疾人有权获得社会保护,并有权在不受基于残疾的歧视的情况下享有这项权利;缔约国应当采取适当步骤,保障和促进这项权利的实现,包括采取措施:

(一)确保残疾人平等地获得洁净供水,并且确保他们获得适当和价格低廉的服务、用具和其他协助,以满足与残疾有关的需要;

(二)确保残疾人,尤其是残疾妇女、女孩和老年人,可以利用社会保护方案和减贫方案;

(三)确保生活贫困的残疾人及其家属,在与残疾有关的费用支出,包括适足的培训、辅导、经济援助和临时护理方面,可以获得国家援助;

(四)确保残疾人可以参加公共住房方案;

(五)确保残疾人可以平等享受退休福利和参加退休方案。

第二十九条 参与政治和公共生活

缔约国应当保证残疾人享有政治权利,有机会在与其他人平等的基础上享受这些权利,并应当承诺:

(一)确保残疾人能够在与其他人平等的基础上,直接或通过其自由选择的代表,有效和充分地参与政治和公共生活,包括确保残疾人享有选举和被选举的权利和机会,除其他外,采取措施:

1. 确保投票程序、设施和材料适当、无障碍、易懂易用;

2. 保护残疾人的权利,使其可以在选举或公投中不受威吓地采用无记名方式投票、参选、在各级政府实际担任公职和履行一切公共职务,并酌情提供使用辅助技术和新技术的便利;

3. 保证残疾人作为选民能够自由表达意愿,并在必要时根据残疾人的要求,为此目的允许残疾人自行选择的人协助投票;

(二)积极创造环境,使残疾人能够不受歧视地在与其他人平等的基础上有效和充分地参与处理公共事务,并鼓励残疾人参与公共事务,包括:

1. 参与涉及本国公共和政治生活的非政府组织和社团,参加政党的活动和管理;

2. 建立和加入残疾人组织,在国际、全国、地区和地方各级代表残疾人。

第三十条 参与文化生活、娱乐、休闲和体育活动

一、缔约国确认残疾人有权在与其他人平等的基础上参与文化生活,并应当采取一切适当措施,确保残疾人:

(一)获得以无障碍模式提供的文化材料;

(二)获得以无障碍模式提供的电视节目、电影、戏剧和其他文化活动;

(三)进出文化表演或文化服务场所,例如剧院、博物馆、电影院、图书馆、旅游服务场所,并尽可能地可以进出在本国文化中具有重要意义的纪念物和纪念地。

二、缔约国应当采取适当措施,使残疾人能够有机会为自身利益并为充实社会,发展和利用自己的创造、艺术和智力潜力。

三、缔约国应当采取一切适当步骤,依照国际法的规定,确保保护知识产权的法律不构成不合理或歧视性障碍,阻碍残疾人获得文化材料。

四、残疾人特有的文化和语言特性,包括手语和聋文化,应当有权在与其他人平等的基础上获得承认和支持。

五、为了使残疾人能够在与其他人平等的基础上参加娱乐、休闲和体育活动,缔约国应当采取适当措施,以便:

(一)鼓励和促进残疾人尽可能充分地参加各级主流体育活动;

(二)确保残疾人有机会组织、发展和参加残疾人专项体育、娱乐活动,并为此鼓励在与其他人平等的基础上提供适当指导、训练和资源;

(三)确保残疾人可以使用体育、娱乐和旅游场所;

(四)确保残疾儿童享有与其他儿童一样的平等机会参加游戏、娱乐和休闲以及体育活动,包括在学校系统参加这类活动;

(五)确保残疾人可以获得娱乐、旅游、休闲和体育活动的组织人提供的服务。

第三十一条 统计和数据收集

一、缔约国承诺收集适当的信息,包括统计和研究数据,以便制定和实施政策,落实本公约。收集和维持这些信息的工作应当:

(一)遵行法定保障措施,包括保护数据的立法,实行保密和尊重残疾人的隐私;

(二)遵行保护人权和基本自由的国际公认规范以及收集和使用统计数据的道德原则。

二、依照本条规定收集的信息应当酌情分组,用于协助评估本公约规定的缔约国义务的履行情况,查明和清除残疾人在行使其权利时遇到的障碍。

三、缔约国应当负责传播这些统计数据,确保残疾人和其他人可以使用这些统计数据。

第三十二条 国际合作

一、缔约国确认必须开展和促进国际合作,支持国家为实现本公约的宗旨和目的而作出的努力,并将为此在双边和多边的范围内采取适当和有效的措施,并酌情与相关国际和区域组织及民间社会,特别是与残疾人组织,合作采取这些措施。除其他外,这些措施可包括:

(一)确保包容和便利残疾人参与国际合作,包括国际发展方案;

(二)促进和支持能力建设,如交流和分享信息、经验、培训方案和最佳做法;

(三)促进研究方面的合作,便利科学技术知识的获取;

(四)酌情提供技术和经济援助,包括便利获取和分享无障碍技术和辅助技术以及通过技术转让提供这些援助。

二、本条的规定不妨害各缔约国履行其在本公约下承担的义务。

第三十三条 国家实施和监测

一、缔约国应当按照本国建制,在政府内指定一个或多个协调中心,负责有关实施本公约的事项,并应当适当考虑在政府内设立或指定一个协调机制,以便利在不同部门和不同级别采取有关行动。

二、缔约国应当按照本国法律制度和行政制度,酌情在国内维持、加强、指定或设立一个框架,包括一个或多个独立机制,以促进、保护和监测本公约的实施。在指定或建立这一机制时,缔约国应当考虑与保护和促进人权的国家机构的地位和运作有关的原则。

三、民间社会,特别是残疾人及其代表组织,应当获邀参加并充分参与监测进程。

第三十四条 残疾人权利委员会

一、应当设立一个残疾人权利委员会(以下称"委员会"),履行下文规定的职能。

二、在本公约生效时,委员会应当由十二名专家组成。在公约获得另外六十份批准书或加入书后,委员会应当增加六名成员,以足十八名成员之数。

三、委员会成员应当以个人身份任职,品德高尚,在本公约所涉领域具有公认的能力和经验。缔约国在提名候选人时,务请适当考虑本公约第四条第三款的规定。

四、委员会成员由缔约国选举,选举须顾及公平地域分配原则,各大文化和各主要法系的代表性,男女成员人数的均衡性以及残疾人专家的参加。

五、应当在缔约国会议上,根据缔约国提名的本国国民名单,以无记名投票选举委员会成员。这些会议以三分之二的缔约国构成法定人数,得票最多和获得出席并参加表决的缔约国代表的绝对多数票者,当选为委员会成员。

六、首次选举至迟应当在本公约生效之日后六个月内举行。每次选举,联合国秘书长至迟应当在选举之日前四个月函请缔约国在两个月内递交提名人选。秘书长随后应当按英文字母次序编制全体被提名人名单,注明提名缔约国,分送本公约缔约国。

七、当选的委员会成员任期四年,可以连选连任一次。但是,在第一次选举当选的成员中,六名成员的任期应当在两年后届满;本条第五款所述会议的主席应当在第一次选举后,立即抽签决定这六名成员。

八、委员会另外六名成员的选举应当依照本条的相关规定,在正常选举时举行。

九、如果委员会成员死亡或辞职或因任何其他理由而宣称无法继续履行其职责,提名该成员的缔约国应当指定一名具备本条相关规定所列资格并符合有关要求的专家,完成所余任期。

十、委员会应当自行制定议事规则。

十一、联合国秘书长应当为委员会有效履行本公约规定的职能提供必要的工作人员和便利,并应当召开委员会的首次会议。

十二、考虑到委员会责任重大,经联合国大会核准,本公约设立的委员会的成员,应当按大会所定条件,从联合国资源领取薪酬。

十三、委员会成员应当有权享有联合国特派专家根据《联合国特权和豁免公约》相关章节规定享有的便利、特权和豁免。

第三十五条 缔约国提交的报告

一、各缔约国在本公约对其生效后两年内,应当通过联合国秘书长,向委员会提交一份全面报告,说明为履行本公约规定的义务而采取的措施和在这方面取得的进展。

二、其后,缔约国至少应当每四年提交一次报告,并在委员会提出要求时另外提交报告。

三、委员会应当决定适用于报告内容的导则。

四、已经向委员会提交全面的初次报告的缔约国,在其后提交的报告中,不必重复以前提交的资料。缔约国在编写给委员会的报告时,务请采用公开、透明的程序,并适当考虑本公约第四条第三款的规定。

五、报告可以指出影响本公约所定义务履行程度的因素和困难。

第三十六条　报告的审议

一、委员会应当审议每一份报告，并在委员会认为适当时，对报告提出提议和一般建议，将其送交有关缔约国。缔约国可以自行决定向委员会提供任何资料作为回复。委员会可以请缔约国提供与实施本公约相关的进一步资料。

二、对于严重逾期未交报告的缔约国，委员会可以通知有关缔约国，如果在发出通知后的三个月内仍未提交报告，委员会必须根据手头的可靠资料，审查该缔约国实施本公约的情况。委员会应当邀请有关缔约国参加这项审查工作。如果缔约国作出回复，提交相关报告，则适用本条第一款的规定。

三、联合国秘书长应当向所有缔约国提供上述报告。

四、缔约国应当向国内公众广泛提供本国报告，并便利获取有关这些报告的提议和一般建议。

五、委员会应当在其认为适当时，把缔约国的报告转交联合国专门机构、基金和方案以及其他主管机构，以便处理报告中就技术咨询或协助提出的请求或表示的需要，同时附上委员会可能对这些请求或需要提出的意见和建议。

第三十七条　缔约国与委员会的合作

一、各缔约国应当与委员会合作，协助委员会成员履行其任务。

二、在与缔约国的关系方面，委员会应当适当考虑提高各国实施本公约的能力的途径和手段，包括为此开展国际合作。

第三十八条　委员会与其他机构的关系

为了促进本公约的有效实施和鼓励在本公约所涉领域开展国际合作：

（一）各专门机构和其他联合国机构应当有权派代表列席审议本公约中属于其职权范围的规定的实施情况。委员会可以在其认为适当时，邀请专门机构和其他主管机构就公约在各自职权范围所涉领域的实施情况提供专家咨询意见。委员会可以邀请专门机构和其他联合国机构提交报告，说明公约在其活动范围所涉领域的实施情况；

（二）委员会在履行任务时，应当酌情咨询各国际人权条约设立的其他相关机构的意见，以便确保各自的报告编写导则、提议和一般建议的一致性，避免在履行职能时出现重复和重叠。

第三十九条　委员会报告

委员会应当每两年一次向大会和经济及社会理事会提出关于其活动的报告，并可以在审查缔约国提交的报告和资料的基础上，提出提议和一般建议。这些提议和一般建议应当连同缔约国可能作出的任何评论，一并列入委员会报告。

第四十条　缔约国会议

一、缔约国应当定期举行缔约国会议，以审议与实施本公约有关的任何事项。

二、联合国秘书长至迟应当在本公约生效后六个月内召开缔约国会议。其后，秘书长应当每两年一次，或根据缔约国会议的决定，召开会议。

第四十一条 保存人

联合国秘书长为本公约的保存人。

第四十二条 签署

本公约自二〇〇七年三月三十日起在纽约联合国总部开放给所有国家和区域一体化组织签署。

第四十三条 同意接受约束

本公约应当经签署国批准和经签署区域一体化组织正式确认,并应当开放给任何没有签署公约的国家或区域一体化组织加入。

第四十四条 区域一体化组织

一、"区域一体化组织"是指由某一区域的主权国家组成的组织,其成员国已将本公约所涉事项方面的权限移交该组织。这些组织应当在其正式确认书或加入书中声明其有关本公约所涉事项的权限范围。此后,这些组织应当将其权限范围的任何重大变更通知保存人。

二、本公约提及"缔约国"之处,在上述组织的权限范围内,应当适用于这些组织。

三、为本公约第四十五条第一款和第四十七条第二款和第三款的目的,区域一体化组织交存的任何文书均不在计算之列。

四、区域经济一体化组织可以在缔约国会议上,对其权限范围内的事项行使表决权,其票数相当于已成为本公约缔约国的组织成员国的数目。如果区域一体化组织的任何成员国行使表决权,则该组织不得行使表决权,反之亦然。

第四十五条 生效

一、本公约应当在第二十份批准书或加入书交存后的第三十天生效。

二、对于在第二十份批准书或加入书交存后批准、正式确认或加入的国家或区域一体化组织,本公约应当在该国或组织交存各自的批准书、正式确认书或加入书后的第三十天生效。

第四十六条 保留

一、保留不得与本公约的目的和宗旨不符。

二、保留可随时撤回。

第四十七条 修正

一、任何缔约国均可以对本公约提出修正案,提交联合国秘书长。秘书长应当将任何提议修正案通告缔约国,请缔约国通知是否赞成召开缔约国会议以审议提案并就提案作出决定。在上述通告发出之日后的四个月内,如果有至少三分之一的缔约国赞成召开缔约国会议,秘书长应当在联合国主持下召开会议。经出席并参加表决的缔约国三分之二多数通过的任何修正案应当由秘书长提交联合国大会核可,然后提交所有缔约国接受。

二、依照本条第一款的规定通过和核可的修正案,应当在交存的接受书数目达到修正案通过之日缔约国数目的三分之二后的第三十天生效。此后,修正案应当在任何缔约国交存其接受书后的第三十天对该国生效。修正案只对接受该项修正案的缔约国具有约束力。

三、经缔约国会议协商一致决定,依照本条第一款的规定通过和核可但仅涉及第三十四条、第三十八条、第三十九条和第四十条的修正案,应当在交存的接受书数目达到修正案通过之日缔约国数目的三分之二后的第三十天对所有缔约国生效。

第四十八条 退约

缔约国可以书面通知联合国秘书长退出本公约。退约应当在秘书长收到通知之日起一年后生效。

第四十九条 无障碍模式

应当以无障碍模式提供本公约文本。

第五十条 作准文本

本公约的阿拉伯文、中文、英文、法文、俄文和西班牙文文本同等作准。

下列签署人经各自政府正式授权在本公约上签字，以昭信守。

62. 残疾人权利公约任择议定书

（联合国大会 2006 年 12 月 13 日通过）

本议定书缔约国议定如下：

第一条

一、本议定书缔约国（"缔约国"）承认残疾人权利委员会（"委员会"）有权接受和审议本国管辖下的个人自行或联名提出或以其名义提出的、声称因为该缔约国违反公约规定而受到伤害的来文。

二、委员会不得接受涉及非本议定书缔约方的公约缔约国的来文。

第二条

来文有下列情形之一的，委员会应当视为不可受理：

（一）匿名；

（二）滥用提交来文的权利或不符合公约的规定；

（三）同一事项业经委员会审查或已由或正由另一项国际调查或解决程序审查；

（四）尚未用尽一切可用的国内补救办法。如果补救办法的应用被不合理地拖延或不大可能带来有效的救济，本规则不予适用；

（五）明显没有根据或缺乏充分证据；或

（六）所述事实发生在本议定书对有关缔约国生效之前，除非这些事实存续至生效之日后。

第三条

在符合本议定书第二条的规定的情况下，委员会应当以保密方式提请有关缔约国注意向委员会提交的任何来文。接受国应当在六个月内向委员会提交书面解释或陈述，澄清有关事项及该国可能已采取的任何补救措施。

第四条

一、委员会收到来文后，在对实质问题作出裁断前，可以随时向有关缔约国发出请求，请该国从速考虑采取必要的临时措施,以避免对声称权利被侵犯的受害人造成可能不可弥补的损害。

二、委员会根据本条第一款行使酌处权,并不意味对来文的可受理性或实质问题作出裁断。

第五条

委员会审查根据本议定书提交的来文,应当举行非公开会议。委员会在审查来文后,应当将委员会的任何提议和建议送交有关缔约国和请愿人。

第六条

一、如果委员会收到可靠资料,显示某一缔约国严重或系统地侵犯公约规定的权利,委员会应当邀请该缔约国合作审查这些资料及为此就有关资料提出意见。

二、在考虑了有关缔约国可能提出的任何意见以及委员会掌握的任何其他可靠资料后,委员会可以指派一名或多名委员会成员进行调查,从速向委员会报告。必要时,在征得缔约国同意后,调查可以包括前往该国领土访问。

三、对调查结果进行审查后,委员会应当将调查结果连同任何评论和建议一并送交有关缔约国。

四、有关缔约国应当在收到委员会送交的调查结果、评论和建议后六个月内,向委员会提交本国意见。

五、调查应当以保密方式进行,并应当在程序的各个阶段寻求缔约国的合作。

第七条

一、委员会可以邀请有关缔约国在其根据公约第三十五条＞提交的报告中详细说明就根据本议定书第六条进行的调查所采取的任何回应措施。

二、委员会可以在必要时,在第六条第四款所述六个月期间结束后,邀请有关缔约国告知该国就调查所采取的回应措施。

第八条

缔约国可以在签署或批准本议定书或加入本议定书时声明不承认第六条和第七条规定的委员会权限。

第九条

联合国秘书长为本议定书的保存人。

第十条

本议定书自二○○七年三月三十日起在纽约联合国总部开放给已签署公约的国家和区域一体化组织签署。

第十一条

本议定书应当经批准或加入公约的本议定书签署国批准,经正式确认或加入公约的本议定书签署区域一体化组织正式确认。本议定书开放给业已批准、正式确认或加入公约但没有签署议定书的任何国家或区域一体化组织加入。

第十二条

一、"区域一体化组织"是指由某一区域的主权国家组成的组织,其成员国已将公约和本议定书所涉事项方面的权限移交该组织。这些组织应当在其正式确认书或加入书中声明其有关公约和本议定书所涉事项的权限范围。此后,这些组织应当将其权限范围的任何重大变更通知保存人。

二、本议定书提及"缔约国"之处,在上述组织的权限范围内,应当适用于这些组织。

三、为本议定书第十三条第一款和第十五条第二款的目的,区域一体化组织交存的任何文书均不在计算之列。

四、区域一体化组织可以在缔约国会议上,对其权限范围内的事项行使表决权,其票数相当于已成为本议定书缔约国的组织成员国的数目。如果区域一体化组织的任何成员国行使表决权,则该组织不得行使表决权,反之亦然。

第十三条

一、在公约已经生效的情况下,本议定书应当在第十份批准书或加入书交存后的第三十天生效。

二、对于在第十份批准书或加入书交存后批准、正式确认或加入本议定书的国家或区域一体化组织,本议定书应当在该国或组织交存各自的批准书、正式确认书或加入书后的第三十天生效。

第十四条

一、保留不得与本议定书的目的和宗旨不符。

二、保留可随时撤回。

第十五条

一、任何缔约国均可以对本议定书提出修正案,提交联合国秘书长。秘书长应当将任何提议修正案通告缔约国,请缔约国通知是否赞成召开缔约国会议以审议提案并就提案作出决定。在上述通告发出之日后的四个月内,如果有至少三分之一的缔约国赞成召开缔约国会议,秘书长应当在联合国主持下召开会议。经出席并参加表决的缔约国三分之二多数通过的任何修正案应当由秘书长提交联合国大会核可,然后提交所有缔约国接受。

二、依照本条第一款的规定通过和核可的修正案,应当在交存的接受书数目达到修正案通过之日缔约国数目的三分之二后的第三十天生效。此后,修正案应当在任何缔约国交存其接受书后的第三十天对该国生效。修正案只对接受该项修正案的缔约国具有约束力。

第十六条

缔约国可以书面通知联合国秘书长退出本议定书。退约应当在秘书长收到通知之日起一年后生效。

第十七条

应当以无障碍模式提供本议定书文本。

第十八条

本议定书的阿拉伯文、中文、英文、法文、俄文和西班牙文文本同等作准。

下列签署人经各自政府正式授权在本议定书上签字,以昭信守。

63. CRPD 第 1 号一般性意见：
《公约》第 12 条在法律面前获得平等承认（2014 年）

64. CRPD 第 2 号一般性意见：
《公约》第 9 条无障碍（2014 年）

65. CRPD 第 3 号一般性意见：
残疾妇女和女童（2016 年）

66. CRPD 第 4 号一般性意见：
包容性教育权（2016 年）

67. CRPD 第 5 号一般性意见：
独立生活和融入社区（2017 年）

68. CRPD 第 6 号一般性意见：
平等和不歧视（2018 年）

69. CRPD第7号一般性意见：残疾人，包括残疾儿童通过其代表组织参与《公约》的执行和监测（2018年）

70. 保护所有人免遭强迫失踪国际公约

（联合国大会2006年12月20日通过）

序　　言

本公约缔约国，

考虑到各国在《联合国宪章》下的义务——促进普遍尊重和遵守人权和基本自由，

考虑到《世界人权宣言》，

回顾《经济、社会、文化权利国际公约》《公民及政治权利国际公约》及人权、人道主义法和国际刑法领域的其他有关国际文书，

又回顾联合国大会1992年12月18日第47/133号决议中通过的《保护所有人不遭受强迫失踪宣言》，

认识到强迫失踪的极端严重性，认为它是一项罪行，且在国际法界定的某些情况下，构成危害人类罪，

决心防止强迫失踪，制止犯有强迫失踪罪而不受惩罚的现象，

认为任何人都享有不遭受强迫失踪的权利，受害人有得到司法公正和赔偿的权利，

申明任何受害人对强迫失踪的案情和失踪者的下落，享有了解真相的权利，并享有为此目的自由查找、接受和传递信息的权利，

兹商定如下条款：

第一部分

第一条

一、任何人不应遭到强迫失踪。

二、任何情况，不论是处于战争状态或受到战争威胁、国内政治动乱，还是任何其他公共紧急状态，均不得用来作为强迫失踪的辩护理由。

第二条

在本公约中，"强迫失踪"系指由国家代理人，或得到国家授权、支持或默许的个人或组织,实施逮捕、羁押、绑架,或以任何其他形式剥夺自由的行为,并拒绝承认剥夺自由之实情,隐瞒失踪者的命运或下落,致使失踪者不能得到法律的保护。

第三条

各缔约国应采取适当措施,调查未得到国家授权、支持或默许的人或组织制造的第二条所界定的行为,并将责任人绳之以法。

第四条

各缔约国应采取必要措施,确保在本国的刑法中将强迫失踪行为列为犯罪。

第五条

大规模或有组织的强迫失踪行为,构成相关国际法所界定的危害人类罪,应招致相关国际法所规定的后果。

第六条

一、各缔约国应采取必要措施,至少追究下列人员的刑事责任:

(一)所有制造、指令、唆使或诱导制造或企图制造强迫失踪的人,以及同谋或参与制造强迫失踪的人;

(二)上级官员:

1. 知情,或已有清楚迹象表明受其实际领导或控制的下属正在或即将犯下强迫失踪罪而故意对有关情况置若罔闻者;

2. 对与强迫失踪罪有牵连的活动,实际行使过责任和控制;

3. 没有在本人的权限范围内采取一切必要、合理的措施,防止或制止强迫失踪,阻止犯下此种罪行,或将有关问题提交主管机关调查或起诉。

(三)以上第(二)项并不影响相关国际法对于军事指挥官或实际上担任军事指挥的人所适用的更高标准的责任。

二、任何文职的、军事的,或其他方面的公共当局下达的命令或指示,都不得用以作为强迫失踪罪的辩护理由。

第七条

一、各缔约国应考虑到强迫失踪罪的极端严重性,对之给予相应的处罚。

二、各国可规定:

(一)减轻罪行的情况,特别是虽参与制造强迫失踪,但还是实际帮助解救了失踪者的人,或帮助查明强迫失踪案件、指认制造强迫失踪罪犯的人;

(二)在不影响其他刑事程序的条件下,加重罪行的情节,特别是在失踪者死亡的情况下,或制造强迫失踪的对象是怀孕妇女、未成年人、残疾人或其他特别易受害的人。

第八条

在不影响第五条的情况下,

一、对强迫失踪案件实行诉讼时效的缔约国,应采取必要措施,确保对刑事诉讼的时效:

(一)有较长的时段,并与此种犯罪的极端严重性相称;

(二)考虑到强迫失踪犯罪的持续性,从停止犯罪之时算起。

二、各缔约国应保证,在时效持续期间,强迫失踪的受害人享有得到有效补偿的权利。

第九条

一、各缔约国应采取必要措施,确定对下述强迫失踪罪案行使管辖权:

(一)犯罪发生在其管辖的任何领土上,或发生在该国注册的船只或飞机上;

(二)指称的罪犯为其国民;

(三)失踪人为其国民,缔约国认为适当的情况下。

二、各缔约国还应采取必要措施,在指称的罪犯留在任何该国管辖的领土上时,确定对该强迫失踪罪案的司法管辖权,除非该国根据其国际义务将嫌犯引渡或移交给另一国家,或移交给该国承认其管辖权的某个国际刑事法庭。

三、本公约不排除根据国内法行使任何其他刑事管辖权。

第十条

一、对强迫失踪罪的犯罪嫌疑人,任何缔约国在研究了所掌握的材料后,确定情况属实,案情需要,应将在其境内的嫌犯拘留,或采取其他必要法律措施,确保其不得潜逃。这种拘留和其他法律措施,应根据该缔约国的法律规定,但在时间上仅限于确保对该人的刑事诉讼、移交或引渡程序所必需。

二、采取本条第一款所述措施的缔约国,应立即展开初步询问和调查,确定事实。该国还应将根据本条第一款所采取的措施,包括拘留和致使实施拘留的犯罪情节,以及初步询问和调查的结果,通知第九条第一款中所指的缔约国,并表明它是否准备行使其管辖权。

三、根据本条第一款被羁押的任何人,得立即与本人所持国籍国之最接近的适当代表取得联系,如他或她为无国籍人,应与其惯常居住地国的代表取得联系。

第十一条

一、缔约国在其管辖的领土上发现据称犯有强迫失踪罪的人,如果不按其国际义务将该人引渡或移交给另一国家,或移交该缔约国承认其司法权的某一国际刑事法庭,则该国应将案件提交本国的主管机关起诉。

二、主管机关应按该缔约国的法律规定,以审理任何性质严重的普通犯罪案件相同的方式作出判决。在第九条第二款所指的情况下,起诉和定罪的证据标准,不得比第九条第一款所指的情况应采用的标准宽松。

三、因强迫失踪罪而受到起诉的任何人,应保证其在起诉的各个阶段受到公正待遇。因强迫失踪罪而受到审判的任何人,应在依法设立的主管、独立和公正的法院或法庭受到公正审判。

第十二条

一、各缔约国应确保任何指称有人遭受强迫失踪的人,有权向主管机关报告案情,主管机关应及时、公正地审查指控,必要时立即展开全面、公正的调查。必要时并应采取适当措施,确保举报人、证人、失踪人家属及其辩护律师,以及参与调查的人得到保护,不得因举报或提供任何证据而受到任何虐待或恐吓。

二、在有正当理由相信有人遭到强迫失踪的情况下,即使无人正式告发,缔约国也应责成本条第一款所指的机关展开调查。

三、各缔约国应确保本条第一款所指主管机关:

(一)拥有展开有效调查所需的权利和资源,包括查阅与调查有关的文件和其他材料;

（二）有权进入任何拘留场所，或有正当理由认为可能藏匿失踪者的任何其他地点，必要时事先取得司法机关的授权，司法机构也应尽快作出裁决。

四、各缔约国应采取必要措施，防止和惩处妨碍展开调查的行为。各缔约国尤应确保，涉嫌犯有强迫失踪罪的人不得利用其地位影响调查的进行，例如对投诉人、证人、失踪者亲属或他们的辩护律师，及参与调查的人员施加压力、恐吓，或实施报复。

第十三条

一、就缔约国之间的引渡而言，不应将强迫失踪罪视为政治犯罪、与政治犯罪有联系的普通犯罪，或带有政治动机的犯罪。因此，不得仅以这些理由拒绝对此种犯罪提出的引渡要求。

二、本公约生效前各缔约国之间已有的任何引渡条约，应将强迫失踪罪均视为可予引渡的罪行。

三、各缔约国承诺，今后彼此之间签订的所有引渡条约，均将强迫失踪罪列为可引渡的犯罪。

四、以条约为引渡条件的缔约国，当收到另一个与之未签订引渡条约的缔约国提出的引渡要求时，可考虑将本公约作为对强迫失踪罪给予引渡的必要法律依据。

五、不以条约作为引渡条件的缔约国，应承认强迫失踪罪为彼此之间可予引渡的犯罪。

六、在所有情况下，引渡均须符合被请求缔约国的法律规定或适用的引渡条约所规定的条件，特别应包括有关引渡的最低处罚要求，和被请求缔约国可能拒绝引渡或要求引渡符合某些条件的理由。

七、如果被请求缔约国有充分理由认为，提出引渡要求的目的，是因某人的性别、种族、宗教、国籍、族裔、政治见解或属于某个特定的社会群体而对之进行起诉或惩罚，或同意引渡将在上述原因的某个方面造成对该人的伤害，则本公约的任何内容均不得解释为强制的引渡义务。

第十四条

一、缔约国在对强迫失踪罪提起刑事诉讼方面，应彼此提供最大限度的司法协助，包括提供所掌握的诉讼所必需的全部证据。

二、此种司法协助应符合被请求缔约国国内法或适用的司法协助条约规定的要件，特别是被请求缔约国可藉以拒绝提供司法协助的理由，或对提供司法协助附加的条件。

第十五条

各缔约国应相互合作，并彼此给予最大限度的协助，援助强迫失踪的受害人，查找、发现和解救失踪者，在失踪者死亡的情况下，挖掘和辨认遗体，并将之送返原籍。

第十六条

一、如果有充分理由相信，将某人驱逐、送返（"驱回"）、移交或引渡到另一国家，有造成此人遭受强迫失踪的危险，任何缔约国均不得采取上述行动。

二、为确定是否存在这种理由，主管当局应斟酌一切有关因素，包括在适用的情况下，考虑有关国家是否存在一贯严重、公然或大规模侵犯人权或严重违反国际人道主义法的情况。

第十七条

一、任何人都不应受到秘密监禁。

二、在不影响缔约国在剥夺自由问题方面的其他国际义务前提下,各缔约国应在本国的法律中:

（一）规定下令剥夺自由的条件；

（二）说明有权下令剥夺自由的主管机关；

（三）保证任何被剥夺自由的人,只能关押在官方认可并加以监督的地点；

（四）保证任何被剥夺自由的人都能获准与其家属、律师或他或她选择的任何其他人取得联系并接受探视,且仅受法律规定条件的限制,如果此人是外国人,应根据相应的国际法,准许其与本国的领事机构联系；

（五）保证主管机关和法律授权机构的人员可进入被剥夺自由人的关押地点,如有必要,应事先得到司法机关的批准；

（六）保证任何被剥夺自由的人,或在怀疑发生强迫失踪的情况下,由于被剥夺自由的人无法行使这项权利,任何有合法利益的人,如被剥夺自由人的家属、他们的代表或律师,在任何情况下都有权向法院提起诉讼,以便法院立即对剥夺其自由是否合法作出裁决,如果剥夺自由不合法,则应下令释放。

三、各缔约国应保证编制并维持一份或数份被剥夺自由者的最新官方登记册和/或记录,并在收到要求时,及时将之提供给有关缔约国在这方面有法律授权的任何司法或其他主管机关或机构,或该国已加入的任何相关国际法律文书所授权的司法或其他主管机关或机构。登记册中收入的资料至少应包括以下内容:

（一）被剥夺自由者的身份；

（二）被剥夺自由的人,收监的日期、时间和地点,以及剥夺此人自由的负责机关；

（三）下令剥夺自由的机关及剥夺自由的理由；

（四）负责监管剥夺自由的机关；

（五）剥夺自由的地点、收押日期和时间,以及剥夺自由地点的负责机关；

（六）被剥夺自由者健康的主要情况；

（七）若在剥夺自由期间死亡,死亡的情况和死因,以及遗体的下落；

（八）释放或转移到另一羁押地点的日期和时间、目的地,及负责转移的机关。

第十八条

一、在不违反第十九条和第二十条的情况下,各缔约国应保证,任何对以下信息有合法利益的人,例如被剥夺自由者的亲属、他们的代表或律师,应至少能获得以下信息:

（一）下令剥夺自由的机关；

（二）剥夺该人自由以及收押的日期、时间和地点；

（三）负责监管剥夺自由的机关；

（四）被剥夺自由者的下落,包括在转往另一监押场所的情况下,转移的地点和负责转移的机关；

（五）释放的日期、时间和地点；

（六）被剥夺自由者健康的主要情况；

（七）若在剥夺自由期间死亡,死亡的情况和死因,以及遗体的下落。

二、必要时应采取适当措施,保护本条第一款中讲到的人和参与调查的人员,不得因查寻被剥夺自由者的情况,而受到任何虐待、恐吓或处罚。

第十九条

一、在查找失踪者的过程中收集和/或转交的个人资料,包括医疗和遗传学资料,不得用于查找失踪者以外之其他目的,或提供给其他方面。这一规定不影响在审理强迫失踪罪的刑事诉讼中,或在行使获得赔偿权过程中使用这些资料。

二、收集、处理、使用和储存个人资料,包括医疗和遗传学资料,不得侵犯或实际上造成侵犯个人的人权、基本自由或人的尊严。

第二十条

一、只有在对某人采取法律保护措施,且剥夺自由受到司法控制的条件下,或者转交资料会对该人的隐私或安全造成不利影响、妨碍刑事调查,或出于其他相当原因,方可作为例外,在严格必需和法律已有规定的情况下,依法并遵照相关国际法和本公约的目标,对第十八条中讲到的信息权加以限制。对第十八条所述信息权的任何限制,如可能构成第二条所界定的行为或违反第十七条第一款的行为,均在禁止之列。

二、在不影响审议剥夺某人自由是否合法的前提下,缔约国应保证第十八条第一款中所指的人有权得到及时、有效的司法补救,以便立即得到第十八条第一款中所提到的信息。这项获得补救的权利,在任何情况下都不得取消或受到限制。

第二十一条

各缔约国应采取必要措施,确保被剥夺自由的人获释能得到可靠核实,即他们确实得到释放。各缔约国还应采取必要措施,确保获释时这些人的身体健全并能完全行使他们的权利,且不得影响这些人在本国法律下可能承担的任何义务。

第二十二条

在不影响第六条的情况下,每一缔约国都应采取必要措施,防止和惩处以下行为:

(一) 拖延或阻碍第十七条第二款第(六)项以及第二十条第二款中讲到的补救办法;

(二) 任何人被剥夺自由而未予记录,或记录的任何信息并不准确,而负责官方登记的官员了解这一情况或应当知情;

(三) 尽管已经满足提供有关情况的法律要求,但仍拒绝提供某人被剥夺自由的情况,或提供不准确的情况。

第二十三条

一、各缔约国应确保,对执法人员、文职或军事人员、医务人员、国家官员和其他可能参与监押或处置任何被剥夺自由者的人的培训,应包括对本公约相关规定的必要教育和信息,以便:

(一) 防止这类官员卷入强迫失踪案件;

(二) 强调防止和调查强迫失踪案件的重要性;

(三) 确保认识到解决强迫失踪案件的迫切性。

二、各缔约国应确保禁止发布任何命令和指示,指令、授权或鼓励制造强迫失踪。各国应保证,拒绝遵守这类命令的人不得受到惩罚。

三、各缔约国应采取必要措施,确保当本条第一款所指的人有理由相信强迫失踪案件已经发生或正在计划之中时,应向上级报告,并在必要时报告拥有审查权或补救权的有关当局或机关。

第二十四条

一、在本公约中,"受害人"系指失踪的人和任何因强迫失踪而受到直接伤害的个人。

二、每一受害者都有权了解强迫失踪案情的真相,调查的进展和结果,以及失踪者的下落。各国应在这方面采取适当措施。

三、各缔约国应采取一切适当措施,查寻、找到和解救失踪者,若失踪者已经死亡,应找到、适当处理并归还其遗体。

四、各缔约国应在其法律制度范围内,确保强迫失踪的受害人有权取得补救和及时、公正和充分的赔偿。

五、本条第四款中所指的获得补救的权利,涵盖物质和精神损害,以及视情况而定,其他形式的补救,如:

(一)复原;

(二)康复;

(三)平反,包括恢复尊严和名誉;

(四)保证不再重演。

六、在不影响缔约国的义务——继续调查,直至查明失踪者下落的条件下,对尚未查明下落的失踪者,各缔约国应对其本人及家属的法律地位问题,在社会福利、经济问题、家庭法和财产权等方面,采取必要措施。

七、各缔约国必须保证自由组织和参加有关组织和协会的权利,以求查明强迫失踪的案情和失踪者的下落,及为强迫失踪受害人提供帮助。

第二十五条

一、各缔约国应采取必要措施,根据本国刑法防止并惩处以下行为:

(一)非法劫持遭受强迫失踪的儿童,其父母或法律监护人遭到强迫失踪的儿童,或母亲在遭受强迫失踪期间出生的儿童;

(二)伪造、藏匿或销毁证明以上第(一)项中所指儿童真实身份的证件。

二、各缔约国应采取必要措施,查找和认定本条第一款第(一)项所指的儿童,并根据法律程序和适用的国际协议,将儿童归还本来的家庭。

三、各缔约国应相互协助,查找、辨认和找到本条第一款第(一)项中所指的儿童。

四、鉴于必须保护本条第一款第(一)项中所指的儿童的最佳利益,他们保留或恢复本人身份的权利,包括法律承认的国籍、姓名和家庭关系,承认领养关系或其他安置儿童形式的缔约国应制定法律程序,审查领养或安置程序,并在适当情况下宣布任何源自强迫失踪的儿童领养或安置无效。

五、在所有情况下,特别是在本条所涉的所有问题上,儿童的最大利益均应作为首要考虑,有独立见解能力的儿童应有权自由表达意见,并应根据儿童的年龄和成熟程度,对本人的意见给予适当考虑。

第二部分

第二十六条

一、将设立一个强迫失踪问题委员会(下称"委员会"),履行本公约规定的职能。委员会将由十名德高望重、在人权领域的才能受到公认的专家组成,他们应以个人身份任职,秉持独立、公正之立场。委员会成员将由缔约国根据公平地域分配的原则选出。应适当考虑吸收具有相关法律资历的人士参加委员会的工作,注意代表的性别平衡。

二、委员会成员的选举,应由联合国秘书长为此目的每两年召开一次缔约国会议,由缔约国从本国国民中提名,对提名的名单通过无记名投票方式选出。在这些会议上,三分之二的缔约国即构成法定人数,当选的委员会委员为获得票数最多、且获得出席会议并投票的各缔约国代表绝对多数票之人士。

三、第一次选举应在本公约生效之日起六个月内举行。联合国秘书长应在每一次选举日之前四个月致函各缔约国,请他们在三个月之内提名候选人。秘书长应将所有提名的人按字母顺序列出名单,注明每个候选人的提名缔约国,并将此名单提交所有缔约国。

四、当选的委员会委员任期四年,可连任一次。然而,在首次选举中当选的五位委员,他们的任期将在两年后届满,在首次选举结束后,本条第二款中所指会议的主席将立刻通过抽签方式确定这五位委员的姓名。

五、如果委员会的一位委员死亡、辞职或由于任何其他原因不能继续履行他或她在委员会的职责,提名的缔约国应根据本条第1款所列标准,从其国民中指定另一位候选人完成剩下的任期,但须征得多数缔约国的核准。除非一半或更多的缔约国在联合国秘书长向其通报了拟议的任命后六周内表示反对,否则应认为已获得这一核准。

六、委员会应制定自身的议事规则。

七、联合国秘书长应为有效履行委员会的职能,向委员会提供一切必要的手段、工作人员和设施。应由联合国秘书长召开委员会的第一次会议。

八、委员会委员应享有《联合国特权与豁免公约》有关章节所规定的联合国出访专家所享有的各项便利、特权和豁免权。

九、各缔约国应在其接受的委员会职能范围内,与委员会合作,为委员会委员履行任务提供协助。

第二十七条

在本公约生效后至少四年但最多六年,应举行缔约国会议,评估委员会的工作,并依照第四十四条第二款确定的程序,在不排除任何可能性的前提下,决定是否应根据第二十八至三十六条规定的职能,将本公约的监督职能转交给另一机构。

第二十八条

一、委员会应在本公约所授予的权限范围内,与所有联合国有关机关、办事处、专门机构和基金合作,与各项国际文书所建立的条约机构、联合国的特别程序合作,并与所有有关的区域政府间组织和机构,以及一切从事保护所有人不遭受强迫失踪的有关国家机构、机关或办事处合作。

二、委员会在履行任务时,应与相关国际人权文书所设立的其他条约机构磋商,特别是《公民及政治权利国际公约》设立的人权事务委员会,以确保彼此提出的意见和建议相互一致。

第二十九条

一、各缔约国应当在本公约对该缔约国生效后两年内,通过联合国秘书长向委员会提交一份报告,说明为履行本公约义务而采取措施的情况。

二、联合国秘书长应将报告提供给所有缔约国。

三、委员会应对每份报告进行审议,之后酌情提出评论、意见或建议。评论、意见或建议应当转达有关缔约国,缔约国可主动或应委员会的要求作出答复。

四、委员会也可要求缔约国提供有关履行本公约的补充资料。

第三十条

一、失踪者的亲属、他们的法律代表、律师或任何得到其授权的人,以及任何拥有合法权益的其他人,均可作为紧急事项,向委员会提出查找失踪者的请求。

二、如果委员会认为根据本条第一款提出紧急行动请求:

(一)并非明显地毫无依据;

(二)并不构成滥用提交来文请求之权利;

(三)在可能的情况下,已经正式提交有关缔约国的主管机关,如有权展开调查的机关;

(四)并不违背本公约的规定;及

(五)同一问题目前未由同一性质的另一国际调查或解决程序审理;

委员会应请有关缔约国在委员会限定的时间内,向其提供所查找人员境况的资料。

三、根据有关缔约国依本条第二款所提供的资料,考虑到情况的紧迫性,委员会可向缔约国提出建议,如请缔约国采取一切必要措施,包括一些临时措施,遵照本公约,找到有关个人并加以保护,并在委员会限定的时间内,向委员会报告采取措施的情况。委员会应将它的建议和委员会收到的国家提供的情况,通报提出紧急行动要求的人。

四、在查明失踪人士的下落之前,委员会应继续与有关缔约国共同作出努力。应随时向提出请求的人通报情况。

第三十一条

一、缔约国可在批准本公约时,或在之后的任何时候宣布,承认委员会有权接受和审议受该国管辖、声称是该缔约国违反本公约规定之受害人本人或其代理提出的来文。委员会不得受理来自未作此宣布之缔约国的来文。

二、委员会不应受理下列来文:

(一)匿名来文;

(二)来文构成滥用提交此类来文的权利,或不符合本公约的规定;

(三)同一事项正由具有同一性质的另一国际调查或解决程序审理;

(四)尚未用尽一切有效的国内补救办法。如果补救请求长期拖延,不合情理,本规则不复适用。

三、如果委员会认为来文满足本条第二款规定的要求,委员会将来文转交有关缔约国,并请该国在委员会限定的时间内提出意见和评论。

四、在收到来文后,但在确定是非曲直之前,委员会可随时向有关缔约国提出请求,请该国紧急考虑采取必要的临时措施,以避免对指称侵权行为的受害人造成不可弥补的损害。委员会行使酌处权,并不意味着已就来文是否可予受理或其是非曲直作出决定。

五、委员会在根据本条审查来文时应举行非公开会议。委员会应当向来文提交人通报有关缔约国所作的答复。委员会在决定结束程序后,应将委员会的意见通报缔约国和来文提交人。

第三十二条

本公约缔约国可在任何时候声明，承认委员会有权接受和审议一个缔约国声称另一缔约国未履行本公约义务的来文。委员会不接受涉及一个尚未作此声明的缔约国的来文，也不接受未作此声明的缔约国的来文。

第三十三条

一、如果委员会收到可靠消息，表明一个缔约国正在严重违反本公约的规定，委员会可在征求有关缔约国的意见后，请一位或几位委员前往调查，并立即向委员会提出报告。

二、委员会应将安排访问的意图书面通知有关缔约国，并说明代表团的组成情况和访问的目的。缔约国应在合理的时间内向委员会作出答复。

三、委员会在收到缔约国提出的有充分依据的请求后，可决定推迟或取消访问。

四、如果缔约国同意接待来访，委员会应与有关缔约国共同制定访问计划，缔约国应为顺利完成访问，向委员会提供一切必要的便利。

五、访问结束后，委员会应向有关缔约国通报它的意见和建议。

第三十四条

如果委员会收到的消息表明，有充分迹象显示，某缔约国管辖下的领土正在发生大规模或有组织的强迫失踪问题，委员会可向有关缔约国索取一切有关资料，并通过联合国秘书长，将问题紧急提请联合国大会注意。

第三十五条

一、委员会的管辖权仅限于本公约生效后发生的强迫失踪案件。

二、若一国在本公约生效后成为缔约国，则该国对委员会的义务仅限于本公约对该国生效后发生的强迫失踪案件。

第三十六条

一、委员会应就本公约下开展活动的情况，向缔约国和联合国大会提交年度报告。

二、在年度报告中发表对缔约国的意见之前，应事先通报有关缔约国，并给予适当时间作出答复。该缔约国可以要求在报告中发表其评论或意见。

第三部分

第三十七条

本公约的任何内容均不影响对保护所有人不遭受强迫失踪更有利的规定，包括以下法律中的规定：

（一）缔约国的法律；

（二）对该国有效的国际法。

第三十八条

一、本公约对联合国所有会员国开放供签署。

二、本公约供联合国所有会员国批准。批准书应交存联合国秘书长。

三、本公约对联合国所有会员国开放供加入。加入经向联合国秘书长交存加入书后生效。

第三十九条

一、本公约于第二十件批准书或加入书交存联合国秘书长之日起第三十天生效。

二、在第二十件批准书或加入书交存之后批准或加入本公约的每个国家,本公约将于该国交存批准书或加入书之日起第三十天生效。

第四十条

联合国秘书长应将下列事项通知联合国所有会员国以及已签署或加入本公约的所有国家:

(一)根据第三十八条签署、批准和加入的情况;

(二)根据第三十九条本公约生效的日期。

第四十一条

本公约各项规定适用于联邦国家的全部领土,无任何限制或例外。

第四十二条

一、两个或两个以上缔约国之间对本公约的解释或适用出现任何争端,如不能通过谈判或本公约明文规定的程序得到解决,应在其中一方的要求下提交仲裁。如在提出仲裁要求之日起六个月内各方不能就仲裁组织达成协议,则任何一方均可根据国际法院规约,请求将争端提交国际法院。

二、各国在签署、批准,或在加入本公约时,可声明不受本条第一款的约束。其他缔约国对发表此项声明的任何缔约国,也不受本条第一款之约束。

三、根据本条第二款发表声明的任何缔约国,可随时通知联合国秘书长撤回其声明。

第四十三条

本公约不影响国际人道主义法的规定,包括缔约国依 1949 年 8 月 12 日日内瓦四公约及其 1977 年 6 月 8 日两项附加议定书承担的各项义务,也不影响任何国家在国际人道主义法没有做出规定的情况下,授权红十字国际委员会查访羁押地点。

第四十四条

一、本公约任何缔约国均可提出修正案并将其提交联合国秘书长。秘书长应随即将提议的修正案发给公约各缔约国,并请各缔约国表明他们是否赞成召开缔约国会议,审议该项提案并对之进行表决。在发出通知之日起四个月内,如果至少三分之一的缔约国赞成召开这一会议,秘书长应在联合国主持下召开会议。

二、得到出席会议并参加表决的三分之二缔约国通过的所有修正案,均将由秘书长提交所有缔约国接受。

三、根据本条第一款通过的修正案,经本公约三分之二缔约国根据本国宪法程序予以接受后即行生效。

四、修正案一旦生效,即对接受修正案的各缔约国具有约束力,其他缔约国仍受本公约各项规定及之前他们已接受的一切修正案的约束。

第四十五条

一、本公约阿拉伯文、中文、英文、法文、俄文和西班牙文各文本同一作准,交存联合国秘书长。

二、联合国秘书长应将经过核证的公约副本发送第三十八条中提到的所有国家。

II 人权行动及增进和保护人权相关文件

71. 德黑兰宣言

(国际人权会议于 1968 年 5 月 13 日在德黑兰宣布)

国际人权会议,

于一九六八年四月二十二日至五月十三日在德黑兰举行,检查世界人权宣言通过二十年以来所获进展,并拟订未来方案,

业已审议与联合国增进激励人权及基本自由的尊重的工作有关诸问题,

鉴于本会议通过的各决议,

察悉举行庆祝国际人权年正值世界发生空前大变革之时,

顾及科学与技术迅速进步,新的机会于焉呈现眼前,

认为际兹世界许多地方冲突暴乱频仍的时代,人类互相依赖,需要精诚团结,较之往昔,益形显而易见,

确认和平乃人类普遍的心愿,而和平与正义又为充分实现人权及基本自由之所必需,

爰郑重宣告:

一、国际社会各成员履行其增进激励对于全体人类人权及基本自由的尊重的神圣义务,不分种族、肤色、性别、语言、宗教、政见或其他主张,乃当务之急。

二、世界人权宣言宣示世界各地人民对于人类一家所有成员不可割让、不容侵犯的权利的共同认识,是以构成国际社会各成员的义务。

三、公民权利和政治权利国际盟约,经济、社会、文化权利国际盟约,给予殖民地国家和人民独立宣言,消除一切形式种族歧视国际盟约,以及联合国、各专门机构、各区域政府间组织主持下所通过的人权方面其他公约及宣言已订立新标准,创设新义务,各国家均应遵守。

四、世界人权宣言通过以来,联合国对于明定享有与保护人权及基本自由的标准,已获重大进展。在此期间,许多重要国际文书业经通过。但对于此等权利及自由的实施,尚待努力之处依然甚多。

五、联合国在人权方面的主要目的为人人获享最大的自由与尊严。欲达到此一目标,各国法律必须准许人人享有发表自由、新闻自由、良知自由及宗教自由,以及参加本国政治、经济、文化及社会生活的权利,不分种族、语言、宗教或政治信仰。

六、各国应重申有效实行联合国宪章及有关人权及基本自由的其他国际文书所尊崇原则的决心。

七、令人憎恶的种族隔离政策重大否定人权,为国际社会所严重关怀。此项种族隔离政策前经斥为危害人类罪,现仍严重扰乱国际和平与安全。是以国际社会亟须用尽一切可能方法,祛除此种罪恶。消除种族隔离的斗争业经认为合法。

八、举世人民均应使之充分认识种族歧视的罪恶,合力消除之。联合国宪章、世界人权

宣言及人权方面其他国际文书所载此项不歧视原则,乃人类在国际及国内阶层最迫切的任务。所有基于种族优越及种族上不容异己的意识形态均须予以谴责阻止。

九、大会通过给予殖民地国家和人民独立宣言八年于兹,而殖民主义问题仍为国际社会所耿耿于怀。故全体会员国与联合国有关机关合作,采取有效措施,使此项宣言得充分实施,实属刻不容缓。

十、侵略或任何武装冲突,结局悲惨,使人类痛苦莫名,其所引起之大规模否定人权,使人心鼎沸,足令整个世界兵连祸结,靡有宁日。是以开诚合作,铲除此种祸害,乃国际社会之义务。

十一、因种族、宗教、信仰或意见表示而实行歧视,其因此而起之重大否定人权,凌辱人类良知,并危害世界自由、正义及和平的基础。

十二、经济上发达国家与发展中国家日益悬殊,驯至妨碍国际社会人权的实现。"发展十年"即未能达成其所望非奢之目标,则各国应视其力之所及,尽最大努力,以消灭悬殊,更属切要。

十三、人权及基本自由既不容分割,若不同时享有经济、社会及文化权利,则公民及政治权利绝无实现之日。且人权实施方面长久进展之达成,亦有赖于健全有效之国内及国际经济及社会发展政策。

十四、全世界文盲数逾七亿,对于实现联合国宪章的目的宗旨及世界人权宣言的规定的一切努力,实为重大障碍。是以亟须注意采取国际行动,以扫除世上文盲,提倡各级教育。

十五、世界各地区妇女仍受歧视,此种歧视,必须消除。妇女地位卑下,与联合国宪章以及世界人权宣言之规定有悖。人类欲求进步,非充分实施消除对妇女歧视宣言不可。

十六、家庭及儿童之保护仍为国际社会所关怀。父母享有自由负责决定子女人数及其出生时距的基本人权。

十七、少壮一代渴望充分实现人权及基本自由之优美世界,对此抱负,应予最大之鼓励。青年参与人类前途之塑造,至为切要。

十八、最近科学发现与技术进步固为经济、社会、文化进步开辟广大的远景,但此种发展可能危及个人权利及自由,不可不经常注意。

十九、裁军可使目前用于军事的庞大人力物力移作别用。此两大资源应用于增进人权及基本自由之途。全面彻底裁军实为所有各民族最大抱负之大。

因此,

国际人权会议,

一、重申对于世界人权宣言及此方面其他国际文书所载原则的信念,

二、促请所有民族及政府致力信奉世界人权宣言所崇奉的原则,加倍努力,使全体人类克享合乎自由与尊严、有裨身心、社会及精神福利的生活。

72. 维也纳宣言和行动纲领

(世界人权大会于1993年6月25日在维也纳通过)

序　一

世界人权会议，

考虑到促进和保护人权是国际社会的一件优先事项，而这会议又是一独特的机会，由此可全面分析国际人权体系和人权保护机制，争取以公正、均衡的方式增强并促成更充分地遵守这些权利，

承认并肯定一切人权都源于人与生俱来的尊严和价值，人是人权和基本自由的中心主体，因而应是这些权利和自由的主要受益者，应积极参与这些权利和自由的实现，

重申坚决维护《联合国宪章》和《世界人权宣言》所载的宗旨和原则，

重申《联合国宪章》第五十六条中的承诺，愿意采取共同和个别行动，适当地注重发展有效的国际合作，以达成第五十五条所载之宗旨，包括普遍尊重和遵守所有人的人权和基本自由，

强调各国按照《联合国宪章》有责任促进和鼓励尊重所有人的人权和基本自由，不分种族、性别、语言、宗教，

回顾《联合国宪章》的序言部分，特别是决心重申对基本人权、人的尊严与价值、男女的权利平等、大国小国的权利平等之信念，

又回顾《联合国宪章》序言部分表示决心欲免后世再遭战祸，创造适当环境，俾克维持正义，尊重由条约与国际法其他渊源而起之义务，久而弗懈，促成大自由中之社会进步及较善之民生，力行容恕，彼此以善邻之道，和睦相处，运用国际机构，以促成全球人民经济及社会之进展，

强调《世界人权宣言》是各国人民和所有国家所争取实现的共同标准，是启迪的源泉，是联合国据之以推进现有国际人权文书、特别是《公民权利和政治权利国际盟约》和《经济、社会、文化权利国际盟约》所载标准的制订工作的基础，

考虑到国际舞台上正发生着重大变化，各国人民渴望建立国际秩序，以《联合国宪章》所载原则为基础，包括促进和鼓励尊重所有人的人权和基本自由，尊重平等权利和人民自决原则，实现和平、民主、正义、平等、法治、多元化发展，提高生活水平，同舟共济，

深切关注妇女在世界上继续面对着多种形式的歧视和暴力，

承认联合国人权领域的活动需要合理化，加以扩充，以便增强联合国在人权领域的机制，促进普遍尊重遵守国际人权标准的目标，

考虑到在突尼斯、圣约瑟和曼谷召开的三个区域会议通过的宣言以及各国政府提出的意见，并考虑到政府间组织和非政府组织所作的建议以及独立专家在世界人权会议筹备过

程中编写的研究报告,

喜见1993年被定为世界土著人民国际年,国际社会以此重申有决心确保土著人民能享受一切人权和基本自由,尊重他们的文化和特性的价值和多姿多彩,

还承认国际社会应当设法克服眼前的障碍,迎接对充分实现一切人权的挑战,制止由此在世界上继续发生的侵犯人权事件,

宣告我们时代的精神和现实,要求世界人民和联合国全体会员国再接再厉,献身于促进和保护一切人权和基本自由的全球任务,以确保这些权利能被充分和普遍地享受,

决心为国际社会的承诺迈出新的一步,更努力、持续地从事国际合作和团结,使人权事业能取得实际的进展,

庄严通过《维也纳宣言和行动纲领》。

一

1. 世界人权会议重申,所有国家庄严承诺依照《联合国宪章》、有关人权的其他国际文书和国际法履行其促进普遍尊重、遵守和保护所有人的一切人权和基本自由的义务。这些权利和自由的普遍性质不容置疑。

在这一框架内,加强人权领域的国际合作对于充分实现联合国的宗旨至关重要。

人权和基本自由是全人类与生俱来的权利;保护和促进人权和基本自由是各国政府的首要责任。

2. 所有民族均拥有自决的权利。出于这种权利,他们自由地决定自己的政治地位,自由地追求自己的经济、社会和文化发展。

考虑到受殖民统治或其他形式外来统治或外国占领的人民的特殊情况,世界人权会议承认各民族有权依照《联合国宪章》采取合法行动,实现他们不可让与的自决权利。世界人权会议认为拒绝自决权是违反了人权,强调有效实现自决权的重要性。

根据《各国依联合国宪章建立友好合作关系的国际法原则宣言》,这不得被解释为授权或鼓励采取任何行动去全面或局部地解散或侵犯主权和独立国家的领土完整或政治统一,只要这些主权和独立国家是遵从平等权利和民族自决的原则行事,因而拥有一个代表无区别地属于领土内的全体人民的政府。

3. 对处于外来占领下的人民应采取有效国际措施,保障并监测人权标准的执行,并应依据人权准则和国际法,特别是依据1949年8月14日《关于战时保护平民的日内瓦公约》以及其他适用的人道主义法标准。

4. 促进和保护所有的人权和基本自由必须按照联合国的宗旨和原则,特别是国际合作的宗旨,视为联合国的一项首要目标。在这些宗旨和原则的框架内,促进和保护所有的人权是国际社会合法的关注。因此,凡是与人权有关的各机体和专门机构应在一贯和客观地执行人权文书的基础上进一步加强协调其活动。

5. 一切人权均为普遍、不可分割、相互依存、相互联系。国际社会必须站在同样地位上、用同样重视的眼光,以公平、平等的态度全面看待人权。固然,民族特性和地域特征的意义以及不同的历史、文化和宗教背景都必须要考虑,但是各个国家,不论其政治、经济和文化体系

如何,都有义务促进和保护一切人权和基本自由。

6. 联合国系统争取所有人的人权和基本自由得到普遍尊重和遵守的努力,能依据《联合国宪章》促进在国与国间发展和平友好关系所需的稳定和福利,有助于改进和平与安全以及社会和经济发展的条件。

7. 促进和保护人权的进程应当按照《联合国宪章》的宗旨和原则以及国际法推动。

8. 民主、发展和尊重人权和基本自由是相互依存、相辅相成的。民主的基础是人民自由表达决定自己政治、经济、社会和文化制度的意愿,充分参与生活的一切方面。在上述条件下,在国家级和国际级促进和保护人权和基本自由应当普遍,在执行过程中不得附加条件。国际社会应当支持在全世界加强和促进民主,发展及尊重人权和基本自由。

9. 世界人权会议重申,国际社会应支持决心实行民主化和经济改革的最不发达国家,其中许多是非洲的最不发达国家,使它们能够成功地过渡到民主和经济发展。

10. 世界人权会议重申,《发展权利宣言》所阐明的发展权利是一项普遍的、不可分割的权利,也是基本人权的一个组成部分。

正如《发展权利宣言》所声明,人是发展的中心主体。

虽然发展能促进人权的享受,但缺乏发展并不得被援引作为剥夺国际公认的人权的理由。

各国应互相合作,确保发展和消除发展障碍。国际社会应促进有效的国际合作,实现发展权利,消除发展障碍。

为了在执行发展权利方面取得持久的进展,需要国家一级实行有效的发展政策,以及在国际一级创造公平的经济关系和一个有利的经济环境。

11. 发展权应得到履行,俾以平等地满足今后世代的发展和环境需要。世界人权会议承认,非法倾弃毒性和危险物质和废料有可能对每个人享受生命和健康的人权构成一种严重的威胁。

因此,世界人权会议呼吁所有国家通过并大力执行有关倾弃毒性有危险产品和废料的现有各公约,并进行合作,防止非法倾倒。

人人有权享受科学进步及其实用的利益。世界人权会议注意到某些进展,特别是在生物医学和生命科学以及信息技术领域,有可能对个人的完整尊严和人权起到潜在的不良后果,呼吁进行国际合作,以确保人权和尊严在此普遍受关注领域得到充分的尊重。

12. 世界人权会议呼吁国际社会作出一切努力,减轻发展中国家的债务负担,以便补足这些国家政府的努力,争取全面实现这些国家人民的经济、社会和文化权利。

13. 各国和各国际组织有必要同非政府组织合作,为在国家、区域和国际各级确保充分和有效地享受人权创造有利的条件。各国必须消除所有侵犯人权的现象及其原因,消除享受这些权利所面临的障碍。

14. 极端贫穷的广泛存在妨碍人权的充分和有效享受;立即减轻和最终消除贫穷仍然必须是国际社会的高度优先事项。

15. 无任何区别地尊重人权和基本自由是国际人权法的一项基本规则。迅速和全面消除一切形式的种族主义和种族歧视、仇外情绪以及与之相关的不容忍,这是国际社会的优先任务之一。各国政府应采取有效措施加以防止,与之斗争。促请各团体、机构、政府间组织和非政府组织以及个人加紧努力,合作和协调开展抵制这类邪恶的活动。

16. 世界人权会议欢迎在废除种族隔离方面取得的进展,呼吁国际社会和联合国系统协助这一进程。

世界人权会议痛惜企图破坏寻求以和平方式废除种族隔离的努力的暴力行为仍不断在发生。

17. 恐怖主义行为、手段和做法的一切形式和表现,以及在某些国家与贩毒的联系,是旨在摧毁人权、基本自由和民主的活动,威胁到领土的完整和国家的安全,破坏合法政府的稳定。国际社会应采取必要步骤,加强合作,防范和打击恐怖主义。

18. 妇女和女童的人权是普遍性人权当中不可剥夺和不可分割的一个组成部分。使妇女能在国家、区域和国际各级充分、平等地参与政治、公民、经济和文化生活,消除基于性别的一切形式歧视,这是国际社会的首要目标。

基于性别的暴力和一切形式的性骚扰和剥削,包括产生于文化偏见和国际贩卖的此类活动,都不符合人的尊严和价值,必须铲除。这一目标可通过法律措施、借力于经济和社会发展、教育、安全娩育和保健,以及社会支助等领域的国家行动和国际合作来付诸实现。

妇女的人权应成为联合国人权活动、包括促进有关妇女的所有人权文书的工作的一个组成部分。

世界人权会议促请各国政府、机构、政府间和非政府组织加强努力,保护和促进妇女和女童的人权。

19. 考虑到促进和保护属于少数群体的人的权利之极为重要,有助于这些人所居住的国家的政治和社会安定。

世界人权会议重申,各国有义务依照《在民族、种族、宗教和语言上属于少数人的权利宣言》,确保属于少数群体的人可不受歧视、在法律面前完全平等地充分和有效行使一切人权和基本自由。

属于少数群体的人有权自由地、不受干预、不受任何形式歧视地享有自己的文化、信仰和奉行自己的宗教,私下或公开使用自己的语言。

20. 世界人权会议确认土著人民固有其尊严,对社会发展和多元化能作出独特贡献,坚决重申国际社会致力于土著人民的经济、社会和文化福利,让他们享受可持续发展的成果。各国应确保土著人民充分和自由参与社会的各个方面,特别是与其有关的事务。考虑到促进和保护土著人民权利之重要,还考虑到促进和保护其权利有助于这些人民所居住国家的政治和社会稳定,各国应依照国际法协调采取积极步骤,确保在平等和不歧视的基础上尊重土著人民的一切人权和基本自由,承认其独有特性、文化和社会组织的价值和多元化。

21. 世界人权会议欣悉许多国家早日批准了《儿童权利公约》,注意到世界儿童问题首脑会议通过的《儿童生存、保护和发展世界宣言》和《行动计划》确认了儿童的人权,促请各国在1995年之前普遍批准这项公约,并通过一切必要的法律、行政和其他措施,为此尽量调拨可用资源,有效地实施公约。在有关儿童的所有行动中应首先考虑非歧视和儿童的最佳利益,适当注意儿童的意见。应加强国家和国际机制和方案保卫和保护儿童,特别是保护女童、被弃儿童、街童、受到包括以儿童色情、儿童卖淫或贩卖人体器官进行的经济和性剥削的儿童、受到包括艾滋病在内疾病之害的儿童、难民和流离失所的儿童、受拘留的儿童、武装冲突中的儿童,以及受饥荒、旱灾和其他紧急局势之害的儿童。应促进国际合作与团结,支持执行公约,使儿童权利在联合国全系统的人权行动中占有优先地位。

世界人权会议还强调,为了儿童身心品质的充分和协调发展,应让他们在家庭环境中成长,因此家庭应得到更多的保护。

22. 需要特别注意确保残疾人不受歧视、平等地享有一切人权和基本自由,包括积极参与社会的各个方面。

23. 世界人权会议重申,每一个人无任何区别地有权在其他国家寻求并获得躲避迫害的庇护,并有权返回自己的国家。在这方面,会议强调下列文书的重要性:《世界人权宣言》、1951年《关于难民地位的公约》、该公约的1967年《议定书》以及各区域文书。会议赞赏有些国家继续在其领土内接纳和收容大量难民,并赞赏联合国难民事务高级专员办事处全力以赴执行其任务。会议还对联合国近东巴勒斯坦难民救济和工程处表示赞赏。

世界人权会议确认包括武装冲突在内的严重侵犯人权行为是导致人民流离失所的多重复杂因素之一。

世界人权会议确认,鉴于全球难民危机十分复杂,国际社会必须依据《联合国宪章》、有关国际文书和国际团结的要求,本着负担分摊的精神,在顾及联合国难民事务高级专员职权的前提下与有关国家和有关组织协调合作采取综合办法。这其中应包括制订战略处理难民和其他流离失所者迁移的根源和影响,加强应急准备和反应机制,提供有效的保护和援助,同时要考虑到妇女和儿童的特殊需要,设法达成持久的解决,最好争取尊严和安全的自愿遣返,包括各国际难民会议采纳的办法等。世界人权会议强调国家的责任,特别是有关原籍国的责任。

按照这种综合方针,世界人权会议强调,必须通过政府间组织和人道主义组织等渠道,特别注意与国内流离失所者有关的各种问题,包括他们的自愿和安全遣返和康复,找出持久的解决办法。

根据《联合国宪章》和人道主义法原则,世界人权会议进而强调向所有自然和人为灾难的受害者提供人道主义援助的重要性和必要性。

24. 必须高度重视促进和保护属于被置于脆弱地位群体的人、包括移徙工人的人权,消除对他们的一切形式的歧视,加强和更有效地执行现有的人权文书。各国有义务制订和保持国家级的适当措施,特别是教育、保健和社会支助领域的措施,以争取促进和保护属其人口脆弱层次者的权利,确保其中关心解决自己问题的人能够参与其事。

25. 世界人权会议申明,绝对贫困和被排除在社会之外是对人的尊严的侵犯,必须采取紧急措施,加强对绝对贫困现象及其成因的了解,包括与发展问题有关的原因,以便促进最贫困者的人权,解决极端贫困和被社会排斥问题,让他们享有社会进步的成果。各国必须扶助最贫困者参与他们所生活的社区的决策进程,促进人权和努力扫除绝对贫困现象。

26. 世界人权会议对在编纂人权文书方面取得的进展表示欢迎,认为这是一个具有活力的演进进程,敦促所有国家普遍批准人权条约,鼓励所有国家加入这些国际文书,鼓励所有国家尽可能避免做出保留。

27. 每个国家均应提供一个有效的补救框架,解决人权方面的冤屈或人权遭受侵犯的问题。司法工作,包括执法和检察机关、特别是独立的司法和法律专业部门,完全符合国际人权文书所载的适用标准,是充分和不歧视地实现人权的关键,也是民主和可持久的发展进程所不可或缺的。在这方面,从事司法工作的机构应得到适当的资金,国际社会应增加技术和奖金的援助。联合国有责任优先安排利用咨询服务特别方案,实现有力的和独立的司法行政。

28. 世界人权会议对于大规模的侵犯人权表示震撼,特别是以种族灭绝、"种族净化"和战时有组织地强奸妇女等形式出现,造成了大批难民外逃和人民的流离失所。世界人权会议强烈谴责这些骇人听闻的行为,再次呼吁惩治罪犯,立即停止此类暴行。

29. 世界人权会议对于世界各地继续发生无视国际人权文书所载标准、无视国际人道主义法的侵犯人权的事件,而且受害人得不到充分、有效的补救,表示严重关切。

世界人权会议对于武装冲突中平民、特别是妇女、儿童、老人和残疾者的人权受到侵犯,深感关注。因此,会议呼吁各国和武装冲突的所有当事方严格遵守1949年《日内瓦公约》所列之国际人道主义法及国际法的其他规则和原则,严格遵守各项国际盟约所规定保护人权的最起码标准。

世界人权会议重申,1949年日内瓦四公约和国际人道主义法的其他有关文书都曾列明受害者有得到人道主义组织援助的权利,呼吁保障此类援助的安全和及时送达及接受。

30. 世界人权会议还对严重阻碍充分享受所有人权的严重和蓄意侵犯事件和情况在世界各地继续发生表示震撼和谴责。此类侵犯事件和障碍还包括酷刑和残忍、不人道和有辱人格的待遇或处罚、即决和任意处决、失踪、任意拘留、所有形式的种族主义、种族歧视和种族隔离、外国占领和外来统治、仇外情绪、贫困、饥饿和其他剥夺经济、社会和文化权利的形式、宗教不容忍、恐怖主义、对妇女的歧视和缺少法治。

31. 世界人权会议呼吁各国避免采取不符合国际法和《联合国宪章》,为各国间贸易制造障碍,妨碍充分实现《世界人权宣言》和国际人权文书所列人权,特别是人人享有对其健康和福利而言所需的生活水平包括粮食和医疗保健及必要社会服务的权利的单方面措施。世界人权会议申明:粮食不应被用来作为施加政治压力的工具。

32. 世界人权会议重申,审议人权问题必须确保普遍性、客观性和非选择性。

33. 世界人权会议重申,依照《世界人权宣言》和《经济、社会、文化权利国际公约》以及其他国际人权文书,各国有义务确保教育的目的是加强对人权和基本自由的尊重。世界人权会议强调有必要在教育方案中加进人权主题,要求各国都采取这样的做法。教育应增进各民族、所有种族或宗教群体之间的谅解、容忍和友谊,能鼓励联合国为实现这些目标开展活动。所以,从理论和实践上开展人权教育,传播适合的资料,对于促进和尊重不分种族、性别、语言或宗教的所有个人的人权,可以发挥重要作用,应成为国家和国际一级教育政策的组成部分。世界人权会议注意到,资源紧张、体制不健全,都可能成为迅速实现这些目标的障碍。

34. 应当更加努力,根据要求援助各国,以创造条件,使每一个人都能享受普遍的人权和基本自由。促请各国政府、联合国系统和其他多边组织大量增加拨付给有关方案的资源,这些方案旨在建立和加强国家立法、国家机构和有关基础设施,通过培训、讲授和教育、大众参与和公民社会等方式坚持法治和民主、协助选举和提高人权意识。

人权中心的咨询服务和技术合作方案应予加强,使之更加有效,透明度更高,从而为提高对人权的尊重作出重大贡献。请各国敦促联合国经常预算拨出更多资金,同时提供自愿捐助,增加对这些方案的捐助。

35. 要充分、有效地执行联合国促进和保护人权的活动,必须响应《联合国宪章》对人权的高度重视,体现会员国提出的对联合国人权活动的各种要求。为此,联合国的人权活动应获得更多的资源。

36. 世界人权会议重申国家机构在促进和保护人权方面的重要和建设性作用,特别是向主管当局提供咨询意见的作用,以及它们在纠正侵犯人权行为、传播人权信息和进行人权教育的作用。

世界人权会议考虑到《关于国家机构地位的原则》,确认每个国家有权选择最适于自己国家一级特殊需要的框架,鼓励设立和加强国家机构。

37. 区域安排在促进和保护人权方面起着根本性作用。它们应加强载于各项国际人权文书的普遍性人权标准和对它们的保护。世界人权会议赞同正在进行的加强这些安排与提高其效力的努力,同时强调与联合国人权活动合作的重要性。

世界人权会议重申,需要探讨在尚无促进和保护人权的区域和分区域安排的地方设立这类安排的可能性。

38. 世界人权会议承认非政府组织在国家、区域和国际各级促进人权和人道主义活动中的重要作用。世界人权会议赞赏非政府组织对提高公众对人权问题的认识。对开展这一领域的教育、培训和研究及对促进和保护人权和基本自由而作的贡献。在承认制订标准的主要责任在于国家的同时,世界人权会议还赞赏非政府组织对这一进程的贡献。

在这方面,世界人权会议强调政府和非政府组织继续对话和合作的重要性。真正从事人权领域工作的非政府组织及其成员应当享有世界人权宣言承认的权利和自由,并受到国内法的保护。这些权利和自由的行使不得有违于联合国的宗旨和原则。非政府组织应可在国家法律和《世界人权宣言》的框架内不受干涉地自由进行其人权活动。

39. 世界人权会议强调有必要客观、负责和公正地宣传人权和人道主义问题,鼓励大众媒介更多参与,大众媒介的自由和保护应在国家法律的框架内得到保证。

二

A. 增强联合国系统内人权方面的工作的协调

1. 世界人权会议建议增强联合国系统内支持人权和基本自由工作的协调。为此,世界人权会议促请所有联合国负责人权活动的机关、机构和专门机构进行合作,在考虑到避免不必要重复的同时,加强、精简其活动,并使之合理化。世界人权会议还建议秘书长请联合国有关机构和专门机构的高级官员在其年度会议上,除了协调其活动外,也评估其战略和政策对享有所有人权的影响。

2. 此外,世界人权会议吁请区域性组织和主要的国际和区域金融和发展机构也评估其政策和方案对享有人权的影响。

3. 世界人权会议确认联合国系统负责人权活动的专门机构、机构和机关在拟订、促进和执行人权标准方面可按其各自的职权范围发挥关键性作用;它们应按各自职责充分合作携手执行世界人权会议的成果。

4. 世界人权会议强烈建议作出协调一致的努力,鼓励和便利批准和加入或继承在联合国系统框架内通过的国际人权条约和议定书,以期争取它们得到普遍的接受。秘书长应与各条约机构协商,考虑同未加入这些人权文书的国家展开对话,以便认明障碍,寻求克服障碍的办法。

5. 世界人权会议鼓励各国考虑限制它们对人权文书所作出的任何保留的程度,尽可能精确和小幅度地拟出保留,确保任何保留不会与有关条约的目标和宗旨相抵触,并定期予以审查,以期撤销保留。

6. 世界人权会议确认需要保持现有国际标准的高质量,重申大会第 41/120 号决议中关于拟订新国际文书的指导原则,要求联合国人权机构在考虑拟订新的国际标准时铭记这些指导原则,就起草新标准的必要性与人权机构协商,并请秘书处对建议的新文书进行技术审查。

7. 世界人权会议建议在必要情况下向本组织的区域办事处派驻人权官员,目的是传播人权领域的情况、进行人权方面的培训和提供其他有关的技术援助。被指派负责人权方面的工作的国际公务员应受到有组织的人权培训。

8. 世界人权会议欢迎人权委员会召开紧急会议,认为这是一项积极的主动行动,并希望考虑联合国有关机构也用其他方法对付残暴侵犯人权的行为。

资源

9. 世界人权会议对于人权事务中心的任务同执行任务可加利用的人力、财力和其他资源的不平衡感到关注,铭记联合国其他重要方案需要的资源,请秘书长和大会大幅度提高联合国现有和将来经常性预算中用于人权方案的资金,并采取紧急措施设法增加预算外资金。

10. 在这一框架内,应提高经常性预算中直接划拨给人权事务中心的比例,以支付其费用及由人权事务中心承付的其他费用,包括同联合国各人权机构有关的费用。该中心技术合作活动的自愿筹资方法应加强这一提高的预算;世界人权会议吁请对现有信托基金提供慷慨捐助。

11. 世界人权会议请秘书长和大会向人权事务中心提供充分的人力、财力和其他资源,使其有能力有效、高效率和迅速开展活动。

12. 世界人权会议注意到有必要确保提供人力和财力资源,以开展政府间机构责成的人权活动,促请秘书长和各会员国按照《联合国宪章》第一百零一条采用协调方针,确保配合秘书处更繁重任务,增拨资源。世界人权会议请秘书长考虑调整方案预算周期程序对于及时、有效地执行会员国所托付的人权活动是否必要,是否有帮助。

人权事务中心

13. 世界人权会议强调有必要加强联合国人权事务中心。

14. 人权事务中心应在协调全系统对人权的注意方面发挥重要作用。该中心要能与联合国其他机构和机关充分合作才能最好地发挥其枢纽作用。人权事务中心的协调作用还意味着人权事务中心纽约办事处应予加强。

15. 人权事务中心应确保有充分的手段,供专题和国别报告员、专家、工作组和条约机构体系之用。贯彻建议应成为人权委员会考虑的优先事项。

16. 人权事务中心应在促进人权方面发挥更大的作用。要体现这一作用,应同会员国合作,加强咨询服务和技术援助方案。现有的自愿基金必须有一定程度的扩大,以更有效、更协调的方法管理。所有活动都应按照严格和透明的项目管理规则进行,并应定期对项目评价。为此,应定期提供此种评价活动的结果和其他有关资料。特别是,中心至少应每年举办一次情况介绍会,对所有会员国和直接进行这些项目和方案的组织开放。

调整和加强联合国人权机制,包括关于设立联合国人权高级专员的问题

17. 世界人权会议确认,必须不断调整联合国的人权机制,使其能如本宣言所体现,在所有人均衡和可持续发展的框架内迎合促进和保护人权的当前和未来需要。特别是联合国的人权机关应改进其协调,提高其效率和效力。

18. 世界人权会议建议联合国大会在其第四十八届会议上审查本会议报告时优先着手审议为促进和保护所有人权而设立人权高级专员的问题。

B. 平等、尊严和容忍

一、种族主义、种族歧视、仇外和其他形式的不容忍

19. 世界人权会议认为,消除种族主义和种族歧视,特别是消除其制度化形式,诸如种族隔离或由种族优越或种族排斥理论而产生的形式或种族主义的当代形式和表现,这是国际社会人权领域世界范围促进方案的首要目标之一。联合国各机关和各机构应加强努力,执行与种族主义和种族歧视进行战斗的第三个十年有关的一项行动纲领以及由此而来的争取同一目标的职权。世界人权会议强烈呼吁国际社会为与种族主义和种族歧视进行战斗的十年方案信托基金提供慷慨捐助。

20. 世界人权会议促请各国政府立即采取措施和制订得力的政策,防止和打击一切形式的种族主义、仇外或与之相联的不容忍及其表现,必要时应颁布适当的立法,包括刑法措施,并设立打击这些现象的国家机构。

21. 世界人权会议欢迎人权委员会决定任命一位当代形式种族主义、种族歧视、仇外及与之相联的不容忍问题特别报告员。世界人权会议还呼吁《消除一切形式种族歧视国际盟约》的所有缔约国考虑作出盟约第十四条规定的声明。

22. 世界人权会议促请各国政府,根据其国际义务,适当地考虑到各自的法律制度,采取一切适当措施,抵制基于宗教或信仰的不容忍和有关的暴力,包括歧视妇女的做法,也包括对宗教场所的亵渎,要确认每一个人都有权享受思想、良心、表达和宗教自由。会议还请所有国家执行《消除基于宗教或信仰原因的一切形式不容忍和歧视宣言》的规定。

23. 世界人权会议强调,所有犯下或批准种族净化罪行的人均须为这种侵犯人权的行为承担一切个人责任并受到追究,同时国际社会应尽一切努力将依法应负责的人绳之以法。

24. 世界人权会议呼吁各国政府立即采取措施,个别和集体地抑制种族净化的做法,并迅速加以制止。种族净化这种恶行的受害者有权利用适当有效的补救措施。

二、在民族、种族、宗教和语言上属于少数群体的人

25. 世界人权会议要求人权委员会审查一些方式和方法,以有效促进和保护联合国关于《在民族、种族、宗教和语言上属于少数人的权利宣言》所阐述的属于少数群体的人的权利。在这方面,世界人权会议呼吁人权事务中心在有关政府要求下并作为其咨询服务和技术援

助的一部分,提供关于少数群体问题的人权以及关于预防和解决争端方面的高质量的专门知识,帮助解决涉及少数人的现有和潜在的各种情况。

26. 世界人权会议促请各国和国际社会根据联合国《在民族、种族、宗教和语言上属于少数人的权利宣言》,促进和保护在民族、种族、宗教和语言上属于少数群体的人的权利。

27. 采取的措施也应酌情便利他们充分参与政治、经济、社会、宗教和文化等各方面的社会生活,充分参与国家的经济进步和发展。

土著人民

28. 世界人权会议呼吁防止歧视及保护少数小组委员会的土著居民问题工作组在其第十一届会议上完成土著人民权利宣言的起草工作。

29. 世界人权会议建议人权委员会在土著人民权利宣言完成起草之后,延续和更新土著居民问题工作组的职权。

30. 世界人权会议还建议联合国系统内的咨询服务和技术援助方案积极响应各国提出的能直接为土著人民造福的援助请求。世界人权会议进一步建议,在本文件所设想加强人权事务中心活动的总框架内,向中心提供充分的人力和财政资源。

31. 世界人权会议促请各国保证土著人民能充分和自由地参与社会所有方面的工作,特别是参与同他们有关的事务。

32. 世界人权会议建议联合国大会宣布一个世界土著人民国际十年,从1994年1月开始,包括各种有待同土著人民合作决定的面向行动的方案。为此目的应建立一个适当的自愿信托基金。在这样一个十年的框架内,应考虑在联合国系统内为土著人民建立一个常设论坛。

移徙工人

33. 世界人权会议促请所有国家作出保证,保护所有移徙工人及其家属的人权。

34. 世界人权会议认为特别有必要创造条件,在移徙工人同他们居住国社会的其他群体之间促成更大的和谐与容忍。

35. 世界人权会议请各国考虑可否尽早签署和批准《保护所有移徙工人及其家庭成员权利国际公约》。

三、妇女的平等地位和人权

36. 世界人权会议促请使妇女充分和平等地享受所有的人权,将此列为各国政府和联合国的优先事项。世界人权会议还强调,妇女极有必要作为参加者和受益者充分参与发展进程,与之结合,重申联合国环境和发展会议(1992年6月3—14日,巴西里约热内卢)通过的《关于环境与发展的里约宣言》和《21世纪议程》第二十四章中提出的妇女争取可持久和平等发展全球行动的有关目标。

37. 妇女的平等地位和妇女人权应纳入联合国全系统活动的主流。联合国的有关机构和机制都应定期地、有系统地处理这些问题。尤其应采取措施,加强妇女地位委员会、人权委员会、消除对妇女一切形式歧视委员会、联合国妇女发展基金、联合国开发计划署以及联合国其他机构相互之间的合作,鼓励它们进一步结合它们的目标。在这方面,应加强人权事务中心和提高妇女地位司之间的合作和协调。

38. 世界人权会议尤其强调有必要努力消除公共和私人生活中对妇女施加的暴力,消除一切形式的性骚扰、性剥削和贩卖妇女的行为,在司法中消除性别偏见,根除妇女权利同某些传统或习俗、文化偏见和宗教极端主义的有害影响所可能产生的任何冲突。世界人权会议呼请联合国大会通过关于对妇女施暴的宣言草案,促请各国依照该宣言的规定,同对妇女施暴行为作斗争。在武装冲突中一切侵害妇女人权的行为都是违反国际人权和人道主义法的基本原则的。对所有此类侵害,特别是杀害和有系统的强奸、性奴役和强制致孕,需要作出特别有效的反应。

39. 世界人权会议促请根除对妇女的一切形式的隐含和公开的歧视。联合国应鼓励争取所有国家到 2000 年时普遍批准《消除对妇女一切形式歧视公约》。应鼓励以各种方式和方法处理对该公约提出的特别多的保留。除其他外,消除对妇女一切形式歧视委员会应当继续审查对公约的保留。促请各国撤销与公约的目的和宗旨有抵触、或与国际条约法不相符合的保留。

40. 条约监测机构应散发必要资料,使妇女能更有效地利用现有的执行程序,追求充分、平等地享受人权而不受歧视。还应采纳新程序,以加强履行对妇女平等和妇女人权的承诺。妇女地位委员会和消除对妇女一切形式歧视委员会应迅速拟订《消除对妇女一切形式歧视公约》任择议定书,研究采纳请愿权的可能性。世界人权会议欢迎人权委员会决定在其第五十届会议上考虑任命一名对妇女暴力问题特别报告员。

41. 世界人权会议认识到妇女终生享受最高标准的身心健康的重要性。针对世界妇女会议、《消除对妇女一切形式歧视公约》和 1968 年《德黑兰宣言》,世界人权会议依据男女平等原则,重申妇女有权享受充分的、易于获得的医疗保健,享受最广泛的计划生育服务,平等接受各级的教育。

42. 条约监测机构应利用按性别分列的资料,将妇女地位和妇女人权纳入它们的审议工作和调查结论。应鼓励各国在提交条约监测机构的报告中提供关于妇女在法律和事实上的情况。世界人权会议满意地注意到人权委员会第四十九届会议 1993 年 3 月 8 日通过第 1993/46 号决议,认为也应鼓励人权领域的报告员和工作组这样做。提高妇女地位司还应与联合国其他机构、特别是联合国人权事务中心合作,采取步骤保证联合国的人权活动经常处理侵犯妇女人权的情况,包括针对性别的侵权。应鼓励培训联合国人权和人道主义救济工作人员,帮助他们认识并处理侵犯人权、特别是侵犯妇女人权的行为,在工作中避免性别偏向。

43. 世界人权会议促请各国政府、区域和国际组织便利妇女取得决策职位,更多地参与决策过程。它鼓励在联合国秘书处内采取进一步措施,根据《联合国宪章》任命和提拔妇女工作人员,并鼓励联合国其他主要机构和附属机构保证妇女能在平等条件下参与。

44. 世界人权会议欢迎 1995 年在北京举行世界妇女会议,并促请按照世界妇女会议的平等、发展、和平的优先议题,使妇女人权在其审议中占重要地位。

序 二

四、儿童权利

45. 世界人权会议重申"一切以儿童为重"的原则,在这方面强调有必要在各国和国际上为促进尊重儿童生存权、保护权、发展权和参与权作出重大努力,特别是强调联合国儿童基金会的努力。

46. 应采取措施争取使《儿童权利公约》在 1995 年之前得到普遍批准,争取世界儿童问题首脑会议通过的《儿童生存、保护和发展世界宣言》和《行动计划》,能得到普遍签署和有效执行。世界人权会议促请各国撤回对《儿童权利公约》所作的与公约目标和宗旨相抵触、或与国际条约法相抵触的保留。

47. 世界人权会议促请所有国家在可用资源的最大限度内,在国际合作的支持下,采取措施,争取实现《世界首脑会议行动计划》的目标。世界人权会议吁请各国在本国行动计划中结合《儿童权利公约》的规定。通过这些国家行动计划和国际努力,应特别优先设法降低婴儿死亡率和产妇死亡率,减少营养不良,减少文盲,让人们能享用安全的饮水和基础教育。必要时,国家行动计划应订有措施,以对付自然灾害和武装冲突造成的紧急情况以及同样严重的处于极端贫困中的儿童的问题。

48. 世界人权会议促请所有国家在国际合作的支持下处理处于极端贫困中的儿童的尖锐问题。应与剥削和虐待儿童行为展开积极的斗争,正视其根源。需要采取有效措施制止杀害女婴、有害的童工雇用、贩卖儿童和器官、儿童卖淫、儿童色情以及其他形式的性虐待。

49. 世界人权会议支持联合国及其专门机构为确保有效保护和促进女孩人权而采取的一切措施。世界人权会议促请各国废止歧视和伤害女孩的现有法律和规章,消除这类习俗和做法。

50. 世界人权会议大力赞成请秘书长着手研究改进武装冲突中儿童保护办法的建议。应执行人道主义准则,采取措施,保护战区的儿童,便利为他们提供援助。措施应包括提供保护,防范滥用一切战争武器,特别是杀伤地雷。必须立即正视受战争创伤儿童调养康复的需要。世界人权会议吁请儿童权利委员会研究提高武装部队最低征兵年龄的问题。

51. 世界人权会议建议联合国系统的所有有关机关和机制以及专门机构的监督单位根据各自职权定期审查和监测与儿童的人权和处境有关的事项。

52. 世界人权会议确认非政府组织在有效执行一切人权文书、特别是《儿童权利公约》方面发挥的重要作用。

53. 尤其考虑到前所未有的许多国家已批准公约,随后需要提交国别报告,世界人权会议建议设法让儿童权利委员会能在人权事务中心协助下迅速有效地履行职权。

五、免 受 酷 刑

54. 世界人权会议欢迎许多会员国批准《禁止酷刑和其他残忍、不人道或有辱人格的待遇或处罚公约》,鼓励所有其他会员国也迅速批准该公约。

55. 世界人权会议强调,酷刑是一种最为残暴侵犯人的尊严的行为,其结果摧残受害者的尊严,损害他们继续生活和活动的能力。

56. 世界人权会议重申,根据人权法和人道主义法,免受酷刑是一项在所有情况下,包括国内或国际上发生动乱或武装冲突之时,都必须予以保护的权利。

57. 世界人权会议因此敦请所有国家立即停止使用酷刑,通过全面执行《世界人权宣言》和有关公约,以及必要时加强现行机制,来彻底根除这一罪恶。世界人权会议呼吁所有国家在酷刑问题特别报告员履行职责时与他充分合作。

58. 应特别注意确保联合国大会通过的《关于医务人员,特别是医生在保护被监禁和拘留的人不受酷刑和其他残忍、不人道或有辱人格的待遇或处罚方面的任务的医疗道德原则》得到普遍遵守和有效执行。

59. 世界人权会议强调,必须在联合国框架内进一步采取具体行动,以便向酷刑受害者提供援助,并确保采取更为有效的补救措施,促进受害者的身心和社会康复。应当优先考虑为此目的提供必要资源,包括向支援酷刑受害者自愿基金提供更多的捐款。

60. 各国应废除关于严重侵犯人权如施加酷刑者不受惩罚的法律,对这种侵犯人权行为进行起诉,从而建立扎实的法治基础。

61. 世界人权会议重申,铲除酷刑的努力首先应当集中在预防工作上,因此呼吁早日通过《禁止酷刑和其他残忍、不人道或有辱人格的待遇或处罚公约》的任择议定书,该议定书的目的是建立定期查访拘留地的预防制度。

被迫失踪

62. 世界人权会议喜见大会通过《保护所有人免遭强迫失踪国际公约》,呼吁所有国家采取有效的立法、行政、司法或其他措施,防止、制止和惩治迫使人失踪的行为。世界人权会议重申,所有国家都有责任在无论何种情况下凡有理由认为在其管辖领土内发生被迫失踪事件即开展调查,如指控属实,即查办肇事者。

六、残疾人的权利

63. 世界人权会议重申所有人权和基本自由都具有普遍性,因而毫无保留地适用于残疾人。人人生而平等,享有同样的生命权和得到福利、教育和工作的权利、独立生活的权利,以及在各方面积极参与社会的权利。因此,对残疾人的任何直接歧视或其他对之不利的差别待遇均属侵犯其权利。世界人权会议呼吁各国政府在必要时通过或调整法律,保证残疾人获得这些权利和其他权利。

64. 残疾人到处都有。残疾人的平等机会应当得到保证,为此要消除一切排除或限制他们充分参与社会、由社会情况决定的障碍,无论这些障碍是身体、财政、社会抑或心理上的。

65. 忆及联合国大会第三十七届会议通过的《关于残疾人的世界行动纲领》,世界人权会议呼吁联合国大会和经济及社会理事会在它们1993年的会议上通过为残疾人提供平等机会的标准规则草案。

C. 合作、发展和加强人权

66. 世界人权会议建议优先采取促进民主、发展和人权的国家和国际行动。

67. 应特别强调有助于加强和建设人权机构的措施,有助于加强多元化法治社会和保护陷入脆弱境况群体的措施。在这方面,尤有必要应各国政府要求为举行自由公正的选举提供援助,包括在选举的人权工作和宣传工作方面的援助。提供援助,加强法治,促进言论自由和司法工作,帮助人民真正和有效地参与决策过程,也属同样重要。

68. 世界人权会议强调必须落实加强人权事务中心的咨询服务和技术援助活动。中心应根据各国的请求,就具体的人权问题提供援助,包括编写各项人权公约下的报告和实施协调一致的和全面的促进和保护人权的行动计划。加强人权和民主体制、用法律保护人权,对官员和其他人进行培训,从事广泛教育和宣传工作以促进对人权的尊重,均应成为这些方案的组成部分。

69. 世界人权会议积极建议在联合国内制订一个综合性方案,以帮助各国建立和加强能直接促进全面遵守人权、维护法治的适当国家机构。该方案应由人权事务中心进行协调,根据有关政府的请求,向国家项目提供技术和财政援助,以改革刑法和教养机构,对律师、法官和治安部队进行人权教育和培训,支助其他一切与法治良好运作有关的活动领域。该方案将向各国提供援助,执行促进和保护人权的行动计划。

70. 世界人权会议请联合国秘书长向联合国大会提出建议,同时也提出拟议方案的设立、结构、活动方式和筹资的备选办法。

71. 世界人权会议建议每个会员国考虑是否可以拟订国家行动计划,认明该国为促进和保护人权所应采取的步骤。

72. 世界人权会议重申,《发展权利宣言》所确认的普遍和不可剥夺的发展权利必须获得执行和实现。在这方面,世界人权会议欢迎人权委员会设立关于发展权的专题工作组,并促请该工作组与联合国其他部门和机构协商与合作,为消除执行和实现《发展权利宣言》的障碍立即拟订全面和有效的措施,并提出各国实现发展权的方式方法,以便联合国大会能早日审议。

73. 世界人权会议建议让从事发展和(或)人权领域工作的非政府组织和其他基层组织在国家、国际一级发挥重要作用,积极参加与发展权利有关的辩论、活动和执行,在发展合作的所有有关方面与政府配合行动。

74. 世界人权会议呼吁各国政府、各主管机关的机构大量增加提供资源,用于建立能够保护人权、有效运行的法律制度和这个领域的国家机构。发展合作领域的参与者应铭记发展、民主和人权之间的相辅相成关系。合作应立足于对话和透明度。世界人权会议还呼吁制订全面方案,包括建立资料库,配备具有加强法治和民主体制的专门知识的人员。

75. 世界人权会议鼓励人权委员会同经济、社会和文化权利委员会合作,继续审查《经济、社会、文化权利国际盟约》任择议定书。

76. 世界人权会议建议提供更多资源在人权中心的咨询服务和技术援助方案下加强或建立促进和保护人权的区域安排,它也鼓励会员国申请援助,以便按照国际人权文书规定的普遍人权标准加强区域安排,举办区域和分区域讲习班、讨论会和情报交流会等等,促进和保护人权。

77. 世界人权会议支持联合国及其有关专门机构按照《经济、社会、文化权利国际公约》和其他有关国际文书的规定为确保有效促进和保护工会权而采取的一切措施。世界人权会议呼吁所有国家充分遵守国际文书在这方面所订的义务。

D. 人权教育

78. 世界人权会议认为,必须开展人权教育、培训和宣传,以便促进和实现社区与社区之间的稳定和谐关系,促成相互了解、容忍与和平。

79. 各国应努力消除文盲,使教育目标针对充分发展人格,加强对人权和基本自由的尊重。世界人权会议呼吁所有国家和机构将人权、人道主义法、民主和法治作为学科纳入所有正式和非正式教学机构的课程。

80. 人权教育应包括各项国际和区域人权文书所载的和平、民主、发展和社会正义,以便达成共识和了解,从而增强对人权的普遍承诺。

81. 考虑到国际人权和民主教育大会1993年3月通过的《世界人权和民主教育行动计划》和其他人权文书,世界人权会议建议各国特别考虑妇女的人权需要,制订具体方案和战略,保证最广泛地进行人权教育和散发宣传资料。

82. 各国政府应在政府间组织、国家机构和非政府组织的协助下,促进对人权和相互容忍的认识。世界人权会议强调有必要加强联合国从事的世界公众宣传运动。它们应发起和支持人权教育,有效地散发这一领域的公众宣传资料。联合国系统的咨询服务和技术援助方案应能够立即响应各国的要求,帮助它们进行人权领域的教育和培训活动,以及关于各项国际人权文书和人道主义法所载的标准,并将这些标准适用于军队、执法人员、警察和医疗专业人员的特别教育。应考虑宣布联合国人权教育十年,以推动、鼓励以及重点突出这些教育活动。

E. 执行和监测办法

83. 世界人权会议促请各国政府将国际人权文书中的标准纳入国家立法,并加强能在促进和保障人权方面发挥作用的国家结构、机构和社会组织。

84. 世界人权会议建议加强联合国的活动和方案,以满足那些希望建立或加强其国家机构、以促进和保护人权的国家的援助要求。

85. 世界人权会议还鼓励特别是通过资料交换和经验交流,加强促进和保护人权的国家机构的代表之间的合作,也加强同区域组织和联合国的合作。

86. 在这方面,世界人权会议极力建议促进和保护人权的国家机构代表在人权事务中心的主持下定期举行会议,研究如何改善他们的机制,分享经验。

87. 世界人权会议建议各人权条约机构、各条约机构主持人会议和缔约国会议继续采取步骤协调各项人权公约关于编写国别报告的许多要求和准则,研究是否确如建议所认为,由每一缔约国就其承担的条约义务提出一份全面报告可以提高这些程序效率,扩大这些程序的影响。

88. 世界人权会议建议国际人权文书的缔约国、联合国大会和经济及社会理事会审议研究现有的人权条约机构以及一些专题机制和程序,以期考虑到必须避免职权和任务的不必要的重复重叠,更好地协调不同的机构、机制和程序,提高效率和效力。

89. 世界人权会议建议继续努力参照这方面的多项有关提议,改进条约机构的工作,包括监测任务,考虑到这方面提出的许多建议,特别是条约机构本身和条约机构主持人会议的建议。同时,也应鼓励采用儿童权利委员会所拟的综合性国家方针。

90. 世界人权会议建议人权条约缔约国考虑接受所有的任择来文程序。

91. 世界人权会议关切地注意到侵犯人权的肇事者逍遥法外的问题,并支持人权委员会和防止歧视及保护少数小组委员会努力审查这一问题的所有方面。

92. 世界人权会议建议人权委员会审查是否可能更好地在国际和区域一级执行现有人权文书,并鼓励国际法委员会继续进行设立一个国际人权法庭的工作。

93. 世界人权会议呼吁尚未加入1949年8月12日《日内瓦公约》及其议定书的国家加入这些公约和议定书,并采取一切适当的本国措施,包括立法措施,以期充分执行这些公约和议定书。

94. 世界人权会议建议迅速拟定并通过关于个人、群体和社会机关促进和保护普遍承认的人权和基本自由的权利和责任的宣言草案。

95. 世界人权会议强调有必要维持和加强人权委员会和防止歧视及保护少数小组委员会的特别程序、报告员、代表、专家和工作组制度，使他们得以在全世界各国执行其任务，并有必要向他们提供所需的人力物力。应定期举行会议，使各种程序和机制能够协调其工作，并使之合理化。请各国同这些程序和机制进行充分的合作。

96. 世界人权会议建议联合国在促进和保护人权方面发挥更积极的作用，以确保国际人道主义法在所有武装冲突中根据联合国宪章的宗旨和原则获得遵守。

97. 世界人权会议认识到人权内容对联合国一些维持和平行动的个别安排能起到重要作用，建议秘书长按照联合国宪章，考虑到人权中心和人权机构的报导、经验和能力。

98. 为了加强经济、社会和文化权利的享用，应审查新的一些做法，例如拟订一套指数，用以衡量在实现《经济、社会、文化权利国际公约》所规定权利方面所取得的进展。大家必须协同作出努力，确保经济、社会和文化权利能在国家、区域和国际各级得到承认。

F. 世界会议后续行动

99. 世界人权会议建议联合国大会、人权委员会和联合国系统内与人权有关的其他机关和机构考虑用什么方法立即全面执行本宣言所载的建议，包括可能宣布"联合国人权十年"。世界人权会议还建议人权委员会每年审查为此而取得的进展。

100. 世界人权会议请联合国秘书长在《世界人权宣言》发表50周年之际邀请所有国家以及联合国系统内与人权有关的所有机关和机构向他报告执行本宣言方面的进展，并通过人权委员会和经济及社会理事会向大会第五十三届会议提交一份报告。同样，区域人权机构和相关的国家人权机构以及非政府组织也可向联合国秘书长提出它们对本宣言执行进展的意见。应特别注意评估朝向普遍批准联合国系统框架内通过的国际人权条约和议定书这一目标所取得的进展。

73. 关于个人、群体和社会机构在促进和保护普遍公认的人权和基本自由方面的权利和义务宣言

（联合国大会1999年3月8日通过）

大会，

重申亟须遵守《联合国宪章》的宗旨和原则以增进和保护世界各国所有人的所有人权和基本自由，

还重申《世界人权宣言》[第 217 A(Ⅲ)号决议]和各项国际人权盟约[第 2200 A(XXI)号决议,附件]作为促进普遍尊重和遵行人权和基本自由的国际努力的基本要素的重要性,以及联合国系统和在区域一级所通过的其他国际文书的重要性,

强调国际社会所有成员必须共同地、分别地履行其促进和鼓励尊重所有人的人权和基本自由的庄严义务,不得有任何区别包括基于种族、肤色、性别、语言、宗教、政治或其他见解、民族本源或社会出身、财产、出生或其他身份等的区别,重申亟需根据《宪章》达成国际合作以履行这一义务,

承认在促进有效消除对各民族和个人的人权和基本自由的一切侵犯方面,包括大规模、公然或系统的侵犯方面,例如在消除因种族隔离、一切形式的种族歧视、殖民主义、外国统治或占领、侵略或威胁国家主权、国家统一或领土完整,以及因拒绝承认各民族拥有自决权和每一民族有权对其财富和自然资源充分行使主权而造成的这类侵犯方面,国际合作能发挥重要的作用,个人、群体和社团能做出宝贵的工作,

认识到国际和平与安全和享受人权与基本自由之间的关系,并铭记没有实现国际和平与安全不得成为不遵守的借口,

重申所有各项人权和基本自由均为普遍、不可分割、互相依存并互相关联,应在不影响其中每一项权利和自由的实现的前提下公平合理地予以促进和落实,

强调各国负有首要责任和义务促进和保护人权和基本自由,

认识到个人、群体和社团有权利和义务在国家一级和国际一级促进对人权和基本自由的尊重,增进对人权和基本自由的认识,

宣布:

第 1 条

人人有权单独地和与他人一起在国家和国际各级促进、争取保护和实现人权和基本自由。

第 2 条

1. 每个国家负有首要责任和义务保护、促进和实现一切人权和基本自由,除其他外,应采取可能必要的步骤,在社会、经济、政治以及其他领域创造一切必要条件,建立必要的法律保障,以确保在其管辖下的所有人能单独地和与他人一起在实际享受所有这些权利与自由。

2. 每一国家均应采取可能必要的立法、行政和其他步骤,以确保本宣言所提的权利和自由得到有效的保证。

第 3 条

符合《联合国宪章》和各国在人权和基本自由领域的其他国际义务的国内立法,是落实和享受人权和基本自由以及进行本宣言所提一切促进、保护和有效实现这些权利和自由的活动的法律框架。

第 4 条

本宣言任何内容,不得解释为损害或抵触《联合国宪章》的宗旨和原则,也不得解释为限制或减损《世界人权宣言》[第 217 A(Ⅲ)号决议]、各项国际人权盟约[第 2200 A(XXI)号决议,附件],以及此领域所适用的其他国际文书和承诺的规定。

第 5 条

为了促进和保护人权和基本自由，人人有权单独地和与他人一起在国家一级和国际一级：

（a）和平聚会或集会；

（b）成立、加入和参加非政府组织、社团或团体；

（c）同非政府组织或政府间机构进行联系。

第 6 条

人人有权单独地和与他人一起：

（a）了解、索取、获得、接受并保存一切有关人权和基本自由的资料，包括取得有关国内立法、司法或行政系统如何实施这些权利和自由的资料；

（b）根据人权和其他适用的国际文书，自由向他人发表、传授或传播一切有关人权和基本自由的观点、资料和知识；

（c）就所有人权和基本自由在法律和实践中是否得到遵守进行研究、讨论、形成并提出自己的见解，借此和通过其他适当手段，促请公众注意这些问题。

第 7 条

人人有权单独地和与他人一起发展和讨论新的人权思想和原则，有权鼓吹这些思想和原则。

第 8 条

1. 人人有权单独地和与他人一起，在不歧视的基础上得到有效机会，参加治理国事，管理公共事务。

2. 这特别包括有权单独地和与他人一起向政府机构、机关和负责公共事务的组织提出批评和建议，以便改进其运作，提请人们注意其工作中可能阻挠或妨碍促进、保护和实现人权和基本自由的任何方面。

第 9 条

1. 在行使人权和基本自由、包括如本宣言所提促进和保护人权时，人人有权单独地和与他人一起援引有效的补救措施，并在这些权利遭到侵犯时得到保护。

2. 为此目的，声称其权利或自由受侵犯的所有人均有权自己或通过法律认可代表向一依法设立的独立、公正的主管司法当局或其他当局提出申诉，并要求该当局通过公开听讯迅速审理申诉，依法作出裁判，如判定该人权利或自由确实受到侵犯，则提供补偿，包括任何应得的赔偿，以及执行最终裁判和赔偿，一切均不得有不当延误。

3. 为了同一目的，人人有权单独地和与他人一起：

（a）通过诉状或其他适当手段，向国内主管司法、行政、立法当局或该国法律制度授权的任何其他主管当局，对个别官员和政府机构违反人权和基本自由的政策和行为提出申诉，有关当局应对申诉作出裁判，不得有不当延误；

（b）出席公开听讯、诉讼和审判，以便确定其是否符合国内法律和适用的国际义务和承诺；

（c）为保护人权和基本自由给予并提供具有专业水准的法律援助或其他有关的咨询意见和援助。

4. 为了同一目的,按照适用的国际文书和程序,人人有权单独地和与他人一起不受阻挠地同具有一般的或特殊的权限受理和审议有关人权和基本自由的来文的国际机构联系和通信。

5. 国家如有合理根据,认为在其管辖的任何领土内发生了侵犯人权和基本自由的行为,应立即、公正地进行调查,或确保这样的查究得以进行。

第 10 条

任何人不得以作为或应有为的不作为参与侵犯人权和基本自由,任何人也不得因拒绝参与而遭受任何形式的处罚或不利行动。

第 11 条

人人有权单独地和与他人一起合法从事其专业或职业。因其职业而可能影响他人尊严、人权和基本自由者应尊重这些权利和自由,遵守有关的国家和国际专业和职业行为或道德标准。

第 12 条

1. 人人有权单独地和与他人一起参加反对侵犯人权和基本自由的和平活动。

2. 国家应采取一切必要措施确保主管当局保护每一个人,无论单独地或与他人一起,不因其合法行使本宣言中所指权利而遭受任何暴力、威胁、报复、事实上或法律上的恶意歧视、压力或任何其他任意行为的侵犯。

3. 在这方面,在以和平手段作出反应或反对造成侵犯人权和基本自由的可归咎于国家的活动和作为,包括不作为,以及反对群体或个人犯下暴力行为影响人权和基本自由的享受时,人人有权单独地和与他人一起受到国内法律的有效保护。

第 13 条

人人有权单独地和与他人一起,根据本宣言第3条的规定,以和平手段纯粹为了促进和保护人权和基本自由的目的征集、接受和使用资源。

第 14 条

1. 国家有责任采取立法、司法、行政或其他适当措施,促进在其管辖范围内的所有人了解他们的公民、政治、经济、社会和文化权利。

2. 这类措施,除其他外,应包括:

(a) 出版和广泛供应国家法律和规定以及适用的基本国际人权文书;

(b) 充分和平等地得到人权方面的国际文件,包括缔约国向根据国际人权条约设立的机构提交的定期报告,以及这些机构讨论情况的简要记录和正式报告。

3. 国家应在其管辖的所有领土上,保证并酌情支持建立和发展更多促进和保护人权和基本自由的独立国家机构,不论是监察专员、人权委员会或任何其他形式的国家机构。

第 15 条

国家有责任促进和便利各级教育机构中的人权和基本自由的教学,确保所有负责培训律师、执法官员、武装部队人员和政府官员的培训人员把适当的人权教学内容列入他们的培训方案。

第 16 条

个人、非政府组织和有关机构可以发挥重要作用,通过人权和基本自由方面的教育、训练和研究等活动,促使公众更加注意关系到一切人权和基本自由的问题,以便除了其他以外,进一步加强国与国之间和所有种族和宗教群体之间的理解、容忍、和平和友好关系,但须铭记它们在其中开展活动的不同社会和社区的背景。

第 17 条

在行使本宣言所载的权利和自由时,人人单独和与他人一起均须受符合适用国际义务、由法律纯粹为保证充分承认和尊重他人的权利和自由、满足正当道德要求、公共秩序和民主社会的普遍福利所规定的限制。

第 18 条

1. 人人对社会并在社会内负有义务,因为只有在社会之内人的个性才能得到自由和充分的发展。

2. 个人、群体、机构和非政府组织可发挥重要作用、并负有责任保障民主,促进人权和基本自由,为促进民主社会、民主体制和民主进程的进步作出贡献。

3. 个人、群体、机构和非政府组织也可发挥重要作用、并负有责任视情况作出贡献促进人人有权享有能充分实现《世界人权宣言》和其他人权文书所列人权和自由的社会和国际秩序。

第 19 条

本宣言的任何内容,不得解释为默许任何个人、群体或社会机构或任何国家有权从事任何旨在破坏本宣言所载的权利和自由的活动或行为。

第 20 条

本宣言的任何内容,也不得解释为允许任何国家支持或煽动个人、群体、机构或非政府组织从事违反《联合国宪章》规定的活动。

74. 关于国家机构的地位的原则("巴黎原则")

(联合国大会 1993 年 12 月 20 日通过)

权限与职责

1. 应赋予国家机构促进和保护人权的权限。

2. 应赋予国家机构尽可能广泛的授权,对这种授权在宪法和立法案文中应有明确规定,并具体规定其组成和权限范围。

3. 国家机构除其他外,应具有以下职责:

(a) 应有关当局的要求,或通过行使其在不须向上级请示迳行听审案件的权力,在咨询基础上,就有关促进和保护人权的任何事项,向政府、议会和任何其他主管机构提出意见、建议、提议和报告;并可决定予以公布;这些意见、建议、提议和报告以及该国家机构的任何特权应与以下领域有关系:

（Ⅰ）目的在于维护和扩大保护人权的任何立法和行政规定以及有关司法组织的规定；为此，国家机构应审查现行的立法和行政规定，以及法案和提案，并提出它认为合适的建议，以确保这些规定符合人权的基本原则；必要时，它应建议通过新的立法，修正现行的立法以及通过或修正行政措施；

（Ⅱ）它决定处理的任何侵犯人权的情况；

（Ⅲ）就人权问题的一般国家情况和比较具体的事项编写报告；

（Ⅳ）提请政府注意国内任何地区人权遭受侵犯的情况，建议政府主动采取结束这种情况的行动，并视情况需要，对政府要采取的立场和作出的反应提出意见；

（b）促进并确保国家的立法规章和惯例与该国所加入的国际人权文书协调，及其有效执行；

（c）鼓励批准上述文书或加入这些文书并确保其执行；

（d）对各国按照其各自条约义务要向联合国机构和委员会以及向区域机构提交的报告作出贡献，必要时，在对国家独立性给予应有尊重的情况下，表示对问题的意见；

（e）与联合国和联合国系统内的任何其他组织、各区域机构以及别国主管促进和保护人权领域工作的国家机构进行合作；

（f）协助制定人权问题教学方案和研究方案并参加这些方案在学校、大学和专业团体中的执行；

（g）宣传人权和反对各种形式的歧视特别是种族歧视的工作，尤其是通过宣传和教育来提高公众认识以及利用所有新闻机构。

组成和独立性与多元化的保障

1. 国家机构的组成及其成员的任命，不论是通过选举产生还是通过其他方式产生，必须按照一定程序予以确定，这一程序应提供一切必要保障，以确保参与促进和保护人权的（民治社会的）社会力量的多元代表性，特别是要依靠那些能够促使与以下各方面代表，或通过这些代表的参与，建立有效合作的力量；

（a）负责人权和对种族歧视作斗争的非政府组织、工会、有关的社会和专业组织，例如律师、医生、新闻记者和著名科学家协会；

（b）哲学或宗教思想流派；

（c）大学和合格的专家；

（d）议会；

（e）政府部门（如果包括它们，则它们的代表只能以顾问身份参加讨论）。

2. 国家机构应具备使其能顺利开展活动的基础结构，特别是充足的经费。这一经费的目的是使它能有自己的工作人员和办公房舍，以便独立于政府，而不受可能影响其独立性的财政控制。

3. 为了确保国家机构成员的任务期限的稳定（没有这一点就不可能有真正的独立性），

对他们的任命应通过一项正式法令来实行,这种法令应规定明确的任务期限。只要机构的成员多元化得到保证,这种任务期限可续延。

业 务 方 法

在其业务范围内,国家机构应:

(a) 根据其成员或任何请愿人的提议,自由审议属于其权限范围内的任何问题,不论这些问题是由政府提出,还是该机构无须向上级机构请示而自行处理的;

(b) 为评估属于其权限范围内的情况,听取任何人的陈述和获得任何必要的资料及文件;

(c) 特别是为了广为公布其意见和建议,直接或通过任何新闻机构公诸舆论;

(d) 定期并于必要时,经正式召集后召开有全体成员出席的会议;

(e) 必要时建立成员工作小组,并设立地方或地区分机构,协助国家机构履行任务;

(f) 与负责和促进保护人权的其他机构保持协商,不论它们是否有管辖权(特别是与监察专员、调解人和类似机构保持协商);

(g) 鉴于在开展国家机构工作的过程中非政府组织所发挥的根本作用,应同专门促进和保护人权、从事经济和社会发展、与种族主义进行斗争、保护特别易受伤害群体(尤其是儿童、移徙工人、难民、身心残疾者)或致力专门领域的非政府组织发展关系。

关于具有准管辖权的委员会的地位的附加原则

可以授权一国家机构负责受理和审议有关个别情况的申诉和请愿。个人、他们的代表、第三方、非政府组织、工会联合会或任何其他代表性组织都可把案件提交此机构。在这种情况下,并在不损害涉及委员会其他权力的上述原则的情形下,交托委员会的职务可根据下列原则:

(a) 通过调解,或在法律规定的限度内,通过有约束力的决定,或必要时在保持机密的基础上,求得满意的解决;

(b) 告诉提出请愿一方其权利,特别是他可以利用的补救办法,并促使他利用这种办法;

(c) 在法律规定的限度内,受理任何申诉或请愿,或将它转交任何其他主管当局;

(d) 向主管当局提出建议,尤其是对法律、规章和行政惯例提出修正或改革意见,特别是如果它们已使为维护其权利提出请愿的人遇到困难时。

75. 粗暴违反国际人权法和严重违反国际人道主义法行为受害人获得补救和赔偿权基本原则和准则

（联合国大会2006年3月21日通过）

序　　言

大会，

回顾许多国际文书中关于违反国际人权法行为受害人有权得到补救的规定，尤其是《世界人权宣言》第8条、《公民权利和政治权利国际公约》第2条、《消除一切形式种族歧视国际公约》第6条、《禁止酷刑和其他残忍、不人道或有辱人格的待遇或处罚公约》第14条和《儿童权利公约》第39条，并回顾国际人道主义法，如1907年10月18日《关于陆战法规和习惯的海牙公约》(第四公约)第3条、1977年6月8日《1949年8月12日日内瓦四公约关于保护国际性武装冲突受难者的附加议定书》(第一议定书)第91条以及《国际刑事法院罗马规约》第68条和第75条，

回顾各区域公约中关于违反国际人权行为受害人有权得到补救的规定，尤其是《非洲人权和人民权利宪章》第7条、《美洲人权公约》第25条和《保护人权与基本自由公约》第13条，

回顾第七届联合国预防犯罪和罪犯待遇大会审议通过的《为罪行和滥用权力行为受害者取得公理的基本原则宣言》以及联合国大会1985年11月29日第40/34号决议，大会在该项决议中通过了预防犯罪和罪犯待遇大会建议的案文，

重申《为罪行和滥用权力行为受害者取得公理的基本原则宣言》所载各项原则，其中包括应当同情受害人并尊重其尊严，充分尊重其获得司法救助和补救机制救助的权利，鼓励设立、加强和扩大各国的受害人补偿基金，并迅速拟订受害人的适当权利和补救措施，

注意到《国际刑事法院罗马规约》要求制定"赔偿被害人或赔偿被害人方面的原则，包括恢复原状、补偿和康复"，并要求缔约国大会设立一个信托基金，用于援助该法院管辖权内的犯罪的被害人及其家属，授权该法院"保护被害人的安全、身心健康、尊严和隐私"，并准许被害人参与所有"本法院认为适当的诉讼阶段"，

申明本文件所载基本原则和导则针对的是严重违反国际人权法和严重违反国际人道主义法行为，这些行为的严重性质本身就构成了对人的尊严的冒犯，

强调基本原则和导则不设定新的国际或国内法律义务，而是确定国际人权法和国际人道主义法规定的现有法律义务的各种履行机制、方式、程序和方法；国际人权法和国际人道主义法规范不同，但互为补充，

回顾国际法规定国家有义务根据其国际义务并依照国内法律的要求或根据适用的国际司法机关规约起诉某些国际罪行的行为人,这一起诉义务加强了应当依照国内法律的要求和程序履行的国际法律义务并支持补充性原则的概念,

注意到当代形式的加害行为虽然基本上以个人为目标,但也可能以群体为集体目标,

确认国际社会通过尊重受害人得到补救和赔偿的权利,信守其对受害人、幸存者以及子孙后代所作的承诺,并重申问责、公正和法治的国际法律原则,

深信根据以下基本原则和导则,通过采取以受害人为中心的视角,国际社会对违反国际法包括违反国际人权法和国际人道主义法的行为的受害人以及全人类表示了声援,

通过以下基本原则和导则:

一、尊重、确保尊重和实施国际人权法和国际人道主义法的义务

1. 按相应法律体系的规定尊重、确保尊重和实施国际人权法和国际人道主义法的义务源于:

(a) 本国为缔约方之一的条约;

(b) 习惯国际法;

(c) 每一国的国内法。

2. 国内法尚不符合其国际法律义务的国家应当按国际法的要求,通过以下方式确保其国内法符合其国际法律义务:

(a) 将国际人权法和国际人道主义法规范纳入其国内法,或以其他方式在国内法律制度中实施这些规范;

(b) 采取适当和有效的立法和行政程序以及其他适当措施,提供公正、有效、迅速的司法救助;

(c) 提供以下所界定的充分、有效、迅速和适当的补救,包括赔偿;

(d) 确保其国内法对受害人的保护至少达到其国际义务所要求的程度。

二、义务的范围

3. 按相应法律体系的规定尊重、确保尊重和实施国际人权法和国际人道主义法的义务,除其他外,包括下列义务:

(a) 采取适当的立法和行政措施及其他适当措施,防止违法行为发生;

(b) 有效、迅速、彻底和公正地调查违法行为,并酌情根据国内法和国际法对被指控的责任人采取行动;

(c) 向违反人权法或人道主义法行为的声称受害人提供下述平等和有效的司法救助,不论何人最终应当对违法行为负责;以及

(d) 向受害人提供下述有效补救,包括赔偿。

三、构成国际法规定的犯罪的严重违反国际人权法和严重违反国际人道主义法行为

4. 对于严重违反国际人权法和严重违反国际人道主义法的行为,构成国际法规定的犯罪的,国家有义务进行调查,如果证据充分,国家有义务将被指控的违法行为责任人移交起诉,如果该人被裁定有罪,国家有义务惩处该人。此外,对这些案件,国家应当按照国际法相互合作,并协助主管国际司法机构对这些违法行为进行调查和起诉。

5. 为此目的,如果适用的条约或其他国际法律义务有此规定,国家应当在其国内法中纳入或以其他方式在其国内法中实施适当的普遍管辖权规定。此外,如果适用的条约或其他国际法律义务有此规定,国家应当便利向其他国家和适当的国际司法机构引渡或移交罪犯,并为促进国际司法提供司法协助和其他形式的合作,包括协助并保护受害人和证人。这些程序应当符合国际人权法律标准并遵守国际法律要求,诸如禁止酷刑或其他形式的残忍、不人道或有辱人格的待遇或处罚的要求。

四、时　效

6. 如果适用的条约有此规定或其他国际法律义务有此要求,构成国际法规定的犯罪的严重违反国际人权法和严重违反国际人道主义法行为不适用时效规定。

7. 对于不构成国际法规定的犯罪的其他种类的违法行为,国内的时效规定,包括适用于民事请求和其他程序的时效规定,不应当具有过大的限制性。

五、严重违反国际人权法和严重违反国际人道主义法行为的受害人

8. 为本文件的目的,受害人是指由于构成严重违反国际人权法或严重违反国际人道主义法行为的作为或不作为而遭受损害,包括身心伤害、精神痛苦、经济损失或基本权利受到严重损害的个人或集体。适当时,根据国内法,"受害人"还包括直接受害人的直系亲属或受扶养人以及介入干预以帮助处于困境的受害人或阻止加害他人行为而遭受损害的人。

9. 受害人的身份不取决于实施违法行为的人是否已被确认、逮捕、起诉或定罪,也不取决于行为人与受害人之间是否存在亲属关系。

六、受害人的待遇

10. 应当仁慈对待受害人,尊重其尊严和人权,并应当采取适当措施,以确保受害人及其家人的安全、身心健康和隐私。国家应当确保在国内法中尽可能规定,遭受暴力或创伤的受害人应当获得特殊考虑和照顾,以免在执行司法和赔偿的法律和行政程序中使受害人再次

遭受创伤。

七、受害人的补救权

11. 对严重违反国际人权法和严重违反国际人道主义法行为的补救包括国际法规定的下列受害人权利：
(a) 获得平等和有效的司法救助；
(b) 对所遭受的损害获得充分、有效和迅速的赔偿；
(c) 获得与违法行为和赔偿机制相关的信息。

八、司法救助

12. 严重违反国际人权法或严重违反国际人道主义法行为的受害人应当可根据国际法平等地获得有效的司法补救。受害人还可以获得其他形式的补救，包括行政和其他机构的补救以及根据国内法设立的机制、方式和程序的补救。国内法应当反映国家根据国际法有义务确保获得司法救助和公正公平程序的权利。为此目的，国家应当：
(a) 通过公、私机制宣传可以就严重违反国际人权法和严重违反国际人道主义法行为采取的一切补救手段；
(b) 在关系到受害人利益的司法、行政或其他程序进行之前、期间和之后采取措施，尽量减少给受害人及其代理人带来的不便，适当保护其隐私不受非法干扰，并确保他们及其家人和证人的安全，使其免遭恐吓和报复；
(c) 向寻求司法救助的受害人提供适当援助；
(d) 提供一切适当的法律、外交和领事途径，以确保严重违反国际人权法或严重违反国际人道主义法行为的受害人得以行使其补救权。

13. 除了个人可寻求司法救助外，国家还应当努力制定相应程序，酌情允许受害人群体提出赔偿请求并获得赔偿。

14. 对严重违反国际人权法或严重违反国际人道主义法行为的充分、有效和迅速补救，应当包括一切个人具有法律地位的现有和适当的国际程序，并且不应当妨碍任何其他国内补救。

九、对损害的赔偿

15. 充分、有效和迅速赔偿的目的是通过补救严重违反国际人权法或严重违反国际人道主义法行为伸张正义。赔偿应当与违法行为和所受损害的严重程度相称。一国应当根据其国内法和国际法律义务，就可以归咎于该国的作为或不作为的严重违反国际人权法和严重违反国际人道主义法行为，向受害人提供赔偿。个人、法人或其他实体被裁定对受害人负有赔偿责任的，应当向受害人提供赔偿，如果国家已向受害人提供赔偿，则应当向国家提供补偿。

16. 如果应当为所遭受的损害负赔偿责任的当事方无法或不愿履行其义务,国家应当努力制定国家赔偿方案并向受害人提供其他援助。

17. 对于受害人的赔偿请求,国家应当执行对所遭受的损害负赔偿责任的个人或实体作出的国内赔偿判决,并根据国内法和国际法律义务,努力执行有效的外国赔偿法律判决。为此,国家应当在其国内法中规定执行赔偿判决的有效机制。

18. 应当根据国内法和国际法,并考虑个人情况,按照违法行为的严重性和具体情节,根据原则19至原则23的规定,酌情向受害人提供充分和有效的赔偿。赔偿应当包括以下形式:恢复原状、补偿、康复、满足和保证不再发生。

19. 恢复原状应当尽可能将受害人恢复到发生严重违反国际人权法或严重违反国际人道主义法行为之前的原有状态。恢复原状视情况包括:恢复自由、享受人权、身份、家庭生活和公民地位,返回居住地,恢复职务和返还财产。

20. 应当按照违法行为的严重性和具体情节,对严重违反国际人权法和严重违反国际人道主义法行为所造成的任何经济上可以估量的损害提供适当和相称的补偿,此类损害除其他外包括:

(a) 身心伤害;

(b) 失却机会,包括就业机会、教育机会和社会福利;

(c) 物质损害和收入损失,包括收入潜力的损失;

(d) 精神伤害;

(e) 法律或专家援助费用、医药费用以及心理治疗与社会服务费用。

21. 康复应当包括医疗和心理护理以及法律和社会服务。

22. 满足在适用的情况下,应当包括下列任何或所有措施:

(a) 终止持续违法行为的有效措施;

(b) 核实事实并充分公开披露真相,但披露真相不得进一步伤害或威胁受害人、受害人亲属、证人或介入干预以帮助受害人或防止发生进一步违法行为的其他人的安全和利益;

(c) 寻找失踪者的下落,查明被绑架儿童的身份,寻找遇害者的尸体,并协助找回、辨认尸体并按受害人的明示或推定愿望或按家庭和社区文化习俗重新安葬;

(d) 通过正式宣告或司法裁判,恢复受害人和与受害人密切相关的人的尊严、名誉和权利;

(e) 公开道歉,包括承认事实和承担责任;

(f) 对应当为违法行为负责的人实行司法和行政制裁;

(g) 纪念和悼念受害人;

(h) 在国际人权法和国际人道主义法的培训以及各级教材中准确叙述发生的违法行为。

23. 保证不再发生在适用的情况下,应当包括以下任何或所有同样有助于防止违法行为的措施:

(a) 确保军队和安全部队受到文职政府的有效控制;

(b) 保证所有民事和军事程序符合正当程序、公平和公正的国际标准;

(c) 加强司法独立性;

(d) 保护在法律、医卫专业、媒体和其他相关专业工作的人士以及人权捍卫者；

(e) 优先和不间断地对社会各阶层开展人权和国际人道主义法教育，并向执法官员以及军队和安全部队提供培训；

(f) 促进公职人员，包括执法、矫治、媒体、医疗、心理治疗、社会服务和军事人员以及企业遵守行为守则和道德规范，尤其是遵守国际标准；

(g) 促进建立防止和监测并解决社会冲突的机制；

(h) 审查并改革助长或允许严重违反国际人权法和严重违反国际人道主义法行为的法律。

十、获得与违法行为和赔偿机制相关的信息

24. 国家应当设法使公众尤其是使严重违反国际人权法和严重违反国际人道主义法行为的受害人知悉本基本原则和导则所述的各项权利和补救手段，以及受害人可能有权得到的一切现有的法律、医疗、心理、社会、行政及一切其他服务。此外，受害人及其代理人应当有权寻求和获得信息，了解导致其受害的原因、致使实施严重违反国际人权法和严重违反国际人道主义法行为的原因和情况，并了解这些违法行为的真相。

十一、不　歧　视

25. 本基本原则和导则的适用和解释必须符合国际人权法和国际人道主义法，不得有任何形式或任何理由的歧视。

十二、不　减　损

26. 本基本原则和导则的任何内容不应当被解释为限制或减损根据国内法或国际法产生的任何权利或义务。具体而言，一项理解是，本基本原则和导则不影响所有违反国际人权法和国际人道主义法行为的受害人得到补救和赔偿的权利。另一项理解是，本基本原则和导则不影响国际法的特别规则。

十三、其他人的权利

27. 本文件的任何内容不应当被解释为减损其他人在国际上或在国内得到保护的权利，特别是被告人得到适用的正当程序标准待遇的权利。

76. 和平权利宣言

（联合国大会 2016 年 12 月 19 日通过）

大会，

遵循《联合国宪章》的宗旨和原则，

回顾《世界人权宣言》[①]、《公民权利和政治权利国际公约》[②]、《经济、社会及文化权利国际公约》和《维也纳宣言和行动纲领》[③]，

又回顾《发展权利宣言》[④]、《联合国千年宣言》[⑤]、《2030 年可持续发展议程》[⑥]，包括可持续发展目标，以及 2005 年世界首脑会议成果[⑦]，

还回顾《为各国社会共享和平生活做好准备的宣言》[⑧]、《各国人民享有和平权利宣言》[⑨]和《和平文化宣言和行动纲领》[⑩]，以及与本宣言主题相关的其他国际文书，

回顾《给予殖民地国家和人民独立宣言》[⑪]，

又回顾《关于各国依联合国宪章建立友好关系及合作之国际法原则之宣言》[⑫]郑重宣布下列原则：各国在其国际关系上应避免威胁使用或使用武力，或以任何与联合国宗旨不符的其他方式侵害任何国家的领土完整或政治独立；各国应以不危及国际和平、安全及正义的方式，用和平手段解决国际争端；各国有义务依照《宪章》不干涉任何国家国内管辖事务；各国有义务依照《宪章》彼此合作；各国人民享有平等权利与自决权；各国主权平等；各国应一秉诚意履行其依《宪章》所负义务，

重申所有会员国根据《宪章》有义务在国际关系中避免威胁使用或使用武力，或以任何与联合国宗旨不符的其他方式，侵害任何国家的领土完整或政治独立，并有义务以不危及国际和平与安全及正义的方式，用和平手段解决国际争端，

承认更充分地培育和平文化与各国人民，包括生活在殖民或其他形式外来统治或外国占领下的人民实现《宪章》所载、国际人权两公约及大会 1960 年 12 月 14 日第 1514(XV) 号决议所载《给予殖民地国家和人民独立宣言》所体现的自决权密不可分，

---

① 原文脚注：第 217A(Ⅲ) 号决议。
② 原文脚注：见第 2200A(XXI) 号决议，附件。
③ 原文脚注：A/CONF.157/24(Part I) 和 Corr.1，第三章。
④ 原文脚注：第 41/128 号决议，附件。
⑤ 原文脚注：第 55/2 号决议。
⑥ 原文脚注：第 70/1 号决议。
⑦ 原文脚注：第 60/1 号决议。
⑧ 原文脚注：第 33/73 号决议。
⑨ 原文脚注：第 39/11 号决议，附件。
⑩ 原文脚注：第 53/243A 和 B 号决议。
⑪ 原文脚注：第 1514(XV) 号决议。
⑫ 原文脚注：第 2625(XXV) 号决议，附件。

深信任何旨在部分或完全破坏一国国家统一和领土完整或政治独立的企图,都不符合大会1970年10月24日第2625(XXV)号决议所载《关于各国依联合国宪章建立友好关系及合作之国际法原则之宣言》中所述《宪章》的宗旨和原则,

确认以和平手段解决争端或冲突的重要性,

对一切恐怖主义行为**深感痛惜**;回顾《消除国际恐怖主义措施宣言》[13]声明,恐怖主义行为、方法和做法严重违反联合国的宗旨和原则,可能威胁国际和平与安全、危害国家间友好关系、威胁国家领土完整与安全、妨碍国际合作,旨在破坏人权和基本自由,摧毁社会的民主基础;并重申,任何恐怖主义行为,无论动机如何、在何时由何人所为,均属犯罪,无可辩解,

强调反恐斗争中采取的一切措施均须符合各国根据国际法承担的义务,包括根据国际人权、难民和人道主义法承担的义务,以及《宪章》所载的义务,

敦促所有还没有加入与恐怖主义相关的国际文书的国家作为优先事项,考虑加入这些文书,

重申促进和保护所有人的人权和法治是反恐斗争的关键所在;确认切实有效的反恐措施与保护人权这两项目标并非相互冲突,而是相辅相成、相互促进的,

又重申联合国人民如《宪章》序言所述,决心避免后世再遭战祸、重申对基本人权之信念、促成大自由中的之社会进步及较善之民生,力行宽容,彼此以善邻之道,和睦相处,

回顾和平与安全、发展、人权是联合国系统的三大支柱,也是集体安全与福祉的基础;确认发展、和平与安全、人权是相互联系、相辅相成的,

确认和平不仅仅是没有冲突,而是要求有一种积极、活跃和参与性的进程,鼓励对话,本着相互谅解与合作的精神解决冲突,确保社会经济发展,

回顾承认人类大家庭所有成员的固有尊严及其平等和不可剥夺的权利是世界自由、正义与和平的基础;确认充分享有所有人固有的尊严所产生的一切不可剥夺的权利可促进和平,

又回顾人人有权享有能充分实现《世界人权宣言》所列人权和自由的社会和国际秩序,

还回顾世界对消除贫困和促进持续经济增长、可持续发展和全球共同繁荣的承诺,以及减少国内和国家间不平等之必要,

回顾必须根据《宪章》的宗旨和原则预防武装冲突,并承诺倡导一种预防武装冲突的文化,以此有效应对世界各国人民面临的相互关联的安全和发展挑战,

又回顾一个国家的充分和完全的发展,世界的昌盛及和平的事业,需要妇女最大限度地与男子平等参与所有领域的工作,

重申战争起源于人的思想,因此必须在人的思想中筑起保卫和平的屏障;回顾以和平手段解决争端或冲突的重要性,

回顾有必要加强国际努力推动全球对话,以尊重人权和宗教及信仰多样性为基础,在各个层面倡导一种宽容与和平的文化,

又回顾在冲突后情况下以国家自主权原则为基础的发展援助和能力建设,应让所有相关人员参与进来,通过康复、重新融入与和解进程恢复和平;确认联合国促成和平、维持和平

---

[13] 原文脚注:第49/60号决议,附件。

与建设和平活动对全球争取和平与安全事业的重要性,

还回顾推广和平文化,讲授正义、自由与和平的人文教育,于人类尊严不可或缺,也是所有国家必须本着互助关怀的精神履行的职责,

重申和平文化是《和平文化宣言》中确定的一套价值观、态度、传统和行为模式以及生活方式,而这一切均应当在有利于和平的国内和国际扶持型环境中培育,

确认温和与宽容作为有助于促进和平与安全的价值观的重要性,

又确认民间社会组织在建设和维护和平以及加强和平文化方面可以作出重要贡献,

强调各国、联合国系统和其他有关国际组织有必要划拨资源,支助通过培训、教学和教育争取强化和平文化和维护人权意识的方案,

又强调《联合国人权教育和培训宣言》⑭对弘扬和平文化所作贡献的重要意义,

回顾在互信互谅的氛围下尊重文化多样性,践行宽容、对话及合作,乃是国际和平与安全的最佳保障,

又回顾宽容是对我们这个世界各种文化、表达方式和做人方式丰富多样性的尊重、接纳和欣赏,也是一种让和平成为可能、有助于弘扬和平文化的美德,

还回顾在基于法治的民主框架内,作为整个社会发展必不可少的部分,不断促进和实现在民族或族裔、宗教和语言上属于少数群体的人的权利,会有助于增强人民和国家之间的友谊、合作与和平,

回顾需要在国家、区域和国际各级制订、促进和执行相关战略、方案、政策和适当法律,可包括一些特别的积极措施,促进公平的社会发展,使种族主义、种族歧视、仇外心理和相关不容忍行为的所有受害者都能享有公民权利和政治权利,以及经济、社会及文化权利,

确认种族主义、种族歧视、升级为种族主义和种族歧视的仇外心理和相关的不容忍行为是人民和国家之间友好与和平关系的障碍,是许多国内和国际冲突,包括武装冲突的根源之一,

郑重邀请所有利益攸关方承认,全体人类、世界各国人民及所有国家务必践行相互宽容、对话、合作与团结,以促进和平,并以此认识指导自己的活动;为此,当代人应抱着避免后世再遭战祸的最高愿望,确保自身和后世均学会和平相处,

宣告如下:

第 1 条

人人有权享有和平,从而使所有人权得到促进和保护,使发展得以充分实现。

第 2 条

各国应尊重、实践和促进平等与不歧视、正义和法治,保障人民免于恐惧和匮缺,以此在社会内部和不同社会之间建立和平。

第 3 条

各国、联合国和各专门机构应采取适当的可持续措施实施本《宣言》,尤其是联合国教育、科学及文化组织。应鼓励各国际、区域、国家和地方组织及民间社会支持和协助本《宣言》的实施工作。

---

⑭ 原文脚注:第66/137号决议,附件。

第 4 条

应加强开展和平教育的国际和国家机构,以便强化所有人的宽容、对话、合作与团结精神。为此,和平大学应通过参与教学、研究、研究生培训和传播知识等途径,为开展广泛的和平教育这一重大任务作出贡献。

第 5 条

本《宣言》的任何内容不得解释为违背联合国的宗旨和原则。本《宣言》所载条款须依照《联合国宪章》、《世界人权宣言》1 和各国批准的相关国际和区域文书来理解。

77. 变革我们的世界:2030 年可持续发展议程(2015 年)

Ⅲ 区域性人权文件

三 民国人政文化

A. 欧洲人权文件

78. 欧洲社会宪章(修订)

(1995年5月3日于斯特拉斯堡修订)

序　言

各签约国政府作为欧洲理事会的成员，

考虑到欧洲理事会的目标是为取得各成员国之间在以下事项上的更高度的一致：即为了保障和实现作为它们共同遗产的理念和原则以及辅助它们的经济和社会进步，特别是通过保障和进一步实现人权和基本自由；

考虑到于1950年11月4日在罗马签订的《欧洲保护人权和基本自由公约》及其议定书中，欧洲理事会各成员国同意确保它们的人民享有其中所规定的公民和政治权利和自由；

考虑到于1961年10月18日在都灵开放签署的《欧洲社会宪章》及其议定书中，欧洲理事会的各成员国同意确保它们的人民享有其中所规定的社会权利以提高他们的生活标准和福利；

考虑到1990年11月5日在罗马召开的人权部长会议强调一方面保护所有人权的不可分割的属性，包括公民、政治、经济、社会或文化权利，以及另一方面赋予《欧洲社会宪章》新的活力；

决定，依照1991年10月21日和22日在都灵召开的部长会议的决定，更新和修订《宪章》实体内容以把特别是在《宪章》文本颁布后发生的根本社会变革纳入考量；

认识到在渐进式地设计以替代《欧洲社会宪章》的修订宪章中包括修订后的《宪章》所保障的权利和1988年附加议定书所保障的权利并增加新的权利的益处，

协议如下：

第一部分

缔约国接受把确保可以有效实现以下权利和原则的条件，作为它们将以一切国内和国际性质的手段去实现的政策目标：

1. 每个人应有机会以自由选择的职业维持生计。
2. 所有工人有权获得公平的工作条件。
3. 所有工人有权获得安全和健康的工作条件。
4. 所有工人有权获得公平的足够为他们自己及其家人维持体面的生活标准的报酬。

5. 所有工人和雇员有权获得为保护他们的经济和社会利益而通过国内或国际组织结社的自由。

6. 所有工人和雇员有权进行集体谈判。

7. 儿童和年轻人有权获得针对他们所面临的身体和道德威胁的特殊保护。

8. 被雇佣的妇女在怀孕时有权获得特殊保护。

9. 每个人有权获得适当职业指导的协助以便帮助他选择适合他的个人爱好和兴趣的职业。

10. 每个人有权获得适当的职业训练的协助。

11. 每个人有权从使他能够享有可能实现的最高标准的健康的任何措施中获益。

12. 所有工人和依赖他们抚养的人有权享有社会保障。

13. 任何缺乏足够资源的人有权获得社会救济和医疗救助。

14. 每个人有权从社会福利服务中获益。

15. 残疾人有权独立、融入社会以及参与社区生活。

16. 家庭作为社会的基本单元有权获得适当的社会、法律和经济保护以确保其全面发展。

17. 儿童和年轻人有权获得适当的社会、法律和经济保障。

18. 任何缔约国的国民有权在任何其他缔约国领土内在与后者的国民同等的条件下从事任何职业,基于令人信服的经济或社会原因的限制除外。

19. 是某缔约国国民的移民工人及其家庭有权在任何其他缔约国的领土内获得保护和协助。

20. 所有工人有权在雇佣和职业方面获得平等的机会和平等的对待而不受基于性别的歧视。

21. 工人有权就单位内事务被通知和被咨询。

22. 工人有权参与单位的工作条件和工作环境的决定和改善。

23. 每个年长者有权获得社会保障。

24. 所有工人有权在被解职时获得保护。

25. 所有工人有权在他们的雇主破产时获得对于他们的求偿权的保护。

26. 所有工人有权享有工作时的尊严。

27. 所有承担家庭责任的人有权不受歧视地并且在其家庭责任与工作不冲突的情况下尽可能地从事工作或希望从事工作。

28. 单位的工人代表有权获得针对对他们的不公平的行动的保护,并应受到合理协助以履行他们的职责。

29. 所有工人有权在集体辞退程序中被告知和被咨询。

30. 每个人有权获得针对贫穷和社会排斥的保护。

31. 每个人有权拥有住房。

第二部分

缔约国依第三部分的规定承诺,认可它们受以下各条各款所规定的义务的约束。

第一条 工作的权利

着眼于确保工作的权利的有效行使,缔约国承诺:

1. 接受取得和保持尽可能高和稳定的就业率为它们的主要目标和责任之一,并着眼于实现全面的就业;
2. 有效保护工人以自由选择的职业供养自己的权利;
3. 为所有工人建立或保持免费的就业服务;
4. 提供或改进适当的职业指导、培训和训练。

第二条 获得公平的工作条件的权利

着眼于确保获得公平的工作条件的权利的有效行使,缔约国承诺:

1. 提供合理的日工作时间和周工作时间,工作周应渐进地减至生产力的增加和其他相关因素所允许的最短限度;
2. 提供带薪的公共假期;
3. 提供最短四周的带薪年假;
4. 消除从事根本上危险或不健康的职业的风险,当尚不可能消除或足够地降低此种风险时,为从事此种职业的工人提供工作小时的减少或额外的带薪假期;
5. 确保尽可能与一国传统或习俗或者相关宗教所认可的休息日相同的每周休息日;
6. 确保工人尽快并且在不迟于工作开始之日两个月内被书面告知合同或雇佣关系的关键内容;
7. 确保执行夜间工作的工人从考虑到该工作的特殊性质的措施中获益。

第三条 获得安全和健康的工作条件的权利

着眼于确保获得安全和健康的工作条件的权利的有效行使,缔约国承诺,通过与雇主和工人组织的协商:

1. 制定、执行和检视一个有关职业安全、职业健康和工作环境的协调一致的国家政策。该政策的主要目标应为改善职业安全与健康以及防止工作中产生的、与工作相关或者在工作过程中发生的事故和对健康的伤害,特别是尽可能限制工作环境中本质存在的危险因素;
2. 制定安全和健康规章;
3. 以监督措施实现此种规章的实行;
4. 促进所有工人的具有重要的预防和建议职能的职业健康服务的渐进式发展。

第四条 获得公平报酬的权利

着眼于确保获得公平报酬权利的有效行使,缔约国承诺:

1. 认可工人获得能够给他们和他们的家庭体面的生活标准的报酬的权利;
2. 认可工人获得除在特别情况下为加班工作获得更高的报酬水平的权利;
3. 认可男性和女性工人为同样价值的工作获得同样报酬的权利;
4. 认可所有工人获得解除雇佣时合理的预先通知期限的权利;
5. 仅在国家法律或规章所规定的或者集体协议或仲裁裁决所确定的条件下和限度内允许降低工资。

行使这些权利应由自由达成的集体协议、法定的工资确定体系或其他适合国家条件的方式来实现。

第五条　组织的权利

着眼于确保或促进工人和雇员为保护他们的经济和社会利益而组成当地的、国家的或者国际的组织和加入这些组织的自由，缔约国承诺国内法律不应损害此项自由或者以损害此项自由的方式被适用。本条所规定的保障适用于警察的限度应由国家法律或规章确定。约束这些保障适用于武装部队成员的原则和适用于此类人员的限度同样应由国家法律或规章确定。

第六条　集体谈判的权利

着眼于确保集体谈判权利的有效行使，缔约国承诺：

1. 促进工人和雇主之间的联合商讨；

2. 着眼于通过集体协议的方式来规定雇佣的条款和条件，在必要和适当时促进雇主或雇主组织与工人组织之间的自愿谈判；

3. 促进为解决劳动争议而调解和自愿仲裁的适当机制的建立和使用；

并认可

4. 工人和雇主在利益冲突的情况下采取集体行动的权利，包括罢工的权利，但要受之前达成的集体协议下可能产生的义务的约束。

第七条　儿童和未成年人受保护的权利

着眼于确保儿童和年轻人受保护的权利的有效行使，缔约国承诺：

1. 规定获得许可工作的最低年龄应为十五岁，儿童受雇于特别规定的对他们的健康、道德和教育无害的轻松工作除外；

2. 规定对于特别规定的危险或者有害健康的职业获得许可工作的最低年龄应为十八岁；

3. 规定仍处于强制教育阶段的人不得从事会剥夺他们获得教育所提供的完全益处的工作；

4. 规定十八岁以下的人的工作小时应依他们特别是对于职业培训的需要的发展需要而有所限制；

5. 认可未成年工人和学徒获得公平的工资或其他适当收入的权利；

6. 规定未成年人在正常工作时间内经雇主允许花在职业培训上的时间应被视为构成工作日的一部分；

7. 规定不满十八岁的雇员应享有最低四周带薪年假；

8. 规定不满十八岁的人不得受雇从事夜间工作，国家法律或规章规定的某些职业除外；

9. 规定受雇于国家法律或规章所规定的职业的不满十八岁的人应接受定期的医疗监察；

10. 确保提供针对儿童和未成年人所面临的身体和道德的危险的特别保护，特别是针对那些直接或间接源自他们的工作的危险。

第八条　被雇佣的妇女获得生育期保护的权利

着眼于被雇佣的妇女获得生育期保护的权利的有效行使，缔约国承诺：

1. 通过带薪假期、充分的社会保险福利或者公共基金的方式向被雇佣的妇女提供婴儿出生前后一共最低十四周的假期；

2. 将雇主在妇女怀孕直至产假结束期间向其发送辞退通知或者发送在此期间内会到期的辞退通知视为非法的;

3. 规定正在照顾其婴儿的母亲应为此目的享受充分的工作外时间;

4. 规制雇佣怀孕妇女、近期生育的妇女和照顾婴儿的妇女从事夜间工作;

5. 禁止雇佣怀孕妇女、近期生育的妇女和照顾婴儿的妇女从事地下开矿工作以及一切其他由于其危险、不健康或艰苦的性质而不适合的工作,并采取适当措施保护这些妇女的劳动权利。

第九条 获得职业指导的权利

着眼于确保获得职业指导的权利的有效行使,缔约国承诺在必要时提供或者促进能协助包括残疾人在内的所有人解决有关职业选择和进步的问题、并适当考虑到个人的特点及它们与职业机会的关系的服务:此种协助应当免费提供,并且同时提供给包括学龄儿童在内的年轻人和成年人。

第十条 获得职业培训的权利

着眼于确保获得职业培训的权利的有效行使,缔约国承诺:

1. 在必要时通过与雇主和工人组织的协商来提供或促进对包括残疾人在内的所有人的技术和职业培训,并且对于完全基于个人资质而接受更高的技术或者大学教育提供协助;

2. 提供或促进学徒制度以及其他为未成年男孩和女孩在其从事的工作中进行培训的系统安排;

3. 在必要时提供或促进:

a. 给成年人的充分和随时能使用的培训场所;

b. 给成年人因为技术发展或者劳动的新趋势而需要的再培训的特别场所;

4. 在必要时提供或促进给长期失业的人的再培训和再融入社会的特别措施;

5. 鼓励完全利用通过例如以下的适当措施提供的协助:

a. 减少或者取消任何费用或者收费;

b. 在适当情况下提供财政协助;

c. 把工人在雇主的提议下在雇佣期间花在辅助培训中的时间包括进正常的工作时间;

d. 通过充分的监督和通过与雇主和工人的组织的协商而确保学徒制和其他给未成年工人的培训安排的有效性以及普遍对未成年工人的充分保护。

第十一条 获得健康保护的权利

着眼于确保获得健康保护的权利的有效行使,缔约国承诺,直接或者通过与公共或私人组织的合作,采取适当措施从而实现包括但不限于以下的目标:

1. 尽可能消除不健康的来源;

2. 为促进健康和鼓励个人在健康事务中的责任而提供建议性和教育性的协助;

3. 尽可能防止传染性、流行性和其他的疾病以及事故。

第十二条 获得社会保障的权利

着眼于确保获得社会保障的权利的有效行使,缔约国承诺:

1. 建立或维持社会保障体系;

2. 维持社会保障体系在一个令人满意的水平,至少等同于批准《欧洲社会保障准则》所必要的水平；

3. 努力渐进地将社会保障体系提高到更高的水平；

4. 通过达成适当的双边和多边协议或者其他方式，并依据这些协议中设置的条件来确保：

a. 对它们的本国国民和其他缔约国公民有关社会保障权利的平等对待，包括获得源自社会保障立法的益处，不论受保护的人在缔约国领土之间进行怎样的迁移；

b. 兑现、保持和继续通过在每个缔约国的立法下完成的保险或者雇佣期间而积累的社会保障权利。

第十三条 获得社会和医疗援助的权利

着眼于确保获得社会和医疗援助的权利的有效行使，缔约国承诺：

1. 确保没有充分资源并且无法通过自身的努力或通过其他来源确保此种资源的人，被给予充分的救济，特别是通过社会保障体系下的益处，并且在患病时被给予他的情况所必需的医疗救助；

2. 确保获得此种救助的人不应由于这个原因而被克减其政治或社会权利；

3. 规定每个人可以获得适当的所需公共或私人服务以帮助他们防止、解除或减轻他们的个人或家庭困难；

4. 依照它们于1953年12月11日在巴黎签署的《有关社会和医疗援助的欧洲公约》下的义务，把本条第一、二、三款以平等的方式适用于它们的本国国民和合法处于它们境内的其他缔约国国民。

第十四条 获得社会福利服务的益处的权利

着眼于确保获得社会福利服务的益处的权利的有效行使，缔约国承诺：

1. 促进或提供通过社会工作的方式可以有助于社会中个人和集体的福利和发展以及适应社会环境的服务；

2. 鼓励个人、志愿者或其他组织参与此种服务的建立和保持。

第十五条 有残疾的人享有独立、融入社会以及参与社区生活的权利

着眼于确保有残疾的人不论年龄和他们残疾的性质和原因而享有独立、融入社会以及参与社区生活的权利的有效行使，缔约国承诺，特别是：

1. 采取必要措施尽可能在普遍系统的框架内为有残疾的人提供指导、教育和职业培训，或者当这样不可能的时候，通过公共的或私人的特别机构提供；

2. 促进他们的就业机会，通过一切倾向于鼓励雇主在普通的工作环境聘用和继续任用有残疾的人并且为他们的需求而调整工作环境的方式，或者，当由于残疾的原因而不可能这样做的时候，通过安排或创造依照残疾情况的保护状态下的就业。在某些情况下，这样的措施可能要求采取特别的安置和支持服务；

3. 促进他们完全融入社会以及参与社区生活，特别是通过包括技术支持在内的着眼于克服沟通和移动障碍以及使他们能够参与交通、居住、文化活动和休闲的措施。

第十六条 家庭获得社会、法律和经济保护的权利

着眼于确保作为社会基本单元的家庭的全面发展的必要条件，缔约国承诺通过社会和家庭福利、财政安排、提供家庭住所、新结婚的人的福利和其他适当手段促进对家庭生活的经

济、法律和社会保护。

第十七条 儿童和未成年人受到社会、法律和经济保护的权利

着眼于确保儿童和未成年人在一个鼓励他们人格和身体、精神能力的环境中成长的权利的有效行使,缔约国承诺,直接或者通过与公共和私人组织合作采取一切适当和必要措施以期:

1. a. 在考虑到他们父母的权利和责任的前提下,确保儿童和未成年人享有他们需要的照顾、协助、教育和培训,特别是通过建立或维持足够充分实现此目的的机构和服务;

b. 保护儿童和未成年人不受过失、暴力或剥削的伤害;

c. 由国家向暂时或永久失去了家庭支持的儿童和未成年人提供保护和特别的照顾;

2. 向儿童和未成年人提供免费的基础和中等教育并鼓励定期上学。

第十八条 在其他缔约国领土内从事有收入的工作的权利

着眼于确保在其他缔约国领土内从事有收入的工作的权利的有效行使,缔约国承诺:

1. 以自由精神适用现有的规章;

2. 简化现有手续并减少或废除应由外国工人或他们的雇主支付的档案费用和其他收费;

3. 单独或集体地放松管理雇佣外国工人的规章;

并且认可:

4. 他们的国民离开国家到其他缔约国的领土从事有收入的工作的权利。

第十九条 移民工人和他们的家庭受保护和协助的权利

着眼于移民工人和他们的家庭在任何其他缔约国领土内受保护和协助的权利的有效行使,缔约国承诺:

1. 保持或以另它们自己满意的方式实现有充分和免费的服务来协助这些工人,特别是协助他们获得准确的信息,并在国内法律和规章允许的限度内采取一切适当步骤防止有关移居国外和移居国内的误导性宣传;

2. 在它们自己的法域内采取适当措施协助这些工人和他们的家庭的离开、旅行和接收,并在它们自己的法域内提供适当的健康服务、医疗照顾和旅行中的良好的卫生条件;

3. 在适当时促进在移出和移入国家的公共和私人的社会服务之间的合作;

4. 对于法律或规章所管理的事项或受行政机构所控制的以下事项,确保这些合法处于它们的领土的工人受到不比它们自己的国民差的待遇:

a. 工资和其他雇佣和工作条件;

b. 工会成员资格和享有集体谈判的福利;

c. 住宿;

5. 在有关雇佣的税收、费用以及有关雇员的应付款项的事项上确保这些合法处于它们的领土的工人受到不比它们自己的国民差的待遇;

6. 尽可能协助被允许留居某国领土的外国工人的家庭团聚;

7. 在有关本条中提及的事项的法律程序上,确保这些合法处于它们的领土的工人受到不比它们自己的国民差的待遇;

8. 确保合法居住在它们境内的这些工人不被驱逐,除非他们威胁国家安全或损害公共利益或道德；

9. 在法律允许的框架内允许这些工人按照他们的意愿转移他们的部分收入和存款；

10. 把本条中规定的保护和协助在这些措施适用的情况下延伸至个体经营的移民；

11. 促进和辅助向移民工人和他们的家庭成员教授接收国的国内语言或者几种国内语言中的一种；

12. 在现实可行的限度内促进和辅助向移民工人的孩子教授移民工人的母语。

第二十条 在雇佣和职业事项上获得平等机会和平等待遇而不受基于性别的歧视的权利

着眼于确保在雇佣和职业事项上获得平等机会和平等待遇而不受基于性别的歧视的权利的有效行使，缔约国承诺认可该权利并采取适当措施确保或促进其在以下领域的适用：

a. 获得工作、不受辞退的保护和再就业；

b. 职业指导、培训、再培训和再教育；

c. 劳动合同的内容和工作条件，包括报酬；

d. 职业发展，包括升职。

第二十一条 获得信息和咨询的权利

着眼于确保工人在单位被通知和咨询的权利的有效行使，缔约国承诺采取或鼓励能使工人或其代表依照国内立法和实践进行以下活动：

a. 定期或在适当的时候以全面的方式被告知关于雇佣他们的单位的经济和财政状况，同时应理解对于单位有损害的某些信息的披露可以被拒绝或被要求保密；

b. 及时就可能实质地影响工人的利益的提议决定被咨询，特别是那些有可能对于单位的雇佣状况有严重影响的决定。

第二十二条 参与工作条件和工作环境的决定和改善的权利

着眼于确保工人参与单位的工作条件和工作环境的决定和改善的权利的有效行使，缔约国承诺采取或鼓励能够使工人或他们的代表依国内立法和实践对以下事项作出贡献的措施：

a. 工作条件、工作组织和工作环境的决定和改善；

b. 在单位对健康和安全的保护；

c. 在单位组织社会和社会文化服务和设施；

d. 监督对于有关这些事项的规章的遵守。

第二十三条 老年人获得社会保护的权利

着眼于确保老年人获得社会保护的权利的有效行使，缔约国承诺直接或通过与公共或私人组织的合作采取或鼓励特别是为以下目的的设计的适当措施：

——使老年人能够尽可能长久的继续作为社会的完整成员，通过以下手段：

a. 能够使他们有体面的生活并且在公共、社会和文化生活中作为积极部分的充分的资源；

b. 提供有关给老年人的服务和设施以及他们使用这些服务和设施的机会的信息；

——使老年人能够自由地选择他们的生活方式并尽可能按照他们的愿望和能力在他们熟悉的环境有独立的生活，通过以下手段：

a. 提供适合他们的需要和健康状况的住房或对于他们改变住所的充分支持；

b. 对于他们的状况所必需的医疗照顾和服务；

——保障在养老机构的老年人有适当的支持，同时尊重他们的隐私和对关于养老机构的生活条件的决定的参与。

第二十四条 在被辞退时受保护的权利

着眼于确保工人在被辞退时受保护的权利的有效行使，缔约国承诺认可：

a. 所有工人在没有与它们能力或行为相关或者基于单位、工作场所或服务的运营要求的正当辞退理由时不被辞退的权利；

b. 无正当理由被辞退的工人获得充分的赔偿或者其他适当救济的权利。

为此，缔约国承诺确保认为其被没有正当理由辞退的工人应有权上诉到一个公正的机构。

第二十五条 工人在其雇主破产时的求偿权获得保护的权利

着眼于确保工人在其雇主破产时的求偿权获得保护的权利的有效行使，缔约国承诺规定工人源自劳动合同或劳动关系的求偿权由担保机构担保或享有任何其他有效的保护形式。

第二十六条 享有在工作场所的尊严的权利

着眼于确保所有工人享有对其在工作场所的尊严的保护的权利的有效行使，缔约国承诺，通过与雇主和工人的组织协商：

1. 促进对工作场所或与工作有关的性骚扰的认识、信息和防止，并采取适当措施保护工人免受此种行为；

2. 促进对工作场所或与工作有关的针对工人个人的反复发生的值得谴责或者明显负面的和攻击性的行动的认识、信息和防止，并采取适当措施保护工人免受此种行为。

第二十七条 承担家庭责任的工人获得平等机会和平等待遇的权利

着眼于承担家庭责任的男性和女性工人与其他工人获得平等机会和平等待遇的权利的有效行使，缔约国承诺：

1. 采取适当措施：

a. 使负有家庭责任的工人可以获得以及保持工作并且在由于这些责任而离职后重新从事工作，包括在职业指导和培训领域的措施；

b. 把他们在工作条件和社会保障方面的需求纳入考虑；

c. 发展或促进公共或私人的服务，特别是白天托管儿童和其他照管儿童的安排；

2. 为一方父母在产假结束后休育儿假以照顾儿童提供可能，育儿假的时限和条件应由国内立法、集体协议或实践决定；

3. 确保家庭责任本身不应构成辞退的一个有效的理由。

第二十八条 工人代表在单位获得保护和协助的权利

着眼于确保工人代表履行他们的职责的权利的有效行使，缔约国承诺在工人代表的工作中：

a. 他们享有保护而不受针对他们的不公平行动，包括基于他们作为单位的工人代表的地位和活动的辞退；

b. 他们被提供适当的能使他们及时和有效地履行职责的便利，此种便利应考虑到该国的工业关系系统以及有关单位的需求、规模和能力。

第二十九条　在集体辞退程序中获得信息和咨询的权利

着眼于工人们在集体辞退程序中被告知和咨询的权利的有效行使，缔约国承诺确保雇主应在集体辞退的适当期间之前，通知和咨询工人代表有关避免集体辞退或者限制它们的出现并减轻它们的后果的方式和方法，例如通过配套的社会措施以期特别是帮助有关工人再就业或再培训。

第三十条　获得针对贫困和社会排斥的保护的权利

着眼于确保获得针对贫困和社会排斥的保护的权利的有效行使，缔约国承诺：

　　a. 在一个整体协作模式的框架内采取措施促进生活在或者有风险生活在社会排斥或贫困情况下的人以及他们的家庭有效地获得特别是雇佣、住房、培训、教育及文化、社会和医疗援助；

　　b. 在必要时检视这些措施以期及时变更它们。

第三十一条　获得住房的权利

着眼于确保获得住房的权利的有效行使，缔约国承诺采取为实现以下目的的措施：

1. 促进人们对具有适足标准的住房的使用权；
2. 防止和减少无家可归的情况以期逐渐消除它；
3. 使住房价格对于那些没有充分资源的人而言也可以负担。

第三部分

第 A 条　承诺

1. 在受以下第 B 条的规定的约束的前提下，每个缔约国承诺：

　　a. 把本《宪章》第一部分视为它会通过一切手段来实现的目标的宣言，就像该部分的引言段所述的那样；

　　b. 将自己视为受本《宪章》第二部分的九个条款中的以下六个条文的约束：第一、五、六、七、十二、十三、十六、十九和二十条；

　　c. 将自己视为受其所选择的本《宪章》第二部分其他数量的条文或编号款项的约束，它所受约束的条文或编号款项的总数不得少于十六个条文或六十三个编号款项。

2. 依本条第一款 b、c 段所选择的条文或款项应在交存批准、接受或同意文书时通知欧洲理事会秘书长。

3. 任何缔约国可以在日后通过发送给秘书长的通知宣布其认为自己受其在本条第 1 款下尚未接受的本《宪章》第二部分任何条文或编号款项的约束。此种后来作出的承诺应被视为批准、接受或同意的一个组成部分并应自该通知之日一个月后的下个月的第一日起具有同等效力。

4. 每个缔约国应保持适合国家条件的劳动监察系统。

第 B 条　与《欧洲社会宪章》和 1988 年附加议定书的联系

1. 如果《欧洲社会宪章》或者 1988 年 5 月 5 日附加议定书的缔约国不将自己视为受本《宪章》中与《欧洲社会宪章》和附加议定书（适当时）中该缔约国受约束的规定相对应的条

款的约束,则不得批准、接受或同意本《宪章》。

2. 如果某缔约国受《欧洲社会宪章》或《欧洲社会宪章》及 1988 年附加议定书的约束,则接受本《宪章》的任何条款下的义务应自那些义务对于相关缔约国生效时起导致《欧洲社会宪章》和 1988 年附加议定书中的对应条款不再适用于相关缔约国。

第四部分

第 C 条　对本《宪章》所载承诺的执行的监督

对本《宪章》所载的法律义务的执行应被提交给与《欧洲社会宪章》相同的监督程序。监督程序载于《欧洲社会宪章》第四部分,经 1991 年都灵议定书修订,引述如下①:

第四部分

第二十一条　关于接受的条款的报告

缔约国应以两年为一期以部长委员会决定的形式向欧洲理事会秘书长提交有关本《宪章》第二部分的它们所接受的条款的适用的报告。

第二十二条　有关没有接受的条款的报告

缔约国应在部长委员会请求的适当期间向秘书长提交有关本《宪章》第二部分中它们在批准或接受或在后续通知中没有接受的条款的报告。部长委员会应不时决定有关哪些条款的报告应被请求提交以及被请求提交的报告的形式。

第二十三条　报告与评论文本的往来

1. 当每个缔约国依第二十一条和第二十二条向秘书长提交报告时,应转发一份该报告的文本给作为依第二十七条第二款被邀请到部长委员会会议的雇主国际组织和国际工会组织成员的国内组织。

那些组织应向秘书长提交对于缔约国报告的评论。秘书长应将那些评论的文本发送给相关缔约国,相关缔约国可以回应。

2. 秘书长应将缔约国的报告转发一份给具有欧洲理事会咨询地位并在本《宪章》所管理的事务中具有特别经验能力的国际非政府组织。

3. 第二十一条、第二十二条和本条所指的报告和评论应当应请求向公众公开。

第二十四条　审查报告

1. 依第二十一条和第二十二条提交给秘书长的报告应由依第二十五条建立的独立专家委员会②审查。委员会还应审阅依第二十三条第一款转发给秘书长的任何评论。完成其审查后,独立专家委员会应起草一个包含其结论的报告。

2. 有关第二十一条所指的报告,独立专家委员会③应从法律的角度考察相关缔约国的国内法律和实践与源自《宪章》的义务是否相符。

---

①　译者按:以下《欧洲社会宪章》(修订)引述《欧洲社会宪章》的监督程序的部分改用楷体,以区别于《欧洲社会宪章》(修订)的自身内容。
②　原文脚注:自 1998 年起,该委员会被称作"欧洲社会权利委员会"。
③　原文脚注:自 1998 年起,该委员会被称作"欧洲社会权利委员会"。

3. 独立专家委员会④可以直接向缔约国提交对更多信息和澄清的请求。在此事项上独立专家委员会还可以在必要时由其自己主动或应相关缔约国的请求与缔约国代表举行会议,第二十三条第一款所指的各组织应被告知。

4. 独立专家委员会⑤的结论应公开并由秘书长转发给政府委员会、议会大会和第二十三条第一款和第二十七条第二款所提及的各组织。

第二十五条 独立专家委员会[欧洲社会权利委员会]⑥

1. 独立专家委员会应由至少九名⑦由议会大会⑧通过多数票从缔约国提名的具有最高的诚信和在国家和国际社会问题上被认可的经验能力的专家名单中选举的委员。委员的准确数量应由部长委员会决定。

2. 委员会的委员应以六年任期被选举。他们可以连选一次。

3. 被选举替代一位任期尚未届满的独立专家委员会的委员的委员应在其前任的剩余任期内任职。

4. 委员会的委员应以个人身份任职。在任职期间,他们不得从事任何与他们的职务所固有的独立、公正和确保工作时间的要求相冲突的职务。

第二十六条 国际劳工组织的参与

国际劳工组织应被邀请提名一位代表以咨询职能参与专家委员会的讨论。

第二十七条 政府委员会

1. 缔约国的报告、依第二十三条第一款和第二十四条第三款往来的评论和信息以及独立专家委员会⑨的报告应被提交给政府委员会。

2. 该委员会应由每个缔约国的一名代表组成。它应邀请不多于两个雇主的国际组织和不多于两个国际工会组织派送具有咨询职能的观察员参加它的会议。另外,它可以咨询具有欧洲理事会咨询地位并在本《宪章》所管理的事务中具有特别经验能力的国际非政府组织的代表。

3. 政府委员会应准备部长委员会的决定。特别是,考虑独立专家委员会⑩和缔约国的报告,它应给出选择的理由而基于社会、经济和其他政策考虑选择在它看来应当成为依本《宪章》第二十八条给相关国家的建议的主题的情况。它应向部长委员会提交应公开的报告。

4. 基于其对于本《宪章》的普遍执行的认定,政府委员会可以向部长委员会提交提议以期对社会事务和《宪章》可能进行更新的条文进行研究。

第二十八条 部长委员会

1. 部长委员会应通过投票权仅限于缔约国的投票人三分之二多数票,以部长委员会的

---

④ 同上。
⑤ 同上。
⑥ 同上。
⑦ 原文脚注:依照部长委员会的决定,欧洲社会权利委员会由十五名委员组成。
⑧ 原文脚注:这是都灵议定书中唯一未被适用的条款。欧洲社会权利委员会的委员现由部长委员会选举。
⑨ 原文脚注:自1998年起,该委员会被称作"欧洲社会权利委员会"。
⑩ 同上。

报告为基础,作出覆盖整个监督过程全程并包括针对相关缔约国的个别建议的决议。

2. 考虑政府委员会依第二十七条第四款作出的提议,部长委员会应在其认为适当时作出相应决定。

第二十九条　议会大会

欧洲理事会秘书长应将独立专家委员会⑪和政府委员会的报告以及部长委员会的决议提交给议会大会以便进行定期的全体辩论。

第 D 条　集体申诉

1. 提供集体申诉系统的《欧洲社会宪章》附加议定书的规定对于批准了该议定书的缔约国应适用于本《宪章》所载的承诺。

2. 任何不受提供集体申诉系统的《欧洲社会宪章》附加议定书的约束的国家,在交存批准、接受或同意本《宪章》的文书时或在其后的任何时候,可以通过提交给欧洲理事会秘书长的通知宣布其接受依照该议定书中所规定的程序对其在本《宪章》下的义务的监督。

集体申诉程序载于《宪章》的 1995 年附加议定书,引述如下⑫:

第一条

本议定书缔约国认可以下组织提交控诉本《宪章》令人不满意的适用的申诉的权利:

a.《宪章》第二十七条第二款所指的雇主和工会的国际组织;

b. 在欧洲理事会具有咨询地位、并且已被政府委员会列入为此目的建立的名单的其他国际非政府组织;

c. 在提交的申诉所针对的缔约国法域内的有代表性的雇主和工会的国内组织。

第二条

1. 任何缔约国可以在依第十三条的规定⑬表达其接受本议定书的约束的同时,或者在之后的任何时候,宣布其认可任何在其法域内的其他在《宪章》管理的事项上有特别的经验能力的有代表性的国内非政府组织针对该缔约国提交申诉的权利。

2. 此种宣言可以为某一特定时段作出。

3. 宣言应交存于欧洲理事会秘书长,秘书长应将副本转发给各缔约国并公布。

第三条

第一条 b 款和第二条分别提及的国际非政府组织和国内非政府组织仅可以就它们具有被认可的特别经验能力的那些事项依前述条款规定的程序提交申诉。

第四条

申诉应以书面提交、有关相关缔约国接受了的《宪章》的条款并且说明后者在哪方面没有确保该条款的令人满意的适用。

第五条

任何申诉应被提交给秘书长,秘书长应确认收到申诉、将其提交给相关缔约国并立即将

---

⑪ 原文脚注:自 1998 年起,该委员会被称作"欧洲社会权利委员会"。

⑫ 译者按:以下《欧洲社会宪章》(修订)引述《欧洲社会宪章》的监督程序的部分改用楷体,以区别于《欧洲社会宪章》(修订)的自身内容。

⑬ 译者按:1995 年附加议定书的第十三条有关附加议定书本身而并不涉及集体申诉程序,因此《欧洲社会宪章》(修订)并未引述该条文。

其转交给独立专家委员会。⑭

第六条

独立专家委员会⑮可以要求相关缔约国以及提交申诉的组织在其规定的时限内就该申诉的可接受性提交书面信息和意见。

第七条

1. 如果独立专家委员会⑯认为某一申诉可以接受，则它应通过秘书长通知《宪章》的缔约国。它应要求相关缔约国和提交申诉的组织在其规定的时限内提交所有相关书面解释或信息，并要求本议定书的其他缔约国在相同的时限内提交它们希望提交的意见。

2. 如果申诉是由一个国内雇主组织或国内工会或其他国内或国际非政府组织提交，独立专家委员会应通过秘书长通知《宪章》第二十七条第二款所指的雇主或工会的国际组织，并邀请他们在它规定的时限内提交意见。

3. 基于依以上第一、二款提交的解释、信息或意见，相关缔约国和提交申诉的组织可以在独立专家委员会⑰规定的时限内提交任何附加书面信息或意见。

4. 在审查申诉的过程中，独立专家委员会⑱可以组织各方代表参加的听证会。

第八条

1. 独立专家委员会⑲应起草报告，在其中应说明它在审查申诉中采取的步骤并表明其有关相关缔约国是否确保了申诉中所提及的《宪章》条款的令人满意的适用的结论。

2. 报告应被发送给部长委员会。报告还应被发送给提交申诉的组织和《宪章》各缔约国，它们不得自行公布报告。

报告应被发送给议会大会并与第九条所指的决议同时公开或不晚于其被发送给部长委员会后的四个月内公开。

第九条

1. 基于独立专家委员会⑳的报告，部长委员会应以投票人的多数票通过决议。如果独立专家委员会认为《宪章》并未以令人满意的方式适用，则部长委员会应以投票人的三分之二多数票通过给相关缔约国的建议。在以上两种情况下，投票权仅限于《宪章》的缔约国。

2. 应相关缔约国的请求，在独立专家委员会的报告提出新的问题时部长委员会可以通过《宪章》缔约国三分之二多数票决定咨询政府委员会。

第十条

相关缔约国应在其依照《宪章》第二十一条向秘书长提交的下次报告中就它所采取的实现部长委员会的建议的措施提供信息。

第十一条

本议定书第一条至第十条对于加入了《宪章》第一附加议定书的缔约国应同样适用于的

---

⑭ 原文脚注：自 1998 年起，该委员会被称作"欧洲社会权利委员会"。
⑮ 同上。
⑯ 同上。
⑰ 同上。
⑱ 同上。
⑲ 同上。
⑳ 同上。

该议定书第二部分的它们已经接受的条款。

第十二条

本议定书缔约国认为《宪章》附件有关第三部分的第一段应为如下表述:"《宪章》被理解为包含国际性质的法律义务,其适用仅可以被提交至《宪章》第四部分以及本议定书的款项所规定的监督程序。"

第五部分

第 E 条　不歧视

享有本《宪章》所载的权利应被确保而不受基于诸如种族、肤色、性别、语言、宗教、政治或其他见解、国别或社会出身、健康状况、与少数民族的联系、出生条件或其他地位的理由的歧视。

第 F 条　在战争或公共紧急状态时的克减

1. 在战争或其他威胁国家生命的公共紧急状态时任何缔约国可以在情势的紧急程度所严格要求的限度内采取措施克减其在本《宪章》下的义务,但此种措施不得与其其他国际法下的义务相冲突。

2. 任何启用了此项克减权利的缔约国应在合理时间内告知欧洲理事会秘书长其所采取的措施和原因。在此种措施停止施行而其所接受的本《宪章》的规定再次全面实施时,它应同样通知秘书长。

第 G 条　限制

1. 第一部分所载的权利和原则在有效实现后以及在第二部分中规定的它们的有效行使不应受任何在那些部分中没有说明的限制或遏制,除非是由法律规定的并且对于在民主社会中保护他人的权利和自由或者为保护公共利益、国家安全、公共健康或道德所必要。

2. 本《宪章》所允许的对于其所载的权利和义务的限制不应被适用于不同于它们所被规定的目的的任何其他目的。

第 H 条　《宪章》与国内法或国际协议的关系

本《宪章》的规定不应影响已生效的或可能生效的对受保护的人给予更有利待遇的国内法或任何双边或多边条约、公约或协议的规定。

第 I 条　对作出的承诺的执行

1. 在不影响本《宪章》第二部分第一至第三十一条中所预见的执行方式的前提下,这些条文的相关规定应由以下方式执行:

a. 法律或规章;

b. 雇主或雇主组织与工人组织之间的协议;

c. 以上两种方式的组合;

d. 其他适当方式。

2. 如果本《宪章》第二部分的第二条第一、二、三、四、五和七款,第七条第四、六和七款,第十条第一、二、三和五款以及第二十一、二十二条被依照本条第一款适用于相关工人的绝大多数,则对于源自这些条款的承诺的遵守应被视为有效。

第 J 条 修订

1. 任何由某一缔约国或政府委员会所提议的出于延伸本《宪章》所保障的权利的目的而对本《宪章》第一部分和第二部分作出的修订以及任何对于第三部分至第六部分的修订,应被发送至欧洲理事会秘书长并由秘书长转发给本《宪章》缔约国。

2. 任何依照上一款的规定提议的修订应由政府委员会审查,其应将采纳的文本提交给部长委员会经与议会大会商讨后批准。当该文本被部长委员会批准后应被转发给缔约国接受。

3. 任何对于本《宪章》第一部分和第二部分的修订对于接受它的缔约国应在三个缔约国通知秘书长它们接受该修订之日一个月后的下个月的第一日生效。

对于之后接受它的任何缔约国,该修订应在该缔约国通知秘书长接受该修订之日一个月后的下个月的第一日生效。

4. 任何对于本《宪章》第三部分至第六部分的修订应在所有缔约国通知秘书长它们接受该修订之日一个月后的下个月的第一日生效。

第六部分

第 K 条 签署、批准和生效

1. 本宪章应对欧洲理事会的全部成员国开放签署。它应被批准、接受或同意。批准、接受或同意的文书应交存于欧洲理事会秘书长。

2. 本宪章应在三个欧洲理事会成员国依上一款规定表示其同意接受本宪章的约束之日一个月后的下个月第一日生效。

3. 对于后来表达同意接受本宪章约束的任何成员国,本宪章应在交存批准、接受或同意文书之日一个月后的下个月第一日生效。

第 L 条 领土适用

1. 本《宪章》应适用于每个缔约国的城市领土。每个签署方可以在签署时或者在交存其批准、接受或同意文书时,通过提交给欧洲理事会秘书长的宣言具体说明其应为此目的的被视为城市领土的领土。

2. 任何签署方可以在签署时或者在交存其批准、接受或同意文书时或者其后的任何时候,通过提交给欧洲理事会秘书长的通知宣布本《宪章》应全部或部分延伸至此种宣言中所载的其负有国际责任的非本部领土。其应在宣言中具体说明本《宪章》第二部分中其所接受对于宣言中所载的领土有约束力的条文或款项。

3. 本《宪章》应在本宪章应在秘书长收到此种通知之日一个月后的下个月第一日将其适用延伸至上述宣言所载的领土。

4. 任何缔约国可以在日后通过提交给欧洲理事会秘书长的通知宣布,对于《宪章》依照本条第 2 款适用的一块或多块领土,其接受其尚未接受对于该领土有约束力的任何条文或编号款项具有约束力。此种后来作出的承诺应被视为有关该领土的原始宣言的一个组成部分,应在秘书长收到此种通知之日一个月后的下个月第一日与原始宣言具有同等效力。

第 M 条 退出

1. 任何缔约国仅可以在《宪章》对于其生效五年期满时或其后任何两年期满之时退出本《宪章》，在以上任何一种情况下缔约国仅可以在向欧洲理事会秘书长提前六个月发出通知后退出，秘书长应将该情况通知其他缔约国。

2. 任何缔约国可以依上一段所设置的规定退出其所接受了的本《宪章》第二部分的任何条文或款项，但该缔约国受约束的条文或款项的总数不应少于十六个条文或六十三个款项，该条文或款项总数应继续包括缔约国从第 A 条第 1 款 b 段中特别提及的那些中所选择的条文或款项。

3. 任何缔约国可以在本条第 1 款所规定的条件下，对于《宪章》由于依照第 L 条第 2 款所作的宣言而生效的领土退出本《宪章》或本《宪章》第二部分的任何条文或款项。

第 N 条 附件

本宪章的附件应构成本宪章的一部分。

第 O 条 通知

欧洲理事会秘书长应就以下事项通知理事会成员国和国际劳工办公室主任：

a. 签署；

b. 交存批准、接受或同意文书；

c. 本《宪章》依第 K 条生效的任何日期；

d. 在适用第 A 条第 2、3 款，第 D 条第 1、2 款，第 F 条第 2 款，第 L 条第 1、2、3、4 款中作出的任何宣言；

e. 任何依照第 J 条的修订；

f. 任何依照第 M 条的退出；

g. 任何其他有关本《宪章》的行动、通知或沟通。

特此见证，签署方具有适当授权，签署了本修订《宪章》。

1996 年 5 月 3 日于斯特拉斯堡以英语和法语达成，两种语言的文本同等有效，载于一份文本，交存于欧洲理事会档案处。欧洲理事会秘书长应将经认证的副本转发给每个欧洲理事会成员国以及国际劳工办公室主任。

附件

《欧洲社会宪章》（修订版）
受保护人群的范围

1. 在不影响第十二条第四款和第十三条第四款的前提下，被第一至十七条和第二十至三十一条所覆盖的人群仅在外国人为合法地居留或定期工作于相关缔约国领土的其他缔约国国民时才包括外国人，同时应理解这些条文应依照第十八条和第十九条进行解释。

本解释不影响将类似的协助延伸给任何缔约国的其他人群。

2. 每个缔约国将给予符合 1951 年 7 月 28 日在日内瓦签署的《有关难民地位的公约》和 1967 年 1 月 31 日签署的议定书的定义并且合法居留于其领土的难民以尽可能有利、并且在任何情况下不得低于该缔约国在该公约下以及在任何适用于那些难民的现有国际文书下所接受的义务的待遇。

3. 每个缔约国将给予符合 1954 年 9 月 28 日在纽约达成的《有关无国籍人地位的公约》的定义并且合法居留于其领土的无国籍人以尽可能有利、并且在任何情况下不得低于该缔约国在该公约下以及在任何适用于那些无国籍人的现有国际文书下所接受的义务的待遇。

第一部分, 第十八款以及第二部分第十八条第一款

这些规定被理解为不涉及进入缔约国领土的问题,并且不影响 1955 年 12 月 13 日在巴黎签署的《欧洲居留公约》的规定。

第二部分

第一条, 第二款

本规定不应被解释为禁止或者授权任何工会安全条款或实践。

第二条, 第六款

缔约国可以规定本条款不适用于:

a. 合同或雇佣关系总期限不超过一个月以及/或者每个工作周的时间不超过八小时的工人;

b. 合同或雇佣关系是不正式的以及/或者具有特别的性质,前提是在这些情况下本条款的不适用有可观考量所支持的正当理由。

第三条, 第四款

为本条款的目的,这些服务运行的功能、组织和条件应由国内法律或规章、集体协议或者其他适合国家条件的方式来决定。

第四条, 第四款

本条款应被理解为不禁止由于任何严重的错误而立即辞退。

第四条, 第五款

缔约国在工人中除那些不被覆盖的人之外的绝大多数不允许通过法律、集体协议或仲裁裁决而被扣除工资时,才可作出本款要求的承诺。

第六条, 第四款

每个缔约国就与其相关的情况可以通过法律规制罢工权利的行使,前提是对该权利作出的限制依照第 G 条的规定具有正当性。

第七条, 第二款

本款不妨碍缔约国在立法中规定:没有达到设置的最低年龄的年轻人可以从事工作,如果从事工作对于他们的职业培训是绝对必要的、此种工作是依照有权机关规定的条件进行的并且采取了措施保护这些年轻人的健康和安全。

第七条, 第八款

如果某缔约国通过以法律要求绝大多数十八岁以下的人不得被雇佣从事夜间工作的方式实现了本承诺的精神,它才可作出本款要求的承诺。

第八条, 第二款

本款不应被理解为设置了一个绝对的禁止。可以有例外情况,例如如下情况:

a. 如果一个被雇佣的妇女犯了使断绝雇佣关系具有正当性的罪;

b. 如果相关单位不再运行;

c. 如果雇佣合同中规定的期限届满。

第十二条，第四款

本款序言中"并依据这些协议中设置的条件"被理解为包括担不限于如下内容：对于独立于任何保险缴费即可享有的福利，缔约国可以要求其他缔约国的国民居留满一个规定期间后才向他们发放此种福利。

第十三条，第四款

不是《有关社会和医疗援助的欧洲公约》缔约方的政府可以就本款批准本《宪章》，条件是他们向其他缔约国国民给予与该公约的规定相一致的待遇。

第十六条

本条提供的保护覆盖单亲家庭。

第十七条

除非依据适用于儿童的法律成年的年龄更早，本条覆盖所有十八岁以下的人，但不影响其他本《宪章》的具体规定，特别是第七条。

这不意味着为直到以上提到的年龄前的人提供强制教育的义务。

第十九条，第六款

为适用本款的目的，"外国工人的家庭"被理解为指至少包括工人的配偶和未婚的孩子，只要后者被接受国视为未成年人而应由该移民工人抚养。

第二十条

1. 社会安全事务以及其他与失业救济、老年人福利和死者家属福利相关的规定可以被排除在本条的范围之外。

2. 有关对妇女的保护的规定，特别是有关怀孕、生产以及产后的，不应被视为本条中所指的歧视。

3. 本条不妨碍指定着眼于消除事实上的不平等的特别措施。

4. 由于它们的性质或它们被从事的背景而只能交由某一特定性别的人的职业活动可以被排除在本条或本条某些款项的范围之外。本款不应被解释为要求缔约国在法律或规章中包括一个由于它们的性质或它们被从事的背景而只能交由某一特定性别的人的职业活动的名单。

第二十一条和第二十二条

1. 为适用这些条文的目的，"工人代表"指指被国内立法或实践认可为工人代表的人。

2. "国内立法或实践"在法律和规章之外还包括集体协议、其他雇主和工人代表之间的协议、习惯以及相关的案例法。

3. 为适用这些条文的目的，"单位"被理解为指一套实体和非实体的组成部分，有或没有法律人格，被组成以便为谋取经济收益而生产产品或提供服务并且有权力决定其自己的市场政策。

4. 宗教社区及其机构可以被排除在这些条文的范围之外，即便这些机构符合第三款"单位"的概念。被某些理念所启发或被某些道德概念所指导而进行活动（理念和概念指受国家立法的保护的理念和概念）的场所可以在保护该单位的宗旨所必要的限度内被排除在这些条文的范围之外。

5. 当这些条文中所载的权利在单位的不同场所得到行使,相关缔约国应被视为履行了这些条文下的义务。

6. 缔约国可以将雇佣少于国内立法或实践所决定的一定数量工人的单位排除在这些条文的适用范围之外。

第二十二条

1. 本条不影响国家制定工作场所的健康和安全规章的权力和义务,也不影响负责监督它们的适用的机构的权力和义务。

2. "社会和社会文化服务与设施"被理解为指一些单位提供的社会以及/或者文化设施和协助,例如福利援助、运动场、母婴室、图书馆、儿童的假期营地等。

第二十三条,第一款

为适用本款的目的,"尽可能长久"指相对于老年人的身体、心理和智力能力。

第二十四条

1. 为本条的目的"辞退"和"被辞退"指由雇主主动进行的终止雇佣。

2. 本条覆盖所有工人,但缔约国可以将以下类别的被雇佣的人从本条的部分或全部保护中排除:

a. 基于为一个特定时段或特定任务的雇佣合同雇佣的工人;

b. 试用期的工人,条件是试用期是事先决定的并且期限合理;

c. 在短期的非正式的基础上雇佣的工人。

3. 为本条的目的,特别是以下事项不得构成辞退的正当理由:

a. 在工会的成员身份或者在工作时间外或经雇主同意在工作时间内参与工会活动;

b. 寻求担任、担任或者担任过工人代表的身份;

c. 提交申诉或者参与针对雇主的有关被控违反法律或规章的法律程序或者向有权行政机关申诉;

d. 种族、肤色、性别、婚姻状态、家庭责任、怀孕、宗教、政治见解、国别或社会出身;

e. 产假或育儿假;

f. 由于生病或受伤暂时离开工作。

4. 无正当理由辞退的赔偿或其他适当救济应由国内法律或规章、集体协议或其他适合国家条件的方式决定。

第二十五条

1. 有权国家机关可以通过排除的方式并在咨询雇主和工人的组织之后,基于某些类别的工人的雇佣关系的特别性质而将他们排除出本条的保护。

2. "破产"的定义须由国内法律或实践来决定。

3. 被本条所覆盖的工人的求偿权应至少包括以下:

a. 工人对关于破产前的一个规定时段的或者直至雇佣终结时的工资的求偿权,该规定时段在特权系统下不应短于三个月而在保障系统下不应短于八周;

b. 工人对于在破产或雇佣终结的当年从事了的工作而应得的假期补助的求偿权;

c. 工人对于破产前的一个规定时段的或者直至雇佣终结时的其他类别的带薪假的金额的求偿权,该规定时段在特权系统下不应短于三个月而在保障系统下不应短于八周。

4. 国内法律或规章可以将工人求偿权的保护限制到一个社会可以接受水平的规定数额。

第二十六条
本条不要求缔约国通过立法。
本条第二款不覆盖性骚扰。

第二十七条
本条适用于负有与他们抚养的儿童有关的家庭责任和负有与他们明显需要照顾或支持的其他近亲成员有关的家庭责任的男性和女性工人，该家庭责任要限制他们准备、进入、参与或者提高经济活动的可能性。"抚养的儿童"和"明显需要照顾或支持的其他近亲成员"指由相关缔约国国内立法所定义的人群。

第二十八条和第二十九条
为本条适用的目的，"工人代表"指被国内立法或实践认可为工人代表的人。

第三部分
《宪章》被理解为包含国际性质的法律义务，其适用仅可以被提交至第四部分所规定的监督程序。

第 A 条，第一款
编号款项被理解为可以包括仅有一个款项的条文。

第 B 条，第二款
为第 B 条第二款的目的，修订的《宪章》的条款与《欧洲社会宪章》的相同条文或相同编号款项相对应，以下条款除外：

a. 修订的《宪章》第三条第二款对应《欧洲社会宪章》第三条第一、三款；

b. 修订的《宪章》第三条第三款对应《欧洲社会宪章》第三条第二、三款；

c. 修订的《宪章》第十条第五款对应《欧洲社会宪章》第十条第四款；

d. 修订的《宪章》第十七条第一款对应《欧洲社会宪章》第十七条。

第五部分

第 E 条
基于客观和理性理由的不同待遇不应被视为有歧视性。

第 F 条
"在战争或公共紧急状态时"应被理解为同时包括战争的威胁。

第 I 条
依照第二十一条和第二十二条的附件被排除的工人被理解为不应被计入相关工人的总数。

第 J 条
"修订"应被延伸为同时包括对《宪章》增加新的条文。

79. 欧洲保护人权和基本自由公约

(经 2010 年第十四议定书修订)

本公约文本曾由 1970 年 9 月 21 日生效的第三议定书、1971 年 12 月 20 日生效的第五议定书、1990 年 1 月 1 日生效的第八议定书修订，并在第二议定书于 1970 年 9 月 21 日生效后包括了第二议定书的内容。所有以上议定书所修订或增加的规定均由 1998 年 11 月 1 日生效的第十一议定书所取代。本文本是经 2010 年 6 月 1 日生效的第十四议定书修订的文本。

签署方政府，作为欧洲理事会的成员，

考虑到联合国大会于 1948 年 12 月 10 日发布的《世界人权宣言》；

考虑到此宣言期望保障对其所宣布的权利的普遍和有效的认可和遵守；

考虑到欧洲理事会的目标是在其成员中取得更大程度的团结，而追求该目标的方法之一就是保持和进一步实现人权和基本自由；

重申它们深信那些基本自由是正义与世界和平的基石，对它们最好的保护是一方面通过有效的政治民主和另一方面通过对它们所依赖的人权的共同理解和遵守；

在欧洲国家政府有相似的意愿并且享有政治传统、理念、自由和法治的共同遗产的情况下，决定，采取集体执行《世界人权宣言》所述的某些权利的第一步，

协议如下：

第一条 尊重人权的义务

缔约国应确保在其辖区内的每个人的本公约第一节定义的权利和自由。

第一节 权利和自由

第二条 生命权

1. 每个人的生命权应受法律保护。没有人可以被任意剥夺其生命，除非为执行他在定罪后法院所判决的法律为此犯罪规定的刑罚。

2. 当剥夺生命源自不超过以下绝对必要的使用武力时，不应被视为违反本条：

a. 为保护任何人不受非法的暴力侵害；

b. 为实行合法的逮捕或防止被依法监禁的人逃跑；

c. 在依法采取的以镇压骚乱或政变为目的的行动中。

第三条 禁止酷刑

没有人应被施以酷刑或不人道或侮辱性的待遇或处罚。

第四条 禁止奴隶制和强制劳动

1. 没有人可以被置于奴隶制或苦役中。

2. 没有人可以被要求进行强迫的或强制的劳动。

3. 为本条的目的，"强迫的或强制的劳动"不应包括：

a. 任何根据本公约第五条的规定进行监禁的正常过程中或者在从此类监禁中被有条件释放的过程中所被要求进行的工作；

b. 任何军事性质的服务或者，对于在认可拒服兵役的国家的拒服兵役者来说，替代强制军事服务所要求的服务；

c. 任何在威胁生命或者威胁社会安定的紧急或灾难情况下被要求的服务；

d. 任何构成正常公民义务的一部分的工作或服务。

第五条　自由和安全的权利

1. 每个人有权拥有个人自由和安全。没有人应被剥夺其自由，除非在以下情况下并且依照法律规定的程序：

a. 在有管辖权的法院对某人定罪后对其依法监禁；

b. 因不服从法院的合法的命令或者为保障履行法律规定的任何义务而对某人依法逮捕或监禁；

c. 在对某人犯下了某项罪行有合理怀疑的情况下，为将他带至有管辖权的法律机关面前的目的而进行的依法逮捕或监禁，或者当被合理认为是防止某人犯下某项罪行或者在犯罪后逃跑所必要时进行的依法逮捕或监禁；

d. 依合法的命令为教育监督的目的监禁未成年人，或者为将其带至有管辖权的法律机关面前而对未成年人依法监禁；

e. 为防止传染性疾病的蔓延而将人依法监禁，依法监禁精神病人、嗜酒者、有毒瘾的人或流浪者；

f. 为防止某人未经授权进入该国而对其依法逮捕或监禁，或者依法逮捕或监禁正在被采取措施驱逐出境或引渡的人。

2. 每个被逮捕的人应立即被用他明白的语言告知他被逮捕的原因以及对他的任何指控。

3. 每个依本条第一款第三项被逮捕或监禁的人应立即被带至法官或者其他被法律授权行使司法权的官员面前，并应有权在合理时间内受审或被释放待审。释放可以附加担保其出庭受审的条件。

4. 每个因逮捕或监禁被剥夺自由的人应有权提起程序，该程序由法院迅速地决定其监禁的合法性，如果监禁不合法应命令将其释放。

5. 每个违反本条规定的逮捕或监禁的受害者应享有可以被执行的获得赔偿的权利。

第六条　获得公正审判的权利

1. 在决定其民事权利义务或者针对其的刑事指控时，每个人有权获得由法律所设立的独立和公正的裁判庭在合理时间内进行的公正和公开的庭审。判决应公开宣布，但为保护民主社会中的道德、公共秩序或国家安全，为未成年人的利益或保护当事人私生活的需要或者当公开会妨害公正的特殊情况下，在法院认为严格必要的限度内，新闻媒体和公众可以被从庭审的全部或部分中排除。

2. 每个被指控犯罪的人应被推定为无罪直到依法证明有罪。

3. 每个被指控犯罪的人有以下最低权利：

a. 被用他明白的语言具体地、立即地告知针对他的控诉的性质和原因；

b. 有充分的时间和便利以准备辩护;

c. 为自己辩护或者通过自己选择的法律协助辩护,或者如果他没有足够的办法为法律协助支付费用,当正义需要时被免费提供法律协助;

d. 质询或由他人质询证人,在控方证人出庭和接受质询的同等条件下使辩方证人出庭和接受质询;

e. 如果他不明白或不讲法院使用的语言,获得免费的翻译员协助。

第七条 罪刑法定

1. 没有人应因任何在发生时在国内法或国际法下不构成犯罪的行为或不行为而被定任何罪。对于犯罪不得施以比在犯罪发生时适用的刑罚更重的刑罚。

2. 本条不妨碍对于在发生时依据文明国家所认可的普遍原则构成犯罪的任何人的任何行为或不行为的审判和处罚。

第八条 私生活和家庭生活被尊重的权利

1. 每个人有权获得对其私生活和家庭生活、住所和通信的尊重。

2. 公共机关不得干预此项权利的行使,除非依照法律并且是在民主社会为国家安全、公共安全或国家经济安定,为防止无秩序或犯罪,为保护健康或道德,或者为保护他人的权利和自由所必要。

第九条 思想、良心和宗教的自由

1. 每个人有权享有思想、良心和宗教的自由;此权利包括改变其宗教或信仰的自由,以及自己或与他人一同、公开或私下表达其宗教或信仰的自由,以及崇拜、教学、实践和遵守的自由。

2. 表达一个人的宗教或信仰的自由仅应受法律规定的,对于在民主社会中的公共安全、保护公共秩序、健康或道德或者保护他人的权利和自由所必要的限制。

第十条 言论自由

1. 每个人有权享有言论自由。此项权利应包括持有见解以及接受和传播信息和理念而无论在哪个领域不受公共机关干涉的自由。本条不应禁止国家要求广播、电视或电影企业的执照。

2. 因为行使这些自由伴随着义务和责任,行使这些自由可以受到法律所规定的,对于在民主社会中的国家安全、领土完整或公共安全、防止无秩序货犯罪、保护健康或道德、保护他人的名誉或权利、防止保密信息的透露或者维持司法权的公信力和公正所必要的形式、条件、限制或惩罚的制约。

第十一条 集会和结社的自由

1. 每个人有权享有和平地集会的自由和与他人结社的自由,包括为保护其利益组成和加入工会的权利。

2. 不应对行使这些权利设置限制,法律所规定的在民主社会中的国家安全、防止无秩序货犯罪、保护健康或道德或者保护他人的权利和自由所必要的限制除外。本条不应妨碍对国家的武装部队、警察或政府的成员行使这些权利设置合法的限制。

第十二条 结婚的权利

婚龄男人和女人有权依照约束此项权利的行使的国内法结婚和组成家庭。

第十三条 获得有效救济的权利

每个本公约所载的权利和自由被违反的人应在国家机关获得有效的救济,即便该违反是由行使公务的人所犯。

第十四条 禁止歧视

享有本公约所载的权利和自由应被确保,而不受基于任何诸如性别、种族、肤色、语言、宗教、政治或其他见解、国别或社会出身、属于某少数民族、财产、出生环境或其他地位等原因的歧视。

第十五条 紧急时刻的克减

1. 在战争或其他威胁国家生命的公共紧急时刻,任何缔约国可以采取措施在情势的紧急所严格要求的限度内克减其在本公约之下的义务,条件是此类措施不违背其在国际法下的其他义务。

2. 除战争中的合法行动所导致的死亡以外,不得对第二条作出克减,也不得对第三条、第四条(第一款)和第七条作出克减。

3. 任何启用此项克减权利的缔约国应将它所采取的措施和理由充分地通知欧洲理事会秘书长。它应告知欧洲理事会秘书长何时该措施将结束实行而本公约的规定将重新被完全实行。

第十六条 限制外国人的政治活动

第十、十一和十四条的任何内容不应被理解为禁止缔约国对外国人的政治活动加以限制。

第十七条 禁止滥用权利

本公约的任何内容不可以被解释为暗示任何国家、团体或个人有任何权利参与或进行任何以破坏任何本公约所载权利和自由或者对它们施加超出本公约所规定的限度的限制为目的的活动或行动。

第十八条 对于限制权利的使用的限制

本公约所允许的对于本公约所载的权利和自由的限制不应因本公约规定以外的任何目的被适用。

第二节 欧洲人权法院

第十九条 法院的设立

为保障缔约国对在本公约和议定书中所作承诺的遵守,应设立欧洲人权法院,以下简称"法院"。它应无限期运行。

第二十条 法官数量

法院应由与缔约国数量相同的法官组成。

第二十一条 任职标准

1. 法官应具有高尚的道德素质,并且必须具有被任命至高级法官职位所需的资历或者是拥有被认可的能力的法学家。

2. 法官应以个人身份任职于法院。

3. 在任期内法官不得从事任何与他们的独立与公正不相符或者要求全职工作的活动;

有关本款的适用的疑问应由法院决定。

第二十二条　法官的选举

对应每个缔约国的法官应由欧洲理事会议会以多数票从该缔约国所提名的三名候选人名单中选举。

第二十三条　任期和解职

1. 法官应以九年任期被选举。他们不可以连选连任。

2. 法官的任期应在他们七十岁时届满。

3. 法官应任职直到被替换。但是,他们应当继续处理他们已经在审理的案件。

4. 法官不得被解职,除非其他法官通过三分之二多数决定该法官已不再符合所要求的条件。

第二十四条　书记处和报告员

1. 法院应设有一个书记处,其职权和组织应由法院的规则确定。

2. 当独任法官审判时,法院应由报告员协助,他们应当依法院院长的指示行动。他们构成书记处的一部分。

第二十五条　合议制法院

合议制法院应

a. 以三年任期选举其院长和一个或两个副院长;他们可以连选连任;

b. 设立以固定期限运行的合议庭;

c. 选举法院合议庭的庭长;他们可以连选连任;

d. 设立法院的规则;

e. 选举书记员和一个或多个助理书记员;

f. 依第二十六条第二款作出任何请求。

第二十六条　独任法官、委员会、合议庭以及大合议庭

1. 为审理诉至法院的案件,法院可以以独任法官、三名法官的委员会、七名法官的合议庭和十七名法官的大合议庭审理。法院的合议庭应设立固定期限的委员会。

2. 在合议制法院的请求下,部长委员会可以以一致决定,在固定期限内把合议庭的法官数量减少到五名。

3. 作为独任法官审理时,法官不应审查任何针对其所对应的缔约国提出的申请。

4. 对应涉案缔约国被选举的法官应作为合议庭和大合议庭的特别成员参与审理。如果没有此类法官或如果该法官无法参与审理,一个由法院院长从该缔约国提前提交的名单中选择的人应以法官身份参与审理。

5. 大合议庭应同时包括法院院长、副院长、合议庭庭长和其他依照法院规则选出的法官。当一个案件依第四十三条被提交给大合议庭,作出该判决的原合议庭的法官不应参与大合议庭的审理,合议庭庭长和作为涉案缔约国对应的法官参与审理的法官除外。

第二十七条　独任法官的权限

1. 独任法官可以宣布依第三十四条提交的申请不可接受或者将其从法院的案件名单中移除,如果该决定可以不经进一步的审查而作出。

2. 该决定应为终局的。

3. 如果独任法官没有宣布一个申请不可接受或将其移除,该法官应将其转交一个委员会或合议庭作进一步审查。

第二十八条　委员会的权限

1. 对于依第三十四条提交的申请,委员会可以以一致投票,

a. 宣布其不可接受或将其从案件名单中移除,如果该决定可以不经进一步的审查而作出;或者

b. 宣布其可以接受并在同时对案件实体作出判决,如果对案件中有关公约或议定书的解释或适用的基本问题已经有法院的明确确立的判例。

2. 依第一款作出的决定和判决应为终局的。

3. 如果涉案缔约国对应的法官不是委员会的成员,委员会在可以考虑包括该缔约国是否反对第1.b款程序中的申请在内的一切相关事实的基础上,在程序的任何阶段邀请该法官接替一名委员会的成员。

第二十九条　合议庭有关可接受性和案件实体的决定

1. 如果没有依第二十七条或第二十八条作出决定或者依第二十八条作出判决,合议庭应决定依第三十条所提交的个人申请的可接受性和案件实体。关于可接受性的决定可以被另行作出。

2. 合议庭应决定依第三十三条提交的跨国申请的可接受性和案件实体。关于可接受性的决定应被另行作出,除非法院在极特别的案件中有不同决定。

第三十条　放弃管辖权而转交大合议庭

当在合议庭悬而未决的案件提出了影响本公约或之后的议定书的解释的严重问题,或者当由合议庭对一个问题的结论可能产生与法院之前作出的判决不一致的结果,合议庭可以在作出判决前的任何时候,放弃管辖权而把管辖权转交给大合议庭,除非案件一个当事方反对。

第三十一条　大合议庭的权力

大合议庭应:

a. 当合议庭依第三十条放弃了其管辖权或者当案件被依第四十三条转交给它时,决定依第三十三条或第三十四条提交的申请;

b. 决定由部长委员会依第四十六条第四款提交给法院的事项;

c. 考虑依第四十七条提交的对建议意见的请求。

第三十二条　法院的管辖权

1. 法院的管辖权覆盖依第三十三条、第三十四条、第四十六条和第四十七条的规定提交给它的有关本公约及其议定书的解释和适用的所有事项。

2. 在对于法院是否有管辖权存在争议的情况下,应由法院决定。

第三十三条　跨国案件

任何缔约国可以将另一个缔约国被指控的对本公约和议定书的规定的违反提交给法院。

第三十四条　个人申请

法院可以接受任何主张其为某缔约国对本公约或其议定书所载的权利的违反的受害者的个人、非政府组织或个人团体提交的申请。缔约国承诺不以任何方式妨碍此项权利的有效

行使。

第三十五条 可接受性的标准

1. 法院仅可以在所有国内救济被穷尽之后、依照被普遍认可的国际法规则、在最终决定作出之日后的六个月之内处理某事项。

2. 法院不应处理任何依第三十四条提交的具有以下情况的申请：

a. 是匿名的；或者

b. 实质上与法院已经审查过的或者已经提交给另一个国际调查或解决程序的事项相同而没有新的相关信息。

3. 如果法院认为有以下情况，应宣布任何依第三十四条提交的个人申请不可接受：

a. 申请与本公约或其议定书的规定不相符合、明显是没有依据的或者构成对个人申请权利的滥用；或者

b. 申请人没有受到实质不利的伤害，除非对本公约和议定书所定义的人权的尊重要求在实体上审查该申请，但如果国内裁判庭没有适当考虑过申请人没有受到实质不利伤害这一理由则法院不得以这一理由拒绝接受某案。

4. 法院应拒绝接受其认为依据本条不可接受的任何申请。它可以在诉讼程序的任何阶段这样做。

第三十六条 第三方干预

1. 在合议庭或大合议庭的所有案件，某一国民为申请者的缔约国应有权提交书面评论并参加庭审。

2. 法院院长可以为适当运行正义，邀请不是诉讼程序当事方的缔约国或不是申请者的相关人士提交书面评论或参加庭审。

3. 在合议庭或大合议庭的所有案件，欧洲理事会人权委员可以提交书面评论并参加庭审。

第三十七条 排除申请

1. 当情况导致以下结论时，法院可以在诉讼程序的任何阶段决定将某一申请从案件名单中排除：

a. 申请者无意继续其申请；或者

b. 该事项已被解决；或者

c. 为法院确定的任何其他原因，继续该申请的审理不再具有正当性。

但是，如果对于公约和其议定书中定义的人权的尊重有所要求，法院应继续该申请的审查。

2. 法院可以决定把一项申请重新放回其案件名单中，如果它认为情况使这一行动具有正当性。

第三十八条 审理案件

法院应与当事方代表一同审理案件，并且如果需要，进行调查，涉案缔约国应对调查的有效进行提供一切必要的便利。

第三十九条 友好和解

1. 在诉讼程序的任何阶段,法院可以服务于涉案各方以期取得在尊重本公约和议定书所定义的人权的基础上对案件的友好和解。

2. 依第一款进行的程序应保密。

3. 如果取得友好和解,法院应以仅限于简要说明事实和达成的解决方案的决定的方式将案件从其名单中除名。

4. 该决定应转交部长委员会,其应监督决定中所载的友好和解的条款的执行。

第四十条 公开庭审以及获取文件

1. 庭审应公开,除非法院在极特别情况下作出不同决定。

2. 交存于书记处的文件应对公众开放,除非法院院长作出不同决定。

第四十一条 公正赔偿

如果法院认定存在对公约或议定书的违反,而该涉案缔约国的国内法只允许作出部分赔偿,法院应在必要时为受伤害的一方判处公正的赔偿。

第四十二条 合议庭的判决

合议庭的判决依第四十四条第二款的规定应为终局的。

第四十三条 提交给大合议庭

1. 在合议庭判决之日的三个月内,案件任何一方当事方可以在极其特别情况下请求将该案提交给大合议庭。

2. 如果案件提出影响本公约或其议定书的解释或适用的解释的严重问题或者一个具有普遍重要性的严重问题,大合议庭的五名法官组成的小组应接受该请求。

3. 如果小组接受该请求,大合议庭应以判决的方式决定该案。

第四十四条 终局判决

1. 大合议庭的判决应为终局判决。

2. 合议庭的判决应成为终局判决:

a. 如果当事方宣布它们不请求案件给提交给大合议庭;或者

b. 在判决之日三个月后,没有把案件提交给大合议庭的请求;或者

c. 如果大合议庭的法官小组拒绝依第四十三条提交的请求。

3. 终局判决应公开。

第四十五条 判决和决定的理由

1. 判决和宣布申请可以接受或不可以接受的决定均应给出理由。

2. 如果判决整体或部分不代表法官们的一致意见,任何法官应有权作出分别意见。

第四十六条 判决的约束力和执行

1. 缔约国承诺在任何它们为当事方的案件中遵守法院的终局判决。

2. 法院的终局判决应被转交给部长委员会,部长委员会应监督其执行。

3. 如果部长委员会认为监督某项终局判决的执行被判决解释的问题所妨碍,它可以将该事项提交给法院就解释问题作出决定。作出提交的决定应须有权出席委员会的代表的三

分之二多数票。

4. 如果部长委员会认为某缔约国拒绝遵守其为当事方的终局判决,它可以在向该国提出正式通知后,通过有权出席委员会的代表的三分之二多数票决定将该国是否未能依第一款履行其义务的问题提交给法院。

5. 如果法院认定对第一款的违反,它可以将案件提交给部长委员会考虑要采取的措施。如果法院认定没有对第一款的违反,它应将案件提交给部长委员会,后者应终结该案的审查。

第四十七条 咨询意见

1. 法院可以应部长委员会的请求就有关本公约和议定书的解释的法律问题出具咨询意见。

2. 此类意见不应涉及任何有关本公约第一节或议定书所定义的权利或自由的内容或范围,或者任何法院或部长委员会可能须在依照本公约进行的诉讼程序之后考虑的任何其他问题。

3. 部长委员会请求法院的咨询意见的决定应须有权出席委员会的代表的多数票。

第四十八条 法院的咨询管辖权

法院应决定一项由部长委员会提交的对咨询意见的请求是否在其由第四十七条定义的权限之内。

第四十九条 咨询意见的理由

1. 法院的咨询意见应给出理由。

2. 如果咨询意见的全部或部分不代表法官的一致意见,任何法官应有权发表个别意见。

3. 法院的咨询意见应被告知部长委员会。

第五十条 法院的开销

法院的开销应由欧洲委员会承担。

第五十一条 法官的特权和豁免权

法官应有权在行使职权时获得《欧洲理事会规约》第四十条以及之后达成的协议中所规定的特权和豁免权。

第三节 杂 项 规 定

第五十二条 秘书长的询问

在收到欧洲理事会秘书长的询问后,任何缔约国应提供对其内部法律确保本公约任何规定的有效执行的方式的解释。

第五十三条 保护现有人权

本公约的任何部分不应被理解为对任何缔约国的法律或任何其他其为缔约国的协议所保障的任何人权和基本自由的限制或克减。

第五十四条 部长委员会的权力

本公约的任何部分不应妨害欧洲理事会规约所赋予部长委员会的权力。

第五十五条　排除其他争议解决方式

缔约国同意,除非通过特别协议,它们将不会援引它们之间有效的条约、公约或宣言从而通过申诉的方式将源于本公约的解释或适用的争议提交给本公约所规定以外的解决方式。

第五十六条　领土适用

1. 任何国家可以在其批准本公约之时或在之后的任何时候,通过发给欧洲理事会秘书长通知的方式宣布,在与本条第四款不冲突的前提下,本公约应扩展适用到所有或任何它对其国际关系负责的领土。

2. 本公约应自欧洲理事会秘书长收到通知后的第三十日扩展适用到通知中所述的领土。

3. 但是,本公约规定对此类领土的适用应适当考虑当地要求。

4. 任何依照本条第一款作出宣言的国家可以在之后的任何时候代表宣言所涉及的一块或多块领土宣布其接受本公约第三十四条规定的法院接受个人、非政府组织或个人团体的申请的职权。

第五十七条　保留

1. 任何国家可以在签署本公约或交存其批准文书时,在当时其领土内有效的法律与本公约某项具体规定不一致的限度内对于该规定作出保留。具有普遍性质的保留不被本条所允许。

2. 任何在本条之下作出的保留应包括对于相关法律的简要陈述。

第五十八条　退出

1. 缔约国仅可以在其成为公约缔约国之日的五年期满之后和向欧洲理事会秘书长发出的通知中所包含的提前六个月通知届满后方可以退出本公约,秘书长应通知其他缔约国。

2. 对于缔约国在退出生效之日之前所作的可能构成对本公约之下的义务的违反的任何行为,此类退出不具有解除该缔约国的那些义务的效果。

3. 任何不再是欧洲理事会成员的缔约国也将在同样的条件下不再是本公约的缔约国。

4. 对于第五十六条之下宣布扩展适用的任何领土,本公约可以依照以上各款被退出。

第五十九条　签署和批准

1. 本公约对欧洲理事会成员开放签署。它还应被批准。批准文书应交存于欧洲理事会秘书长。

2. 欧盟可以加入本公约。

3. 本公约应在十份批准文书交存后生效。

4. 欧洲理事会秘书长应将本公约的生效、批准它的缔约国名字和日后生效的所有批准文书的交存通知欧洲理事会所有成员。

1950年11月4日以英文和法文于罗马达成,两份文本具有同等效力,载于一份原始文本,交存于欧洲理事会档案处。秘书长应将经认证的副本转发给每一个签署方。

80. 欧洲保护人权和基本自由公约
    第一议定书

81. 欧洲保护人权和基本自由公约
    第十五议定书

82. 欧洲保护人权和基民自由公约
    第十六议定书

83. 欧洲保护少数民族框架公约

84. 欧洲防止酷刑和不人道或有辱
    人格的待遇或处罚公约

85. 欧洲社会保障准则

86. 保护儿童免遭性剥削和性虐待公约

87. 防止和反对针对妇女的暴力和家庭暴力公约（"伊斯坦布尔公约"）

88. 欧洲行使儿童权利公约

89. 欧洲委员会关于打击人口贩运的行动公约

B. 美洲人权文件

90. 美洲人权公约

(1969年11月22日于在哥斯达黎加圣何塞
召开的美洲洲际特别人权会议签署)

序　言

签署本公约的美洲各国，

重申它们希望在本半球，在民主制度的范围内，巩固以尊重人的基本权利为基础的个人自由和社会正义的制度；

认识到人的基本权利并非来源于某人是某一国家的国民，而是基于人类人格的属性，因此应当为人的基本权利提供公约形式的国际保护，以此来强化或者补充美洲国家国内法所提供的保护；

考虑到这些原则已经在《美洲国家组织宪章》、《美洲人的权利和义务宣言》以及《世界人权宣言》中被阐明，并已经在其他世界范围和地区范围的国际文书中被重申和提炼；

重申，根据《世界人权宣言》，只有在创造了使每个人可以享有其经济、社会和文化权利以及其公民和政治权利的条件下，才能实现自由人享有免于恐惧和匮乏的自由的理想；

并考虑到第三届美洲洲际特别会议(1967年于布宜诺斯艾利斯)批准将经济、社会和教育权利方面更广泛的准则纳入《美洲国家组织宪章》中，并决定应当由一部美洲洲际的人权公约来确定负责这些问题的机关的结构、权限和程序，

达成协议如下：

第一部分　国家义务和受保护的权利

第一章　一般义务

第一条　尊重权利的义务

1. 本公约各缔约国承诺尊重本公约所承认的权利和自由，并确保在它们管辖下的所有人都能自由地、完整地行使这些权利和自由，不因种族、肤色、性别、语言、宗教、政治或其他见解、民族或社会出身、经济地位、出生环境或任何其他社会条件的原因而受任何歧视。

2. 为本公约的目的，"人"指每一个人。

第二条　国内法律效力

当行使第一条所指的任何权利或自由尚未得到立法或其他规定的保障时，各缔约国承

诺依照它们各自的宪政程序和本公约的规定采取为使实现这些权利或自由所必需的立法或其他措施。

第二章　公民和政治权利

第三条　法律人格的权利

每个人都有在法律面前作为一个人被承认的权利。

第四条　生命权

1. 每个人都有使其生命受到尊重的权利。这项权利一般自受精卵时起即应受到法律的保护。生命不得受到任意地剥夺。

2. 在尚未废除死刑的国家，只有对最严重的犯罪、经过一个有权管辖的法院作出的最终判决并依照在犯罪发生前即已颁布的设置死刑的法律，才可以施以死刑。这项刑罚的施行不得扩展到目前不适用死刑的犯罪。

3. 死刑在已经废除死刑的国家不得被恢复。

4. 对任何政治犯罪或与之相关的普通犯罪不得施以死刑。

5. 对在犯罪时不满18岁或超过70岁的人不得施以死刑，对孕妇亦不得施以死刑。

6. 每个被判处死刑的人都应有权请求特赦、赦免或减刑，在一切案件中均可以给予特赦、赦免或减刑。在有管辖权的机关尚未对上述请求作出决定时不得执行死刑。

第五条　人道待遇的权利

1. 每个人都有就身体、精神和道德的完整不受侵犯受到尊重的权利。

2. 任何人不得受到酷刑或残忍、非人道或侮辱性的刑罚或对待。所有被剥夺自由的人都应受到尊重其作为人类固有尊严的待遇。

3. 刑罚不得被扩展到罪犯以外的任何人。

4. 除特殊情况外，被控告的人应同已被定罪的人隔离开，并应受到适合其未被定罪者身份的区别待遇。

5. 未成年人受到刑事诉讼时，应同成年人分隔开，并应尽快送交特别法庭，从而使他们受到符合其未成年人身份的待遇。

6. 包括剥夺自由在内的刑罚应以对囚犯的改造和社会再教育为主要目的。

第六条　不受奴役的自由

1. 任何人不得受奴役或非自愿的劳役，各种形式的包括奴隶交易和贩卖妇女在内的奴役和劳役均被禁止。

2. 任何人不得被要求从事强迫或强制劳动。本款规定不应被解释为，在那些对某些犯罪所规定的刑罚是通过强迫劳动来剥夺自由的国家，执行有管辖权的法院作出的施以这样的刑罚的判决也被禁止。强迫劳动不得负面影响囚犯的尊严、身体条件或智力。

3. 为本条的目的，下列情况不构成强迫或强制劳动：

a. 因有管辖权的司法机关的判刑或正式决定而被囚禁的人通常被要求从事的工作或服务。这种工作或服务应在公共机关的监督和控制下进行，任何从事这种工作或服务的人不得被置于任何私人、公司或法人的支配之下；

b. 兵役，以及在认可拒服兵役的国家内法律所规定的代替兵役的国家服务；

c. 在有威胁社会的生存或安宁的危险或灾难之时所征用的服务；

d. 属于市民正常义务的组成部分的工作或服务。

第七条　个人自由的权利

1. 每个人都享有个人自由和安全的权利。

2. 除根据有关的缔约国宪法或依照宪法制定的法律预先的理由和条件外，任何人不得被剥夺身体自由。

3. 任何人不得被任意逮捕或监禁。

4. 任何被拘留的人应被告知拘留的原因，并迅速被告知对其的控告。

5. 任何被拘留的人应被迅速送交法官或其他依法律授权行使司法权的官员，并有权在合理时间内受到审判或在不妨碍诉讼继续的情况下被释放。释放该人时可以要求其提供担保，以确保其出庭受审。

6. 任何被剥夺自由的人都有权向有管辖权的法院求助，以便该法院可以就逮捕或拘留他的合法性不延迟地作出决定，并且如果逮捕或拘留是不合法的，下令予以释放。缔约国的法律规定任何人如果认为其受到被剥夺自由的威胁则可以向有管辖权的法院求助以便该法院决定该威胁的合法性的，这种救济不可被限制或废除。当事一方或代表他的其他人有权寻求这些救济。

7. 任何人不得因债务而被拘留。这一原则不应限制有管辖权的司法机关就未履行供养义务而发出的命令。

第八条　公平审判的权利

1. 每个人都有权就证实针对他的刑事性质的控告或决定其民事、劳动、财务或任何其他性质的权利和义务而在适当的保证并在合理时间内受到一个事先由法律确立的有管辖权、独立和公正的裁判庭的审判。

2. 每个被控有犯罪行为的人，只要未被依法证实其罪行，均有权被视为无罪。在诉讼程序中，每个人均有权完全平等地享有以下最低保障：

a. 如果被告不懂或不讲裁判庭或法院所用的语言，他有权免费接受翻译员或口译员的帮助；

b. 提前详细告知被告对他的指控；

c. 准备他辩护的充分的时间和手段；

d. 被告为自己辩护或被他自己所选的律师所协助的权利，以及与其律师自由地、私下地沟通的权利；

e. 如果被告不为自己辩护或没有在法律设定的时间内聘请律师，他有不可剥夺的权利受到国家提供的、根据国家法律规定收费或免费的律师的帮助；

f. 辩方当庭质询证人以及使证人、专家或其他可能说明事实的人出庭的权利；

g. 不被强迫作对自己不利的证言或承认有罪的权利；

h. 就判决向上级法院上诉的权利。

3. 被告承认有罪的供述只有在没有受到任何形式的强迫时作出才有效。

4. 被不可上诉的判决宣告无罪释放的被告不得为同一事由接受新一轮审判。

5. 除非为保护正义利益之必需，刑事诉讼程序应公开。

第九条 不受事后法律的溯及力约束

任何人不得因在行为时的适用法律下不构成犯罪行为的任何行为或不行为而被定罪。不得施行比犯罪行为发生时适用的刑罚更重的刑罚。如果在犯罪行为发生后法律规定了更轻的刑罚,则罪犯应从中受益。

第十条 受赔偿的权利

每个人享有因错判而导致的最终判决被处刑而依法获得赔偿的权利。

第十一条 隐私权

1. 每个人都有权使其荣誉受到尊重、其尊严受到认可。
2. 任何人不得受到对其私生活、其家庭、其住宅或其通讯的任意或不正当干涉,也不得受到对其荣誉和名誉的非法攻击。
3. 每个人都有权就这样的干涉或攻击获得法律的保护。

第十二条 良心和宗教的自由

1. 每个人都享有良心和宗教的自由。这种权利包括保持或改变其宗教或信仰的自由,表达或散布其宗教或信仰的自由,不论是单独或是与其他人一起,不论公开还是在私下。
2. 任何人不得受到损害其保持或改变其宗教或信仰的自由的限制。
3. 表达某人宗教和信仰的自由只能受到法律规定的对于保护公共安全、秩序、健康或道德或者其他人的权利或自由所必需的限制。
4. 根据其情况,父母或监护人有权依据他们自己的信仰向其孩子或被监护人提供宗教和道德教育。

第十三条 思想和表达自由

1. 每个人都有权享有思想和表达的自由。这种权利包括寻求、接收和传播各种信息和思想的自由,不分领域,也不论是口头、书面、印刷制品、以艺术的形式或是以任何其他个人所选择的媒介。
2. 行使上一段所规定的权利不受事前审查,但事后应接受由法律在保证以下事项所必需的限度内明确规定的责任:
   a. 尊重他人的权利或名誉;
   b. 保护国家安全、公共秩序或公共健康或道德。
3. 表达的权利不得受间接的方法或方式的限制,例如政府或私人对新闻、广播频率或传播信息设备的控制的滥用,或任何倾向于妨碍思想和见解的沟通和传播的方式。
4. 尽管有上述第二款的规定,公共娱乐可以受到法律规定的只为对儿童和未成年人进行道德保护之目的的事前审查。
5. 任何战争宣传和构成煽动非法暴力的对国家、种族或宗教仇恨的鼓吹或者任何其他基于包括种族、肤色、宗教、语言或国别在内的理由的针对任何人或人群的类似行为应被认为是法律应予处罚的违法行为。

第十四条 回应的权利

1. 任何被法律规制下的通讯媒介向公众传播的不准确或冒犯性的言论或意见所伤害的人,都有权在法律规定的条件下,用同样的通讯媒介进行回应或更正。
2. 更正或回应不应在任何情况下免除其他可能产生的法律义务。

3. 为了荣誉和名誉的有效保护,每一个出版商和每一个报纸、电影、广播和电视公司均应有一个不被豁免权或特别特权所保护的人负责。

第十五条 集会的权利

不携带武器的和平集会的权利被认可。除依照法律并为民主社会中保护国家安全、公共安全或公共秩序等利益或者保护公共健康、道德或他人权利或自由所必需,不得对这种权利的行使设置任何限制。

第十六条 结社的权利

1. 每个人都有为理想、宗教、政治、经济、劳动、社会、文化、体育或其他目的而自由地结社的权利。

2. 行使此种权利只受法律规定的对于民主社会中保护国家安全、公共安全或公共秩序等利益或者保护公共健康、道德或他人权利或自由所必需的限制。

3. 本条规定不禁止对于武装军队和警察所设置的合法限制,甚至包括剥夺其结社权的行使。

第十七条 家庭的权利

1. 家庭是自然的和根本的社会集体单位,并应受社会和国家的保护。

2. 可结婚年龄的男人和女人结婚和组成家庭的权利被认可,如果他们符合国内法所要求的不影响本公约规定的非歧视原则的条件。

3. 如没有未来配偶自由的和完全的同意则不得结成婚姻。

4. 成员国应采取适当举措来保障在结婚、婚姻中和解除婚姻时的权利平等和配偶责任的充分的平衡。解除婚姻时,应当为儿童提供必要的、仅以为保护儿童的最大利益为基础的保护。

5. 法律应承认私生子的平等权利。

第十八条 姓名权

每个人都有拥有名字和其父母或父母一方的姓的权利。法律应以保障所有人的这项权利的方式进行管理,必要时使用推定的名字。

第十九条 儿童的权利

每一个未成年儿童有权获得其家庭、社会和国家承担的其作为未成年人的情况所要求的保障措施。

第二十条 国籍权

1. 每个人都有权拥有国籍。

2. 如果其没有任何其他国籍,每个人都有权拥有其出生地所属国家的国籍。

3. 任何人不得被任意剥夺其国籍或改变国籍的权利。

第二十一条 财产权

1. 每个人都有权使用和享有其财产。法律可以把这种使用和享有置于社会利益之下。

2. 任何人不得被剥夺其财产,除非经支付合理赔偿、为公共利用或社会利益的原因并属于法律规定的情况并依据法律规定的方式。

3. 高利贷和任何其他人剥削人的形式都应受法律的禁止。

第二十二条 迁徙和居住的自由

1. 合法地处在一缔约国领土内的每一个人,有权按照法律的规定在该国境内迁徙和居住。

2. 每个人都有权自由地离开任何国家,包括其自己的国家在内。

3. 上述权利的行使,只能依据法律、在对于民主社会中防止犯罪或保护国家安全、公共安全、公共秩序、公共健康或保护他人权利或自由所必需的限度内加以限制。

4. 第1款承认的权利的行使,也可以因公共利益的原因,在指定的区域内由法律加以限制。

5. 任何人都不得从其国籍所属的国家的领土内被驱逐出去,或者被剥夺其进入该国的权利。

6. 合法地处在本公约缔约国领土内的外国人,只能被依据法律达成的决定驱逐出境。

7. 每一个人当他因政治罪或相关的普通犯罪而被追捕时,有权按照国家法律和国际公约,在外国领土寻求和受到庇护。

8. 如果一个外国人的生命权利或人身自由,在一个国家由于其种族、国籍、宗教、社会地位或政治见解有遭到侵犯的危险时,该外国人在任何情况下都不得被驱逐或送回到该国,不论该国是否是他的原属国家。

9. 禁止集体驱逐外国人。

第二十三条 参与政府的权利

1. 每个公民应享有下列权利和机会:

a. 直接地或通过自由选出的代表参加对公共事务的处理;

b. 在真实的定期选举中投票和被选举,这种定期选举应通过普遍的和平等的投票以及保证投票人自由表达其愿望的秘密投票来进行,以及

c. 在一般平等的条件下,有机会担任其国家的公职。

2. 法律只可以以年龄、国籍、住所、语言、教育、文化和精神能力或被有管辖权的法院在刑事诉讼中判刑为基础而控制对上款所述的权利和机会的行使。

第二十四条 平等保护的权利

法律面前人人平等。因此,他们有权不受歧视地享有法律的平等保护。

第二十五条 司法保护的权利

1. 每个人都有权向有管辖权的法院或裁判庭寻求简单和迅速的援助或任何其他有效的援助,以获得保护而不受违反宪法或有关国家法律或本公约所承认的基本权利的行为的侵害,即使这种违法行为可能是人们在执行其公务的过程中实施的。

2. 各缔约国承诺:

a. 保障要求这种救济的任何人有权由国家法律制度规定的有管辖权的机会决定其权利;

b. 发展司法救济的可能性;以及

c. 确保有管辖权的机关执行已被同意的救济。

第三章 经济、社会和文化权利

第二十六条 逐步发展

各缔约国承诺在国内并通过国际合作采取措施,特别是那些经济和技术性质的措施,以

期通过立法或其他适当的方法,逐步取得经《布宜诺斯艾利斯议定书》修订的《美洲国家组织宪章》所载的经济、社会、教育、科学和文化标准所隐含的权利的全面实现。

第四章 暂停保证、解释和实施

第二十七条 暂停保证

1. 在战争、公共危险或威胁到一个缔约国的独立或安全的其他紧急情况下,该缔约国在形势之紧迫所严格要求的限度和期间内,可以采取措施,克减其在本公约下的义务,如果这种措施同该国在国际法下所负的其他义务不抵触,并且不涉及以种族、肤色、性别、语言、宗教或社会出身为理由的歧视。

2. 上述规定不许可对下列各条的暂停:第三条(法律人格的权利)、第四条(生命权)、第五条(人道待遇的权利)、第六条(不受奴役的自由)、第九条(不受事后法律的溯及力约束)、第十二条(良心和宗教自由)、第十七条(家庭权)、第十八条(姓名权)、第十九条(儿童的权利)、第二十条(国籍权)和第二十三条(参与政府的权利),或对保护这些权利所至关重要的司法保护。

3. 启用暂停权利的任何缔约国应立即将该国已暂停适用的规定、导致暂停的原因和预计结束这种暂停的日期,通过美洲国家组织的秘书长告知其他各缔约国。

第二十八条 联邦条款

1. 一缔约国为联邦国家时,该缔约国的国家政府应对它所行使立法和司法管辖的事项贯彻执行本公约的所有规定。

2. 对于该联邦国家的组成单位所管辖的事项所适用的规定,该国家政府应按照宪法和法律,立即采取适当措施,以使其组成单位的有管辖权的机关能制定适当规定已履行本公约。

3. 每当两个或更多的缔约国同意组成联邦或其他形式的联合时,它们应注意使由此产生的联邦协定或其他协定中包括为使本公约的准则在组成的新国家中继续和使之生效所必需的各种规定。

第二十九条 关于解释的限制

本公约的规定不得按照如下解释:

1. 允许任何缔约国、团体或个人压制本公约所认可的权利和自由的享有和行使,或在比本公约所规定的更大的限度内限制它们;

2. 限制享有或行使由任何缔约国法律或由以任一缔约国为一方的其他公约所认可的任何权利或自由;

3. 排除其他人类品格所固有的或源自作为政府形式的代表民主制的权利或保障;

4. 排除或限制《美洲人的权利和义务宣言》以及其他相同性质的国际行为所可能具有的效果。

第三十条 限制的范围

根据本公约可以对本公约认可的权利或自由的享有和行使所进行的限制,除非按照为普遍利益的原因而颁行的法律并按照这种限制所被设置的目的,否则不得适用。

第三十一条 对其他权利的认可

按照第七十六条和第七十七条规定的程序所认可的其他权利和自由可以被包括在本公

约的保护系统内。

第五章 个人责任

第三十二条 义务和权利的关系
1. 每个人都对其家庭、社区和人类负有责任。
2. 每个人的权利在民主社会中都被他人的权利、所有人的安全和普遍福利的正当需要所限制。

第二部分 保护方式

第六章 有权机关

第三十三条
以下机关对于有关缔约国对本公约所作承诺的实现的事项有权主管：
1. 美洲人权委员会，简称"委员会"；以及
2. 美洲人权法院，简称"法院"。

第七章 美洲人权委员会

第一节 组 织

第三十四条
美洲人权委员会由七名委员组成，委员应为道德品格高尚的人并且在人权领域有被认可的能力。

第三十五条
委员会代表美洲国家组织的全部成员国。

第三十六条
1. 委员会委员以个人身份由美洲国家组织的大会从成员国政府所提名的候选人名单中选举。
2. 每个成员国政府可以提名最多三名候选人，候选人可以是提名国家的国民或任何其他美洲国家组织成员国的国民。如果提名三名候选人，则其中至少一名候选人应为提名国家之外的国家的国民。

第三十七条
1. 委员会委员以四年为一期选举并可以连选一次，但是第一次选举选中的委员中的三名的任期将在两年后届满。在第一次选举后大会应立即通过抽签决定那三位委员的名字。
2. 委员会委员不得包括同一国家的两名国民。

第三十八条
委员会因正常届满之外的原因出现的空缺由美洲国家组织的常任委员会按照委员会规约的规定填补。

第三十九条

委员会应准备其章程并提交大会批准。委员会应设立其自己的规则。

第四十条

委员会的秘书服务由美洲国家组织总秘书处的适当特别单位提供。这个单位应被提供完成委员会交给它的任务所需的资源。

第二节 职 责

第四十一条

委员会的主要职责是推动对人权的尊重的保护。在行使其使命中，它有以下职权和权力：

1. 发展美洲人民中的人权意识；

2. 在其认为可取时，向成员国政府提出有关在其国内法律和宪政规定的框架内采取有利于人权的渐进措施和进一步保护那些权利的适当措施的建议；

3. 准备其认为在其履行职责过程中可取的研究或报告；

4. 要求成员国政府就它们在人权事务中采取的措施向其提供信息；

5. 通过美洲国家组织的总秘书处，回复成员国在与人权有关事务上的询问，并在其可能的限度内向成员国提供它们请求的咨询服务；

6. 根据其在本公约第四十四条至第五十一条的规定项下的权限就请愿书和其他来文采取行动。

7. 向美洲国家组织大会提交年度报告。

第四十二条

缔约国应向委员会转交它们每年度向美洲经济和社会理事会执行委员会和美洲教育、科学和文化理事会在各自领域所提交的每一份报告和研究的副本，以使委员会可以监督隐含在经《布宜诺斯艾利斯议定书》修订的《美洲国家组织宪章》中所载的经济、社会、教育、科学和文化标准中的权利的促进。

第四十三条

缔约国承诺向委员会提供委员会所要求的有关其国内法律确保本公约规定的有效实施的方式的信息。

第三节 权 限

第四十四条

任何个人或个人团体或任何在一个或多个美洲国家组织的缔约国所依法认可的非政府实体，可以向委员会提交包括对缔约国违反本公约的谴责或控诉的请愿书。

第四十五条

1. 任何缔约国可以在其交存批准或加入本公约的文件时或在任何晚些时候，声明其认可委员会有权限接受和审查一个缔约国声称另一缔约国实施了对本公约所载人权的违反的来文。

2. 只有作出声明认可委员会的上述权限的缔约国基于本条提交的来文可以被接受和审查。委员会不应接受针对没有作出这种申明的缔约国的来文。

3. 有关认可权限的声明可以永久有效、指定期限内有效或对某一具体案件有效。

4. 声明应交存美洲国家组织总秘书处，总秘书处应将其副本转交给美洲国家组织的成员国。

第四十六条

1. 委员会接受根据第四十四条和第四十五条提交的请愿书或来文须符合以下要求：

a. 国内法下的救济已经按照普遍认可的国际法原则被寻求和穷尽；

b. 请愿书或来文是在声称权利被侵犯的一方被告知最终判决之日的六个月内提交的；

c. 请愿书或来文所涉事项不在其他国际程序中悬而未决；

d. 在第四十四条所载的情况下，请愿书包括了提交该请愿书的个人、团体或实体的法定代表人的名字、国籍、职业、住所和签名。

2. 本条第一款第一项和第二项在以下情况不适用：

a. 涉案国的国内立法没有为保护声称被侵犯的权利提供正当程序；

b. 声称其权利被侵犯的一方被拒绝了国内法下的救济或无法穷尽它们；或者

c. 上述救济在作出最终判决上出现了无正当理由的延误。

第四十七条

如有以下情况，委员会对在第四十四条或第四十五条之下提交的任何请愿书或来文不应接受：

1. 第四十六条的任何要求没有被满足；

2. 请愿书或来文没有陈述有可能证明受本公约保障的权利受到了侵犯的事实；

3. 请的人或国家的言论说明请愿书或来文明显没有依据或者明显是不恰当的；

4. 请愿书或来文与委员会或其他国际组织以前研究过的请愿书或来文实质上相同。

第四节 程 序

第四十八条

1. 当委员会收到声称本公约所保护的任何权利遭到侵犯的请愿书或来文时，应按如下程序进行：

a. 如果它认为请愿书或通知书可以接受，它应要求被声称对这种侵犯所负责的国家政府提供信息并向该政府提供请愿书或来文相关部分的抄件。这种信息应当在由委员会根据每个案件的情况所决定的合理期限内提交。

b. 收到信息后，或在设定的期限届满后仍未收到信息的，委员会应确定请愿书或来文是否还有依据。如果没有依据，委员会应命令终结案件。

c. 委员会也可以在后来收到的信息或证据的基础上宣布请愿书或来文不可接受或不恰当。

d. 如果案件没有被终结，委员会应依据双方提供的信息审查请愿书或来文中所载的事项以确认事实。如果必须和可取，委员会应进行调查，为了有效地进行，它应要求而涉案国家应当提供所有必要的辅助。

e. 委员会可以要求涉案国家提供任何相关信息，并且应要求应当听取涉案双方的口头陈述或接受涉案双方的书面陈述。

f. 委员会应置身于涉案双方的支配下以期在尊重本公约所认可的人权的基础上达成事

项的友好和解。

2. 但是，在严重和紧急的情况下，仅仅提交符合所有可接受性的正式要求的请愿书或来文就足以使委员会在被声称境内发生侵犯的国家事先同意时进行调查。

第四十九条

如果按照第四十八条第一款六项达成了友好和解，委员会应撰写报告，转送请愿者和本公约缔约国，再送交美洲国家组织总秘书处公布。报告应包括对事实和达成的解决办法的简短陈述。应案件的任何一方请求，应向其提供尽可能完整的信息。

第五十条

1. 如果没有达成和解，委员会应在其规约设置的时限内撰写报告载明事实并陈述其结论。如果该报告的部分或全部不代表委员会成员的一致同意，任何成员可以对其附上分别意见。报告也应附上由双方根据第四十八条第一款五项提交的书面和口头陈述。

2. 报告应转交涉案国家，涉案国家无权公布报告。

3. 转送报告时，委员会可以作出其认为适当的提议和建议。

第五十一条

1. 如果在委员会向涉案国家送交报告之日的三个月内，该事项没有被和解或者被委员会或涉案国家提交法院并且法院的管辖权被接受，委员会可以通过其成员的绝对多数票，就提请其考虑的问题表明其意见和结论。

2. 适当时，委员会应作出相关建议并设定期限要求国家采取其负有责任的措施以救济经审查的情况。

3. 当设定的期限届满时，委员会应以其成员的绝对多数票决定国家是否采取了充分的措施和决定是否公布其报告。

第八章　美洲人权法院

第一节　组　织

第五十二条

1. 法院由七名法官组成，法官为美洲国家组织成员国的国民，从有最高道德公信力以及被认可在人权领域的能力、拥有根据他作为国民的国家或者提名他作为候选人的国家的法律行使最高司法职能所需的资历的法学家中以个人身份选出。

2. 同一国家的两名国民不得同为法官。

第五十三条

1. 法官应在美洲国家组织大会上从本公约缔约国所提名的一组候选人中以秘密投票的方式、由本公约缔约国的绝对多数票选举产生。

2. 每个缔约国可以提名最多三名候选人，候选人可以是提名国家的国民或任何其他美洲国家组织成员国的国民。如果提名三名候选人，则其中至少一名候选人应为提名国家之外的国家的国民。

第五十四条

1. 法院的法官以六年为任期选举产生，可以被连选一次。第一次选举产生的法官中的三名的任期将在三年后届满。在选举后，这三名法官的名字应立即以在大会抽签的方式决定。

2. 被选举接替某一任期尚未届满法官的法官将完成前任的任期。

3. 法官在其任期届满前行使职权。但是,对于其已经开始审判且悬而未决的案件,他们应继续任职,在这些案件中他们将不会被新选举出的法官所接替。

第五十五条

1. 如果一个法官是提交法院的案件的任何一方缔约国的国民,他将保持其审判该案的权利。

如果审判某案的法官中的一名为该案一方缔约国的国民,该案中的任何其他缔约国可以任命其任选的一人作为法院的临时法官审判。

2. 如果审判某案的法官中没有一名是该案一方缔约国的国民,则这些缔约国每个都可以任命一名临时法官。

3. 临时法官应具有第五十二条所提的资质。

4. 如果本公约的数个缔约国在某案中拥有相同利益,为以上规定的目的它们将被视为单一一方当事国。如有疑问,由法院决定。

第五十六条

五名法官组成构成代表法院处理事务的法定人数。

第五十七条

委员会在法院的所有案件中出庭参与。

第五十八条

1. 法院设置在本公约缔约国在美洲国家组织大会上决定的地点;但是,当法院多数法官认为适合并取得相关国家事先许可时,法院可以在美洲国家组织的任何成员国的领土内工作。法院所在地可以由本公约缔约国在美洲国家组织大会上以三分之二票数变更。

2. 法院应任命自己的秘书。

3. 秘书应在法院所在地拥有办公室,并应参加法院不在其所在地举行的会议。

第五十九条

法院将设立秘书处,在法院秘书的指示下、按照美洲国家组织总秘书处的行政准则中所有不违反法院独立性的方面运行。法院秘书处的职员由美洲国家组织秘书长的与法院秘书商议任命。

第六十条

法院应起草其规约以提交大会批准。法院应采用自己的程序规则。

第二节 管辖权和职权

第六十一条

1. 只有缔约国和委员会有权将案件提交法院。

2. 法院审理某案件前,第四十八条和第五十条所载的程序必须先被完成。

第六十二条

1. 一缔约国可以在交存其批准或加入本公约的文件之时或之后,声明其就此直接认可法院无须特殊约定即对有关本公约解释和适用的所有事项有管辖权。

2. 这种声明可以无条件作出、按照互惠原则作出、特定期限内有效或对特定案件有效。

它应被提交给美洲国家组织秘书长,秘书长应转交给美洲国家组织其他成员国和法院秘书。

3. 法院的管辖权覆盖提交给它的涉及本公约规定的解释和适用的全部案件,条件是案件中的缔约国以按照上一款作出的特别声明的方式或者特别约定的方式认可或者认可过这种管辖权。

第六十三条

1. 如果法院判定本公约所保护的权利或自由被违反,法院应判令受伤害的一方被确保享有其被侵犯的权利或自由。如果适当,它应同时判令改正造成这种权利或自由的侵犯的措施或情形,以及判令向受伤害的一方支付公平的赔偿。

2. 在极端严重和紧急的案件中,当为避免对人造成不可恢复的伤害所必需时,法院对其正在审理的事项应采取其认为相关的临时措施。对于尚未提交给法院的案件,法院可以在委员会的请求下采取临时措施。

第六十四条

1. 美洲国家组织的成员国可以就本公约和其他任何有关美洲国家的人权的条约咨询法院。经《布宜诺斯艾利斯议定书》修订的《美洲国家组织宪章》第十章所载的机关在其职权范围内可以以类似方式向法院咨询。

2. 法院应美洲国家组织成员国的请求可以向该国提供有关其国内法与前述国际文件相符合情况的意见。

第六十五条

法院应向美洲国家组织大会的每次例会提交关于其上一年工作的报告,以供大会考虑。法院应特别说明某国没有遵从其判决的案件同时提出相关建议。

第三节 程 序

第六十六条

1. 法院的判决应给出理由。

2. 如果判决的部分或整体不代表法官的一致意见,任何法官有权对判决附上其反对意见或分别意见。

第六十七条

法院判决是终局的并不可上诉。对判决的含义或范围有异议时,法院应当应任何一方当事人的请求解释判决,条件是这种请求在被告知法院判决之日起九十日之内作出。

第六十八条

1. 本公约缔约国承诺遵守法院对其为一方当事人的案件的判决。

2. 判决中规定损害赔偿的部分可以在相关国家按照国内法对于执行针对国家的判决的程序执行。

第六十九条

案件当事方应被告知法院的判决,判决应被转交本公约各缔约国。

第十章 共 同 条 款

第七十条

1. 法院的法官和委员会的委员应从其被选举时起并在其任期内全程享有按照国际法赋

予外交人员的豁免权。在执行公务时，他们还应额外享有执行其职务所必需的外交特权。

2. 法院的法官和委员会的委员在任何时候都不得因其在行使职权中作出的任何决定或意见而被追究责任。

第七十一条

法院法官或委员会委员的职位不容许任何各自的规约中确定的可能影响法官或成员的独立或公正的活动。

第七十二条

法院的法官和委员会的委员应按其规约所载的形式和条件、适当考虑其职位的重要性和独立性来接受报酬和旅行补助。这种报酬和旅行补助应在美洲国家组织的预算中确定，并包括法院和其秘书处的花费。为此目的，法院应草拟自己的预算并通过总秘书处提交给大会批准。总秘书处不得对该预算提出任何改动。

第七十三条

大会只有应视情况而定的委员会或法院的请求、并且在依据委员会或法院的规约有采取行动的合理理由时，才能决定要对委员会委员或法院法官施行的处罚。对于委员会委员的此类决定需要美洲国家组织成员国的三分之二多数票，而对于法院法官的此类决定需要本公约缔约国的三分之二多数票。

第三部分　一般和过渡性条款

第十章　签署、批准、保留、修正、议定书和退出

第七十四条

1. 本公约允许全部美洲国家成员国的签署、批准或加入。

2. 批准或加入本公约应以向美洲国家组织总秘书处交存批准或加入的文书的方式。本公约自十一个国家交存其批准或加入的文书时起生效。对于之后批准或加入的任何国家，本公约在其交存批准或加入的文书之日生效。

3. 秘书长应将本公约的生效通知美洲国家组织全部成员。

第七十五条

对本公约仅可以按照1969年5月23日签署的《维也纳条约法公约》的规定进行保留。

第七十六条

1. 修正本公约的提案可以由任何缔约国向大会直接提出，也可以由委员会或法院通过秘书长向大会提出，由大会采取其认为适当的行动。

2. 修正案对于已经批准它的国家在本公约三分之二的缔约国分别交存了批准文书之日生效。对于其他缔约国，修正案在其分别交存批准文书之日生效。

第七十七条

1. 根据第三十一条，任何缔约国和委员会可以提交议定书提案，由缔约国在大会上考虑，以期逐渐把其他权利和自由包括在本公约的保护系统中。

2. 每份议定书应确定其生效方式，并仅在其缔约国中生效。

第七十八条

1. 缔约国可以在本公约生效后五年届满后,通过提前一年通知的方式退出本公约。退出通知应提交给美洲国家组织秘书长,后者应通知其他缔约国。

2. 对于缔约国在退出生效之日之前所作的可能构成对本公约所包括的义务的违反的行为,这种退出不具有解除该缔约国的那些义务的效果。

第十一章 过渡性条款

第一节 美洲人权委员会

第七十九条

本公约生效后,秘书长应书面要求美洲国家组织成员国在九十日内提交美洲人权委员会成员的候选人。秘书长应准备一份以字母顺序排列候选人的名单,并在大会下次会议至少三十日前将其转交美洲国家组织成员国。

第八十条

委员会的委员由大会从根据第七十九条提出的候选人名单中通过秘密投票选举产生。获得最多票数和缔约国代表的绝对多数票的候选人应被宣布当选。如果需要以多轮投票选举委员会的所有委员,获得最少票数的候选人应以大会确定的方式依次淘汰。

第二节 美洲国家间人权法院

第八十一条

本公约生效后,秘书长应书面要求美洲国家组织成员国在九十日内提交美洲国家间人权法院法官的候选人。秘书长应准备一份以字母顺序排列候选人的名单,并在大会下次会议至少三十日前将其转交美洲国家组织成员国。

第八十二条

法院的法官应由本公约缔约国在大会通过秘密投票从第八十一条所指的候选人名单中选举。获得最多票数和缔约国代表的绝对多数票的候选人应被宣布当选。如果需要以多轮投票选举法院的所有法官,获得最少票数的候选人应被缔约国确定的方式依次淘汰。

91. 美洲人权公约经济、社会和文化权利领域附加议定书

(1988年11月17日于圣·萨尔瓦多通过)

序 言

《美洲人权公约》,即"哥斯达黎加圣何塞协约"的缔约国,

重申它们在本半球,在民主体制的框架内,巩固以尊重人的基本权利为基础的个人自由和社会正义制度的意愿;

认识到人的基本权利并非源于某人是某一国家的国民,而是基于人类的属性,因此应当给予它们国际保护,以公约的形式来强化或补充美洲各国国内法所提供的保护;

考虑到经济、社会、文化权利和公民、政治权利之间存在的紧密关系,即不同类别的权利构成一个以认可人类尊严为基础的不可分割的整体,因而两者如果要被完全实现则都需要永久的保护和促进,为实现其他权利而违反某些权利绝不是正当的;

认识到促进和发展国家间和国际关系中的合作的益处;

念及,根据《世界人权宣言》和《美洲人权公约》,只有在创造了使每个人可以享有其经济、社会和文化权利以及其公民和政治权利的条件下,才能实现自由人享有免于恐惧和匮乏的自由的理想;

谨记,虽然根本的经济、社会和文化权利已经被先前的世界和区域范围的国际文书所认可,重申、发展、完善和保护那些权利对于在完全尊重个人权利的基础之上在美洲强化民主代表制政府和人民发展、自决以及自由处置其财富和自然资源的权利仍至关重要;

考虑到,《美洲人权公约》规定公约的附加议定书草案可以被提交给在美洲国家组织大会的场合会面的缔约国考虑,以期逐渐把其他权利和自由包括进公约的保护系统;

协议通过了以下《美洲人权公约》的附加议定书,即"圣·萨尔瓦多议定书":

第一条 采取措施的义务

本《美洲人权公约》附加议定书的缔约国承诺,在它们所拥有的资源的限度内并考虑到他们的发展程度,依照它们的内部立法采取包括在国内的以及通过国际合作的必要措施,特别是经济和技术方面的,以逐步实现本议定书所认可的权利的全面遵守。

第二条 制定国内立法的义务

如果本议定书所载的权利的行使尚未被立法或其他规定所保障,缔约国承诺,按照其宪政程序和本议定书的规定,采取实现这些权利所必需的立法或其他措施。

第三条 不歧视的义务

本议定书缔约国承诺保障本议定书所载权利的行使,而没有基于种族、肤色、性别、语言、宗教、政治或其他见解、国别或社会出身、经济地位、出生环境和任何其他社会条件的任何类型的歧视。

第四条 不接受限制

在一国国内由于其内部立法或国际公约而被认可或有效的权利,不得以本议定书不认可该权利或赋予该权利更低程度的认可为借口而被限制或缩减。

第五条 规制和限制的范围

缔约国可以通过颁布法律的方式,为保护民主社会中的普遍福利而对享有和行使在本议定书所规定的权利设置规制和限制,但仅限于它们与作为那些权利基础的目的和理由不冲突的限度内。

第六条 工作的权利

1. 每个人都有权工作,包括通过从事自由地选择或接受的合法活动而获得过一种有尊严的、体面的生活的机会。

2. 缔约国承诺采取措施使工作权完全有效,特别是关于获得完全的雇佣、职业指导以及尤其是针对残疾人的技术和职业培训项目的发展。缔约国同时承诺执行和加强帮助保障适当的家庭关怀的项目,以使女性可以享有行使工作权的真正机会。

第七条 公平、合理和满意的工作条件

本议定书缔约国认识到上一条所指的工作权包含每个人应在公平、合理和满意的条件下享有该权利,而缔约国承诺在其内部立法中为此提供保障,特别是保障:

a. 给所有工人的报酬至少能够保障他们和他们的家庭的有尊严的、体面的生活条件,以及为同样的工作无差别地提供公平和平等的工资;

b. 每个工人的坚持其职业选择的权利、投入能够最好地实现其期望的活动中的权利以及依照相关国内法规更换工作的权利;

c. 每个工人的在职业上晋升或提升的权利,为此目的应考虑其资历、能力、诚信和年资;

d. 工作的稳定性,但受制于各个行业和职业的属性和公平的离职原因。如果被不公平地辞退,工人有权获得赔偿、恢复原职或任何其他国内立法规定的益处;

e. 工作时的安全和卫生;

f. 禁止十八岁以下的人从事夜间工作、在不卫生或危险的工作条件下的工作以及一般说来一切威胁健康、安全或道德的工作。对于十六岁以下的未成年人,工作日应让位于义务教育的规定,并且在任何情况下工作不应成为上学的障碍或对从接受教育中获益的限制;

g. 每日和每周合理有限的工作时间。在危险、不健康或夜间工作的情况下,工作日应当更短;

h. 休息、放松和带薪假期,以及全国性假期时的报酬。

第八条 工会的权利

1. 缔约国应确保:

a. 工人为保护和促进他们的利益的目的而组织工会和参加他们自己所选的工会的权利。作为该权利的延伸,缔约国应允许工会建立全国联盟或同盟,或者与已经存在的工会联合,以及形成国际工会组织和与他们所选的组织联合。缔约国应允许工会、联盟和同盟自由运作;

b. 罢工的权利。

2. 行使上述权利只可以受到法律所规定的规制,如果这种规制符合民主社会的特点并且是保护公共秩序或者保护公共健康、道德或他人的权利和自由所必需的。武装力量、警察和其他基本公共服务的成员应受法律所规定的限制和规制。

3. 没有人可以被强迫归属于某一工会。

第九条 社会保障的权利

1. 每个人应有权获得社会保障,保护他免受年老和残疾导致的使他身体上或者精神上失去取得有尊严的、体面生活的手段的后果。在受益者死亡的情况下,社会保障福利应提供给他扶养的人。

2. 对于有工作的人,社会保障的权利应至少覆盖医疗和工伤或职业病情况下的津贴或退休福利,以及对于女人来说的婴儿出生前后的带薪产假。

第十条 健康的权利

1. 每个人都应有健康的权利,健康的权利被理解为享有最高程度的身心健康和社会幸福。

2. 为保障健康权利的行使,缔约国同意认可健康为一项公共利益,并且特别同意采取以下措施保障该权利:

a. 基础医疗,即社会上所有个人和家庭可以享有不可或缺的医疗保健;

b. 将健康服务的福利扩展到一国管辖范围内的所有人;

c. 针对主要传染病进行普遍免疫;

d. 防护和治疗流行性、职业性和其他疾病;

e. 对全民进行对健康问题的防护和治疗的教育;

f. 满足最高危人群和因贫困变得最脆弱的人群的健康需求。

第十一条 健康环境的权利

1. 每个人都有权生活在健康的环境里,并可以获得基本的公共服务。

2. 缔约国应促进环境的保护、保持和改善。

第十二条 食物的权利

1. 每个人都有权获得充足的营养以保障其获得最高程度的身体、感情和智力发展的可能。

2. 为促进这种权利的行使并根除营养不良,缔约国承诺改善生产、供给和配送食物的方式,并为此同意促进更大程度的国际合作以支持相关的国家政策。

第十三条 受教育的权利

1. 每个人有权获得教育。

2. 本议定书的缔约国同意教育应着眼于人类人格和人类尊严的全面发展,应增强对于人权、理念多元化、基本自由、正义与和平的尊重。它们进一步同意,教育应使每个人有能力有效地参与民主和多元化的社会并取得体面的生活,应当培养各国和各种族、民族或宗教团体之间的理解、容忍和友谊,并促进维持和平的活动。

3. 本议定书的缔约国认识到为了实现受教育权利的全面行使:

a. 基础教育应当强制,并应免费提供给所有人;

b. 不同形式的中等教育,包括技术性和职业性的中等教育应当通过一切适当的方式,特别是通过逐渐引进免费教育的方式,普遍地向所有人提供;

c. 高等教育应以个人能力为基础,以一切适当方式,特别是通过逐渐引进免费教育的方式,平等地向所有人提供;

d. 应对那些没有接受过或者没有完成基础教育全过程的人尽可能地鼓励或强化基本的教育;

e. 应为残疾人设置特殊教育项目,从而为有身体残疾或精神缺陷的人提供特殊的教育和培训。

4. 在符合缔约国国内立法的基础上,父母应有权选择提供给它们的子女的教育形式,条件是要符合上述的原则。

5. 本议定书不应被解释为限制个人或主体依照缔约国国内立法而建立和指导教育机构

的自由。

第十四条 文化利益的权利

1. 本议定书的缔约国认可每个人的以下权利：

a. 参与社会的文化和艺术生活；

b. 享受科学和技术进步带来的益处；

c. 受益于对从任何他作为作者的科学、文学和艺术创作中获得道德和物质利益的保护；

2. 本议定书的缔约国为保障这种权利的全面行使而要采取的措施包括为了保护、发展和传播科学、文化和艺术所必需的措施。

3. 本议定书的缔约国承诺尊重对于科学研究和创作活动所不可或缺的自由。

4. 本议定书的缔约国认可源于在科学、艺术和文化领域鼓励和发展国际合作和关系的益处，并因此同意促进在这些领域的更大程度的国际合作。

第十五条 组成家庭和家庭受保护的权利

1. 家庭是社会的自然和基本的组成因素，理应获得国家的保护，国家应负责改善家庭的精神和物质状况。

2. 每个人都有权组成家庭，该权利应按照相关国内立法的规定行使。

3. 缔约国在此承诺对家庭赋予充分的保护，特别是：

a. 在婴儿出生前后的合理时间段内为母亲提供特殊的照顾和帮助；

b. 保障儿童在哺育期和上学期间获得充足的营养；

c. 采取特别措施以保护青年人，从而保障他们身体、智力和道德的完全发展；

d. 进行家庭培训的特别项目以帮助创造一个稳定、积极的环境，使儿童接受并发展理解、团结、尊重和责任的价值。

第十六条 儿童的权利

每一个儿童，不论其家庭出身，都有权获得他作为未成年人的身份所需要家庭、社会和国家提供的保护。每一个儿童都有权在其父母的保护和责任之下成长；除非在例外的、司法认可的情况下，低龄儿童不应与其母亲分离。每一个儿童都有权至少在基础教育阶段接受免费、强制教育，并有权在教育系统的更高阶段继续其培训。

第十七条 对老年人的保护

每一个人在年老时都有权获得特别的保护。有鉴于此，缔约国同意渐进地采取必要措施实现这一权利，特别是：

a. 提供适当的设施、食物和专门的医疗保障给没有它们而无力扶养自己的老年人；

b. 运作专门设计的工作项目为老年人提供机会参与适合他们的能力、与他们的职业或意愿一致的生产活动；

c. 扶植致力于提高老年人生活质量的社会组织的建立。

第十八条 对残疾人的保护

每个被身体或精神能力的衰减所影响的人都有权受到为帮助他获得其人格最大程度的发展而设计的关注。缔约国同意采取为此目的的必要措施，特别是：

a. 运作专门着眼于为残疾人提供为实现此目标所需的资源和环境的项目，包括与他们的可能性相一致的、并被他们或他们的法定代理人所自愿接受的工作项目；

b. 为残疾人家庭提供特别的培训以帮助他们解决共同生活的问题,并将它们转化成残疾人的身体、精神和感情发展的积极力量;

c. 在其城市发展计划中考虑针对这一群体所需的特别要求的解决方案;

d. 鼓励建立帮助残疾人享受更完整的生活的社会组织。

第十九条 保护措施

1. 根据本条规定和美洲国家组织大会将为此制订的相应规则,本议定书缔约国承诺,就他们为保障对本议定书所载权利的应有尊重所采取的渐进式措施提交周期报告。

2. 所有报告应提交给美洲国家组织秘书长,秘书长应将它们转发给美洲经济、社会理事会和美洲教育、科学和文化理事会,从而使它们可以依据本条规定审查报告。秘书长应发送这些报告给美洲人权委员会。

3. 美洲国家组织秘书长还应将报告或其相关部分转发给本议定书缔约国作为成员的美洲系统的专门组织,如果它们与这些组织的发起文书所规定的职权范围内的事务有关。

4. 美洲系统的专门组织可以向美洲经济、社会理事会和美洲教育、科学和文化理事会提交与就本议定书在它们的活动领域内的规定是否被遵从而相关的报告。

5. 美洲经济、社会理事会和美洲教育、科学和文化理事会向大会提交的年度报告应包括从本议定书缔约国和专门组织处收到的有关为保障尊重本议定书所认可的权利所采取的渐进措施的信息的概要,并应包括它们认为在这方面适当的一般建议。

6. 本议定书的某缔约国违反第八条第 a 款和第十三条所规定的权利的任何情况下,通过美洲人权委员会以及在相关时候美洲人权法院的参与,《美洲人权公约》第四十四条至第五十一条和第六十一条至第六十九条所规定的个人申诉系统应适用。

7. 在不妨害上一段规定的情况下,美洲人权委员会可以形成它认为适当的有关本议定书所规定的经济、社会和文化权利在全部或部分缔约国的状况的观察意见和建议,它可以将其包括在它认为更适当的向大会提交的年度报告或者特殊报告中。

8. 理事会和美洲人权委员会在履行本条中赋予它们的职权时,应当把本议定书所保护的权利的遵守所具有的渐进性质纳入考虑。

第二十条 保留

缔约国可以在通过、签署、批准或加入之时,对本公约的一项或更多规定作出保留,如果该保留与本议定书的目标或目的不相冲突。

第二十一条 签署、批准或加入;生效

1. 本议定书始终向任何《美洲人权公约》的缔约国开放签署、批准或加入。

2. 对本公约的批准或加入以向美洲国家组织秘书处交存批准或加入文书而生效。

3. 本议定书在十一个国家交存其分别的批准或加入文书时生效。

4. 秘书长应将本议定书的生效通知美洲国家组织的全体成员国。

第二十二条 包括其他权利和扩展被认可的权利

1. 任何缔约国以及美洲人权委员会可以在大会会议的场合提交提议的修正案给缔约国考虑,修正案包括认可其他权利或自由,或者延伸或扩展本议定书已经认可的权利或自由。

2. 此类修正案对于批准它们的国家在本议定书三分之二的缔约国交存批准文书之日生效。对于所有其他国家,修正案在他们分别交存其批准文书之日生效。

92. 美洲人权公约废除死刑议定书

序　言

本议定书缔约国认为：

美洲人权公约第四条承认生命权并限制适用死刑；

人人都有固有的生命受到尊重的权利，该权利不可因任何理由剥夺；

美洲国家间的趋势是赞同废除死刑；

适用死刑带来无可挽回的后果，导致无法修正司法错误，并且排除了被判刑的人改变或矫正的可能；

废除死刑有助于保证更有效地保护生命权；

必须制定一项国际协议，此为推进美洲人权公约进步发展的必要；以及

美洲人权公约缔约各国业已表示通过一项国际协议的意愿，以此巩固在美洲不适用死刑的实践，

同意签署下列美洲人权公约废除死刑议定书。

第一条

本议定书缔约国不得在其领土内对受其管辖的任何人适用死刑。

第二条

1. 本议定书不得保留。但是，在批准或加入时本议定书缔约国可宣布其保留在战时根据国际法对极为严重的军事罪行适用死刑的权利。

2. 作出此保留的缔约国得在批准或加入时将前一款所指的在战时适用的相关国内立法规定通知美洲国家间组织秘书长。

3. 该缔约国得通知美洲国家间组织秘书长其领土内战争状态实际开始和结束的时间。

第三条

1. 本议定书对美洲人权公约任何缔约国开放签字。

2. 批准或加入本议定书通过向美洲国家间组织秘书长递交批准书或加入书的方式进行。

第四条

本议定书得在缔约国各自向美洲国家间组织秘书长递交批准书或加入书时对批准或加入的缔约国生效。

（签字和批准）

93. 美洲国际贩卖未成年人问题公约

94. 美洲保护老年人人权条约

95. 美洲反对一切形式歧视和不容忍条约

96. 美洲反对种族主义、种族歧视和有关形式的不容忍公约

97. 美洲消除对残疾人一切形式歧视公约

98. 美洲强迫失踪人口公约

99. 美洲防止、惩罚和消除对妇女暴力行为公约

100. 美洲防止酷刑公约

C. 非洲、阿拉伯和亚洲人权文件

101. 非洲人权和民族权宪章

(1981年6月27日在肯尼亚内罗毕由第十八届国家和政府首脑大会通过)

序　　言

非洲统一组织各成员国，即定名为《非洲人权和民族权宪章》的本公约的各缔约国，

念及1979年7月17日在利比里亚的蒙罗维亚举行的国家及政府首脑会议第16届例会有关准备"建立促进和保护人权和民族权的机构的《非洲人权和民族权宪章》初步草案"的第115(XVI)号决议；

考虑到《非洲统一组织宪章》规定"自由、平等、正义与尊严是实现非洲各国人民合法愿望的主要目标"；

重申它们在该宪章第二条所郑重宣布的从非洲根除一切形式的殖民主义，协调并加强他们之间的合作与努力以改善非洲各国人民的生活，并且在促进国际间合作中适当地顾及《联合国宪章》和《世界人权宣言》的誓约；

考虑到它们历史传统的美德和非洲文明的价值理应启发它们对人权和民族权概念的反映并成为其特色；

认识到，一方面，基本人权源自人类的属性从而理应得到国家和国际保护，另一方面，现实和对人权的尊重必然应当保障人权；

考虑到享有人权和自由隐含着每个人对义务的履行；

深信，对于发展的权利给予特别的关注至关重要，公民和政治权利在概念上和普遍性上不能与经济、社会和文化权利分割开，并且满足经济、社会和文化权利对于享有公民和政治权利是一种保障；

意识到他们取得非洲的完全解放的义务，而非洲的人民仍在为他们的尊严和真正的独立而斗争，承诺根除殖民主义、新殖民主义、种族隔离主义和犹太复国主义以及拆除侵略性的外国军事基地和废除各种形式的歧视，尤其是基于种族、民族、肤色、性别、语言、宗教或政治见解的歧视；

重申它们对包含在非洲统一组织、不结盟运动和联合国所通过的宣言、公约和其他文书中的人权、民族权和自由原则的遵从；

坚信它们有义务促进和保护人权、民族权和自由，同时考虑到这些权利和自由在非洲传统上被赋予的重要性；

协议如下：

第一部分 权利和义务

第一章 人权和民族权

第一条

非洲统一组织成员国,即本宪章的缔约国,应认可本宪章所载的权利、义务和自由,并应承诺采取立法或其他措施使它们有效。

第二条

每个人应有权享有本宪章所认可和保障的权利和自由,不因任何诸如种族、民族、肤色、性别、语言、宗教、政治或任何其他见解、国家和社会出身、财富、出生环境或其他身份的原因而有所不同。

第三条

1. 法律面前人人平等。
2. 每个人有权享有法律的平等保护。

第四条

人类是神圣不可侵犯的。每个人类有权获得对于其生命和个人尊严的尊重。任何一个人不得被任意剥夺此项权利。

第五条

每个人有权获得对人类固有的尊严的尊重和对其法律地位的认可。一切形式的对人的剥削和侮辱,特别是奴隶制、奴隶贸易、酷刑、残忍的、非人道的或者侮辱性的惩罚和待遇应被禁止。

第六条

每个人有权获得个人的自由和安全。除非根据法律事先制定的理由和条件,没有人可以被剥夺其自由。特别是,没有人可以被任意地逮捕或监禁。

第七条

1. 每个人应有权被听取其意见。这包括:

(a) 就对其受有效的公约、法律、规章和习惯所保护的根本权利的违反诉诸有管辖权的国家机关的权利;

(b) 在被有管辖权的法院或裁判庭证明有罪前被推定无罪的权利;

(c) 辩护的权利,包括由其自己选择的律师为其辩护的权利;

(d) 在合理时间内被公平的法院或裁判庭审判的权利。

2. 没有人可以因一项在发生时不构成依法应受处罚的犯罪的行为或不行为而被定罪。对在发生时尚未被规定为犯罪的罪行,不得施以刑罚。刑罚归于个人而只能对犯罪者本人施行。

第八条

良心以及信教和自由进行宗教仪式的自由应被保障。除有法律和命令,没有人可以被以措施限制这些自由的行使。

第九条

1. 每个人应有权获取信息。
2. 每个人应有权在法律范围内表达和传播其见解。

第十条

1. 每个人应有权在遵从法律的前提下自由地结社。
2. 除第二十九条规定的团结一致的义务外,没有人可以被强迫参加某一社团。

第十一条

每个人有权自由地与他人集会。行使这项权利仅受制于法律规定的必要限制,特别是那些为国家安全和安定、健康、道德以及其他人的权利和自由的利益而设置的限制。

第十二条

1. 每个人有权在一国境内自由地迁徙和居住,条件是他遵守法律。
2. 每个人有权离开包括其自己的国家在内的任何国家,也有权回到他的国家。这项权利仅受制于法律为保护国家安全、法律和秩序、公共健康或道德所规定的限制。
3. 每个人有权在受到迫害时,依照其他国家的法律和国际公约在那些国家寻求和取得避难资格。
4. 一个合法进入本宪章缔约国领土的外国人仅能因依法作出的决定而被驱逐。
5. 禁止大规模驱逐外国人。大规模驱逐指针对国籍、种族、民族或宗教团体的驱逐。

第十三条

1. 每个公民有权自由地参与其国家的政府,或者直接地参与或者通过依照法律规定自由选择的代表。
2. 每个公民有权平等地获得其国家的公共服务。
3. 每个人有权与所有人在法律面前严格平等地获得公共财产和服务。

第十四条

财产的权利应被保障。它仅能为公共需要的利益或者社区普遍利益并且依照适当法律的规定才能被侵占。

第十五条

每个人有权在公平和令人满意的条件下工作,并且应为同等工作获得同等报酬。

第十六条

1. 每个人有权享有所能获得的最高水平的身体和精神健康。
2. 本宪章缔约国应采取必要措施保护它们的人民的健康,并保障他们在生病时获得医疗救治。

第十七条

1. 每个人有权接受教育。
2. 每个人可以自由地加入其社区的文化生活。
3. 促进和保护社区所认可的道德和传统价值应为国家的义务。

第十八条

1. 家庭应为社会的自然单位和基础。它应受国家保护,国家应保障其物质上的健康以及道德。

2. 国家有义务帮助作为社区所认可的道德和传统价值的监护人的家庭。

3. 国家应保障根除针对妇女的一切歧视,并保障对国际宣言和公约所载的妇女和儿童的权利的保护。

4. 年老者和残疾人应有权获得特别的保护措施以满足他们的身体或道德需要。

第十九条

所有人是平等的;他们应享有同样的尊重和享有同样的权利。没有任何事情可以使一个民族被别的民族所统治成为正当的。

第二十条

1. 所有民族有权存在。他们有不容置疑、不可剥夺的自治的权利。他们应自由地决定他们的政治地位,并依照他们自由选择的政策追求其经济和社会发展。

2. 殖民地人民或被压迫的人民应有权采取任何国际社会认可的方式把自己从统治的枷锁中解放出来。

3. 所有民族有权在其针对外国统治者的解放斗争中获得本宪章缔约国的帮助,不论这种斗争是政治的、经济的或是文化的。

第二十一条

1. 所有民族应自由地处置他们的财富和自然资源。这项权利应只为该民族的利益而行使。一个民族不得在任何情况下被剥夺该权利。

2. 在被掠夺的情况下,被掠夺的民族有权获得其财产的依法返还以及获得充分的赔偿。

3. 自由处置财富和自然资源权利的行使不应损害在相互尊重、公平交易和国际法原则基础上的促进国际经济合作的义务。

4. 本宪章缔约国应各自以及集体行使自由处置其财富和自然资源的权利,着眼于增强非洲的统一和团结一致。

5. 本宪章缔约国应承诺根除一切形式的垄断,以使其人民完全地从源自他们的自然资源的优势中获益。

第二十二条

1. 所有民族有权获得适当考虑其自由和身份的、平等享有人类共同遗产的经济、社会和文化发展。

2. 国家有义务各自或集体地保障发展权利的行使。

第二十三条

1. 所有民族有权获得国家和国际和平和安全。《联合国宪章》隐含的以及《非洲统一组织宪章》重申的团结一致和友好关系的原则应适用于国家间的关系。

2. 为增强和平、团结和友好关系的目的,本宪章缔约国应保障:

(a) 任何在本宪章第十二条之下享有避难资格的人不得从事针对其原国家或任何本宪章缔约国的颠覆活动;

(b) 它们的领土不应被用作针对任何本宪章缔约国人民的颠覆或恐怖活动。

第二十四条

所有民族有权享有有利于其发展的一般性的满意的环境。

第二十五条

本宪章缔约国应有义务通过指导、教育和宣传以促进和保障对本宪章所包含的权利和自由的尊重,并保障这些自由和权利以及相应的义务和职责被理解。

第二十六条

本宪章缔约国应有义务保障法院的独立,并允许建立和改进适当的国家机构负责促进和保护本宪章所保障的权利和自由。

第二章 义 务

第二十七条

1. 每个人应对于其家庭和社会、国家和其他依法认可的社区和国际社会负有义务。
2. 每个人的权利和自由的行使应适当考虑他人权利、集体安全、道德和共同利益。

第二十八条

每个人应有义务不歧视地尊重和考虑其他人,并且保持着眼于促进、保护和强化相互尊重和容忍的关系。

第二十九条

个人还应有义务:

1. 保护家庭的和谐发展以及为家庭的团结和尊重而努力;
2. 通过把其体力和智力贡献给国家社区以为其服务;
3. 不影响他作为国民或居民的国家的安全;
4. 保护和增强社会和国家团结,特别是当后者被威胁时;
5. 保护和增强国家独立和其国家的领土完整,并依照法律为其国防作出贡献;
6. 以其最佳的能力和才能工作,并支付法律为社会利益所规定的税负;
7. 在其与其他社会成员的关系中保护和增强积极的非洲文化价值,以宽容、对话、协商以及总体上为促进社会的道德良好作出贡献为精神;
8. 在所有时间和所有层面上为促进和实现非洲统一贡献其最佳的能力。

第二部分 保护措施

第一章 非洲人权和民族权委员会的建立和组织

第三十条

非洲人权和民族权委员会,以下简称"委员会",应在非洲统一组织内部建立以促进人权和民族权以及保障它们在非洲的保护。

第三十一条

1. 委员会应包括十一名从拥有最高的声誉、以高尚的道德、诚实、公正和在人权和民族权事务中的资历而知名的非洲人中所选择的委员;应当给予有法律背景的人以特别的考虑。
2. 委员会委员应以其个人身份工作。

第三十二条

委员会不得有一个以上的委员同为一个国家的国民。

第三十三条

委员会委员应由国家和政府首脑大会从本宪章缔约国所提名的人中以秘密投票方式选举。

第三十四条

每个本宪章的缔约国不得提名多于两名候选人。候选人必须拥有一个本宪章缔约国的国籍。当一个国家提名两名候选人时,其中一名不得为该国的国民。

第三十五条

1. 非洲统一组织秘书长应在选举前至少提前四个月邀请本宪章缔约国提名候选人。

2. 非洲统一组织秘书长应在选举前至少提前一个月做成按字母顺序排列的被提名的候选人名单并将名单发给国家和政府首脑。

第三十六条

委员会委员应被以六年任期选举并可以连选连任。但是,第一次选举的委员中的四名的任期应在两年后届满,而另外三名委员的任期应在四年后届满。

第三十七条

在第一次选举后,非洲统一国家组织国家和政府首脑大会的主席应立即抽签决定第三十六条所指的委员的名字。

第三十八条

在选举后,委员会委员应郑重宣誓公正和诚实地履行他们的义务。

第三十九条

1. 当委员会的委员死亡或辞职时,委员会主席应立刻通知非洲统一组织秘书长,秘书长应宣布该委员席位自死亡或辞职生效时起空缺。

2. 如果委员会其他委员的一致意见认为,某位委员已经因非暂时性的原因停止了履行其职责,委员会主席应通知非洲统一组织秘书长,秘书长应宣布该席位空缺。

3. 在以上情况下,国家和政府首脑大会应在其剩余任期替换席位空缺的委员,除非剩余任期短于六个月。

第四十条

委员会每位委员应任职直到其继任者入职。

第四十一条

非洲统一组织秘书长应任命委员会秘书。他还应提供委员会有效履行其职责所必要的人员和服务。非洲统一组织应承担人员和服务的费用。

第四十二条

1. 委员会以两年的任期选举主席和副主席。他们有资格连选连任。

2. 委员会应制定其程序规则。

3. 七位委员构成作出决定的法定人数。

4. 在票数相同的情况,主席应投决定性一票。

5. 秘书长可以出席委员会的会议。他不应参与讨论,也不应有权投票。但是,委员会主席可以邀请他发言。

第四十三条

履行他们的职责时,委员会委员应享有《非洲统一组织关于特权和豁免权的一般公约》所规定的外交特权和豁免权。

第四十四条

非洲统一组织的定期预算里应为委员会委员提供工资和补贴。

第二章　委员会的任务

第四十五条

委员会的职权应为:

1. 促进人权和民族权,特别是:

(a) 对人权和民族权领域的非洲问题收集文件、进行考察和研究,组织讲座、论坛和会议,传播信息,鼓励国家和地方有关人权和民族权的机构,并且在适当的情况下向政府提出其意见或作出建议;

(b) 形成和制定目标是解决与人权、民族权和基本自由有关法律问题的原则和规则,非洲政府可以以它们为立法的基础;

(c) 和其他与人权和民族权的促进和保护相关的非洲和国际机构合作。

2. 确保在本宪章确定的条件下对人权和民族权的保护。

3. 应某缔约国、非洲统一组织的机构或非洲统一组织认可的非洲组织的请求解释本宪章的规定。

4. 执行国家和政府首脑大会交给它的其他任务。

第三章　委员会的程序

第四十六条

委员会可以采取任何适当的调查方式;它可以听取非洲统一组织秘书长或任何其他有能力启发它的人的意见。

来自国家的来文

第四十七条

如果本宪章缔约国有合理原因认为本宪章另一缔约国违反了本宪章的规定,它可以通过书面来文提请该国对该事项的注意。此来文也应被提交非洲统一组织秘书长和委员会主席。在收到该来文的三个月内,作为沟通对象的国家应当对询问的国家作出书面解释或声明以澄清该事项。其应包括尽可能多的有关适用的和可适用的有关法律和程序规则以及已经作出的救济或可以采取的行动的相关信息。

第四十八条

如果在最初的来文被对象国家收到之日起三个月内,该事项没有通过双边谈判或任何其他和平的程序以令双方国家满意的方式解决,任何一方国家应有权将该事项通过委员会主席提交给委员会,并应通知涉案的其他国家。

第四十九条

虽有第四十七条的规定，如果本宪章的某缔约国认为另一国家违反了宪章的规定，它可以通过向委员会主席、非洲统一组织秘书长和有关国家提交来文的方式直接将该事项提交给委员会。

第五十条

委员会仅可以在确定所有如果存在的当地救济已经被穷尽时，才能处理提交给它的事项，除非对于委员会来说取得这些救济的程序显然会被不适当地拖延。

第五十一条

1. 委员会可以要求涉案国家向它提供相关信息。

2. 当委员会考虑该事项时，涉案国家可以由代理人在委员会面前提交书面或口头代理意见。

第五十二条

在从涉案国家和其他来源获得其认为必要的全部信息以及尝试了一切适当方式以在尊重人权和民族权的基础上达成友好解决方案之后，委员会应在第四十八条所指的通知后的合理期限内，准备一份报告声明事实和其认定。这份报告应被发送给涉案国家并被传送给国家和政府首脑大会。

第五十三条

转交其报告时，委员会可以向国家和政府首脑大会作出它认为有用的建议。

第五十四条

委员会应向国家和政府首脑大会的每一次例会提交有关其活动的报告。

其 他 来 文

第五十五条

1. 在每次会议前，委员会秘书应作出一份来自本宪章缔约国之外的来文的表单并将它们转发给委员会成员，委员会成员应表示那些来文应当被委员会所考虑。

2. 如果委员会成员的简单多数同意，则一个来文应当被委员会所考虑。

第五十六条

第五十五条所指的委员会收到的有关人权和民族权的来文应当被考虑，如果它们：

1. 表明其作者，即使作者请求匿名，

2. 与《非洲统一组织宪章》或本宪章不冲突；

3. 并非以贬低或冒犯涉案国家及其机构或非洲统一组织的语言书写；

4. 不是完全基于大众传媒所传播的新闻；

5. 在穷尽了当地救济之后发送，如果有当地救济的话，除非该程序明显被不适当地拖延；

6. 在当地救济被穷尽后或者委员会开始处理该事项之日后的一段合理期限内提交；

7. 不涉及已被涉案国家依照《联合国宪章》或《非洲统一组织宪章》的原则或本宪章的规定解决的案件。

第五十七条

在任何实质性的考虑之前，所有的来文应由委员会主席提供给涉案的国家知晓。

第五十八条

1. 当委员会讨论后看起来一个或多个来文明显与表明存在一系列严重或大规模的违反人权和民族权的特别案件相关,委员会应就这些特别案件提请国家和政府首脑大会注意。

2. 国家和政府首脑大会可以之后请求委员会对这些案件采取深入的研究并作出事实报告,附以其认定和建议。

3. 委员会所适当注意到的紧急案件应当由委员会提交给国家和政府首脑大会的主席,他可以要求深入的研究。

第五十九条

1. 所有在本宪章的规定之内采取的措施应保密,直到国家和政府首脑大会作出不同决定为止。

2. 但是,报告应由委员会主席应国家和政府首脑大会的决定公布。

3. 有关委员会活动的报告应由其主席在国家和政府首脑大会考虑过该报告后公布。

第四章　适用的原则

第六十条

委员会应当从有关人权和民族权的国际法中获得启发,特别是从各种非洲有关人权和民族权的文书、《联合国宪章》、《非洲统一组织宪章》、《世界人权宣言》和其他联合国和非洲国家在人权和民族权领域通过的其他文书的规定,以及本宪章缔约国为成员的联合国特别代表机构所通过的各类文书的规定。

第六十一条

委员会还应把其他一般或特别的确定非洲统一组织成员国明确认可的规则的国际公约、与有关人权和民族权的国际规则相一致的非洲实践、普遍被接受为法律的习惯、非洲国家所认可的一般法律原则以及法律先例和学说作为决定法律原则的次级方法纳入考量。

第六十二条

每个缔约国应当承诺自本宪章生效之日后每两年提交一份有关为实现本宪章所认可和保障的权利和自由所采取的立法或其他措施的报告。

第六十三条

1. 本宪章对非洲统一组织的成员国开放签署、批准或加入。

2. 批准或加入本宪章的文书应交存给非洲统一组织秘书长。

3. 本宪章应在秘书长收到非洲统一组织成员国的简单多数的批准或加入的文书的三个月后生效。

第三部分　一般规定

第六十四条

1. 本宪章生效后,委员会成员应依照本宪章的相关条款被选举。

2. 非洲统一组织应在委员会组成的三个月内在组织的总部召开第一次委员会会议。此后,委员会应由主席在必要时召集但每年至少一次。

第六十五条

对于每个在本宪章生效后批准或者遵从本宪章的国家,宪章在该国交存批准或加入文书之日后的三个月生效。

第六十六条

必要时,特别的议定书或协议可以补充本宪章的规定。

第六十七条

非洲统一组织秘书长应就每份批准或加入文书的交存通知组织的成员国。

第六十八条

如果一个缔约国向非洲统一组织秘书长提出书面请求修改本宪章,本宪章可以被修改。国家和政府首脑大会只可以在所有缔约国被适当通知了该修正草案并且委员会已经应支持该草案的国家的请求提出了其意见之后,才可以考虑该修正草案。修正案应被缔约国的简单多数批准。对于每个依照其宪政程序接受了修正案的国家,修正案在秘书长收到其接受的通知之后三个月生效。

102. 非洲人权和民族权宪章关于非洲妇女权利的议定书

103. 非洲儿童权利和福利宪章

104. 开罗伊斯兰人权宣言

105. 阿拉伯人权宪章[21]

(阿拉伯国家联盟 2004 年 5 月 22 日通过,2008 年 3 月 15 日生效)

基于阿拉伯国家对于神自造物以来即褒扬的人类尊严,以及阿拉伯故土是以崇高的人类价值确认拥有以自由、正义和平等为基础的体面生活的人权的宗教和文明的摇篮这一事实的信仰,

为进一步实现高贵的伊斯兰宗教和其他神示的宗教所尊奉的人类间博爱、平等和宽容之永久原则,

为阿拉伯国家在其悠久历史中所建立的人道主义价值和原则而自豪,它们在传播知识于东西方之间起到了主要的作用而使这一区域成为世界的基准点和寻求知识与智慧的人的目的地,

相信阿拉伯国家之间的团结,它们为其自由而斗争,保护国家的自治权利,保存其财富的权利和发展的权利,

相信法律的至高无上和它对于保护普遍而相互联系的人权的贡献,并且深信人类享有自由、正义和平等的机会是衡量任何社会价值的根本标准,

拒绝一切形式的种族主义和犹太复国主义,它们构成对于人权的违反和对国际和平与安全的威胁,

认识到人权与国际和平安全之间存在的紧密联系,

重申《联合国宪章》与《世界人权宣言》的原则和《公民权利和政治权利国际公约》与《经济、社会文化权利国际公约》的规定,并考虑到《关于伊斯兰人权的开罗宣言》,

本宪章缔约国协议如下:

第一条

本宪章寻求在阿拉伯国家的国家认同和它们属于同一个文明的前提下实现以下目标:

1. 把人权置于阿拉伯国家关键国家考量的核心,使它们成为影响阿拉伯国家的个人的意愿并使其依照高贵的人类价值改进其生活的崇高和根本理念。

2. 依照普遍原则和价值以及国际人权文书所宣扬的内容,教导阿拉伯国家的人们为其身份而骄傲、对其国家忠诚、依恋其土地、历史和共同利益,并且对他注入人类博爱、容忍和对他人开明的文化。

3. 使阿拉伯国家的新一代对文明社会中的自由和负责人的生活有所准备,这样的文明社会以团结为特点、构建在权利意识和尊重义务的平衡之上并且受平等、宽容和谦虚所约束。

4. 巩固所有人权均为普遍、不可分割、相互依赖和相互联系的原则。

---

[21] 译自《国际人权报告》2005 年第 12 期所载英文版。网页英文版链接:http://www1.umn.edu/humanrts/instree/loas2005.html,2021 年 7 月 28 日访问。

第二条

1. 所有民族均有自决权和控制他们的自然财富和资源的权利,有权自由地选择他们的政治体系以及自由地寻求他们的经济、社会和文化发展。

2. 所有民族均有权享有国家主权和领土完整。

3. 一切形式的种族主义、犹太复国主义和外国的占领和统治均构成人类尊严的障碍和行使民族根本权利的主要屏障;一切此类行动必须被谴责,必须付出努力根除它们。

4. 所有民族均有权抵抗外国占领。

第三条

1. 本宪章每个缔约国承诺确保所有其管辖范围内的个人有权享有本宪章所载的权利和自由,而不受基于种族、肤色、性别、语言、宗教信仰、见解、思想、国别或社会出身、财富、出生环境或身体或精神残疾等理由的歧视。

2. 本宪章缔约国应采取所需措施保障在享有本宪章所提倡的权利和自由中的有效平等,以确保不受一切基于上款所提的任何理由的一切形式的歧视。

3. 男人和女人对于人类尊严、权利和义务均为平等,但允许伊斯兰教义、其他神圣教义和适用的法律和法律文书为妇女利益而建立积极歧视。因此,每个缔约国承诺采取一切所需措施保障男人和女人之间的平等机会和在享有所有本宪章所载权利中的有效平等。

第四条

1. 在官方宣布的极特别的威胁国家生命的紧急情况下,本宪章缔约国可以在情况紧急所严格要求的限度内采取措施克减其在本宪章之下的义务,但此类措施不得与它们的其他国际法下的义务相冲突并且不得涉及仅以种族、肤色、性别、语言、宗教或社会出身为理由的歧视。

2. 在极特别的紧急情况下,对下列规定不得克减:第五条、第八条、第九条、第十条、第十三条、第十四条第六款、第十五条、第十八条、第十九条、第二十条、第二十二条、第二十七条、第二十八条、第二十九条和第三十条。另外,不得暂停对于保护上述权利所需的司法保障。

3. 任何启用克减权的本宪章缔约国应立即通过阿拉伯国家联盟秘书长为媒介通知其他缔约国它已经克减的规定以及实行克减的原因。当它终止该克减时,应通过同一媒介进一步作出通知。

第五条

1. 每个人有固有的生命权利。

2. 此项权利应受法律保护。没有人应被任意剥夺其生命。

第六条

死刑仅可以依犯罪发生时有效的法律和依有管辖权法院作出的终局判决对最严重的犯罪施行。任何被判决死刑的人均有权寻求赦免或减刑。

第七条

1. 死刑不应对十八岁以下的人施行,除非在犯罪发生时有效的法律有不同规定。

2. 死刑不应对怀孕的妇女在其生育前施行或者在生育之日两年之内对哺乳的母亲施行;在所有案件中,婴儿的最大利益应为主要考量。

第八条

1. 没有人应被处以身体或心理上的酷刑或残忍、有辱人格的、侮辱性的或不人道的待遇。

2. 每个缔约国应保护其辖区内的每个人不受此类对待并应采取有效措施防止它们。进行或者参加这样的行为应被视为可以依法被惩罚的犯罪而不受追诉时限的限制。每个缔约国应保障在其法律系统中有对酷刑的受害者的救济以及获得康复治疗和赔偿的权利。

第九条

没有人应被用于医疗或科学实验或者被使用其器官，除非他自由地同意并充分了解后果，而且职业道德、人道主义和职业规范、医疗程序被依据在每个缔约国有效的相关国内法律所遵守以确保他的人身安全。

第十条

1. 一切形式的奴隶制与拐卖人口被禁止并且可被依法惩罚。没有人应在任何情况下被奴役。

2. 强制劳动、为卖淫或性剥削的目的而拐卖人口、剥削他人卖淫或任何其他形式的剥削或者在武装冲突中征佣儿童均被禁止。

第十一条

所有人在法律面前平等并且有权不受歧视地享有法律的保护。

第十二条

所有人在法院和裁判庭面前平等。缔约国应保障司法权的独立并保护司法官不受干涉、压力或威胁。它们还应保障其辖区内的每个人有权在所有级别的法院寻求法律救济。

第十三条

1. 每个人有权获得由法律所设立的有管辖权的、独立和公正的法院审查针对他的刑事指控或者决定他的权利和义务的公正的审判。每个缔约国应保障那些没有所需经济来源的人有法律援助以使他们能够保护其权利。

2. 庭审应公开，除非在极特别的案件中尊重人类自由和权利的社会正义有不同要求。

第十四条

1. 每个人均有权享有个人自由和安全。没有人应被置于没有合法许可的任意逮捕、搜查或监禁。

2. 没有人应被剥夺其自由，除非基于法律所确定的理由和条件并且依法律所确定的程序。

3. 任何被逮捕的人应在被逮捕之时用他明白的语言被告知其逮捕的原因，并应迅速被告知针对他的指控。他应有权联系其家庭成员。

4. 任何被逮捕或监禁所剥夺自由的人应有权请求体检，并且必须被告知该权利。

5. 任何因刑事指控被逮捕或监禁的人应被迅速带至法官或法律授权行使司法权的官员面前并应有权在合理期限内受审或被释放。其释放可以被要求设置保障其出庭受审的担保。审前监禁在任何情况下不得为普遍规则。

6. 任何被逮捕或监禁所剥夺自由的人应有权向有管辖权的法院申诉，以使其不延迟地决定他逮捕或监禁的合法性并且在逮捕或监禁非法时命令将其释放。

7. 任何任意或非法逮捕或监禁的受害者应有权获得赔偿。

第十五条

没有事先的法律规定不得定罪、不得处刑。在一切情况下，对刑事被告人最有利的法律应被适用。

第十六条

每个被指控刑事犯罪的人应被视为无罪，直到被依据法律作出的终局判决认定有罪，并且在调查和庭审过程中他应享有下列最低保障：

1. 被用他明白的语言立即、具体地告知针对他的指控的权利。

2. 有充分时间和便利准备辩护以及被准许与他的家人沟通的权利。

3. 在一个普通法院面前在他在场时被审理的权利，以及亲自辩护或者通过他自己选择的可以与其自由地、保密地沟通的律师辩护的权利。

4. 如果他不能为自己辩护或者正义有所要求，获得免费的为其辩护的律师协助的权利，以及如果他不明白或不讲法院使用的语言时获得免费的翻译员协助的权利。

5. 质询或由其律师质询控方证人的权利以及使辩方证人在对控方证人适用的条件下接受质询的权利。

6. 不被强迫作对他自己不利的证言或者认罪的权利。

7. 如果被认定有罪，依法向高一级的裁判庭提起上诉的权利。

8. 在一切环境下使其个人安全和隐私受尊重的权利。

第十七条

每个缔约国应特别保障任何有风险的儿童或者未成年犯罪嫌疑人有权在调查、审判和行刑的所有阶段适用为未成年人所设置的特别法律系统，以及考虑到他的年龄、保护他的尊严、协助其改造和重回社会和使他能够在社会中扮演建设性角色的特别待遇。

第十八条

法院认定的没有能力偿付合同义务中的债务的人不得被监禁。

第十九条

1. 没有人可以为同一犯罪被追诉两次。任何被提起此类诉讼的人应有权挑战它们的合法性并要求被释放。

2. 任何被终局判决证明无罪的人应有权为所受的伤害获得赔偿。

第二十条

1. 所有被剥夺自由的人应获得人道的和尊重其作为人的固有尊严的待遇。

2. 审前监禁的人应被与被定罪的人分开并应被与其未被定罪人身份相符的方式对待。

3. 监狱系统的目标应为改造囚犯并实现他们的社会改造。

第二十一条

1. 没有人应受对其隐私、家庭、住所或通信的任意或非法干涉，也不应受对其荣誉或声誉的非法攻讦。

2. 每个人有权获得法律的保护而不受此类干涉或攻讦。

第二十二条

每个人有权在法律面前被认可为人。

第二十三条

每个本宪章缔约国承诺保障任何本宪章规定的权利或自由被违反的人应获得有效的救济,即便该违反是由行使公务的人所犯。

第二十四条

每个公民有权：

1. 自由地进行政治活动。

2. 直接地或者通过自由选择的代表参与公共事务。

3. 在自由和公正的选举中、在所有公民平等而且被保障其意愿的自由表达的条件下竞选或者选择其代表。

4. 依据平等机会原则,有机会在与他人同等条件下获得在其国家的公职。

5. 自由地组成社团或者加入他人的社团。

6. 获得结社和和平集会的自由。

7. 除法律规定的在民主社会中为国家安全利益或公共安全、公共健康或道德或者保护他人的权利和自由所必要的限制,不得对行使这些权利设置限制。

第二十五条

属于少数民族的人不应被拒绝享有他们自己的文化、使用他们自己的语言和实践他们自己的宗教的权利。这些权利的行使应受法律约束。

第二十六条

1. 每个合法地处于某缔约国领土内的人应在该领土内有权获得迁徙的自由并且有权自由地依有效法律在该领土内的任何部分选择其住所。

2. 缔约国不得将不持有其国籍但合法地处于其领土的人驱逐出境,除非按照在该人被允许向有管辖权的机关提交申诉后依法作出的决定,极其重要的国家安全原因不允许该人申诉的情况除外。在一切情况下禁止集体驱逐。

第二十七条

1. 没有人可以被任意或非法地禁止离开任何国家,包括其自己的国家,也不得被禁止居住或被强迫居住在该国的任何部分。

2. 没有人可以被从其国家放逐或禁止回到其国家。

第二十八条

每个人有权在另一国寻求避难以躲避迫害。此项权利不得被面临普通法律下的犯罪的追诉的人所主张。政治难民不得被引渡。

第二十九条

1. 每个人有权拥有国籍。没有人可以被任意或非法地剥夺其国籍。

2. 缔约国应采取其认为适当的措施,依据它们有关国籍的国内法,允许儿童取得母亲的国籍,同时适当考虑到儿童的最大利益。

3. 在适当考虑其国家的国内法律程序的前提下,没有人应被拒绝取得另一国籍的权利。

第三十条

1. 每个人有权享有思想、良心和宗教的自由,不得对行使此项自由设置除法律规定的以外的限制。

2. 表达某人的宗教或信仰或进行宗教仪式的自由，不论单独行使或是与他人组成社区行使，均仅应受到法律规定的、对于在一个尊重人权和自由的宽容社会保护公共安全、公共秩序、公共健康或道德或他人的根本权利和自由所必要的限制。

3. 父母或监护人享有为它们的儿童提供宗教和道德教育的自由。

第三十一条

每个人有受保障的权利来拥有私人财产，并且不应在任何情况下被任意或非法的剥夺其所有或部分的财产。

第三十二条

1. 本宪章保障获得信息的权利和见解和表达的自由，以及通过任何媒体不论地理界限的寻求、接受和传播信息和理念的权利。

2. 此类权利和自由应以与社会的根本价值相符合的方式行使，应仅受保障对他人的权利或声誉的尊重或保护国家安全、公共秩序以及公共健康或道德所需的限制。

第三十三条

1. 家庭是社会的自然和根本的组成单元；家庭是基于一个男人和一个女人的婚姻。婚龄男女有权依照婚姻的规则和条件结婚和组成家庭。没有双方的完整和自由的同意不得结成婚姻。生效的法律约束男人和女人在结婚、婚姻期间和离婚时的权利和义务。

2. 国家和社会应确保对家庭的保护，加强家庭纽带，保护其成员和禁止一切形式的家庭成员关系中的暴力或虐待，尤其是针对妇女和儿童的暴力或虐待。它们应确保对母亲、儿童、老年人和有特殊需求人的必要保护和照顾，并应为未成年人和年轻人提供身体和精神发展的最好的机会。

3. 缔约国应采取一切必要的立法、行政和司法措施以保障儿童在自由和有尊严的气氛中的保护、生存、发展和福利，并应确保在一切情况下儿童的最大利益是一切对于其所采取的措施的基本衡量标准，不论其是少年犯还是面临成为少年犯的风险。

4. 缔约国应采取必要措施保障特别是对于年轻人的从事体育活动的权利。

第三十四条

1. 工作的权利是每个公民的自然权利。国家应努力在可能的限度内为最多的愿意工作的人提供工作，同时确保生产力、选择工作的权利和不受任何基于种族、肤色、性别、宗教、语言、政治见解、工会中的成员身份、国别、社会出身、残疾或任何其他情况的歧视的平等机会。

2. 每个工人有权享有公平和有利的工作条件，确保有满足他和他家庭的关键需求的适当报酬。

第三十五条

1. 每个人有权自由地组成工会或加入工会以及自由地为保护其利益而从事工会活动。

2. 不得对行使此类权利和自由设置限制，由生效法律所规定的、对于保持国家安全、公共安全或秩序或保护公共健康或道德或他人的权利和自由所必要的限制除外。

3. 每个本宪章缔约国保障在生效法律所设置的限制内罢工的权利。

第三十六条

缔约国应确保每个公民获得包括社会保险在内的社会保障的权利。

第三十七条

发展的权利是一项根本人权,而所有国家被要求建立发展政策和采取所需措施保障此项权利。它们有义务实现团结的价值和它们之间以及在国际平台上合作,以期根除贫困和取得经济、社会、文化和政治发展。为此权利,每个公民有权参与发展的实现和享受其利益和成果。

第三十八条

每个人有权获得他自己和他的家庭的充分的生活标准,这种生活标准确保他们的福利和体面生活,包括食物、衣服、住所、服务和获得健康环境的权利。缔约国应采取与它们的资源相符的必要措施保障这些权利。

第三十九条

1. 缔约国认可社会的每个成员有权享有可能获得的最高水平的身体和精神健康,并认可公民有权获得免费的基本医疗服务并有权接触到医疗机构而不受任何类型的歧视。

2. 缔约国采取的措施应包括以下:

(a) 发展基本的医疗服务,并保障免费、容易地接触到提供这些服务的中心,不论地理位置或经济地位。

(b) 努力通过预防和治疗的方式控制疾病以降低死亡率。

(c) 促进健康意识和健康教育。

(d) 抑制对个人健康有害的传统活动。

(e) 为所有人提供基本的营养和安全的饮用水。

(f) 抗击环境污染并提供适当的卫生系统。

(g) 打击毒品、精神类药物、吸烟以及对健康有害的药物。

第四十条

1. 缔约国承诺确保有精神或身体残疾的人有保障他们尊严的体面的生活,并促进他们的自立以及帮助他们积极地参与到社会中去。

2. 缔约国应免费向有残疾的人提供社会服务,应提供那些人、他们的家庭或照顾他们的家庭所需要的物质支持,还应尽一切努力避免将他们关入治疗机构。他们应在一切情况下对残疾人的最大利益负责。

3. 缔约国应采取一切必要措施、以一切可能的手段抑制残疾,包括预防性的健康项目、提高意识和教育。

4. 缔约国应对有残疾的人提供适当的完整的教育服务,并考虑到把这些人纳入到教育系统中来的重要性以及职业培训、辅导和在公共和私人领域创造适当工作机会的重要性。

5. 缔约国应向有残疾的人提供适当的医疗服务,包括着眼于让他们融入社会的恢复治疗。

6. 缔约国应使有残疾的人能够利用一切公共和私人服务。

第四十一条

1. 消除文盲是对国家有约束力的义务,每个人有权获得教育。

2. 缔约国应确保为它们的公民至少在基础和基本等级提供免费教育。一切形式和等级的基础教育应为强制的并且对所有人没有任何歧视地开放。

3. 缔约国应在一切领域着眼于取得国家发展目标、采取适当措施确保男人与女人之间的合作伙伴关系。

4. 缔约国应保障提供目标是人类的全面发展和增强对人权和基本自由的尊重的教育。

5. 缔约国应努力把人权和基本自由的原则包括进正式和非正式的教育内容以及教育和培训项目中。

6. 缔约国应保障建立对于给每个公民提供继续教育所必需的体系并应发展成人教育的国家计划。

第四十二条

1. 每个人有权参与文化生活和享受科技进步和实用的益处。

2. 缔约国承诺尊重科学研究和创造性活动的自由,并确保对源自科学、文学和艺术创作的道德和物质利益的保护。

3. 缔约国应共同努力并增强它们之间在各个级别包括知识分子、发明者和其组织的参与的合作,以发展和执行娱乐、文化、艺术和科学项目。

第四十三条

本宪章的内容不得被说明或解释为伤害缔约国国内法所保护的或者缔约国制定或批准的国际和区域人权文书所载的权利和自由,包括妇女权利、儿童权利和少数民族的人的权利。

第四十四条

缔约国承诺依照它们的宪政程序和本宪章的规定,采取所有实现本宪章所载的权利所必要的立法或非立法措施。

第四十五条

1. 依照本宪章,应建立一个"阿拉伯人权委员会",以下简称"委员会"。委员会应由本宪章缔约国通过秘密投票选举的七名委员组成。

2. 委员会应由本宪章缔约国的国民组成,他们必须在委员会工作的领域非常有经验和有能力。委员会委员应以个人身份任职并且应完全独立和公正。

3. 委员会不得有一个以上的委员同为一个缔约国的国民;委员可以连选一次。应适当考虑轮换原则。

4. 委员会的委员任期四年,虽然第一次选举中选举的三名委员的任期应为两年,下届任期应由抽签决定。

5. 在选举之日六个月前,阿拉伯国家联盟秘书长应邀请缔约国在接下来的三个月内提交它们的提名。他应将候选人名单在选举之日两个月前转交给缔约国。获得最多票数的候选人应被选举为委员会委员。如果因为两名或多名候选人获得同样票数而使获得最多票数的候选人人数超过所需数量,应在获得同样票数的候选人之间进行第二轮投票。如果票数再次相同,该委员应由抽签决定。第一次委员会委员选举应在本宪章生效至少六个月之后举行。

6. 秘书长应邀请缔约国参加在阿拉伯国家联盟总部的会议以选举委员会委员。缔约国多数的存在应构成法定票数。如果不够法定票数,秘书长应召集至少三分之二缔约国须到场的另一次会议。如果仍不够法定票数,秘书长应召集第三次会议,这次会议应不论出席的缔约国数量而召开。

7. 秘书长应召开委员会第一次会议,在此过程中委员会应从其委员中以两年任期选举主席,尽可以为同样的任期连任一次。委员会应制定其自己的程序规则和工作方式并确定它应多频繁地开会等事项。委员会应在阿拉伯国家联盟总部召开会议,也可以在受本宪章任何其他缔约国邀请时在该缔约国召开会议。

第四十六条

1. 秘书长在被主席告知某位委员有以下情况后,应宣布席位空缺:

(a) 死亡;

(b) 辞职;或者

(c) 如果其他委员的一致意见认为委员会的某位委员已经停止履行其职责而没有给出可以接受的正当性或为暂时离开以外的原因停止履行其职责。

2. 如果某位委员的席位依据第一款被宣布空缺而其任期在宣布空缺之日的六个月内不会到期,阿拉伯国家联盟秘书长应将该事项提交给本宪章缔约国,缔约国可以在两个月内依第四十五条提交提名以填补该空缺席位。

3. 阿拉伯国家联盟秘书长应起草所有被适当提名的候选人按字母顺序排列的名单,他应将其转交本宪章缔约国。填补空缺席位的选举应依相关规定举行。

4. 任何被选举填补第一款空缺席位的委员会委员应在被依第一款宣布席位空缺的委员的剩余任期内担任委员会委员。

5. 阿拉伯国家联盟秘书长应在阿拉伯国家联盟的预算内提供为委员会有效地行使其职权所必需的一切财政和人力资源以及便利。

第四十七条

缔约国承诺确保委员会委员应享有保护他们不受任何形式的骚扰、实质的压力、或对他们在行使委员会委员的职务中所采取的立场或他们作出的言论的迫害所必要的豁免权。

第四十八条

1. 缔约国承诺向阿拉伯国家联盟秘书长就它们为实现本宪章所认可的权利和自由所采取的措施和向享有这些权利和自由的方向作出的进步提交报告。秘书长应将这些报告转交给委员会考虑。

2. 每个缔约国应在本宪章生效之日的一年之内向委员会提交初次报告并且在之后每三年提交一份定期报告。委员会可以要求缔约国提供有关本宪章执行的其他信息。

3. 委员会应在报告被考虑的缔约国代表在场时考虑缔约国依本条第二款所提交的报告。

4. 委员会应讨论报告、提出评论并依本宪章的目标作出必要的建议。

5. 委员会应通过秘书长为媒介向联盟理事会提交包含其评论和建议的年度报告。

6. 委员会的包括观察发现和建议在内的报告应为公开文件,委员会应广为传播。

第四十九条

1. 阿拉伯国家联盟秘书长应在本宪章被联盟理事会批准后立即将其提交给成员国签署、批准或加入。

2. 本宪章应在第七份批准文书交存给阿拉伯国家联盟秘书处之日两个月后生效。

3. 在生效后,本宪章应对于每个国家在其交存其批准或加入文书于秘书处两个月后生效。

4. 秘书长应就每个批准或加入文书的交存通知成员国。

第五十条

任何缔约国可以通过秘书长提交本宪章修正案的书面提议。在此类修正案被转交各成员国后，秘书长应邀请成员国考虑提议的修正案，而后将它们提交给联盟理事会采纳。

第五十一条

修正案对于批准它们的缔约国应在它们被缔约国三分之二多数批准后生效。

第五十二条

任何缔约国可以提议本宪章的附加任择议定书，它们应依照采纳本宪章修正案所用的程序被采纳。

第五十三条

1. 任何缔约国在签署本宪章或交存本宪章的批准或加入文书之时，可以对本宪章的任何规定作出保留，条件是此类保留与本宪章的目标和根本目的不冲突。

2. 任何依照本条第一款作出保留的缔约国可以在任何时候通过向阿拉伯国家联盟秘书长递交通知撤回保留。

106. 东南亚国家联盟宪章

（2007年11月20日于新加坡通过）

序　言

我们，东南亚国家联盟（东盟）成员国的人民，由文莱达鲁萨兰国、柬埔寨王国、印度尼西亚共和国、老挝人民民主共和国、马来西亚、缅甸联邦、菲律宾共和国、新加坡共和国、泰王国以及越南社会主义共和国的国家或政府首脑所代表：

满意地注意到东盟自其在曼谷成立直到通过《东盟宣言》以来的重大成就和拓展；

念及在《万象行动项目》、《关于确立东盟宪章的吉隆坡宣言》以及《有关东盟宪章蓝图的宿务宣言》中所作出的确立东盟宣言的决定；

考虑到被地理位置、共同目标和共同命运所联结的东盟成员国和东盟人民中存在的双边利益和相互依赖；

受"同一个愿景、同一个身份、同一份守护"以及"共担共同体"的启发并团结在其之下；

被生活在一个具有持久的和平、安全和稳定、可持续的经济发展、共有的繁荣和社会进步的区域以及推动我们至关重要的利益、理念和渴望的共同愿望和集体意愿所团结；

尊重友好与合作的根本重要性，尊重主权原则、平等、领土完整、不干涉内政、一致意见和多样性的联合；

遵循民主、法治和善治以及尊重和保护人权和基本自由的原则；

决心保障为了这一代人和未来子孙利益的可持续发展，决心把人民的安乐、生计和福利置于东盟共同体建设过程的核心；

确信强化现有的区域团结的纽带以实现一个政治上有凝聚力、经济上一体化和社会上负责任的东盟共同体，从而有效地应对当前和未来的挑战和机遇的需要；

致力于通过增强的区域合作和一体化来强化共同体建设，特别是通过建立一个就像《东盟第二协定巴厘宣言》所提出的那样的包括东盟安全共同体、东盟经济共同体和东盟社会文化共同体的东盟共同体；

兹决定，通过本宪章，建立东盟的法律和机构框架，

并且为此目的，东盟各成员国国家或政府首脑在东盟成立四十周年的历史时刻聚集在新加坡，达成了此宪章。

第一章 目的和原则

第一条 目的

东盟的目的是：

1. 保持和促进和平、安全和稳定，并进一步强化本区域内以和平为导向的价值；
2. 通过推动更大程度上的政治、安全、经济和社会文化合作以增强区域的活力；
3. 保持东南亚为一个没有核武器并且没有任何其他大规模杀伤性武器的区域；
4. 确保东盟的人民和成员国与外部世界在一个公正、民主和和谐的环境中和平相处；
5. 创造一个稳定、繁荣、有高度竞争性和经济一体化的单一市场和生产基地，并有着对贸易和投资的有效便利，这样的贸易和投资包括货物、服务和投资的自由流通，商人、专业人士、才华和劳动力的在协助之下的流动以及资本的自由流通；
6. 减轻贫困并通过双边互助和合作缩小东盟内部的发展差距；
7. 强化民主，促进善治和法治，推动和保护人权和基本自由，同时充分考虑到东盟各成员国的权利和义务；
8. 根据全面安全的原则有效地应对各种形式的威胁、跨国犯罪和跨境的挑战；
9. 推动可持续发展以确保对区域环境的保护、其自然资源的维持、其文化遗产的保存以及其人民的高生活水平；
10. 为了东盟人民的能力提升和东盟共同体的强化，通过在教育和终身学习方面更紧密的合作以发展人力资源；
11. 通过提供给东盟人民公平的接受个人发展、社会福利和正义的机会以促进他们的安乐与生计；
12. 在为东盟人民建设一个安全、安定和无毒品的环境方面强化合作；
13. 推动一个社会各阶层都被鼓励参与东盟一体化和共同体建设的过程并从中获益的以人为本的东盟；
14. 通过培养对于本区域不同文化和传统的更深刻的认识以促进东盟的身份认知；
15. 以一个公开、透明和包容的区域结构来保持东盟在与其外部伙伴的关系和合作中作为主要推动力的核心和主动角色。

第二条 原则

1. 为实现第一条中所载目的,东盟及其成员国再次确认和遵从东盟的宣言、协议、公约、合约、条约和其他文件中所包含的根本原则。

2. 东盟及其成员国将遵循以下原则行事:

(a) 尊重东盟各成员国的独立、主权、平等、领土完整和国家身份;

(b) 在增强区域和平、安全和繁荣方面的共同承担和集体责任;

(c) 摒弃侵略、威胁或使用武力或任何以与国际法不一致的方式所为的其他行为;

(d) 依靠和平的争端解决;

(e) 不干涉东盟成员国的内政;

(f) 尊重每一个成员国的不受外界干涉、颠覆和强迫地领导其国家存在的权利;

(g) 促进在严重影响东盟共同利益的事项上的协商;

(h) 遵循法治、善治、民主原则和宪政政府;

(i) 尊重基本自由、人权的推动和保护以及社会正义;

(j) 支持《联合国宪章》和包括国际人道主义法在内的东盟成员国所接受的国际法;

(k) 不参与威胁东盟成员国的主权、领土完整或政治、经济稳定的由任何东盟成员国、非东盟成员国或非国家行为人所从事的任何政策或活动,包括不允许其领土被其使用;

(l) 尊重东盟人民不同的文化、语言和宗教,同时以多样化中的团结的精神强调他们的共同价值;

(m) 东盟在保持积极参加、视角开放、包容和不歧视的同时在对外的政治、经济、社会和文化关系中的核心地位;

(n) 遵循多国贸易规则和为了有效履行经济承诺和渐进地减少以至消除通往市场经济中的区域经济一体化的一切壁垒的以规则为基础的东盟的体制。

第二章 法律人格

第三条 东盟的法律人格

东盟,作为一个政府间组织,特此被赋予法律人格。

第三章 成员身份

第四条 成员国

东盟的成员国为文莱达鲁萨兰国、柬埔寨王国、印度尼西亚共和国、老挝人民民主共和国、马来西亚、缅甸联盟、菲律宾共和国、新加坡共和国、泰王国和越南社会主义共和国。

第五条 权利和义务

1. 成员国在本宪章下有平等的权利和义务。

2. 成员国应采取一切必要措施,包括制定适当的国内立法,以有效执行本宪章的规定和旅行成员义务。

3. 在严重违反或不遵守宪章的情况下,该事项应按第二十条处理。

第六条 接纳新成员

1. 申请和接纳新成员入东盟的程序应由东盟协调理事会制定。
2. 接纳应基于以下标准：
（a）位于被认可的东南亚地理区域内；
（b）被所有东盟成员国所认可；
（c）同意受本宪章约束并遵守本宪章；
（d）履行成员国义务的能力和意愿。
3. 接纳应由东盟峰会应东盟协调理事会的建议以一致意见决定。
4. 申请国应在签署加入本宪章的文书之时被接纳进东盟。

第四章　机　构

第七条 东盟峰会

1. 东盟峰会应由成员国国家或政府首脑组成。
2. 东盟峰会应：
（a）作为东盟的最高决策机构；
（b）对有关实现东盟的目标的关键事项、有关成员国利益的重要事项以及所有由东盟协调理事会、东盟共同体理事会和东盟部长级机构提交给它的事项，进行商讨、提供政策指引和作出决定；
（c）指示每个理事会的相关部长召开临时部长间会议，处理有关东盟的跨多个共同体理事会的重要事项。这类会议的程序规则应由东盟协调理事会制定。
（d）通过采取适当行动处理影响东盟的紧急情况；
（e）决定依第七章和第八章提交给它的事项；
（f）授权建立和解散部长级机构和其他东盟机构；以及
（g）任命具有部长位阶和身份的东盟秘书长，其将在取得应东盟外长会议推荐的国家或政府首脑的信任和满意后任职。
3. 东盟峰会应：
（a）每年召开两次，由保有主席席位的成员国作为东道主；并且
（b）在必要时，作为特别或临时会议在东盟成员国同意的地点召开，由保有主席席位的成员国主持。

第八条 东盟协调理事会

1. 东盟协调理事会应包括东盟各外长，并每年集会两次。
2. 东盟协调理事会应：
（a）准备东盟峰会的会议；
（b）协调执行东盟峰会的协议和决定；
（c）与东盟共同体理事会协调以促进它们之间的政策一致性、效率和合作；
（d）协调东盟共同体理事会向东盟峰会提交的报告；
（e）考虑秘书长有关东盟工作的年度报告；

（f）考虑秘书长有关东盟秘书处和其他相关机构的职能和运作的报告；

（g）应秘书长的建议批准副秘书长的任命和解职；

（h）进行其他本宪章规定的任务或其他东盟峰会分配的职务。

3. 东盟协调理事会应有相关资深官员的支持。

第九条 东盟共同体理事会

1. 东盟共同体理事会应包括东盟政治安全共同体理事会、东盟经济共同体理事会和东盟社会文化共同体理事会。

2. 每个东盟共同体理事会应在其之下设有相关东盟部长级机构。

3. 每个成员国应指派其国家代表到每个东盟共同体理事会。

4. 为实现东盟共同体的三个支柱中的每一个的目标，每个东盟共同体理事会应：

（a）保证东盟峰会相关决定的执行；

（b）协调其不同部门的工作以及涉及其他共同体理事会的事项；

（c）就其主管的事项向东盟峰会提交报告和建议。

5. 每个东盟共同体理事会应每年至少集会两次，应由保有东盟主席席位的成员国的适当部长主持。

6. 每个东盟共同体理事会应有相关资深官员的支持。

第十条 东盟部长级机构

1. 东盟部长级机构应：

（a）依照它们分别确立的命令运作；

（b）在它们分别的主管范围内执行东盟峰会的协议和决定；

（c）在它们分别的领域内强化合作以支持东盟的一体化和共同体建设；

（d）向它们分别的共同体理事会提交报告和建议。

2. 每个东盟部长级机构可以在其主管范围内由相关资深官员和附属机构进行附表1（略）所包含的职能。该附表可以由东盟秘书长应常任代表委员会的建议进行更新而无须依照本宪章有关修正案的规定。

第十一条 东盟秘书长和东盟秘书处

1. 东盟秘书长应由东盟峰会从以字母顺序排列的东盟成员国的国民中任命，应适当考虑诚信、能力、专业经验和性别平等，任期五年，不可连任。

2. 秘书长应：

（a）依照本宪章的规定和相关东盟文书、议定书和确定的实践履行这个高级职务的职责和责任；

（b）协助东盟协议和决定的执行并监督执行进程，就东盟的工作向东盟峰会提交年度报告；

（c）参加东盟峰会、东盟共同体理事会、东盟协调理事会和东盟部长级机构的会议以及其他相关东盟会议；

（d）依照经批准的政策指引和给秘书长的命令参加与外部伙伴的会议并发表东盟的观点；以及

（e）建议任命和解职副秘书长给东盟协调理事会批准。

3. 秘书长还应为东盟的主管行政官员。

4. 秘书长应由四名拥有副部长位阶和身份的副秘书长协助。副秘书长应在履行其职权中对秘书长负责。

5. 四名副秘书长应与秘书长国籍不同且应来自不同的东盟成员国。

6. 四名副秘书长应包括:

(a) 两名以不可连任的三年任期任职的副秘书长,从以字母顺序排列的东盟成员国的国民中,适当考虑诚信、资历、能力、经验和性别平等而选择;以及

(b) 两名以可以连任一次的三年任期任职的副秘书长。这两名副秘书长应基于实质条件公开选拔。

7. 东盟秘书处应包括秘书长和需要的职员。

8. 秘书长和职员应:

(a) 在履行职责的过程中保持最高标准的诚信、效率和能力;

(b) 不寻求或接受任何政府或东盟之外的外部伙伴的指示;以及

(c) 不采取任何可能影响他们作为只对东盟负责的东盟秘书官员的职务的行动。

9. 每个东盟成员国承诺尊重秘书长和职员的仅属于东盟的责任,而不寻求在他们履行其责任时影响他们。

第十二条 派驻东盟的常任代表委员会

1. 每个东盟成员国应任命一名具有大使位阶的常任代表在东盟,常驻在雅加达。

2. 常任代表集体构成常任代表委员会,该委员会应:

(a) 支持东盟共同体理事会和东盟部长级机构的工作;

(b) 与东盟国家秘书处以及其他东盟部长级机构进行协调;

(c) 与东盟秘书长和东盟秘书处在所有有关其工作的事项上进行联络;

(d) 协助东盟与外部伙伴的合作;

(e) 履行由东盟协调理事会确定的其他职能。

第十三条 东盟国家秘书处

每个东盟成员国应建立一个东盟国家秘书处,其应当:

(a) 作为全国的联络点;

(b) 作为国家级别上所有东盟事务的讯息接受机构;

(c) 在国家级别上协调东盟决定的执行;

(d) 协调以及支持国家对东盟会议的准备;

(e) 在国家级别上促进东盟身份和认同;

(f) 为东盟共同体建设作出贡献。

第十四条 东盟人权机构

1. 依照《东盟宪章》与促进和保护人权和基本自由的目的和原则,东盟应建立一个东盟人权机构。

2. 东盟人权机构应依照东盟外长会议所确定的条款运行。

第十五条 东盟基金会

1. 东盟基金会应支持东盟秘书长并与相关东盟机构协作,通过促进更大程度的东盟身

份认同、人与人的交流和商业领域、市民社会、学术界以及其他东盟涉众的紧密协作来支持东盟的共同体建设。

2. 东盟基金会应对东盟秘书长负责,东盟秘书长应通过东盟协调理事会提交基金会的报告给东盟峰会。

第五章　东盟联合实体

第十六条　东盟联合实体

1. 东盟可以聘用支持《东盟宪章》、特别是其目的和原则的实体。这些联合实体列于附表二(略)。

2. 聘用的程序规则和标准应由常任代表委员会应东盟秘书长的建议制定。

3. 附表二可以由东盟秘书长应常任代表委员会的建议进行更新而无须依照本宪章有关修正案的规定。

第六章　豁免权和特权

第十七条　东盟的豁免权和特权

1. 东盟应在成员国的领土内享有对于实现其目的所必要的豁免权和特权。

2. 豁免权和特权应由东盟与东道主国在分别协议中具体确定。

第十八条　东盟秘书长和东盟秘书处职员的豁免权和特权

1. 东盟秘书长和东盟秘书处参与东盟官方活动或代表东盟的职员在成员国应享有对其独立行使他们的职权所必要的豁免权和特权。

2. 本条之下的豁免权和特权应由另外的东盟协议具体确定。

第十九条　常任代表和执行东盟公务的官员的豁免权和特权

1. 成员国派驻东盟的常任代表以及成员国的参与东盟活动或代表东盟的官员在成员国内应享有对于行使他们的职权所必要豁免权和特权。

2. 常任代表和执行东盟公务的官员的豁免权和特权应受 1961 年《维也纳外交关系公约》规制或依照有关东盟成员国的国内法律。

第七章　决定的作出

第二十条　协商和一致意见

1. 作为一项基本原则,东盟中决定的作出应基于协商和一致意见。

2. 当一致意见无法达成时,东盟峰会可以决定一项具体决定如何作出。

3. 本条第一款和第二款不影响相关东盟法律文书所载的作出决定的模式。

4. 在严重违反或不遵守宪章的情况下,该事项应被提交东盟峰会决定。

第二十一条 执行和程序

1. 每个东盟共同体理事会应指定自己的程序规则。
2. 在执行经济承诺中,在有一致意见时,可以适用灵活参与的准则,包括东盟减 X 准则。

第八章 争议解决

第二十二条 一般原则

1. 成员国应努力和平地通过对话、协商和谈判的方式及时解决一切争议。
2. 东盟应在东盟合作的一切领域维持和建立争议解决体制。

第二十三条 斡旋、和解和调解

1. 作为争议当事方的成员国可以在任何时候同意寻求斡旋、和解或调解以在协议的时间限制内解决争议。
2. 争议当事方可以请求东盟主席国或者东盟秘书长以非官方的身份提供斡旋、和解或调解。

第二十四条 个别文书中的争议解决体制

1. 有关个别东盟文书的争议应通过这些文书所规定的体制和程序解决。
2. 无关任何东盟文书的解释或适用的争议应当依照《东南亚和睦与合作条约》及其程序规则和平地解决。
3. 在没有不同的特别规定时,有关东盟经济协议的解释或适用的争议应依照《东盟有关强化的争议解决体制的议定书》解决。

第二十五条 争议解决体制的建立

在没有不同的特别规定时,包括仲裁在内的适当的争议解决体制应当被建立以解决有关本宪章和其他东盟文书的解释或适用的争议。

第二十六条 未决争议

当某一争议在适用本章前述规定仍未解决时,该争议应被提交给东盟峰会决定。

第二十七条 遵守

1. 东盟秘书长在东盟秘书处或任何其他授权的东盟机构的协助下,应监督对东盟争议解决体制所产生的认定、建议或决定的遵守,并向东盟峰会提交报告。
2. 任何被不遵守东盟争议解决体制所产生的认定、建议或决定所影响的成员国可以将该事项提交给东盟峰会决定。

第二十八条 《联合国宪章》规定和其他相关国际程序

除非本宪章有不同规定,成员国有权寻求《联合国宪章》第三十三条第一款或任何其他争议成员国为缔约国的国际法律文书所载的和平解决争议的模式。

第九章 预算和财务

第二十九条 一般原则

1. 东盟应依照国际标准建立财务规则和程序。

2. 东盟应遵循合理的财务管理政策和实务以及预算准则。
3. 财务账户应受内部和外部审计。
第三十条　东盟秘书处的运行预算和财务
1. 东盟秘书处应被提供有效履行其职责所必要的财务资源。
2. 东盟秘书处的运行预算应由东盟成员国通过按时缴纳的平等的年度供款所支持。
3. 秘书长应准备东盟秘书处的年度运行预算,提交东盟协调理事会应常任代表委员会的建议而批准。
4. 东盟秘书处应依照东盟协调理事会应常任代表委员会的建议所确定的财务规则和程序运行。

第十章　行政和程序

第三十一条　东盟主席国
1. 东盟主席国应按照成员国英文名字的字母顺序每年轮换。
2. 东盟在每一个公历年应有一个主席席位,取得该主席席位的成员国将作为以下机构的主席：
（a）东盟峰会与相关峰会；
（b）东盟协调理事会；
（c）三个东盟共同体理事会；
（d）适当时,相关东盟部长级机构和资深官员；以及
（e）常任代表委员会。

第三十二条　东盟主席国的角色
保有东盟主席席位的成员国应：
（a）积极推动和促进东盟的利益和福利,包括努力通过政策提议、协调、一致意见和合作以建设一个东盟共同体；
（b）确保东盟的核心地位；
（c）确保有效和及时地对影响东盟的紧急事项或危机情况进行反应,包括提供斡旋和此类其他安排以立即应对这些担忧；
（d）代表东盟强化和推动与外部伙伴的更紧密关系；
（e）进行其他被要求进行的任务和职务。

第三十三条　外交礼仪和实践
东盟和其成员国应在进行一切有关东盟的活动中遵守现有的外交礼仪和实践。任何改变应由东盟协调理事会应常任代表委员会的建议而批准。

第三十四条　东盟的工作语言
东盟的工作语言应为英语。

第十一章　身份和标志

第三十五条　东盟身份
东盟应推动其共同的东盟身份以及其人民的归属感以实现其共同的命运、目标和价值。

第三十六条　东盟盟训

东盟的盟训应为:"同一个愿景、同一个身份、同一个共同体。"

第三十七条　东盟旗帜

东盟的旗帜应为附件三(略)所示。

第三十八条　东盟徽章

东盟的徽章应为附件四(略)所示。

第三十九条　东盟日

八月八日应作为东盟日庆祝。

第四十条　东盟盟歌

东盟应有一首盟歌。

第十二章　外部关系

第四十一条　处理外部关系

1. 东盟应与国家以及分区域、区域和国际组织和机构发展友好的关系和互利的对话、合作和伙伴关系。

2. 东盟的外部关系应遵从本宪章所载的目的和原则。

3. 东盟应为它所发起的区域安排中的主要推动力并保持其在区域合作和共同体建设中的核心地位。

4. 在处理东盟的外部关系中,成员国应在联合与团结的基础上,协调并努力发展共同的立场和采取协同行动。

5. 东盟外部关系的战略政策方向应由东盟峰会应东盟外长会议的建议而决定。

6. 东盟外长会议应确保处理东盟外部关系中的一致性和连贯性。

7. 东盟可以与国家或分区域、区域和国际组织和机构达成协议。达成这类协议的程序应由东盟协调理事会经与东盟共同体理事会协商决定。

第四十二条　对话协调者

1. 成员国以国家协调者的身份,应轮流承担协调和促进东盟在与相关对话伙伴以及区域和国际组织和机构的关系中的利益的总体责任。

2. 在与外部伙伴的关系中,国家协调者应当,包括但不限于:

(a) 依据东盟的原则代表东盟和促进以互相尊重和平等为基础的关系;

(b) 主持东盟和外部伙伴之间的相关会议;

(c) 被相关的东盟在他国和国际组织的委员会所支持。

第四十三条　东盟在他国和国际组织的委员会

1. 东盟在他国的委员会可以在非东盟国家由东盟成员国的外交使团首脑建立。可以建立与国际组织相关的类似委员会。这类委员会应在东道主国和国际组织促进东盟的利益和身份认同。

2. 东盟外长会议应确定这类委员会的程序规则。

第四十四条 外部伙伴的地位

1. 在处理东盟的外部关系时,东盟外长会议可以赋予外部伙伴以对话伙伴、部门对话伙伴、发展伙伴、特别观察员、来宾的正式身份或其他由其决定的身份。

2. 外部伙伴可以依照程序规则被邀请到东盟的会议或合作活动而不被赋予任何正式身份。

第四十五条 与联合国系统以及其他国际组织和机构的关系

1. 东盟可以在联合国系统以及其他分区域、区域和国际组织和机构寻求适当的身份。

2. 东盟协调理事会应决定东盟在其他分区域、区域和国际组织和机构的参与。

第四十六条 非东盟成员国派驻东盟

非东盟成员国和相关政府间组织可以任命和派驻大使到东盟。东盟外长会议应决定这些派驻。

第十三章 普遍和最终条款

第四十七条 签署、批准、交存和生效

1. 本宪章应由全部东盟成员国签署。

2. 本宪章应由全部东盟成员国依照其各自的内部程序批准。

3. 批准文书应交存于东盟秘书长,其应就每次交存即刻通知全体成员国。

4. 本宪章在第十份批准文书交存于东盟秘书长后的第三十日生效。

第四十八条 修正案

1. 任何成员国可以提议对宪章的修正案。

2. 提议的宪章修正案应经东盟协调理事会的一致意见提交给东盟峰会决定。

3. 经东盟峰会一致同意的宪章修正案应由全体成员国依照第四十七条批准。

4. 修正案于最后一份批准文书交存给东盟秘书长之后的第三十日生效。

第四十九条 相关条款和程序规则

除有本宪章的不同规定,东盟协调理事会应确定相关条款和程序规则,并确保其一致性。

第五十条 复查

本宪章可以在其生效五年后获依照东盟峰会确定的其他时间进行复查。

第五十一条 宪章的解释

1. 应任何成员国请求,宪章的解释应由东盟秘书处依照东盟协调理事会所确定的程序进行。

2. 任何有关宪章的解释的争议应依照第八章的相关规定解决。

3. 本宪章所使用的标题和题目仅为参考目的。

第五十二条 法定存续

1. 在本宪章生效前生效的所有条约、公约、协议、协约、宣言、议定书和其他东盟文书应继续有效。

2. 在这些文书与本宪章之下的东盟成员国的权利和义务不一致的情况下,以宪章为准。

第五十三条　原始文本

经签字的本宪章英文原始文本应交存于东盟秘书长,其应向每一个成员国提供一份经过认证的复本。

第五十四条　东盟宪章的注册

本宪章应由东盟秘书长根据《联合国宪章》第一百零二条第一款向联合国秘书处注册。

第五十五条　东盟财产

组织的财产和资金应以东盟的名义进行投资。

2007年11月20日以英语的唯一原始文本于新加坡达成。

107. 东盟人权宣言

我们,东南亚国家联盟(以下简称"东盟")成员国,即文莱达鲁萨兰国、柬埔寨王国、印度尼西亚共和国、老挝人民民主共和国、马来西亚、缅甸联邦共和国、菲律宾共和国、新加坡共和国、泰王国和越南社会主义共和国的国家元首/政府首脑,在柬埔寨金边举行第二十一届东盟峰会之际。

重申我们遵守《东盟宪章》所载的东盟宗旨和原则,特别是尊重、促进和保护人权和基本自由,以及民主、法治和善治的原则;

进一步重申我们对《世界人权宣言》《联合国宪章》《维也纳宣言和行动纲领》以及东盟成员国加入的其他国际人权条约的承诺;

还重申东盟在包括《东盟地区提高妇女地位宣言》和《东盟地区消除对妇女的暴力行为宣言》在内的促进人权方面的努力的重要性;

确信本宣言将有助于建立本区域人权合作的框架,并为东盟共同体建设进程作出贡献。

兹声明如下:

一般原则

1. 人人生而自由,在尊严和权利上一律平等。他们赋有理性和良心,并应本着人道主义精神相处。

2. 人人有资格享有本宣言所载的一切权利和自由,不分种族、性别、年龄、语言、宗教、政治或其他见解、国籍或社会出身、经济地位、出身、残障或其他身份等任何区别。

3. 人人在任何地方有权被承认在法律面前的人格。法律面前人人平等。人人有权不受歧视地得到法律的平等保护。

4. 妇女、儿童、老年人、残障人、迁徙工人以及弱势和边缘化群体的权利属于人权和基本自由中不可剥夺、不可分割的内在组成部分。

5. 任何人当宪法或法律所赋予的权利遭受侵害时,有权获得由有正当权力的法庭或其他主管机构所决定的有效的、可强制执行的救济。

6. 人权和基本自由的享有必须与每个人对所有其他个人、对其生活的社区和社会所承担的相应义务的履行相平衡。东盟各成员国从根本上承担着促进和保护所有人权和基本自由的首要责任。

7. 所有人权是普遍的、不可分割、互相依存、互相联系的。宣言中的所有人权和基本自由必须以公平、平等的方式对待,在同样的基础上给予同样的重视。同时,人权的实现必须考虑到区域、国家内不同的政治、经济、法律、社会、文化、历史和宗教背景。

8. 人权和基本自由的行使应该考虑到其他人的人权和基本自由,行使人权和基本自由仅受法律规定的限制,目的是确保承认他人人权和根本自由,以及满足国家安全、公共秩序、公共健康、公共安全、公共道德和民主社会人民的普遍福利的合理要求。

9. 实现宣言所规定的人权和自由,应该始终坚持公正性、客观性、非选择性、非歧视性、非对抗性、避免双重标准以及政治化的原则,在实现过程中还应该考虑到人民参与、包容性以及问责需要。

公民权利和政治权利

10. 东盟成员国确认《世界人权宣言》中的所有公民和政治权利。具体而言,东盟成员国确认以下权利和基本自由:

11. 人人有得受法律保护的固有生命权。除非依照法律,不得剥夺任何人的生命。

12. 人人有权享有人身自由和安全。任何人不得被任意逮捕、搜查、拘留、绑架或以任何其他形式剥夺自由。

13. 任何人不得使为奴隶或以任何形式使为奴役,不得遭受人口走私和包括以贩运人体器官为目的的人口贩运。

14. 任何人不得加以酷刑或施以残忍、不人道或有辱人格的待遇或处罚。

15. 人人有权在各国境内自由迁徙和居住。人人有权离开包括其本国在内的任何国家,并有权返回其本国。

16. 人人享有根据他国法律或适用的国际协定的规定寻求和被庇护的权利。

17. 人人有权单独或与他人一起拥有、使用、处置并给予其合法获得的财产。任何人的此种财产不得经任意剥夺。

18. 人人有权享有法律规定的国籍。任何人的国籍不得经任意剥夺,亦不得否认其改变国籍的权利。

19. 家庭作为自然和基本社会单位,有权得到社会和每个东盟成员国的保护。成年男女有权在其自由和完全的同意基础上结婚,有权依法建立家庭和解除婚姻。

20. (1) 凡受刑事控告的人,在由有正当权力、独立且无偏倚的法庭通过公平公开、被控告者被保证辩护权利的审判依法证明其有罪之前,应被推定为无罪。

(2) 任何人不得因其作为或不作为在实施时不构成国内法或国际法规定的刑事犯罪而被认定为刑事犯罪,任何人因犯罪而受到的惩罚不得超过其实施时法律规定的惩罚。

(3) 任何人不得因其根据东盟任一成员国的法律和刑事诉讼程序已经被最终定罪或宣告无罪的罪行而再次受到审判或处罚。

21. 人人有权使自己的隐私、家庭、住宅或包括个人资料在内的通信免遭任意干涉、自己的荣誉和名誉免遭攻击。人人有权得到法律保护免受此种干扰或攻击。

22. 人人有权享有思想、良心和宗教自由。消除一切形式的基于宗教和信仰的不容忍、歧视和仇恨煽动。

23. 人人有权享有意见和言论自由,包括不论是以口头、书面还是通过个人选择的任何其他媒介持有意见而不受干涉的自由,以及寻求、接受和传递信息的自由。

24. 人人有权享有和平集会的自由。

25. (1) 每一个属于一国公民的人,均有权依照该国法律,直接或通过民主选举的代表间接参与本国的治理。

(2) 每个公民都有在定期的、真实的选举中投票的权利,这种选举应当是普遍的、平等的、无记名的投票,保证选举人按照国家法律规定自由表达自己的意志。

经济、社会和文化权利

26. 东盟成员国确认《世界人权宣言》中的所有经济、社会和文化权利。具体而言,东盟成员国确认如下:

26. (1) 人人有工作的权利,有自由选择职业,享有正当、体面和有利的工作条件,并有机会参加失业者援助项目的权利。

(2) 人人都有权根据国家法律和法规组织工会并参加其选择的工会来保护其利益。

(3) 任何儿童和青年不得受到经济上的和社会上的剥削。凡雇用儿童和青年工作,此等工作有害其道德或健康、危害生命或可能妨碍其包括教育在内的正常发展的,得依法处罚。东盟成员国也得规定年龄限制,得依法禁止和处罚有偿雇用低于这一年龄限制的童工。

28. 人人有权享有为维持其本人和家属的充分的生活水准,包括:

a. 获得充足且可以负担得起的食物、免于饥饿并可以获得安全且有营养的食物的权利。

b. 衣着的权利。

c. 获得充足且可以负担得起的住房的权利。

d. 获得医疗和必要社会服务的权利。

e. 享有安全饮用水和卫生条件的权利。

f. 享有安全、清洁和可持续环境的权利。

29. (1) 人人有权享有可得的最高标准的身体、精神和生殖健康,有权获得基本的可以负担得起的保健服务,并且有权使用医疗设施。

(2) 东盟成员国得在预防、治疗、护理和支持包括艾滋病毒/艾滋病在内的传染病患者方面创造积极的环境,克服羞辱、漠视、否认和歧视。

30. (1) 人人有权获得社会保障,包括可得的社会保险,以帮助其获得有尊严及体面的生活的手段。

(2) 母亲在国家法律和法规规定的产前和产后的合理时期内得受到特别保护。在此期间,应给予在职母亲带薪休假或有适当社会保障福利的休假。

(3) 母亲和儿童有权享受特别照顾和协助。所有儿童,无论婚生或非婚生,均得享有同等的社会保障。

31. (1) 人人有受教育的权利。

(2) 初等教育得为义务教育,并得向所有人免费提供。各种形式的中等教育得通过一切适当的手段向所有人提供和开放。技术和职业教育得普遍提供。高等教育得根据成绩向所有人平等开放。

(3) 教育的目的是充分发展人的个性和尊严感。教育应加强东盟成员国对人权和根本自由的尊重。此外,教育应使所有人能够有效地参与各自的社会,促进所有国家、种族和宗教群体之间的理解、容忍和友谊,并促进东盟维护和平的活动。

32. 人人有权单独或与他人一起自由参加文化生活,享受艺术和科学进步及其适用的福利,并有权享有对其本人作为作者的任何科学、文学或适当的艺术作品所产生的精神和物质利益的保护。

33. 东盟各成员国得采取措施,单独或通过区域和国际援助与合作,特别是通过经济和技术援助与合作,最大限度地利用现有资源,以期逐步全面实现本宣言所承认的经济、社会和文化权利。

35. 东盟成员国可以适当考虑人权和各自国家经济的组织和资源,决定在何种程度上保证非国民享有本《宣言》中的经济和社会权利。

发展权

35. 发展权是一项不可剥夺的人权,凭借这项权利,每个人和东盟各国人民都有权公平且可持续地参与、促进、享有并受益于经济、社会、文化和政治发展。应实现发展权,以便公平地满足今世后代的发展和环境需要。虽然发展能促进享有所有人权,也是享有人权的必要条件,但不能以欠发展为由为侵犯国际公认的人权行为辩解。

36. 东盟成员国得采取有意义的以人为本和正视性别问题的发展方案,目的是减轻贫困,创造包括保护和保持环境可持续性的条件,使东盟各国人民在公平的基础上享有本《宣言》所承认的所有人权,并逐步缩小东盟内部的发展差距。

37. 东盟成员国认识到,落实发展权需要在国家一级制定有效的发展政策,并需要公平的经济关系、国际合作和有利的国际经济环境。东盟成员国得将发展权的多层面问题纳入东盟共同体建设和发展的相关领域,并与国际社会一道,促进公平和可持续发展、公平贸易实践和有效国际合作。

和平权

38. 人人和东盟各国人民都有权在东盟的安全与稳定、中立与自由的框架内享有和平,以全面实现本《宣言》规定的权利。为此,东盟成员国得继续加强友谊与合作,促进本地区的和平、和谐与稳定。

促进和保障人权方面的合作

39. 东盟成员国在促进和保护人权和基本自由方面有着共同的利益和承诺,此等共同利益和承诺得根据《东盟宪章》,通过,除其他外,相互合作以及与相关的国家、区域和国际机构/组织合作等来加以实现。

40. 本《宣言》的任何内容均不得解释为任何国家、团体或个人有权采取任何旨在破坏东盟的宗旨和原则,或破坏本《宣言》和东盟成员国加入的国际人权条约中规定的任何权利和基本自由的行为。

东盟成员国国家元首/政府首脑于二零一二年十一月十八日在柬埔寨金边通过,原文以英语作成一式一份。

108. 东盟保护和促进移徙工人权利共识

109. 南亚区域合作联盟防止和打击贩运妇女儿童从事卖淫问题公约

Ⅳ 国际劳工组织文件

Ⅳ. 自閉症と笑み

110. 歧视(就业及职业)公约

(国际劳工组织大会1958年6月25日通过)

国际劳工大会,

经国际劳工局理事院召开于一九五八年六月四日在日内瓦举行第四十二届会议,

决定对就业及职业方面的歧视问题——会议议程的第四个项目——通过若干建议,

决定这些建议应采取一个国际公约的形态,

考虑到费拉德尔非亚宣言确认全体人类,不分种族、信仰或性别,有权在自由和尊严、经济稳定和机会平等的条件下追求物质福利和精神发展,

并考虑到歧视构成对世界人权宣言所宣布的各项权利的侵害,

于一九五八年六月二十五日通过下面的公约,该公约在引用时可称为一九五八年《歧视(就业及职业)公约》:

第一条

一、为本公约目的,"歧视"一语指:

(甲)基于种族、肤色、性别、宗教、政治见解、民族血统或社会出身的任何区别、排斥或特惠,其效果为取消或损害就业或职业方面的机会平等或待遇平等;

(乙)有关成员在同雇主代表组织和工人代表组织——如果这种组织存在——以及其他有关机构磋商后可能确定其效果为取消或损害就业或职业方面的机会平等或待遇平等的其他区别、排斥或特惠。

二、基于特殊工作本身的要求的任何区别、排斥或特惠,不应视为歧视。

三、为本公约目的,"就业"和"职业"两语指获得职业上的训练,获得就业及获得特殊职业以及就业的条件。

第二条

本公约对其生效的每一成员承担宣布并执行一种旨在以适合本国条件及习惯的方法促进就业和职业方面的机会平等和待遇平等的国家政策,以消除就业和职业方面的任何歧视。

第三条

本公约对其生效的每一成员承担以适合本国条件及习惯的方法:

(甲)寻求雇主组织和工人组织以及其他有关机构的合作,以促进对这一政策的接受和遵行;

(乙)制订旨在使这一政策得到接受和遵行的法律,并促进旨在使这一政策得到接受和遵行的教育计划;

(丙)废止与这一政策相抵触的任何法律规定,并修改与这一政策相抵触的任何行政命令或惯例;

(丁)在国家当局的直接控制下执行就业政策;

(戊)保证职业指导、职业训练和安置服务等活动,均在国家当局的监督下,遵行这一政策;

(己)在其关于本公约执行情况的年度报告里,说明为执行这一政策而采取的行动以及这种行动所得的结果。

第四条

在有正当理由怀疑某人从事损害国家安全的活动或某人正从事损害国家安全的活动的情况下,对其采取的任何措施,不应视为歧视,但该人应有权向按照本国习惯设立的主管机构申诉。

第五条

一、国际劳工大会所通过的其他公约或建议里所规定的特殊保护或扶助措施,不应视为歧视。

二、任何成员在同代表性的雇主组织和工人组织——如果这种组织存在——磋商后,可以确定某些其他的特殊措施,不应视为歧视,因为这些措施的目的是为了适应一些由于性别、年老无能、家庭负担或社会或文化地位的原因而公认更加以特殊保护或扶助的人的特殊需要的。

第六条

批准本公约的每一成员承担按照国际劳工组织的组织法规定,把公约适用于非本部领土。

第七条

本公约的正式批准书,应送交国际劳工局局长登记。

第八条

一、本公约应只对曾经把批准书送交局长登记的那些国际劳工组织成员有拘束力。

二、本公约应于两个成员把批准书送交局长登记之日起十二个月后生效。

三、此后,本公约应于任何成员把批准书送交登记之日起十二个月后对该成员生效。

第九条

一、批准了本公约的成员,可以在公约首次生效之日起满十年后,退出公约;退约时应以退约书送交国际劳工局局长登记。此项退约应于退约书送交登记之日起一年后才生效。

二、批准了本公约的每一成员,如果在上款所述的十年时间满期后一年内,不行使本条所规定的退约权,即须再受十年的拘束,其后,可按本条规定的条件,在每十年时间满期时,退出本公约。

第十条

一、国际劳工局局长应将国际劳工组织各成员送交他登记的所有批准书和退约书通知国际劳工组织的全体成员。

二、在把送交他登记的第二件批准书通知国际劳工组织各成员时,局长应请各成员注意公约生效的日期。

第十一条

国际劳工局局长应按照联合国宪章第一百零二条的规定,将按上述各条规定送交他登记的所有批准书和退约书的全部细节,送交联合国秘书长登记。

第十二条

国际劳工局理事院应于它认为必要的时候,向大会提出一项关于本公约实施情况的报告,并研究是否宜于在大会议程上列入全部或局部订正公约的问题。

第十三条

一、大会倘若通过一个新的公约去全部或局部订正本公约,那么,除非这个新的公约另有规定,否则:

(甲)任何成员如批准新的订正公约,在该订正公约生效时,即系依法退出本公约,不管上述第九条的规定;

(乙)从新的订正公约生效之日起,本公约应即停止开放给各成员批准。

二、对于已批准本公约但未批准订正公约的那些成员,本公约无论如何应按照其原有的形式和内容继续生效。

第十四条

本公约的英文本和法文本具有同等效力。

前文是国际劳工大会在日内瓦举行的并于一九五八年六月二十六日宣布闭会的第四十二届会议正式通过的公约的作准文本。

为此,我们于一九五八年七月五日签字,以昭信守。

111. 强迫劳动公约
(国际劳工组织第二十九号公约)

(国际劳工组织大会1930年6月28日通过)

国际劳工组织大会,

应国际劳工局理事院召开,于一九三〇年六月十日在日内瓦举行第十四届会议,

决定就会议议程的第一项——强迫或强制劳动问题——通过若干个建议,

决定这些建议应采取国际公约的形式,

于一九三〇年六月二十八日通过下面的公约,以备国际劳工组织成员按照国际劳工组织组织法的规定批准,此公约在引用时可称为一九三〇年《强迫劳动公约》:

第一条

1. 凡批准本公约的国际劳工组织成员承担在可能范围内以最短期间制止强迫或强制劳动的一切使用形式。

2. 为了彻底制止强迫或强制劳动,在过渡期间,仅在于为公共目的和作为例外措施时,方可使用强迫或强制劳动,并须受以下所订的条件和保证的限制。

3. 在本公约生效后五年时间期满,国际劳工局理事院依下文第三十一条的规定编制报告时,理事院应研讨不另订过渡阶段期间即制止一切形式强迫或强制劳动的可能性以及研究宜否在国际劳工大会议程上列入这个问题。

第二条

1. 为本公约目的,"强迫或强制劳动"一词指以惩罚相威胁,强使任何人从事其本人不曾表示自愿从事的所有工作和劳务。

2. 但为本公约目的,"强迫或强制劳动"一词不包括：

（a）任何工作或劳务系根据义务兵役法强征以代替纯军事性工作者；

（b）作为一个完全自治国家的正常公民义务一部分的任何工作或劳务；

（c）任何人因法院判定有罪而被迫从事的任何工作或劳务,但上述工作或劳务必须由政府当局监督和管理,该人员不得由私人、公司或社团雇用或处置；

（d）任何工作或劳务,因紧急情况而强征者。所谓紧急情况系指战争或灾害或灾害威胁,例如火灾、水灾、饥荒、地震、猛烈流行病或动物瘟疫、动物、昆虫或植物害虫的侵害以及一般来说可能危害全部或部分居民的生存或福利的任何情况；

（e）由社区成员为该社区直接利益而从事的,故可视为社区成员应履行的正常公民义务的轻微社区劳务,但这些劳务是否需要,社区成员或其直接选出的代表应有被征询协商的权利。

第三条

为本公约目的,"主管当局"一词指宗主国当局或有关领土的最高中央当局。

第四条

1. 主管当局不得为私人、公司或社团的利益征用或准许征用强迫或强制劳动。

2. 成员把公约批准书送交国际劳工局局长登记之日如仍有这类为私人、公司或社团的利益的强迫或强制劳动的情事,应自本公约对其生效之日起彻底制止这类强迫或强制劳动。

第五条

1. 给予私人、公司或社团的特许权不得附有征用任何形式的强迫或强制劳动之权,以从事生产或收集这些私人、公司或社团所利用或买卖的产品。

2. 已经存在的特许权如没有涉及这类强迫或强制劳动的规定,应尽早废止这些规定,以符合本公约第一条的规定。

第六条

管理当局官员即使在有责任鼓励其管辖下居民从事某种形式的劳动时也不得强迫这些居民或其中任何个人为私人、公司或社团从事工作。

第七条

1. 不负行政职务的酋长不得使用强迫或强制劳动。

2. 负行政职务的酋长在主管当局明白许可下得使用强迫或强制劳动,但须受本公约第十条规定的限制。

3. 经适当承认的酋长如果没有其他形式的充足薪酬,得享有个人服务,但须不违反适当的规章并须采取一切必要措施,以防滥用而杜流弊。

第八条

1. 所有关于征取强迫或强制劳动的决定应由各该领土的最高民政当局负责作出。

2. 强迫或强制劳动,如无须工人离开其惯常居住地,则该最高民政当局得将征取此种迫或强制劳动之权授予最高地方当局。强迫或强制劳动,如果为了便利管理当局官员在行使职务时的行动和政府贮存物品的运输起见,需要工人离开其惯常居住地,则该最高民政当局亦得将征取此种强迫或强制劳动之权授予最高地方当局。但其期间和条件均须依照本公约第二十三条所述规章的规定。

第九条

除本公约第十条另有规定外,任何有权征取强迫或强制劳动的当局在未决定征取这类劳动之前应先确定:

(a) 所从事工作或所提供的劳务对被要求从事这些工作或提供这些劳务的社区有直接的重大利益;

(b) 这些工作或劳务是目前必需或迫切必需的;

(c) 这些工作或劳务所给付的工资和工作条件与该地区类似工作或劳务通常提供的工资和工作条件比较,并不低劣,但仍无法招募自愿劳工;

(d) 这些工作或劳务曾顾及当地所能提供的劳工人数及其从事这些工作的能力,不致使现有的居民负担过重。

第十条

1. 强迫或强制劳动之视为赋税而征用者以及执行职务的酋长为推行公用事业而征用者均应逐渐废止。

2. 目前如有视为赋税而征用强迫或强制劳动以及执行职务的酋长为推行公用事业而征用强迫或强制劳动情事,有关当局应先确定:

(a) 所从事的工作或所提供的劳务对被要求从事这些工作或提供这些劳务的社区有直接的重大利益;

(b) 这些工作或劳务是目前必须或迫切必须的;

(c) 这些工作或劳务已经顾及当地所能提供的劳工人数及其从事这些工作的能力,不致使现有的居民负担过重;

(d) 这些工作或劳务无须工人离开惯常住处;

(e) 按照宗教、社会生活和农业的迫切需要,指导执行这些工作或提供这些劳务。

第十一条

1. 唯年龄显已满十八岁未逾四十五岁的身体健全的成年男子始得被征从事强迫或强制劳动。除本公约第十条所规定者外,所有强迫或强制劳动适用下列限制和条件。

(1) 尽可能由行政当局委派的医官事先诊断各该人员没有患任何传染疾病,而且体格又适宜该项工作和工作环境;

(2) 学校师生和一般行政官员一概豁免;

(3) 为每一社区留存若干为家庭和社会生活所不可少的身体健全的成年男子;

(4) 尊重夫妇关系和家庭关系。

2. 为第一款第三项的目的,本公约第二十三条所规定的规章应定出任何一时期可以从身体健全成年男子居民中征用以从事强迫或强制劳动的人数所占的比例,但在任何情况下这个比例不得超过百分之二十五。主管当局在定出这个比例时应考虑到人口密度、社会和物质发展、季节关系、各该人等自己在当地必须从事的工作以及一般来说,顾及该社区正常生活的经济和社会需要。

第十二条

1. 在十二个月期间内,任何人从事各种强迫或强制劳动,最多不得超过六十天,往返工作地点所需时间一并计算在内。

2. 对已从事强迫或强制劳动者,应发给证书,说明其完成这种劳动的期间。

第十三条

1. 任何从事强迫或强制劳动者的正常工作期间应与自愿劳动者相同,正常工作时间以外的超时工作,其报酬率亦应与自愿劳动者超时工作的通常报酬相同。

2. 所有从事任何种类的强迫或强制劳动者每星期应有一天休息,这个休息日应尽可能与该领土或地域的传统或习惯所定的日期符合一致。

第十四条

1. 除本公约第十条所规定的强迫或强制劳动之外,各种强迫或强制劳动的工资,应以现金支付,其工资率不得低于雇用劳工地区或招募劳工地区通常对类似工作所给付的工资率,比较时以两地工资率之较高者为准。

2. 如酋长在执行职务时征用劳工,应尽可能及早采用按照上款的规定给付工资的办法。

3. 工资应付给个别的工人,而不应付给部落酋长或任何其他当局。

4. 为付给工资的目的,往返工作地点所需日数应作工作日计算。

5. 本条的规定不妨碍以配给粮食作为工资的一部分给付工人;这些粮食的价值至少应与所扣除的货币工资相等;但缴纳捐税或供给特殊食物衣服、房舍使工人在任何特殊工作环境下能够胜任工作或供应工具,这三件事的费用均不得在工资内扣除。

第十五条

1. 关于工人因雇佣关系遭遇意外事故或患病而领受补偿的法律规章以及关于死亡或丧失工作能力工人的受扶养人领受补偿的法律规章在一个领土已施行或将施行者,对于被征用从事强迫或强制劳动的人和自愿工人,同样适用。

2. 在任何情况下,任何使用工人从事强迫或强制劳动的当局负有义务,确保那些因雇佣关系遭遇意外事故或患病以致丧失全部或部分谋生能力者获得生活维持费,并采取措施,确保那些因雇佣关系丧失工作能力或死亡的工人的实际受扶养人获得生活维持费。

第十六条

1. 除特别必要的情形外,不得将被征用从事强迫或强制劳动者迁移至饮食和气候与他们所习惯的情况迥异、会危害他们健康的地方。

2. 除了可以严格执行所有关于卫生和房舍的必要措施,使这些工人能够适应环境和确保健康之外,无论如何不得将其迁移。

3. 遇此种迁移不能避免时,应根据资格相当医师的意见,采取措施,使工人逐渐适应新的饮食习惯和天气状况。

4. 如果需要这些工人做他们不做惯的日常工作,则应采取措施,以确保他们能够适应,特别是关于逐步训练、工作时间、工作若干小时歇一个时候的规定以及饮食的必要增加和改善。

第十七条

强迫或强制劳动如果是为了建筑或维修工作,需要工人在工作地点作相当时期的逗留,主管当局在未准许征用此项劳工之前应确定下列各项：

（1）采取一切必要措施，以保障工人的健康和保证必要的医疗，尤其是(a) 工人在开始工作以前和在服务期间定期受体格检查,(b) 有足够的医疗人员，具备药房、医务处、医院和必要的设备，以满足各种需要，(c) 工厂的卫生状况、食水、食物、燃料和烹饪用具的供应以及必要时房舍和衣物的供应均令人满意；

（2）作出一定的安排，以确保工人家属获得生活维持费，特别是应工人的要求或经工人同意，以安全可靠的方法把工资一部分汇寄给家属；

（3）管理当局应负责工人往返工场的问题，尽量利用所有的一切交通工具，便利工人往返工场，并支付他们的路费；

（4）工人如果患病或遭遇意外事故，以致在一个时期内不能工作，管理当局应资送其回原地；

（5）任何工人在强迫或强制劳动期满时，如果要以自愿工人身份继续工作，应许其自便，而且在两年内，不丧失其受资送回原地的权利。

第十八条

1. 从事运送人员或货物的强迫或强制劳动，例如挑夫或船夫，应在最短期间内废止。在未废止之前，主管当局应公布规章，除其他事项外，规定：(a) 仅为利便行政官员执行职务时的行动或为政府贮存物品的运输或在非常紧急必要的情况下运送非政府人员，才可以使用这些人，(b) 所使用的工人如有可能应经医生证明其体力足以胜任，倘若实际上无法进行体格检查，使用这类工人者应负责确保他们的体力足以胜任，并且没有患任何传染病疾病，(c) 这些工人所能负荷的最高重量，(d) 把他们从家里调到别处的最远距离，(e) 每个月或其他期间内被调离家的最多日数，包括回家所需日数在内，(f) 有权要求这种形式的强迫或强制劳动的人士以及他们的权限。

2. 在订定前款(c)、(d)和(e)项所述的最高额时，主管当局应考虑到一切有关因素，包括受招募工人地区居民的体格发展、他们必须经过的地方的性质及气候状况。

3. 主管当局应进一步规定，这些工人通常每天的行程不得超过与平均每天八小时工作相当的行程，并且有一项了解；即不仅应考虑到工人负荷的重量和路程的远近，还应考虑到道路的状况、季节关系和一切有关因素，如果行程超过通常每天的行程，额外时间的报酬应该比平常的工资率高。

第十九条

1. 主管当局应当准许为预防饥荒或粮食恐慌而强迫耕种，而且这些粮食或产品一定要归从事生产的个人或社区所有。

2. 本条款的规定不得解释为免除社区成员履行其应尽的工作义务，倘若一个社区按其法律或习俗，生产系以社区为基础而组织，而且产品或出售产品所得的利益一律归社区共有。

第二十条

关于社区因其任一成员犯罪而全体受惩罚的集体惩罚法律不得规定强迫或强制劳动为惩罚方法之一。

第二十一条

不得使用强迫或强制劳动去从事地下采矿工作。

第二十二条

批准本公约的成员同意依照国际劳工组织组织法第二十二条的规定向国际劳工局提出的关于为施行本公约条款而采取的措施的年度报告应尽可能详细叙述每一有关领土征用强迫或强制劳动的范围及其目的、工人患病率和死亡率、工作时间、工资给付方式和工资率，以及其他任何有关事项。

第二十三条

1. 主管当局为施行本公约条款起见，应公布关于使用强迫或强制劳动的详尽和精确的规章。

2. 这些规章，除其他事项外，应规定准许从事强迫或强制劳动者就劳动状况向当局申诉，以及如何确保这些申诉获得审查和考虑。

第二十四条

在任何情况下，应采取适当措施，扩大为监察自愿劳工而设的任何现有的劳工监察人员的职务使其兼管监察强迫或强制劳动，或通过其他适当的方法，以确保关于使用强迫或强制劳动的规章严格施行。并应采取措施，以确保从事这类劳动者知道这些规章。

第二十五条

非法征用强迫或强制劳动，应依刑法治罪。批准本公约的成员负有义务确保法律所规定的惩罚确实充分，一定严格执行。

第二十六条

1. 国际劳工组织每一成员于批准本公约时承担在它主权、管辖权、保护权、宗主权、监护权或权限下并且它有权接受与内部管辖有关的义务的领土适用本公约；但该成员国如欲利用国际劳工组织组织法第三十五条规定，应在批准书上附加一份声明，说明：

（1）该国承担不经修改地适用本公约规定的领土；

（2）该国承担在加以修改的情况下适用本公约规定的领土，以及这些修改的细节；

（3）该国保留决定的领土。

2. 上述声明应视为批准书的组成部分，具有批准书的同一效力，任何成员得另以声明全部或局部撤回它在原来声明里按本款第二项和第三项的规定所作的任何保留。

第二十七条

依照国际劳工组织组织法所定条件做成的本公约正式批准书应送交国际劳工局局长登记。

第二十八条

1. 本公约仅对曾经把批准书送交国际劳工局登记的那些国际劳工组织成员有约束力。

2. 本公约应于两个成员把批准书送交局长登记之日起十二个月后生效。

3. 此后，本公约应于任何成员把批准书送交登记之日起十二个月后对该成员生效。

第二十九条

国际劳工局局长于国际劳工组织两个成员把批准书送交国际劳工局登记后，应立即通知全体成员。其后如有其他国际劳工组织成员把批准书送交登记时，亦应照样一律通知。

第三十条

1. 批准了本公约的成员，可以在本公约首次生效之日起满十年后，退出本公约；退约时应以退约书送交国际劳工局局长登记。此项退约应于退约书送交登记之日起一年后方可生效。

2. 批准了本公约的成员,如果在上款所述的十年时间满期后一年内,不行使本条所规定的退约权,即须再受五年的拘束,其后,可按本条规定的条件,在每五年时间满期时,退出本公约。

第三十一条

在本公约生效后每五年时间满期时,国际劳工局理事院应向国际劳工大会提出一项关于本公约实施情况的报告,并研究宜否在国际劳工大会议程上列入全部或局部订正本公约的问题。

第三十二条

1. 国际劳工大会若通过一个新的公约,对本公约作全部或局部修正时,任何成员如批准新的订正公约,在该订正公约生效时,无须等待即系依法退出本公约,不管上述第三十条的规定。

2. 从新的订正公约生效之日起,本公约应即停止开放给各成员批准。

3. 对于已批准本公约但未批准订正公约的那些成员,本公约仍按其原有的形式和内容继续有效。

第三十三条

本公约的英文本和法文本同一作准。

112. 废止强迫劳动公约

(国际劳工组织大会1957年6月25日通过)

国际劳工组织大会,

经国际劳工局理事院召开,于一九五七年六月五日在日内瓦举行第四十届会议,

审议了强迫劳动问题——会议议程的第四个项目,

注意到一九三〇年《强迫劳动公约》的规定,

注意到一九二六年《禁奴公约》规定应当采取一切必要措施去制止强制及强迫劳动产生与奴隶制相类似的状况,以及一九五六年废止奴隶制、奴隶贩卖及类似奴隶制的制度与习俗补充公约规定彻底废止债务质役及农奴制,

注意到一九四九年《保障工资公约》规定工资应定期给付,并禁止采用使工人确定不可能完成其工作的给付工资方法,

决定对废止若干构成违反联合国宪章所述和《世界人权宣言》所列各项人权的强迫及强制劳动方式的问题,通过进一步的建议,

决定这些建议应采取一个国际公约的形态,

于一九五七年六月二十五日通过下面的公约,该公约在引用时,可称为一九五七年《废止强迫劳动公约》:

第一条

凡批准本公约的国际劳工组织成员承担制止和不利用任何方式的强迫或强制劳动：

（甲）作为政治压迫或政治教育的工具或作为对持有或发表政见或意识形态上与现存政治、社会或经济制度相反的意见的惩罚；

（乙）作为为经济发展目的动员和使用劳工的方法；

（丙）作为劳动纪律的工具；

（丁）作为对参加罢工的惩罚；

（戊）作为实行种族、社会、民族或宗教歧视的工具。

第二条

凡批准本公约的国际劳工组织成员承担采取有效措施去保证立即彻底废止本公约第一条所述的强迫和强制劳动。

第三条

本公约的正式批准书应送交国际劳工局局长登记。

第四条

一、本公约应只对曾经把批准书送交局长登记的那些国际劳工组织成员有拘束力。

二、本公约应于两个成员把批准书送交局长登记之日起十二个月后生效。

三、此后，本公约应于任何成员把批准书送交登记之日起十二个月后对该成员生效。

第五条

一、批准了本公约的成员，可以在公约首次生效之日起满十年后，退出公约；退约时应以退约书送交国际劳工局局长登记。此项退约应于退约书送交登记之日起一年后才生效。

二、批准了本公约的每一成员，如果在上款所述的十年时间满期后一年内，不行使本条所规定的退约权，即须再受十年的拘束，其后，可按本条规定的条件，在每十年时间满期时，退出本公约。

第六条

一、国际劳工局局长应将国际劳工组织各成员送交他登记的所有批准书和退约书通知国际劳工组织的全体成员。

二、在把送交他登记的第二件批准书通知国际劳工组织各成员时，局长应请各成员注意公约生效的日期。

第七条

国际劳工局局长应按照联合国宪章第一百零二条的规定，将按上述各条规定送交他登记的所有批准书和退约书的全部细节，送交联合国秘书长登记。

第八条

国际劳工局理事院应于它认为必要的时候，向大会提出一项关于本公约实施情况的报告，并研究是否宜于在大会议程上列入全部或局部订正公约的问题。

第九条

一、大会倘若通过一个新的公约去全部或局部订正本公约，那么，除非这个新的公约另有规定，否则：

（甲）任何成员如批准新的订正公约，在该订正公约生效时，即系依法退出本公约，不管上述第五条的规定；

（乙）从新的订正公约生效之日起，本公约应即停止开放给各成员批准。

二、对于已批准本公约但未批准订正公约的那些成员，本公约无论如何应按照其原有的形式和内容继续生效。

第十条

本公约的英文本和法文本具有同等效力。

前文是国际劳工组织大会在日内瓦举行的并于一九五七年六月二十七日宣布闭会的第四十届会议正式通过的公约的作准文本。

为此，我们于一九五七年七月四日签字，以昭信守。

113. 结社自由和组织权利保护公约

（国际劳工组织大会1948年7月9日通过）

国际劳工组织全体大会，

经国际劳工局理事会的召集，于1948年6月17日在旧金山举行第31届会议，

经议决以公约方式采纳关于本届会议议程第7项所列"结社自由和组织权利保护"的若干提议，

考虑到国际劳工组织章程序言中声明"承认结社自由的原则"是改善劳工条件和建立和平的一种手段，

考虑到《费城宣言》重申言论自由和结社自由是不断进步的必要条件，

考虑到第30届国际劳工大会一致通过了构成国际规则基础的原则，

考虑到联合国大会在其第2届会议上批准了这些原则并要求国际劳工组织继续努力以便有可能通过一个或几个国际公约，

于1948年7月9日通过下述公约，此公约得称为1948年《结社自由和组织权利保护公约》。

第一部分 结 社 自 由

第1条

本公约生效的国际劳工组织各会员国承诺实施下述条款。

第2条

工人和雇主没有任何区别，应有权建立和仅根据有关组织的规则加入各自选择的组织，且不须事先批准。

第3条

1. 工人组织和雇主组织应有权制订各自的章程和规则，完全自由地选举其代表，组织其行政管理和活动，制定其计划。

2. 政府当局不得从事限制这种权利和阻碍合法行使这种权利的任何干预行为。

第 4 条

工人组织和雇主组织不应受到行政当局的解散和中止。

第 5 条

工人组织和雇主组织应有权利建立和加入联合会、联盟和任何这种组织,联合会或联盟应有权利与国际工人组织和雇主组织交往。

第 6 条

上述第 2 条、第 3 条和第 4 条的规定适用于工人组织和雇主组织的联合会和联盟。

第 7 条

工人组织和雇主组织、联盟和联合会对法人资格的获得不应受具有限制实施本公约第 2 条、第 3 条和第 4 条规定特征的条件的约束。

第 8 条

1. 工人和雇主在行使本公约里规定的权利时,应同其他个人或组织起来的集体一样遵守国内法。

2. 国内法不应损害、也不应被执行得有损于本公约里规定的保证。

第 9 条

1. 本公约规定的保证适用于武装部队和警察的程度应由国家法律或条例来决定。

2. 根据国际劳工组织章程第 19 条第 8 款规定的原则,任何会员国对本公约的批准都不应被视为影响据此拥有武装部队或警察的会员国享受本公约保证的任何权利的任何现有法律、裁决书、惯例或协议。

第 10 条

在本公约里,"组织"一词是指促进和保护工人或雇主利益的任何工人组织或雇主组织。

第二部分　组织权利保护

第 11 条

本公约生效的国际劳工组织各会员国承诺:采取所有必要和适当措施,以确保工人和雇主可以自由地行使组织权利。

第三部分　杂 项 规 定

第 12 条

1. 关于经《1946 年国际劳工组织章程修正文件》修正的《国际劳工组织章程》第 35 条所述领土(但经修正的第 35 条第 4 款和第 5 款所述领土除外),批准本公约的本组织各会员国应在向国际劳工局局长递交其批准书的同时或尽可能随后呈交一份宣言,声明:

(a) 对于哪些领土,它承诺本公约的条款无须修改便可适用;

(b) 对于哪些领土,它承诺本公约的条款但经修改可适用,以及修改的细节;

(c) 对于哪些领土,本公约不适用以及不适用的理由;

(d) 对于哪些领土,它保留其决定。

2. 本条第 1 款(a)和(b)项所述承诺应被视为批准书的组成部分并具有批准书的效力。

3. 任何会员国可以依照本条第1款(b)、(c)或(d)项随时通过随后的宣言全部或部分取消其第一份宣言里所做的任何保留。

4. 任何会员国可以在按第16条规定本公约可被解约的任何时候向局长递交一份宣言,在其他任何方面对以前任何宣言的条款进行修改,并详细地声明这种领土的现状。

第13条

1. 如果本公约的主要问题在任何非宗主国领土的自治权限之内,负责这个领土的国际关系的会员国经商该领土政府同意后,可以向国际劳工局局长呈交一份代表该领土接受本公约义务的宣言。

2. 接受本公约义务的宣言可以由下述会员国或当局递交国际劳工局局长:

(a) 共同管辖任何领土的本组织的两个或两个以上的会员国,或

(b) 依照《联合国宪章》或其他章程负责管理任何这种领土的任何国际当局。

3. 根据本条上述各款向国际劳工局局长递交的宣言应指出本公约条款是否须经修改方可适用于有关领土,当宣言指出本公约条款须经修改方可适用时,它应列出修改的细节。

4. 有关会员国或国际当局可以在任何时候以随后的宣言全部或部分放弃以前任何宣言中声明的任何修改。

5. 有关会员国或国际组织可以在按照第16条规定对本公约进行解约的任何时候,向国际劳工局局长递交一份宣言,在任何其他方面对以前任何宣言的条款进行修改,并说明其目前对实施本公约的立场。

第四部分 最 终 条 款

第14条

本公约的正式批准书应送请国际劳工局局长登记。

第15条

1. 本公约应仅对批准书已经局长登记的国际劳工组织会员国具有约束力。

2. 本公约应自两会员国的批准书已经局长登记之日起12个月后生效。

3. 此后,对任何会员国,本公约应自其批准书已经登记之日起12个月后生效。

第16条

1. 凡批准本公约的会员国,自本公约初次生效之日起满10年后,可向国际劳工局局长通知解约,并请其登记。此项解约通知书自经登记之日起满1年后始得生效。

2. 凡批准本公约的会员国,在前款所述10年期满后的1年内,如未行使本条所规定的解约权利,即须再遵守10年,此后每当10年期满,可依本条的规定通知解约。

第17条

1. 国际劳工局局长应将国际劳工组织各会员国所送达的所有批准书、宣言和解约通知书的登记情况通知本组织所有会员国。

2. 局长在以所送达的第二份批准书的登记通知本组织各会员国时,应请本组织各会员国注意本公约开始生效的日期。

第 18 条

国际劳工局局长应按照联合国宪章第 102 条,将其按照上述各条规定所登记的一切批准书、宣言和解约通知书的详细情况,送请联合国秘书长登记。

第 19 条

国际劳工局理事会在其认为必要时,应将本公约的实施情况向大会提出报告,并审查是否将本公约的全部或局部修正问题列入大会议程。

第 20 条

1. 如大会通过一项对本公约作全部或局部的修正的新公约,除该新公约另有规定外,则:

(a) 在新修正公约已生效时,尽管有上述第 16 条规定,会员国对于新修正公约的批准,依法应为对本公约的立即解除;

(b) 自新修正公约生效之日起,本公约应即停止接受会员国的批准。

2. 对于已批准本公约但未批准新修正公约的会员国,本公约现有的形式及内容,在任何情况下,仍应有效。

第 21 条

本公约的英文本与法文本同等为准。

114. 组织和集体谈判权利的原则应用公约

(国际劳工组织大会 1949 年 7 月 1 日通过)

国际劳工组织全体大会,

经国际劳工局理事会召集于 1949 年 6 月 8 日在日内瓦举行第 33 届会议,

经议决采纳本届大会议程第四项所列关于应用组织和集体谈判权利的原则的若干提议,

经决定这些提议应采取国际公约的方式,

于 1949 年 7 月 1 日通过下述公约,此公约得称为 1949 年《组织和集体谈判权利的原则应用公约》。

第 1 条

1. 工人对于其就业、在抵抗反工会歧视行为方面应享受适当的保护。

2. 这种保护应特别适用于抵抗企图产生下述情况的行为:

(a) 使工人就业受条件约束,即他不得参加工会或放弃工会会员资格;

(b) 由于其为工会会员或在工作时间之外或经雇主同意在工作时间之内参加工会活动的原因,解雇工人或侵害其利益。

第 2 条

1. 工人组织和雇主组织在其设立、行使职责和管理方面,应享受适当保护,以抵抗相互间或各自代理或成员的任何干预行为。

2. 尤其那些企图设立受雇主组织支配的工人组织的行为,或为了使雇主或雇主组织达到控制工人组织的目的而通过财政或其他方式资助工人组织的行为,此应被视为构成本条所称的干预行为。

第 3 条

必要时应设立适合国家条件的机构,旨在确保尊重上述各条规定的组织权利。

第 4 条

必要时应采取适合国家条件的措施,鼓励和促进充分开发和利用供雇主或雇主组织和工人组织之间自愿谈判的机构,以便通过集体协议调整雇用条件。

第 5 条

1. 本公约规定的保证在何等程度上应适用于武装部队和警察,应由国家法律或条例加以确定。

2. 根据《国际劳工组织章程》第 19 条第 8 款规定的原则,任何会员国对本公约的批准均不得被视为影响那些使武装部队或警察成员享受本公约保证的任何权利的任何现有法律、裁决书、惯例或协议。

第 6 条

本公约不涉及受雇于国家行政机关的公务员的职位,也不得被解释为任何方式侵害他们的权利或地位。

第 7 条

本公约的正式批准书应送请国际劳工局局长登记。

第 8 条

1. 本公约应仅对其批准书已经局长登记的国际劳工组织各会员国具有约束力。

2. 本公约应自两会员国的批准书已经局长登记之日起满 12 个月后生效。

3. 此后,对于任何会员国,本公约应自其批准书已经登记之日起 12 个月后生效。

第 9 条

1. 根据国际劳工组织章程第 35 条第 2 款规定送交国际劳工局局长的宣言应声明:

(a) 对于哪些领土,有关会员国承诺无须修改便可适用本公约条款;

(b) 对于哪些领土,该会员国承诺经修改适用本公约条款,并提交修改的详细情况;

(c) 对于哪些领土,本公约不适用及不适用的理由;

(d) 对于哪些领土,该会员国在进一步审议其立场之前保留其决定。

2. 本条第 1 款(a)和(b)项所述承诺应被视为该批准书的组成部分并具有批准书的效力。

3. 任何会员国可以在任何时间以随后的宣言全部或部分取消依照本条第 1 款(b)、(c)或(d)在其原宣言中所做的任何保留。

4. 任何会员国,在根据第 11 条规定对本公约进行解约的任何时间,可以向局长送交一份宣言,在任何其他方面对以前任何宣言的条款进行修改并说明其目前对这种领土的立场。

第 10 条

1. 根据国际劳工组织章程第 35 条第 4 款或第 5 款送交国际劳工局局长的宣言应声明

本公约规定是否须经修改方可适用于有关领土；当宣言声明本公约须经修改方可适用时，应给出该修改的详细情况。

2. 有关会员国或国际当局可以在任何时候以随后的宣言全部或部分放弃以前任何宣言中声明的任何修改。

3. 有关会员国或国际当局可以在根据第11条规定对本公约进行解约的任何时候，向局长送交一份宣言，在任何其他方面对以前任何宣言的条款进行修改，并说明其目前对实施本公约的立场。

第11条

1. 凡已批准本公约的会员国，自本公约初次生效之日起满10年后，可向国际劳工局局长通知解约，并请其登记。此项解约通知书自经登记之日起满1年后始得生效。

2. 凡已批准本公约的会员国，如前款所述10年期满后的1年内，如未行使本条所规定的解约权利，即须再遵守10年，此后每当10年期满，可依本条的规定通知解约。

第12条

1. 国际劳工局局长应将国际劳工组织各会员国所送达的一切批准书、声明和解约通知书的登记情况，通知本组织所有会员国。

2. 局长在将所送达的第二份批准书的登记通知本组织各会员国时，应请本组织各会员国注意本公约开始生效的日期。

第13条

国际劳工局局长应按照联合国宪章第102条规定，将其按照以上各条规定所登记的一切批准书、宣言和解约通知书的详细情况，送请联合国秘书长登记。

第14条

国际劳工局理事会在其认为必要时，应将本公约的实施情况向大会提出报告，并审查是否将本公约的全部或局部修正问题列入大会议程。

第15条

1. 如大会通过一项对本公约作全部或局部的修正的新公约，除该新公约另有规定外，则：

（a）在新修正公约生效时，尽管有上述第11条规定，会员国对于新修正公约的批准，依法应为对本公约的立即解除；

（b）自新修正公约生效之日起，本公约应即停止接受各会员国的批准。

2. 对于已批准本公约而未批准新修正公约的会员国，本公约现有的形式及内容，在任何情况下，仍应有效。

第16条

本公约的英文本与法文本同等为准。

115. 1951年同酬公约("第100号公约")

(国际劳工组织大会1951年6月29日通过)

国际劳工大会,

经国际劳工局理事院召开,于1951年6月6日在日内瓦举行第34届会议,

决议对男女工人同工同酬原则——会议议程的第七个项目——通过若干提议,

决定这些建议应采取一个国际公约的形态,

于1951年6月29日通过下面的公约,该公约在引用时可称为《1951年同酬公约》:

第一条

为本公约目的:

(甲)"报酬"一语指普通的、基本的或最低限度的工资或薪金以及任何其他因工人的工作而由雇主直接地或间接地以现金或实物支付给工人的酬金;

(乙)"男女工人同工同酬"一语指报酬率的订定,不得有性别上的歧视。

第二条

1. 每一成员应以符合现行决定报酬率办法的适当方法促进并在符合这些办法的范围内保证男女工人同工同酬原则对一切工人适用。

2. 这个原则可通过下列方法去实施:

(甲)国家的法律或规章;

(乙)依法设立或在法律上得到承认的工资决定机构;

(丙)雇工与工人间的集体协议;

(丁)这三种方法的混合。

第三条

一、在行动有助于实施本公约规定的情况下,应采取各种措施去促进根据在实际工作的基础上对各种职位作客观评价。

二、评价的方法可以由负责决定报酬率的当局决定;如果这种报酬率系由集体协议决定,则可以由协议的有关各方决定。

三、工人间的报酬率的差异,如果是基于这种客观评价所确定的实际工作的差异,而与性别无关,则不应视为违反男女工人同工同酬的原则。

第四条

每一成员应斟酌情形与有关的雇主组织和工人组织合作,以实施本公约的规定。

第五条

本公约的正式批准书,应送交国际劳工局局长登记。

第六条

一、本公约应只对曾经把批准书送交局长登记的那些国际劳工组织成员有拘束力。

二、本公约应于两个成员把批准书送交局长登记之日起十二个月后生效。

三、此后,本公约应于任何成员把批准书送交登记之日起十二个月后对该成员生效。

第七条

一、在按照《国际劳工组织组织法》第三十五条第二款送交国际劳工局局长的声明里,应说明下列各点:

(甲)有关成员承担不经修改地适用本公约规定的领土;

(乙)有关成员承担在加以修改的情况下适用本公约规定的领土,以及这些修改的细节;

(丙)不适用本公约的领土,以及不适用的原因;

(丁)有关成员保留决定以待进一步考虑立场的领土。

二、本条第一款(甲)项与(乙)项所述的承担,应视为批准书的组成部分,具有批准效力。

三、任何成员随时可以另以声明全部或局部撤销它在原来声明里按本条第一款(乙)、(丙)、(丁)项所作的任何保留。

四、任何成员可以在按照第九条规定得退出本公约的时候,以声明送交局长,对任何以前声明里的条件,加以任何修改,并说明它现在对某些它可能指定的领土所持的立场。

第八条

一、在按照《国际劳工组织组织法》第三十五条第四款或第五款送交国际劳工局局长的声明里,应说明本公约规定是否将不经修改地,或在加以修改的情况下,对有关领土适用;倘若声明里说明本公约规定将在加以修改的情况下适用,则应说明这些修改的细节。

二、有关成员或国际当局可以随时另以声明全部或局部放弃援用任何以前声明里所述的任何修改的权利。

三、有关成员或国际当局可以在按照第九条规定得退出本公约的时候,以声明送交局长,对任何以前声明里的条件,加以任何修改,并说明它现在对本公约的适用所持的立场。

第九条

一、批准了本公约的成员,可以在公约首次生效之日起满十年后,退出公约;退约时应以退约书送交国际劳工局局长登记。此项退约应于退约书送交登记之日起一年后才生效。

二、批准了本公约的每一成员,如果在上款所述的十年时间满期后一年内,不行使本条所规定的退约权,即须再受十年的拘束,其后,可按本条规定的条件,在每十年时间满期时,退出本公约。

第十条

一、国际劳工局局长应将国际劳工组织各成员送交他登记的所有批准书、声明和退约书通知国际劳工组织的全体成员。

二、在把送交他登记的第二份批准书通知国际劳工组织各成员时,局长应请各成员注意公约生效的日期。

第十一条

国际劳工局局长应按照《联合国宪章》第一百零二条的规定,将按上述各条规定送交他登记的所有批准书、声明和退约书的全部细节,送交联合国秘书长登记。

第十二条

国际劳工局理事院应于它认为必要的时候,向大会提出一项关于本公约实施情况的报告,并研究是否宜于在会议议程上列入全部或局部订正公约的问题。

第十三条

一、大会倘若通过一个新的公约去全部或局部订正本公约,那么,除非这个新的公约另有规定,否则:

(甲)任何成员如批准新的订正公约,在该订正公约生效时,即系依法退出本公约,不管上述第九条的规定;

(乙)从新的订正公约生效之日起,本公约应即停止开放给各成员批准。

二、对于已批准本公约而未批准订正公约的那些成员,本公约无论如何应按照其原有的形式和内容继续生效。

第十四条

本公约的英文本与法文本具有同等效力。

前文是国际劳工大会在日内瓦举行的并于1951年6月29日宣布闭会的第三十四届会议正式通过的公约的作准文本。

为此,我们于1951年8月2日签字,以昭信守。

116. 准予就业最低年龄公约

(国际劳工组织大会1973年6月29日通过)

国际劳工组织大会,

经国际劳工局理事会召集,于1973年6月6日在日内瓦举行其第58届大会,并

经决定采纳本届会议议程第4项关于准予就业最低年龄的某些提议,并

注意到1919年(工业)最低年龄公约、1920年(海上)最低年龄公约、1921年(农业)最低年龄公约、1921年(扒炭工和司炉工)最低年龄公约、1932年(非工业就业)最低年龄公约、1936年(海上)最低年龄公约(修订)、1937年(工业)最低年龄公约(修订)、1937年(非工业就业)最低年龄公约(修订)、1959年(渔民)最低年龄公约和1965年(井下工作)最低年龄公约的条款,并

考虑到就此主题制订一个总文件的时机已到,这一文件将逐步替代现有的适用于有限经济部门的文件,以达到全部废除童工的目的,并

经确定这些提议应采取国际公约的形式,于1973年6月26日通过以下公约,引用时得称之为1973年《准予就业最低年龄公约》:

第一条

凡本公约对其生效的会员国,承诺执行一项国家政策,以保证有效地废除童工并将准予就业或工作的最低年龄逐步提高到符合年轻人身心最充分发展的水平。

第二条

1. 凡批准本公约的会员国应在附于其批准书的声明中，详细说明准予在其领土内及在其领土注册的运输工具上就业或工作的最低年龄；除了符合本公约第 4 至第 8 条规定外，未满该年龄者不得允许其受雇于或从事任何职业。

2. 凡批准本公约的会员国得随后再以声明书通知国际劳工局长，告知其规定了高于以前规定的最低年龄。

3. 根据本条第 1 款规定的最低年龄应不低于完成义务教育的年龄，并在任何情况下不得低于 15 岁。

4. 尽管有本条第 3 款的规定，如会员国的经济和教育设施不够发达，得在与有关的雇主组织和工人组织（如存在此种组织）协商后，初步规定最低年龄为 14 岁。

5. 根据上款规定已定最低年龄为 14 岁的各会员国，应在其按照国际劳工组织章程第 22 条的规定提交的实施本公约的报告中说明：

（a）如此做的理由；或

（b）自某日起放弃其援用有关规定的权利。

第三条

1. 准予从事按其性质或其工作环境很可能有害年轻人健康、安全或道德的任何职业或工作类别，其最低年龄不得小于 18 岁。

2. 本条第 1 款适用的职业类别应由国家法律或条例，或由主管当局在与有关的雇主组织和工人组织（如存在此种组织）协商后确定。

3. 尽管有本条第 1 款的规定，国家法律或条例，或主管当局在与有关的雇主组织和工人组织（如存在此种组织）协商后可准予从 16 岁起就业或工作，条件是必须充分保护有关年轻人的健康、安全和道德，这些年轻人并须在有关的活动部门受过适当的专门指导或职业训练。

第四条

1. 如属必要，主管当局在与有关的雇主组织和工人组织（如存在此种组织）协商后，对运用本公约将产生特殊和重大问题的有限几种职业或工作得豁免其应用本公约。

2. 凡批准本公约的会员国应在其按照《国际劳工组织章程》第 22 条的规定提交的关于实施本公约的第一次报告中，列举按照本条第 1 款的规定得豁免于应用本公约的任何职业或工作类别，陈述豁免的理由，并应在以后的报告中说明该国法律和实践对豁免此类职业或工作所做规定的状况，并说明在何种程度上已经或建议对此类职业或工作实施本公约。

3. 本公约第 3 条所规定的职业或工作，不得按照本条规定而免于应用本公约。

第五条

1. 经济和行政设施不够发达的会员国在与有关的雇主组织和工人组织（如存在此种组织）协商后，得在开始时限制本公约的应用范围。

2. 凡援用本条第 1 款规定的会员国，应在附于其批准书的声明书中，详细说明哪些经济活动部门或企业类别将应用本公约的规定。

3. 本公约的规定至少应适用于下列行业：采矿和采石、制造、建筑、电、煤气和水、卫生服务、运输、仓储和交通，以及种植园和其他主要为商业目的而生产的农业企业，但不包括为当地消费而生产又不正式雇工的家庭企业和小型企业。

4. 任何会员国按照本条规定已限制应用本公约的范围者：

（a）应在其根据《国际劳工组织章程》第 22 条的规定提交的报告中，说明不包括在应用本公约范围内的经济活动部门中年轻人和儿童就业或工作的一般状况，以及为扩大应用本公约的规定所可能取得的任何进展；

（b）得在任何时候通过向国际劳工局长提交声明书，正式扩大应用范围。

第六条

本公约不适用于在普通学校、职业技术学校或其他培训机构中的儿童和年轻人所做的工作，或企业中年龄至少为 14 岁的人所做的工作，只要该工作符合主管当局在与有关的雇主组织和工人组织（如存在此种组织）协商后规定的条件，并是下列课程或计划不可分割的一部分：

（a）一所学校或一个培训机构主要负责的教育或培训课程；

（b）经主管当局批准，主要或全部在一个企业内实施的培训计划；或

（c）为便于选择一种职业或行业的培训指导或引导计划。

第七条

1. 国家法律或条例得允许年龄为 13 至 15 岁的人在从事轻工作的情况下就业或工作，这种工作是：

（a）大致不会危害他们的健康或发育；并

（b）不会妨碍他们上学、参加经主管当局批准的职业指导或培训计划或从所受教育中获益的能力。

2. 国家法律或条例还得允许年龄至少为 15 岁但还未完成其义务教育的人从事符合本条第 1 款（a）和（b）所要求的工作。

3. 主管当局应确定按照本条第 1 和 2 款的规定得被允许就业或工作的活动，并应规定从事此种就业或工作的工作小时数和工作条件。

4. 尽管有本条第 1 款和第 2 款的规定，已援用第 2 条第 4 款的会员国，只要其继续这样做，得以 12 岁和 14 岁取代本条第 1 款的 13 岁和 15 岁，并以 14 岁取代本条第 2 款的 15 岁。

第八条

1. 主管当局在与有关的雇主组织和工人组织（如存在此种组织）协商后，得在个别情况下，例如参加艺术表演，准许除外于本公约第 2 条关于禁止就业或工作的规定。

2. 如此作出的准许应对准予就业或工作的小时数加以限制，并规定其条件。

第九条

1. 主管当局应采取一切必要措施，包括规定适当惩罚，以保证本公约诸条款的有效实施。

2. 国家法律或条例或主管当局应规定何种人员有责任遵守实施公约的条款。

3. 国家法律或条例或主管当局应规定雇主应保存登记册或其他文件并使其可资随时取用；这种登记册或文件应包括他所雇用或为他工作的不足 18 岁的人的姓名、年龄或出生日期，尽可能有正式证明。

第十条

1. 本公约按照本条条款修正 1919 年（工业）最低年龄公约、1920 年（海上）最低年龄公

约、1921年(农业)最低年龄公约、1921年(扒炭工和司炉工)最低年龄公约、1932年(非工业就业)最低年龄公约、1936年(海上)最低年龄公约(修订)、1937年(工业)最低年龄公约(修订)、1937年(非工业就业)最低年龄公约(修订)、1959年(渔民)最低年龄公约以及1965年(井下工作)最低年龄公约。

2. 本公约生效不应停止接受下列公约的批准:1936年(海上)最低年龄公约(修订)、1937年(工业)最低年龄公约(修订)、1937年(非工业就业)最低年龄公约(修订)、1959年(渔民)最低年龄公约,或1965年(井下工作)最低年龄公约。

3. 如有关各方都以批准本公约或向国际劳工局长送达声明书表示同意停止对1919年(工业)最低年龄公约、1920年(海上)最低年龄公约、1921年(农业)最低年龄公约和1921年(扒炭工和司炉工)最低年龄公约的继续批准,则应停止其继续批准。

4. 如本公约生效或当其生效之时:

(a) 一个已批准了1937年(工业)最低年龄公约(修订)的会员国承担本公约的义务且已遵照本公约第2条规定了最低年龄不低于15岁,则依法应为对该公约的立即解约,

(b) 关于1932年(非工业就业)最低年龄公约所规定的非工业就业,如一个批准了该公约的会员国承担本公约的义务,则依法应为对该公约的立即解约,

(c) 关于1937年(非工业就业)最低年龄公约(修订)所规定的非工业就业,如一个批准了该公约的会员国承担本公约的义务,并遵照本公约第2条规定了最低年龄不低于15岁,则依法应为对该公约的立即解约,

(d) 关于海事就业,如一个批准了1936年(海上)最低年龄公约的会员国承担本公约的义务,并遵照本公约第2条规定了最低年龄不低于15岁或该会员国规定本公约第3条适用于海事就业,则依法应为对该公约的立即解约,

(e) 关于海上捕鱼就业,如一个批准了1959年(渔民)最低年龄公约的会员国承担本公约的义务,并遵照本公约第2条规定了最低年龄不低于15岁或该会员国规定本公约第3条适用于海上捕鱼就业,则依法应为对该公约的立即解约,

(f) 一个批准了1965年(井下工作)最低年龄公约的会员国承担本公约的义务,并遵照本公约第2条规定了不低于该公约规定的最低年龄或该会员国因本公约第3条而规定此年龄适用于井下就业时,则依法应为对该公约的立即解约。

5. 如本公约生效或当其生效之时:

(a) 关于1919年(工业)最低年龄公约,承担本公约的义务应涉及根据该公约第12条对该公约解约,

(b) 关于农业,承担本公约的义务应涉及根据1921年(农业)最低年龄公约第9条对该公约解约,

(c) 关于海事就业,承担本公约的义务应涉及根据1920年(海上)最低年龄公约第10条和1921年(扒炭工和司炉工)最低年龄公约第12条对该公约解约。

第十一条

本公约的正式批准书应送请国际劳工局长登记。

第十二条

1. 本公约应仅对其批准书已经国际劳工局长登记的会员国有约束力。

2. 本公约应自两个会员国的批准书已经登记之日起 12 个月后生效。

3. 此后对于任何会员国,本公约应自其批准书已经登记之日起 12 个月后生效。

第十三条

1. 凡批准本公约的会员国,自本公约初次生效之日起满 10 年后,得向国际劳工局长通知解约,并请其登记。此项解约通知书,自登记之日起满一年后,始得生效。

2. 凡批准本公约的会员国,在前款所述 10 年期满后的一年内未行使本条所规定的解约权利者,即须再遵守 10 年,此后每当 10 年期满,得依本条的规定通知解约。

第十四条

1. 国际劳工局长应将国际劳工组织各会员国所送达的一切批准书和解约通知书的登记情况,通知本组织的全体会员国。

2. 局长在将所送达的第 2 份批准书的登记通知本组织的各会员国时,应提请本组织各会员国注意本公约开始生效的日期。

第十五条

国际劳工局长应将他按照以上各条规定所登记的一切批准书和解约通知书的详细情况,按照联合国宪章第 102 条的规定,送请联合国秘书长进行登记。

第十六条

国际劳工局理事会在必要时,应将本公约的实施情况向大会提出报告,并审查应否将本公约的全部或部分修订问题列入大会议程。

第十七条

1. 如大会通过新公约对本公约做全部或部分修订时,除新公约另有规定外,应:

(a) 如新修订公约生效和当其生效之时,会员国对于新修订公约的批准,不需按照上述第 13 条的规定,依法应为对本公约的立即解约。

(b) 自新修订公约生效之日起,本公约应即停止接受会员国的批准。

2. 对于已批准本公约而未批准修订公约的会员国,本公约以其现有的形式和内容,在任何情况下仍应有效。

第十八条

本公约的英文本和法文本同等为准。

117. 禁止和立即行动消除最恶劣形式的童工劳动公约

(国际劳工组织大会 1999 年 6 月 17 日通过)

国际劳工组织大会,

经国际劳工局理事会召集,于 1999 年 6 月 1 日在日内瓦举行其第 87 届会议,并

考虑到需要通过新的文书,把禁止和消除最恶劣形式的童工劳动作为包括国际合作和

援助在内的国家和国际行动的主要优先目标,以便补充依然是童工劳动方面基本文书的1973年准予就业最低年龄公约和建议书,并

考虑到立即采取全面行动切实消除最恶劣形式的童工劳动,既要关注免费基础教育的重要性,又要关注需要使有关儿童脱离所有此类工作以及为其康复和社会融合提供援助,还要同时解决其家庭需要问题,并

忆及1996年第83届国际劳工大会上通过的关于消除童工劳动的决议,并

认识到童工劳动在很大程度上是由于贫困造成的,长期的解决办法有赖于经济的持续增长带来的社会进步,特别是在消除贫困和普及教育方面,并

忆及联合国大会于1989年11月20日通过的《儿童权利公约》,并

忆及1998年第86届国际劳工大会上通过的《国际劳工组织关于工作中基本原则和权利的宣言及其后续措施》,并

忆及某些最恶劣形式的童工劳动已涵盖在其他国际文书中,特别是1930年《强迫劳动公约》和联合国1956年《废止奴隶制、奴隶贩卖及类似奴隶制的制度与习俗补充公约》,并

经决定采纳本届会议议程第四项关于童工劳动的若干提议,并

经确定这些提议应采取一项国际公约的形式,于1999年6月17日通过以下公约,引用时得称之为1999年《禁止和立即行动消除最恶劣形式的童工劳动公约》。

第一条

凡批准本公约的会员国应立即采取有效的措施,以保证将禁止和消除最恶劣形式的童工劳动作为一项紧迫事务。

第二条

就本公约而言,"儿童"一词适用于18岁以下的所有人员。

第三条

就本公约而言,"最恶劣形式的童工劳动"一词包括:

(a) 所有形式的奴隶制或类似奴隶制的做法,如出售和贩卖儿童、债务劳役和奴役,以及强迫或强制劳动,包括强迫或强制招募儿童用于武装冲突;

(b) 使用、招收或提供儿童卖淫、生产色情制品或进行色情表演;

(c) 使用、招收或提供儿童从事非法活动,特别是生产和贩卖有关国际条约中界定的毒品;

(d) 在可能对儿童健康、安全或道德有伤害性的环境中工作。

第四条

1. 第3条(d)项所指的工作类型应由国家法律或条例,或是主管当局,在同有关雇主组织和工人组织磋商之后,考虑有关国际标准,特别是1999年《禁止和立即行动消除最恶劣形式的童工劳动建议书》第3款、第4款的情况,然后确定。

2. 主管当局在同有关雇主组织和工人组织磋商之后,应查明所确定的工作类型存在场所。

3. 根据本条第1款确定的工作类型一览表,应同有关雇主组织和工人组织磋商,进行定期审查并视需要予以修订。

第五条

凡批准本公约的会员国在同雇主组织和工人组织磋商之后,应建立或指定适当机构,监督实施使本公约发生效力的各项条款。

第六条

1. 凡批准本公约的会员国应将制定和实施行动计划,作为优先目标,以消除最恶劣形式的童工劳动。

2. 制定和实施此类行动计划,应同有关政府机构以及雇主组织和工人组织进行磋商,凡适宜时,考虑其他有关群体的意见。

第七条

1. 凡批准本公约的会员国应采取一切必要措施,包括规定和执行刑事制裁或其他必要制裁,以保证有效实施和强制执行使本公约发生效力的各项条款。

2. 考虑到教育对消除童工劳动的重要性,凡批准本公约的会员国应采取有效的和有时限的措施,以便:

(a) 防止雇用儿童从事最恶劣形式的童工劳动;

(b) 为使儿童脱离最恶劣形式的童工劳动,以及为其康复和社会融合,提供必要和适宜的直接援助;

(c) 保证脱离了最恶劣形式的童工劳动的所有儿童,能享受免费基础教育,以及凡可能和适宜时,接受职业培训;

(d) 查明和接触处于特殊危险境地的儿童;以及

(e) 考虑女童的特殊情况。

3. 凡批准本公约的会员国应指定主管当局,负责实施使本公约发生效力的各项条款。

第八条

凡批准本公约的会员国应采取适宜步骤,通过加强国际合作和/或援助,包括支持社会与经济发展、消除贫困计划与普及教育,以相互帮助,落实本公约的条款。

第九条

本公约的正式批准书应送请国际劳工局长登记。

第十条

1. 本公约应仅对其批准书已经国际劳工局长登记的国际劳工组织会员国有约束力。

2. 本公约自两个会员国的批准书已经国际劳工局长登记之日起12个月后生效。

3. 此后,对于任何会员国,本公约应自其批准书已经登记之日起12个月后生效。

第十一条

1. 凡批准本公约的会员国,自本公约初次生效之日起满10年后得向国际劳工局长通知解约,并请其登记。此项解约通知书自登记之日起满1年后始得生效。

2. 凡批准本公约的会员国,在前款所述10年期满后的1年内未行使本条所规定的解约权利者,即须再遵守10年,此后每当10年期满,得依本条的规定通知解约。

第十二条

1. 国际劳工局长应将国际劳工组织各会员国所送达的一切批准书和解约通知书的登记情况,通知本组织的全体会员国。

2. 国际劳工局长在将所送达的第二份批准书的登记情况通知本组织全体会员国时,应提请本组织各会员国注意本公约开始生效的日期。

第十三条

国际劳工局长应将他按照以上各条规定所登记的一切批准书和解约通知书的详细情况,按照《联合国宪章》第 102 条的规定,送请联合国秘书长进行登记。

第十四条

国际劳工局理事会在必要时,应将本公约的实施情况向大会提出报告,并审查应否将本公约的全部或部分修订问题列入大会议程。

第十五条

1. 如大会通过新公约对本公约作全部或部分修订时,除新公约另有规定外,应:

(a) 如新修订公约已生效,自其生效时,会员国对于新修订公约的批准,不需按照上述第 11 条的规定,即为依法对本公约的立即解约;

(b) 自新修订公约生效之日起,本公约应即停止接受会员国的批准。

2. 对于已批准本公约而未批准修订公约的会员国,本公约以其现有的形式和内容,在任何情况下仍应有效。

第十六条

本公约的英文本和法文本同等作准。

118. 关于促进就业和失业保护的公约(第 168 号)

(国际劳工组织大会 1988 年 6 月 21 日通过)

国际劳工组织大会,

由国际劳工理事会召集,于 1988 年 6 月 1 日在日内瓦举行第七十五届会议,

强调所有社会中劳动和生产性就业的重要性,这不仅是因为它们可为社会创造财富,而且因为它们给工人带来收入,赋予工人社会职责和使工人有自尊感,

回顾在就业和失业保护方面的现有国际标准〔1934 年的失业条款公约和建议书,1935 年的失业(青年人)建议书,1944 年的收入保障建议书,1952 年的社会保障(最低标准)公约,1964 年的就业政策公约和建议书,1975 年的人力资源开发公约和建议书和 1984 年的就业政策(补充条款)建议书〕,

考虑到广泛的失业和就业不足正在影响着全世界处于所有发展阶段的各类国家,并特别考虑到青年人的问题,他们当中许多人系初次谋职,

考虑到自从通过上述关于失业保护的各项国际文件以来,许多成员国的法律和惯例已出现新的重要进展,因而有必要修改现有标准,特别是 1934 年的失业条款公约,并通过关于以一切适当手段——包括社会保障——促进充分、生产性和自由选择的就业的新国际标准,

注意到 1952 年社会保障(最低标准)公约关于失业津贴的条款所规定的保护水平,现在

已由工业化国家的大多数现有补偿制度所超过,而且不像关于其他津贴的标准那样,还没有随之建立更高的标准,然而它的标准仍然可以构成能够建立一种失业补偿制度的一些发展中国家要达到的目标,

认识到导致经济稳定、持续、和非通货膨胀性增长的各项政策和对变化采取的灵活反应以及创造就业和促进所有形式的生产性和自由选择的就业,包括小型企业、合作社、自营职业和当地就业办法,甚至把目前用于纯资助活动的资金转用于促进就业的活动,特别是职业指导、培训和重建能力,都是防止非自愿失业不利影响的最佳保护办法。然而,非自愿失业是存在的,因而,确保社会保障制度向非自愿失业者提供就业帮助和经济支助是很重要的,

决定就促进就业和社会保障问题——会议议程的第五个项目——通过某些建议,特别是为了修订 1934 年失业条款公约,

并决定这些建议应采取一项国际公约的形式,于 1988 年 6 月 21 日通过下列公约,该公约在引用时可称为 1988 年《关于促进就业和失业保护的公约》。

一、一般条款

第 1 条

本公约中:

(a)"立法"一词包括关于社会保障的法定规则以及法律规章;

(b)"规定"一词意味着由国家立法或根据国家立法确定。

第 2 条

每一成员应采取适当步骤使其就业政策与社会保障制度相协调。为此目的,它应寻求确保其失业保护制度,特别是提供失业补偿的方法,使有利于促进充分、生产性和自由选择的就业,而不是阻止雇主提供生产性就业或妨碍工人谋求生产性就业。

第 3 条

本公约各条款的实施应根据国家惯例同雇主组织和工人组织协商并合作进行。

第 4 条

1. 批准本公约的各成员,经由在其批准书中附加一项声明,可从由于批准而接受的义务中排除第七部分的条款。

2. 按照上款作出了这一声明的每一成员,可在任何时候以另一项声明撤回这一声明。

第 5 条

1. 每一成员,经由在其批准书中附加一项声明,可在第 10 条第 4 款、第 11 条第 3 款、第 15 条第 2 款、第 18 条第 2 款、第 19 条第 4 款、第 23 条第 2 款、第 24 条第 2 款及第 25 条第 2 款所规定的暂时性例外中最多利用两种例外。此项声明应陈述为何利用例外情况的理由。

2. 除上述第 1 款的规定之外,一成员出于保护其社会保障制度的理由,经由在其批准书中附加一项声明,可利用第 10 条第 4 款、第 11 条第 3 款、第 15 条第 2 款、第 18 条第 2 款、第 19 条第 4 款、第 23 条第 2 款、第 24 条第 2 款和第 25 条第 2 款所规定的暂时性例外。此项声明应陈述为何利用例外情况的理由。

3. 根据上面第 1 款或第 2 款作了声明的成员,应在它根据国际劳工组织章程第 22 条所

提交的关于本公约实施情况的报告中,说明它所利用的每一例外情况:

(a) 它这样做的理由仍然存在;或

(b) 从某日起,它放弃利用有关例外情况的权利。

4. 根据上面第 1 款或第 2 款作了声明的成员,根据声明的目的和在条件允许时,应:

(a) 包括半失业的意外情况;

(b) 增加受保护人数;

(c) 提高津贴额;

(d) 缩短等待期;

(e) 延长付给津贴的持续时间;

(f) 使法定社会保障制度适应非全日制工人的职业环境;

(g) 力图确保向接受失业津贴的人及其家属提供医疗保健;

(h) 为获得社会保障津贴的权利并酌情计入残疾、老龄和遗属福利,力图保证将领取这种津贴的时期也考虑在内。

第 6 条

1. 每一成员应确保所有受保护人,不分种族、肤色、性别、宗教、政治见解、民族血统、国籍、族裔或社会背景、残疾和年龄,均享受待遇平等。

2. 第 1 款的规定不应妨碍采取依第 12 条第 2 款中所述办法指定的群体之状况为由而作出的特别措施,或为满足劳力市场上有特殊问题的队层特别是处于不利地位之群体的特殊需要而作出的特别措施,也不应妨碍国家间缔约关于失业津贴的双边或多边互惠协定。

二、促进生产性就业

第 7 条

每一成员应声明以一项旨在以一切适当方式——包括社会保障——促进充分、生产性和自由选择的就业政策作为优先目标。此种方式除其他外应包括就业服务、职业培训和职业指导。

第 8 条

1. 每一成员应在符合国家法律和惯例的条件下,努力制订特别计划促进额外就业机会和就业帮助,向特定的、在谋求持久就业方面有困难或可能有困难的处境不利者,例如妇女、青年工人、残疾人、老年工人、长期失业者、合法居住在该国的移徙工人以及受到结构性变化影响的工人,提供自由选择的生产性就业。

2. 每一成员在根据国际劳工组织章程第 22 条提交的报告中,应详细写明其作为促进就业计划对象人员的类别。

3. 每一成员应做出努力,将对生产性就业的促进逐步扩及比初期包括的类别更多的类别。

第 9 条

本部分所指的措施应当参照 1975 年人力资源开发公约和建议书以及 1984 年的就业政策(补充条款)建议书予以制定。

三、适用的意外情况

第 10 条

1. 在规定的条件下,适用的意外情况应包括失业,即就第 21 条第 2 款而言为某人在能够工作、可以工作并且确定在寻找工作的情况下不能得到适当就业而没有收入的情况。

2. 每一成员应设法在规定的条件下将公约的保护范围扩大到下列意外情况:

(a) 由于暂时缩短正常或法定工作时间引起的收入损失;

(b) 由于暂时停工引起临时解雇而使收入中止,但因特别是经济、技术、结构或类似性质的原因而未中断就业关系。

3. 此外,每一成员应向事实上正在寻求全时工作的非全时工作者付给津贴。津贴和其非全时工作收入的总额应以维持在能刺激他们接受全时工作的水平为宜。

4. 当根据第 5 条所作的声明有效时,上面第 2 和第 3 款可延缓实施。

四、受保护人

第 11 条

1. 占全体工资 85% 以上的各类法定工资都应受到保护,包括公务员和学徒。

2. 尽管有上款的规定,在正常退休年龄之前其就业受到国家立法保证的公务员可排除于保护之外。

3. 当根据第 5 条所作的声明有效时,受保护人应包括:

(a) 占工资劳动者总数 50% 以上的各类法定工资劳动者;

(b) 占至少雇有 20 人以上的工业企业的工资劳动者总数 50% 以上的各类法定工资劳动者,如果发展水平特别证明这样做出正确的话。

五、保护方法

第 12 条

1. 除非本公约另有规定,每一成员可确定选择一种或几种保护方法,以实施公约的各项条款,无论是采用缴费体制或非缴费体制,或采用二者相结合的体制。

2. 然而,如果某一成员国的立法保护在意外情况期间其资财不超过法定限度的所有居民,根据受益人及其家庭资财的情况所提供的保护可按第 16 条的规定加以限制。

六、提供的津贴

第 13 条

以定期支付形式向失业者提供的津贴可与保护方法相联系。

第 14 条

在全失业的情况下,津贴应以定期支付形式提供,其计算方式应使受益人的收入损失得到部分和过渡性补偿,同时避免造成对工作和创造就业的阻碍作用。

第 15 条

1. 在全失业和因临时解雇而收入中断但就业关系未发生中断,并当这种意外情况属于保护之列的情况下,应以定期支付的方式提供津贴,其计算方法如下:

(a) 当津贴数额以受保护人所缴的费用或以其名义缴纳的费用或以前的收入为依据时,其数额应定为以前收入的 50% 以上。对津贴的数额和所考虑的收入可定出最高限额,这一限额可与,例如,技术工人的工资或有关地区工人的平均工资挂钩;

(b) 当津贴数额不以所缴纳费用或以前的收入为依据时,应按不少于法定最低工资或一个普通工人工资的 50%,或按基本生活费用的最低额确定,以其中最高者为准。

2. 当根据第 5 条所作声明有效时,津贴数额应等于:

(a) 过去收入的 40% 以上;或

(b) 法定最低工资或普通工人工资的 45% 以上,或不低于基本生活费用的最低额。

3. 在适当条件下,可将纳税后的定期净收入与纳税和缴费之后的净收入相比较,得出第 1 和第 2 款规定的百分比。

第 16 条

尽管有第 15 条的规定,在第 19 条第 2 款(a)项所指的起算期之后提供的津贴,以及成员国按第 12 条第 2 款支付的津贴,在对受益人及其家属的其他收入资产来源加以考虑之后,按照规定的滑动计算表,可超出规定的数额,在任何情况下,这些津贴与他们应得到的其他津贴相加应保证他们按本国的标准得到健康和合理的生活条件。

第 17 条

1. 如果成员国立法规定,失业津贴享受权的取得以完成资格鉴定期为条件,这一时期不应超过必要的时限,以防止滥用。

2. 每一成员国应努力使资格鉴定期适应季节工人的工作情况。

第 18 条

1. 如果成员国的立法规定,在全失业的情况下,只有在等待期满后才能开始支付津贴时,这一等待期不得超过七天。

2. 当按照第 5 条所作的声明有效时,每次失业的等待期不得超过七天。

3. 对季节性工人,第 1 款规定的等待期可按他们的工作情况加以调整。

第 19 条

1. 在全失业和因临时解雇而中断收入但未中断就业关系的情况下所提供的津贴应于这些意外情况的全部过程中发放。

2. 然而,在全失业的情况:

(a) 第 15 条规定的支付津贴的起算期每次失业可限为 26 周,或每 24 个月限为 39 周;

(b) 当失业的持续时间超过补偿的这一起算期时,根据受益人及其家庭的资产按第 16 条的各项规定计算的津贴发放期可限于一个规定的时期之内。

3. 如果成员国的立法规定,第 15 条所指的支付津贴的起算期应按资格鉴定期的长短而变化,则规定的支付津贴的平均期限最少应达 26 周。

4. 当根据第 5 条所作声明有效时,在十二个月的时期内,支付津贴的时期可限于 13 周或平均 13 周,如果立法规定支付起算期因资格鉴定期的长短而有不同。

5. 在第 2 款(b)项所述情况下,每一成员应尽量给失业者适当的额外支助,以便使他们,特别以第二部分所列的措施,能够重新找到生产性和自由选择的就业。

6. 在不影响上面第 2 款(b)项规定的条件下,季节工人的津贴支付期限可按工作情况加以调整。

第 20 条

受保护人在全失业或半失业或因临时解雇而中断收入但未中断就业关系的意外情况下本有权享受的津贴,可在规定的范围内拒付、取消、停发或削减:

(a) 有关者不在成员国本土时;

(b) 经主管当局判断,有关者故意造成他或她的解雇时;

(c) 经主管当局判断,有关者无正当理由自愿离职时;

(d) 经劳资纠纷期间,当有关者为参加劳资纠纷而停止工作或者当他或她因为劳资纠纷直接造成停工从而不能工作时;

(e) 有关者依靠欺诈试图获得或已经获得补助时;

(f) 有关者无正当理由不利用提供的安置、职业指导、培训、重新培训或调动合适工作的机会时;

(g) 在有关者接受有关成员国立法所规定的除家庭津贴以外另一项维持收入津贴但中断的津贴部分未起过其他津贴时。

第 21 条

1. 受保护人在全失业的情况下本有权享受的津贴,当其本人拒绝接受适当职业时,可在规定的范围内拒付、取消、停发或削减。

2. 在对适当的职业作出估价时,应根据规定的条件并在适当范围内,特别考虑失业者的年龄、从事前一职业的年限、所获得的经验、失业期限、劳力市场状况、该职业对本人及其家属处境的影响,以及就业出缺是否因发生劳资纠纷直接造成停工所引起。

第 22 条

当受保护人根据立法或集体合同已直接从雇主或其他来源领取主要用于抵偿他在全失业的情况下造成的收入损失的离职金时,每一成员可在下列情况中作出选择:

(a) 有关者本可享受的失业津贴可在离职金抵偿收入损失时期内停发;或

(b) 离职津贴可能减少,减少金额相当于在离职金抵偿收入损失的相应时期内有关者有权获得的定期支付款项变换成一次总付金额。

第 23 条

1. 其立法对医疗照顾权利有所规定并使这种权利直接间接地以职业活动为条件的成员国,应按规定的条件尽力向失业津贴的受益人及其家属保证提供医疗照顾。

2. 在根据第 5 条所作的声明有效时,上面第 1 款可延缓实施。

第 24 条

1. 其立法对下列津贴有所规定并使这种津贴直接间接地以职业活动为条件的各成员国

应在规定的条件下尽力向接受失业津贴的人保证把领取失业津贴的时期考虑在内:
(a) 以便获得并酌情计算残疾补助金、养老金和遗属抚恤金的权利;以及
(b) 获得在失业结束后享受医疗照顾和疾病津贴、生育津贴及家属津贴的权利。
2. 在根据第5条所作的声明有效时,上面第1款可延缓实施。

第25条

1. 每一成员应确保以职业活动为基础的法定社会保障制度适应非全日制工人的工作环境,除非他们的工作时间和收入按规定的条件可视为微不足道。
2. 在根据第5条所作的声明有效时,上面第1款可延缓实施。

七、对新谋职者的特殊条款

第26条

1. 各成员国应考虑到谋职者可分为许多类别,这些人过去可能从来没有或已不再被认为是失业者,或者他们从来没有或已不再包括在失业补偿制度之内。因此,下列十类谋职者中至少三类人应可按照规定的条件和方式享受社会津贴:
(a) 结束了职业培训的青年人;
(b) 完成了学习的青年人;
(c) 服完义务兵役的青年人;
(d) 经过一段专门教育子女或照顾老、弱、病、残者一段时期之后的人;
(e) 无权领取遗属津贴的丧偶者;
(f) 离婚或分居者;
(g) 被释放的拘留犯;
(h) 结束了培训的成年人,包括残疾人;
(i) 回到原籍国的移徙工人,除非根据他最后在那里工作的国家的法规,他已获得权利;
(j) 以前从事个体就业的人员。
2. 每一成员应在根据国际劳工组织章程第22条提出的报告中具体说明,在上述第1款所列的各类人员,它保证保护哪几类。
3. 每一成员应努力使受保护人的种类从最初的数目逐步扩大。

八、法律、行政和财政保证

第27条

1. 在津贴遭到拒付、取消、停发或削减,或对其数额有争议时,提出要求者应有权向管理津贴的机构提出申诉,然后向独立机构提出上诉。
2. 上诉的程序应使提出要求者能够根据国家法律和惯例得到其自己挑选的称职人员、有代表性的工人组织的代表、或代表受保护人的组织的一名代表的代理或协助。

第28条

每一成员应对受托实施本公约的机构和部门的妥善管理负一般责任。

第 29 条

1. 当对议会负责的政府部门直接受托进行管理时,受保护人的代表和雇主的代表应在规定的条件下以咨询身份协同管理。

2. 当管理不是由一个对议会负责的政府部门进行时:

(a) 受保护人的代表应按规定的条件参加行政管理或以咨询资格协同管理;

(b) 国家法律或规章也可规定雇主代表参加;

(c) 法律或规章也可规定政府当局的代表参加。

第 30 条

在国家或社会保障制度为了保障就业而给予补贴的情况下,各成员国应采取必要措施,确保这些补贴专门用于预定的目的并防止接受此类付款的人舞弊或滥用。

第 31 条

本公约修订 1934 年失业条款公约。

第 32 条

本公约的正式批准书应送交国际劳工局局长登记。

第 33 条

1. 本公约应只对曾经把批准书送交局长登记的那些国际劳工组织成员有约束力。

2. 本公约应于两个成员把批准书送交局长登记之日起十二个月后生效。

3. 此后,本公约应于任何成员把批准书送交登记之日起十二个月后对该成员生效。

第 34 条

1. 批准了本公约的成员,可以在公约首次生效之日起满十年后,退出公约;退约时应将退约书送交国际劳工局局长登记。此项退约应于退约书送交登记之日起一年后才生效。

2. 批准了本公约的每一成员,如果在上款所述的十年时间满期后一年内,不行使本条所规定的退约权,即须再受十年的约束,其后,可按本条规定的条件,在每十年时间满期时,退出本公约。

第 35 条

1. 国际劳工局局长应将国际劳工组织各成员送交他登记的所有批准书和退约书通知国际劳工组织的全体成员。

2. 在把送交他登记的第二份批准书通知国际劳工组织各成员时,局长应提请各成员注意公约生效的日期。

第 36 条

国际劳工局局长应按照《联合国宪章》第一百零二条的规定,将按上述各条规定送交他登记的所有批准书和退约书的全部细节,送交联合国秘书长登记。

第 37 条

国际劳工局理事会应于他认为必要的时候向大会提出一项关于本公约实施情况的报告,并研究是否宜于在大会议程上列入全部或局部订正公约的问题。

第 38 条

1. 大会倘若通过一个新的公约去全部或局部订正本公约,那么,除非这个新的公约另有规定,否则:

（a）任何成员如批准新的订正公约，在该订正公约生效时，即系依法退出本公约，不管上述第34条的规定；

（b）从新的订正公约生效之日起，本公约应即停止开放给各成员批准。

2. 对于已批准本公约但未批准订正公约的那些成员，本公约在任何情况下均应按其原有的形式和内容继续生效。

第 39 条

本公约的英文本和法文本具有同等效力。

119. 国际劳工组织关于工作中基本原则和权利宣言

120. 就业政策公约（节选）

（国际劳工组织大会1966年7月15日通过）

国际劳工组织大会，

经国际劳工局理事会召集，于一九六四年六月十七日在日内瓦举行其第四十八届会议，

考虑到费城宣言确认国际劳工组织在世界各国中促进获得充分就业和提高生活水平的纲领的庄严义务，以及国际劳工组织章程序言中规定防止失业和提供足够维持生活的工资，并

进一步考虑到，根据费城宣言的条款，国际劳工组织的责任是按照"全人类不分种族、信仰或性别都有权在自由和尊严、经济保障和机会均等的条件下，谋求其物质福利和精神发展"的基本目标，审查和考虑经济和财政政策对就业政策的影响，并

考虑到世界人权宣言规定"每个人都有享受工作、自由选择职业、公正和满意的工作条件，以及得到保护免遭失业的权利"，并

注意到现行的直接与就业政策有关的国际劳工公约和建议书的条款，特别是一九四八年职业介绍所公约和建议书，一九四九年职业指导建议书，一九六二年职业培训建议书，以及一九五八年（就业和职业）歧视公约和建议书，并

考虑到这些文件应置于以确保建立在充分的、自由选择的、生产性就业基础上，以发展经济为目的的国际纲领的更大范围之内，并

经决定采纳本届会议议程第八项关于就业政策的某些的提议，并

经确定这些提议应采取国际公约的形式，

于一九六四年七月九日通过以下公约,引用时得称之为一九六四年就业政策公约:

第1条

1. 为了促进经济增长和发展,提高生活水平,满足对人力的需求,并解决失业和不充分就业的问题,各会员国作为一项主要目标,应宣布并实行一项积极的政策,其目的在于促进充分的、自由选择的生产性就业。

2. 上述政策应以保证下列各项要求的实现为目的:

(a) 向一切有能力工作并寻找工作的人提供工作;

(b) 此种工作应尽可能是生产性的;

(c) 每个工人不论其种族、肤色、性别、宗教信仰、政治见解、民族血统或社会出身如何,都有选择职业的自由,并有获得必要技能和使用其技能与天赋的最大可能的机会,取得一项对其很合适的工作。

3. 上述政策应适当考虑经济发展的阶段和水平,以及就业目标同其他经济和社会目标之间的相互关系,其实施办法应合乎各国的条件和实践。

第2条

各会员国应在符合本国条件的方法和范围内:

(a) 在经济和社会政策相互协调的范围内,决定采取和经常检查为达到第1条所列目标而制定的措施;

(b) 采取必需的步骤,以实施这些措施,包括适宜时制订纲要。

第3条

在实施本公约时,对受到所要采取的措施影响的人员的代表,特别是雇主代表和工人代表,应就有关就业政策问题征询其意见,以便充分考虑他们的经验和见解,并在制订和争取支持此项政策方面得到他们的充分合作。

……

第4—11条

为最后条款(略)。

121. 工商企业与人权:实施联合国"保护、尊重和补救"框架指导原则

V 自决权利相关文件

Ⅴ 日米通商交渉

122. 给予殖民地国家和人民独立宣言

(联合国大会 1960 年 12 月 14 日通过)

大会，

考虑到世界各国人民在联合国宪章中所宣布的决心："重申基本人权,人格尊严与价值,以及男女与大小各国平等权利之信念,促成大自由中之社会进步及较善之民生",

鉴于需要创造建立在尊重各国人民的平等权利和自决的基础上的稳定、福利以及和平和友好的关系的条件,和创造普遍尊重和遵守人类的权利以及不分种族、性别、语言或宗教的所有人的基本自由的条件,

承认一切附属国人民要求自由的殷切愿望和这些国家的人民在获得独立中所起的决定性作用,

意识到由于不给这些国家自由或妨碍他们的自由而产生的、对于世界和平构成严重威胁的越来越多的冲突,

考虑到联合国在帮助托管地和非自治领地内的独立运动方面的重要作用,

认识到世界人民迫切希望消灭一切表现的殖民主义,

认为殖民主义的继续存在阻碍了国际经济合作的发展,妨碍了附属国人民的社会、文化和经济发展,并妨碍了联合国的世界和平的理想的实现,

重申各国人民可以为了自己的目的在互利和国际法的基础上自由地处理他们的自然财富和资源,而不损害以互利原则和国际法为基础的国际经济合作所产生的任何义务,

认为解放的过程是不可抗拒的和不可扭转的,为了避免发生严重的危机,必须结束殖民主义和与之有联系的一切隔离和歧视的措施,

欢迎在最近几年内许多附属领地取得了自由和独立,认识到在还没有取得独立的领地内的日益增长的走向自由的强大趋势,

相信所有国家的人民都有不可剥夺的权利来取得完全的自由、行使主权和保持国家领土完整,

庄严地宣布需要迅速和无条件地结束一切形式和表现的殖民主义,

为此宣布：

一、使人民受外国的征服、统治和剥削的这一情况,否认了基本人权,违反了联合国宪章,并妨碍了增进世界的和平与合作。

二、所有的人民都有自决权;依据这个权利,他们自由地决定他们的政治地位,自由地发展他们的经济、社会和文化。

三、不得以政治、经济、社会或教育方面的准备不足作为拖延独立的借口。

四、必须制止各种对付附属国人民的一切武装行动和镇压措施,以使他们能和平地、自由地行使他们实现完全独立的权利;尊重他们国家领土的完整。

五、在托管领地和非自治领地以及还没有取得独立的一切其他领地内立即采取步骤,依照这些领地的人民自由地表示的意思和愿望,不分种族、信仰或肤色,无条件地和无保留地将所有权力移交给他们,使他们能享受完全的独立和自由。

六、任何旨在部分地或全面地分裂一个国家的团结和破坏其领土完整的企图都是与联合国宪章的目的和原则相违背的。

七、一切国家应在平等、不干涉一切国家的内政和尊重所有国家人民的主权及其领土完整的基础上忠实地、严格地遵守联合国宪章、世界人权宣言和本宣言的规定。

123. 联合国土著人民权利宣言

(联合国大会 2007 年 9 月 13 日通过)

大会,

秉承《联合国宪章》的宗旨和原则以及履行各国根据《宪章》承担的义务的诚意,

申明土著人民与所有其他民族平等,同时承认所有民族均有权有别于他人,有权自认有别于他人,并有权因有别于他人而受到尊重,

又申明所有民族都对构成全人类共同遗产的各种文明和文化的多样性和丰富多彩作出贡献,

还申明凡是基于或源于民族出身或种族、宗教、族裔或文化差异,鼓吹民族或个人优越的学说、政策和做法,都是种族主义的,科学上是谬误的,法律上是无效的,道德上应受到谴责,且从社会角度来说是不公正的,

重申土著人民在行使其权利时,不应受到任何形式的歧视,

关注土著人民在历史上因殖民统治和自己土地、领土和资源被剥夺等原因,受到不公正的对待,致使他们尤其无法按自己的需要和利益行使其发展权,

认识到亟须尊重和促进土著人民因其政治、经济和社会结构及其文化、精神传统、历史和思想体系而拥有的固有权利,特别是对其土地、领土和资源的权利,

又认识到亟须尊重和促进在同各国订立的条约、协定和其他建设性安排中得到确认的土著人民权利,

欣见土著人民正在为提高政治、经济、社会和文化地位,为结束在任何地方发生的一切形式歧视和压迫,自己组织起来,

深信由土著人民掌管对他们自己和对他们的土地、领土和资源产生影响的发展,将使他们能够保持和加强他们的机构、文化和传统,并根据自己的愿望和需要促进自身发展,

认识到尊重土著知识、文化和传统习惯,有助于实现可持续和公平的发展,并有助于妥善管理环境,

强调实现土著人民土地和领土非军事化,有助于和平、经济和社会进步与发展,有助于世界各国和各民族之间的相互了解和友好关系,

特别认识到土著家庭和社区有权以符合儿童权利的方式,保有共同养育、培养、教育子女和为子女谋幸福的责任,

认为各国与土著人民之间的条约、协定和其他建设性安排所确认的权利,在有些情况下,是国际关注和关心的问题,带有国际责任和性质,

又认为此类条约、协定和其他建设性安排及其所代表的关系,是加强土著人民与各国之间伙伴关系的基础,

认识到《联合国宪章》、《经济、社会、文化权利国际公约》、《公民权利和政治权利国际公约》及《维也纳宣言和行动纲领》都申明,所有民族享有自决权至关重要,根据此项权利,他们可自由决定自己的政治地位,自由谋求自身的经济、社会和文化发展,

铭记本《宣言》的任何内容不得用来剥夺任何民族依照国际法行使的自决权,

深信本《宣言》确认土著人民的权利,会在公正、民主、尊重人权、不歧视和诚意等原则的基础上,增进国家与土著人民之间的和谐与合作关系,

鼓励各国与有关的土著人民协商和合作,遵守和切实履行国际文书、特别是与人权有关的文书为各国规定的所有适用于土著人民的义务,

强调联合国在促进和保护土著人民权利方面应持续发挥重要的作用,

相信本《宣言》是在确认、促进和保护土著人民权利与自由方面,以及联合国系统在这一领域开展有关活动方面,再次向前迈出的重要一步,

认识到并重申土著人有权不受歧视地享有国际法所确认的所有人权,土著人民拥有对本民族的生存、福祉和整体发展不可或缺的集体权利,

认识到土著人民的情况因区域和国家而异,应该考虑到国家和区域的特点和不同历史文化背景,

庄严宣布以下《联合国土著人民权利宣言》,作为本着合作伙伴和相互尊重的精神争取实现的共同目标:

第 1 条

土著人民,无论是集体还是个人,都有权充分享受《联合国宪章》、《世界人权宣言》和国际人权法所确认的所有人权和基本自由。

第 2 条

土著人民和个人享有自由,与所有其他民族和个人平等,有权在行使其权利时不受任何形式的歧视,特别是不受基于其土著出身或身份的歧视。

第 3 条

土著人民享有自决权。基于这一权利,他们可自由决定自己的政治地位,自由谋求自身的经济、社会和文化发展。

第 4 条

土著人民行使其自决权时,在涉及其内部和地方事务的事项上,以及在如何筹集经费以行使自治职能的问题上,享有自主权或自治权。

第 5 条

土著人民有权维护和加强其特有的政治、法律、经济、社会和文化机构,同时保有根据自己意愿充分参与国家政治、经济、社会和文化生活的权利。

第 6 条

每个土著人都有权拥有国籍。

第 7 条

1. 土著人享有生命权以及身心健全、人身自由和安全的权利。

2. 土著人民享有作为独特民族,自由、和平、安全地生活的集体权利,不应遭受种族灭绝或任何其他暴力行为的侵害,包括强行将一个族群的儿童迁移到另一个族群。

第 8 条

1. 土著人民和个人享有不被强行同化或其文化被毁灭的权利。

2. 各国应提供有效机制,以防止和纠正:

(a) 任何旨在或实际上破坏他们作为独特民族的完整性,或剥夺其文化价值或族裔特性的行动;

(b) 任何旨在或实际上剥夺他们土地、领土或资源的行动;

(c) 任何形式的旨在或实际上侵犯或损害他们权利的强制性人口迁移;

(d) 任何形式的强行同化或融合;

(e) 任何形式的旨在鼓动或煽动对他们实行种族或族裔歧视的宣传。

第 9 条

土著人民和个人有权按照一个土著社区或民族的传统和习俗,归属该社区或民族。此项权利的行使不得引起任何形式的歧视。

第 10 条

不得强迫土著人民迁离其土地或领土。如果未事先获得有关土著人民的自由知情同意和商定公正和公平的赔偿,并在可能时提供返回的选择,则不得进行迁离。

第 11 条

1. 土著人民有权奉行和振兴其文化传统与习俗。这包括有权保持、保护和发展其文化过去、现在和未来的表现形式,如古迹和历史遗址、手工艺品、图案设计、典礼仪式、技术、视觉和表演艺术、文学作品等等。

2. 各国应通过与土著人民共同制定的有效机制,对未事先获得他们自由知情同意,或在违反其法律、传统和习俗的情况下拿走的土著文化、知识、宗教和精神财产,予以补偿,包括归还原物。

第 12 条

1. 土著人民有权展示、奉行、发展和传授其精神和宗教传统、习俗和礼仪,有权保持和保护其宗教和文化场所,并在保障私隐之下进出这些场所,有权使用和掌管其礼仪用具,有权把遗骨送回原籍。

2. 各国应通过与有关的土著人民共同制定的公平、透明和有效的机制,设法让土著人民能够使用或取得国家持有的礼仪用具和遗骨,并(或)将其送回原籍。

第 13 条

1. 土著人民有权振兴、使用、发展和向后代传授其历史、语言、口述传统、思想体系、书写方式和文学作品,有权自行为社区、地方和个人取名并保有这些名字。

2. 各国应采取有效措施,确保此项权利得到保护,并确保土著人民在政治、法律和行政程序中能够理解他人和被他人理解,必要时为此提供口译或采取其他适当办法。

第 14 条

1. 土著人民有权建立和掌管他们的教育制度和机构,以自己的语言和适合其文化教学方法的方式提供教育。

2. 土著人,特别是土著儿童,有权不受歧视地获得国家提供的所有程度和形式的教育。

3. 各国应与土著人民共同采取有效措施,让土著人,特别是土著儿童,包括生活在土著社区外的土著人,在可能的情况下,有机会获得以自己的语言提供的有关自身文化的教育。

第 15 条

1. 土著人民有权维护其文化、传统、历史和愿望的尊严和多样性,他们的文化、传统、历史和愿望应在教育和公共信息中得到适当体现。

2. 各国应与有关的土著人民协商和合作,采取有效措施,消除偏见和歧视,促进土著人民与社会所有其他阶层之间的宽容、了解和良好关系。

第 16 条

1. 土著人民有权建立自己的使用自己语言的媒体,有权不受歧视地利用所有形式的非土著媒体。

2. 各国应采取有效措施,确保国有媒体恰当地反映土著文化多样性。各国应在不损害言论充分自由的情况下,鼓励私有媒体充分反映土著文化的多样性。

第 17 条

1. 土著人和土著人民有权充分享受适用的国际和国内劳工法所规定的所有权利。

2. 各国应与土著人民协商和合作,采取具体措施,不让土著儿童遭受经济剥削,不让他们从事任何可能有危险性或妨碍他们接受教育,或有害他们的健康或身体、心理、精神、道德或社会成长的工作,要考虑到他们是特别脆弱的群体,而教育对于提高他们的能力至关重要。

3. 土著人享有在劳动条件以及特别是就业和薪水方面不受歧视的权利。

第 18 条

土著人民有权通过他们按自己的程序选出的代表,参与对事关自身权利的事务的决策,有权保持和发展自己的土著人决策机构。

第 19 条

各国在通过和实行可能影响到土著人民的立法或行政措施前,应本着诚意,通过土著人民自己的代表机构,与有关的土著人民协商和合作,事先征得他们的自由知情同意。

第 20 条

1. 土著人民有权保持和发展其政治、经济和社会制度或机构,有权安稳地享用自己的谋生和发展手段,有权自由从事他们所有传统的和其他经济活动。

2. 被剥夺了谋生和发展手段的土著人民有权获得公正和公平的补偿。

第 21 条

1. 土著人民有权不受歧视地改善其经济和社会状况,尤其是在教育、就业、职业培训和再培训、住房、环境卫生、保健和社会保障等领域。

2. 各国应采取有效措施,并在适当情况下采取特别措施,确保土著人民的经济和社会状况持续得到改善。应特别关注土著老人、妇女、青年、儿童和残疾人的权利和特殊需要。

第 22 条

1. 实施本《宣言》时,应特别关注土著老人、妇女、青年、儿童和残疾人的权利和特殊需要。

2. 各国应与土著人民共同采取措施,确保土著妇女和儿童获得充分的保护和保障,免受一切形式的暴力和歧视。

第 23 条

土著人民有权确定和制定行使其发展权的优先重点和战略。特别是,土著人民有权积极参与制定和确定影响到他们的保健、住房方案及其他经济和社会方案,并尽可能通过自己的机构管理这些方案。

第 24 条

1. 土著人民有权使用自己的传统医药,有权保持自己的保健方法,包括保护他们必需的药用植物、动物和矿物。土著人还有权不受任何歧视地享用所有社会和保健服务。

2. 土著人拥有享受能够达到的最高标准身心健康的平等权利。各国应采取必要步骤,使这一权利逐步得到充分实现。

第 25 条

土著人民有权保持和加强他们同他们传统上拥有或以其他方式占有和使用的土地、领土、水域、近海和其他资源之间的独特精神联系,并在这方面继续承担他们对后代的责任。

第 26 条

1. 土著人民对他们传统上拥有、占有或以其他方式使用或获得的土地、领土和资源拥有权利。

2. 土著人民有权拥有、使用、开发和控制因他们传统上拥有或其他传统上的占有或使用而持有的,以及他们以其他方式获得的土地、领土和资源。

3. 各国应在法律上承认和保护这些土地、领土和资源。这种承认应适当尊重有关土著人民的习俗、传统和土地所有权制度。

第 27 条

各国应与有关的土著人民一起,在适当承认土著人民的法律、传统、习俗和土地所有权制度的情况下,制定和采用公平、独立、公正、公开和透明的程序,以确认和裁定土著人民对其土地、领土和资源,包括对他们传统上拥有或以其他方式占有或使用的土地、领土和资源的权利。土著人民应有权参与这一程序。

第 28 条

1. 土著人民传统上拥有或以其他方式占有或使用的土地、领土和资源,未事先获得他们自由知情同意而被没收、拿走、占有、使用或损坏的,有权获得补偿,办式可包括归还原物,或在不可能这样做时,获得公正、公平、合理的赔偿。

2. 除非有关的土著人民另外自由同意,赔偿方式应为相同质量、大小和法律地位的土地、领土和资源,或金钱赔偿,或其他适当补偿。

第 29 条

1. 土著人民有权养护和保护其土地或领土和资源的环境和生产能力。各国应不加歧视地制定和执行援助土著人民进行这种养护和保护的方案。

2. 各国应采取有效措施,确保未事先获得土著人民的自由知情同意,不得在其土地或领土上存放或处置危险物质。

3. 各国还应采取有效措施,根据需要,确保由受此种危险物质影响的土著人民制定和执行的旨在监测、保持和恢复土著人民健康的方案得到适当执行。

第 30 条

1. 不得在土著人民的土地或领土上进行军事活动,除非是基于相关公共利益有理由这样做,或经有关的土著人民自由同意,或应其要求这样做。

2. 各国在使用土著人民的土地或领土进行军事活动前,应通过适当程序,特别是通过其代表机构,与有关的土著人民进行有效协商。

第 31 条

1. 土著人民有权保持、掌管、保护和发展其文化遗产、传统知识和传统文化体现方式,以及其科学、技术和文化表现形式,包括人类和遗传资源、种子、医药、关于动植物群特性的知识、口述传统、文学作品、设计、体育和传统游戏、视觉和表演艺术。他们还有权保持、掌管、保护和发展自己对这些文化遗产、传统知识和传统文化体现方式的知识产权。

2. 各国应与土著人民共同采取有效措施,确认和保护这些权利的行使。

第 32 条

1. 土著人民有权确定和制定开发或利用其土地或领土和其他资源的优先重点和战略。

2. 各国在批准任何影响到土著人民土地或领土和其他资源的项目,特别是开发、利用或开采矿物、水或其他资源的项目前,应本着诚意,通过有关的土著人民自己的代表机构,与土著人民协商和合作,征得他们的自由知情同意。

3. 各国应提供有效机制,为任何此类活动提供公正和公平的补偿,并应采取适当措施,减少环境、经济、社会、文化或精神方面的不利影响。

第 33 条

1. 土著人民有权按照其习俗和传统,决定自己的身份或归属。这并不妨碍土著人获得居住国公民资格的权利。

2. 土著人民有权按照自己的程序,决定其机构的构架和挑选这些机构的成员。

第 34 条

土著人民有权根据国际人权标准,促进、发展和保持其机构构架及其独特的习俗、精神观、传统、程序、做法,以及原有的(如果有的话)司法制度或习惯。

第 35 条

土著人民有权决定个人对其社区应负的责任。

第 36 条

1. 土著人民,特别是被国际边界分隔开的土著人民,有权与边界另一边的同民族人和其他民族的人保持和发展接触、关系与合作,包括为精神、文化、政治、经济和社会目的开展活动。

2. 各国应与土著人民协商和合作,采取有效措施,为行使这一权利并确保权利得到落实,提供方便。

第 37 条

1. 土著人民有权要求与各国或其继承国订立的条约、协定和其他建设性安排得到承认、遵守和执行,有权要求各国履行和尊重这些条约、协定和其他建设性安排。

2. 本《宣言》的任何内容都不得解释为削弱或取消这种条约、协定和其他建设性安排所规定的土著人民权利。

第 38 条

各国应与土著人民协商和合作,采取适当措施,包括采取立法措施,以实现本《宣言》的目标。

第 39 条

土著人民有权从各国和通过国际合作获得财政和技术援助,以享受本《宣言》所规定的权利。

第 40 条

土著人民有权借助公正和公平的程序,并通过这些程序迅速获得裁决,解决同各国或其他当事方的冲突或争端,并就其个人和集体权利所受到的一切侵犯获得有效的补偿。这种裁决应适当地考虑到有关的土著人民的习俗、传统、规则和法律制度以及国际人权。

第 41 条

联合国系统各机关和专门机构及其他政府间组织,应通过推动财务合作和技术援助及其他方式,为充分落实本《宣言》的规定作出贡献。应制定途径和方法,确保土著人民参与处理影响到他们的问题。

第 42 条

联合国、联合国的机构(包括土著问题常设论坛)、各专门机构(包括在国家一级)以及各国,应促进对本《宣言》各项规定的尊重和充分实施,并跟踪检查本《宣言》的实施效果。

第 43 条

本《宣言》所确认的权利,为全世界土著人民求生存、维护尊严和谋求幸福的最低标准。

第 44 条

土著人不分男女,都平等享有享受本《宣言》所确认的所有权利和自由的保障。

第 45 条

本《宣言》的任何内容都不得理解为削弱或取消土著人民现在享有或将来可能获得的权利。

第 46 条

1. 本《宣言》的任何内容都不得解释为暗指任何国家、民族、团体或个人有权从事任何违背《联合国宪章》的活动或行为,也不得理解为认可或鼓励任何全部或局部分割或损害主权和独立国家的领土完整或政治统一的行动。

2. 在行使本《宣言》所宣示的权利时,应尊重所有人的人权和基本自由。本《宣言》所列各种权利的行使,应只受限于由法律规定的限制,并应符合国际人权义务。任何此种限制不应带有歧视性,而且绝对是必需的,完全是为了确保其他人的权利与自由得到应有的承认与尊重,满足民主社会公正和最紧要的需要。

3. 应依照公正、民主、尊重人权、平等、不歧视、善政和诚意的原则,来解释本《宣言》各项规定。

124. 土著和部落人民公约

（国际劳工组织大会1989年6月27日通过）

国际劳工组织大会，

经国际劳工局理事会召集，于1989年6月7日在日内瓦举行第七十六届会议，

注意到1957年《土著和部落人口公约》和《建议书》中所包括的国际标准，

回顾了《世界人权宣言》、《经济、社会、文化权利国际盟约》、《公民权利和政治权利国际盟约》以及有关消除歧视的许多国际文书的规定，

考虑到自1957年以来国际法律方面所取得的进展，以及世界各地区土著和部落民族目前的发展状况，使得宜就这一问题通过一些新的国际标准，以期去除早期标准中的同化倾向，

认识到这些民族希望在其所居住国家的结构之内，自主管理本民族各类机构、生活方式和经济发展，以及保持并发扬本民族的特点、语言和宗教的愿望，

注意到在世界许多地方，这些民族不能与其所居住国家内的其他人口享有同等的基本人权；并注意到他们的法律、价值观念、习俗和看法常常受到侵蚀，

提请注意土著和部落民族对人类文化的多样化，对人类社会的和谐与生态平衡，以及对国际合作和相互理解所作出的明显贡献，

注意到下述条款系经与联合国、联合国粮食及农业组织、联合国教育、科学及文化组织、世界卫生组织以及泛美印第安人协会在适当级别上和在其各自领域中共同合作制订的，并且为了推进和保证这些条款得以实施，各方拟议继续进行合作，

兹决定就部分修订1957年《土著和部落人口公约（第107号）》——会议议程的第四个项目——通过若干建议，并确定这些建议应采用一个国际公约的形式，修订1957年的《土著和部落人口公约》，

于1989年6月27日通过如下公约，该公约在引用时可称为1989年《土著和部落民族公约》：

第一部分 总 政 策

第一条

1. 本公约适用于：

（a）独立国家的部落民族，其社会、文化和经济状况使他们有别于其国家社会的其他群体，他们的地位系全部或部分地由他们本身的习俗或传统或以专门的法律或规章加以确定；

（b）独立国家的民族，他们因作为在其所属国家或该国所属某一地区被征服或被殖民化时，或在其目前的国界被确定时，即已居住在那里的人口之后裔而被视为土著，并且无论其法

律地位如何,他们仍部分或全部地保留了本民族的社会、经济、文化和政治制度。

2. 自我确定为土著或部落应被视为是决定本公约条款适用的群体的一个根本标准。

3. 本公约使用"民族"一词,不应解释为国际法使用此词时可能具有的各种权利的含义。

第二条

1. 各政府有责任在有关民族的参与下发展协调而有系统的行动,以保护这些民族的权利并尊重其作为一个民族的完整性。

2. 此类行动应包括如下措施,以便:

(a) 保证这些民族的成员能够平等地享受国家法律和规章赋予该国人口中的其他成员的权利与机会;

(b) 在尊重其社会文化特点、习俗与传统以及他们的制度的同时,促进这些民族的社会、经济和文化权利的充分实现;

(c) 以符合其愿望和生活方式的做法,帮助有关民族的成员消除土著与国家社会中其他成员之间可能存在的社会经济差距。

第三条

1. 土著和部落民族应不受障碍或歧视地享有充分的人权和各项基本自由。公约条款应无区别地适用于这些民族的男女成员。

2. 不得以任何形式的武力或强制手段侵犯有关民族的人权和基本自由,包括本公约所载明的权利。

第四条

1. 应酌情采取专门措施,保护有关民族的个人、机构、财产、劳动、文化和环境。

2. 此种专门措施之采取不得违背有关民族自由表达的意愿。

3. 此种专门措施绝不应妨碍有关民族不受歧视地享受公民的一般权利。

第五条

在实施本公约的条款时:

(a) 应承认并保护这些民族的社会、文化、宗教和精神价值与习俗,并应适当考虑作为群体和个人,他们所面临问题的性质;

(b) 应尊重这些民族的价值准则、习俗和各类制度的完整;

(c) 应采取某些政策,缓解这些民族在面临新的生活和工作条件时经历的各种困难;这项工作应有受影响民族的参与合作。

第六条

1. 在实施本公约的条款时,各政府应该:

(a) 当考虑立法或行政措施时,通过适当的程序,特别是通过其代表机构,与可能受直接影响的有关民族进行磋商;

(b) 确立各种途径,以使这些民族可以自由地,至少是与人口中其他部分人同等地参与各级负责制订与其有关的政策和计划的选举机构以及行政和其他机构的决策;

(c) 确立各种途径,使他们充分发展本民族的机构并发挥积极性;在适当的情况下,应为此提供必要资金。

2. 在实施公约的过程中,应以真诚的态度并采取对情况适合的方式开展磋商,以就拟议采取的措施达成协议或取得一致意见。

第七条

1. 有关民族有权决定自身发展进程的优先顺序,因为这将影响到他们的生活、信仰、制度与精神福利和他们占有或使用的土地,并有权在可能的范围内对其经济、社会和文化发展行使管理。此外,他们还应参与对其可能产生直接影响的国家和地区发展计划与方案的制订、实施和评价。

2. 在有关民族的参与及合作下,改善他们生活和工作条件以及提高他们的健康和教育水平应作为他们所居住地区全面经济发展计划的首要目标。为发展这些地区所实施的特殊项目也应如此设计,以促进这一改善的实现。

3. 各政府应保证,凡适宜时,与有关民族合作,开展调查研究,以估价按计划进行的发展活动对这些民族所产生的社会、精神、文化和环境影响。这些调查研究的结果应被视为实施这些活动的基本标准。

4. 各政府应与有关民族合作,采取措施保护并保持他们居住地域的环境。

第八条

1. 在对有关民族实施国家的立法和规章时,应适当考虑他们的习惯和习惯法。

2. 当与国家立法所规定的基本权利或国际公认的人权不相矛盾时,这些民族应有权保留本民族的习惯和各类制度。必要时,应确立各种程序,以解决实施这一原则过程中可能出现的冲突。

3. 本条第1和第2款的实施应不得妨碍这些民族的成员行使赋予所有公民的权利和承担的相应义务。

第九条

1. 在国家立法和国际公认的人权允许的范围内,对有关民族采用传统方法处理其成员所犯罪行应予尊重。

2. 当局和法院在处理刑事案件时,应考虑这些民族处理此类问题的习惯。

第十条

1. 在对这些民族的成员实施普遍法律所规定的惩罚时,应考虑他们的经济、社会和文化特点。

2. 应优先使用除监禁以外的其他惩罚办法。

第十一条

对于要求有关民族的成员提供任何形式的强制性个人服务,无论其为有偿或无偿,均应加以禁止并应依法惩处;但法律对全体公民都有规定者应予除外。

第十二条

有关民族在其权利受到践踏时应该受到保护,为有效地保护这些权利,可由个人出面或通过其代表机构提出法律起诉。应采取措施,保证这些民族的成员在诉讼程序中能听懂和被听懂,必要时,可提供翻译或采用其他有效措施。

第二部分　土　　地

第十三条

1. 在实施本公约这部分的条款时,各国政府应重视有关民族与其所占有或使用的土地或领域——或两者都适用——的关系对于该民族文化和精神价值的特殊重要性,特别是这种关系的集体方面。

2. 第十五和第十六条中使用的"土地"(lands)这一术语应包括地域概念,包括有关民族占有的或使用的区域的整个环境。

第十四条

1. 对有关民族传统占有的土地的所有权和拥有权应予以承认。另外,在适当时候,应采取措施保护有关民族对非为其独立但又系他们传统地赖以生存和进行传统活动的土地的使用权。在这一方面,对游牧民族和无定居地的耕种者应予以特殊注意。

2. 各政府应采取必要的措施以查清有关民族传统占有土地的情况,并应有效地保护这些民族对其土地的所有权和拥有权。

3. 要在国家的法律制度范围内建立适当的程序,以解决有关民族提出的土地要求。

第十五条

1. 对于有关民族对其土地的自然资源的权利应给予特殊保护。这些权利包括这些民族参与使用、管理和保护这些资源的权利。

2. 在国家保留矿藏资源或地下资源或附属于土地的其他资源时,政府应建立或保持程序,政府应经由这些程序在执行或允许执行任何勘探或开采此种附属于他们的土地的资源的计划之前,同这些民族进行磋商,以使确定他们的利益是否和在多大程度上受到了损害。凡可能时,有关民族应参与分享此类活动的收益,他们因此类活动而遭受的损失应获得公平的补偿。

第十六条

1. 除非符合本条下列各款规定,有关民族不得被从其所居住的土地上迁走。

2. 当这些民族的迁离作为一项非常措施被认为是必要的情况下,只有在他们自主并明确地表示同意之后,才能要求他们迁离;如果得不到有关民族的同意,则只有在履行了国家立法和规章所规定的程序之后,才能提出这一要求。在适当的时候,上述程序中可以包括公众调查,以便为有关民族能充分地陈述其意见提供机会。

3. 如果可能的话,一旦当迁离的原因不复存在时,这些民族应有权返回他们传统的土地。

4. 根据协议的规定,或在没有此类协议情况下,凡此种返回不可能时,应尽一切可能向这些民族提供质量上和法律地位上起码相同于他们原先占有的土地,适合他们目前的需求和未来的发展。凡有关民族表示倾向于现金或实物补偿时,他们应有适当的保证方式获得此类补偿。

5. 个人因迁离所受到的任何损失和伤害,均应获得充分补偿。

第十七条

1. 对有关民族为在其成员内部转让土地所有权而确立的程序应予以尊重。

2. 当考虑有关民族向非该民族成员转让土地或其对土地所拥有的权利之权限问题时,应同这些民族进行磋商。

3. 应禁止不属于这些民族的个人利用这些民族的习惯或其成员对法律缺乏了解来获得属于他们的土地的所有权、占有或使用。

第十八条

法律对于非经批准而侵占或使用有关民族的土地的行为应规定适量惩罚,政府亦应采取措施禁止此类违法行为的发生。

第十九条

国家的土地计划应保证给有关民族同等于人口中的其他各部分人所得到的待遇,即:

(a) 当这些民族所拥有的土地不足以为其提供维持正常生存所需的必需品,或无法容纳其在数量方面的任何增长时,应向他们提供更多的土地;

(b) 为促进这些民族已拥有的土地之开发提供所需的工具。

第三部分　招聘和就业条件

第二十条

1. 各政府应在国家法律和规章的范围之内,与有关民族合作采取一些特殊措施,以保证在招聘和就业条件方面向这些民族的工人提供适用于一般工人的法律未能给他们提供的有效保护。

2. 各政府应尽其所能防止有关民族的工人和其他工人之间的歧视,特别是有关:

(a) 招工、包括技术性工作以及晋升与提级;

(b) 同工同酬;

(c) 医疗和社会救济、职业安全与卫生、所有社会保障福利和任何与职业有关的其他福利,以及住房;

(d) 结社权和参加一切合法工会活动的自由,以及与雇主或雇主组织签订集体协会的权利。

3. 所采取的措施应能保证:

(a) 有关民族的工人,包括从事农业和其他职业的季节工、临时工和移徙工人,以及由劳务承包商所雇用的工人,均享受国家法律和在具体做法上为同一部门中的其他此类工人所提供的保护,这些工人应充分了解劳工立法为他们所规定的权利及他们所拥有的纠正手段;

(b) 不得要求这些民族的工人在对其健康有害的工作条件中工作,特别是接触杀虫剂或其他有毒物质的工作;

(c) 这些民族的工人不受制于强制性雇佣制度,包括契约劳动和其他形式的债务劳役;

(d) 这些民族的工人在男女就业方面和保护妇女免受性骚扰方面,都应与非该民族成员的工人享有同样的机会和同等的待遇。

4. 应特别注意在有有关民族的工人从事工资性就业的地方建立完善的劳工监察设施,以保证本公约这部分的条款得以实施。

第四部分　职业培训、手工业和农村工业

第二十一条

有关民族的成员在职业培训措施方面至少应享有与其他公民相等的机会。

第二十二条

1. 应采取措施以促进有关民族的成员自愿参加一般性的职业培训计划。

2. 当现有的一般性职业培训计划无法满足有关民族的特殊需要时，各政府应在这些民族的参与下，保证向其提供特殊培训计划及设施。

3. 任何此种特殊培训计划都应基于有关民族所处的经济环境、社会和文化条件以及实际需要。这方面所进行的任何调查都应与这些民族合作开展；对于此类计划的组织及实施，也都应征求他们的意见。在情况允许的地方，如果他们这样决定的话，应让这些民族逐步承担起组织并管理此类特殊培训计划的责任。

第二十三条

1. 有关民族的手工业、农村和社区工业，及其自然经济和传统谋生活动，例如狩猎、捕鱼、器具捕兽和采集，均应被视作保留这些民族的文化并使其经济得以自主发展的重要因素。在这些民族的参与下，并且每当情况允许时，各政府应保证加强并促进上述活动。

2. 经有关民族请求，应在可能的情况下向其提供适当的技术和财政支助。这样做时要考虑到这些民族的传统技术和文化特点，及使其经济持续和均衡发展的重要性。

第五部分　社会保障和医疗卫生

第二十四条

应逐步地扩展社会保障计划，以最终包括有关民族的全部成员，并且在实施此类计划时对其不得歧视。

第二十五条

1. 各政府应保证有关民族能享有良好的医疗卫生服务，或向他们提供资金，使他们能够设计并提供由其自己负责并管理的此种服务，从而使这些民族的成员得以获得所能达到的最高标准的身心健康。

2. 医疗卫生服务应尽可能以社区为基础，对这类服务的规划和管理应有有关民族的合作，并应考虑其经济、地理、社会和文化条件，及其传统的预防措施、治疗手段和药物。

3. 此类医疗卫生制度应优先考虑培训并录用本地医疗人员，并应将工作重点放在初级保健上，与此同时，与其他级别的医疗卫生机构保持牢固联系。

4. 有关此种医疗卫生服务的规定应与该国其他的社会、经济和文化措施相协调。

第六部分　教育和交流手段

第二十六条

应该采取措施，以确保有关民族的成员能与国家社会中的其他人至少同等地享有接受各级教育的机会。

第二十七条

1. 有关民族的教育计划和教学应在他们的协作下制订与实施，以求针对其特殊需要，并应结合这些民族的历史、他们的知识和技术、他们的价值体系以及对未来经济、社会和文化的期望。

2. 主管当局应确保要对这些民族的成员进行培训并要保证让其参与教育计划的制订与实施,以期在适当时机将管理这些计划的责任逐步移交给这些民族。

3. 此外,各政府应承认这些民族建立本民族的教育制度和设施的权利,只要这些制度达到主管当局经与这些民族磋商后所制订的最低标准。政府亦应为此种努力提供适量资金。

第二十八条

1. 在可能的情况下,有关民族的儿童应学习使用本民族的土著语言,或他们所属群体之最通用的语言进行阅读和写作。当这一考虑不现实时,主管当局应与这些民族进行磋商,以期采取某些措施来达到这一目的。

2. 应采取充分的措施,保证这些民族有机会流利地掌握所在国的语言或该国的一种官方语言。

3. 应采取措施,保留并推动有关民族土著语言的发展和使用。

第二十九条

传播一般的知识与技能,使有关民族的儿童能够平等地参加他们自己社区以及国家社会的生活,应是对这些民族进行教育的目的。

第三十条

1. 各政府应采取符合有关民族的传统及文化的措施,使他们了解他们的权利和义务,特别是有关劳动、经济机会、教育与医疗卫生、社会福利及本公约所赋予他们的权利。

2. 必要时,可以采用笔译的方法或通过使用这些民族的语言进行群众交流的方式来进行这一工作。

第三十一条

应采取措施对国家社会和各部分人进行教育,特别要在与有关民族直接接触最多的人中开展这一工作,以消除他们对这些民族可能怀有的偏见。为达此目的,应作出努力以保证历史教科书和其他教材都能公正、准确并富于教益地描述这些民族的社会与文化。

第七部分　跨越国界的接触和合作

第三十二条

各政府应采取适当措施,包括通过国际协议,以促进跨越国界土著和部落民族之间在经济、社会、文化、宗教和环境领域里的接触与合作。

第八部分　行　政　管　理

第三十三条

1. 负责本公约所包括的问题的政府当局,应保证有某些机构或其他适当机制,以管理对有关民族有影响的各类计划,并保证这些机构或机制拥有正常完成委派给它们的职能所需的手段。

2. 这些计划包括:

（a）与有关民族合作、规划、协调、执行和评估本公约所规定的各项措施；

（b）向主管当局提出有关立法的和其他措施的建议，并与有关民族合作，监督所采取的措施的实施情况。

第九部分　一 般 规 定

第三十四条

考虑到各国的特有条件,为实施本公约条款所采取的各项措施的性质和范围应予灵活规定。

第三十五条

本公约各项条款的实施不得影响其他公约和建议书、国际文书、条约、或国家法律、裁定、习惯或协议赋予有关民族的权利和利益。

第十部分　最 后 条 款

第三十六条

本公约修订1957年《土著和部落人口公约》。

第三十七条

本公约的正式批准书应送交国际劳工局局长登记。

第三十八条

1. 本公约应仅对已把批准书送交劳工局局长登记的那些国际劳工组织成员有约束力。
2. 本公约应于两个成员把批准书送交局长登记之日起十二个月后生效。
3. 此后,本公约应于任何成员把批准书送交登记之日起十二个月后对该成员生效。

第三十九条

1. 批准了本公约的成员,可以在公约首次生效之日起满十年后,退出公约;退约时应将退约书送交国际劳工局局长登记。此项退约应于退约书送交登记之日起一年后才生效。
2. 批准了本公约的每一成员,如果在上款所述的十年时间满期后一年内,不行使本条所规定的退约权,即须再受十年的约束,其后,可按本条规定的条件,在每十年时间满期时,退出本公约。

第四十条

1. 国际劳工局局长应将国际劳工组织各成员送交他登记的所有批准书和退约书通知国际劳工组织的全体成员。
2. 在把送交他登记的第二份批准书通知国际劳工组织各成员时,局长应提请各成员注意公约生效的日期。

第四十一条

国际劳工局局长应按照《联合国宪章》第一百零二条的规定,将按上述各条规定送交他登记的所有批准书和退约书的全部细节,送交联合国秘书长登记。

第四十二条

国际劳工局理事会应于它认为必要的时候向大会提出一项关于本公约实施情况的报告,并研究是否宜于在大会议程上列入全部或局部订正公约的问题。

第四十三条

1. 大会倘若通过一个新的公约去全部或局部订正本公约,那么,除非这个新的公约另有规定,否则:

(a)任何成员如批准新的订正公约,在该订正公约生效时,即系依法退出本公约,不管上述第三十九条的规定;

(b)从新的订正公约生效之日起,本公约应即停止开放给各成员批准。

2. 对于已批准本公约但未批准订正公约的那些成员,本公约在任何情况下均应按其原有的形式和内容继续生效。

第四十四条

本公约的英文本和法文本具有同等效力。

Ⅵ 防止歧视相关文件

Ⅵ、敦煌初期變文卷

125. 禁止并惩治种族隔离罪行国际公约

(联合国大会1973年11月30日通过)

本公约缔约国，

忆及在联合国宪章的规定中，全体会员国保证与联合国合作，采取联合和单独行动，以达到全世界对于全人类的人权和基本自由的尊重和遵守，不因种族、性别、语言、宗教而有任何区别，

考虑到世界人权宣言宣布，人人生而自由，在尊严和权利上人人平等，且人人皆得享受该宣言所载的一切权利和自由，不因种族、肤色或民族本源等而有任何区别，

考虑到给予殖民地国家和人民独立宣言，大会在宣言中声明解放的进程是不可抗拒和不能扭转的，为了人类的尊严、进步和正义，必须终止殖民主义以及相关联的一切隔离和歧视做法，

鉴于各国依照消除一切形式种族歧视国际公约，特别谴责种族分离和种族隔离，并承诺在受其管辖的领土内，防止、禁止和根除这种性质的一切做法，

鉴于防止并惩治种族灭绝罪行公约规定，也可列为种族隔离行为的某些行为构成国际法的罪行，

鉴于战争罪及危害人类罪不适用法定时效公约规定，"种族隔离政策所造成的不人道行为"足以列为危害人类罪，

鉴于联合国大会通过了许多决议，谴责种族隔离的政策和做法为危害人类的罪行，

鉴于安全理事会曾经强调，种族隔离及其继续加剧和扩大，严重地扰乱并威胁国际和平与安全，

深信订立禁止并惩治种族隔离罪行国际公约，可使在国际一级和国家一级上能够采取更有效的措施，以禁止和惩治种族隔离的罪行。

兹协议如下：

第一条

1. 本公约缔约国宣布：种族隔离是危害人类的罪行，由于种族隔离的政策和做法以及类似的种族分离和歧视的政策和做法所造成的不人道行为，如本公约第二条所规定者，都是违反国际法原则，特别是违反联合国宪章的宗旨和原则的罪行，对国际和平与安全构成严重的威胁。

2. 本公约缔约国宣布：凡是犯种族隔离罪行的组织、机构或个人即为犯罪。

第二条

为本公约的目的，所谓"种族隔离的罪行"，应包括与南部非洲境内所推行的相类似的种族分离和种族歧视的政策和办法，是指为建立和维持一个种族团体对任何其他种族团体的主宰地位，并且有计划地压迫他们而作出的下列不人道行为：

(a) 用下列方式剥夺一个或一个以上种族团体的一个或一个以上成员的生命和人身自由的权利：

（一）杀害一个或一个以上种族团体的成员；

（二）使一个或一个以上种族团体的成员受到身体上或心理上的严重伤害，侵犯他们的自由或尊严，或者严刑拷打他们或使他们受残酷、不人道或屈辱的待遇或刑罚；

（三）任意逮捕和非法监禁一个或一个以上种族团体的成员；

(b) 对一个或一个以上种族团体故意加以旨在使其全部或局部灭绝的生活条件；

(c) 任何立法措施及其他措施，旨在阻止一个或一个以上种族团体参与该国政治、社会、经济和文化生活者，以及故意造成条件，以阻止一个或一个以上这种团体的充分发展，特别是剥夺一个或一个以上种族团体的成员的基本人权和自由，包括工作的权利、组织已获承认的工会的权利、受教育的权利、离开和返回自己国家的权利、享有国籍的权利、自由迁移和居住的权利、自由主张和表达的权利以及自由和平集会和结社的权利；

(d) 任何措施，包括立法措施，旨在用下列方法按照种族界线分化人民者：为一个或一个以上种族团体的成员建立单独的保留区或居住区，禁止不同种族团体的成员互相通婚，没收属于一个或一个以上种族团体或其成员的地产；

(e) 剥削一个或一个以上种族团体的成员的劳力，特别是强迫劳动；

(f) 迫害反对种族隔离的组织或个人，剥夺其基本权利和自由。

第三条

任何个人、组织或机构的成员，或国家代表，不论出于什么动机，如有下列行为，即应负国际罪责，不论是住在行为发生地的国家的领土内或其他国家：

(a) 触犯、参与、直接煽动或共同策划本公约第二条所列举的行为；

(b) 直接教唆、怂恿或帮同触犯种族隔离的罪行。

第四条

本公约缔约国承诺：

(a) 采用任何必要的立法或其他措施，来禁止并预防对于种族隔离罪行和类似的分隔主义政策或其表现的鼓励，并惩治触犯此种罪行的人；

(b) 采取立法、司法和行政措施，按照本国的司法管辖权，对犯有或被告发犯有本公约第二条所列举的行为的人，进行起诉、审判和惩罚，不论这些人是否住在罪行发生的国家的领土内，也不论他们是该国国民抑或其他国家的国民，抑或是无国籍的人。

第五条

被控犯有本公约第二条所列举的行为的人，得由对被告取得管辖权的本公约任何一个缔约国的主管法庭或对那些已接受其管辖权的缔约国具有管辖权的一个国际刑事法庭审判。

第六条

本公约缔约国承诺遵照联合国宪章，接受和执行安全理事会为了预防、禁止和惩罚种族隔离罪行所作的决定，并协力执行联合国其他主管机关为达成本公约的目的所作的决定。

第七条

1. 本公约缔约国承诺就其为执行本公约的规定而采取的立法、司法、行政及其他措施，向第九条规定设置的小组，定期提出报告。

2. 报告的副本应送由联合国秘书长转送种族隔离问题特别委员会。

第八条

本公约任何缔约国得请联合国任何主管机关依照联合国宪章,采取其认为适当的行动,以预防并禁止种族隔离罪行。

第九条

1. 人权委员会主席应指派兼任本公约缔约国代表的人权委员会委员三人,组成小组,审议各缔约国依照第七条的规定所提出的报告。

2. 人权委员会的委员如果没有本公约缔约国的代表,或这种代表不足三名时,联合国秘书长应于咨商本公约全体缔约国后,指派一名或数名不是人权委员会委员的缔约国代表,在本公约缔约国的代表当选为人权委员会委员之前,参加依照本条第一款所成立的小组的工作。

3. 小组得于人权委员会开会前后,举行不超过五天的会议,审议根据第七条提出的报告。

第十条

1. 本公约缔约国授权人权委员会:

(a) 要求联合国各机关根据消除一切形式种族歧视国际公约第十五条规定转送请愿书副本时,注意关于本公约第二条所列举的行为的控诉;

(b) 根据联合国各主管机关的报告和本公约缔约国的定期报告,编写一份清单,列出据称应对触犯本公约第二条所列罪行负责的个人、组织、机构或国家代表,以及本公约缔约国已对其提起诉讼的个人、组织、机构或国家代表;

(c) 要求联合国各主管机构提出关于负责管理托管领土、非自治领土以及大会一九六〇年十二月十四日第1514(XV)号决议所适用的其他领土的当局,对据称触犯本公约第二条所列罪行,并相信在其领土和行政管辖权之下的个人所采取的措施的情报。

2. 在大会第1514(XV)号决议所载的给予殖民地国家和人民独立宣言的目标尚未达成以前,本公约的规定不得限制其他国际文书或联合国及其专门机构给予这些人民的请愿权利。

第十一条

1. 就引渡而言,本公约第二条所列举的行为不应视为政治罪。

2. 本公约缔约国承诺遇此等情形时,依照本国法律和现行条约,准予引渡。

第十二条

各缔约国如对本公约的解释、适用或执行发生争执而无法以谈判解决时,除争执各方已协议以其他方式解决外,得经争执缔约国请求,提交国际法院处理。

第十三条

本公约开放给所有国家签字。在本公约生效前尚未签字的任何国家得加入本公约。

第十四条

1. 本公约应经各签字国批准。批准书应交存联合国秘书长。

2. 加入应于加入书交存联合国秘书长时生效。

第十五条

1. 本公约应在第二十国的批准或加入书交存联合国秘书长之日后第三十日开始生效。

2. 本公约对于第二十国的批准或加入书交存后,批准或加入本公约的国家,应于该国交存批准或加入书之日后第三十日开始生效。

第十六条

缔约国得用书面通知联合国秘书长退出本公约。退出应于秘书长接到通知之日后一年生效。

第十七条

1. 任何缔约国得随时用书面通知联合国秘书长,要求修正本公约。

2. 联合国大会应对这项要求决定所应采取的步骤。

第十八条

联合国秘书长应将下列事项通知所有国家:

(a) 依第十三条和第十四条所作的签字、批准和加入;

(b) 本公约依第十五条开始生效的日期;

(c) 依第十六条所提的退出;

(d) 依第十七条所提的通知。

第十九条

1. 本公约中文、英文、法文、俄文和西班牙文五种文本具有同等效力;本公约应交存联合国档案库。

2. 联合国秘书长应将本公约经证明无误的复制本,分送所有国家。

126. 取缔教育歧视公约

(联合国教育、科学及文化组织大会1960年12月14日通过)

联合国教育、科学及文化组织大会于一九六〇年十一月十四日至十二月十五日在巴黎举行第十一届会议,

回顾世界人权宣言确认不歧视原则并宣告人人都有受教育的权利,

考虑到教育上的歧视是侵害该宣言里所宣布的各项权利的,

考虑到联合国教育、科学及文化组织的宗旨,按照其组织法的规定,为促进各国间的合作,以促进人人的人权都受到普遍尊重,并且教育机会平等,

认识到联合国教育、科学及文化组织因此在尊重各国的不同教育制度的同时,不但有义务禁止任何形式的教育歧视,而且有义务促进人人在教育上的机会平等和待遇平等,

收到有关教育歧视的不同方面——本届会议议程项目17.1.4——的若干提案,

曾于第十届会议时决定就这个问题作出一个国际公约和若干建议,向各成员国提出。

于一九六〇年十二月十四日通过本公约。

第一条

一、为本公约目的,"歧视"一语指基于种族、肤色、性别、语言、宗教、政治或其他见解、国籍或社会出身、经济条件或出生的任何区别、排斥、限制或特惠,其目的或效果为取消或损害教育上的待遇平等,特别是:

(甲)禁止任何人或任何一群人接受任何种类或任何级别的教育;

(乙)限制任何人或任何一群人只能接受低标准的教育;

(丙)对某些人或某群体设立或维持分开的教育制度或学校,但本公约第二条的规定不在此限;

(丁)对任何人或任何一群人加以违反人类尊严的条件。

二、为本公约目的,"教育"一语指一切种类和一切级别的教育,并包括受教育的机会、教育的标准和素质以及教育的条件在内。

第二条

一国所容许的下列情况,不应视为构成本公约第一条含义的歧视:

(甲)对男女学生设立或维持分开的教育制度或学校,如果这些制度或学校提供相等的受教育机会、提供资格同一标准的教员以及同一素质的校舍和设备,并提供研读同一的或相等的课程的机会的话;

(乙)为宗教上或语言上理由,设立或维持分开的教育制度或学校,以提供一种与学生的父母或法定监护人的愿望相符的教育,如果这种制度的参加和这种学校的入学是由人随意选择的,而且所提供的教育又符合主管当局所可能规定或批准的标准——特别是在同级教育上——的话;

(丙)设立或维持私立学校,如果这些学校的目的不在于排除任何一群人,而在于在公共当局所提供的教育设施之外另再提供其他教育设施,并且学校的管理是按照这一目的进行,其所提供的教育又符合主管当局所可能规定或批准的标准——特别是在同级教育上——的话。

第三条

为了消除并防止本公约所指的歧视起见,本公约缔约各国承担:

(甲)废止含有教育上歧视的任何法律规定和任何行政命令,并停止含有教育上歧视的任何行政惯例;

(乙)必要时通过立法,保证在学校招收学生方面,没有歧视;

(丙)在学费和给予学生奖学金或其他方式的协助以及前往外国研究所必要的许可和便利等事项时,除了以成绩或需要为基础外,不容许公共当局对不同国民作不同的待遇;

(丁)在公共当局所给予学校的任何形式的协助上,不容许任何纯粹以学生属于某一特殊团体这个原因为基础而定的限制或特惠;

(戊)对在其领土内居住的外国国民,给予与本国国民一样的受教育机会。

第四条

本公约缔约各国并承担拟订、发展和实施一种国家政策,以通过适合于环境和国家习俗的方法,促进教育上的机会平等和待遇平等,特别是:

(甲)使初级教育免费并成为义务性质;使各种形式的中等教育普遍设立,并对一切人开放；使高等教育根据个人成绩，对一切人平等开放；保证人人遵守法定的入学义务；

（乙）保证同一级的所有公立学校的教育标准都相等，并保证与所提供的教育的素质有关的条件也都相等；

（丙）对那些未受到或未完成初级教育的人的教育以及他们根据个人成绩继续接受的教育，以适当方法加以鼓励和推进；

（丁）提供师资训练，无所歧视。

第五条

一、本公约缔约各国同意：

（甲）教育的目的在于充分发展人的个性并加强对人权和基本自由的尊重；教育应促进各国、各种族或宗教集团间的了解、容忍和友谊，并应促进联合国维护和平的各项活动；

（乙）必须尊重父母和（如适用时）法定监护人的下列自由：第一，为他们的孩子选择非公立的但系符合于主管当局所可能规定或批准的最低教育标准的学校；其次，在所有方法不违背国家执行法律的程序的情况下，保证他们的孩子能按照他们自己的信仰接受宗教和道德教育；任何人或任何一群人不得被强迫接受同他们的信仰不一致的宗教教育；

（丙）必须确认少数民族的成员有权进行他们自己的教育活动，包括维持学校及按照每一国家的教育政策使用或教授他们自己的语言在内，但：

（1）行使这一权利的方式，不得妨碍这些少数民族的成员了解整个社会的文化和语言以及参加这个社会的活动，亦不得损害国家主权；

（2）教育标准不得低于主管当局所可能规定或批准的一般标准；

（3）这种学校的入学，应由人随意选择。

二、本公约缔约各国承担采取一切必要的措施去保证适用本条第一款所述的各项原则。

第六条

在适用本公约时，本公约缔约各国承担对联合国教育、科学及文化组织大会今后为确定对取缔各种形式的教育歧视应采取的措施以及为保证教育上的机会平等和待遇平等这个目的而通过的任何建议，予以最大的注意。

第七条

本公约缔约各国应在它们按照联合国教育、科学及文化组织大会将来所规定的日期和方式向该大会提出的定期报告里，提出关于下列事项的情形：它们为实施本公约而通过的法律规定和行政规定以及所采取的其他行动，包括为拟订和发展第四条里所述的国家政策而采取的行动在内；在实施该政策方面所取得的进展以及所遇到的保障。

第八条

本公约任何两个或两个以上缔约国之间可能发生的关于本公约的解释或适用问题的争端，如不能经由谈判解决时，倘争端各方提出要求，应于没有其他解决争端的方法可用时，提交国际法院裁决。

第九条

对本公约不得作任何保留。

第十条

本公约不得缩减个人或团体根据两个或两个以上国家之间缔结的协定所可能享有的权

利,如果这些权利不违反本公约的条文或精神的话。

第十一条

本公约以英文、法文、俄文和西班牙文写成,四种文本具有同等效力。

第十二条

一、本公约经由联合国教育、科学及文化组织各成员国按照它们各自的宪法程序批准或接受。

二、批准书或接受书应交存联合国教育、科学及文化组织总干事。

第十三条

一、本公约应开放给非联合国教育、科学及文化组织成员但经该组织执行局邀请加入本公约的所有国家加入。

二、加入应将加入书交存联合国教育、科学及文化组织总干事。

第十四条

本公约应自第三件批准书、接受书或加入书交存之日起三个月后生效,但只对在这一日或这一日以前把它们各自的批准书、接受书或加入书交存的那些国家生效。对于任何其他国家,本公约应于该国把其批准书、接受书或加入书交存后三个月生效。

第十五条

本公约缔约各国确认本公约不只适用于它们的宗主领土,而且也适用于所有由它们代负国际关系责任的非自治领土、托管领土、殖民领土和其他领土;它们承担必要时,在批准、接受或加入本公约时或在这样做以前,同这些领土的政府或其他主管当局协商,以保证本公约能适用于这些领土;它们并承担把本公约从而对之适用的那些领土通知联合国教育、科学及文化组织总干事,此项通知于总干事收到之日起三个月后生效。

第十六条

一、本公约每一缔约国可以为它自己或为由它代负国际关系责任的任何领土退出本公约。

二、退约应以书面文件通知;该退约书应交存联合国教育、科学及文化组织总干事。

三、退约应于总干事收到退约书后十二个月生效。

第十七条

联合国教育、科学及文化组织总干事应将第十二条和第十三条所述的一切批准书、接受书和加入书的交存,以及第十五条所述的通知和第十六条所述的退约,通知联合国教育、科学及文化组织各成员国、第十三条所述的非联合国教育、科学及文化组织成员的国家以及联合国。

第十八条

一、本公约得由联合国教育、科学及文化组织大会加以订正。但任何这种订正应只对成为订正公约缔约国的那些国家具有拘束力。

二、倘若大会通过一个新的公约去订正本公约的全部或一部分,那么,除非这个新的公约另有规定,否则本公约应从新的订正公约生效之日起,停止开放给各国批准、接受或加入。

第十九条

在联合国教育、科学及文化组织总干事提出要求时,本公约应按照联合国宪章第一百零二条的规定,在联合国秘书处登记。

一九六〇年十二月十五日订于巴黎,共两份作准文本,每份有联合国教育、科学及文化组织大会第十一届会议主席及联合国教育、科学及文化组织总干事的签字;这两份作准文本应交存联合国教育、科学及文化组织档库,其经证明无误的副本应分送第十二条和第十三条所述的所有国家和联合国。

前文是联合国教育、科学及文化组织大会在巴黎举行的并于一九六〇年十二月十五日宣布闭会的第十一届会议正式通过的公约的作准文本。

为此,我们于一九六〇年十二月十五日签字,以昭信守。

127. 种族与种族偏见问题宣言

(联合国教育、科学及文化组织大会1978年11月27日通过)

序　言

联合国教育、科学及文化组织大会于一九七八年十月二十四日至十一月二十八日在巴黎举行第二十届会议,

鉴于一九四五年十一月十六日通过的《联合国教育、科学及文化组织组织法》的序言申明,"现已告结束之此次大规模恐怖战争其所以发生,既因人类尊严、平等与相互尊重等民主原则之遭摒弃,亦因人类与种族之不平等主义得以取而代之,借无知与偏见而散布",并鉴于上述组织法第一条规定联合国教科文组织的宗旨为"通过教育、科学及文化来促进各国间之合作,对和平与安全作出贡献,以增进对正义、法治及联合国宪章所确认之世界人民不分种族、性别、语言或宗教均享人权及基本自由之普遍尊重",

确认联合国教科文组织创建三十余年来,其组织法所载各项原则尤具有当初之重要意义,

念及非殖民化进程及其他历史变革致使原由外国统治之人民多已收复主权,故国际社会成为全球多样性统一的整体,并为消除种族主义祸害、结束国内和国际社会政治诸方面的种族主义可憎现象提供了机会,

深信哲学、道德及宗教的最高表现形式所确认的人类团结以及由此所产生的全人类、各民族的平等,反映了今日伦理学与科学日益结合的理想,

深信各民族、各社会群体无论其构成或民族血统如何,均以自己的创造能力推动了文明及文化进步,而多种文明和文化相互渗透的结果,成为人类的共有财产,

重申遵循《联合国宪章》、《世界人权宣言》公布的各项原则,决心促进有关人权的各项国际公约及《建立新的国际经济秩序宣言》的执行,

并决心促进执行《联合国宣言》及《消除一切形式种族歧视国际公约》,

注意到《防止及惩治灭绝种族罪公约》、《禁止并惩治种族隔离罪行国际公约》及《战争罪

及危害人类罪不适用法定时效公约》,

并忆及联合国教科文组织业已通过的国际文件,特别是《取缔教育歧视公约及建议》、《关于教师地位的建议》、《国际文化合作原则宣言》、《关于增进国际了解、合作与和平的教育以及有关人权和基本自由的教育的建议》、《关于科学研究人员地位的建议》,及关于广大人民群众参与并促进文化生活的建议,

铭记联合国教科文组织专家会议通过的关于种族问题的四项声明,

重申准备积极努力地执行联合国大会第二十八届会议确定的"反对种族主义与种族歧视行动十年"的方案,

最严重关切地注意到不断变换形式的种族主义、种族歧视、殖民主义和种族隔离继续危害世界,此等现象系由于法律条款及政府和行政措施均继续违反人权的原则,由于政治和社会结构继续存在,以及由于以不公正和轻视人为特征的相互关系和态度导致贫穷阶层成员遭受排斥、侮辱和剥削或强迫同化,

对此种侵犯人格尊严的行径表示愤慨,痛惜由此造成各国人民间相互了解的障碍,并对其严重扰乱国际和平与安全的危险性表示震惊,兹通过并郑重宣布《种族与种族偏见问题宣言》:

第一条

1. 全人类属同一种类,均为同一祖先之后代。在尊严及权利上,人人均生而平等,所有人均为人类整体的组成部分。

2. 所有个人与群体均有维护其特性的权利,有自认为具有特性并为他人所确认的权利。然而,生活方式的差异及维护其特性的权利,在任何情况下,不应当作种族偏见的借口;亦不应在法律或实践上成为任何歧视行为的正当理由,不应为种族主义的极端形式——种族隔离政策,提供理论依据。

3. 血统特征在任何情况下,都不得影响人类能够和可以采取不同生活方式的这一事实,不得妨碍由于文化、环境和历史差异造成的不同现状,也不得妨碍维护文化特征的权利。

4. 世界全体人民具有达到最高智慧、技术、社会、经济、文化和政治水平的同等能力。

5. 各国人民文明成就的差异完全由地理、历史、政治、经济、社会和文化等方面因素造成。此等差异不得成为将民族或国家划分等级的任何借口。

第二条

1. 任何主张种族或民族群体存在固有差别、意指某民族有权统治或排斥其他被认为是低劣民族的理论,或任何以种族差别评价为依据的理论,均没有科学根据,均违背人类伦理与道德原则。

2. 种族主义系指由种族不平等以及道德与科学上论证群体之间的歧视关系的错误观念造成的种族主义思想、有偏见的态度、歧视行为、结构安排和制度化的习俗;种族主义表现在立法或规章的歧视性条款以及歧视性的做法中,以及表现在反对社会进步的信念及行动中;种族主义阻碍受歧视者的发展,腐蚀实行歧视者的思想、造成民族分裂,阻碍国际合作,并引起人民之间的政治对立;种族主义违背国际法的基本原则,从而严重危害国际和平与安全。

3. 种族偏见在历史上同权力不平等相联系,由于个人和群体间经济上和社会上的差异而更加严重,至今仍然有人企图为此种不平等辩护。种族偏见是毫无道理的。

第三条

受种族主义思想驱使的、基于种族、肤色、民族血统或宗教上不容忍的任何区别、排斥、限制或优惠,均与公正的并保证尊重人权的国际秩序的要求相抵触;种族主义思想破坏或损害国家主权平等及人民自决权利,或任何限制或歧视性限制每个人或团体的充分发展权利。充分发展的权利系指在国家与世界范围内,文明与文化的价值得到尊重的情况下,一切个人或集体有提高自身地位的同等机会。

第四条

1. 任何基于种族或民族原因对人类充分发挥其才能及人与人之间自由交往实行限制,违背了人类尊严和权利平等的原则,是不能容许的。

2. 种族隔离是对这一原则最严重侵犯的一种表现,种族隔离如同种族灭绝一样,系一危害人类的罪行,并严重扰乱国际和平与安全。

3. 其他种族分离和歧视的政策与习俗构成违反人类良知与尊严的罪行,可能导致政治对抗,并严重危害国际和平与安全。

第五条

1. 作为全人类劳动成果及共同财富的文化以及广义的教育,为世界男女适应环境提出日益有效的手段,使其不仅确信在尊严和权利上人人生而平等,而且认识到,应当在国家及国际范围内尊重所有群体保持其本身文化特征的权利,以及其独特的文化生活的发展。不言而喻,各群体均有充分的自由来决定维护、酌情调整或丰富其认为是本民族特征本质的价值观念。

2. 各国根据其宪法的原则和程序同所有其他有关当局及整个教育界一样,有责任保证各国的教育部门均起着反对种族主义的作用,特别要保证课程和课本包括有关人类团结和多样化的科学与伦理的内容,及对任何民族不得加以恶意地区别;并为此目的,训练师资,向居民中所有群体现有的教育系统提供资助,而不受任何种族的限制或歧视;以及采取适当措施,消除某些种族或民族群体由于他们的教育与生活水平而遭受苦难的不利因素,尤其要防止这些不利因素继续影响其后代。

3. 依据《世界人权宣言》所载各项原则,特别是发表意见的自由的原则,新闻机构和那些负责或从事新闻工作的人员以及全国所有其他组织,必须增进所有个人或群体之间的了解、容忍与友谊,并支持消除种族主义、种族歧视和种族偏见,为此,特别要防止造成对某个人或某群体的陈腐的、偏袒的、片面的或主观的印象。种族或民族群体间的联系必须是相互交往的过程,使他们的意见能自由发表并得到充分听取而不受阻碍。因此,新闻机构应能自由地采纳个人或群体有利于这种联系的意见。

第六条

1. 国家的主要职责是在尊严和权利人人完全平等的基础上,确保所有个人与群体的人权与基本自由。

2. 各国应在其权力范围内,并根据宪法原则与程序,通过立法或其他手段,特别在教育、文化或信息领域内采取一切适当措施,遵照《世界人权宣言》和《公民权利和政治权利国际公约》所载各项原则,防止、禁止并消除种族主义、种族主义宣传、种族分隔和种族隔离,并鼓励宣传自然科学与社会科学方面关于造成及防止种族偏见和种族主义态度的知识和研究成果。

3. 鉴于禁止种族歧视的法律本身尚不全面,各国通过行政机构对种族歧视事例进行系统的调查、通过反对种族歧视行为的法律补救方法的完整体系、通过旨在反对种族偏见和种族歧视的广泛的基础教育和研究方案、通过旨在促进群体间真正相互尊重的、积极的政治、社会、教育和文化措施方案,对上述法律作出补充是义不容辞的责任。在可能情况下,应实施专门方案以促进处于不利地位的群体获得进展,对于本国国民,则应实施确保其有效参与社会决策进程的计划。

第七条

法律如同政治、经济和社会措施一样,是保障个人尊严与权利平等的一种主要手段,亦是制止以所谓某些种族或民族群体具有优越性的思想或理论为根据、或企图为任何形式的种族仇恨的种族歧视辩解或鼓吹的任何宣传、任何组织形式或任何习俗的一种主要手段。各国应为此通过适当的法律,并遵照《世界人权宣言》所载诸原则保证法律效力及保证为所有执法机构所遵行。该法律应成为使其得到实施的政治、经济和社会体制的一部分。个人和其他公共或私人的法律实体必须遵循这一法律,并采用一切适当手段帮助全体公民理解并运用这一法律。

第八条

1. 有权在国内或国际享受经济、社会、文化和法律秩序的个人,诸如容许他们在权利和机会完全均等的基础上行使充分发挥才能的权利的个人,对其同胞、对其生活的社会及对国际社会,都承担相应的义务。因而,根据其促进各国人民和睦的义务,他们应反对种族主义和种族偏见,并尽一切力量消除各种形式的种族歧视。

2. 在种族偏见、种族主义态度和习俗方面,自然科学和社会科学及文化学科的专家以及科学组织和团体有责任在广泛的学科间的基础上进行客观的研究;所有国家都应鼓励上述专家、组织和团体的工作。

3. 上述专家特别有义务通过一切可能的手段,保证其研究成果不致受到误解,同时保证他们帮助公众理解这些研究成果。

第九条

1. 全人类和各国人民不论其种族、肤色及血统,在尊严和权利上一律平等的原则,是得到普遍接受和承认的国际法原则。因而一国家实行任何形式的种族歧视即构成侵犯国际法的行为,应当承担国际责任。

2. 必要时,应采取特别措施,以保障个人或群体在尊严和权利上一律平等,同时保证这些措施不带有种族歧视的色彩。在这方面,应特别关心在社会或经济上处于不利地位的种族或民族群体,以便完全平等地、不加歧视或限制地在法律和规章上对这些人予以保护,并使现行的社会措施符合其利益,特别是关于住房、就业和保健方面;尊重其文化及价值准则的正当性,特别是通过教育促使其社会及职业状况的改善。

3. 对于外裔居民群体,特别是参与侨居国建设的移民工人及其家属,应采取适当措施以维护其安全,并尊重其尊严及文化价值准则,促使其适应侨居国环境及职业的进展,以便其日后同祖国重新结合并为祖国的发展作出贡献;还应采取措施使其子女学习本国语言。

4. 目前国际经济关系的不稳定助长了种族主义和种族偏见的加剧;因此,各国应努力在更加平等的基础上,对国际经济进行调整。

第十条

世界性或区域性的、政府或非政府的国际组织有义务在各自职权和能力范围内为充分彻底执行本宣言的各项原则提供合作与支持，从而促使所有在尊严和权利上生而平等的人投身反对种族主义、种族分隔、种族隔离和种族灭绝迫害的合法斗争，以使全世界人民永远免遭此等祸害。

128. 反对体育领域种族隔离的国际宣言

（联合国大会1977年12月19日通过）

大会，

回顾在《联合国宪章》中，全体会员国保证与联合国合作，采取联合和单独行动，以达到全世界对于全体人类的人权和基本自由的尊重和遵守，不因种族、性别、语言或宗教而有任何区别，

考虑到《世界人权宣言》1 宣布，人人生而有自由，在尊严和权利上人人平等，且人人皆得享受该宣言所载的一切权利和自由，不因种族、肤色或民族本源等而有任何区别，

回顾按照《消除一切形式种族歧视国际公约》的原则，2 各缔约国承诺对种族歧视不予提倡、维护或赞助，

又回顾《禁止并惩治种族隔离罪行国际公约》3 宣布种族隔离是违反国际法原则，特别是违反《联合国宪章》的宗旨与原则的罪行，构成对国际和平与安全的严重威胁，

回顾大会已通过许多决议，谴责种族隔离的政策和行径，包括在体育领域的种族隔离，并谴责在任何领域同种族主义政权进行勾结，

重申南非人民为彻底消除种族隔离和种族歧视而进行的斗争是合法的，

认识到消除种族隔离及向南非人民提供援助来建立一个不分种族的社会是国际社会最关切的事项之一，

深信在《国际反对种族隔离年》和《向种族主义和种族歧视进行战斗的行动十年》期间，必须作为优先事项，采取更有效的措施，以消除一切形式的种族隔离，

重申无条件支持不许因种族、宗教或政治关系而实行歧视的奥林匹克原则，并重申其信念，成绩应为参与体育活动的唯一标准，

考虑到根据奥林匹克原则的国际代表体育接触在促进和平及发展世界各国间的友好关系方面可以发挥积极的作用，

认识到任何实行种族隔离的国家在种族隔离制度本身消除以前不可能遵守按成绩选拔的原则，也不可能有充分一体化的不分种族的体育活动，

谴责南非种族主义政权在体育领域实行种族歧视和种族隔离，

赞扬南非境内为反对种族隔离和支持体育领域不分种族的原则而进行斗争的运动员，

谴责种族主义种族隔离政权对南非的不分种族的体育团体及其领导人采取镇压措施，

反对南非种族主义政权宣布的所谓"多民族"体育政策,那个政策只是要使体育领域的种族隔离永久化的一种手法,南非政权企图借此混淆国际视听以便能够获准参加国际性体育活动,

认识到抵制在种族隔离的基础上选拔的南非体育队在反对种族隔离的国际运动中的重要性,

深信彻底抵制南非体育队的有效运动可以成为一个表明各国政府和人民对种族隔离深恶痛绝的重要措施,

赞扬为反对体育领域种族隔离而采取行动的各国政府、运动员、体育团体和其他组织,

关切地注意到有些国家的和国际的体育团体违反奥林匹克原则和联合国各项决议,继续同种族主义种族隔离的体育团体保持接触,

认识到同在种族隔离的基础上选拔的体育队互相访问就是侵犯南非绝大多数人民的基本人权,直接怂恿和鼓励《禁止并惩治种族隔离罪行国际公约》所明定的种族隔离罪行,也是鼓励种族主义政权推行种族隔离制度,

谴责同实行种族隔离的任何国家进行体育接触,认识到参与体育领域的种族隔离就是姑息和加强种族隔离,因此理应受到各国政府的关注,

深信《反对体育领域种族歧视的国际宣言》可以促成在国际和国家一级采取更有效的措施,以求彻底孤立并消除种族隔离,

兹公布《反对体育领域种族隔离的国际宣言》如下:

第一条

各国确认和支持本宣言是国际谴责种族隔离的一种表示,也是协助彻底消除种族隔离制度的一种措施,并为此目的决定采取有力行动,尽可能发挥最大的影响力,以保证在体育领域彻底消除种族隔离。

第二条

各国应采取一切适当行动,以求彻底终止同任何实行种族隔离的国家的体育接触,官方不应发起、协助或鼓励这类接触。

第三条

各国应采取一切适当行动,使国际和区域体育团体拒绝或开除实行种族隔离的任何国家。对于国家体育团体,致力不让这类国家获得国际和区域体育协会会员资格或阻止这类国家参加体育活动应给予充分支持。

第四条

1. 各国应公开宣布并表示彻底反对体育领域的种族隔离,并且充分而积极地支持彻底抵制种族主义种族隔离体育团体派出的所有体育队和运动员。

2. 各国应推行有力的公共教育方案,以促使国人严格遵守体育领域无歧视的奥林匹克原则,并且普遍接受联合国有关体育领域种族隔离问题的决议的精神和内容。

3. 应积极鼓励体育团体对违反奥林匹克原则和联合国决议举办的体育活动拒绝给予任何支持。为此目的,各国应向所有国家体育团体传达联合国有关体育领域种族隔离问题的各项决议,并力促它们:

(a) 将这类资料散发给所有附属团体和单位;

(b) 采取一切必要措施保证严格遵守这些决议。

第五条

各国对其体育队或体育团体有成员集体地或个别地参加在任何实行种族隔离的国家举行的体育活动或同来自实行种族隔离的国家的体育队进行体育活动者,应采取适当的行动,尤应:

(a) 拒绝提供使体育团体、体育队或个人能以参加在实行种族隔离的国家举行的体育活动或在种族隔离的基础上选拔的体育队和运动员进行体育活动的财政或其他协助;

(b) 拒绝向其体育队员或附属成员参加此类体育活动的体育团体提供财政或任何其他协助;

(c) 撤销此类体育队或个人使用国家体育设施的许可;

(d) 不承认一切在实行种族隔离的国家举行体育活动或同在种族隔离的基础上选拔的体育队或运动员进行体育活动的职业体育合同;

(e) 拒绝颁发和撤回颁给此类体育队或个人的国家荣誉或奖品;

(f) 拒绝款待同来自实行种族隔离的国家的体育队或运动员进行体育活动的体育队或运动员。

第六条

各国对来自任何实行种族隔离的国家的体育团体代表、体育队成员或运动员应拒绝给予签证和/或入境许可。

第七条

各国应制定规章和准则,反对参加有种族隔离的体育活动,并确保有使此类准则获得遵守的有效办法。

第八条

各国应同反对种族隔离运动和其他从事促进本《宣言》各项原则的执行的组织合作。

第九条

各国承诺积极公开地鼓励一切从事促进、举办或支援体育活动的官方机构、私人企业和其他团体不采取任何行动以任何方式支持、协助或促成涉及体育领域种族隔离的活动。

第十条

各国应督促其一切区域、地方和其他当局采取为保证严格遵守本《宣言》各项规定所必需的步骤。

第十一条

各国同意尽力按照本《宣言》所载各项原则,终止体育领域的种族隔离行径,并为此目的,同意致力于迅速拟订并通过一项基于本《宣言》所载各项原则并含有违约行为制裁办法的反对体育领域种族隔离国际公约。

第十二条

1. 各国及国际、区域和国家体育团体应积极支持同非洲统一组织及其承认的南非解放运动合办的计划,以组成真正代表南非的不分种族的体育队。

2. 为此目的,各国和一切有关组织均应鼓励、援助并承认经反对种族隔离特别委员会、非洲统一组织及其承认的南非解放运动所认可的南非不分种族的真正体育团体。

3. 各国并应积极支持运动员和体育管理人员反对体育领域的种族隔离。

第十三条

国际、区域和国家体育团体应坚持奥林匹克原则并同种族主义的种族隔离体育团体停止一切体育接触。

第十四条

国际体育团体对于按照联合国决议和《奥林匹克宪章》拒绝参加同种族隔离的国家在一起的体育活动的附属团体不应加以财政的或其他的惩罚。

第十五条

国家体育团体应采取适当行动,劝它们的国际协会不准种族主义种族隔离的体育团体成为其会员或参加任何国际活动。

第十六条

各国奥林匹克委员会应宣布它们反对体育领域的种族隔离和同南非的体育接触,并应积极鼓励一切附属单位和成员终止同南非的一切体育接触。

第十七条

本《宣言》关于抵制南非体育队的条款不适用于反对种族隔离特别委员会、非洲统一组织及其承认的南非解放运动所认可的不分种族的体育团体及其成员。

第十八条

一切国际、区域、国家体育团体和奥林匹克委员会均应认可本《宣言》的各项原则,拥护并坚持其中的一切规定。

129. 在民族或族裔、宗教和语言上属于少数群体的人的权利宣言

(联合国大会 1993 年 2 月 3 日通过)

大会,

重申《宪章》所宣布的联合国的基本宗旨之一是不分种族、性别、语言或宗教,促进并鼓励对于全体人类之人权及基本自由之尊重,

重申对基本人权、人的尊严与价值、男女权利平等及大小各国权利平等的信念,

希望促进载于下列文书的各项原则的实现:《宪章》、《世界人权宣言》、《防止及惩治灭绝种族罪公约》、《消除一切形式种族歧视国际公约》、《公民权利和政治权利国际盟约》、《经济、社会、文化权利国际盟约》、《消除基于宗教或信仰原因的一切形式的不容忍和歧视宣言》和《儿童权利公约》以及其他举世或区域一级通过和联合国个别会员国之间缔结的有关国际文书,

为《公民权利和政治权利国际盟约》第 27 条关于在族裔、宗教或语言上属于少数群体的个人权利的规定**所鼓舞**,

考虑到促进和保护在民族或族裔、宗教和语言上属于少数群体的人的权利有利于他们居住国的政治和社会稳定,

强调在基于法治的民主范围内,作为整个社会发展的必不可少的部分,不断促进和实现在民族或族裔、宗教和语言上属于少数群体的人的权利,必然会有助于增强各国人民间和各国家间的友谊与合作,

考虑到联合国在保护少数群体方面可发挥重要作用,

铭记在联合国系统内,特别是人权委员会、防止歧视及保护少数小组委员会和根据国际人权盟约和其他有关国际人权文书所设立的那些机构,在促进和保护在民族或族裔、宗教和语言上属于少数群体的人的权利方面迄今所做的工作,

考虑到各政府间组织和非政府组织为保护少数群体和为促进和保护在民族或族裔、宗教和语言上属于少数群体的人的权利所做的重要工作,

认识到关于在民族或族裔、宗教和语言上属于少数群体的人的权利方面需要确保更加有效地执行各项国际人权文书,

兹宣布《在民族或族裔、宗教和语言上属于少数群体的人的权利宣言》如下:

第一条

1. 各国应在各自领土内保护少数群体的存在及其民族或族裔、文化、宗教和语言上的特征并应鼓励促进该特征的条件。

2. 各国应采取适当的立法和其他措施以实现这些目的。

第二条

1. 在民族或族裔、宗教和语言上属于少数群体的人(下称属于少数群体的人)有权私下和公开、自由而不受干扰或任何形式歧视地享受其文化、信奉其宗教并举行其仪式以及使用其语言。

2. 属于少数群体的人有权有效地参加文化、宗教、社会、经济和公共生活。

3. 属于少数群体的人有权以与国家法律不相抵触的方式切实参加国家一级和适当时区域一级关于其所属少数群体或其所居住区域的决定。

4. 属于少数群体的人有权成立和保持他们自己的社团。

5. 属于少数群体的人有权在不受歧视的情况下与其群体的其他成员及属于其他少数群体的人建立并保持自由与和平的接触,亦有权与在民族或族裔、宗教或语言上与他们有关系的其他国家的公民建立和保持跨国界的接触。

第三条

1. 属于少数群体的人可单独和与其群体的其他成员一起行使其权利,包括本宣言规定的权利,而不受任何歧视。

2. 不得因行使或不行使本宣言规定的权利而对属于少数群体的任何人造成不利。

第四条

1. 各国应采取必要的措施确保属于少数群体的人可在不受任何歧视并在法律面前完全平等的情况下充分而切实地行使其所有人权和基本自由。

2. 各国应采取措施,创造有利条件,使属于少数群体的人得以表达其特征和发扬其文化、语言、宗教、传统和风俗,但违反国家法律和不符国际标准的特殊习俗除外。

3. 各国应采取适当措施,在可能的情况下,使属于少数群体的人有充分的机会学习其母语或在教学中使用母语。

4. 各国应酌情在教育领域采取措施,以期鼓励对其领土内的少数群体的历史、传统、语言和文化的了解。属于少数群体的人应有充分机会获得对整个社会的了解。

5. 各国应考虑采取适当措施,使属于少数群体的人可充分参与其本国的经济进步和发展。

第五条

1. 国家政策和方案的制订和执行应适当照顾属于少数群体的人的合法利益。

2. 各国间的合作与援助方案的制订和执行应适当照顾属于少数群体的人的合法利益。

第六条

各国应就涉及属于少数群体的人的问题进行合作,包括交流资料和经验,以期促进相互了解和信任。

第七条

各国应进行合作,促进对本宣言规定的权利的尊重。

第八条

1. 本宣言的任何规定不得妨碍各国履行有关属于少数群体的人的国际义务。各国特别应真诚地履行根据其作为缔约国的国际条约和协定所承担的义务和承诺。

2. 行使本宣言规定的权利不得妨害一切人享受普遍公认的人权和基本自由。

3. 各国为确保充分享受本宣言所规定的权利而采取的措施不得因其表现形式而视为违反《世界人权宣言》所载平等权利。

4. 本宣言的任何内容均不得解释为允许从事违反联合国宗旨和原则、包括国家主权平等、领土完整和政治独立的任何活动。

第九条

联合国系统内的各专门机构和其他组织应在各自权限范围内促进全面实现本宣言规定的权利和原则。

130. 基因隐私权与不歧视

(联合国经济及社会理事会2004年7月21日通过)

经济及社会理事会,

遵循《联合国宪章》载列的宗旨和原则以及《世界人权宣言》、《国际人权盟约》和其他有关国际人权文书,

回顾联合国教育、科学及文化组织大会1997年11月11日通过的《世界人类基因组与人权宣言》和大会核可宣言的1998年12月9日第53/152号决议,

还回顾2001年9月8日在南非德班通过的《反对种族主义、种族歧视、仇外心理和有关

不容忍行为世界会议的行动纲领》，

　　欢迎联合国教育、科学及文化组织大会于 2003 年 10 月 16 日通过的《世界人类遗传数据宣言》，其中除其他以外，将以基因特征为由进行歧视视为意图侵犯个人的人权、基本自由或人的尊严或产生此种效果的行为，或有意对个人、家庭或团体或群体构成污辱的行为，

　　回顾 2001 年 7 月 26 日理事会第 2001/39 号决议，以及理事会 2002 年 7 月 22 日第 2003/232 号决定，

　　还回顾 2003 年 4 月 25 日人权委员会关于人权和生物伦理的第 2003/69 号决议，

　　又回顾联合国教育、科学及文化组织执行委员会 1998 年 5 月 7 日设立国际生命伦理学委员会的决定，该委员会目前正在开展关于保密和遗传资料的工作，

　　重申个人的生命和健康与生命科学和社会领域的发展是无法分开的，

　　承认基因研究取得进步的重要性，研究的结果已经导致确定疾病早期检测、预防和治疗的战略，

　　铭记基因革命对所有人类都会有深远影响，其评估和应用应以公开、合乎道德和共同参与的形式进行，

　　确认民间社会参与这方面的工作有助于保护基因隐私和打击基于基因信息的歧视，

　　重申从基因检验得到的资料是个人资料，应按照法律规定的条件予以保密，

　　承认与一个可识别的人相关的遗传资料有时可能与该人家庭其他成员或其他人有关，因此在处理这类资料时也应考虑到这些人的权利和利益，

　　强调未经本人同意透露一个人的遗传信息可能会使其在就业、保险、教育和社会生活的其他领域受到损害和歧视，

　　回顾为了保护人权和基本自由，对于同意和保密原则的限制只能由法律规定，并且必须符合国际法，包括国际人权法，

　　1. **注意到**秘书长关于信息问题的报告以及各国政府及有关国际组织和职司委员会遵照经济及社会理事会第 2001/39 号决议提交的评论意见；

　　2. 对已按理事会第 2001/39 号决议提出的提交资料的要求，作出反应的各国政府、有关国际组织和职司委员会**表示赞赏**；

　　3. **促请**各国确保没有人会由于基因信息而受到歧视；

　　4. **又促请**各国保护受基因检验的人的隐私权，并确保基因检验以及随后对人类基因数据的处理、使用和储存经当事人事先、自由、知情和明示的同意，或根据符合国际法包括国际人权法的法律得到授权，并确保只有出于迫不得已的理由，例如法医和有关法律程序的要求，才能由符合国际法包括国际人权法的国内法对同意原则加以限制；

　　5. **呼吁**各国采取适当的具体措施，包括通过立法采取措施，防止滥用遗传信息，导致个人、其家庭成员或其群体在公共部门和私营部门所有领域，特别是在保险、就业、教育和社会生活其他领域受到歧视或轻蔑；并在这方面呼吁各国采取一切适当措施，确保对人口基因研究的结果和对其作出的解释不被用来歧视有关个人或团体；

　　6. **又呼吁**各国酌情促进制订和实施提供适当保护的标准，以免来自基因检验的遗传信息的收集、存储、透露和使用导致歧视、轻蔑或侵犯隐私权；

　　7. **促请**各国在不违反公认的科学和道德标准的前提下，继续支持对所有人具有潜在利

益的人类基因的研究,强调这种研究及其应用应充分尊重人权、基本自由和人的尊严,并禁止基于基因特征的一切形式的歧视;

8. 在这方面**认识到**需要作出国际努力,确保不以基因为由产生歧视,并且各国在进行国际合作时应努力协助发展中国家建立参与产生和分享关于人类遗传数据的科学知识和专门技能的能力,同时充分尊重一切人权;

9. **决定**继续根据国际公法和国际人权法审议遗传隐私和不歧视问题对社会生活的道德、法律、医学、就业、保险和其他方面产生的各种影响;

10. **请**秘书长提请所有国家政府、有关国际组织和职司委员会注意本决议,收集根据本决议提交的意见和其他有关资料,并向理事会 2007 年实质性会议提出报告。

2004 年 7 月 21 日
第 46 次全体会议

131. 消除基于宗教或信仰原因的一切形式的不容忍和歧视宣言

(联合国大会 1981 年 11 月 25 日通过)

大会,

考虑到《联合国宪章》的一个基本原则是要维护全人类的尊严和平等,所有会员国都誓言与联合国合作,共同或分别采取行动,以促进并鼓励不分种族、性别、语言或宗教的区别,普遍尊重和遵守所有一切人的人权和基本自由,

考虑到《世界人权宣言》和有关人权的各项国际公约,已宣布不歧视原则和法律面前人人平等的原则以及人人享有思想、良心、宗教或信仰等自由的权利,

考虑到对人权和基本自由的漠视和侵犯,特别是对思想、良心、宗教或任何信仰等自由的权利的漠视和侵犯,已经直接或间接地给人类带来了战争和巨大的痛苦,尤其是在被利用来作为外国干涉他国内政的手段,以及煽起民族间和国家间的仇恨时更是如此,

考虑到宗教或信仰对于任何信教或抱有信仰的人来说是他人生观中的一个基本因素,并考虑到宗教或信仰自由应受到充分的尊重和保障,

考虑到在涉及有关宗教自由和信仰自由的问题时必须促进谅解、容忍和尊重,并考虑到必须确实保证绝不允许利用宗教或信仰以实现违反《联合国宪章》、联合国其他有关文件以及本宣言的宗旨和原则的目的,

深信宗教自由或信仰自由还应该有助于实现世界和平、社会正义和各国人民友好等目标,应该有助于消除殖民主义和种族歧视的意识形态或行为,

满意地注意到在联合国和各专门机构主持下已通过几个关于消除各种形式歧视的公约,而且有些公约已经生效,

对世界上某些地区在宗教和信仰问题上仍有种种不容忍的表现,仍有歧视的现象存在,

甚表关切，

决心采取一切必要的措施，以求迅速消除这种不容忍的一切形式和表现，并防止和反对基于宗教或信仰原因的歧视行为，

特此宣布《消除基于宗教或信仰原因的一切形式的不容忍和歧视宣言》：

第一条

1. 人人皆应享有思想、良心和宗教自由的权利。这项权利应包括信奉自己所选择的宗教或信仰的自由，以及个别或集体地、公开或私下地以礼拜、遵守教规、举行仪式和传播教义等表示他的宗教或信仰的自由。

2. 任何人不得受到压制，而有损其选择宗教或信仰之自由。

3. 有表明自己选择的宗教或信仰的自由，其所受限制只能在法律所规定以及为了保障公共安全、秩序、卫生或道德、或他人的基本权利和自由所必需的范围之内。

第二条

1. 任何国家、机关、团体或个人都不得以宗教或其他信仰为理由对任何人加以歧视。

2. 本宣言中"基于宗教或信仰原因的不容忍和歧视"一语系指以宗教或信仰为理由的任何区别、排斥、限制或偏袒，其目的或结果为取消或损害在平等地位上对人权和基本自由的承认、享有和行使。

第三条

人与人之间由于宗教或信仰的原因进行歧视，这是对人的尊严的一种侮辱，是对《联合国宪章》原则的否定，因而应该受到谴责，因为这样做侵犯了经《世界人权宣言》宣布并由有关人权的各项国际公约加以详细阐明的各项人权和基本自由，同时也为国与国之间建立和平友好关系设置了障碍。

第四条

1. 凡在公民、经济、政治、社会和文化等生活领域里对人权和基本自由的承认、行使和享有等方面出现基于宗教或信仰原因的歧视行为，所有国家均应采取有效措施予以制止及消除。

2. 所有国家在必要时均应致力于制订或废除法律以禁止任何此类歧视行为，同时还应采取一切适当的措施反对这方面的基于宗教或其他信仰原因的不容忍现象。

第五条

1. 父母或法定监护人有权根据他们的宗教或信仰，并考虑到他们认为子女所应接受的道德教育来安排家庭生活。

2. 所有儿童均应享有按照其父母或法定监护人意愿接受有关宗教或信仰方面的教育的权利；不得强迫他们接受违反其父母或法定监护人意愿之宗教或信仰的教育，关于这方面的指导原则应以最能符合儿童的利益为准。

3. 所有儿童都应受到保护，使其不受任何形式的基于宗教或信仰原因的歧视。儿童所受的教育应贯彻谅解、容忍、各国人民友好、和平、博爱和尊重他人的宗教或信仰自由等精神，并使他们充分意识到应奉献自由的精力和才能为其同胞服务。

4. 对不在其父母或法定监护人照管下的儿童，在宗教或信仰问题上也应适当考虑到他们所表示的意愿，或任何其他可证明他们意愿的表示，关于这方面的指导原则应以最能符合

儿童的利益为准。

5. 儿童接受有关宗教或信仰的教育,其各种做法决不能损害儿童的身心健康或全面发展,关于这方面的情况可参照本宣言第一条第3款的规定。

第六条

按照本宣言第一条并考虑到第一条第3款的规定,有关思想、良心、宗教或信仰等方面的自由权利应着重包括下列各种自由:

(a) 有宗教礼拜和信仰集会之自由以及为此目的设立和保持一些场所之自由;

(b) 有设立和保持适当的慈善机构或人道主义性质机构的自由;

(c) 有适当制造、取得和使用有关宗教或信仰的仪式或习惯所需用品的自由;

(d) 有编写、发行和散发有关宗教或信仰的刊物的自由;

(e) 有在适当的场所传播宗教或信仰的自由;

(f) 有征求和接受个人和机构的自愿捐款和其他捐献的自由;

(g) 有按照宗教或信仰之要求和标准,培养、委任和选举适当领导人或指定领导接班人的自由;

(h) 有按照自己的宗教和信仰的戒律奉行安息日、过宗教节日以及举行宗教仪式的自由;

(i) 有在国内和国际范围内与个人和团体建立和保持宗教或信仰方面的联系的自由。

第七条

本宣言所列的各种权利和自由应列入国家立法中,务使实际上人人都能享有这些权利和自由。

第八条

本宣言任何规定均不得解释为对《世界人权宣言》和有关人权的各项国际公约所规定的任何权利有所限制或克减。

132. 德班宣言和行动纲领(1981)

Ⅶ 反奴隶制、奴役、强迫劳动和类似的制度与习俗相关文件

133. 禁奴公约

(1926年9月25日订于日内瓦)

考虑到一八八九——一八九〇年布鲁塞尔会议总决议书各签字国曾一致宣布具有坚决的意图以终止非洲奴隶的贩卖，

考虑到一九一九年圣日耳曼公约各签字国，旨在修改一八八五年柏林总决议书和一八九〇年布鲁塞尔宣言的总决议书，重申了它们愿意完全消灭一切形式的奴隶制以及从陆地和海上进行的奴隶贩卖，

审查一九二四年六月十二日国际联盟行政院委派的奴隶制临时委员会的报告，

愿意对于幸赖布鲁塞尔决议书而实现的事业，加以补充和发展，并就圣日耳曼公约各签字国就奴隶贩卖和奴隶制所表明的意图，在全世界获得实际效力的方法，并且承认有必要为此目的缔结较该公约所载更为详细的协议，

此外，认为有必要制止强迫劳动产生与奴隶制相类似的状况，业已决定缔结公约并为此目的各派全权代表如下：

〔姓名略〕

同意条款如下：

第一条

为本公约之目的，经同意下列的定义：

（一）奴隶制为对一人行使附属于所有权的任何或一切权力的地位或状况；

（二）奴隶贩卖包括在使一人沦为奴隶的一切掳获、取得或转卖的行为；一切以出卖或交换为目的而取得奴隶的行为；将以出卖或交换为目的而取得的奴隶通过出卖或交换的一切转让行为，以及一般而言，关于奴隶的贸易和运输行为。

第二条

缔约各国，如尚未采取必要的措施，承允就各自范围内在其主权、管辖、保护、宗主权或监护下各领土内：

（甲）防止和惩罚奴隶的贩卖；

（乙）逐步地和尽速地促成完全消灭一切形式的奴隶制。

第三条

缔约各国承允采取一切适当的措施，以便制止和惩罚在其领水内，以及一般而言，在悬挂各自国旗的船舶上，装运、卸载和运送奴隶。

缔约各国承允尽速谈判缔结一项关于贩卖奴隶的一般公约，赋给各国的权利和加于各国的义务应与一九二五年六月十七日关于国际军火贸易公约的规定具有同样的性质（该公约第十二、二十、二十一、二十二、二十三、二十四条和附件二第二编第三、四、五各款），但须做必要的调整，如所谅解该一般公约对于任一缔约国的船舶（即使是小吨位的船舶）决不置

于不同于其他缔约国船舶的地位。

经同样谅解，无论在该一般公约生效以前或以后，缔约各国应保持一切自由，以便在它们之间，在不违背前款规定的原则下，基于它们的特殊情况，缔结它们认为适宜的特殊协议，以便尽速完全消灭奴隶的贩卖。

第四条

缔约各国应相互支援，以便实现消灭奴隶制和奴隶的贩卖。

第五条

缔约各国承认实行强迫或强制劳动可能带来严重的后果，并承允在各自主权、管辖、保护、宗主权或监护下各领土的范围内，采取适当的措施，以避免强迫或强制劳动不致引起与奴隶制相类似的状况。

经同意：

（一）在不违背下述第（二）项所载过渡性条款下，只有为了公共的目的才可以要求强迫或义务劳动；

（二）在为了公共目的以外的目的而仍存在着强迫或强制劳动的领土内，缔约各国应努力逐步地和尽快地终止强迫或强制劳动，并且在此项强迫或义务劳动持续期间，只有在给予适当报酬并且在不强加变更习惯居住地点的条件，才能以破格的名义，予以雇用；

（三）在一切情况下，有关领土的主管中央当局应对进行强迫或义务劳动承担责任。

第六条

缔约各国如其立法在目前尚不足以取缔违反为实施本公约目的而颁行的法律和条例的罪行，应保证采取必要的措施，务使此项罪行受到严厉的刑罚。

第七条

缔约各国承允将各自为适用本公约规定而制订的法律和条例相互通知并通知国际联盟秘书长。

第八条

缔约各国同意关于本公约的解释或适用可能引起的一切争端，如未能通过直接谈判予以解决，得提交常设国际法院。如发生争端之各国或其中一国并非一九二〇年十二月十六日关于常设国际法院议定书的缔约国，则此项争端将根据它们自己的意愿并遵照各自宪法的规定，或提交常设国际法院，或提交按照一九〇七年十月十八日关于和平解决国际纠纷公约而组成的仲裁法庭，或提交任何其他仲裁法庭。

第九条

每一缔约国得在签字时、批准或加入时，声明关于本公约规定或其中若干规定的适用，它的同意并不拘束在其主权、管辖、保护、宗主权或监护下各领土的全部，并得在以后全部地或部分地以它们之间任何一领土的名义分别加入。

第十条

如各缔约国中一国欲退出本公约，退出应以书面通过国际联盟秘书长，由其立即以证明无误的通过副本分送给所有其他缔约国，并通知他接到通知的日期。

退出仅对作出通知退出的国家，并须在通知书递达国际联盟秘书长满一年后生效。

退出亦得为任何在其主权、管辖、保护、宗主权或监护下的领土分别进行。

第十一条

本公约载明本日的日期，其法文本和英文本具有同等效力，听由国际联盟会员国签字，直至一九二七年四月一日截止。

国际联盟秘书长其后应促请还没有签字的国家、包括非国际联盟会员国的国家注意本公约，并请它们加入该公约。

愿意加入公约的国家应将它的意图以书面通知国际联盟秘书长，并把加入书交给他存放于国际联盟档案库。

秘书长应立即以证明无误的通知副本和加入书副本分送给所有其他缔约国，并通知他接到通知和加入书的日期。

第十二条

本公约应予批准，各批准书应存放于国际联盟秘书长办公室，该秘书长应将上述情形通知各缔约国。

本公约应对每一国家自其交存批准书或加入书之日起生效。

各全权代表在本公约上签署，以昭信守。

一九二六年九月二十五日订于日内瓦，正本仅一份，存放于国际联盟档案库，其正式副本一份应送致每一签字国。

134. 废止奴隶制、奴隶贩卖及类似奴隶制的制度与习俗补充公约

（联合国经济及社会理事会 1956 年 4 月 30 日通过）

序　　言

本公约缔约国，

认为自由系人类随生而来之权利，

鉴于联合国人民在宪章重申其对人格尊严与价值之信念，

查联合国大会颁有世界人权宣言，悬为所有人民、所有国家共同努力之标的，内称任何人不得使充奴隶或奴役，奴隶制及奴隶贩卖，不论出于何种方式，悉应禁止，

承认废止奴隶制及奴隶贩卖一事，自一九二六年九月二十五日特为此事在日内瓦缔订禁奴公约以来已续有进展，

鉴于一九三〇年所订强迫劳动公约及其后国际劳工组织对强迫及强制劳动所采行动，

惟深知奴隶制、奴隶贩卖及类似奴隶制之制度与习俗尚未在世界各地完全废除，

爰决定缔结补充公约，俾增益现仍有效之一九二六年公约，借以加强国内及国际方面谋求废止奴隶制、奴隶贩卖及类似奴隶制之制度与习俗之努力，

为此目的,议定条款如下:

第一编　类似奴隶制的制度与习俗

第一条

本公约各缔约国遇有下列制度与习俗依然存在之情形,无论其是否在一九二六年九月二十五日日内瓦《禁奴公约》第一条所载之奴隶制定义范围以内,均应采取一切实际而必要之立法及其他措施,逐渐并尽速达成完全之废止或废弃:

(甲)债务质役,乃因债务人典质将其本人或受其控制之第三人之劳务充作债务之担保,所服劳务之合理估定价值并不作为清偿债务计算,或此种劳务之期间及性质未经分别限制及订明,所引起之地位或状况;

(乙)农奴制,即土地承租人受法律、习惯或契约之拘束须在他人所有之土地居住及劳作,并向该一他人提供有偿或无偿之若干固定劳务,而不能自由变更其身份之状况;

(丙)有下列情况之一之制度或习俗:

(一)女子之父母、监护人、家属或任何他人或团体受金钱或实物之报酬,将女子许配或出嫁,而女子本人无权拒绝;

(二)女子之丈夫、其夫之家属或部族,有权取得代价或在其他情形下将女子转让他人;

(三)女子于丈夫亡故后可为他人所继承;

(丁)儿童或未满十八岁少年之生父生母、或两者之一、或其监护人,不论是否为取得报酬,将儿童或少年交给他人以供利用,或剥削其劳力之制度或习俗。

第二条

为废除本公约第一条(丙)款所称各种制度与习俗起见,缔约国承允酌量情形规定适当之最低结婚年龄,鼓励采用婚姻双方可在主管民政或宗教当局之前自由表示同意之方式,并鼓励婚姻登记。

第二编　奴 隶 贩 卖

第三条

一、以任何运输方式将奴隶从一国运至他国之行为或企图,或为此等行为从犯之行为,应由本公约缔约国法律规定为刑事罪;凡经判决之此等罪犯应受极严厉之刑罚。

二、(甲)缔约各国应采取各种有效措施以制止准悬各该国旗帜之船舶与飞机从事运输奴隶,并将犯有此等罪行或为此目的利用该国国旗之人予以惩罚。

(乙)缔约各国应采取各种有效措施务使其港口、飞机场及海岸不为运输奴隶之用。

三、本公约缔约各国应交换情报以获致各国间就缔奴隶贩卖所采措施之实际协调,并应将其所发现之每一贩卖奴隶及此项罪行未遂案件互相通知。

第四条

任何奴隶逃避至本公约缔约国所属任何船舶当然获得自由。

第三编　奴隶制及类似奴隶制的制度与习俗

第五条

在奴隶制或本公约第一条所称之制度或习俗尚未完全废止或废弃之国家内，凡为表明其身份或为惩罚、或因任何其他理由对奴隶或奴役身份之人加以毁伤、烙印或他种标记之行为，或为此等行为从犯之行为，应由本公约缔约国法律规定为刑事罪；凡经判决之此等罪犯应受处罚。

第六条

一、使他人为奴隶或引诱他人本身或其受赡养人沦为奴隶，或企图实施此等行为，或为此等行为从犯，或为实施此等行为共谋之当事人之行为，应由本公约缔约国法律规定为刑事罪；凡经判决之此等罪犯应受处罚。

二、在不违背本公约第一条引言之规定下，本条第一款之规定，亦应适用于在第一条所称任一制度或习俗下，引诱他人本身或其受赡养人沦为奴役地位，或企图实施此等行为，或为此等行为从犯，或为实施此等行为共谋之当事人之行为。

第四编　定　　义

第七条

为本公约之目的，所称：

（甲）"奴隶制"乃依一九二六年禁奴公约定义，对一人行使附属于所有权的任何或一切权力的地位或状况，"奴隶"系指处于该一状况或地位之人；

（乙）"奴役地位之人"系指处于本公约第一条所称任一制度或习俗所产生状况或地位之人；

（丙）"奴隶贩卖"系指意在使一人沦为奴隶之掳获、取得或处置行为；以转卖或交换为目的取得奴隶之一切行为；将以转卖或交换为目的所取得之人出卖或交换之一切处置行为；及，一般而论，以任何运送方式将奴隶贩卖或运输之一切行为。

第五编　缔约国间之合作与情报之递送

第八条

一、本公约缔约国承允互相合作并与联合国合作实行上开规定。

二、缔约国承允将所有为实施本公约规定而制定或施行之法律、条例及行政措施之副本送交联合国秘书长。

三、秘书长应将依本条第二款所收到之情报转递其他缔约各国，并送交经济及社会理事会，以供该理事会今后就废止奴隶制、奴隶贩卖或本公约所议各项制度与习俗作进一步之建议而从事讨论时所用文件之一部分。

第六编 最后条款

第九条

对本公约不得作任何保留。

第十条

本公约缔约国对于本公约之解释或适用发生争端未能以协商解决时,除非各该国同意其他解决方式,应依争端当事国任何一方之请求,提交国际法院裁决。

第十一条

一、本公约在一九五七年七月一日以前听由联合国或专门机构任何会员国签署。本公约须经签署国批准,批准书应送交联合国秘书长存放,并由秘书长转知各签署国及加入国。

二、本公约在一九五七年七月一日以后听由联合国或专门机构任何会员国或经联合国大会邀请加入之任何其他国家加入。加入应以正式文件送交联合国秘书长存放为之,并由秘书长转知各签署国及加入国。

第十二条

一、本公约对于所有由任何缔约国负责其国际关系之非自治、托管、殖民及其他非本部领土均适用之;该缔约国在不违反本条第二款之规定下,应在其签署、批准或加入时宣告由于此项签署、批准或加入而当然适用本公约之非本部领土。

二、倘依缔约国或其非本部领土之宪法或宪政惯例,须征得非本部领土之事先同意时,该缔约国应尽力于本国签署本公约起十二个月之期限内征得该非本部领土必需之同意,并于征得此项同意后通知秘书长。本公约对于此项通知书所列领土,自秘书长接到通知之日起适用之。

三、在上款所称十二个月期限届满后,缔约各国在其负责国际关系之非本部领土对于实施本公约尚未表示同意时,应将其磋商结果通知秘书长。

第十三条

一、本公约应自有两国成为公约缔约国之日起发生效力。

二、本公约嗣后对各国及领土应自该国批准书或加入书或该领土适用公约的通知书存放之日起发生效力。

第十四条

一、本公约应连贯分期实施,每期三年,其第一期应自公约依第十三条第一款生效之日起开始。

二、任何缔约国得于当届三年期满前至少六个月以该国致秘书长之通知宣告退出本公约;秘书长应将每件退约通知及收到日期转知所有其他缔约国。

三、退约应在当届三年期满时生效。

四、凡本公约依第十二条规定对于缔约国之非本部领土适用者,该缔约国此后随时获有关领土之同意,得通知联合国秘书长,宣告该领土单独退出本公约。此项退约应自秘书长收到通知之日起一年后生效,秘书长应将此项通知及其收到日期转知所有其他缔约国。

第十五条

本公约之中文、英文、法文、俄文及西班牙文各本同一作准，应存放于联合国秘书处档库。秘书长应备就正式副本分送本公约缔约各国以及所有其他联合国或专门机构之会员国。

为此，下列代表各秉其本国政府正式授予签署之权，于各自签署旁侧所注之日期，签署本公约，以昭信守。

一九五六年九月七日订于日内瓦联合国欧洲办事处。

135. 禁止贩卖人口及取缔意图营利使人卖淫的公约

(联合国大会1949年12月2日通过)

序　　言

鉴于淫业以及因此而起之贩人操淫业之罪恶，侮蔑人格尊严与价值，危害个人、家庭与社会之幸福，

鉴于禁止贩卖妇女儿童，有下列现行国际文书：

一、经联合国大会一九四八年十二月三日所核定议定书修正之一九○四年五月十八日之禁止贩卖白奴国际协定；

二、经同议定书修正之一九一○年五月四日禁止贩卖白奴国际公约；

三、经联合国大会一九四七年十月二十日所核定议定书修正之一九二一年九月三十日禁止贩卖妇孺国际公约；及

四、经同议定书修正之一九三三年十月十一日禁止贩卖成年妇女国际公约，

鉴于国际联盟曾于一九三七年拟订公约草案一件以扩充上述各项文书之范围，又

鉴于一九三七年以后之发展，兹可订立公约一项，并合上述各项文书，兼采一九三七年公约草案内容并加适当之修正；

各缔约国

爰议定

下列各条款：

第一条

本公约缔约国同意：对于意图满足他人情欲而有下列行为之一者，一应处罚：

一、凡招雇、引诱或拐带他人使其卖淫，即使得本人之同意者；

二、使人卖淫，即使得本人之同意者。

第二条

本公约缔约国并同意对于有下列行为之一者，一应处罚：

一、开设或经营妓院，或知情出资或资助者；

二、知情而以或租赁房舍或其他场所或其一部供人经营淫业者。

第三条

第一条及第二条之未遂罪,以及犯有上二项罪之准备行为者,在当地法律所许可之范围内罚之。

第四条

故意共同犯上开第一条及第二条之罪者,亦应就当地法律所许可之范围内加以惩处。

为防止罪犯逃脱惩罚,遇有必要,在当地法律所许可之范围内,参加犯罪之行为,应作单独犯罪论。

第五条

如遇被害人依其本国法律有权为本公约所称罪行诉讼之当事人时,外国人民亦应有权为诉讼当事人,其条件与本国国民同。

第六条

本公约缔约国各同意采取一切必要措施,对于规定卖淫或有卖淫嫌疑者,须经特别登记,或须领取特别证件,或须遵守监督或通知之特别条件之现行法律、规程或行政规定,一律取消或废止之。

第七条

前曾在其他国家经判决犯本公约所列之罪者,应就当地法律所许可之范围内,合并论断以决定:

一、累犯罪是否成立;

二、应否褫夺公权。

第八条

本公约第一条及第二条所列各罪应于本公约缔约国间所订或日后订定之任何引渡条约中视为得行引渡之犯罪。

本公约缔约国其不以订有条约为引渡之条件者,此后应以本公约第一条及第二条所列各罪为彼此引渡之案件。

引渡应依受请国之法律为之。

第九条

引渡本国国民为法律所不许之国家,其国民在境外犯本公约之第一条及第二条各罪,而已回至该国者,应在该国法院予以追诉,并由该国法院惩处之。

如遇在本公约缔约国间类似之情形下,引渡外国人民不获允准时,不适用本条之规定。

第十条

倘被告已在外国受审,且经定罪并已受刑,或依该外国法律业予免除或减轻其刑罚者,不适用第九条之规定。

第十一条

本公约中任何规定不得解释为限制缔约国对国际法下刑事管辖权限一般问题所采取之态度。

第十二条

本公约不影响约文内所称罪行应由各国依当地法律予以确立、追诉之处罚之原则。

第十三条

本公约各缔约国对于他国为惩处本公约所载罪行所作之请求书,应有依本国法律及惯例办理之义务。

请求书之递送应依下列方式为之:

一、司法当局间直接行文;或

二、两国司法部门间直接行文,或由提请国之其他主管当局直接移文受请国之司法部长;或

三、经由在受请国之请求国外交或领馆代表送达;该代表应将请求书直接递交主管司法当局或受请国政府指定机关当局,并应直接收受各该当局为处理所请事由而作之文件。

倘采用一、三两项方式,则必须将请求书副本送交受请国之上级当局。

除另有约定外,请求书应以提请国之语文为之,但受请国得要求以其本国语文作成译本,并由请求当局证明无误。

本公约各缔约国应通知本公约其他缔约国上述各项方式中何者为其认可之请求方式。

在任何国家未发是项通知前,其关于请求书之现行程序应继续有效。

依请求书所为之执行,不得因而索偿专家费用以外之任何性质之费用。

本条规定不得解释为本公约各缔约国担允在刑事案件上采用违反其当地法律之任何取证方式或方法。

第十四条

本公约各缔约国应设立或维持特种机关,负责协调及汇集本公约所称各罪之审讯结果。

此等机关应纂辑一切协进防止及惩治本公约所称各罪之情报,并应与其他国家之类似机关保持密切联系。

第十五条

第十四条所称机关应在当地法律所许可之范围及各该机关主管当局认为适当之范围内,向其他国家之类似机关主管当局提供下列情报:

一、犯本公约所列各罪或任何犯罪未遂之详情;

二、关于犯本公约所列各罪罪犯之侦缉、追诉、逮捕、宣判、禁止入境或驱逐出境之详情,此等罪犯之行踪以及关于彼等之任何其他有用情报。

所提供之此等情报应载明罪犯之特征、指纹、相片、行为习惯、违警记录、犯罪记录。

第十六条

本公约各缔约国同意经由其公私教育、卫生、社会、经济及其他有关机关采取或推进各种措施以防止淫业并对淫业及本公约所指罪行之被害人使之复原并改善其社会地位。

第十七条

本公约缔约国担允对移入或移出人口迁动,依照本公约所规定之义务,采取或续施必需办法,取缔贩卖男女以卖淫为业。

各缔约国特为担允:

一、制定必要之规章,对移入国境或移出国境之人等尤其妇女儿童,在其抵境及离境地点与途中,予以保护;

二、设法为适当之宣传,晓谕民众,告以上述贩人卖淫之危险;

三、采取适当办法,于火车站、飞机场、渔港、沿途以及其他公共场所,严为监督,以防止国际贩卖人口卖淫为业;

四、采取适当办法俾遇有显系从事此种贩卖之主犯及从犯或被害人抵境时,主管当局即能获悉。

第十八条

本公约缔约国担允,依本国法律之规定,向卖淫之外国人取得口供,以凭确认其为本人及查明其根底,并查明谁为其离开本国之主使者。所获供词应送达此等人之原籍国当局,以便将来遣送其回籍。

第十九条

本公约缔约国担允,依本国法律之规定,并在不妨碍因犯法而须予追诉或采取其他行动之情形下,尽可能:

一、在国际贩卖人口使操淫业之贫困被害者遣送回籍办法筹划竣事以前,对于此等人暂时妥予照料并维持其生活;

二、将第十八条所称之人自愿被送回籍者或由声明负责管理之人认领者,或依法判令驱逐出境者遣送回籍。遣送回籍应于获得送往国知悉被遣送人之形貌、国籍及抵达边境之地点、日期等事表示同意后始得为之。本公约各缔约国应予此等人以通过其领土之便利。

前项所称之人如无力自偿回籍费用,又无配偶、亲戚或监护人为之代付,则将其送至距向原籍国之最近边境或登船埠头或飞机场之回籍费用,应由其现居国家担负,至其余途中费用,则应由原籍国担负。

第二十条

本公约缔约国应采取必要办法,对各种介绍职业之机关加以监察,以防求谋就业之人,尤其妇女儿童,有被诱卖淫之危险。

第二十一条

本公约缔约国应将其前已颁布及嗣后每年或将颁布与本公约所述事项有关之法律及条例,以及为实施本公约所采取之一切办法,通知联合国秘书长。秘书长应定期印行所接获之消息并将其送达联合国所有会员国及依照第二十三条规定正式向其送致本公约之非会员国。

第二十二条

本公约缔约国间倘因本公约之解释及适用问题发生争执而不能以其他方法解决时,则经争执当事国任何一造之请求,应将其交由国际法院处理。

第二十三条

联合国任何会员国及凡经经济及社会理事会邀请之其他国家均得签署本公约。

本公约应批准之,其批准书应交存联合国秘书长。

本条第一项所述之国家尚未签署本公约者皆得加入本公约。

加入应以加入书交存联合国秘书长。

就本公约之规定而言,"国家"一词应兼指本公约缔约国或加入国之所有殖民地与托管领土,以及此种国家负有国际义务之其他领土。

第二十四条

本公约于批准书或加入书二件交存联合国秘书长后第九十日起生效。

对于在批准书或加入书二件交存后始行批准或加入本公约之国家,本公约于该国交存其批准书或加入书后第九十日起生效。

第二十五条

本公约生效后五年届满时,任一缔约国均得以通知书送交联合国秘书长声明退出。

此项退出应于联合国秘书长接获退出声明一年后对作退出声明之国家生效。

第二十六条

联合国秘书长应通知联合国各会员国及第二十三条所称之非会员国:

(甲)秘书长所收到依第二十三条而为之签署、批准及加入;

(乙)本公约依第二十四条之规定而生效之日期;

(丙)依第二十五条而为之退出声明。

第二十七条

本公约缔约国担允依其本国宪法制定为确保本公约之实施所必需之法律或其他办法。

第二十八条

本公约之规定,就缔约国间之关系言,应替代前言第二段中第一、二、三、四各分段所称各项国际文书之规定,倘其中一项文书之所有缔约国均已为本公约之缔约国时,则该项文书应视为业已失效。

最后议定书

凡任何法令,为执行禁止贩卖人口及意图营利使人卖淫之各条款,其规定之条件较本公约为严者,不得认为与本公约有所抵触。

本公约第二十三条至第三十六条之规定,对本最后议定书应适用之。

136. 联合国打击贩运人口的全球行动计划

(联合国大会 2010 年 7 月 30 日通过)

我联合国会员国重申承诺结束贩运人口特别是妇女和儿童这种可怖罪行,表示决心防止和打击贩运人口行为,保护和协助人口贩运受害者,起诉贩运人口的犯罪,促成伙伴关系以加强协调与合作,并决心通过采纳一项行动计划,将我们的政治意愿转化为具体行动。该行动计划:

1. 一贯强烈谴责贩运人口行为,它是一种侵犯人类尊严的犯罪活动,对发展、和平、安全和人权造成了负面影响;

2. 确认"贩运人口"一词应指为剥削目的而通过暴力威胁或使用暴力手段,或通过其他形式的胁迫,通过诱拐、欺诈、欺骗、滥用权力或滥用脆弱境况,或通过授受酬金或利益取得对另一人有控制权的某人的同意等手段招募、运送、转移、窝藏或接收人员。根据《联合国打击跨国有组织犯罪公约关于预防、禁止和惩治贩运人口特别是妇女和儿童行为的补充议定书》(以下简称《贩运议定书》),这种剥削应至少包括利用他人卖淫进行剥削或其他形式的性剥削、强迫劳动或服务、奴役或类似奴役的做法、劳役或切除器官；

3. 确保在为防止和打击贩运人口行为以及保护、协助和为受害者提供补偿而开展一切努力的过程中，将重点放在促进和保护人口贩运受害者的人权，通过处理社会、经济、文化、政治和其他诱因以及加强刑事司法应对等手段预防贩运人口行为；

4. 采取紧急行动，通过促进和优先考虑批准或加入《联合国打击跨国有组织犯罪公约》和《贩运议定书》以及其他有关国际文书，包括国际劳工组织1930年《强迫劳动公约》（第29号）和1999年《最恶劣形式的童工劳动公约》（第182号）、《废止奴隶制、奴隶贩运及类似奴隶制的制度与习俗补充公约》、《儿童权利公约》及其《关于买卖儿童、儿童卖淫和儿童色情制品问题的任择议定书》和《关于儿童卷入武装冲突问题的任择议定书》以及《消除对妇女一切形式歧视公约》，防止人口贩运，保护人口贩运受害者，起诉人口贩运行为人，并为此加强合作；

5. 确认根据《联合国打击跨国有组织犯罪公约》第32条建立的公约缔约方会议旨在改善缔约国促进和审查《公约》包括《贩运议定书》执行情况的能力，并注意到为探索建立适当的有效机制协助缔约方会议审查《公约》执行情况的备选方案而正在采取的各种措施；

6. 考虑到公约缔约方会议所设贩运人口问题不限成员名额临时工作组的活动和建议；

7. 支持人权理事会，并协助其就促进和保护所有人的人权问题打击贩运人口方面的工作；

8. 支持贩运人口特别是贩运妇女和儿童问题特别报告员、当代形式奴隶制包括其因果问题特别报告员、暴力侵害妇女行为包括其因果问题特别报告员和买卖儿童、儿童卖淫和儿童色情制品问题特别报告员、暴力侵害儿童问题秘书长特别代表和负责冲突中的性暴力问题的秘书长特别代表及其他相关特别报告员和特别代表的作用和任务。任务负责人应向各国提供协助，方法是提供具体的咨询、与联合国和各区域组织联系和就这些问题提出报告；

9. 重申联合国毒品和犯罪问题办公室在全球打击贩运人口特别是在提供技术援助执行《公约》和《贩运议定书》工作方面的核心作用，方法是利用现有能力建设工具、经验教训和国际组织提供的专门知识，包括《执行打击贩运人口议定书国际行动框架》；

10. 重申联合国人权事务高级专员办事处、联合国儿童基金会、国际劳工组织、国际移民组织在全球打击贩运人口方面进行的重要工作；

11. 强烈敦促联合国所有主管实体通过机构间打击贩运人口协调小组和联合国全球打击贩运人口活动倡议等途径，协调其努力，切实打击贩运人口行为，保护其受害者的人权；

一、防止贩运人口

12. 正视使人们易于受到人口贩运行为伤害的社会、经济、文化、政治和其他因素，如贫穷、失业、不平等、人道主义紧急情况包括武装冲突和自然灾害、性暴力、性别歧视、社会排斥和边缘化以及容忍暴力侵害妇女、青年和儿童行为的文化；

13. 致力于应对所有形式的贩运人口行为，不管这种行为在何处发生；

14. 将贩运人口问题纳入联合国处理经济和社会发展、人权、法治、善政、教育、自然灾害和冲突后重建等问题的更广泛的政策和方案的主流；

15. 根据相关的国际人权文书,在国家一级并酌情在次区域和区域一级依照关于移民、教育、就业、男女平等、授予妇女权力的相关政策和方案,为防止一切形式的贩运人口行为采取和执行全面的政策和方案;

16. 进行研究,收集适当分类的数据,以便能够对贩运人口问题的性质和范围进行适当分析;

17. 制定或加强联合国毒品和犯罪问题办公室和其他组织制定的受害者身份查验程序,包括制定适当的非歧视性措施帮助在弱势群体中查验贩运人口受害者身份;

18. 针对有受到贩运危险的群体和一般公众推动宣传运动,方法是教育和有效地动员大众传媒、非政府组织、私营部门和社区领袖的参与,以阻止助长利用人口特别是妇女和儿童,造成人口贩运的需求,以及收集和传播关于进行这些运动的最佳做法;

19. 强调教育对提高认识、防止贩运人口的作用,推动教育特别是人权教育以及人权学习作为防止贩运人口的一项持久方法;

20. 加强提供出生登记等身份证件方面的努力,以降低受到贩运的危险并帮助查验贩运人口行为受害者的身份;

21. 加紧和支持在来源国、过境国和目的地国进行的预防工作,方法是集中注意助长一切形式贩运的需求和因贩运人口而产生的货物和服务;

22. 在国家一级采取和实施具体措施打击剥削劳工的贩运行为,并设法教育消费者了解这些措施;

23. 加强或继续加强执法、移民、教育、社会福利、劳工和其他相关官员防止贩运人口的能力,同时考虑到必须尊重人权和对儿童及性别问题敏感的事项,并酌情鼓励与民间社会、非政府组织和其他相关组织进行合作;

24. 鼓励联合国加紧与会员国和相关国际、区域和次区域组织合作,以确定并分享防止贩运人口的最佳做法;

二、保护和协助贩运人口行为受害者

25. 重申促进和保护所有人的人权和应对贩运人口的有效措施是相辅相成的;

26. 强调必须促进并保护贩运人口受害者的权利,使受害者融入社区,方法是考虑到联合国人权事务高级专员办事处制定的《人权和贩运人口问题建议原则和准则》以及联合国儿童基金会制定的《保护贩运儿童受害者准则》;

27. 确保贩运人口受害者获得犯罪受害者的待遇,国家立法有效地将一切形式的贩运行为作为刑事定罪;

28. 根据《公约》和《贩运议定书》,审查目前各国向贩运人口受害者提供的服务,并根据需要加强这些服务,以及支持建立或加强适当的查询机制;

29. 加强或继续加强执法人员、边防检查官员、劳工检查员、大使馆或领事官员、法官、检察官和维和人员等可能接触和查验贩运人口可能受害者身份的相关官员的能力,并确保向相关部门和机构,包括民间社会的相关部门和机构提供必要的资源;

30. 敦促各国政府采取一切适当措施,确保经查验的贩运人口受害者不会因遭受贩运而

受惩,并且不会因政府当局采取的行动而受害;

31. 在刑事诉讼之前、期间和之后,保护贩运人口受害者的隐私和身份,确保其安全,并酌情保护直接家属和证人免遭贩运者的报复,依照《公约》第 24 和 25 条的规定确保他们的安全;

32. 与非政府组织、其他相关组织和民间社会部门合作,为受到贩运的人员的身心和社会复原和康复提供援助和服务;

33. 敦促各缔约国根据《公约》和《贩运议定书》,考虑采取立法措施或其他适当措施,在适当情况下允许贩运人口受害者临时或长期在其境内停留;

34. 根据《公约》和《贩运议定书》,确保原籍国接纳其国民,并保证这种返回的进行适当顾及安全,并最好以自愿方式进行;

35. 在原籍国、过境国和目的地国通过劳工法,为工人提供法律权利和保护,限制他们被贩运的风险;

36. 根据《公约》和《贩运议定书》和其他相关文书,向经查验的贩运人口受害者提供专业服务,包括获得保健服务,例如受到性剥削的贩运人口受害者获得艾滋病毒、艾滋病和其他血液和传染疾病的预防、治疗、护理和支助服务,同时考虑到为性剥削目的进行的人口贩运对健康,包括性健康和生殖健康产生严重、近期和长期的影响;

37. 为了儿童的最佳利益向贩运人口的儿童受害者和有受到贩运危险的人员提供适当援助和保护,包括与现有的儿童保护体制协调,为贩运人口的儿童受害者的身心幸福及其教育、康复和重返社会提供适当服务和采取适当措施;

38. 设立联合国贩运人口特别是妇女和儿童行为受害者自愿信托基金,通过政府、政府间和非政府组织等已建立的渠道向贩运人口受害者提供人道主义、法律和财务援助,该基金应作为联合国毒品和犯罪问题办公室管理的联合国预防犯罪和刑事司法基金的附属基金运行,依照《联合国财务条例和细则》4 和其他规定经管,接受一个由具备贩运人口领域相关经验的五人组成的董事会的建议,这些人应由秘书长在与会员国及联合国毒品和犯罪问题办公室执行主任协商后,并在适当考虑到公平地域分配的情况下任命;

39. 根据《公约》和《贩运议定书》,采取措施确保贩运人口受害者能够为所受的损害争取赔偿;

40. 承认民间社会组织的重要作用,它们协助贩运人口受害者并增强他们的能力,协助他们争取补偿,促进对他们的照料并向他们提供适当服务,包括与执法官员进行密切合作与协调;

41. 根据《公约》和《贩运议定书》,确保国内法律或行政体系以贩运人口受害者能够理解的语言向他们提供资料,说明他们的法律权利和相关的法院和行政程序,并协助他们获得援助,以不损害辩方权利的方式,在针对罪犯的有关程序的适当阶段,能够提出和考虑他们的意见和关切事项;

42. 向贩运人口受害者提供充足的复原时间和与适当顾问磋商的机会,以便就他们与执法机构合作的决策问题和参与司法程序问题提供协助;

三、起诉贩运人口罪行

43. 实施所有将贩运人口作为刑事定罪的相关法律文书,包括:

（a）起诉包括一切形式剥削的贩运人口罪行，并颁布、执行和加强将贩运人口特别是妇女和儿童作为刑事定罪的法律；

（b）根据《贩运议定书》、《消除对妇女一切形式歧视公约》、《儿童权利公约》及其任择议定书以及其他可适用的相关文书的规定，采取必要立法和其他措施，将企图犯罪、作为同谋参与犯罪和组织或指使他人犯罪作为刑事定罪；

（c）打击和起诉从事贩运人口的有组织犯罪集团；

44. 依照相关国际文书，酌情确保各类贩运人口实施者的赔偿责任，包括法人和法律实体的赔偿责任；

45. 加大对涉嫌贩运案件的调查力度，强化打击贩运的手段，起诉罪犯，包括根据《公约》第12条的规定，更有计划地使用冻结资产的办法，以便最后没收资产，并确保惩罚与罪行的严重性相称；

46. 利用现有的包括联合国毒品和犯罪问题办公室提供的技术援助，加强刑事司法对付贩运人口的手段；

47. 调查、起诉和惩罚从事或助长贩运人口行为的腐败政府官员，并根据《联合国反腐败公约》和《联合国打击跨国有组织犯罪公约》推动对这些腐败官员采取零容忍政策；

48. 加强或继续加强各国之间在打击可能与贩运人口有关的罪行方面的协调与合作，这些罪行包括洗钱、贪污、走私移民和一切形式的有组织犯罪；

49. 鼓励有关国家的执法、移民、边境巡逻或其他相关机构互相合作，交换资料的同时充分尊重数据保护法等国内法，并继续促进来源国、过境国和目的地国之间的合作，以加强调查、起诉和侦测贩运网络；

四、加强防止贩运人口方面的伙伴关系

50. 确认能力建设是打击贩运人口的一个非常重要的组成部分，并鼓励和加强联合国系统内的协调和一致性；

51. 鼓励在国家、双边、次区域、区域和国际各级，特别是来源国、过境国和目的地国之间，进行有效的合作与协调，并利用相关组织提供的网络分享关于对付和打击贩运人口的能力建设方面的最佳做法，同时强调必须进行法律互助和交换资料，同时充分尊重数据保护法等国内法，包括提供行动资料、方案和最佳做法，以补充《公约》和公约缔约方会议已进行的工作；

52. 酌情缔结和执行法律互助及引渡协定，依照国内法和国际法，包括《公约》的相关规定，拘捕和起诉贩运人口罪犯；

53. 促进政府机构、民间社会和私营部门，包括媒体，以及工人组织和雇主组织之间的合作与协调，以加强预防和保护政策及方案；

54. 加强执法机构之间的区域和国际合作；

55. 强化在打击贩运人口和在向来源国、过境国和目的地国提供技术援助方面的国际、区域和次区域合作，以加强这些国家预防一切形式的贩运人口的能力；

56. 加强和支持机构间打击贩运人口协调小组改进联合国相关机构，包括联合国人权条

约机构和机制及国际组织之间的协调与合作；

57. 鼓励联合国毒品和犯罪问题办公室、联合国系统其他各机构、基金和方案以及各国际与区域组织，应请求继续协助会员国加强决策、立法安排、边防检查和执法合作、宣传运动和能力建设，交流和发扬在协助贩运人口受害者方面的最佳做法；

58. 进一步鼓励联合国系统各机构、基金和方案依照公约缔约方会议设立的不限成员名额政府间政府专家技术援助工作组的建议，继续提高在贩运人口领域提供技术援助的一致性和效率；

59. 敦促秘书长在联合国毒品和犯罪问题办公室的协调下加速强化机构间打击贩运人口协调小组，以确保联合国系统应对贩运人口的工作得到全面的组织和一致性；

60. 请秘书长作为优先事项加强联合国毒品和犯罪问题办公室的能力，以收集关于国家、区域和国际各级贩运人口的模式和动向的资料，并从 2012 年起，与会员国密切合作与协作，平衡、可靠和全面地就此每两年提出报告，以及分享最佳做法和从各种举措及机制吸取的经验教训；

61. 鼓励会员国考虑向联合国打击人口贩运的工作提供自愿捐助，并探讨这方面其他的资金来源，包括联络私营部门捐助。

Ⅷ 保护被拘留或监禁的人相关文件

137. 囚犯待遇最低限度标准规则

(1955年在日内瓦举行的第一届联合国防止犯罪和罪犯待遇大会通过,并由经济及社会理事会以1957年7月31日第633C(XXIV)号决议和1977年5月13日第2076(LXII)号决议予以核准)

序　言

1. 订立下列规则并非在于详细阐明一套监所的典型制度,它的目的仅在于以当代思潮的一般公意和今天各种最恰当制度的基本构成部分为基础,说明什么是人们普遍同意的囚犯待遇和监狱管理的优良原则和惯例。

2. 鉴于世界各国的法律、社会、经济和地理情况差异极大,并非全部规则都能够到处适用,也不是什么时候都适用,这是显而易见的。但是,这些规则应足以激发不断努力,以克服执行过程中产生的实际困难,理解到全部规则是联合国认为适当的最低条件。

3. 另一方面,各规则包含一个领域,这个领域的思想正在不断发展之中。因此,各规则的目的并不在于排除试验和实践,只要这些实验和实践与各项原则相符,并能对从全部规则原文而得的目标有所促进。中央监狱管理处若依照这种精神而授权变通各项规则,总得合理的。

4. (1) 规则第一部分规定监所的一般管理,适用于各类囚犯,无论刑事犯或民事犯,未经审讯或已经判罪,包括法官下令采取"保安措施"或改造措施的囚犯。

(2) 第二部分所载的规则只适用于各节所规定的特殊种类。但是,对服刑囚犯适用的A节各项规则,应同样适用于B、C和D各节规定的各类囚犯,但不以不与关于这几类囚犯的规则发生矛盾,并对其有利者为限。

5. (1) 这些规则的目的不在管制专为青少年设立的监所——例如青少年犯教善所或感化院——的管理,但是,一般而言,第一部分同样适用于这种监所。

(2) 青少年囚犯这一类别最少应当包括属少年法庭管辖的所有青少年。一般而言,对这些青少年不应判处监禁。

第一部分　一般适用的规则

基 本 原 则

6. (1) 下列规则应予公正执行。不应基于种族、肤色、性别、语言、宗教、政见或其他主张、国籍或社会出身、财产、出生或其他身份而加以歧视。

(2) 另一方面,必须尊重囚犯所属群体的宗教信仰和道德标准。

登　记

7.（1）凡是监禁犯人的场所都要置备一本装订成册的登记簿，编好页数，并登记所收每一囚犯的下列资料：

(a) 关于他的身份的资料；

(b) 他被监禁的原因和主管机关；

(c) 收监和出狱的日期和时刻。

（2）非有有效的收监令，而且收监令的详细内容已先列入登记簿，各监所不能收受犯人。

按类隔离

8. 不同种类的囚犯应按照性别、年龄、犯罪记录、被拘留的法定原因和必需施以的待遇，分别送入不同的狱所或监所的不同部分。因此，

(a) 尽量将男犯和女犯拘禁于不同监所；同时兼收男犯和女犯的监所，应将分配给女犯的房舍彻底隔离；

(b) 将未经审讯的囚犯同已经判罪的囚犯隔离；

(c) 因欠债被监禁的囚犯和其他民事囚犯应同因犯刑事罪而被监禁的囚犯隔离；

(d) 青少年囚犯应同成年囚犯隔离。

住　宿

9.（1）如囚犯在个别独居室或寝室住宿，晚上应单独占用一个独居房或寝室。除了由于特别原因，例如临时过于拥挤，中央监狱行政方面不得不对本规则破例处理外，不宜让两个囚犯占用一个独居房或寝室。

（2）如设有宿舍，应小心分配囚犯，使在这种环境下能够互相保持融洽。晚上应按照监所的性质，按时监督。

10. 所有供囚犯占有的房舍，尤其是所有住宿用的房舍，必须符合卫生规定，同时应妥为注意气候情况，尤其立方空气容量、最低限度的地板面积、灯光、暖气和通风等项。

11. 在囚犯必须居住或工作的所有地方：

(a) 窗户的大小应以能让囚犯靠天然光线阅读和工作为准，在构造上，无论有没有通风设备，应能让新鲜空气进入；

(b) 应有充分灯光，使囚犯能够阅读和工作，不致损害眼睛。

12. 卫生设备应当充足，使能随时满足每一囚犯大小便的需要，并应维持清洁和体面。

13. 应当供给充分的浴盆和淋浴设备，使每一囚犯能够依规定在适合气候的室温之下沐浴或淋浴，其次数依季节和区域的情况，视一般卫生的需要而定，但是，在温和气候之下，最少每星期一次。

14. 监所中囚犯经常使用的各部分应当予以适当维修，经常认真保持清洁干净。

个人卫生

15. 囚犯必须保持身体清洁，为此目的，应当提供为维持健康和清洁所需的用水和梳洗用具。

16. 为使囚犯可以保持整洁外观，维持自尊，必须提供妥为修饰须发的用具，使男犯可以经常刮胡子。

衣服和被褥

17. (1) 囚犯如不准穿着自己的衣服,应发给适合气候和足以维持良好健康的全套衣服。发给的衣服不应有辱人格或有失体面。

(2) 所有衣服应当保持清洁整齐。内衣应常常更换或洗濯,以维持卫生。

(3) 在特殊情况下,经准许将囚犯移至监所之外时,应当准许穿着自己的衣服或其他不惹人注目的衣服。

18. 如准囚犯穿着自己的衣服,应于他们入狱时作出安排,确保衣服洁净和适合穿着。

19. 应当按照当地或国家的标准,供给每一囚犯一张床,分别附有充足的被褥,发给时应是清洁的,并应保持整齐,且常常更换,以确保清洁。

饮　食

20. (1) 管理处应当于惯常时刻,供给每一囚犯足以维持健康和体力的有营养价值的饮食,饮食应属滋养丰富、烹调可口和及时供应的。

(2) 每一囚犯口渴时应有饮水可喝。

体操和运动

21. (1) 凡是未受雇从事户外工作的囚犯,如气候许可,每天最少应有一小时在室外作适当体操。

(2) 青少年囚犯和其他在年龄和体力方面适宜的囚犯,在体操的时候应获得体育和文娱训练。应为此目的提供场地、设施和设备。

医　疗

22. (1) 每一监所最少应有一位合格医官,他应有若干精神病学知识。医务室应与社区或国家的一般卫生行政部门建立密切关系。其中应有精神病部门,以便诊断神经失常状况,适当时并予以治疗。

(2) 需要专科治疗的患病囚犯,应当移往专门院所或平民医院。如监所有医疗的设备,其设备、陈设、药品供应都应当符合患病囚犯的医药照顾和治疗的需要,并应当有曾受适当训练的工作人员。

(3) 每一囚犯应能获得一位合格牙科人员的诊治。

23. (1) 女犯监所应特别提供各种必需的产前和产后照顾和治疗。可能时应作出安排,使婴儿在监所外的医院出生。如果婴儿在监狱出生,此点不应列入出生证内。

(2) 如乳婴获准随母亲留在监所内,应当设置雇有合格工作人员的育婴所,除由母亲照顾的时间外,婴儿应放在育婴所。

24. 医务人员应于囚犯入狱后,尽快会晤并予以检查,以后于必要时,亦应会晤和检查,目的特别在于发现有没有肉体的或精神的疾病,并采取一切必要的措施;将疑有传染病状的囚犯隔离;注意有没有可以阻碍培训的身体或精神缺陷,并断定每一囚犯从事体力劳动的能力。

25. (1) 医官应当负责照顾囚犯身体和精神的健康,应当每天诊看所有患病的囚犯、自称染病的囚犯、和请他特别照顾的任何囚犯。

(2) 医官如认为继续予以监禁或监禁的任何条件已经或将会危害某一囚犯的身体或精

神健康时,应当向主任提出报告。

26. (1) 医官应经常视察下列各项,并向主任提出意见:

(a) 饮食的分量、素质、烹调和供给;

(b) 监所和囚犯的卫生和清洁;

(c) 监所的卫生、暖气、灯光和通风;

(d) 囚犯的衣服和被褥是否适当和清洁;

(e) 如无专业人员主持体育和运动活动时,这些活动是否遵守规则。

(2) 主任应当审查医官按照第 25(2) 和 26 条规则提出的报告和意见,如果他赞同所提的建议,应当立刻采取步骤,予以执行;如果所提建议不在他权力范围之内或他并不赞同,应当立刻向上级提出他自己的报告和医官的建议。

纪律和惩处

27. 纪律和秩序应当坚决维持,但是,不应实施超过安全看守和有秩序的集体生活所需的限制。

28. (1) 囚犯在监所服务时,不得以任何惩戒职位雇用。

(2) 但本项规则并不妨碍以自治为基础的各项制度的正当推行,在这些制度之下,囚犯按应受待遇的目的,分成若干小组,在监督之下,令其担任社会、教育或运动等专门活动或职责。

29. 下列各项应经常依法律或依主管行政机关的规章决定:

(a) 违反纪律的行为;

(b) 应受惩罚的种类和期限;

(c) 有权执行惩罚的机关。

30. (1) 依这种法律或规章,不得惩罚囚犯,且一罪不得二罚。

(2) 除非已将被控的罪行通知囚犯,且已给予适当的辩护机会,不得惩罚囚犯。主管机关应彻底查明案情。

(3) 必要和可行时,囚犯应准通过口译提出辩护。

31. 体罚、暗室禁闭和一切残忍、不人道、有辱人格的惩罚应一律完全禁止,不得作为对违犯行为的惩罚。

32. (1) 除非医官曾经检查囚犯身体并且书面证明他体格可以接受禁闭或减少规定饮食,不得处以此种惩罚。

(2) 同样规定亦适用于其他可能有害于囚犯身心健康的惩罚。此种惩罚在任何情况下,都不得抵触或违背第 31 条规则的原则。

(3) 医官应每日访问正在接受这种惩罚的囚犯,如认为根据身心健康的理由,必须终止或变更惩罚,则应通知典狱主任。

戒　具

33. 戒具如手镣、铁链、脚镣、拘束衣等,永远不得作为惩罚用具。此外,铁链或脚镣亦不得用作戒具。除非在下列情况,不得使用其他戒具:

(a) 移送囚犯时防其逃亡,但囚犯在司法或行政当局出庭时,应予除去。

(b) 根据医官指示有医药上理由。

(c) 如果其他管制办法无效、经主任下达命令，以避免囚犯伤害自己、伤及他人或损坏财产；遇此情况，主任应立即咨询医官并报告上级行政官员。

34. 中央监狱管理处应该决定使用戒具的方式。戒具非绝对必要时不得继续使用。

囚犯应获资料及提出申诉

35. (1) 囚犯入狱时应发给书面资料，载述有关同类囚犯待遇、监所的纪律要求、领取资料和提出申诉的规定办法等规章以及使囚犯明了其权利义务、适应监所生活的其他必要资料。

(2) 如果囚犯为文盲，应该口头传达上述资料。

36. (1) 囚犯应该在每周工作日都有机会向监所主任或奉派代表主任的官员提出其请求或申诉。

(2) 监狱检查员检查监狱时，囚犯也得向他提出请求或申诉。囚犯应有机会同检查员或其他检查官员谈话，监所主任或其他工作人员不得在场。

(3) 囚犯应可按照核定的渠道，向中央监狱管理处、司法当局或其他适当机关提出请求或申诉，内容不受检查，但须符合格式。

(4) 除非请求或申诉显然过于琐碎或毫无根据，应迅速加以处理并答复，不得无理稽延。

同外界的接触

37. 囚犯应准在必要监视之下，以通信或接见方式，经常同亲属和有信誉的朋友联络。

38. (1) 外籍囚犯应准获得合理便利同所属国外交和领事代表通讯联络。

(2) 囚犯为在所在国没有外交或领事代表的国家的国民和囚犯为难民或无国籍人时，应准获得类似便利，同代管其利益的国家的外交代表或同负责保护这类人的国家或国际机构通讯联络。

39. 囚犯应该以阅读报章杂志和特种机关出版物、收听无线电广播、听演讲或以管理单位核准或控制的类似方法，经常获知比较重要的新闻。

书　　籍

40. 监所应设置图书室，购置充足的娱乐和教学书籍，以供各类囚犯使用，并应鼓励囚犯充分利用图书馆。

宗　　教

41. (1) 如果监所囚禁的同一宗教囚犯达到相当人数，应指派或批准该宗教的合格代表一人。如果就囚犯人数而言，确定恰当而条件又许可，则该代表应为专任。

(2) 第(1)款中指派的或批准的合格代表应准按期举行仪式，并在适当时间，私自前往同一宗教的囚犯处进行宗教访问。

(3) 不得拒绝囚犯往访任一宗教的合格代表。但如果囚犯反对任何宗教代表前来访问，此种态度应受充分尊重。

42. 在可行范围之内，囚犯应准参加监所举行的仪式并准持有所属教派宗教、戒律和义的书籍，以满足其宗教生活的需要。

囚犯财产的保管

43. (1) 凡囚犯私有的金钱、贵重物品、衣服和其他物件按监所规定不得自行保管时,应于入狱时由监所妥为保管。囚犯应在清单上签名。应该采取步骤,保持物品完好。

(2) 囚犯出狱时,这类物品、钱财应照数归还,但囚犯曾奉准使用金钱或将此财产送出监所之外,或根据卫生理由必须销毁衣物等情形,不在此限。囚犯应签收所发还的物品钱财。

(3) 代囚犯所收外界送来的财物,应依同样办法加以管理。

(4) 如果囚犯携入药剂或药品,医官应决定其用途。

死亡、疾病、移送等通知

44. (1) 囚犯死亡、病重、重伤或移送一个机构接受精神治疗时,主任应立即通知其配偶(如果囚犯已婚),或其最近亲属,在任何情况下,应通知囚犯事先指定的其他任何人。

(2) 囚犯任何近亲死亡或病重时,应立即通知囚犯。近亲病情严重时,如果情况许可,囚犯应准随时单独或在护送之下前往访问。

(3) 囚犯有权将他被监禁或移往另一监所的事,立刻通知其亲属。

囚犯的迁移

45. (1) 囚犯被送入或移出监所时,应尽量避免公众耳目,并应采取保安措施,使他们不受任何形式的侮辱、好奇的注视或宣传。

(2) 禁止用通风不良或光线不足的车辆,或使囚犯忍受不必要的肉体痛苦的其他方式,运送囚犯。

(3) 运送囚犯的费用应由管理处负担,囚犯所享条件一律平等。

监 所 人 事

46. (1) 监所的正确管理依赖管理人员的正直、仁慈、专业能力、与个人是否称职,所以,监狱管理处应该对谨慎挑选各级管理人员,作出规定。

(2) 监狱管理处应经常设法唤醒管理人员和公众,使其保持这项工作为极其重要的社会服务的信念;为此目的,应利用一切向公众宣传的适当工具。

(3) 为保证达成上述目的,应指派专任管理人员为专业典狱官员,具有公务员身份,为终身职,但须符合品行优良、效率高昂、体力适合诸条件。薪资应当适宜,足以罗致并保有称职男女;由于工作艰苦,雇用福利金及服务条件应该优厚。

47. (1) 管理人员应该具有教育和智力上的适当水平。

(2) 管理人员就职前应在一般和特殊职责方面接受训练,并必须通过理论和实际测验。

(3) 管理人员就职后和在职期间,应该参加不时举办的在职训练班,以维持并提高他们的知识和专业能力。

48. 管理人员全体应随时注意言行、善尽职守,以身作则,感化囚犯改恶从善,以赢得囚犯尊敬。

49. (1) 管理人员中应该尽可能设有足够人数的精神病医生、心理学家、社会工作人员、教员、手艺教员等专家。

(2) 社会工作人员、教员、手艺教员应确定为终身职,但不因此排除兼职或志愿工作人员。

50.（1）监所主任应该在性格、行政能力、适当训练和经验上都合格胜任。

（2）他应以全部时间执行公务，不应是兼职的任用。

（3）他应在监所房舍内或附近居住。

（4）一位主任兼管两个以上监所时，应常常不时访问两个监所；每一监所应有一位常驻官员负责。

51.（1）主任、副主任及其他大多数管理人员应能操囚犯最大多数所用或所懂的语言。

（2）必要时，应利用口译人员的服务。

52.（1）监所规模较大，需有一个以上专任医官服务时，其中至少一人应在监所房舍内或附近居住。

（2）其他监所的医官应每日到所应诊，并应就近居住，以便应诊急病而无稽延。

53.（1）监所兼收男女囚犯时，其女犯部应由一位女性负责官员管理，并由她保管该部全部的钥匙。

（2）除非有女性官员陪同，男性工作人员不得进入监所中的女犯部。

（3）女犯应仅由女性官员照料、监督。但此项规定并不妨碍男性工作人员，特别是医生和教员，在专收女犯的监所或监所的女犯部执行其专门职务。

54.（1）除非自卫、或遇企图脱逃、根据法律或规章所下命令遭受积极或消极体力抵抗，典狱官员在同囚犯的关系中不得使用武力。使用武力的官员不得超出严格必要的限度，并须立即将此事件向监所主任提出报告。

（2）典狱官员应接受特别体格训练，使他们能够制服凶恶囚犯。

（3）除遇特殊情况外，工作人员执行职务而同囚犯直接接触时，不应武装。此外，工作人员非经武器使用训练，无论如何不得配备武器。

检　查

55. 主管当局所派富有经验的合格检查员应按期检查监所，他们的任务在特别确保监所的管理符合现行法律规章，实现监所及感化院的目标。

第二部分　对特种囚犯的规则

A. 服刑中的囚犯

指导原则

56. 下述指导原则目的在说明按照本规则序言第1段内的陈述管理监所应守的精神和监所应有的目的。

57. 监禁和使犯人同外界隔绝的其他措施因剥夺其自由、致不能享有自决权利，所以使囚犯感受折磨。因此，除非为合理隔离和维持纪律等缘故，不应加重此项情势所固有的痛苦。

58. 判处监禁或剥夺自由的类似措施的目的和理由毕竟在保护社会、避免受罪之害。唯有利用监禁期间在可能范围内确保犯人返回社会时不仅愿意而且能够遵守法律、自食其力，才能达到这个目的。

59. 为此,监所应该利用适当可用的改造、教育、道德、精神和其他方面的力量及各种协助,并设法按照囚犯所需的个别待遇来运用这些力量和协助。

60. (1) 监所制度应该设法减少狱中生活同自由生活的差别,以免降低囚犯的责任感,或囚犯基于人的尊严所应得的尊敬。

(2) 刑期完毕以前,宜采取必要步骤,确使囚犯逐渐纳入社会生活。按个别情形,可以在同一监所或另一适当机构内订定出狱前的办法,亦可在某种监督下实行假释,来达到此项目的;但监督不可委之于警察,而应该结合有效的社会援助。

61. 囚犯的待遇不应侧重把他们排斥于社会之外,而应注重他们继续成为组成社会的成员。因此,应该尽可能请求社会机构在恢复囚犯社会生活的工作方面,协助监所工作人员。每一监所都应联系社会工作人员,由此项人员负责保持并改善囚犯同亲属以及同有用社会机构的一切合宜关系。此外,应该采取步骤,在法律和判决所容许的最大可能范围之内,保障囚犯关于民事利益的权利、社会保障权利和其他社会利益。

62. 监狱的医务室应该诊疗可能妨碍囚犯恢复正常生活的身心疾病或缺陷。为此应提供一切必要医药、外科手术、和精神病学上的服务。

63. (1) 要实现以上原则,便需要个别地对囚犯施以待遇,因此并需要订立富有弹性的囚犯分组制度。所以,宜把各组囚犯分配到适于进行各该组待遇的不同监所中去。

(2) 监所不必对每组囚犯都作出同样程度的保安。宜按各组的需要,分别作出不同程度的保安。开放式监所由于不作具体保安来防止脱逃,而依赖囚犯的自我约束,所以对严格选定的囚犯恢复正常生活便提供最有利条件。

(3) 关闭式监所的囚犯人数不宜过多,以免妨碍个别施以待遇。有些国家认为,这种监所的人数不应超过五百。开放式监所的人数愈少愈好。

(4) 另一方面,监狱又不宜过小,以致不能提供适当设备。

64. 社会的责任并不因囚犯出狱而终止。所以应有公私机构能向出狱囚犯提供有效的善后照顾,其目的在减少公众对他的偏见,便利他恢复正常社会生活。

待　　遇

65. 对被判处监禁或类似措施的人所施的待遇应以在刑期许可范围以内,培养他们出狱后守法自立的意志,并使他们有做到这个境地的能力为目的。此种待遇应该足以鼓励犯人自尊、培养他们的责任感。

66. (1) 为此目的,应该照顾到犯人社会背景和犯罪经过、身心能力和习性、个人脾气、刑期长短、出狱后展望,而按每一囚犯的个人需要,使用一切恰当办法,其中包括教育、职业指导和训练、社会个案调查、就业辅导、体能训练和道德性格的加强,在可能进行宗教照顾的国家并包括这种照顾。

(2) 对刑期相当长的囚犯,主任应于囚犯入狱后,尽早取得关于上款所述一切事项的详细报告,其中应包括医官,可能时在精神病学方面合格的医官,对囚犯身心状况的报告。

(3) 报告及其他有关文件应列入个别档案之内。档案应该反映最新情况,并应加以分类,使负责人员需要时得以查阅。

分类和个别待遇

67. 分类的目的如下:

(a) 将由于犯罪记录或恶劣个性,可能对人发生不良影响的囚犯,同其他囚犯隔离;

(b) 将囚犯分类,以便利对他们所施的待遇,使他们恢复正常社会生活。

68. 可能时应该对不同种类的囚犯所施的待遇在不同的监所或一个监所的不同部分进行。

69. 在囚犯入狱并对刑期相当长的每一囚犯的人格作出研究后,应尽快参照有关他个人需要、能力、性向的资料,为他拟定一项待遇方案。

优 待

70. 每一监所应针对不同种类的囚犯及不同的待遇方法,订定优待制度,以鼓励端正行为,启发责任感、确保囚犯对他们所受待遇感兴趣,并予合作。

工 作

71. (1) 监狱劳动不得具有折磨性质。

(2) 服刑囚犯都必须工作,但以医官断定其身心俱宜为限。

(3) 在正常工作日,应交给足够的有用工作,使囚犯积极去做。

(4) 可能时,所交工作应足以保持或增进囚犯出狱后诚实谋生的能力。

(5) 对能够从中受益的囚犯,特别是对青少年囚犯,应该提供有用行业方面的职业训练。

(6) 在符合正当选择职业方式和监所管理及纪律上要求的限度内,囚犯得选择所愿从事的工作种类。

72. (1) 监所内工作的组织与方法应尽量接近监所外类似工作的组织和方法,使囚犯对正常职业生活情况有所准备。

(2) 但囚犯及其在职业训练上的利益不得屈居于监所工业营利的目的之下。

73. (1) 监所工业和农场最好直接由管理处而不由私人承包商经营。

(2) 囚犯受雇的工作不受管理处控制时,应经常受监所工作人员的监视。除为政府其他部门工作外,工作的全部正常工资应由获得此项劳动供应的人全数交付管理处,但应考虑到囚犯的产量。

74. (1) 监所应同样遵守为保护自由工人而订定的安全及卫生上的防护办法。

(2) 应该订定规定,以赔偿囚犯所受工业伤害,包括职业疾病,赔偿条件不得低于自由工人依法所获条件。

75. (1) 囚犯每日及每周最高工作时数由法律或行政规则规定,但应考虑到当地有关雇用自由工人的规则或习惯。

(2) 所订时数应准许每周休息一日,且有足够时间依规定接受教育和进行其他活动,作为对囚犯所施待遇和恢复正常生活的一部分。

76. (1) 对囚犯的工作,应订立公平报酬的制度。

(2) 按此制度,囚犯应准至少花费部分收入,购买核定的物件,以供自用,并将部分收入交付家用。

(3) 此项制度并应规定管理处应扣出部分收入,设立一项储蓄基金,在囚犯出狱时交给囚犯。

教育和娱乐

77. (1) 应该设法对可以从中受益的一切囚犯继续进行教育,包括在可以进行的国家进行宗教教育。文盲及青少年囚犯应接受强迫教育,管理处应予特别注意。

(2) 在可行范围内,囚犯教育应同本国教育制度结合,以便出狱后得以继续接受教育而无困难。

78. 一切监所均应提供文娱活动,以利囚犯身心健康。

社会关系和善后照顾

79. 凡合乎囚犯及其家庭最大利益的双方关系,应特别注意维持和改善。

80. 从囚犯判刑开始便应考虑他出狱后的前途,并应鼓励和协助他维系或建立同监所外个人或机构间的关系,以促进他家庭的最大利益和他自己恢复正常社会生活的最大利益。

81. (1) 政府或民间协助出狱囚犯重新自立于社会的服务处和机构都应在可能和必要范围以内,确保出狱囚犯持有正当证件,获得适当住所和工作,能有对季节和气候适宜的服装,并持有足够金钱,以前往目的地,并在出狱后一段时间内维持生活。

(2) 此类机构经核可的代表应准于必要时进入监所,会见囚犯,并应在囚犯判刑后受邀咨询囚犯的前途。

(3) 这些机构的活动应当尽可能集中或协调,以发挥最大的效用。

B. 精神错乱和精神失常的囚犯

82. (1) 经认定精神错乱的人不应拘留在监狱之中,而应作出安排,尽快将他们迁往精神病院。

(2) 患有其他精神病或精神失常的囚犯,应在由医务人员管理的专门院所中加以观察和治疗。

(3) 这类囚犯在监狱拘留期间,应置于医官特别监督之下。

(4) 监所的医务室或精神病服务处应向需要此种治疗的其他一切囚犯提供精神治疗。

83. 应该同适当机构设法采取步骤,以确保必要时在囚犯出狱后继续精神治疗,并确保社会和精神治疗方面的善后照顾。

C. 在押或等候审讯的囚犯

84. (1) 本规则以下称"未经审讯的囚犯",指受刑事控告而被逮捕或监禁、由警察拘留或监狱监禁但尚未经审讯和判刑的人。

(2) 未经判罪的囚犯视同无罪,并应受到如此待遇。

(3) 在不妨碍法律上保护个人自由的各项规则或订定对于未经审讯的囚犯所应遵守的程序的范围内,这种囚犯应可享受特殊办法,下述规则仅叙述此项办法的基本要件。

85. (1) 未经审讯的囚犯应同已经判罪的囚犯隔离。

(2) 未经审讯的青少年囚犯应同成年囚犯隔离,原则上应拘留于不同的监所。

86. 未经审讯的囚犯应在单独房间单独睡眠,但地方上因气候而有不同习惯时不在此限。

87. 在符合监狱良好秩序的限度以内,未经审讯的囚犯得随意通过管理处或通过亲友从外界自费购买食物。否则,管理处便应供应食物。

88. (1) 未经审讯的囚犯如果服装清洁适宜,应准穿着自己的服装。

(2) 上项囚犯如穿着监狱服装,则应与发给已经判罪的囚犯的服装不同。

89. 未经审讯的囚犯应随时给予工作机会,但不得要求他工作。如果他决定工作,便应给予报酬。

90. 未经审讯的囚犯应准自费或由第三人支付购买不妨碍司法行政和监所安全及良好秩序的书籍、报纸、文书用具或其他消遣用品。

91. 如果未经审讯的囚犯所提申请合理且有能力支付费用,应准他接受私人医生或牙医的诊疗。

92. 在只受司法行政、监狱安全及良好限制和监督之下,未经审讯的囚犯应准将他被拘留的事立刻通知亲属,并应给予同亲友通讯和接见亲友的一切合理便利。

93. 未经审讯的囚犯为了准备辩护、而社会上又有义务法律援助,应准申请此项援助,并准会见律师,以便商讨辩护,写出机密指示,交给律师。为此,囚犯如需文具,应照数供应。警察或监护官员对于囚犯和律师间的会谈,可用目光监视,但不得可以听见谈话的距离以内。

D. 民 事 囚 犯

94. 在法律准许因债务或因其他不属刑事程序的法院命令而监禁人犯的国家,此项被监禁人所受限制或保安管理,不得大于确保安全看管和良好秩序所必要的限度。他们所受待遇不应低于未受审讯的囚犯,但也许可以要求他们工作。

E. 未经指控而逮捕或拘留的人

95. 在不妨碍《公民权利和政治权利国际公约》第 9 条规定的情况下,未经指控而被逮捕或被监禁的人应享有第一部分和第二部分 C 节所给予的同样保护。如第二部分 A 节的有关规定可能有利于这一特定类别的被拘押的人,也应同样适用,但对于未经判定任何刑事罪名的人不得采取任何意味着他们必须接受再教育或改造的措施。

138. 囚犯待遇基本原则

(联合国大会 1990 年 12 月 14 日通过)

1. 对于所有囚犯,均应尊重其作为人而固有的尊严和价值。
2. 不得以种族、肤色、性别、语言、宗教、政治或其他见解、民族本源或社会出身、财产、出生或其他状况为由而实行任何歧视。
3. 然而在当地条件需要时,宜尊重囚犯所属群体的宗教信仰和文化信条。
4. 监狱履行其关押囚犯和保护社会防止犯罪的责任时,应符合国家的其他社会目标及其促进社会全体成员幸福和发展的基本责任。
5. 除了监禁显然所需的那些限制外,所有囚犯应保有《世界人权宣言》和——如果有关国家为缔约国——《经济、社会、文化权利国际公约》、《公民权利和政治权利国际公约》及其

《任择议定书》所规定的人权和基本自由,以及联合国其他公约所规定的其他权利。

6. 所有囚犯均应有权利参加使人格得到充分发展的文化活动和教育。

7. 应努力废除或限制使用单独监禁作为惩罚的手段,并鼓励为此而作出的努力。

8. 应创造条件,使囚犯得以从事有意义的有酬工作,促进其重新加入本国的劳力市场,并使他们得以贴补其本人或其家庭的经济收入。

9. 囚犯应能获得其本国所提供的保健服务,不得因其法律地位而加以歧视。

10. 应在社区和社会机构的参与和帮助下,并在适当顾及受害者利益的前提下,创造有利的条件,使刑满释放人员得以尽可能在最好的可能条件下重返社会。

11. 应公正无私地应有上述各项原则。

139. 关于医务人员、特别是医生在保护被监禁和拘留的人不受酷刑和其他残忍、不人道或有辱人格的待遇或处罚方面的任务的医疗道德原则

(联合国大会1982年12月18日通过)

原 则 一

医务人员、特别是医生,在负责向被监禁和拘留的人提供医疗时,有责任保护他们的身心健康以及向他们提供同给予未被监禁或拘留的人同样质量和标准的疾病治疗。

原 则 二

医务人员、特别是医生,如积极或消极地从事构成参与、共谋、怂恿或企图施行酷刑或其他残忍、不人道或有辱人格的待遇或处罚的行为,则为严重违反医疗道德和各项适用国际文件的行为。①

原 则 三

医务人员、特别是医生,与被监禁或拘留的人的职业关系,其目的如超出确定、保护或增

---

① 见《保护人人不受酷刑和其他残忍、不人道或有辱人格待遇或处罚宣言》(第3452(XXX)号决议附件)。

进被监禁或拘留的人的身心健康以外,为违反医疗道德。

原 则 四

医务人员、特别是医生,如有下列情形者,亦为违反医疗道德:
(a) 应用他们的知识和技能以协助对被监禁或拘留的人进行可能对其身心健康或情况有不利影响并且是不符合各项有关国际文件的审讯②;
(b) 证明或参与证明被监禁或拘留的人可以接受可能对其身心健康不利并且是不符合各项有关国际文件的任何形式的待遇或处罚,或是以任何方式参加施行任何这种不符合各项有关国际文件的待遇或处罚。

原 则 五

医务人员、特别是医生,如参与任何约束被监禁或拘留的人的程序,均属违反医疗道德,除非该项程序根据纯医学标准确定对保护被监禁或拘留者本人的身心健康或安全对其他同被监禁或拘留的人或其管理人的安全为必要并且对被监禁或拘留的人的身心健康无害。

原 则 六

上述原则不得以包括社会紧急状态在内的任何理由予以克减。

140. 关于保护面对死刑的人的权利的保障措施

(联合国经济及社会理事会1984年5月25日第1984/50号决议批准)

1. 在没有废除死刑的国家,只有最严重的罪行可判处死刑,但应理解为死刑的范围只限于对蓄意而结果为害命或其他极端严重的罪行。
2. 只有犯罪时法律明文规定应判死刑的罪行可判处死刑,但应理解为,如果在犯罪之后法律规定可以轻判,该罪犯应予轻判。
3. 犯罪时未满18岁的人不得判处死刑,对孕妇或新生婴儿的母亲,或精神病患者不得执行死刑。

---

② 特别是《世界人权宣言》(第217A(Ⅲ)号决议),关于人权的国际盟约(第2200A(XXI)号决议附件)、《保护人人不受酷刑和其他残忍、不人道或有辱人格待遇或处罚宣言》(第3452(XXX)号决议附件)和《囚犯待遇最低限度标准规则》(第一届联合国防止犯罪和罪犯待遇大会:秘书处的报告(联合国出版物,出售品编号:E.1956.Ⅳ.4)附件Ⅰ.A)。

4. 只有在对被告的罪行根据明确和令人信服的证据、对事实没有其他解释余地的情况下，才能判处死刑。

5. 只有在经过法律程序提供确保审判公正的各种可能的保障，至少相当于《公民权利和政治权利国际公约》第14条所载的各项措施，包括任何被怀疑或被控告犯了可判死刑之罪的人有权在诉讼过程的每一阶段取得适当法律协助后，才可根据主管法院的终审执行死刑。

6. 任何被判处死刑的人均有权向较高级的法院上诉，并应采取步骤确保这些上诉必须受理。

7. 任何被判处死刑的人均有权寻求赦免或减刑，所有死刑案件均可给予赦免或减刑。

8. 在上诉或采取其他追诉程序或与赦免或减刑有关的其他程序期间，不得执行死刑。

9. 判处死刑后，应以尽量减轻痛苦的方式执行。

141. 执法人员行为守则

（联合国大会1979年12月17日通过）

第一条

执法人员无论何时均应执行法律赋予他们的任务，本着其专业所要求的高度责任感，为社会群体服务，保护人人不受非法行为的伤害。

评注：

(a) "执法人员"一词包括行使警察权力、特别是行使逮捕或拘禁权力的所有司法人员，无论是指派的还是选举的。

(b) 在警察权力由不论是否穿着制服的军事人员行使或由国家保安部队行使的国家里，执法人员的定义应视为包括这种机构的人员。

(c) 对社会群体的服务特别要包括下面这种服务，对群体中因个人、经济、社会理由或其他紧急情况而急需援助的成员提供的援助服务。

(d) 本条文的适用范围不仅包括一切暴力、抢劫和伤害行为，而且扩大到刑事法规下所禁止的一切事项，它还扩大到不能担负刑事责任的人的行为。

第二条

执法人员在执行任务时，应尊重并保护人的尊严，并且维护每个人的人权。

评注：

(a) 上述人权是国家法律和国际法所明确规定和保护的。有关的国际文件包括：《世界人权宣言》、《公民权利和政治权利国际公约》、《保护人人不受酷刑和其他残忍、不人道或有辱人格待遇或处罚宣言》、《联合国消除一切形式种族歧视宣言》、《消除一切形式种族歧视国际公约》、《禁止并惩治种族隔离罪行国际公约》、《防止及惩治灭绝种族罪公约》、《囚犯待遇最低限度标准规则》和《维也纳领事关系公约》。

(b) 各国对本条的评注应指明区域或国家确定和保护这些权利的规定。

第三条

执法人员只有在绝对必要时才能使用武力,而且不得超出执行职务所必需的范围。

评注:

(a) 本条强调,执法人员应在特殊情况下才使用武力;虽然本条暗示,在防止犯罪或在执行或协助合法逮捕罪犯或嫌疑犯的情况下,可准许执法人员按照情理使用必要的武力,但所有武力不得超出这个限度。

(b) 各国法律通常按照相称原则限制执法人员使用武力。应当了解,在解释本条文时,应当尊重各国的这种相称原则。但是,本条文绝不应解释为准许使用同所要达到的合法目标并不相称的武力。

(c) 使用武器应认为是极端措施,应竭力设法不使用武器,特别不对儿童使用武器。一般说来除非嫌疑犯进行武装抗拒或威胁到他人生命,而其他较不激烈措施无法加以制止或逮捕时,不得使用武器。每次使用武器后,必须立刻向主管当局提出报告。

第四条

执法人员拥有的资料如系机密性质,应保守机密,但执行任务或司法上绝对需要此项资料时不在此限。

评注:

执法人员由于本身任务的性质会得到有关别人私生活或可能对别人的利益,尤其是名誉有害的资料。他们应该极力小心保护和使用这些资料,只有在执行任务或为了司法上的需要时才可予以披露;凡为其他目的而披露这种资料都是完全不适当的。

第五条

执法人员不得施加、唆使或容许任何酷刑行为或其他残忍、不人道或有辱人格的待遇或处罚,也不得以上级命令或非常情况,例如战争状态或战争威胁、对国家安全的威胁、国内政局不稳定或任何其他紧急状态,作为施行酷刑或其他残忍、不人道或有辱人格的待遇或处罚的理由。

评注:

(a) 这项禁令源于大会通过的《保护人人不受酷刑和其他残忍、不人道或有辱人格待遇或处罚宣言》,依照该宣言:

"[这种行为是]……对人的尊严的冒犯,应视为否定《联合国宪章》宗旨和侵犯《世界人权宣言》[及其他关于人权的国际文件]所宣布的人权和基本自由,加以谴责。"

(b) 该宣言对酷刑的定义如下:

"……酷刑是指政府官员、或在他怂恿之下,对一个人故意施加的任何使他在肉体上或精神上极度痛苦或苦难,以谋从他或第三者取得情报或供状,或对他做过的或涉嫌做过的事加以处罚,或对他或别人施加恐吓的行为。按照《囚犯待遇最低限度标准规则》施行合法处罚而引起的、必然产生的或随之而来的痛苦或苦难不在此例。"

(c) 大会对"残忍、不人道或有辱人格的待遇或处罚"一语还没有下定义,但应解释为尽可能最广泛地防止虐待,无论是肉体上的或是精神上的虐待。

第六条

执法人员应保证充分保护被拘留者的健康,特别是必要时应立即采取行动确保这些人获得医疗照顾。

评注:

(a) "医疗照顾"指的是由任何医务人员、包括合格医生和医务辅助人员提供的服务,应于需要时或提出请求时确保取得这种照顾。

(b) 虽然医务人员可能是执法机构的从属部分,但是当这些人员建议由执法机构以外的医务人员为被拘留者提供适当医疗或会同执法机构以外的医务人员为被拘留者提供适当医疗时,执法人员应考虑他们的判断。

(c) 一般的理解是,执法人员也应确保犯法行为受害者或犯法过程中意外事故的受害者获得医疗照顾。

第七条

执法人员不得有贪污行为,并应竭力抵制和反对一切贪污行为。

评注:

(a) 贪污行为和其他任何滥用权力行为一样,都是执法人员专业所不容许的。凡执法人员犯有贪污行为,即应切实绳之以法,因为政府如果不能、或者不愿对自己的人员并在自己的机构里执行法律规定的话,就不能期望对本国公民执行法律规定。

(b) 贪污的定义固然要由国家法律决定,但应理解贪污应包括个人在执行任务时或在与其任务有关的情况下,要求或接受礼物、许诺或酬劳,从而采取或不采取某种行动,或在采取或不采取某种行动后非法接受这些礼物、许诺、酬劳的一切行为。

(c) 上文所指"贪污行为"一词应理解为包括意图贪污在内。

第八条

执法人员应尊重法律和本守则,并应尽力防止和竭力抵制触犯法律和本守则的任何行为。

如执法人员有理由认为触犯本守则行为已经发生或行将发生,应向上级机关报告,并在必要时向授予审查或补救权力的其他有关机构提出报告。

评注:

(a) 《守则》一经纳入国内立法或惯例即应予以执行。如法律或惯例载有比本守则更为严格的规定时,则应遵照该规定从严办理。

(b) 本条力图保持下述情形之间的平衡:一方面,公共安全在很大程度上所依靠的机构需有内部纪律;另一方面,也需要处理侵犯基本人权的事件。执法人员应在指挥系统的范围内报告侵犯行为,只有在没有其他补救办法或没有其他有效补救办法的时候,才应在指挥系统以外采取法律行动。一般的理解是,执法人员不应因报告了已经发生或行将发生触犯本守则的行为而受行政处分或其他处罚。

(c) "授予审查或补救权力的有关机构"指的是在国家法律下拥有法定的、习惯的或其他的权力,以审查本守则范围内的触犯行为所引起的冤情和控诉的任何现有机构,无论是设在执法机构以内,或是独立的。

(d) 在某些国家,可以认为新闻工具是在执行类似评注(c)所述的审查控诉的工作。这样,执法人员在按照本国法律和习惯以及本守则第四条的规定的情况下,就可以有正当理由作为一种最后的手段,经由新闻工具引起舆论注意他们所提请注意的触犯行为。

(e)遵照本守则的规定行事的执法人员应受到他所服务的社会群体和执法机构及司法界的尊重、充分支持与合作。

142. 执法人员使用武力和火器的基本原则

(第八届联合国预防犯罪和罪犯待遇大会1990年8月27日至9月7日通过)

鉴于执法人员[根据《执法人员行为守则》第1条的评注,"执法人员"包括行使警察权力特别是行使逮捕或拘押权力的所有法律官员,不管是任命的还是选举的。有些国家的警察权力由军方当局人员(不管是否穿制服)或由国家安全人员行使,在此情况下,执法人员的定义应认为包括这些部门的人员。]的工作是项极其重要的社会服务,因此有必要维护其工作条件和地位并在需要时加以改善,

鉴于对执行人员生命和安全的威胁必须看成是对整个社会安定的威胁,

鉴于执法人员的保护由《世界人权宣言》给予保证并经《公民权利和政治权利国际盟约》加以重申的生命、自由和人身安全的权利方面起着至关重要的作用,

鉴于《囚犯待遇最低限度标准规则》规定监狱管理人员执勤时可使用武力的各种情况,

鉴于《执法人员行为守则》第3条规定执法人员只有在确有必要并为其执行公务所必需的情况下方能使用武力,

鉴于在意大利瓦伦纳举行的第七届联合国预防犯罪和罪犯待遇大会筹备会议就限制执法人员使用武力和火器的今后工作中应予考虑的因素达成了一致意见,

鉴于第七届大会特别是在其第14号决议中强调,执法人员使用武力和火器时应相应注意对人权的适当尊重,

鉴于经济及社会理事会在其1986年5月21日第1986/10号决议第九节中请会员国在执行《守则》时特别注意执法人员使用武力和火器问题以及联合国大会在其1986年12月4日第41/149号决议中对经社理事会提出的这一建议表示欢迎,

鉴于在适当关心执法人员个人安全的情况下,应该从司法工作、保护生命、自由和人身安全的权利、担负维护公众安全和社会安定的责任以及其资格、培训和行为的重要性等方面,考虑执法人员的作用,

下列各项基本原则是为了协助会员国确保和促进执法人员发挥正当作用而制订的,各国政府应在其本国立法和惯例范围内考虑并尊重这些基本原则,并应提请执法人员予以注意,并提请其他人员例如法官、检察官、律师、行政和立法部门人员及一般公众知照。

一 般 条 款

1. 各国政府和执法机关应制订和执行关于执法人员对他人使用武力和火器的规章条

例。在制订这些规章条例时,各国政府和执法机关应对与使用武力和火器有关的道德伦理问题不断进行审查研究。

2. 各国政府和执法机关应尽可能广泛地发展一系列手段并用各类武器弹药装备执法人员,以便可以在不同情况下有区别地使用武力和火器。这应包括发展供适当情况下使用的非致命但可使抵抗能力丧失的武器,以期不断扩大对使用可引起死亡或伤害人身的手段的限制。为了相同目的,执法人员还应可以配备自卫设备,例如盾牌、钢盔、防弹服和防弹运输工具,以便减少使用任何种类的武器的必要性。

3. 应认真评价非致命但可使抵抗能力丧失的武器的发展和部署,以尽量减少危及与事无关的人的危险,并应认真控制这类武器的使用。

4. 执法人员在执勤时应尽可能采用非暴力手段,最后不得已方求诸使用武力或火器。他们只能在其他手段起不到作用或没有希望达到预期的结果时方可使用武力和火器。

5. 在不可避免合法使用武力和火器时,执法人员应:

(a) 对武力和火器的使用有所克制并视犯罪行为的严重性和所要达到的合法目的而行事;

(b) 尽量减少损失和伤害并尊重和保全人命;

(c) 确保任何受伤或有关人员尽早得到援助和医护;

(d) 确保尽快通知受伤或有关人员的亲属或好友。

6. 执法人员使用武力或火器造成伤亡时,应根据第22条原则立即向其上级报告。

7. 各国政府应确保对执法人员任意使用或滥用武力或火器的情况按本国法律作为刑事犯罪予以惩处。

8. 各种非常情况诸如国内政局不稳或任何其他紧急状况均不得作为任何违背上述各项基本原则的理由根据。

特 别 条 款

9. 执法人员不得对他人使用火器,除非为了自卫或保卫他人免遭迫在眉睫的死亡或重伤威胁,为了防止给生命带来严重威胁的特别重大犯罪,为了逮捕构成此类危险并抵抗当局的人或为了防止该人逃跑,并且只有在采用其他非极端手段不足以达到上述目标时才可使用火器。无论如何,只有在为了保护生命而确定不可避免的情况下才可有意使用致命火器。

10. 在第9条原则规定的各种情况下,执法人员应表明其执法人员的身份并发出要使用火器的明确警告,并且留有足够时间让对方注意到该警告,除非这样做会使执法人员面临危险,或当时情况下显然是不合适的或毫无意义的。

11. 有关执法人员使用火器的规章条例应包括有下列准则:

(a) 具体规定准许执法人员携带火器的各种情况并说明允许携带的火器及弹药的种类;

(b) 确保只能在适当的情况下才使用火器,并尽可能避免引起不必要伤害的危险;

(c) 禁止使用会引起不必要伤害或产生不必要危险的火器和弹药;

(d) 规定火器的控制、储存和发放办法,包括规定程序确保执法人员对发给他们的火器和弹药负责;

(e) 规定在使用火器时应酌情发生的警告；
(f) 规定执法人员在执勤中使用火器后的报告制度。

对非法集会行使公安权力

12. 根据《世界人权宣言》和《公民权利和政治权利国际盟约》中所体现的原则，人人都可参加合法与和平的集会，因此各国政府以及执法机构和执法人员应认识根据第 13 和第 14 条原则方可使用武力和火器。

13. 在驱散非法而非暴力的集会时，执法人员应避免使用武力，或在实际无法避免时应将使用武力限制到必要的最低限度。

14. 在驱散暴力集会时，执法人员只有在实际上已不可能使用危险性较小的手段的情况下方可使用火器，并且只限于必要的最低限度。执法人员除非在第 9 条原则规定的情况下，一般不得在这些场合使用火器。

对被拘禁或扣押人员行使公安权力

15. 执法人员对被拘禁或扣押人员不得使用武力，但在为维持监禁机构内部的安全和秩序确有必要时或在个人安全受到威胁时除外。

16. 执法人员对被拘禁或扣押人员不得使用火器，但在为了进行必要的自卫或保卫他人免遭死亡或重伤的直接威胁时，或为了阻止构成第 9 条原则所述危险的被拘禁或扣押人员逃跑而确有必要时除外。

17. 上述各原则不损害《囚犯待遇最低限度标准规则》特别是其中第 33、34 和 54 条所规定的监狱管理人员的权利、义务和责任。

资格、培训和指导

18. 各国政府和执法机关应确保所有执法人员均经过适当的筛选程序而选定，具备有效地执行任务所需要的良好的道德、心理和体格素质并接受全面连续的职业培训。他们之是否继续胜任须受定期审查。

19. 各国政府和执法机关应确保所有执法人员均按使用武力的适宜熟练标准，经过训练和测验。需要携带火器的那些执法人员只有经过使用火器的特别训练后才可获准携带火器。

20. 在培训执法人员方面，各国政府及其执法机关应特别重视警察道德伦理和人权问题，特别是在调查过程中应注意其他不用武力和火器的办法，包括和平解决冲突、理解人群行为和运用劝说、谈判和调解方法以及技术手段，以便限制使用武力或火器。执法机关应根据具体事件检查其培训方案和实施程序。

21. 各政府和执法机关应对参与使用武力或火器场面的执法人员提供舒缓紧张情绪的指导。

报告和审查程序

22. 各国政府和执法机关应为第 6 条和第 11(f) 条原则中所提的一切事件建立有效的报

告和审查程序。对遵照这些原则作出了报告的事件,各国政府执法机关应确保进行有效的审查,并确保独立的行政或检控部门可以在适当情况下行使管辖权。在造成有死亡和重伤或其他严重后果时,应立即向负责行政审查和司法管理的主管当局送交详细报告。

23. 遭使用武力和火器的有关人员或其法定代理人应可向一个独立的程序申诉,包括司法程序在内。如此种人员已死亡,本规定相应适用于其受养亲属。

24. 各国政府和执法机关应确保,对上级官员如果知道或应该已经知道其管辖下的执法人员正在或已经采取非法使用武力或火器手段而没有在其权力范围内采取一切措施予以阻止、禁止或报告者,追究责任。

25. 各国政府和执法机关应确保,对执法人员按照《执法人员行为守则》和上述基本原则拒绝执行使用武力或火器的命令或对其他执法人员使用武力或火器提出报告者,不给予任何刑事或纪律处分。

26. 如果执法人员知道致人死亡或重伤的使用武力或火器的某一命令明显是非法的,而且有合理机会可以拒绝执行此种命令,则不得以服从上级命令作为辩护理由。无论如何,责任也属于发出此种非法命令的上级官员。

143. 关于律师作用的基本原则

(第八届联合国预防犯罪和罪犯待遇大会
1990年8月27日至9月7日通过)

鉴于世界各国人民在《联合国宪章》中申明决心创造使正义得以维持的条件并宣布其宗旨之一是促成国际合作而不分种族、性别、语言或宗教,增进并激励对于人权及基本自由之尊重,

鉴于《世界人权宣言》提出法律面前人人平等的原则、无罪推定原则、由独立而无偏倚的法庭进行公正和公平听证的权利以及为每一被指控犯有刑事罪的人进行辩护所必要的各项保证,

鉴于《公民权利和政治权利国际公约》进一步宣布了在不无故拖延情况下受审的权利以及由依法设立的合格、独立而无偏倚的法庭进行公正和公开听证的权利,

鉴于《经济、社会和文化权利国际公约》回顾了各国根据《联合国宪章》负有义务促进普遍尊重和遵守人权与自由,

鉴于《保护所有遭受任何形式拘留或监禁的人的原则》明文规定,被拘留的人应有权获得法律顾问的协助,有权与法律顾问联络和磋商,

鉴于《囚犯待遇最低限度标准规则》建议,应确保未受审讯犯人享有获得法律协助和与法律顾问进行保密联络的权利,

鉴于《关于保护面对死刑的人的权利的保障措施》重申,每一涉嫌或被指控犯有可判处死刑罪的人可根据《公民权利和政治权利国际公约》第14条规定在诉讼的各阶段获得适当

的法律协助，

鉴于《为罪行和滥用权力行为受害者取得公理的基本原则宣言》为改善罪行的受害者获得司法上的公正与公平待遇、恢复原状、赔偿和援助推荐在国际和国家各级采取各项措施，

鉴于充分保护人人都享有的人权和基本自由，无论是经济、社会和文化权利或是公民权利和政治权利，要求所有人都能有效地得到独立的法律专业人员所提供的法律服务，

鉴于律师专业组织在维护职业标准和道德，在保护其成员免受迫害和不公正限制和侵犯权利，在向一切需要他们的人提供法律服务以及在与政府和其他机构合作进一步推进正义和公正利益的目标等方面起到极为重要作用，

下列各项关于律师作用的基本原则是为了协助各会员国促进和确保律师发挥正当作用而制订的，各国政府应在其本国立法和习惯做法范围内考虑和尊重这些原则，并应提请律师以及其他人例如法官、检察官、行政和立法机关成员以及一般公众予以注意。这些原则还应酌情适用于虽无正式律师身份但行使律师职能的人。

获得律师协助和法律服务

1. 所有的人都有权请求由其选择的一名律师协助保护和确立其权利并在刑事诉讼的各个阶段为其辩护。

2. 各国政府应确保向在其境内并受其管辖的所有的人，不加任何区分，诸如基于种族、肤色、民族、性别、语言、宗教、政治或其他见解、原国籍或社会出身、财产、出生、经济或其他身份地位等方面的歧视，提供关于平等有效地获得律师协助的迅捷有效的程序和机制。

3. 各国政府应确保拨出向穷人并在必要时向其他处境不利的人提供法律服务所需的资金和其他资源。律师专业组织应在安排和提供服务、便利和其他资源方面进行合作。

4. 各国政府和律师专业组织应促进有关方案，使公众了解法律赋予他们的权利和义务以及了解律师在保护他们基本自由方面所起的重要作用。应特别注意对穷人和其他处境不利的人给予帮助，使他们得以维护自己的权利并在必要时请求律师协助。

刑事司法事件中的特别保障

5. 各国政府应确保由主管当局迅速告知遭到逮捕和拘留，或者被指控犯有刑事罪的所有的人，他有权得到自行选定的一名律师提供协助。

6. 任何没有律师的人在司法需要情况下均有权获得按犯罪性质指派给他的一名有经验和能力的律师以便得到有效的法律协助，如果他无足够力量为此种服务支付费用，可不交费。

7. 各国政府还应确保，被逮捕或拘留的所有的人，不论是否受到刑事指控，均应迅速得到机会与一名律师联系，不管在何种情况下至迟不得超过自逮捕或拘留之时起的48小时。

8. 遭逮捕、拘留或监禁的所有的人应有充分机会、时间和便利条件，毫无迟延地，在不被窃听、不经检查和完全保密情况下接受律师来访和与律师联系协商。这种协商可在执法人员能看得见但听不见的范围内进行。

资格和培训

9. 各国政府、律师专业组织和教育机构应确保律师受过适当教育和培训,具有对律师的理想和道德义务以及对国内法和国际法所公认的人权和基本自由的认识。

10. 各国政府和律师专业组织和教育机构应确保在法律职业范围内,对于开始从事或继续从事开业者不因其种族、肤色、性别、族裔本源、宗教、政治或其他见解、原国籍或社会出身、财产、出生、经济或其他地位而有任何歧视,但是关于律师必须是该国国民的规定不应视为具有歧视性。

11. 在国内有一些群体、社区或地区对法律服务的需要得不到满足的情况下,特别是在这类群体有着独特的文化、传统或语言或者这类群体曾是以往歧视的受害者的情况下,该国政府和律师专业组织和教育机构应采取特别措施提供机会使来自这类群体的人选能进入法律专业,并应确保他们受到适合于其群体需要的培训。

义务和责任

12. 律师应随时随地保持其作为司法工作重要代理人这一职业的荣誉和尊严。
13. 律师对其委托人负有的职责应包括:
    (a) 对委托人的法定权利和义务,以及在与此种权利和义务有关的范围内,对法律系统的运作,提出咨询意见;
    (b) 以一切适当的方法帮助委托人,并采取法律行动保护他们的利益;
    (c) 在法院、法庭或行政当局面前给委托人以适当的帮助。
14. 律师在保护其委托人的权利和促进维护正义的事业中,应努力维护受到本国法律和国际法承认的人权和基本自由,并在任何时候都根据法律和公认的准则以及律师的职业道德,自由和勤奋地采取行动。
15. 律师应始终真诚地尊重其委托人的利益。

保证律师履行职责的措施

16. 各国政府应确保律师(a) 能够履行其所有职责而不受到恫吓、妨碍或不适当的干涉;(b) 能够在国内以及国外旅行并自由地同其委托人进行磋商;(c) 不会由于其按照公认的专业职责、准则和道德规范所采取的任何行动而受到或者被威胁受到起诉或行政、经济或其他制裁。
17. 律师如因履行其职责而其安全受到威胁时,应得到当局给予充分的保障。
18. 不得由于律师履行其职责而将其等同于其委托人或委托人的诉讼事由。
19. 凡是律师辩护权在其面前得到确认的任何法院或行动当局不得拒绝承认一名合格律师代表其委托人出庭的权利,除非按照本国法律和惯例以及根据这里所述的基本原则,该律师已被取消资格。

20. 律师对于其书面或口头辩护时所发表的有关言论或作为职责任务出现于某一法院、法庭或其他法律或行政当局之前所发表的有关言论,应享有民事和刑事豁免权。

21. 主管当局有义务确保律师能有充分的时间查阅当局所拥有或管理的有关资料、档案和文件,以便使律师能向其委托人提供有效的法律协助。应该迟早在适当时机提供这种查阅的机会。

22. 各国政府应确认和尊重律师及其委托人之间在其专业关系内的所有联络和磋商均属保密。

言论和结社自由

23. 与其他公民一样,律师也享有言论、信仰、结社和集会的自由。特别是,他们应有权参加有关法律、司法以及促进和保护人权等问题的公开讨论并有权加入或筹组地方的、全国的或国际性的组织和出席这些组织的会议而不致由于他们的合法行为或成为某一合法组织的成员而受到专业的限制。律师在行使这些权利时,应始终遵照法律和公认准则以及按照律师的职业道德行事。

律师的专业组织

24. 律师应有权成立和参加由自己管理的专业组织以代表其自身利益,促进其不断受到教育和培训,并保护其职业的完善。专业组织的执行机构应由其成员选举产生并应在不受外来干涉情况下行使职责。

25. 律师的专业组织应与政府合作以确保人人都能有效和平等地得到法律服务,并确保律师能在不受无理干涉情况下按法律和公认的职业标准和道德向其当事人提供意见,协助其委托人。

纪律诉讼

26. 应由法律界通过其有关机构或经由立法,按照本国法律和习惯以及公认的国际标准和准则,制定律师职业行为守则。

27. 对在职律师所提出的指控或控诉按适当程序迅速、公正地加以处理。律师应有受公正审讯的权利,包括有权得到其本人选定的一名律师的协助。

28. 针对律师提出的纪律诉讼应提交由法律界建立的公正无私的纪律委员会处理或提交一个独立的法定机构或法院处理,并应接受独立的司法审查。

29. 所有纪律诉讼都应按照职业行为守则和其他公认的准则和律师职业道德规范并参照本基本原则进行判决。

144. 关于检察官作用的准则

(第八届联合国预防犯罪和罪犯待遇大会
1990年8月27日至9月7日通过)

鉴于《联合国宪章》规定,世界各国人民申明决心创造能维护正义的条件并宣告以进行国际合作,不分种族、性别、语言或宗教,促进并鼓励尊重人权和基本自由作为其宗旨之一,

鉴于《世界人权宣言》庄严宣布了法律面前人人平等的原则、无罪推定的原则和有权得到独立和不偏不倚的法庭进行公正和公开审讯的原则,

鉴于目前在这些原则的基本设想和实际情况之间依然常常存在着差距,

鉴于各国应当按照这些原则的精神去组织和开展司法工作,努力使这些原则完全成为现实,

鉴于检察官在司法工作中具有决定性作用,有关履行其重要职责的规则应促进其尊重并按照上述原则行事,从而有助于刑事司法公平而合理,并有效地保护公民免受犯罪行为的侵害,

鉴于通过改进检察官的征聘方法及其法律和专业培训,并向他们提供一切必要手段,使他们在打击犯罪行为,特别是打击新形式和新规模的犯罪行为方面得以恪尽职守,确保检察官具备履行其职责所必需的专业资历具有十分重要的意义,

鉴于联合国大会根据第五届联合国预防犯罪和罪犯待遇大会的建议,在其1979年12月17日第34/169号决议中通过了《执法人员行为守则》,

鉴于第六届联合国预防犯罪和罪犯待遇大会在其第16号决议中要求犯罪预防和控制委员会把制定关于法官的独立及关于法官和检察官的甄选、专业培训和地位的指导方针,列为其工作的重点,

鉴于第七届联合国预防犯罪和罪犯待遇大会通过了《关于司法机关独立的基本原则》,随后又由联合国大会1985年11月29日第40/32号和1985年12月13日第40/146号决议予以批准,

鉴于《为罪行和滥用权力行为受害者取得公理的基本原则宣言》建议在国际和国家这两级采取措施,使犯罪行为的受害者能更好地获得正义与公平待遇、追复原物、赔偿和援助,

鉴于第七届联合国预防犯罪大会在其第7号决议中要求犯罪预防和控制委员会考虑是否需要制订有关以下各方面的准则:检察官的甄选、专业培训和地位,对他们的职责和行为的要求,使他们对刑事司法制度的顺利运作作出更大贡献和增进他们与警方的合作的手段,他们的酌处权的范围,以及他们在刑事诉讼程序中的作用,并就此向今后各届联合国预防犯罪大会提出报告,

所制订的下列各项准则,其目的在于协助会员国确保和促进检察官在刑事诉讼程序中发挥有效、不偏不倚和公正无私的作用,各国政府在其国家立法和实践中应尊重并考虑到这

些准则的规定,同时还应使检察官、法官、律师、行政和立法部门的成员以及一般公众注意到本准则。本准则制定时考虑的主要是公诉检察官,但它们同样可以酌情适用于特别任命的检察官。

资格、甄选和培训

1. 获选担任检察官者,均应为受过适当的培训并具备适当资历、为人正直而有能力的人。

2. 各国政府应确保:

(a) 甄选检察官的标准应包含保障措施,防止基于偏见或成见的任用,不得因种族、肤色、性别、语言、宗教、政治见解或其他见解、种族、社会或族裔出身、财产、本人出身、经济地位或其他地位而对任何人实行歧视,但对检察官候选人须是有关国家国民的要求,不应被视为歧视;

(b) 检察官应受过适当的教育和培训,应使其认识到其职务所涉的理想和职业道德,宪法和其他法规中有关保护嫌疑犯和受害者的规定,以及由国家法律和国际法所承认的各项人权和基本自由。

地位和服务条件

3. 检察官作为司法工作的重要作为者,应在任何时候都保持其职业的荣誉和尊严。

4. 各国应确保检察官得以在没有任何恐吓、阻障、侵扰,不正当干预或不合理地承担民事、刑事或其他责任的情况下履行其专业职责。

5. 如若检察官及其家属的安全因履行其检察职能而受到威胁,有关当局应向他们提供人身安全保护。

6. 检察官的服务条件、充足的报酬,在适用的情况下其任期、退休金以及退休年龄均应由法律或者颁布法规或条例加以规定。

7. 如有检察官晋升制度,则检察官的晋升应以各种客观因素、特别是专业资历、能力、品行和经验为根据,并按照公平和公正的程序加以决定。

言论和结社的自由

8. 检察官同其他公民一样,享有言论、信仰、结社和集会的自由。特别是他们应有权参加公众对有关法律、司法和促进及保护人权问题的讨论,有权参加或成立本地、国家或国际组织和参加其会议,而不应因其合法行动或为一合法组织成员而蒙受职业上的不利。在行使这些权利时,检察官应始终根据法律以及公认的职业标准和道德行事。

9. 检察官可自由组织和参加专业协会或代表其利益的其他组织,以促进其专业培训和保护其地位。

在刑事诉讼中的作用

10. 检察官的职责应与司法职能严格分开。
11. 检察官应在刑事诉讼、包括提起诉讼,和根据法律授权或当地惯例,在调查犯罪、监督调查的合法性、监督法院判决的执行和作为公众利益的代表行使其他职能中发挥积极作用。
12. 检察官应始终一贯迅速而公平地依法行事,尊重和保护人的尊严,维护人权从而有助于确保法定诉讼程序和刑事司法系统的职能顺利地运行。
13. 检察官在履行其职责时应:
    (a) 不偏不倚地履行其职能,并避免任何政治、社会、文化、性别或任何其他形式的歧视;
    (b) 保证公众利益,按照客观标准行事,适当考虑到嫌疑犯和受害者的立场,并注意到一切有关的情况,无论是否对嫌疑犯有利或不利;
    (c) 对掌握的情况保守秘密,除非履行职责或司法上的需要有不同的要求;
    (d) 在受害者的个人利益受到影响时应考虑到其观点和所关心的问题,并确保按照《为罪行和滥用权力行为受害者取得公理的基本原则宣言》,使受害者知悉其权利。
14. 如若一项不偏不倚的调查表明的起诉缺乏根据,检察官不应提出或继续检控,或应竭力阻止诉讼程序。
15. 检察官应适当注意对公务人员所犯的罪行,特别是对贪污腐化、滥用权力、严重侵犯嫌疑犯人权、国际法公认的其他罪行的起诉,和依照法律授权或当地惯例对这种罪行的调查。
16. 当检察官根据合理的原因得知或认为其掌握的不利于嫌疑犯的证据是通过严重侵犯嫌疑犯人权的非法手段,尤其是通过拷打、残酷的、非人道的或有辱人格的待遇或处罚或以其他违反人权办法而取得的,检察官应拒绝使用此类证据来反对采用上述手段者之外的任何人或将此事通知法院,并应采取一切必要的步骤确保将使用上述手段的责任者绳之以法。

酌处职能

17. 有些国家规定检察官拥有酌处职能,在这些国家中,法律或已公布的法规或条例应规定一些准则,增进在检控过程中作出裁决,包括起诉和免予起诉的裁决的公正和连贯性。

起诉之外的办法

18. 根据国家法律,检察官应在充分尊重嫌疑者和受害者的人权的基础上适当考虑免予起诉、有条件或无条件地中止诉讼程序或使某些刑事案件从正规的司法系统转由其他办法处理。为此目的,各国应充分探讨改用非刑事办法的可能性,目的不仅是减轻过重的法院负担而且也可避免受到审前拘留、起诉和定罪的污名以及避免监禁可能带来的不利后果。
19. 在检察官拥有决定应否对少年起诉酌处职能的国家,应对犯罪的性质和严重程度、保护社会和少年的品格和出身经历给予特别考虑。在做这种决定时,检察官应根据有关少年司法审判法和程序特别考虑可行的起诉之外的办法。检察官应尽量在十分必要时才对少年采取起诉行动。

与其他政府机构或组织的关系

20. 为了确保起诉公平而有效,检察官应尽力与警察局、法院、法律界、公共辩护人和政府其他机构进行合作。

纪律处分程序

21. 对检察官违纪行为的处理应以法律或法律条例为依据。对检察官涉嫌已超乎专业标准幅度的方式行事的控告应按照适当的程序迅速而公平地加以处理。检察官应有权利获得公正申诉的机会。这项决定应经过独立审查。

22. 针对检察官的纪律处分程序应保证客观评价和决定。纪律处分程序均应根据法律规定、职业行为准则和其他已确立的标准以及专业道德规范并根据本《准则》加以处理。

遵守准则

23. 检察官应遵守本准则。他们还应竭尽全力防止和坚决反对任何违反准则的行为。

24. 检察官如有理由认为业已发生或即将发生违反本准则的行为,应向其上级机关,并视情况,向其他拥有检查权或纠正权的有关当局或机构报告情况。

145. 联合国非拘禁措施最低限度标准规则("东京规则")

(联合国大会 1990 年 12 月 14 日通过)

一、总　则

1. 基本目的

1.1 本《最低限度标准规则》为促进采用非拘禁措施提出了一套基本原则,并为作为监外教养对象的人提供最低限度的保障措施。

1.2 本《规则》拟促进社区在更大程度上参与刑事司法管理工作,特别是在罪犯处理方面,并促进在罪犯当中树立对社会的责任感。

1.3 应根据各国现行的政治、经济、社会和文化情况,并顾及各国刑事司法制度的目的和目标来执行本《规则》。

1.4 会员国在执行本《规则》时应力求在罪犯的个人权利与受害者的权利和社会对于公共安全和预防犯罪的关注之间达到妥善的平衡。

1.5 会员国应在其本国法律制度内采用非拘禁措施,从而减少使用监禁办法的程度,并使刑事司法政策合理化,同时考虑到遵守人权的义务、社会正义的需求以及改造罪犯方面的需要。

2. 非拘禁措施的范围

2.1 本《规则》的有关各项规定应在刑事司法执行工作的各个阶段适用于所有受到起诉、审判或执行判决的人。为了本《规则》的目的,这类人通称为"罪犯",不论其为嫌疑犯、被告或被判刑者。

2.2 实施本《规则》时,不得以种族、肤色、性别、年龄、语言、宗教、政治或其他见解、民族本源或社会出身、财产、出生或其他状况为由而实行任何歧视。

2.3 为了配合犯法行为的性质和严重程度、罪犯的个性和背景以及保护社会的需要,并避免不必要地使用监禁办法,刑事司法制度应规定出一套从审前至判决后处置的范围广泛的非拘禁措施。应决定可用的非拘禁措施的数目和种类以便保持始终一贯的判刑。

2.4 应鼓励制定和密切监督新的非拘禁措施,并对其使用情况进行有系统的评价。

2.5 应根据法律保障措施和法制,考虑在社区内对罪犯加以处理,避免诉诸正规的诉讼或法院审判。

2.6 应根据尽少干预的原则应用非拘禁措施。

2.7 采用非拘禁措施应成为向非刑罚化和非刑罪化方向努力的一部分,而不得干预或延误为此目的进行的努力。

3. 法律保障措施

3.1 非拘禁措施的采纳、界定以及适用应在法律条文中加以规定。

3.2 非拘禁措施的选择应是根据对犯法行为性质和严重程度以及对罪犯个性和背景、判刑目的和受害者权利方面各项既定标准的评估。

3.3 司法当局或其他独立的主管当局应本着充分负责的精神和以法制为唯一的原则,在诉讼程序的各个阶段中行使其酌处权。

3.4 正规诉讼或审判之前或拟替代此类诉讼或审判的所有非拘禁措施,实施前应征得罪犯的同意。

3.5 在罪犯提出申请后,有关给予非拘禁措施的决定,须接受司法机关或其他独立的主管当局审查。

3.6 罪犯应有权就非拘禁措施执行中影响其个人权利的事宜,向司法机关或其他独立的主管当局提出请求或申诉。

3.7 应为任何有关不遵守国际公认人权事件的冤情提供求偿并且可能时补救的适当

机制。

3.8 非拘禁措施不应涉及对罪犯进行医疗或心理试验或给罪犯的身心带来不当伤害危险。

3.9 应始终保护受非拘禁措施罪犯的尊严。

3.10 在执行非拘禁拘留时,对罪犯权利的限制不应超过原判决主管当局所规定的程度。

3.11 在适用非拘禁措施时,应尊重罪犯的以及其家庭成员的隐私权。

3.12 罪犯的个人档案记录应予严格保密,不应让第三方接触。只有直接参与处置有关罪犯案件者或其他经过适当授权的人员,才能接触这类档案记录。

4. 保 留 条 款

4.1 解释本《规则》时,不得排除《囚犯待遇最低限度标准规则》、《联合国少年司法最低限度标准规则》(北京规则)、《保护所有遭受任何形式拘留或监禁的人的原则》,或国际社会公认与罪犯待遇及保护其基本人权有关的任何其他人权文书和标准的适用。

二、审 前 阶 段

5. 审 前 处 置

5.1 在适当时并不违反法律制度的情况下,应授权警察、检察部门或其他处理刑事案件的机构,在它们认为从保护社会、预防犯罪或促进对法律或受害者权利的尊重的角度来看,没有必要对案件开展诉讼程序时,可撤销对该罪犯的诉讼。为斟酌决定撤销诉讼或确定予以起诉的目的,应在每一种法律制度内拟订一套既定的标准。对轻微犯罪案件,检察官可酌情处以适当的非拘禁措施。

6. 避免审前拘留

6.1 审前拘留应作为刑事诉讼程序的最后手段加以使用,并适当考虑对被指称违法行为的调查和对社会及受害者的保护。

6.2 应尽量在早期阶段采用替代审前拘留的措施。审前拘留的期限不应超过为实现规则 5.1 中规定的目的所需的时间,并应以合乎人道的方式和在尊重人的固有尊严的基础上实施此种拘留。

6.3 罪犯应有权就审前拘留问题向司法机关或其他独立的主管当局提出上诉。

三、审讯和判决阶段

7. 社会调查报告

7.1 如果社会调查报告有其可能,则司法当局可利用由特许主管官员或机构编写的这一报告。报告应载有关于罪犯本人有关其犯罪方式和现行犯法行为的社会资料。它还应载有有关判决程序的资料和建议。报告应确定、客观和公正,观点应明确。

8. 判决处置

8.1 司法当局由于可使用一系列非拘禁措施,因此在作出判决时应考虑到罪犯改进自新的需要、对社会的保护和受害者的利益,并应尽可能征求受害者的意见。

8.2 判决当局可以下列方式处置案件:

(a) 口头制裁,如告诫、申诉和警告;

(b) 有条件撤销;

(c) 身份处罚;

(d) 经济处分和罚款,如罚钱和按日计算的罚金;

(e) 没收或征用令;

(f) 对被害者追复原物或赔偿令;

(g) 中止或推迟判决;

(h) 缓刑和司法监督;

(i) 社区服务令;

(j) 送管教中心;

(k) 软禁;

(l) 任何其他非监禁方式;

(m) 上述办法的某种结合。

四、判决后阶段

9. 判决后处置

9.1 主管当局应可使用广泛一系列判决后替代办法,以尽可能避免监禁,并协助罪犯早日重返社会。

9.2 判决后处置办法可包括:

(a) 准假和中途管教所;

(b) 工作或学习假;

(c) 各种形式的假释;

(d) 宽恕;

(e) 赦免。

9.3 在罪犯提出申请后,有关判决后处置的决定,除赦免外,须接受司法当局或其他独立的主管当局的审查。

9.4 应尽量在早期阶段考虑以某种形式自监狱释放以实施非拘禁方案。

五、非拘禁措施的执行

10. 监　　督

10.1　监督的目的是减少再度犯罪和协助罪犯重返社会,尽量使其不致重新犯案。

10.2　如必须对非拘禁措施加以监督,则应由主管当局根据法律规定的具体条件予以执行。

10.3　在一定的非拘禁措施范围内,应针对每个案件确定旨在帮助罪犯悔改前非的最适当监督和处理方式。必要时应定期审查和调整监督和处理措施。

10.4　必要时应向罪犯提供心理、社会和物质方面的援助,并使他们有机会与社区加强联系,从而促使他们重返社会。

11. 期　　限

11.1　非拘禁措施的期限不得超过主管当局根据法律确定的时间。

11.2　可订立规定在罪犯积极配合这种措施时,可望早日终止措施。

12. 条　　件

12.1　主管当局在决定罪犯应遵守的条件时,应考虑到社会的需要以及罪犯和受害者的需要和权利。

12.2　须遵守的条件应切实可行、明确,条件数目尽可能少,其目的应是减少罪犯重新染上犯罪行为的可能性,并应是增加他们重返社会的机会,同时考虑到受害者的需要。

12.3　在开始实行非拘禁措施时,应以口头或书面方式向罪犯解释包括罪犯的义务和权利在内的关于适用该项措施的条件。

12.4　主管当局可以根据既定的法律规定,视罪犯的进展表现,更改这些条件。

13. 处 理 过 程

13.1　在一定的非拘禁措施范围内,应对适当案件制定各种不同的方案,诸如个案工作、集体治疗、收容管教方案和对各类罪犯的专门处理等等,以便有效地符合罪犯的需要。

13.2　应由受过适当培训并具有实际经验的专业人员进行处理。

13.3　一旦决定有必要进行处理时,应作出各种努力了解每一罪犯的背景、个性、悟性、智力和价值观念,特别是导致他犯法的环境。

13.4　主管当局可在适用非拘禁措施时设法利用社区和社会支助系统。

13.5　承办案件的数量应切实维持在力所能及的程度,以便确保有效执行处理方案。

13.6　主管当局应为每个罪犯设立和保持专案记录。

14. 惩戒和违反条件

14.1　罪犯违反其须遵守的条件可导致非拘禁措施的更改或撤销。

14.2　更改或撤销非拘禁措施应由主管当局作出，但事先必须对监督人员和罪犯双方提出的事实进行仔细的审查。

14.3　非拘禁措施的失败不应自动导致拘禁措施的施加。

14.4　更改或撤销非拘禁措施时，主管当局应力求确立另一项合适的非拘禁措施。只有当无其他合适的替代措施时，才能实施监禁徒刑。

14.5　罪犯违反条件时予以逮捕和扣押监督的权力应由法律予以明文规定。

14.6　更改或撤销非拘禁措施时，罪犯应有权向司法当局或其他独立的主管当局提出上诉。

六、工作人员

15. 征　　聘

15.1　征聘工作人员时，不得以种族、肤色、性别、年龄、语言、宗教、政治或其他见解、民族本源或社会出身、财产、出生或其他状况为由而实行任何歧视。工作人员征聘政策应考虑到国家关于平权行动的政策，并反映出拟予以监督的罪犯的多种类别。

15.2　任命实施非拘禁措施的人员应有合格的个人条件，在可能情况下应受过适当的专业培训和具有实际经验。对这些资格应有明确的规定。

15.3　为了获得和留住合格的专业工作人员，应使之享有适当的公务员地位、与其工作性质相称的适当薪金和福利，并应有充分的机会在专业和事业上得到发展。

16. 工作人员培训

16.1　培训的目的是使工作人员明了在改造罪犯、确保罪犯的权利和保护社会方面的责任。培训还应使工作人员了解需要与有关机构的活动进行合作与协调。

16.2　在工作人员开始工作前，应向他们提供内容包括有关非拘禁措施的性质、进行监督的目的以及适用非拘禁措施的各种方式的培训课程。

16.3　开始工作后，工作人员应通过参加在职培训和进修班来保持和增进其知识水平和专业能力。应为此目的提供充足的设施。

七、志愿人员及其他社区资源

17. 公众参与

17.1　公众参与是一大资源，应作为改善接受非拘禁措施的罪犯与家庭及社区之间的联系的最重要因素之一来加以鼓励。应用它来补充刑事司法的执法工作。

17.2　应把公众参与视作为社区成员自身为保护社会作出贡献的一个机会。

18. 公众理解与合作

18.1　应鼓励政府机构、私人部门和一般公众向提倡采用非拘禁措施的自愿组织提供支持。

18.2 应定期组织会议、研讨会、专题讨论会及其他活动,来提高对公众参与施行非拘禁措施的必要性的认识。

18.3 应利用各种形式的大众传播媒介,帮助公众采取建设性态度,以便开展有助于更广泛适用非拘禁措施和罪犯社会改造的活动。

18.4 应作出一切努力使公众了解自己在执行非拘禁措施方面的重要作用。

19. 志愿人员

19.1 应根据志愿人员从事有关工作的悟性和兴趣来对他们加以仔细甄选和征聘。应针对他们须履行的特定责任进行适当的培训,应使他们能够从主管当局得到支持和辅导,并有机会与其商量。

19.2 志愿人员应通过提供辅导及其他力所能及且符合罪犯需要的适当援助形式,鼓励罪犯及其家属与社区建立有益的联系和范围较广的接触。

19.3 应确保志愿人员在执行其任务时不发生事故,不受到伤害和不承担公共责任。他们工作中所引起的经核准的开支应得到偿还。他们为社区福利提供的服务应得到公众的承认。

八、研究、规划、政策制定和评价

20. 研究和规划

20.1 应努力争取公私营机构参加组织和推动对罪犯的非拘禁措施的研究工作,以此作为规划过程的一个基本方面。

20.2 应针对当事人、开业者、社区和政策制定者面临的问题定期开展研究工作。

20.3 应在刑事司法制度内设立研究和信息机制,以收集和分析与罪犯的非拘禁措施施行情况有关的数字和统计数字。

21. 政策制定和方案发展

21.1 应系统地规划和执行非拘禁措施的方案,以便在国家发展过程中将其作为刑事司法制度的一个组成部分。

21.2 应定期进行评价,以便更有效地执行非拘禁措施。

21.3 应定期进行审查,以评价非拘禁措施的目的、作用和效果。

22. 与有关机构和活动的联系

22.1 应逐步在各级形成适当的机制,促进负责非拘禁措施的部门在诸如保健、住房、教育、劳工和大众传播媒介等领域,与刑事司法系统的其他部门及政府的和非政府的社会发展和福利机构之间建立联系。

23. 国 际 合 作

23.1 应努力促进各国之间在非拘禁措施领域的科学合作。应与联合国秘书处预防犯罪和刑事司法处密切协作,通过联合国各个预防犯罪和罪犯待遇研究所,加强会员国关于非拘禁措施的研究、培训、技术援助和信息交换。

23.2 应根据《有条件判刑或有条件释放罪犯转移监督示范条约》进一步推动有关立法规定的比较研究和协调工作,以便开拓非拘禁办法的范围,并便利这类办法的跨国适用。

146. 联合国少年司法最低限度标准规则("北京规则")

(联合国大会 1985 年 11 月 29 日通过)

第一部分 总 则

1. 基 本 观 点

1.1 会员国应努力按照其总的利益来促进少年及其家庭的福利。

1.2 会员国应尽力创造条件确保少年能在社会上过有意义的生活,并在其一生中最易沾染不良行为的时期使其成长和受教育的过程尽可能不受犯罪和不法行为的影响。

1.3 应充分注意采取积极措施,这些措施涉及充分调动所有可能的资源,包括家庭、志愿人员及其他社区团体以及学校和其他社区机构,以便促进少年的幸福,减少根据法律进行干预的必要,并在他们触犯法律时对他们加以有效、公平及合乎人道的处理。

1.4 少年司法应视为是在对所有少年实行社会正义的全面范围内的各国发展进程的一个组成部分,同时还应视为有助于保护青少年和维护社会的安宁秩序。

1.5 应根据每个会员国的经济、社会和文化情况来执行本原则。

1.6 应逐步地建立和协调少年司法机关,以便提高和保持这些机关工作人员的能力,包括他们的方法、着手办法和态度。

说明

这些主要的基本观点涉及总的社会政策,旨在尽可能促进少年的幸福,从而尽量减少少年司法制度进行干预的必要。这样做也可减少任何干预可能带来的害处。在不法行为发生前为青少年采取这类照管措施是旨在避免产生有适用本规则之需要的基本政策手段。

规则 1.1 至 1.3 说明了积极的少年社会政策所起的重要作用,尤其在预防少年犯罪和不法行为方面的重要作用。规则 1.4 规定少年司法是为少年取得社会公理的一个组成部分,而规则 1.6 则谈到有必要经常改进少年司法,不使其落后于一般关于少年的渐进社会政策的发展,并切记有必要不断改善工作人员的服务。

规则1.5 力求考虑到会员国的现状,这些现状势必会使会员国执行具体规则的方式互不相同。

2. 规则的范围和采用的定义

2.1 下列最低限度标准规则应公平适用于少年罪犯,不应有任何区别,例如种族、肤色、性别、语言、宗教、政治或其他见解、民族本源或社会出身、财产、血统或其他身份地位的区别。

2.2 为了本规则的目的,会员国应在符合本国法律制度和法律概念的情况下应用下列定义:

(a) 少年系指按照各国法律制度,对其违法行为可以不同于成年人的方式进行处理的儿童或少年人;

(b) 违法行为系指按照各国法律制度可由法律加以惩处的任何行为(行为或不行为);

(c) 少年犯系指被指控犯有违法行为或被判定犯有违法行为的儿童或少年人。

2.3 应努力在每个国家司法管辖权范围内制订一套专门适用于少年犯的法律、规则和规定,并建立授权实施少年司法的机构和机关,其目的是:

(a) 满足少年犯的不同需要,同时保护他们的基本权利;

(b) 满足社会的需要;

(c) 彻底和平地执行下述规则。

说明

特意拟就本最低限度标准规则以使可在不同的法律制度内适用,同时规定了一些无论根据哪种关于少年的定义和任何对待少年犯的制度都可用于处理少年犯的最低限度标准。实施本规则时应始终公平对待和不加任何区别。

因此规则2.1强调了公平和不加任何区别地实行本规则的重要性。这条规则遵循了《儿童权利宣言》原则2的拟写方式。

规则2.2界定"少年"和"违法行为"是"少年犯"要领的组成部分,少年犯是本最低限度标准规则的主要对象(另见规则3和4)。应当指出的是,年龄限度将取决于各国本身的法律制度,并对此作了明文规定,从而充分尊重会员国的经济、社会、政治、文化和法律制度。这样,在"少年"的定义下,年龄幅度很大,从7岁到18岁或18岁以上不等。鉴于各国法律制度的不同,这种差别似乎是难免的,而且不会削弱本最低限度标准规则的作用。

规则2.3说明有必要制订具体的国家立法,以便合法地和符合实际地适当执行本最低限度标准规则。

3. 规则应用范围的扩大

3.1 本规则的有关规定不仅适用于少年犯,而且也适用于可能因犯有对成年人不予惩处的任何具体行为而被起诉的少年。

3.2 应致力将本规则中体现的原则扩大应用于所有受到保护福利和教管程序对待的少年。

3.3 还应致力将本规则中体现的原则扩大应用于年纪轻的成年罪犯。

说明

规则3把少年司法最低限度标准规则规定的保护扩大到下列范围：

（a）各国法律制度中所称的"身份罪"，在这方面少年的违法行为范围较成人为广（如旷课、在学校和家庭不服管教、公共场所酗酒等）（规则3.1）；

（b）少年福利和教管程序（规则3.2）；

（c）处理年轻的成年罪犯的程序，当然取决于每一特定的年龄限度（规则3.3）。

将本规则的应用范围扩大到上述三个方面似乎是有道理的。规则3.1规定了这些方面最低限度的保证。人们认为，规则3.2是迈向对所有触犯法律的少年提供比较公正、公平、合乎人道的司法待遇的可喜的一步。

4. 刑事责任年龄

4.1 在承认少年负刑事责任的年龄这一概念的法律制度中，该年龄的起点不应规定得太低，应考虑到情绪和心智成熟的实际情况。

说明

由于历史和文化的原因，负刑事责任的最小年龄差别很大。现代的做法是考虑一个儿童是否能达到负刑事责任的精神和心理要求，即根据孩子本人的辨别和理解能力来决定其是否能对本质上反社会的行为负责，如果将刑事责任的年龄规定得太低或根本没有年龄限度的下限，那么责任概念就会失去意义。总之，不法行为或犯罪行为的责任概念与其他社会权利和责任（如婚姻状况、法定成年等）密切有关。

因此，应当作出努力以便就国际上都适用的合理的最低年龄限度的问题取得一致意见。

5. 少年司法的目的

5.1 少年司法制度应强调少年的幸福，并应确保对少年犯作出的任何反应均应与罪犯和违法行为情况相称。

说明

规则5提到了少年司法问题两个最重要的目的。第一个目的是增进少年的幸福。这是那些由家族法院或行政当局来处理少年犯的法律制度的一个着重点，但是，在那些遵循刑事法院模式的法律制度中也应当对少年的幸福给予重视强调，从而可以避免只采用惩罚性的处分。（并参看规则14）。

第二个目的是"相称原则"。这一原则作为限制采取惩罚性处分的一种手段是众所周知的，而这一原则在大多数情况下表现为对违法行为的严重性有公正的估量。不仅应当根据违法行为的严重程度而且也应根据本人的情况来对少年犯作出反应。罪犯个人的情况（如：社会地位、家庭情况、罪行造成的危害或影响个人情况的其他因素）应作出相称的反应产生影响（如：考虑到罪犯为赔偿受害人而作出的努力，或注意到其愿意重新做人过有益生活的表示）。

由于同样的原因，旨在确保少年犯的幸福所作的反应也许会超过需要，因而侵犯了少年个人的基本权利，在某些少年司法制度中就存在这类情况。在这方面，应当确保对罪犯的情况和对违法行为、包括受害人的情况所作出的反应也要相称。

实质上,规则5要求的正是在任何少年违法和犯罪案件中作出公正反应。这条规则中包括的问题也许会有助于促进以下两个方面的进展:既需要新的和创新的反应形式,又需要防止不适当地扩大对少年的正规社会约束网。

6. 处理权限

6.1 鉴于少年的各种不同特殊需要,而且可采取的措施也多种多样,应允许在诉讼的各个阶段和少年司法的各级——包括调查、检控、审判和后续处置安排——有适当的处理权限。

6.2 但是,应尽量确保在行使任何这种处理权时所有各阶段和各级别充分承担责任。

6.3 行使处理权的人应具有特别资历或经过特别训练,能够根据自己的职责和权限明智地行使这种处理权。

说明

规则6.1、6.2和6.3结合了有效、公正与合乎人道的少年司法的几个重要特点;必须允许在各级重要的诉讼程序中行使自由处理权,这样使有决定权的人能够对每一案件采取最适当的行动;必须规定进行核查和制衡,以便制止任何滥用自由处理权的现象并保护少年犯的权利。追究责任和专业化对制止扩大处理权是一种最为恰当的手段。因此,这里强调了专业条件和培训专家的重要性,对确保明智地处理少年犯问题是一种宝贵的手段。(并参看规则1.6和2.22)。在这方面,还强调了需要制订行使处理权的具体准则和对审查、上诉等制度作出规定,以便可以对裁决和责任进行检查。这些内容在这里没有具体列明,因为在国际最低限度标准规则中很难包含这些内容,也不可能包括各种司法制度的所有差别。

7. 少年的权利

7.1 在诉讼的各个阶段,应保证基本程序方面的保障措施,诸如假定无罪、指控罪状通知本人的权利、保持沉默的权利、请律师的权利、要求父亲或母亲或监护人在场的权利、与证人对质的权利和向上级机关上诉的权利。

说明

规则7.1强调了几个重要问题,这些问题是进行公平合理审判的基本内容,并且在现有的一些人权文献中已得到了国际上的承认(并参看规则14)。例如,在《世界人权宣言》第11条和《公民权利和政治权利国际公约》第14条第2款中,都有假定无罪的内容。

规则14以下的这些最低限度标准规则特别具体规定了对少年犯的诉讼程序中的一些重要问题,而规则7.1只是一般地确认了最基本的程序方面的保障措施。

8. 保护隐私

8.1 应在各个阶段尊重少年犯享有隐私的权利,以避免由于不适当的宣传或加以点名而对其造成伤害。

8.2 原则上不应公布可能会导致使人认出某一少年犯的资料。

说明

规则8强调了保护少年犯罪享有隐私权的重要性。青少年特别易玷污名誉烙印。犯罪学方面对于这种加以点名问题的研究表明,将少年老是看成是"少年犯"或"罪犯"会造成(各种不同的)有害影响。

规则8还强调了保护少年犯不受由于传播工具公布有关案件的情况(例如被指控或定罪的少年犯的姓名)而造成的有害影响的重要性。少年犯的个人利益应当受到保护和维护,至少在原则上应如此。(规则8的一般性内容在规则21中将作进一步的规定)。

9. 保 留 条 款

9.1 本规则的任何部分都不应解释为排除应用联合国所通过的《囚犯待遇最低限度标准规则》和其他人权文书以及国际社会所承认的有关照顾和保护青少年的准则。

说明

规则9旨在避免在根据现有或正在拟订的国际人权文书和标准中所载原则解释和实施本规则时出现任何误解——这些文书如《世界人权宣言》;《经济、社会、文化权利国际公约》和《公民权利和政治权利国际公约》;《儿童权利宣言》和儿童权利公约草案。应该认识到,本规则的适用不影响可能载有适用范围更广泛的规定的任何这类国际文件。(并参看规则27)。

第二部分 调查和检控

10. 初 步 接 触

10.1 一俟逮捕就应立即将少年犯被捕之事通知其父母或监护人,开始无法立即通知,即应在随后尽快通知其父母或监护人。

10.2 法官或其他主管人员或主管机关应不加拖延地考虑释放问题。

10.3 应设法安排执法机构与少年犯的接触,以便在充分考虑到案件发生情况的条件下,尊重少年的法律地位,促进少年的福利,避免对其造成伤害。

说明

《囚犯待遇最低标准规则》第92条在原则上已包括了规则10.1。

法官或其他主管人员应不加拖延地考虑释放问题(规则10.2)。主管人员系该词最广义所指的任何人员或机关,包括有权释放任何被捕的人的社区委员会或警察当局。(并参看《公民权利和政治权利国际公约》第9条第3款)。

规则10.3涉及警察和其他执法人员在处理少年罪行时的某些基本程序问题和行为。大家公认,"避免伤害"的措辞比较灵活,它包括可能互相影响的许多特点(例如恶语相伤、身体暴行或环境影响等)。触犯少年司法程序本身对少年就可能是"有害的";因此,"避免伤害"应首先广义地解释为尽可能不伤害到少年,以及尽可能不造成其他任何或无故的伤害。这在与执法机构的初步接触中特别重要,因为这可能深刻地影响到少年对国家和社会的态度。而且,任何进一步的干预是否成功,在很大程度上取决于这种初步接触。在这种情况下,同情和宽厚坚定的态度极为重要。

11．观护办法

11.1 应酌情考虑在处理少年犯时尽可能不提交下面规则 14.1 中提到的主管当局正式审判。

11.2 应授权处理少年犯案件的警察、检察机关或其他机构按照各法律系统为此目的规定的标准以及本规则所载的原则自行处置这种案件，无需依靠正式审讯。

11.3 任何涉及把少年犯安排到适当社区或其他部门观护的办法都应征得少年、其父母或监护人的同意，但此种安排决定在执行前需经主管当局审查。

11.4 为便利自行处置少年案件，应致力提供各种社会方案，诸如短期监督和指导、对受害者的赔偿和补偿等等。

说明

观护办法、包括免除刑事司法诉讼程序并且经常转交社区支助部门，是许多法律制度中正规和非正规的通常做法。这种办法能够防止少年司法中进一步采取的诉讼程序的消极作用（例如被定罪和判刑带来的烙印）。许多时候不干预可能是最佳的对策。因而，在一开始就采取观护办法而不转交替代性的（社会）部门可能是适当的对策。当罪行性质不严重，家庭、学校或进行非正规社会约束的其他机关已经以或可能会以适当的和建设性的方式作出反应时，情况尤其是如此。

规则 11.2 指出，警察、检察机关或法院、仲裁庭、委员会或理事会等其他机构可在做出决定的任何阶段采取观护办法。可以由一个、几个或全部当局根据各法律制度的规则和政策并遵循本规则来施行这种做法。这些做法不一定局限于性质较轻的案件，从而能使观护办法成为一种重要的工具。

规则 11.3 强调取得少年犯（父母或监护人）对建议的观护措施的同意这一要求的重要性。（转送社区服务而不征得这种同意，将违反《废止强迫劳动公约》）。但是对这种同意也并非不能表示反对，因为，这种同意有时完全是由于少年出于走投无路的绝望心情才同意的。这一规则强调，在观护的各个阶段中，都应尽力减少强制和威胁的可能性。少年不应感到有压力（如避免出庭）或被迫同意接受观护方案。因此，最好作出规定，以便由"主管当局在执行前"客观地评价对少年犯的处置是否适宜。（"主管当局"可不同于规则 14 所指的当局。）

规则 11.4 建议，以社区观护办法作为代替少年司法诉讼程序的可行办法。特别推举以赔偿受害者的方式来了结的方案以及通过短时候监督和指导以避免将来触犯法律事件的方案。视个别案件情况有必要采取适当观护方法，即使犯有比较严重的罪行（例如初犯，由于同伙的压力而犯下罪行等）。

12．警察内部的专业化

12.1 为了圆满地履行其职责，经常或专门同少年打交道的警官或主要从事防止少年犯罪的警官应接受专门指导和训练。在大城市里，应为此目的设立特种警察小组。

说明

规则 12 提请人们注意，必须对从事少年司法的所有执法人员提供专门训练。由于警察是与少年司法制度发生接触的第一步,因此,他们必须以充分认识而且恰当的方式行事,这一点极为重要。

虽然都市化与犯罪的关系显然十分复杂,但是少年犯罪行为的增加是与大城市的发展特别是无计划的迅速发展存在着联系的。因此,特种警察小组不仅对实施本文件中所载的具体原则(如规则1.6)是不可缺少的,而且,从广义上说,对改善少年犯罪的预防和控制及少年罪犯的处理也是不可缺少的。

13. 审前拘留

13.1　审前拘留应仅作为万不得已的手段使用,而且时间应尽可能短。

13.2　如有可能,应采取其他替代办法,诸如密切监视、加强看管或安置在一个家庭或一个教育机关或环境内。

13.3　审前拘留的少年有权享有联合国所通过的《囚犯待遇最低限度标准规则》内载的所有权利和保障。

13.4　审前拘留的少年应与成年人分开看管,应拘留在一个单独的监所或一个也拘留成年人的监所的单独部分。

13.5　看管期间,少年应接受按照他们的年龄、性别和个性所需要的照顾、保护和一切必要的社会、教育、职业、心理、医疗和物质方面的个人援助。

说明

不应低估在审前拘留期间"犯罪污染"对少年的危害性。因此,强调需要采取替代性措施是极为重要的。为此目的,规则13.1鼓励制定新的和创新的措施,以便为了少年的利益而避免采取这种拘留。

审前拘留的少年享有《囚犯待遇最低限制标准规则》以及《公民权利和政治权利国际公约》所规定的一切权利和保障,特别是第9条和第10条第2(b)款和第3款所规定的权利和保障。

规则13.4不妨碍各国采取其他至少与本规则所提措施同样有效的对付成年罪犯的不利影响的措施。

列举了可能必要的各种不同的援助方式,以提请人们注意需要解决的受拘留少年的广泛特别需求(例如少女和少年、吸毒、酗酒、患精神病的少年、由于被逮捕而精神上受到创伤的少年人等)。

受拘留少年的不同的身心特点可能要求采取分类措施,从而对审前拘留的某些人实行单独看管,这样能避免少年受害,并提供更为恰当的援助。

第六届联合国预防犯罪和罪犯待遇大会在其关于少年司法标准的第4号决议规定,本规则除其他外,应反映出这一基本原则,即审前拘留应仅作为万不得已的手段使用,未成年的人不应被关押在易受成年被拘留者不良影响的设施中,并始终应考虑到他们发育成长阶段所特有的需要。

第三部分　审判和处理

14. 审判主管当局

14.1　少年罪犯的案件未(按规则11)转送观护机构时,则应由主管当局(法院、仲裁、委员会、理事会等)按照公平合理审判的原则对其加以处理。

14.2 诉讼程序应按照最有利于少年的方式和在谅解的气氛下进行,应允许少年参与诉讼程序,并且自由地表达自己的意见。

说明

要拟订一个可充当普遍称为审判当局的主管机关或个人的定义是很困难的。"主管当局"包括法院或仲裁庭的主持人(由一名法官或几名法官组成),包括专业和非专业地方法官以及行政管理委员会(如苏格兰和斯堪的纳维亚的制度)或其他更加非正规的带有审判性质的社区机构和解决冲突机构。

处理少年罪犯的程序在任何时候均应遵守在称为"正当法律程序"的程序下几乎普遍适用于任何刑事被告的最低限度标准。根据正当法律程序,"公平合理审判"应包括如下的基本保障:假定无罪、证人出庭和受询问、公共的法律辩护、保持沉默的权利、在审讯时最后发言的权利、上诉的权利等(并参看规则7.1)。

15. 法律顾问、父母和监护人

15.1 在整个诉讼程序中,少年应有权由一名法律顾问代表,或在提供义务法律援助的国家申请这种法律援助。

15.2 父母或监护人应有权参加诉讼,主管当局可以要求他们为了少年的利益参加诉讼。但是如果有理由认为,为了保护少年的利益必须排除他们参加诉讼,则主管当局可拒绝他们参加。

说明

规则15.1采用了同《囚犯待遇最低限度标准规则》第93条类似的词语。法律顾问和义务法律援助来确保向少年提供法律援助是必要的,规则15.2中所述的父母或监护人参加的权利则应被视为是对少年一般的心理和感情上的援助,在整个程序过程中都是如此。

主管当局在对案件寻求适当处理时可能特别会从少年的法律代表(或少年可以而且真正信任的某个其他个人助理)的合作中获益。如果父母或监护人的出席起了反作用,例如,如果他们对少年表现出仇视的态度,那么这种关怀就会受挫;因此必须规定有排除他们参加的可能性。

16. 社会调查报告

16.1 所有案件除涉及轻微违法行为的案件外,在主管当局作出判决前的最后处理之前,应对少年生活的背景和环境或犯罪的条件进行适当的调查,以便主管当局对案件作出明智的判决。

说明

在大多数少年法律诉讼案中,必须借助社会调查报告(社会报告或判决前调查报告)。应使主管当局了解少年的社会和家庭背景、学历、教育经历等有关事实。为此,有些司法制度利用法院或委员会附设的专门社会机构和人员来达到这个目的。其他人员包括缓刑监督人员也可起到这一作用。因此,本规则要求提供足够的社会服务,以便提出合乎要求的社会调查报告。

17. 审判和处理的指导原则

17.1　主管当局的处理应遵循下列原则：

（a）采取的反应不仅应当与犯罪的情况和严重性相称，而且应当与少年的情况和需要以及社会的需要相称；

（b）只有经过认真考虑之后才能对少年的人身自由加以限制并应尽可能把限制保持在最低限度；

（c）除非判决少年犯有涉及对他人行使暴力的严重行为，或屡犯其他严重罪行，并且不能对其采取其他合适的对策，否则不得剥夺其人身自由；

（d）在考虑少年的案件时，应把其福祉看做主导因素。

17.2　少年犯任何罪行不得判以死刑。

17.3　不得对少年施行体罚。

17.4　主管当局有权随时撤销诉讼。

说明

制订审判少年犯的准则，主要困难在于存在着未解决的哲理性冲突如：

（a）教改，或罪有应得；

（b）帮助，或压制和惩罚；

（c）根据每个案件情况作出反应，或者基于保护整个社会作出反应；

（d）普遍遏制，或逐个瓦解。

处理少年案件的这些做法之间的矛盾比在成人案件中的矛盾要大。少年案件所特有的各种各样的原因和反应，使得所有这些解决办法都相互交错而不可分。

少年司法最低限度标准规则应起的作用不是规定遵循哪种办法，而是确认一种最符合国际上所接受原则的办法。因此，规则17.1尤其是（a）、（c）分段中所确定的要点，基本上应视为能确保有共同起点的实际可行的准则；如果这些准则得到有关当局重视（并参看规则5），就可大大有助于确保少年的基本权利得到保护，特别是个人发育成长和受教育的基本权利。

规则17.1（b）意味着采用严厉的惩罚性办法是不合适的。在成人案件中和可能某些严重的少年违法案件中，可能会认为罪有应得和惩罚性处分有些好处，但在少年案件中必须一贯以维护少年的福祉和他们未来的前途为重。

根据第六届联合国预防犯罪大会第8号决议，考虑到必须满足少年的特别要求，鼓励尽可能采用监外教养办法。因此，考虑到公共安全，应当充分应用现有的替代处分办法和制订新的替代处分办法。应当尽可能通过缓期判刑、有条件的判刑、委员会裁决和其他处置办法实行缓刑。

规则17.1（c）与第六届大会第4号决议的指导原则之一相一致，这条原则旨在避免对少年实行监禁，除非没有其他适当的办法可以保护公共安全才这样做。

规则17.2禁止死刑的规定是与《公民权利和政治权利国际公约》第6条第5款相一致的。

禁止使用体罚的规定是与《公民权利和政治权利国际公约》第7条和《保护人人不受酷

刑和其他残忍、不人道或有辱人格的待遇或处罚宣言》以及《禁止酷刑和其他残忍、不人道或有辱人格的待遇或处罚公约》和儿童权利公约草案相一致的。

随时撤销诉讼的权力(规则17.4)是处理少年犯与处理成年犯不同的固有特点。主管当局随时可能掌握到事实情况,而致完全停止干预似乎是对案件最好的处理。

18. 各种不同的处理办法

18.1 应使主管当局可以采用各种各样的处理措施,使其具有灵活性,从而最大限度地避免监禁。有些可以结合起来使用的这类措施包括:

(a) 照管、监护和监督的裁决;
(b) 缓刑;
(c) 社区服务的裁决;
(d) 罚款、补偿和赔偿;
(e) 中间待遇和其他待遇的裁决;
(f) 参加集体辅导和类似活动的裁决;
(g) 有关寄养、生活区或其他教育设施的裁决;
(h) 其他有关裁决。

18.2 不应使少年部分或完全地离开父母的监督,除非其案情有必要这样做。

说明

规则18.1的目的是列举在不同的法律制度下一些已经实行而且至今证实有成效的重要反应和处分。总的来说,它们是一些很有希望的做法,值得效法和进一步加以发展。本规则没有对人员编制提出要求,因为可能某些地区会缺乏足够人员;可在这些地区试行或制定出需要较少人员的措施。

规则18.1所举例子都有共同的情况,即它们依靠和求助于社区有效执行监外教养办法。以社区为基础的改造是一种传统办法,现在已有多种形式。在这个基础上,应当鼓励有关当局提供以社区为基础的服务。

规则18.2指出家庭的重要性,根据《经济、社会、文化权利国际公约》第10条第1款,家庭是"社会的自然和基本的单元"。在家庭里,父母不仅有权利,而且有责任照料和监督其子女。因此,规则18.2要求把孩子与父母隔离开来这种办法当作万不得已的措施。只有当案情事实证明确实到了需要采取这一重大步骤(例如虐待儿童)时才可采取这种措施。

19. 尽量少用监禁

19.1 把少年投入监禁机关始终应是万不得已的处理办法,其期限应是尽可能最短的必要时间。

说明

进步的犯罪学主张采用非监禁办法代替监禁教改办法。就其成果而言,监禁与非监禁之间,并无很大或根本没有任何差别。任何监禁机似乎不可避免地会对个人带来许多消极影响;很明显,这种影响不能通过教改努力予以抵消。少年的情况尤为如此,因为他们最易受到消极影响的侵袭。此外,由于少年正处于早期发育成长阶段,不仅失去自由而且与正常的社会环境隔绝,这对他们所产生的影响无疑较成人更为严重。

规则 19 的目的是从两个方面对监禁加以限制:从数量上("万不得已的办法")和从时间上("最短的必要时间")。规则 19 反映出第六届联合国大会第 4 号决议的基本指导原则之一:除非在别无任何其他适当办法时,才把少年罪犯投入监狱。因此,本规定要求,如果不得不对少年实行监禁,则应将剥夺其自由的程度限制在最低限度,并就监禁作出特殊安排,同时注意区别罪犯、罪行和监禁机构的种类。实际上,应首先考虑采用"开放"而不是"关闭式"监禁机构。此外,任何设施均应是教养或感化性的,而不是监禁性的。

20. 避免不必要的拖延

20.1 每一案件从一开始就应迅速处理,不应有任何不必要的拖延。

说明

在少年案件中迅速办理正式程序是首要的问题。否则,会妨碍法律程序和处置可能会达到的任何好效果。随着时间的推移,少年在理智和心理上就越来越难以(如果不是不可能)把法律程序和处置同违法行为联系起来。

21. 档 案

21.1 对少年罪犯的档案应严格保密,不得让第三方利用。应仅限于与处理手头上的案件直接有关的人员或其他经正式授权的人员才可以接触这些档案。

21.2 少年罪犯的档案不得在其后的成人讼案中加以引用。

说明

本条规则在于在关系档案或案卷的相互冲突利益之间取得平衡,即加强控制的警察、检察机关和其他当局的利益同少年罪犯的利益(并参看规则 8)。"其他经正式授权的人员"一般除其他人员外,还包括研究人员。

22. 需要专业化和培训

22.1 应利用专业教育、在职培训、进修课程以及其他各种适宜的授课方式,使所有处理少年案件的人员具备并保持必要的专业能力。

22.2 少年司法工作人员的组成应反映出触犯少年司法制度的少年的多样成分。应努力确保少年司法机构中有合理的妇女和少数民族工作人员。

说明

处理案件的主管当局人员背景可能非常不同(在大不列颠及北爱尔兰联合王国及受习惯法系影响区域的地方法官;采用罗马法的国家及受这些国家影响的地区的经过正式训练的法官;其他一些地方推选的或任命的非专业审判员或陪审人员、社区委员会的成员等)。对于所有这些人员都要求具有最低限度的法律、社会学、心理学、犯罪学和行为科学的知识,这是同有组织的专业化和主管当局的独立性同等重要的。

对于社会工作者和缓刑监督人员来说,要求把职业专门化作为承担处理少年罪犯任务的前提条件可能是行不通的。因此,受过在职专业教育应为最低条件。

专业资格是确保公正有效地执行少年司法的一个重要因素。因此,有必要改进人员的聘用、晋升和专业培训工作,并为其提供必要的手段,以便他们有效地履行其职能。

在遴选、任命、提升少年司法人员时,应避免政治、社会、性别、种族、宗教、文化或其他任何种类的歧视,以便在少年司法工作中保持公正。这是由联合国第六届大会所建议的。此外,该届大会还要求会员国确保给予从事刑事司法工作的妇女公正平等的待遇,并建议应采取特别措施,聘用、培训妇女从事少年司法工作并为其晋升提供便利。

第四部分 非监禁待遇

23. 处理的有效执行

23.1 应为执行以上规则14.1所提到的主管当局所作裁决作出适当的规定,这些裁决可由当局本身或视情况需要由某个其他当局来执行。

23.2 这种规定应包括当局认为有必要时随时更动裁决的权力,其条件是应根据本规则所载原则来决定这种更动。

说明

处理少年案件比处理成人案件更易于对罪犯的一生产生长期影响。因此重要的是主管当局或原来处理案件的具备主管当局同样条件的独立机关(假释委员会、缓刑办公室、保护少年福利机构或其他机构)应监督对处理决定的执行。有些国家为此目的任命了执行法官。

主管当局的组成、权力和职能应是灵活的;规则23对它们进行了大致的说明,目的是使它们获得广泛接受。

24. 提供必要的援助

24.1 应作出努力在诉讼的各个阶段为少年提供诸如住宿、教育或职业培训、就业或其他任何有帮助的实际援助,以便利推动改造的过程。

说明

增进少年的福利应是最优先的考虑。因此,规则24强调,提供必要的设施、服务以及其他必要的协助是十分重要的,因为这样可以通过改造过程增进少年的最佳利益。

25. 动员志愿人员和其他各项社区服务

25.1 应发动志愿人员、自愿组织、当地机构以及其他社会资源在社区范围内并且尽可能在家庭内为改造少年犯作出有效的贡献。

说明

本规则反映出为所有教改少年犯的工作制定改造方针的必要性。要使主管当局的指令得到有效的执行,社区方面的合作是必不可少的。志愿人员特别是自愿服务已经证明是非常有价值的资源,但目前未得到充分利用。在某种情况下,前科犯(包括已戒除的前吸毒者)的合作,可以提供相当大的帮助。

本规则是根据规则1.1至1.6中所列诸项原则和《公民权利和政治权利国际公约》中的有关规定制订的。

第五部分 监禁待遇

26. 监禁待遇的目标

26.1 被监禁少年的培训和待遇的目标是提供照管、保护、教育和职业技能,以便帮助他们在社会上起到建设性和生产性的作用。

26.2 被监禁少年应获得由于其年龄、性别和个性并且为其健康成长所需要的社会、教育、职业、心理、医疗和身体的照顾、保护和一切必要的援助。

26.3 应将被监禁的少年与成年人分开,应将他们关押在分别的一个监所或在关押成年人的监所的一个单独部分。

26.4 对被监禁的少女罪犯个人的需要和问题,应加以特别的关心。她们应得到的照管、保护、援助、待遇和培训绝不低于少年罪犯。应确保她们获得公正的待遇。

26.5 为了被监禁少年犯的利益和福祉,父母或监护人应有权探望他们。

26.6 应鼓励各部会和部门之间的合作,给被监禁的少年提供适当的知识或在适当时提供职业培训,以确保他们离开监禁机关时不致成为没有知识的人。

说明

规则26.1和26.2所确定的监禁待遇目标是任何制度和文化都可以接受的。但很多地方尚未达到这些目标,在这方面还需做更多的工作。

医疗和特别是心理上的帮助,对被监禁的吸毒成瘾的、狂暴的和患精神病的少年,是极重要的。

规则26.3规定,使处于监禁的少年免受成人罪犯的不利影响和保障他们的福祉,正如第六届大会第4号决议所规定的,是与本规则的一项基本指导原则相一致的。这一原则不妨碍各国采取至少这一规则中所提措施同样有效的其他对付成人罪犯的不利影响的措施(并参看规则13.4)。

规则26.4是针对第六届大会所指出的女性罪犯一般得到的注意较男性罪犯差这一事实。特别是第六届大会的第9号决议要求在刑事司法程序的每一阶段对女性罪犯给予公正的待遇,并在监禁时期对她们的特殊问题和需要给予特别的关心。此外,还应根据第六届大会的《加拉加斯宣言》——该宣言特别要求在刑事司法中给予平等待遇——并以《消除对妇女歧视宣言》和《消除对妇女一切形式歧视公约》为背景来考虑本规则。

探望权(规则26.5)是根据规则7.1、10.1、15.2和18.2的规定而来的。部会部门之间的合作(规则26.6)对普遍提高监禁待遇和培训的质量有特别的重要意义。

27. 联合国所通过的《囚犯待遇最低限度标准规则》的适用

27.1 《联合国囚犯待遇最低限度标准规则》和有关各项建议应就其有关方面适用于被监禁的包括被拘留尚待审判的少年罪犯。

27.2 应尽最大的努力执行《囚犯待遇最低限度标准规则》所规定的有关原则,以便根据少年的年龄、性别和个性满足他们不同的需要。

说明

《囚犯待遇最低限度标准规则》是联合国最早颁布的这类文书之一。人们普遍认为该规则已在全世界范围内产生影响。尽管在一些国家,其执行只是一种愿望而不是一个事实,但是该规则对监禁机关的人道和公平管理仍起着重要的影响作用。

《囚犯待遇最低限度标准规则》包括了一些涉及被监禁的少年罪犯的基本保护(住宿、建筑、被褥、衣服、申诉和要求、与外界的接触、食物、医疗、参加宗教仪式、按年龄分组、工作人员、工作等),其中也包括了处罚和纪律的规定以及对危险罪犯的管束。如果要在少年司法最低限度标准规则范围内,根据少年罪犯监禁机关的特点,来更动上述最低限度标准规则,是不适当的。

规则27着重于被监禁少年的必要需求(规则27.1)以及根据他们年龄、性别和个性的不同需要(规则27.2)。因此,本规则的目标和内容是与《囚犯待遇最低限度标准规则》的有关规定互相关联的。

28. 经常、尽早地采用假释办法

28.1 有关当局应尽最大可能并尽早采用从监禁机关假释的办法。

28.2 有关当局应对从监禁机关假释的少年给予帮助和监督,社区应予充分的支持。

说明

如规则14.1所提到的主管当局或某些其他当局具有就假释作出决定的权力。因此,本规则提到"有关"而不是"主管"当局,这是恰当的。

如果情况允许,应采取假释,不一定要服满刑期。当表明有改过自新进步良好的证据时,甚至在监禁时曾经被认为危险的罪犯,在可行时,也可予以假释。像缓刑一样,假释是有条件的,须做到在有关当局判决规定的一段时间内有良好的表现,例如,罪犯"行为良好",参加社区教改方案、在重返社会训练所居住等。

从监禁机关获得假释的罪犯,应由一名缓刑工作人员或其他人员(尤其是尚未采用缓刑的地方)给予帮助和监督,也应鼓励社区的支持。

29. 半监禁式的办法

29.1 应努力提供帮助少年重获社会新生的半监禁式办法,如重返社会训练所、教养院、日间训练中心及其他这类适当的安排办法。

说明

不应低估在监禁期后加以照管的重要性。本规则强调有必要组成一系列半监禁式的安排办法。

本规则也强调有必要提供各种不同的设施和服务,以满足少年犯重返社会的不同需要,并且把提供指导和结构上的支助作为帮助顺利重获社会新生的一项重要措施。

第六部分　研究、规划、政策制定和评价

30. 研究作为规则、政策制定和评价的基础

30.1 应作出努力组织和促进必要的研究工作,把它作为有效规则和制定政策的基础。

30.2 应作出努力定期地审查和评价少年不法行为和犯罪的趋势、问题和原因以及被拘禁的少年的各种特殊需要。

30.3 应作出努力在少年司法制度中建立经常的评价研究体制,收集和分析有关数据和资料供有关评价和今后改善和改革管理之用。

30.4 在少年司法方面的提供服务工作应作为国家发展努力的一个组成部分来进行系统地规划和执行。

说明

人们普遍承认,利用研究作为制定一项通晓情况的少年司法政策的基础,是保持实践与知识同时提高并不断发展和改进少年司法制度的一个重要方法。在少年司法方面,研究同政策的相互反馈是尤其重要的。由于少年的生活方式及少年犯罪形式和领域的迅速而且往往急剧的变化,社会和司法机关对少年犯罪和不法行为的反应很快就变得不合时宜和不适当了。

因此规则 30 为把研究结合到少年司法政策的制定和应用的过程,规定了一些标准。本规则指出,应特别注意有必要对现行的方案和措施做经常的审查和评价,并从总体发展目标这一更大的角度进行规划。

对少年的需要及其不法行为的趋势和问题进行不断的评价,是正规地和非正规地改进制订有关政策和确定适当干预方法的一个条件。在这方面,负责机构应促进独立人士和团体进行研究,获得并考虑到少年本身的意见,不仅是那些触犯过少年司法制度的少年的意见,也许是有价值的。

在规划过程中必须特别强调更加有效和公平地提供必要服务的制度。为此应对少年普遍和特定的需要和问题进行全面和经常的评价,并定出明确的优先事项。在这方面,在使用现有资源、包括适于建立具体程序以执行和监督既定方案的监外教养办法和社区支持方面,也应进行协调。

147. 关于司法机关独立的基本原则

(第七届联合国预防犯罪和罪犯待遇大会 1985 年 8 月 26 日至 9 月 6 日通过)

鉴于《联合国宪章》规定,世界各国人民申明决心创造能维护正义的条件以进行国际合作,促进并鼓励尊重人权和基本自由而没有任何歧视,

鉴于《世界人权宣言》特别揭示了法律面前人人平等的原则、无罪推定的原则和有权得到依法设立的合格、独立和不偏不倚的法庭所进行的公正和公开审讯的原则,

鉴于《经济、社会、文化权利国际公约》、《公民权利和政治权利国际公约》两者都保证了这些权利的行使,此外,《公民权利和政治权利国际公约》还进一步保证在不得无故拖延的情况下受审的权利,

鉴于目前作为那些原则的基础的设想和实际情况之间依然常常存在着差距,

鉴于各国应当按照那些原则的精神去组织和执行司法,同时应当努力使那些原则完全成为现实,

鉴于有关执行司法职务的规则应当旨在使法官能够按照那些原则行事,

鉴于法官负有对公民的生命、自由、权利、义务和财产作出最后判决的责任,

鉴于第六届联合国预防犯罪和罪犯待遇大会在其第 16 号决议中,要求犯罪预防和控制委员会把拟订有关法官的独立以及法官和检察官的甄选、专业训练和地位的准则列为其优先事项,

鉴于因此最好首先考虑司法制度中法官的作用以及法官的甄选、专业训练和行为的重要性,

各国政府应在国家立法和实践范围内考虑并尊重下列为协助会员国确保和促进司法机关的独立而拟订的基本原则,并应提请法官、律师、行政和立法机关人员及一般公众注意这些原则。拟订原则时主要考虑的是专业法官,但如有非专业法官,这些原则根据情况也同样适用于非专业法官。

司法机关的独立

1. 各国应保证司法机关的独立,并将此项原则正式载入其本国的宪法或法律之中。尊重并遵守司法机关的独立,是各国政府机构及其他机构的职责。

2. 司法机关应不偏不倚、以事实为根据并依法律规定来裁决其所受理的案件,而不应有任何约束,也不应为任何直接间接不当影响、怂恿、压力、威胁、或干涉所左右,不论其来自何方或出于何种理由。

3. 司法机关应对所有司法性质问题享有管辖权,并应拥有绝对权威就某一提交或其裁决的问题按照法律是否属于其权力范围作出决定。

4. 不应对司法程序进行任何不适当或无根据的干涉;法院作出的司法裁决也不应加以修改。此项原则不影响由有关当局根据法律对司法机关的判决所进行的司法检查或采取的减罪或减刑措施。

5. 人人有权接受普通法院或法庭按照业已确立的法律程序的审讯。不应设立不采用业已确立的正当法律程序的法庭来取代应属于普通法院或法庭的管辖权。

6. 司法机关独立的原则授权并要求司法机关确保司法程序公平进行以及各当事方的权利得到尊重。

7. 向司法机关提供充足的资源,以使之得以适当地履行其职责,是每一会员国的义务。

言论自由和结社自由

8. 根据《世界人权宣言》,司法人员与其他公民一样,享有言论、信仰、结社和集会的自由;但其条件是,在行使这些权利时,法官应自始至终本着维护其职务尊严和司法机关的不偏不倚性和独立性的原则行事。

9. 法官可以自由组织和参加法官社团和其他组织，以维护其利益，促进其专业培训和保护其司法的独立性。

资格、甄选和培训

10. 获甄选担任司法职位的人应是受过适当法律训练或在法律方面具有一定资历的正直、有能力的人。任何甄选司法人员的方法，都不应有基于不适当的动机任命司法人员的情形。在甄选法官时，不得有基于种族、肤色、性别、宗教、政治或其他见解、民族本源或社会出身、财产、血统或身份的任何歧视，但司法职位的候选人必须是有关国家的国民这一点不得视为一种歧视。

服务条件和任期

11. 法官的任期、法官的独立性、保障、充分的报酬、服务条件、退休金和退休年龄应当受到法律保障。
12. 无论是任命的还是选出的法官，其任期都应当得到保证，直到法定退休年龄或者在有任期情况下直到其任期届满。
13. 如有法官晋升制度，法官的晋升应以客观因素，特别是能力、操守和经验为基础。
14. 向法院属下的法官分配案件，是司法机关的内部事务。

职业保密和豁免

15. 法官对其评议和他们在除公开诉讼过程外履行职责时所获得的机密资料，应有义务保守职业秘密，并不得强迫他们就此类事项作证。
16. 在不损害任何纪律惩戒程序或者根据国家法律上诉或要求国家补偿的权利的情况下，法官个人应免于因其在履行司法职责时的不当行为或不行为而受到要求赔偿金钱损失的民事诉讼。

纪律处分、停职和撤职

17. 对法官作为司法和专业人员提出的指控或控诉应按照适当的程序迅速而公平地处理。法官应有权利获得公正的申诉的机会。在最初阶段所进行的调查应当保密，除非法官要求不予保密。
18. 除非法官因不称职或行为不端使其不适于继续任职，否则不得予以停职或撤职。
19. 一切纪律处分、停职或撤职程序均应根据业已确立的司法人员行为标准予以实行。
20. 有关纪律处分、停职或撤职的程序的决定须接受独立审查。此项原则不适用于最高法院的裁决和那些有关弹劾或类似程序法律的决定。

148. 联合国囚犯待遇最低限度标准规则
（"纳尔逊·曼德拉规则"）

（联合国防止犯罪和罪犯待遇大会 1955 年 8 月 30 日通过）

序　　言

1. 订立下列规则并非在于详细阐明一套监所的典型制度，它的目的仅在于以当代思潮的一般公意和今天各种最恰当制度的基本构成部分为基础，说明什么是人们普遍同意的囚犯待遇和监狱管理的优良原则和惯例。

2. 鉴于世界各国的法律、社会、经济和地理情况差异极大，并非全部规则都能够到处适用，也不是什么时候都适用，这是显而易见的。但是，这些规则应足以激发不断努力，以克服执行过程中产生的实际困难，理解到全部规则是联合国认为适当的最低条件。

3. 另一方面，各规则包含一个领域，这个领域的思想正在不断发展之中。因此，各规则的目的并不在于排除试验和实践，只要这些实验和实践与各项原则相符，并能对从全部规则原文而得的目标有所促进。中央监狱管理处若依照这种精神而授权变通各项规则，总是合理的。

4. （1）规则第一部分规定监所的一般管理，适用于各类囚犯，无论刑事犯或民事犯，未经审讯或已经判罪，包括法官下令采取"保安措施"或改造措施的囚犯。

（2）第二部分所载的规则只适用于各节所规定的特殊种类。但是，对服刑囚犯适用的 A 节各项规则，应同样适用于 B、C 和 D 各节规定的各类囚犯，但以不与关于这几类囚犯的规则发生矛盾，并对其有利者为限。

5. （1）这些规则的目的不在管制专为青少年设立的监所——例如青少年犯教善所或感化院——的管理，但是，一般而言，第一部分同样适用于这种监所。

（2）青少年囚犯这一类别最少应当包括属少年法庭管辖的所有青少年。一般而言，对这些青少年不应判处监禁。

第一部分　一般适用的规则

基本原则

6. （1）下列规则应予公正执行。不应基于种族、肤色、性别、语言、宗教、政见或其他主张、国籍或社会出身、财产、出生或其他身份而加以歧视。

（2）另一方面，必须尊重囚犯所属群体的宗教信仰和道德标准。

登记

7.（1）凡是监禁犯人的场所都要置备一本装订成册的登记簿，编好页数，并登记所收每一囚犯的下列资料：

（a）关于他的身份的资料；

（b）他被监禁的原因和主管机关；

（c）收监和出狱的日期和时刻。

（2）非有有效的收监令，而且收监令的详细内容已先列入登记簿，各监所不能收受犯人。

按类隔离

8. 不同种类的囚犯应按照性别、年龄、犯罪记录、被拘留的法定原因和必需施以的待遇，分别送入不同的狱所或监所的不同部分。因此，

（a）尽量将男犯和女犯拘禁于不同监所；同时兼收男犯和女犯的监所，应将分配给女犯的房舍彻底隔离；

（b）将未经审讯的囚犯同已经判罪的囚犯隔离；

（c）因欠债被监禁的囚犯和其他民事囚犯应同因犯刑事罪而被监禁的囚犯隔离；

（d）青少年囚犯应同成年囚犯隔离。

住宿

9.（1）如囚犯在个别独居房或寝室住宿，晚上应单独占用一个独居房或寝室。除了由于特别原因，例如临时过于拥挤，中央监狱行政方面不得不对本规则破例处理外，不宜让两个囚犯占用一个独居房或寝室。

（2）如设有宿舍，应小心分配囚犯，使在这种环境下能够互相保持融洽。晚上应按照监所的性质，按时监督。

10. 所有供囚犯占用的房舍，尤其是所有住宿用的房舍，必须符合卫生规定，同时应妥为注意气候情况，尤其立方空气容量、最低限度的地板面积、灯光、暖气和通风等项。

11. 在囚犯必须居住或工作的所有地方：

（a）窗户的大小应以能让囚犯靠天然光线阅读和工作为准，在构造上，无论有没有通风设备，应能让新鲜空气进入；

（b）应有充分灯光，使囚犯能够阅读和工作，不致损害眼睛。

12. 卫生设备应当充足，使能随时满足每一囚犯大小便的需要，并应维持清洁和体面。

13. 应当供给充分的浴盆和淋浴设备，使每一囚犯能够依规定在适合气候的室温之下沐浴或淋浴，其次数依季节和区域的情况，视一般卫生的需要而定，但是，在温和气候之下，最少每星期一次。

14. 监所中囚犯经常使用的各部分应当予以适当维修，经常认真保持清洁干净。

个人卫生

15. 囚犯必须保持身体清洁，为此目的，应当提供为维持健康和清洁所需的用水和梳洗用具。

16. 为使囚犯可以保持整洁外观，维持自尊，必须提供妥为修饰须发的用具，使男犯可以经常刮胡子。

衣服和被褥

17. （1）囚犯如不准穿着自己的衣服，应发给适合气候和足以维持良好健康的全套衣服。发给的衣服不应有辱人格或有失体面。

（2）所有衣服应当保持清洁整齐。内衣应常常更换或洗濯，以维持卫生。

（3）在特殊情况下，经准许将囚犯移至监所之外时，应当准许穿着自己的衣服或其他不惹人注目的衣服。

18. 如准囚犯穿着自己的衣服，应于他们入狱时作出安排，确保衣服洁净和适合穿着。

19. 应当按照当地或国家的标准，供给每一囚犯一张床，分别附有充足的被褥，发给时应是清洁的，并保持整齐，且常常更换，以确保清洁。

饮食

20. （1）管理处应当于惯常时刻，供给每一囚犯足以维持健康和体力的有营养价值的饮食，饮食应属滋养丰富、烹调可口和及时供应的。

（2）每一囚犯口渴时应有饮水可喝。

体操和运动

21. （1）凡是未受雇从事户外工作的囚犯，如气候许可，每天最少应有一小时在室外作适当体操。

（2）青少年囚犯和其他在年龄和体力方面适宜的囚犯，在体操的时候应获得体育和文娱训练。应为此目的提供场地、设施和设备。

医疗

22. （1）每一监所最少应有一位合格医官，他应有若干精神病学知识。医务室应与社区或国家的一般卫生行政部门建立密切关系。其中应有精神病部门，以便诊断神经失常状况，适当时并予以治疗。

（2）需要专科治疗的患病囚犯，应当移往专门院所或平民医院。如监所有医院的设备，其设备、陈设、药品供应都应当符合患病囚犯的医药照顾和治疗的需要，并应当有曾受适当训练的工作人员。

（3）每一囚犯应能获得一位合格牙科人员的诊治。

23. （1）女犯监所应特别提供各种必需的产前和产后照顾和治疗。可能时应作出安排，使婴儿在监所外的医院出生。如果婴儿在监狱出生，此点不应列入出生证内。

（2）如乳婴获准随母亲留在监所内，应当设置雇有合格工作人员的育婴所，除由母亲照顾的时间外，婴儿应放在育婴所。

24. 医务人员应于囚犯入狱后，尽快会晤并予以检查，以后于必要时，亦应会晤和检查，目的特别在于发现有没有肉体的或精神的疾病，并采取一切必要的措施；将疑有传染病状的囚犯隔离；注意有没有可以阻碍培训的身体或精神缺陷，并断定每一囚犯从事体力劳动的能力。

25. （1）医官应当负责照顾囚犯身体和精神的健康，应当每天诊看所有患病的囚犯、自称染病的囚犯、和请他特别照顾的任何囚犯。

（2）医官如认为继续予以监禁或监禁的任何条件已经或将会危害某一囚犯的身体或精神健康时，应当向主任提出报告。

26. (1) 医官应经常视察下列各项,并向主任提出意见:
(a) 饮食的分量、素质、烹调和供给;
(b) 监所和囚犯的卫生和清洁;
(c) 监所的卫生、暖气、灯光和通风;
(d) 囚犯的衣服和被褥是否适当和清洁;
(e) 如无专业人员主持体育和运动活动时,这些活动是否遵守规则。
(2) 主任应当审查医官按照第25(2)和26条规则提出的报告和意见,如果他赞同所提的建议,应当立刻采取步骤,予以执行。

如果所提建议不在他权力范围之内或他并不赞同,应当立刻向上级提出他自己的报告和医官的建议。

纪律和惩处

27. 纪律和秩序应当坚决维持,但是,不应实施超过安全看守和有秩序的集体生活所需的限制。

28. (1) 囚犯在监所服务时,不得以任何惩戒职位雇用。
(2) 但本项规则并不妨碍以自治为基础的各项制度的正当推行,在这些制度之下,囚犯按应受待遇的目的,分成若干小组,在监督之下,令其担任社会、教育或运动等专门活动或职责。

29. 下列各项应经常依法律或依主管行政机关的规章决定:
(a) 违反纪律的行为;
(b) 应受惩罚的种类和期限;
(c) 有权执行惩罚的机关。

30. (1) 依这种法律或规章,不得惩罚囚犯,且一罪不得二罚。
(2) 除非已将被控的罪行通知囚犯,且已给予适当的辩护机会,不得惩罚囚犯。主管机关应彻底查明案情。
(3) 必要和可行时,囚犯应准通过口译提出辩护。

31. 体罚、暗室禁闭和一切残忍、不人道、有辱人格的惩罚应一律完全禁止,不得作为对违犯行为的惩罚。

32. (1) 除非医官曾经检查囚犯身体并且书面证明他体格可以接受禁闭或减少规定饮食,不得处以此种惩罚。
(2) 同样规定亦适用于其他可能有害于囚犯身心健康的惩罚。此种惩罚在任何情况下,都不得抵触或违背第31条规则的原则。
(3) 医官应每日访问正在接受这种惩罚的囚犯,如认为根据身心健康的理由,必须终止或变更惩罚,则应通知典狱主任。

戒具

33. 戒具如手镣、铁链、脚镣、拘束衣等,永远不得作为惩罚用具。此外,铁链或脚镣亦不得用作戒具。除非在下列情况,不得使用其他戒具:
(a) 移送囚犯时防其逃亡,但囚犯在司法或行政当局出庭时,应予除去。
(b) 根据医官指示有医药上理由;

(c) 如果其他管制办法无效,经主任下达命令,以避免囚犯伤害自己、伤及他人或损坏财产;遇此情况,主任应立即咨询医官并报告上级行政官员。

34. 中央监狱管理处应该决定使用戒具的方式。戒具非绝对必要时不得继续使用。

囚犯应获资料及提出申诉

35. (1) 囚犯入狱时应发给书面资料,载述有关同类囚犯待遇、监所的纪律要求、领取资料和提出申诉的规定办法等规章以及使囚犯明了其权利义务、适应监所生活的其他必要资料。

(2) 如果囚犯为文盲,应该口头传达上述资料。

36. (1) 囚犯应该在每周工作日都有机会向监所主任或奉派代表主任的官员提出其请求或申诉。

(2) 监狱检查员检查监狱时,囚犯也得向他提出请求或申诉。囚犯应有机会同检查员或其他检查官员谈话,监所主任或其他工作人员不得在场。

(3) 囚犯应可按照核定的渠道,向中央监狱管理处、司法当局或其他适当机关提出请求或申诉,内容不受检查,但须符合格式。

(4) 除非请求或申诉显然过于琐碎或毫无根据,应迅速加以处理并予答复,不得无理稽延。

同外界的接触

37. 囚犯应准在必要监视之下,以通信或接见方式,经常同亲属和有信誉的朋友联络。

38. (1) 外籍囚犯应准获得合理便利同所属国外交和领事代表通讯联络。

(2) 囚犯为在所在国没有外交或领事代表的国家的国民和囚犯为难民或无国籍人时,应准获得类似便利,同代管其利益的国家的外交代表或同负责保护这类人的国家或国际机构通讯联络。

39. 囚犯应该以阅读报章杂志和特种机关出版物、收听无线电广播、听演讲或以管理单位核准或控制的类似方法,经常获知比较重要的新闻。

书籍

40. 监所应设置图书室,购置充足的娱乐和教学书籍,以供各类囚犯使用,并应鼓励囚犯充分利用图书馆。

宗教

41. (1) 如果监所囚禁的同一宗教囚犯达到相当人数,应指派或批准该宗教的合格代表一人。如果就囚犯人数而言,确实恰当而条件又许可,则该代表应为专任。

(2) 第(1)款中指派的或批准的合格代表应准按期举行仪式,并在适当时间,私自前往同一宗教的囚犯处进行宗教访问。

(3) 不得拒绝囚犯往访任一宗教的合格代表。但如果囚犯反对任何宗教代表前来访问,此种态度应受充分尊重。

42. 在可行范围之内,囚犯应准参加监所举行的仪式并准持有所属教派宗教、戒律和教义的书籍,以满足其宗教生活的需要。

囚犯财产的保管

43. (1) 凡囚犯私有的金钱、贵重物品、衣服和其他物件按监所规定不得自行保管时,应于入狱时由监所妥为保管。囚犯应在清单上签名。应该采取步骤,保持物品完好。

(2) 囚犯出狱时,这类物品、钱财应照数归还,但囚犯曾奉准使用金钱或将此财产送出监所之外,或根据卫生理由必须销毁衣物等情形,不在此限,囚犯应签收所发还的物品钱财。

(3) 代囚犯所收外界送来的财物,应依同样办法加以管理。

(4) 如果囚犯携入药剂或药品,医官应决定其用途。

死亡、疾病、移送等通知

44. (1) 囚犯死亡、病重、重伤或移送一个机构接受精神治疗时,主任应立即通知其配偶(如果囚犯已婚),或其最近亲属,在任何情况下,应通知囚犯事先指定的其他任何人。

(2) 囚犯任何近亲死亡或病重时,应立即通知囚犯。近亲病情严重时,如果情况许可,囚犯应准随时单独或在护送之下前往访问。

(3) 囚犯有权将他被监禁或移往另一监所的事,立刻通知其亲属。

囚犯的迁移

45. (1) 囚犯被送入或移出监所时,应尽量避免公众耳目,并应采取保安措施,使他们不受任何形式的侮辱、好奇的注视或宣传。

(2) 禁止用通风不良或光线不足的车辆,或使囚犯忍受不必要的肉体痛苦的其他方式,运送囚犯。

(3) 运送囚犯的费用应由管理处负担,囚犯所享条件一律平等。

监所人事

46. (1) 监所的正确管理端赖管理人员的正直、仁慈、专业能力、与个人是否称职,所以,监狱管理处应该对谨慎挑选各级管理人员,作出规定。

(2) 监狱管理处应经常设法唤醒管理人员和公众,使其保持这项工作为极其重要的社会服务的信念;为此目的,应利用一切向公众宣传的适当工具。

(3) 为保证达成上述目的,应指派专任管理人员为专业典狱官员,具有公务员身份,为终身职,但须符合品行优良、效率高、体力适合诸条件。薪资应当适宜,足以罗致并保有称职男女;由于工作艰苦,雇用福利金及服务条件应该优厚。

47. (1) 管理人员应该具有教育和智力上的适当水平。

(2) 管理人员就职前应在一般和特殊职责方面接受训练,并必需通过理论和实际测验。

(3) 管理人员就职后和在任期间,应该参加不时举办的在职训练班,以维持并提高他们的知识和专业能力。

48. 管理人员全体应随时注意言行、善尽职守,以身作则,感化囚犯改恶从善,以赢得囚犯尊敬。

49. (1) 管理人员中应该尽可能设有足够人数的精神病医生、心理学家、社会工作人员、教员、手艺教员等专家。

(2) 社会工作人员、教员、手艺教员应确定为终身职,但不因此排除兼职或志愿工作人员。

50. (1) 监所主任应该在性格、行政能力、适当训练和经验上都合格胜任。

(2) 他应以全部时间执行公务,不应是兼职的任用。

(3) 他应在监所房舍内或附近居住。

(4) 一位主任兼管两个以上监所时,应常常不时访问两个监所;每一监所应有一位常驻官员负责。

51. (1) 主任、副主任及其他大多数管理人员应能操囚犯最大多数所用或所懂的语言。

(2) 必要时,应利用口译人员的服务。

52. (1) 监所规模较大,需有一个以上专任医官服务时,其中至少一人应在监所房舍内或附近居住。

(2) 其他监所的医官应每日到所应诊,并应就近居住,以便应诊急病而无稽延。

53. (1) 监所兼收男女囚犯时,其女犯部应由一位女性负责官员管理,并由她保管该部全部的钥匙。

(2) 除非有女性官员陪同,男性工作人员不得进入监所中的女犯部。

(3) 女犯应仅由女性官员照料、监督。但此项规定并不妨碍男性工作人员,特别是医生和教员,在专收女犯的监所或监所的女犯部执行其专门职务。

54. (1) 除非自卫、或遇企图脱逃、根据法律或规章所下命令遭受积极或消极体力抵抗,典狱官员在同囚犯的关系中不得使用武力。使用武力的官员不得超出严格必要的限度,并须立即将此事件向监所主任提出报告。

(2) 典狱官员应接受特别体格训练,使他们能够制服凶恶囚犯。

(3) 除遇特殊情况外,工作人员执行职务而同囚犯直接接触时,不应武装。此外,工作人员非经武器使用训练,无论如何不得配备武器。

检查

55. 主管当局所派富有经验的合格检查员应按期检查监所,他们的任务在特别确保监所的管理符合现行法律规章,实现监所及感化院的目标。

第二部分　对特种囚犯的规则

A. 服刑中的囚犯

指导原则

56. 下述指导原则目的在说明按照本规则序言第 1 段内的陈述管理监所应守的精神和监所应有的目的。

57. 监禁和使犯人同外界隔绝的其他措施因剥夺其自由、致不能享有自决权利,所以使囚犯感受折磨。因此,除非为合理隔离和维持纪律等缘故,不应加重此项情势所固有的痛苦。

58. 判处监禁或剥夺自由的类似措施的目的和理由毕竟在保护社会、避免受犯罪之害。唯有利用监禁期间在可能范围内确保犯人返回社会时不仅愿意而且能够遵守法律、自食其力,才能达到这个目的。

59. 为此,监所应该利用适当可用的改造、教育、道德、精神和其他方面的力量及各种协助,并设法按照囚犯所需的个别待遇来运用这些力量和协助。

60. (1) 监所制度应该设法减少狱中生活同自由生活的差异,以免降低囚犯的责任感,或囚犯基于人的尊严所应得的尊敬。

(2) 刑期完毕以前,宜采取必要步骤,确使囚犯逐渐纳入社会生活。按个别情形,可以在同一监所或另一适当机构内订定出狱前的办法,亦可在某种监督下实行假释,来达到此项目的;但监督不可委之于警察,而应该结合有效的社会援助。

61. 囚犯的待遇不应侧重把他们排斥于社会之外,而应注重他们继续成为组成社会的成员。因此,应该尽可能请求社会机构在恢复囚犯社会生活的工作方面,协助监所工作人员。每一监所都应联系社会工作人员,由此项人员负责保持并改善囚犯同亲属以及同有用社会机构的一切合宜关系。此外,应该采取步骤,在法律和判决所容许的最大可能范围之内,保障囚犯关于民事利益的权利、社会保障权利和其他社会利益。

62. 监狱的医务室应该诊疗可能妨碍囚犯恢复正常生活的身心疾病或缺陷。为此应提供一切必要医药、外科手术、和精神病学上的服务。

63. (1) 要实现以上原则,便需要个别地对囚犯施以待遇,因此并需要订立富有弹性的囚犯分组制度。所以,宜把各组囚犯分配到适于进行各该组待遇的不同监所中去。

(2) 监所不必对每组囚犯都作出同样程度的保安。宜按各组的需要,分别作出不同程度的保安。开放式监所由于不作具体保安来防止脱逃,而依赖囚犯的自我约束,所以对严格选定的囚犯恢复正常生活便提供最有利条件。

(3) 关闭式监所的囚犯人数不宜过多,以免妨碍个别施以待遇。有些国家认为,这种监所的人数不应超过五百。开放式监所的人数愈少愈好。

(4) 另一方面,监狱又不宜过小,以致不能提供适当设备。

64. 社会的责任并不因囚犯出狱而终止。所以应有公私机构能向出狱囚犯提供有效的善后照顾,其目的在减少公众对他的偏见,便利他恢复正常社会生活。

待遇

65. 对被判处监禁或类似措施的人所施的待遇应以在刑期许可范围以内,培养他们出狱后守法自立的意志,并使他们有做到这个境地的能力为目的。此种待遇应该足以鼓励犯人自尊、培养他们的责任感。

66. (1) 为此目的,应该照顾到犯人社会背景和犯罪经过、身心能力和习性、个人脾气、刑期长短、出狱后展望,而按每一囚犯的个人需要,使用一切恰当办法,其中包括教育、职业指导和训练、社会个案调查、就业辅导、体能训练和道德性格的加强,在可能进行宗教照顾的国家并包括这种照顾。

(2) 对刑期相当长的囚犯,主任应于囚犯入狱后,尽早取得关于上款所述一切事项的详细报告,其中应包括医官,可能时在精神病学方面合格的医官,对囚犯身心状况的报告。

(3) 报告及其他有关文件应列入个别档案之内。档案应该反映最新情况,并应加以分类,使负责人员需要时得以查阅。

分类和个别待遇

67. 分类的目的如下:

(a) 将由于犯罪记录或恶劣个性,可能对人发生不良影响的囚犯,同其他囚犯隔离;

(b) 将囚犯分类,以便利对他们所施的待遇,使他们恢复正常社会生活。

68. 可能时应该对不同种类的囚犯所施的待遇在不同的监所或一个监所的不同部分进行。

69. 在囚犯入狱并对刑期相当长的每一囚犯的人格作出研究后,应尽快参照有关他个人需要、能力、性向的资料,为他拟定一项待遇方案。

优待

70. 每一监所应针对不同种类的囚犯及不同的待遇方法,订定优待制度,以鼓励端正行为,启发责任感、确保囚犯对他们所受待遇感到兴趣,并予合作。

工作

71. (1) 监狱劳动不得具有折磨性质。

(2) 服刑囚犯都必须工作,但以医官断定其身心俱宜为限。

(3) 在正常工作日,应交给足够的有用工作,使囚犯积极去做。

(4) 可能时,所交工作应足以保持或增进囚犯出狱后诚实谋生的能力。

(5) 对能够从中受益的囚犯,特别是对青少年囚犯,应该提供有用行业方面的职业训练。

(6) 在符合正当选择职业方式和监所管理及纪律上要求的限度内,囚犯得选择所愿从事的工作种类。

72. (1) 监所内工作的组织与方法应尽量接近监所外类似工作的组织和方法,使囚犯对正常职业生活情况有所准备。

(2) 但囚犯及其在职业训练上的利益不得屈居于监所工业营利的目的之下。

73. (1) 监所工业和农场最好直接由管理处而不由私人承包商经营。

(2) 囚犯受雇的工作不受管理处控制时,应经常受监所工作人员的监视。除为政府其他部门工作外,工作的全部正常工资应由获得此项劳动供应的人全数交付管理处,但应考虑到囚犯的产量。

74. (1) 监所应同样遵守为保护自由工人而订定的安全及卫生上的防护办法。

(2) 应该订定规定,以赔偿囚犯所受工业伤害,包括职业疾病,赔偿条件不得低于自由工人依法所获条件。

75. (1) 囚犯每日及每周最高工作时数由法律或行政规则规定,但应考虑到当地有关雇用自由工人的规则或习惯。

(2) 所订时数应准许每周休息一日,且有足够时间依规定接受教育和进行其他活动,作为对囚犯所施待遇和恢复正常生活的一部分。

76. (1) 对囚犯的工作,应订立公平报酬的制度。

(2) 按此制度,囚犯应准至少花费部分收入,购买核定的物件,以供自用,并将部分收入交付家用。

(3) 此项制度并应规定管理处应扣出部分收入,设立一项储蓄基金,在囚犯出狱时交给囚犯。

教育和娱乐

77. (1) 应该设法对可以从中受益的一切囚犯继续进行教育,包括在可以进行的国家进行宗教教育。文盲及青少年囚犯应接受强迫教育,管理处应予特别注意。

(2) 在可行范围内,囚犯教育应同本国教育制度结合,以便出狱后得以继续接受教育而无困难。

78. 一切监所均应提供文娱活动,以利囚犯身心健康。

社会关系和善后照顾

79. 凡合乎囚犯及其家庭最大利益的双方关系,应特别注意维持和改善。

80. 从囚犯判刑开始便应考虑他出狱后的前途,并应鼓励和协助他维系或建立同监所外个人或机构间的关系,以促进他家庭的最大利益和他自己恢复正常社会生活的最大利益。

81. (1) 政府或民间协助出狱囚犯重新自立于社会的服务处和机构都应在可能和必要范围以内,确保出狱囚犯持有正当证件,获得适当住所和工作,能有对季节和气候适宜的服装,并持有足够金钱,以前往目的地,并在出狱后一段时间内维持生活。

(2) 此类机构经核可的代表应准于必要时进入监所,会见囚犯,并应在囚犯判刑后受邀咨询囚犯的前途。

(3) 这些机构的活动应当尽可能集中或协调,以发挥最大的效用。

B. 精神错乱和精神失常的囚犯

82. (1) 经认定精神错乱的人不应拘留在监狱之中,而应作出安排,尽快将他们迁往精神病院。

(2) 患有其他精神病或精神失常的囚犯,应在由医务人员管理的专门院所中加以观察和治疗。

(3) 这类囚犯在监狱拘留期间,应置于医官特别监督之下。

(4) 监所的医务室或精神病服务处应向需要此种治疗的其他一切囚犯提供精神治疗。

83. 应该同适当机构设法采取步骤,以确保必要时在囚犯出狱后继续精神病治疗,并确保社会和精神治疗方面的善后照顾。

C. 在押或等候审讯的囚犯

84. (1) 本规则以下称"未经审讯的囚犯",指受刑事控告而被逮捕或监禁、由警察拘留或监狱监禁但尚未经审讯和判刑的人。

(2) 未经判罪的囚犯视同无罪,并应受到如此待遇。

(3) 在不妨碍法律上保护个人自由的各项规则或订定对于未经审讯的囚犯所应遵守的程序的范围内,这种囚犯应可享受特殊办法,下述规则仅叙述此项办法的基本要件。

85. (1) 未经审讯的囚犯应同已经判罪的囚犯隔离。

(2) 未经审讯的青少年囚犯应同成年囚犯隔离,原则上应拘留于不同的监所。

86. 未经审讯的囚犯应在单独房间单独睡眠,但地方上因气候而有不同习惯时不在此限。

87. 在符合监狱良好秩序的限度以内,未经审讯的囚犯得随意通过管理处或通过亲友从外界自费购买食物。否则,管理处便应供应食物。

88. (1) 未经审讯的囚犯如果服装清洁适宜,应准穿着自己的服装。

(2) 上项囚犯如穿着监狱服装,则应与发给已经判罪的囚犯的服装不同。

89. 未经审讯的囚犯应随时给予工作机会,但不得要求他工作。如果他决定工作,便应给予报酬。

90. 未经审讯的囚犯应准自费或由第三人支付购买不妨碍司法行政和监所安全及良好

秩序的书籍、报纸、文书用具或其他消遣用品。

91. 如果未经审讯的囚犯所提申请合理且有能力支付费用,应准他接受私人医生或牙医的诊疗。

92. 在只受司法行政、监狱安全及良好限制和监督之下,未经审讯的囚犯应准将他被拘留的事立刻通知亲属,并应给予同亲友通讯和接见亲友的一切合理便利。

93. 未经审讯的囚犯为了准备辩护、而社会上又有义务法律援助,应准申请此项援助,并准会见律师,以便商讨辩护,写出机密指示,交给律师。为此,囚犯如需文具,应照数供应。警察或监所官员对于囚犯和律师间的会谈,可用目光监视,但不得在可以听见谈话的距离以内。

D. 民 事 囚 犯

94. 在法律准许因债务或因其他不属刑事程序的法院命令而监禁人犯的国家,此项被监禁人所受限制或保安管理,不得大于确保安全看管和良好秩序所必要的限度。他们所受待遇不应低于未受审讯的囚犯,但也许可以要求他们工作。

E. 未经指控而被逮捕或拘留的人

95. 在不妨碍《公民权利和政治权利国际公约》第九条规定的情况下,未经指控而被逮捕或被监禁的人应享有第一部分和第二部分 C 节所给予的同样保护。如第二部分 A 节的有关规定可能有利于这一特定类别的被拘押的人,也应同样适用,但对于未经判定任何刑事罪名的人不得采取任何意味着他们必须接受再教育或改造的措施。

149. 保护所有遭受任何形式拘留或监禁的人的原则

(联合国大会 1988 年 12 月 9 日通过)

本原则的范围
本原则为保护所有遭受任何形式拘留或监禁的人而适用。
用语
为本原则的目的:
(a) "逮捕"是指因指控的罪行或根据当局的行动扣押某人的行为;
(b) "被拘留人"是指除因定罪以外被剥夺人身自由的任何人;
(c) "被监禁人"是指因定罪而被剥夺人身自由的任何人;
(d) "拘留"是指上述被拘留人的状况;
(e) "监禁"是指上述被监禁人的状况;
(f) "司法当局或其他当局"一语是指根据法律其地位及任期能够最有力地保证其称职、

公正和独立的司法当局或其他当局。

原则 1

所有遭受任何形式拘留或监禁的人均应获得人道待遇和尊重其固有人格尊严的待遇。

原则 2

逮捕、拘留或监禁仅应严格按照法律规定并由为此目的授权的主管官员或人员执行。

原则 3

遭受任何形式拘留或监禁的人在任何国家内依据法律、公约、条例或习惯应予承认或实际存在的任何人权,不应因本原则未承认或仅在较小范围内予以承认而加以限制或减损。

原则 4

任何形式的拘留或监禁以及影响到在任何形式拘留或监禁下的人的人权的一切措施,均应由司法当局或其他当局以命令为之,或受其有效控制。

原则 5

1. 本原则应适用于在任何一国领土内所有的人,不因其人种、肤色、性别、语言、宗教或宗教信仰、政治或其他见解、国籍、种族或社会出身、财产、出生或其他身份而有任何区别。

2. 根据法律适用而只是为了保护妇女特别是孕妇和哺乳母亲、儿童和青少年、老年人、病人或残废人的权利和特殊地位而采取的措施,不应视为歧视。这种措施是否有其必要以及如何执行应由司法或其他当局不断加以审查。

原则 6

对于遭受任何形式拘留或监禁的人不应施加酷刑或施以残忍、不人道或有辱人格的待遇或处罚。*任何情况均不得作为施以酷刑或其他残忍、不人道或有辱人格待遇或处罚的理由。

原则 7

1. 各国应通过法律禁止任何违反本原则所载权利和义务的行动,规定任何这种行为应受适当制裁,并应根据指控进行公正调查。

2. 有理由相信违反本原则的情事已经发生或将要发生的官员,应向其上级当局就该情事提出报告,必要时并应向拥有复审或补救权力的其他适当当局或机关提出报告。

3. 有理由相信违反本原则的情事已经发生或将要发生的任何其他人应有权将该情事向有关官员的上级提出报告,以及向拥有复审或补救权力的其他适当当局或机关提出报告。

原则 8

对被拘留人应给予适合其尚未定罪者身份的待遇。因此,在可能情形下,应将他们同被监禁人隔离。

原则 9

逮捕、拘留某人或调查该案的当局只应行使法律授予他们的权力,此项权力的行使应受司法当局或其他当局的复核。

原则 10

任何人在被逮捕时应被告知将其逮捕的理由,并应立即被告知对他提出的任何指控。

原则 11

1. 任何人如未及时得到司法当局或其他当局审问的有效机会,不应予以拘留。被拘留人应有权为自己辩护或依法由律师协助辩护。

2. 被拘留人与其如果有的律师,应及时获得完整的通知,说明拘留的任何命令及拘留理由。

3. 司法当局或其他当局应被授权根据情况对拘留的持续进行审查。

原则 12

1. 应对下列各项妥为记录:

(a) 逮捕理由;

(b) 逮捕的时间和解送被逮捕人前往看守所的时间以及其首次在司法当局或其他当局出庭的时间;

(c) 有关的执法官员的身份;

(d) 关于看守的确切资料。

2. 这种记录应以法定格式通知被拘留人或其如果有的律师。

原则 13

任何人应于被捕时和拘留或监禁开始时或于其后及时地由负责逮捕、拘留或监禁的当局,分别提供并解释其享有权利的资料和说明如何行使这些权利。

原则 14

一个人如果不充分通晓或不能以口语使用负责将其逮捕、拘留或监禁的当局所用的语言,有权用其所通晓的语言及时得到在原则 10、原则 11 第 2 段、原则 12 第 1 段和原则 13 中所提到的资料,如果必要的话,有权在其被捕后的法律程序中获得译员的免费协助。

原则 15

虽有原则 16 第 4 段和原则 18 第 3 段所载的例外,被拘留人或被监禁人与外界,特别是与其家属或律师的联络,不应被剥夺数日以上。

原则 16

1. 被拘留人或被监禁人在被逮捕后和每次从一个拘留处所转移到另一个处所后,应有权将其被逮捕、拘留、监禁或转移一事及其在押处所通知或要求主管当局通知其家属或其所选择的其他适当的人。

2. 如果被拘留人或被监禁人是外国人,应及时告知其有权循适当途径同其为国民或在其他情形下按照国际法有权与其联络的国家的领事馆或外交使团联络,如其为难民或在其他情形下受国际组织保护,则有权同主管国际组织的代表联络。

3. 如果被拘留人或被监禁人是青少年或者无能力理解其权利,则应由主管当局主动进行本原则所指的通知,应特别注意通知其父母或监护人。

4. 本原则所指的任何通知应不迟延地进行或允许不迟延地进行。但主管当局可因调查上述要求的特别需要在合理期限内推迟通知。

原则 17

1. 被拘留人应有权获得法律顾问的协助。主管当局应在其被捕后及时告知其该项权利,并向其提供行使该权利的适当便利。

2. 被拘留人如未自行选择法律顾问,则在司法利益有此需要的一切情况下,应有权获得由司法当局或其他当局指派的法律顾问,如无充分的支付能力,则无须支付。

原则 18

1. 被拘留人或被监禁人应有权与其法律顾问联络和磋商。

2. 应允许被拘留人或被监禁人有充分的时间和便利与其法律顾问进行磋商。

3. 除司法当局或其他当局为维持安全和良好秩序认为必要并在法律或合法条例具体规定的特别情况外，不得终止或限制被拘留人或被监禁人授受其法律顾问来访和在既不被搁延又不受检查以及在充分保密的情形下与其法律顾问联络的权利。

4. 被拘留人或被监禁人与其法律顾问的会见可在执法人员视线范围内但听力范围外进行。

5. 本原则所述的被拘留人或被监禁人与其法律顾问之间的联络不得用作对被拘留人或被监禁人不利的证据，除非这种联络与继续进行或图谋进行的罪行有关。

原则 19

除须遵守法律或合法条例具体规定的合理条件和限制外，被拘留人或被监禁人应有权接受特别是其家属的探访，并与家属通信，同时应获得充分机会同外界联络。

原则 20

如经被拘留人或被监禁人请求，在可能情形下，应将其拘禁在其通常住所的合理距离内的拘留或监禁处所。

原则 21

1. 应禁止不当利用被拘留人或被监禁人的处境而进行逼供，或迫其以其他方式认罪，或作出不利于他人的证言。

2. 审问被拘留人时不得对其施以暴力、威胁或使用损害其决定能力或其判断力的审问方法。

原则 22

即使被拘留人或被监禁人同意，也不得对其做任何可能有损其健康的医学或科学试验。

原则 23

1. 被拘留人或被监禁人的任何审问的持续时间和两次审问的间隔时间以及进行审问的官员和其他在场人员的身份，均应以法定格式加以记录和核证。

2. 被拘留人或被监禁人或在法律有此规定的情形下其律师应可查阅本原则第 1 段所指的资料。

原则 24

在被拘留人或被监禁人到达拘留或监禁处所后，应尽快向其提供适当的体格检查，随后应在需要时向其提供医疗和治疗。医疗和治疗均应免费提供。

原则 25

只要不违反为确保拘留或监禁处所的安全和良好秩序而定的合理条件，被拘留人或被监禁人或其律师应有权向司法当局或其他当局要求或申请第二次体格检查或医疗意见。

原则 26

被拘留人或被监禁人接受医疗检查的事实、医生姓名和检查结果，均应妥为记录。这类记录应确保可以查阅。查阅的方式应按照国内法的有关规则。

原则 27

在确定是否采纳不利于被拘留人或被监禁人的证据时应当考虑不符合取证原则的情形。

原则 28

只要不违反为确保拘留或监禁处所的安全和良好秩序而定的合理条件,被拘留人或被监禁人应有权在公共来源可利用的资源范围内取得合理数量的教育、文化和信息材料。

原则 29

1. 为了监督有关法律和规章的严格遵守,应由直接负责管理拘留或监禁处所的机关以外的主管当局所指派并向其负责的合格而有经验的人员定期视察拘留处所。

2. 只要不违反为确保拘留或监禁处所的安全和良好秩序而定的合理条件,被拘留人或被监禁人应有权同按照第 1 段视察拘留或监禁处所的人进行自由和完全保密的谈话。

原则 30

1. 被拘留人或被监禁人在拘留或监禁期间构成违纪行为的类型、可以施加的惩戒方式和期限、以及有权施加惩罚的当局,应以法律或合法条例加以规定,并正式公布。

2. 在采取惩戒行动以前,被拘留人或被监禁人应有权陈述意见,并有权就该行动向上级当局提出复审。

原则 31

主管当局应力求按照国内立法确保被拘留人或被监禁人的家属特别是未成年家属在需要时得到帮助,并应专门采取特别措施对无人监护的儿童给予适当照料。

原则 32

1. 拘留如属非法,被拘留人或其律师应有权随时按照国内立法向司法或其他当局提起诉讼,对其拘留的合法性提出异议,以便使其获得立即释放。

2. 本原则第 1 段所指的诉讼应属简易程序,对财力不足的被拘留人不应收费。拘留当局应将被拘留人移送该复审当局,不得有不当稽延。

原则 33

1. 被拘留人或被监禁人或其律师应有权向负责管理拘留处所的当局和上级当局,必要时向拥有复审或补救权力的有关当局,就所受待遇特别是受到酷刑或其他残忍、不人道或有辱人格的待遇提出请求或指控。

2. 在被拘留人或被监禁人或其律师均无法行使本原则第 1 段所规定的权利的情形下,其家属或任何知情的人均可行使该权利。

3. 经指控人要求,应对请求或指控保密。

4. 每一项请求或指控应得到迅速处理和答复,不得有不当稽延。如果请求或指控被驳回,或有不当稽延情事,指控人应有权提交司法当局或其他当局。无论被拘留人或被监禁人还是本原则第 1 段所指的任何指控人都不得因提出请求或指控而受到不利影响。

原则 34

任何被拘留人或被监禁人如在拘留或监禁期间死亡或失踪,司法当局或其他当局应自动或依其家属或任何知情的人请求,查询其死亡或失踪原因。死亡或失踪如在拘留或监禁终止后不久发生,在有充分根据的情形下,应在相同程序的基础上进行此种查询。此种查询的结果或有关报告应根据请求提供,除非这样做会妨害正在进行的刑事调查。

原则 35

1. 政府官员因违反本原则所载权利的行为或不行为而造成的损害应按照国内法规定的关于赔偿责任的现行规则加以补偿。

2. 根据本原则要求作记录的资料应按照国内法所规定的程序提供,以用于根据本原则提出的索赔。

原则 36

1. 涉嫌被控犯有刑事罪行的被拘留人,在获得辩护上一切必要保证的公开审判中依法确定有罪之前应被视为无罪。

2. 有调查和审判期间,只有在执法上确有必要时,才能根据法律具体规定的理由及其条件和程序对这种人进行逮捕和拘留。除为拘留目的、或为防止阻碍调查和执法过程、或为维持拘留处所的安全和良好秩序而确有必要外,应禁止对这种人施加限制。

原则 37

以刑事罪名被拘留的人应于被捕后迅速交给司法当局或其他法定当局。这种当局应不迟延地判定拘留的合法性和必要性。除非有这种当局的书面命令,在调查中或审判中不得对任何人加以拘留。被拘留人在交给这种当局时,应有权就其在押期间所受待遇提出说明。

原则 38

以刑事罪名被拘留的人应有权在合理期间内接受审判或在审判前获释。

原则 39

除法律规定的特别情形外,以刑事罪名被拘留的人应有权利在审判期间按照法律可能规定的条件获释,除非司法当局或其他当局为了执法的利益而另有决定。这种当局应对拘留的必要性进行复审。

一般条款

本原则中任何规定不得解释为限制或减损《公民权利和政治权利国际盟约》中所规定的任何权利。

注:"残忍、不人道或有辱人格的待遇或处罚"一词应加以适当解释,借以提供最大程度的保护,以防止肉体或精神上虐待,其中包括使被拘留人或被监禁人暂时或永久地被剥夺视觉或听觉等任何自然感官的使用,或使其丧失对地点或时间知觉的拘禁条件。

150. 有效调查和记录酷刑和其他残忍、不人道或有辱人格待遇或处罚的原则

(联合国大会 2000 年 12 月 4 日通过)

1. 有效调查和记录酷刑和其他残忍、不人道或有辱人格待遇或处罚(下称"酷刑或其他不当待遇")的目的包括下列各项:

(a) 澄清事实,确定并确认个人和国家对受害人及其家属的责任;

(b) 查明防止此种情事再度发生所需的措施；

(c) 促进起诉和/或酌情对经查实应负责任的人采取纪律处分，并表明有必要由国家提供充分的赔偿和补救，包括公平和充分的经济赔偿和提供医疗服务和康复的办法。

2. 国家应确保立即切实调查关于酷刑或不当待遇的申诉和报告。即使没有明示申诉，但如果有其他迹象显示可能发生了酷刑或不当待遇，也应进行调查。调查员应独立于涉嫌施行酷刑的人及其服务的机关，并应具有能力、公正无私。他们应能咨商公正的医疗专家或其他专家，或有权委托这些专家进行调查。进行此种调查所用的方法应符合最高的专业标准，调查结果应予公布。

3. (a) 调查当局应有权力和义务取得调查所需的一切资料。[1] 负责调查的人应有进行有效调查所需的一切预算和技术资源。他们也应有权要求所有以官方身份行事涉嫌参与施行酷刑或不当待遇的人到场作证。此种权力也应适用于任何证人。为此目的，调查当局应有权向证人，包括任何被指控参与其事的官员发出传票，并有权要求提供证据。

(b) 应保护据称遭受酷刑或不当待遇的受害人、证人、进行调查的人及其家人免遭暴力、暴力威胁或可能因调查而引起的任何其他形式的恐吓。酷刑或不当待遇的可能涉案人员如果其职位可直接或间接控制或影响申诉、证人及其家属以及进行调查的人，应解除其职务。

4. 据称遭受酷刑或不当待遇的受害人及其法律代理人应得到通知和有机会出席任何听讯以及取得一切与调查有关的资料，并应有权提出其他证据。

5. (a) 如果因缺乏专门知识或怀疑存有偏见，或因显然一贯存在滥用职权行为，或出于其他实质性理由，既定程序不足以完成调查，国家应确保通过独立调查委员会或类似的程序进行调查。选任的独立调查委员会成员应为公认为公正无私、具有能力和独立性的人。成员尤应独立于任何涉嫌实施此种行为的人及其可能服务的机构或机关。委员会应有权取得调查所需的一切资料并应根据这些原则的规定进行调查。[2]

(b) 应在合理时间内提出一份书面报告，其中应包括调查的范围、程序和评价证据所用的方法以及根据对事实的认定和适用的法律提出的结论和建议。报告编写完毕后即应公布。报告还应详述查实确已发生的具体事件、据以作出这些判断的证据并开列作证证人姓名，但须予保护的证人，不公布其身份。国家应在合理时间内对调查报告作出答复，并酌情表明拟为此采取的步骤。

6. (a) 参与调查酷刑或不当待遇的医疗专家，在任何时候其行为均应符合最高的道德标准，尤应在进行任何检查之前取得知情同意。检查应符合既定的医疗执业标准。特别是，检查应在医疗专家的控制下并在安全人员及其他政府官员不在场的情况下保密进行。

(b) 医疗专家应立即如实编写书面报告。这份报告应包括下列各项基本资料：

（一）会见的情况：检查对象的姓名和检查时在场的人的姓名和工作单位；确切的时间和日期；进行检查的机构（例如拘留中心、医疗室或房舍）地点、性质和地址（酌情包括房间号码）；检查对象在检查时的情况（例如抵达时或在检查时所用戒具的性质、检查时保安部队是否在场、陪同囚犯的人的行为举止或对检查员所作的威胁性言论）；和任何其他有关因素；

（二）历史：详细记录检查对象在会见时所述事情始末，包括其所述的施刑办法或不当待遇、发生酷刑或不当待遇的时间和一切身心不适的症状；

（三）身体和心理检查：记录临床检查的一切身体和心理检查结果，包括适当的诊断检查

和在可能时包括所有伤痕的彩色照片;

（四）意见:阐明身体和心理检查结果与可能施行的酷刑或不当待遇可能存在的关系。建议是否应给予任何必要的医疗和心理治疗和/或进一步的检查;

（五）检查员的身份:报告应明确表明进行调查的人的身份并应署名。

(c) 报告应保密,并应送交接受检查的人或其指定的代理人。应征求检查对象或其代理人对检查程序的看法,并记录在报告内。此外,也应酌情向负责调查据称的酷刑或虐待情事的当局提交书面报告。国家应负责确保将报告妥善送交这些人。不应向任何其他人提供报告,除非经接受检查的人同意或经有权执行此种移送的法院核可。

151. 联合国保护被剥夺自由少年规则

(联合国大会 1990 年 12 月 14 日通过)

一、基 本 原 则

1. 少年司法系统应维护少年的权利和安全,增进少年的身心福祉,监禁办法只应作为最后手段加以采用。

2. 只应根据本《规则》和《联合国少年司法最低限度标准规则》所规定原则和程序来剥夺少年的自由。剥夺少年的自由应作为最后的一种处置手段,时间应尽可能短,并只限于特殊情况。制裁的期限应由司法当局确定,同时不排除今后早日释放的可能性。

3. 本《规则》旨在制订出符合人权和基本自由为联合国所接受保护以各种形式被剥夺自由少年的最低限度标准,目的在避免一切拘留形式的有害影响,并促进社会融合。

4. 本《规则》应公正无私地适用于所有少年,不得由于种族、肤色、性别、年龄、语言、宗教、国籍、政治观点或其他见解、文化信仰或习俗、财产、出生或家庭地位、族裔本源或社会出身、或残疾而有任何歧视。少年的宗教文化信仰、习俗及道德观念应得到尊重。

5. 制订《规则》是为了向管理少年司法系统的专业人员提供一种现成的参考标准、鼓励和指导。

6. 本《规则》应以本国语文印发给少年司法工作人员。不熟悉拘留所内工作人员所用语文的少年应有权在必要时获得传译服务,特别应有权在体格检查和纪律程序过程中获得这种服务。

7. 各国酌情将本《规则》纳入本国立法或对本国立法作出相应修正,并对违反本《规则》情事规定有效补救措施,包括少年受到伤害时为其提供赔偿。各国还应监测本《规则》的适用情况。

8. 主管机构应不断致力,使公众认识到,照料好被拘留的少年,让他们为重返社会作好准备,是一项非常重要的社会服务,为此目的,应采取积极步骤,促进少年与当地社区的公开接触。

9. 本《规则》中的任何规定不得解释为免予执行国际社会所公认有助于少年儿童和所有青年人的权利、照料和保护的有关联合国人权文书和标准。

10. 遇本《规则》第二至第五部分所载某些规则的实际应用与第一部分所载规则发生任何冲突时,遵守第一部分则应视为主要要求。

二、规则的范围和适用

11. 为本《规则》的目的,应采用以下定义:

(a) 少年系指未满18岁者。应由法律规定一年龄界限,对在这一年龄界限以下的儿童不得剥夺其自由;

(b) 剥夺自由系指对一个人采取任何形式的拘留或监禁,或将其安置于另一公私拘禁处所,由于任何司法、行政或其他公共当局的命令而不准自行离去。

12. 剥夺自由的实施情况应以确保尊重少年的人权为条件。应当保证拘留在各种设施内的少年能得益于有意义的活动和课程,这些活动和课程将有助于增进他们的健康,增强他们的自尊心,培养他们的责任感,鼓励他们培养有助于他们发挥社会一员的潜力的态度和技能。

13. 被剥夺自由的少年不应因有关这一身份的任何理由而丧失其根据国内法或国际法有权享有并与剥夺自由情况相容的公民、经济、政治、社会或文化权利。

14. 少年各项权利的保护特别是关于执行拘留措施的合法性应由司法当局加以保证,而社会融合的各项目标则应根据国际标准、本国法律和条例,由获准探访少年但不属于拘留设施的一个适当组成机关进行定期检查及执行其他管理措施来加以保证。

15. 本《规则》适用于被剥夺自由少年所在的任何类别和形式的拘留设施。本《规则》第一、第二、第四和第五部分适用于扣押少年的一切拘留设施和机构处所,第三部分则针对被逮捕或待审讯的少年。

16. 本《规则》应根据每个会员国普遍的经济社会和文化条件加以实施。

三、被逮捕或待审讯的少年

17. 被逮捕扣押的少年或待审讯("未审讯")的少年应假定是无罪的,并当作无罪者对待。应尽可能避免审讯前拘留的情况,并只限于特殊情况。因此,应作出一切努力,采用其他的替代办法。在不得已采取预防性拘留的情况下,少年法院和调查机构应给予最优先处理,以最快捷方式处理此种案件,以保证尽可能缩短拘留时间。应将未审讯的拘留者与已判罪的少年分隔开来。

18. 未审讯少年拘留的待遇条件应与下述各项规定相一致,必要时还可酌情根据假定无罪的要求、拘留期限和有关少年的法律地位和状况,作出具体的补充规定。这些规定应包括但不一定只限于下列各项:

(a) 这些少年应有权得到法律顾问,并应能申请免费法律援助(如有这种援助的话),并能经常与法律顾问进行联系。此种联系应保证能私下进行,严守机密;

（b）如果有可能,应向这些少年提供机会从事有酬工作或继续接受教育或培训,但不应要求他们一定这样做。而工作、教育或培训都不应引致继续拘留;

（c）这些少年应可得到和保留一些消遣和娱乐用具,只要符合司法管理的利益。

四、少年设施的管理

A. 记　　录

19. 所有报告包括法律记录、医疗记录和纪律程序记录以及与待遇的形式、内容和细节有关的所有其他文件,均应放入保密的个人档案内,该档案应不时补充新的材料,非特许人员不得查阅,其分类编号应使人一目了然。在可能情况下,每个少年均应有权对本人档案中所载任何事实或意见提出异议,以便纠正那些不切确、无根据或不公正的陈述。为了行使这一权利,应订立程序,允许根据请求由适当的第三者查阅这种档案。释放时,少年的记录应封存,并在适当时候加以销毁。

20. 任何拘留所在未获得司法、行政或其他公共当局的有效拘留令时,均不得接受任何少年入所。拘留令的内容应立即登记入册。不得将少年拘留在任何没有这种登记册的设施内。

B. 入所、登记、迁移和转所

21. 在所有拘留少年的场所,均应保存下列关于所接受的少年的完整而可靠的资料记录:

（a）关于该少年的身份的资料;

（b）拘留的事实和理由以及有关负责当局;

（c）入所、转所和释放的日期和时间;

（d）每一次接收少年入所,或将其照料下的少年转所或释放时,将情况通知其家长或监护人的具体内容;

（e）已知身心健康问题的细节,包括吸毒和酗酒在内。

22. 应毫不迟延地向有关少年的家长和监护人或关系最近的亲属提供上述入所、安置、转所和释放的资料。

23. 接收后应尽快就每一少年的个人情况和处境拟写全面报告和有关资料,提交管理部门。

24. 少年入所时,应发给每人一本以其易懂语文刊印的有关拘留设施的规定及其权利和义务的书面说明,连同负责受理申诉的主管当局的地址以及能提供法律协助的公私机构或组织的地址,如少年为文盲或看不懂书面资料,应以能使他充分理解的方式向他传达资料内容。

25. 应帮助所有少年了解有关该拘留所内部组织的条例、所提供照料的目的和方法、纪律要求和程序、获取资料和提出申诉的其他所允许方法以及所有为使他们充分理解其拘留期间的权利和义务所必要的其他事项。

26. 运送少年的费用应由管理部门负担,运送工具应通风良好、光线充足,其条件应是不使他们感到难受或失去尊严。不得任意将少年从一所转到另一所。

C. 分类和安置

27. 少年入所后,应尽快找他们谈话,撰写一份有关心理及社会状况的报告,说明与该少年所需管教方案的特定类型和等级有关的任何因素。此报告应连同该少年入所时对其进行体格检查的医官报告一起送交所长,以便在所内为该少年确定最适宜的安置地点及其所需和拟采用的特定类型和等级的管教方案。如需要特别感化待遇,且留在该所的时间许可,则应由该所训练有素的人员拟定一项个别管教书面计划,说明管教目的和时间构想以及应用以达到目标的方式、阶段和延迟情况。

28. 拘留少年的环境条件必须根据他们的年龄、个性、性别、犯罪类别以及身心健康充分考虑到他们的具体需要、身份和特殊要求,确保使他们免受有害的影响和不致碰到危险情况。将被剥夺自由的各类少年实行分开管理的主要标准是提供最适合有关个人特殊需要的管教方式,保护其身心道德和福祉。

29. 在各种拘留机构内,少年应与成人隔离,除非他们属于同一家庭的成员。作为确经证明有益于所涉少年的特别管教方案内容的一部分,可在管制情况下让少年与经过慎重挑选的成人在一起。

30. 应为少年设立开放性的拘留所,开放性的拘留所是完全没有或很少警备设施的场所。这类拘留所内人数应尽可能不多。拘留在完全关闭的拘留所内的少年人数也应不多以便进行个别管教。少年拘留所应进行分权管理,且其规模应便于少年与其家庭的联系和接触。应设小型拘留所,与社区的社会、经济和文化环境融合。

D. 物质环境和住宿条件

31. 被剥夺自由的少年有权享有可满足一切健康和尊严要求的设施和服务。

32. 少年拘留所的设计和物质环境应符合收容教养改过自新的目的,并应适当顾及少年的隐私、对感官刺激、与同龄人交往和参加文体娱乐活动的需要。少年拘留所的设计和结构应尽量减少火灾危险,确保能从房舍中安全撤出。应装置有效的火警系统,建立正规的经常演习制度来保证少年的安全。拘留所不得建造在明知有害健康或有其他危险的地区。

33. 寝室通常应为小组集体宿舍或个人睡房,并须注意到当地的标准。于睡眠时间应经常对所有住宿地区包括单人房间和集体宿舍进行不打扰人的检查,以保证每个少年的安全。应按照地方或国家标准,向每一少年发放足够的干净被褥,并应保持整齐和经常更换以确保干净。

34. 便所的位置和标准应使所内每一少年于需要时可正当方便,并应清洁隐蔽。

35. 持有个人财物是隐私权的一项基本内容,对少年的心理健康至关重要。应充分承认和尊重每一个少年持有个人财物和拥有充分设施来存放这些财物的权利。少年个人财物中本人不想保留的或予以没收的部分,应置于安全保管之下。保管财物的清单应由少年签字。应采取措施使这些财物保持完好。除准许其花掉的钱或向外界寄送的财物外,所有这些物件和金钱均应在该少年获释时如数归还。如少年收到或被发现持有任何药品,应由医官决定应如何使用。

36. 所内少年应有权尽可能穿用自己的衣服。拘留所应确保每一少年得到适合气候和足以保持其健康的衣服,这种衣服绝不得是污辱性或屈辱性的。应允许出于任何原因调离或离开拘留所的少年穿自己的衣服。

37. 每个拘留所应确保所内少年均应有权享用经过适当制作并在正常用餐时间提供的食品,其质量和数量应满足营养、卫生和健康标准,并尽可能考虑到宗教和文化方面的要求。应随时向每一少年提供清洁饮水。

E. 教育、职业培训和工作

38. 达到义务教育年龄的所有少年均有权获得与其需要和能力相应并以帮助其重返社会为宗旨的教育。这种教育应尽可能在拘留所外的社区学校里进行,但无论如何应有合格的教师,其课程应与本国的教育制度一致,以便获释后能继续学业而不感到困难。拘留所管理部门应特别注意外籍的或具有特殊文化或族裔需要的少年的教育。文盲或有认知或学习困难的少年应有权接受特殊教育。

39. 应允许和鼓励超过义务教育年龄但仍想继续学习的少年继续学习,应尽力为他们提供获得适当的教育课程的机会。

40. 向拘留所内的少年颁发毕业文凭或学历证明时,不应以任何方式表示该少年曾受拘留教养。

41. 每一拘留所均应有图书馆,藏有数量足够宜于少年阅读的知识性和娱乐性图书,应鼓励所内少年能够充分利用这些图书。

42. 所内少年均应有权获得职业培训,所选职业应能使其为今后的就业做好准备。

43. 在正当选择职业并合乎拘留所管理部门的要求范围内,所内少年应能按照自己的愿望选择所想从事的工作。

44. 适用于童工和青年工人的所有国家和国际保护性标准均应适用于被剥夺自由的少年。

45. 应尽可能让所内少年最好在当地社区从事有报酬的劳动,以补充所提供的职业培训,增加其在重返社区后获得适当就业的可能性。所提供的工作应能作为适当的培训,对少年获释后有所助益。拘留所内提供工作的安排和方法应尽量与社区内类似工作的安排和方法相同,以使少年适应正常的职业生活条件。

46. 参加工作的所内少年均有权获得公平的报酬。为拘留所或为第三方赢利的这一目的不得高于少年及其职业培训的利益。通常应将少年收益的一部分作为储蓄金另立,在少年获释时交还。少年应有权利用这些收益的剩余部分购买物品供自己使用,或者赔偿因其违法行为而受到伤害的受害者,或者寄给家里或拘留所外的其他人。

F. 娱　　乐

47. 所内少年应有权每天做适当时间的自由活动,如天气允许,活动地点应为室外,活动期间通常应提供适当的娱乐或体能训练。应为这些活动提供适当的场地、设施和设备。每一少年每天均应另有闲暇活动时间,根据少年的要求,其中部分时间应用于帮助学习手工艺技能。拘留所应确保每一少年的体格上能够参加向其提供的体育活动。应在医护人员指导下,向有需要的少年提供补救性的体育锻炼和理疗。

G. 宗 教

48. 应允许所内每一少年满足其对宗教和精神生活的需要,特别是参加在拘留所内举行的仪式或聚会或自行联系仪式并持有其宗教派别进行宗教仪式和宣讲时所必要的书籍或物品。如果拘留所内信仰某一宗教的少年达到一定人数,应指定或批准该宗教一名或数名合格代表,允许他们定期举行仪式并应所内少年的要求对他们进行个别的宗教探望。每一少年均应有权接受其选择的任一宗教合格代表的探望,也应有权不参加宗教仪式和自由表示不接受宗教教育、辅导或宣传。

H. 医疗护理

49. 所内少年均应有权获得充分的预防性和治疗性的医疗护理,包括牙医、眼科和精神科护理以及医疗所需药品和特别膳食。如可能,所有这种医疗护理通常应由拘留所所在社区的有关卫生机构和服务部门向被拘留少年提供,以防止他们受人以特殊眼光看待,而培养他们的自尊,并促使他们与社区融合。

50. 所内少年有权在入拘留所时立即由医生进行体检,以便记录进所前受过任何虐待的迹象,并查明需要医疗护理的任何身心方面的情况。

51. 向所内少年提供医疗服务时应设法检查和治疗任何可能影响少年重返社会的身心疾病、药物滥用或其他情况。每一少年拘留所应能随时获得足够的医疗设施和设备,这些设施和设备应与收容人数及其要求相称,并配合所内医疗人员所受预防性保健护理和处理紧急医疗事件的培训。生病、感觉不适或有身心不适症状的少年,应迅速由医官检查。

52. 任何医官如有理由认为某一少年的身心健康已受到或将受到长期拘留、绝食或任何拘留条件的损害,应立即将实际情况报告有关拘留所的所长和负责保障少年福祉的独立当局。

53. 患有精神病的少年应送往受独立的医疗管理的专门机构接受治疗。应与有关机构作出安排,采取措施确保必要时在释放后继续进行精神病治疗。

54. 少年拘留所应采用由合格人员管理的预防吸毒戒毒康复专门方案,这些方案应与有关少年的年龄、性别及其他要求相符,应向吸毒酗酒少年提供解毒设施和服务,并配备训练有素的工作人员。

55. 基于医疗理由为进行必要治疗时方得施药,可能时应事先通知有关少年并征得其同意。施药的目的绝不是为了套取资料或口供,也不是一种惩罚或管束手段。绝不能对少年进行药物试验和治疗试验。任何药物均应由合格的医护人员批准和施给。

I. 生病、受伤和死亡通知

56. 所内少年的家属或监护人以及少年指定的任何其他人均有权查问并于该少年的健康发生任何重大变化时及时了解他的健康状况。遇所内少年死亡、因生病而需要将他转送到所外医疗机构或因其健康状况而需要在拘留所内接受门诊治疗 48 小时以上时,拘留所所长应立即将此情况通知该少年的家属或监护人或其他指定者。遇所内少年为外国公民时,应将此事通知其所属国家领事当局。

57. 遇所内少年在其被剥夺自由期间死亡,关系最近的亲属应有权查验死亡证明书、验看遗体和决定处置遗体的方法。遇少年在拘留期间死亡,应对死因进行独立的调查,调查报告应提供给关系最近的亲属。如系释放后六个月内死亡,并有理由认为死亡原因与拘留期间有关,也应进行这种调查。

58. 所内少年如有近亲死亡、重病或重伤时应立即获通知,该少年应有机会参加已逝近亲的葬礼或探望病况濒危的亲属。

J. 与外界的接触

59. 应提供一切手段确保所内少年与外界充分接触,这是他们有权享有的公正人道待遇的一个组成部分,对使青少年作好准备重返社会来说也极其重要。应允许所内少年与其家人、朋友以及外界有信誉组织的人员或代表接触,允许他们离开拘留所回家探亲,并应特准由于教育、职业或其他重要原因而外出。如系服刑少年,则其离拘留所外出时间应计入服刑时间。

60. 所内少年均应有权经常定期地接受探访,原则上每周一次,至少每月一次,探访的环境应尊重少年的隐私及其与家人和律师接触并进行无拘束交谈的需要。

61. 除非有法定限制,所内少年均应有权与其选择的人进行书面或电话联系,必要时应助其有效地享有此一权利。每一少年均应有权收取信件。

62. 所内少年均应有机会阅读报纸、期刊及其他出版物,听收音机和看电视节目及电影,以及接受他感兴趣的任何合法俱乐部或组织的代表的探访,借此经常了解新闻。

K. 身体束缚和使用武力的限制

63. 禁止为任何目的使用束缚工具和武力,但规则 64 规定者除外。

64. 束缚工具和武力只有在特殊情况下,当所有其他控制方法都已用尽并证明无效时才能使用,并必须有法律和条例的明文授权和规定。使用束缚工具和武力不应造成屈辱或侮辱,使用范围应有限,时间应尽可能短。为了防止少年自我伤害、伤害他人或严重毁坏财物,可根据所长的命令使用束缚工具。如发生这种情况,所长应立即与医护及其他有关人员磋商,并报告上级管理当局。

65. 在任何少年拘留所内所方人员禁止携带和使用武器。

L. 纪 律 程 序

66. 任何纪律措施和程序均应确保安全,确保共同生活的秩序,并应符合维护少年自身尊严的原则和拘留所管教的根本目的,即灌输一种正义感、自尊感和尊重每个人的基本权利的意识。

67. 应严格禁止任何构成残酷、不人道或有辱人格的待遇的纪律措施,其中包括体罚、关在暗室、密闭或单独禁闭或其他任何有害有关少年身心健康的惩罚。禁止以任何理由减少供食的限制或不准与家人接触的做法。劳动应视为一种培养少年自尊的教育手段,以便为其重返社会做好准备,因而不应强行劳动以之作为一种纪律处罚。任何少年不应由于同一违反纪律事件而受到一次以上的处罚。禁止进行集体处罚。

68. 主管管理当局所采立法或条例应充分考虑到少年的基本特点、需要和权利,定出关于下述各项规范:
（a）构成违反纪律的行为；
（b）可施加的纪律处罚的种类和时限；
（c）有权施加此种处罚的官员；
（d）有权审理上诉的官员。

69. 关于越轨行为的报告应立即送交主管当局,主管当局应及时对之作出决定。主管当局应对事件进行彻底的检查。

70. 除严格按现行法律和条例办事的情况外,任何少年不应受到纪律处罚。除非先将所指控的违反纪律行为以少年充分理解的适当方式告知当事人并给予提出申辩的适当机会,包括向公正无私的主管当局上诉的权利,任何少年不应受到处罚。所有纪律程序均应作出完整记录。

71. 任何少年不应担负执行惩戒的责任,除非是在监管某一社会、教育或体育活动中或在自行管理方案中。

M. 视察和投诉

72. 有资格的视察人员或相当资格的不属于拘留所管理部门的当局,应有权经常进行视察和自行进行事先不经宣布的视察,在行使这一职责时,其独立性应享有充分的保证。在少年被剥夺或可能被剥夺自由的任何设施,视察人员应不受限制地接触到这些设施所雇用或在其中工作的所有人员、其中的所有少年以及阅看此类设施的所有记录。

73. 属于视察机关或公共卫生部门的合格医官应参加视察,评估有关环境、卫生、住宿、膳食、体操和医务等各项规定的执行情况,并评估所内生活关系到少年身心健康的任何其他方面或其他情况。每一少年都应有权同任何视察人员进行秘密交谈。

74. 在完成一次视察后,视察人员应就其视察结果提出一份报告。此项报告应包括评价各拘留所是否充分执行本规则和本国有关法律的规定,并提出为保证执行本规则和本国法律规定而认为必要的任何步骤的建议。视察人员所发现的情况之中,如有任何事实表明发生了违反关于少年权利或少年拘留所作业方面的法律规定的现象,应将有关事实通知有关当局以进行调查和起诉。

75. 每一少年应随时有机会向拘留所所长及其委托的代表提出请求或申诉。

76. 每一少年应有权通过核准的渠道向少年拘留所的中枢管理部门、司法部门或其他适当部门提出请求或申诉,其内容不受检查,而且应及时得到答复。

77. 应采取努力,设立一个独立的部门(监察专员),接受和调查被剥夺自由的少年提出的申诉,并协助达成公平的解决方案。

78. 每一少年应有权请求家人、法律顾问、人道主义团体或可能时请求其他人提供帮助,以便提出申诉。如文盲少年需要利用提供法律顾问或有权接受申诉的公私机构和组织的服务,则应向他们提供协助。

N. 重返社会

79. 所有所内少年都应得到安排,帮助他们在释放后重返社会,重过家庭生活、重新就学或就业。应为此设立有关的程序,包括提前释放和特别课程。

80. 主管当局应提供或确保提供一些服务,帮助少年在社会上重新立足并减少对这些少年的偏见。这些服务应在可能的情况下确保向该少年提供适当的住所、职业、衣物和足够的生活资料,使获释后能够维持生活,以便顺利融入社会。应与提供此种服务机构的代表磋商,并让他们与拘留中的少年接触,以便帮助他们重返社会。

五、管 理 人 员

81. 管理人员应具适当的条件并包括足够数量的专家,例如教育人员、职业教导员、辅导人员、社会工作者、精神病专家和心理学家。这些专家及其他的专门人员一般应长期聘用。但在合适情况下按其所能提供协助和培训的程度,并不排除聘用兼职人员或志愿人员的做法。各拘留所应根据被拘留少年的个别需要和问题,利用社区可提供的所有合宜的补救、教育、道德和精神及其他来源和形式的帮助。

82. 管理当局应认真挑选和聘用各级和各类的工作人员,因为各拘留所是否管理得好,全靠他们的品德、人道、处理少年的能力和专业才能以及个人对工作的适应性。

83. 为达致上述目的,管理人员应作为专业人员加以任用,给以优厚报酬以便吸引和留住合适的男女人才。应不断鼓励少年拘留所的管理人员努力做到人道、负责、专业、公平和有效率地履行自己的职责和义务,他们任何时候都应以身作则,使自己的言行赢得少年的尊敬,为他们树立好榜样。

84. 管理当局应建立合宜的组织形式和管理形式,以利拘留所内不同类别的工作人员之间的联系,从而保证照顾少年的各个部门之间的合作,还应有利于工作人员同管理当局之间的联系,以保证直接与少年接触的人员能够很好地发挥作用,便于其有效地履行职责。

85. 所有管理人员应受适当培训,以便能够有效地执行其责任,尤其包括关于儿童心理、儿童福利和国际人权和儿童权利标准和规范、包括本规则各项内容的培训。所有管理人员应通过参加在其任内定期举办的在职人员进修班,保持并提高其专业知识和业务能力。

86. 拘留所所长应在管理能力、学历和经验方面充分符合其工作所要求的条件,并应按专职进行工作。

87. 拘留所管理人员在履行其职责时应尊重和保护所有少年的人格尊严和基本人权,特别是:

(a) 拘留所任何人员不得以任何借口或在任何情况下施加、唆使或容忍发生任何严刑拷打行为或施加其他粗暴、残酷、不人道或有辱人格的待遇、处罚、感化或纪律手段;

(b) 所有管理人员应坚决反对和制止任何贪污受贿行为,并在发现时立即报告主管当局;

(c) 所有管理人员均应遵守本《规则》。凡有理由相信发生了或要将发生严重违反本《规则》情事的人员,应将情况报告其上级机关或掌有审查或纠正权力的机关;

(d) 所有管理人员应确保少年的身心健康得到充分保护,包括保护其不受性侵犯、身体上和精神上的虐待以及剥削利用,必要时应立即采取行动,给予医疗处置;

(e) 所有管理人员应尊重少年的隐私权,尤其应对其作为专业人员身份从中得知的有关少年或其家庭的机密情事保守秘密;

(f) 所有管理人员应致力减少拘留所内外生活上的区别,因为这种区别往往会削弱对拘留所内少年人格尊严的尊重。

152. 联合国关于女性囚犯待遇和女性罪犯非拘禁措施的规则("曼谷规则")

(联合国大会2010年12月21日通过)

大会,

回顾主要涉及囚犯待遇的联合国预防犯罪和刑事司法标准和准则,特别是《囚犯待遇最低限度标准规则》、切实实施《囚犯待遇最低限度标准规则》的程序、《保护所有遭受任何形式拘留或监禁的人的原则》以及《囚犯待遇基本原则》,

又回顾主要涉及替代监禁措施的联合国预防犯罪和刑事司法标准和准则,特别是《联合国非拘禁措施最低限度标准规则》(《东京规则》)和《刑事事项中使用恢复性司法方案的基本原则》,

还回顾其2003年12月22日第58/183号决议,其中大会请各国政府、相关国际机构和区域机构、国家人权机构和非政府组织加倍注意女性囚犯包括女性囚犯的子女的问题,以查明关键问题和解决问题的方法,

考虑到《东京规则》中规定的替代监禁措施,并考虑到触及刑事司法制度的女性的性别特殊性及因而需要优先考虑对她们适用非拘禁措施,

记及大会2006年12月19日第61/143号决议,其中敦促各国除其他外采取积极措施,解决造成暴力侵害妇女行为的结构性根源问题,加强预防工作,消除歧视性的做法和社会规范,包括在制定反暴力政策时考虑到需要予以特别关注的妇女,如狱中妇女或在押妇女,

又记及其2008年12月24日第63/241号决议,其中大会吁请所有国家注意父母在押和被监禁对儿童产生的影响,特别是确定并推广关注受父母在押和服刑所影响的婴儿和儿童的需要及其身体、情感、社会和心理发展的良好做法,

考虑到《关于犯罪与司法:迎接二十一世纪的挑战的维也纳宣言》,其中会员国除其他外承诺将根据女性囚犯和女性罪犯的特殊需要,制订着眼于行动的政策建议,以及实施《维也纳宣言》的行动计划,

提请注意《关于协作与对策:建立预防犯罪和刑事司法战略联盟的曼谷宣言》,因为它专门涉及到在押及拘禁和非拘禁环境中的妇女,

回顾会员国在《曼谷宣言》中建议预防犯罪和刑事司法委员会考虑审议与监狱管理和囚

犯有关的标准和准则是否充分,

注意到联合国人权事务高级专员提出的将 2008 年 10 月 6 日至 12 日指定为被拘押者尊严和正义周的倡议,其中特别强调妇女和女孩的人权,

考虑到女性囚犯是具有特殊需要和要求的脆弱群体之一,

意识到世界各地现有的许多监狱设施主要是为男性囚犯设计,而过去这些年来女性囚犯人数有了显著增加,

承认一些女性罪犯并不对社会构成危险,与所有罪犯一样,对她们实行监禁可能会使她们更加难以重新融入社会,

欢迎联合国毒品和犯罪问题办公室编写《妇女与监禁问题监狱管理者和政策制订者手册》,

又欢迎人权理事会 2009 年 3 月 25 日第 10/2 号决议邀请各国政府、相关国际机构和区域机构、国家人权机构和非政府组织更多关注狱中妇女和女孩问题,包括与狱中妇女的子女有关的问题,以期查明和处理与这个问题有关的特定性别方面和挑战,

还欢迎世界卫生组织欧洲区域办事处与联合国毒品和犯罪问题办公室之间的协作,并注意到《关于狱中妇女健康问题基辅宣言》,

表示注意到《关于替代性儿童照料的导则》,

回顾预防犯罪和刑事司法委员会 2009 年 4 月 24 日第 18/1 号决议,其中委员会请联合国毒品和犯罪问题办公室执行主任在 2009 年召开一次不限成员名额政府间专家组会议,按照《囚犯待遇最低限度标准规则》和《东京规则》,制定针对在押及拘禁和非拘禁环境中妇女待遇的补充规则,欢迎泰国政府提出担任东道主承办专家组会议,并请专家组会议向随后于 2010 年 4 月 12 至 19 日在巴西萨尔瓦多举行的第十二届联合国预防犯罪和刑事司法大会提交专家组会议工作成果,

又回顾第十二届联合国预防犯罪和刑事司法大会的四次区域筹备会议均欢迎制定一套针对在押及拘禁和非拘禁环境中妇女待遇的补充规则,

还回顾《关于应对全球挑战的综合战略:预防犯罪和刑事司法系统及其在变化世界中的发展的萨尔瓦多宣言》,其中会员国建议预防犯罪和刑事司法委员会作为优先事项审议《联合国关于女性囚犯待遇和女性罪犯非拘禁措施的规则》草案,以便采取适当行动,

1. **表示赞赏地注意到**制定针对在押及拘禁和非拘禁环境中妇女待遇补充规则的专家组于 2009 年 11 月 23 日至 26 日在曼谷举行的会议中所开展的工作和该会议的成果;

2. **表示感谢**泰国政府担任东道主承办专家组会议和为举办该会议所提供的财政支持;

3. **通过**本决议所附的《联合国关于女性囚犯待遇和女性罪犯非拘禁措施的规则》,并核可第十二届联合国预防犯罪和刑事司法大会关于该规则应称作"《曼谷规则》"的建议;

4. **承认**,鉴于世界各地的法律、社会、经济和地理条件有很大差异,不能在所有地方和所有时间同样适用所有这些规则;但认识到这些规则在整体上代表着全球的愿望,有助于改善女性囚犯及其子女和社区的境况这一共同目标,故应当有助于推动作出持续努力,克服规则适用中的实际困难;

5. **鼓励**会员国制定立法,确立替代监禁措施,并优先考虑为这种制度提供经费,以及发展实施这一制度所需的机制;

6. **鼓励**已经制定关于狱中妇女或关于女性罪犯替代监禁措施的立法、程序、政策或做法的会员国,将信息提供给其他国家和相关的国际、区域和政府间组织及非政府组织,并协助它们制订和开展关于这些立法、程序、政策或做法的培训或其他活动;

7. **邀请**会员国在制定相关立法、程序、政策和行动计划时考虑到女性囚犯的特殊需要和现实,并酌情参考《曼谷规则》;

8. **又邀请**会员国酌情收集、保持、分析并公布关于狱中妇女和女性罪犯的具体数据;

9. **强调**在判决或决定对怀孕妇女或儿童的唯一或主要养育人实行审前措施时,在可能和适当情况下,优先选用非拘禁措施,只有在严重犯罪或暴力犯罪的情况下才考虑拘禁判决;

10. **请**联合国毒品和犯罪问题办公室根据请求向会员国提供技术援助和咨询服务,以便酌情制定或加强关于狱中妇女和女性罪犯替代拘禁措施的立法、程序、政策和做法;

11. **又请**联合国毒品和犯罪问题办公室酌情采取步骤,确保广泛传播作为《囚犯待遇最低限度标准规则》和《联合国非拘禁措施最低限度标准规则》(《东京规则》)的补充文件的《曼谷规则》,并确保加强这一领域的宣传活动;

12. **还请**联合国毒品和犯罪问题办公室在向各国提供相关援助中加强与联合国其他相关实体、政府间组织和区域组织及非政府组织的合作,并查明各国的需要和能力,以加强国家对国家的合作和南南合作;

13. **邀请**联合国系统各专门机构和相关的政府间和非政府区域和国际组织参与实施《曼谷规则》;

14. **邀请**会员国和其他捐助方根据联合国的规则和程序,为此目的提供预算外捐助。

附件 联合国关于女性囚犯待遇和女性罪犯非监禁措施的规则("曼谷规则")

初步意见

1. 《囚犯待遇最低限度标准规则》,一视同仁地适用于所有囚犯;因此,在适用中应考虑包括女性囚犯在内所有囚犯的具体需要和实际情况。然而,《规则》系50多年前通过,并未对妇女的特殊需要予以足够关注。随着全世界女性囚犯人数的增加,需要进一步阐明在女性囚犯待遇方面应予考虑的事项,这已日益重要和迫切。

2. 由于认识到需要就适用于女性囚犯和女性罪犯的特有考虑因素提供全球标准,同时考虑到联合国不同机构通过的一系列相关决议,其中要求联合国会员国适当回应女性罪犯和女性囚犯的需要,故此制定本规则,以期在女性囚犯待遇和女性罪犯替代监禁措施方面,适当地补充和增补《囚犯待遇最低限度标准规则》和《联合国非拘禁措施最低限度标准规则》(《东京规则》)。

3. 本规则决非是要取代《囚犯待遇最低限度标准规则》或《东京规则》,因此,这两套规则所载的所有相关规定继续无歧视地适用于所有囚犯和罪犯。本规则的某些规定进一步阐明了《囚犯待遇最低限度标准规则》和《东京规则》中适用于女性囚犯和罪犯的现有规定,而另一些规定则涉及新的领域。

4. 这些规则是在联合国相关各项公约和宣言所载原则启发下制定,因此符合现有国际法的规定。这些规则所面向的是参与实行非拘禁惩处措施和社区措施的监狱管理部门和刑事司法机关(包括决策者、立法者、检察部门、司法部门和缓刑执行部门)。

5. 联合国在各种不同场合强调了关于处理女性罪犯情形的具体要求。例如,1980年,第六届联合国预防犯罪和罪犯待遇大会通过了一项关于女性囚犯具体需要的决议,其中建议,在执行第六届联合国预防犯罪和罪犯待遇大会所通过的与罪犯待遇直接或间接相关的决议时,应认识到女性囚犯的特殊问题,并应认识到需要提供解决问题的方法;尚未向女性罪犯提供与男性罪犯同等的作为替代监禁措施使用的方案和服务的国家,应着手提供;联合国、政府组织和在联合国具有咨商地位的非政府组织以及所有其他国际组织,应做出持续努力,以确保在拘捕、审判、判刑和监禁女性罪犯期间给予她们公正和平等待遇,并应特别注意女性罪犯所遇到的特殊问题,例如怀孕和照料子女。

6. 第七、第八和第九届预防犯罪和罪犯待遇大会也提出了有关女性囚犯的具体建议。

7. 第十届预防犯罪和罪犯待遇大会通过了《关于犯罪与司法:迎接二十一世纪的挑战的维也纳宣言》,其中会员国承诺在联合国预防犯罪和刑事司法方案范围内以及在国家预防犯罪和刑事司法战略范围内,考虑并解决方案和政策对男女产生的不同影响(第11段);并根据女性囚犯和罪犯的特殊需要,制定着眼于行动的政策建议(第12段)。实施《维也纳宣言》的行动计划中单独有一节(第十三节)专门讨论所建议的具体措施以进一步落实《宣言》第11和第12段中所做承诺,其中包括各国按照本国法律制度审查、评估并在必要情况下修改国内有关刑事事项的立法、政策、程序和做法,以确保妇女受到刑事司法系统的公平对待。

8. 联合国大会在其题为"司法行政领域的人权问题"的2003年12月22日第58/183号决议中,呼吁加倍注意女性囚犯包括女性囚犯子女的问题,以查明关键问题和解决问题的方法。

9. 联合国大会在其题为"加紧努力消除一切形式暴力侵害妇女行为"的2006年12月19日第61/143号决议中,强调"暴力侵害妇女行为"是指对妇女造成或可能造成身心方面或性方面的伤害或痛苦的任何基于性别的暴力行为,包括任意剥夺自由,不论其发生在公共生活或私人生活中,并敦促会员国审查并酌情修订、修正或废除一切歧视妇女或者对妇女具有歧视性影响的法律、条例、政策、做法和惯例,如果存在多种法律制度,确保这些制度的规定符合国际人权义务、承诺和原则,包括不歧视原则;采取积极措施,解决造成暴力侵害妇女行为的结构性根源问题,加强预防工作,消除歧视性做法和社会规范,包括对于那些需要特别关注的妇女,例如被监禁或被拘留的妇女;同时为执法人员和司法人员提供有关两性平等和妇女权利的培训和能力建设。该决议确认了暴力侵害妇女行为对触及刑事司法制度的妇女具有特定影响这一事实,并确认她们在监禁期间免遭侵害的权利。身心安全对于确保女性罪犯的人权以及改善她们的最终处境至关重要,本规则考虑到了这方面的问题。

10. 最后,在2005年4月25日第十一届联合国预防犯罪和刑事司法大会通过的《关于协作与对策:建立预防犯罪和刑事司法战略联盟的曼谷宣言》中,会员国宣布致力于发展和维护公正有效的刑事司法制度,包括根据适用的国际标准,对所有关押在审前拘押所和教改所里的人给予人道待遇(第8段);会员国建议预防犯罪和刑事司法委员会考虑审查与监狱管理和囚犯有关的标准和规范的适足性(第30段)。

11. 正如与《囚犯待遇最低限度标准规则》一样，鉴于世界各地的法律、社会、经济和地理状况存在很大差异，下文的规则显然不能在所有地方、所有时间都同样适用。然而，这些规则应能激励人们不断努力，以克服在如何适用方面的实际困难，因为这些规则在整体上代表了全球的愿望，联合国认为由此可实现改善女性囚犯、她们的子女以及她们社区的最终处境这一共同目标。

12. 本规则主要涉及妇女及其子女的需要，但有一些涉及男女囚犯都适用的问题，例如有关父母亲责任、某些医疗服务、搜查程序等问题。不过，由于关注的重点包括在狱中服刑的母亲的子女，因此需要认识到父母双方在子女的生活中扮演的重要角色。有鉴于此，本规则中有些规则将同样适用于身为人父的男性囚犯和罪犯。

导　言

13. 以下规则决非是要取代《囚犯待遇最低限度标准规则》和《东京规则》。因此，这两套规则所载的所有规定继续无歧视地适用于所有囚犯和罪犯。

14. 本规则第一节事关相关机构的一般管理，适用于被剥夺自由的所有各类妇女，包括刑事或民事、未经审判或已判刑的女性囚犯，以及法官命令接受"安全措施"或惩教措施的妇女。

15. 第二节所载规则只适用于每一分节所涉的特定类别。然而，A 分节下适用于被判刑囚犯的规则，应同样适用于 B 分节所涉及的囚犯类别，但前提是这些规则与管辖这类妇女的规则并不冲突，并且对她们有利。

16. A 分节和 B 分节都规定了有关少年女性囚犯待遇的额外规则。但必须指出，需要按照国际标准，尤其是《联合国少年司法最低限度标准规则》（北京规则）、《联合国预防少年犯罪准则》（利雅得准则）、《联合国保护被剥夺自由的少年规则》以及《刑事司法系统中儿童问题行动指南》，单独拟订有关这类囚犯待遇和重新融入社会的战略和政策，同时应尽最大可能避免实行监禁。

17. 第三节载有关于对女性和少年女性罪犯适用非拘禁惩处和措施的规则，包括关于刑事司法程序中拘捕、审前、判决和判决后这些阶段的规则。

18. 第四节载有关于研究、规划、评价、提高公众认识和交流信息的规则，适用于本规则所涵盖的所有各类女性罪犯。

一、普遍适用规则

1. 基本原则

[补充《囚犯待遇最低限度标准规则》规则 6]

规则 1

为了将《囚犯待遇最低限度标准规则》规则 6 中所体现的不歧视原则付诸实践，在适用本规则时应考虑女性囚犯的独特需要。不应将照顾这种需求以实现两性实质上的平等视为歧视性做法。

2. 收监

规则 2

1. 应当关注妇女和儿童的收监程序，因为他们在这个时候尤易受到伤害。应为新入狱的女性囚犯提供便利，让她们与亲属取得联系；寻求法律咨询；了解监狱规则和规章、监狱制度,知道在需要其所通晓语言的帮助时向何处求助;如果系外国人,则还需为其提供寻求领事代表的便利。

2. 在收监之前和收监时,应允许负有养育子女责任的妇女为子女做好安排,考虑到儿童的最高利益,包括在可能情况下留出一段合理的暂不拘押时间。

3. 登记

[补充《囚犯待遇最低限度标准规则》规则 7]

规则 3

1. 被收监妇女的子女人数以及具体个人信息,应在收监之时加以记录。在不影响母亲权利的情况下,此类记录应至少包含子女的姓名、年龄,若不与母亲在一起,还应包含其住址及其受抚养或受监护状况。

2. 与这些子女身份相关的所有信息都应保密,此类信息的使用应始终遵守考虑到儿童最高利益这一要求。

4. 监狱分配

规则 4

应尽可能将女性囚犯分配至靠近其住家或者社会康复场所的监狱,考虑她们的养育责任,以及每个女性囚犯的个人倾向以及是否有适当的方案和服务。

5. 个人卫生

[补充《囚犯待遇最低限度标准规则》规则 15 和 16]

规则 5

女性囚犯的囚所应具备满足妇女特殊卫生需要所要求的设施和物品,包括免费提供卫生巾和正常供水以供儿童和妇女个人护理之用,尤其是对烹制食品的妇女和怀孕、哺乳或者例假时的妇女。

6. 医疗卫生服务

[补充《囚犯待遇最低限度标准规则》规则 22 至 26]

(a) 入狱时体检

[补充《囚犯待遇最低限度标准规则》规则 24]

规则 6

女性囚犯的健康检查应包括全面检查,以确定初级保健需要,同时还应确定:(a) 是否患有性传播疾病或血液传播疾病;视风险因素,还可为女性囚犯提供艾滋病毒检测,附带检测前及检测后咨询辅导;(b) 心理保健需要,包括创伤后紧张错乱症及自杀和自残风险;(c) 女性囚犯的生殖健康史,包括目前或最近是否怀孕、分娩以及任何相关的生殖健康问题;(d) 是否存在药物依赖性;(e) 在收监之前是否可能遭受性虐待以及其他形式的暴力侵犯。

规则 7

1. 如果诊断发现拘押前或拘押期间存在性虐待或者其他形式的暴力侵犯,应告知女性囚犯向司法部门求助的权利。应让女性囚犯充分了解相关的程序和步骤。如果女性囚犯同意采取法律行动,应通知有关人员并立即将案件报告主管部门进行调查。监狱管理部门应帮助此类妇女寻求法律援助。

2. 不论该妇女是否选择采取法律行动,监狱管理部门都应努力确保她可以立即得到专业的心理支助或咨询。

3. 应制定具体措施,以避免对提出如此报告或者采取法律行动的人实施任何形式的报复。

规则 8

应始终尊重女性囚犯的医疗保密权利,具体而言包括不分享信息和不接受生殖健康史检查的权利。

规则 9

如果女性囚犯有子女陪伴,该子女也应接受健康检查,最好是由儿童健康专家检查,以确定任何医治需要。应为其提供适当的保健服务,至少应等同社区提供的服务水平。

(b) 与性别相关的保健

规则 10

1. 应为女性囚犯提供与性别相关的保健服务,至少应等同社区提供的服务水平。

2. 如果女性囚犯要求女性医生或护士对其进行检查或治疗,应尽可能为其安排女性医生或护士,急诊情况除外。如果违背女性囚犯的意愿由一名男性医务人员进行检查,在检查过程中应有一名女性工作人员在场。

规则 11

1. 在体检过程中只能有医护人员在场,除非医生认为存在异常情形,或者医生出于安保原因而要求一名监狱工作人员在场,或者如上文规则 10 第 2 款所述,该女性囚犯特别要求有一名工作人员在场。

2. 如果在体检过程中需要有非医务职能监狱工作人员在场,这类工作人员应是女性,并且进行体检时应保护隐私,保障尊严和保密。

(c) 心理健康与护理

规则 12

应为监狱中或非拘押环境中需要心理保健的女性囚犯提供个性化、关注性别问题并且注意心灵创伤问题、全面的心理保健和康复方案。

规则 13

监狱工作人员应了解妇女何时会感到特别痛苦,以便对她们的状况感觉敏锐并确保为她们提供适当支助。

(d) 艾滋病毒预防、治疗、护理和援助

规则 14

在制定惩戒机构应对艾滋病毒/艾滋病的方案和服务时,应注意妇女的具体需要,包括预防母婴传播。在此方面,监狱管理部门应鼓励和支持制定有关艾滋病毒预防、治疗和护理的同伴教育等举措。

(e) 药物滥用治疗方案

规则 15

监狱保健服务部门应为女性药物滥用者提供专门的治疗方案,或为此类方案提供便利,其中应考虑到以往的受害情形、怀孕妇女以及有子女妇女的特殊需要以及她们的不同文化背景。

(f) 预防自杀和自残
规则 16
与心理健康和社会福利机构协商制定和实施相应策略,预防女性囚犯自杀和自残,并应为有此风险者提供考虑到其性别特点的适当和专门支持,这应成为女子监狱心理健康综合政策的一部分。

(g) 预防保健服务
规则 17
女性囚犯应接受有关预防保健措施的教育和信息,包括预防艾滋病毒、性传播疾病和其他血液传播疾病以及妇女特有疾病。

规则 18
应为女性囚犯提供与社会中同龄妇女相同的特别针对妇女的预防保健措施,例如宫颈巴氏涂片以及乳癌和妇科癌检查。

7. 安全保障
[补充《囚犯待遇最低限度标准规则》规则 27 至 36]
(a) 搜查
规则 19
应采取有效措施确保在进行人身搜查过程中女性囚犯的尊严和尊重得到维护,人身搜查只能由受过适当搜查方法妥善培训的女性工作人员按照既定程序进行。

规则 20
应制定其他检查方法,例如扫描,以取代脱衣搜查和侵犯性的人身搜查,从而避免侵犯性的人身搜查带来的心理伤害和可能的身体影响。

规则 21
监狱工作人员在搜查狱中陪伴母亲的儿童以及探监儿童时,应表现出称职的能力、职业水准和敏感性,并应维护尊重和尊严。

(b) 惩戒和处罚
[补充《囚犯待遇最低限度标准规则》规则 27 至 32]
规则 22
在监狱中不应对怀孕妇女、养育婴幼儿的妇女和哺乳母亲实施禁闭或惩戒性隔离等惩罚。

规则 23
对女性囚犯实施的惩戒性制裁不应包括禁止与家人联系,尤其是与子女联系。

(c) 戒具
[补充《囚犯待遇最低限度标准规则》规则 33 和 34]
规则 24
绝不应对处于生产、分娩过程或者分娩不久后的妇女使用戒具。

(d) 向囚犯提供信息和囚犯提出的投诉;检查
[补充《囚犯待遇最低限度标准规则》规则 35 和 36 及关于检查的规则 55]
规则 25
1. 应立即为报告受到虐待的女性囚犯提供保护、支持和咨询辅导,并应由独立的主管部门对其声称受到的虐待进行调查,同时充分尊重保密原则。保护措施应特别考虑到报复风险。

2. 遭受性虐待的女性囚犯,特别是因此而怀孕者,应得到适当的医疗咨询和辅导,并应向她们提供必要的身心保健、支持和法律援助。

3. 为了监测女性囚犯的拘押条件和待遇,巡视、探访或监督单位或监管机构中应包括女性成员。

8. 与外部世界的接触

[补充《囚犯待遇最低限度标准规则》规则 37 至 39]

规则 26

应通过一切合理方式鼓励和便利女性囚犯与其家人接触,包括与其子女以及子女监护人和法律代表接触。在可能情况下,应采取措施抵消拘押在离家较远监所中的女性面临的不便条件。

规则 27

在允许配偶探视的情况下,女性囚犯应能与男性平等地行使这一权利。

规则 28

涉及子女的探视,应在有利于创造良好探视经历的环境中进行,包括工作人员的态度,并应允许母亲和子女之间的公开接触。在可能情况下,应鼓励与子女接触时间较长的探视。

9. 监所工作人员和培训

[补充《囚犯待遇最低限度标准规则》规则 46 至 55]

规则 29

对受雇于女子监狱的工作人员进行的能力建设,应使他们能够应对女性囚犯重新融入社会的特殊需要,并能管理安全和有助改造的设施。女性工作人员的能力建设措施还应包括担任高层职务的机会,承担制定有关女性囚犯待遇和看管工作的政策和战略等重要职责。

规则 30

监狱管理机关中的管理层应作出明确的持续承诺,预防和处理对女性工作人员的性别歧视。

规则 31

应制定和实施关于监狱工作人员行为的明确政策和规章,目的是为女性囚犯提供最大限度的保护,使之免遭任何基于性别的言行暴力、虐待和性骚扰。

规则 32

监狱女性工作人员应能得到与男性工作人员平等的培训机会,所有参与女子监狱管理工作的工作人员都应接受关于性别敏感性和禁止歧视和性骚扰的培训。

规则 33

1. 分管女性囚犯的所有工作人员都应接受与女性囚犯的特殊需要和人权有关的培训。

2. 除急救和基本医疗知识外,还应为在女子监狱中工作的监狱工作人员提供与妇女健康主要问题有关的基本培训。

3. 在允许子女陪伴狱中母亲的情况下,还应为监狱工作人员提供关于儿童成长知识和儿童保健方面的基本培训,使他们能在需要时和紧急情况下适当应对。

规则 34

监狱工作人员的常规培训课程中应包括关于艾滋病毒问题的能力建设方案,作为其中的组成部分。除了艾滋病毒/艾滋病预防、治疗、护理和支持外,诸如性别和人权等问题也应成为培训课程的组成部分,重点应特别放在这些问题与艾滋病毒、耻化和歧视的关系上。

规则 35

监狱工作人员应接受培训,以便发现女性囚犯的心理保健需要及自残和自杀风险,并通过提供支持和将这类案例提交专家处理而给予援助。

10. 少年女性囚犯

规则 36

监狱管理部门应制定措施,满足少年女性囚犯的保护需要。

规则 37

少年女性囚犯应能平等享有为少年男性囚犯提供的教育和职业培训。

规则 38

少年女性囚犯应能得到与年龄和性别相适应的方案及服务,例如性虐待或暴力侵害问题的咨询。她们应接受有关妇女保健的教育,并应能如成年女性囚犯那样定期寻求妇科专家协助。

规则 39

怀孕的少年女性囚犯应得到与成年女性囚犯同等的支助和医疗护理。应由专科医生监测她们的健康状况,同时应考虑到由于她们的年龄关系,她们在怀孕期间产生健康问题的风险可能更大。

二、适用特殊类别的规则

A. 被判刑囚犯

1. 分类与个别考虑

[补充《囚犯待遇最低限度标准规则》规则 67 至 69]

规则 40

监狱管理人员应制定和实施分类方法,处理女性囚犯的特殊需要和状况,从而确保为这些囚犯的尽早改造、待遇和重新融入社会做出适当和个性化的规划并予以实施。

规则 41

对性别问题敏感的风险评估和囚犯分类应:

(a) 考虑到女性囚犯对其他人构成的风险通常较低,高度保安措施和加强隔离会对女性囚犯产生特别有害的影响;

(b) 在监所分配和服刑规划中考虑到女性囚犯背景的基本信息,例如她们可能经历过的暴力侵害、精神残疾和药物滥用历史,以及养育子女和其他照看责任;

(c) 确保女性囚犯服刑计划中包括与她们的特殊需要相匹配的改造方案和服务;

(d) 确保那些有着心理保健需要的人被安排在非限制性和保安级别尽可能低的环境中,并且得到适当的待遇,而不是仅仅由于她们的心理健康问题便把她们关押在保安级别较高的设施内。

2. 监狱制度

[补充《囚犯待遇最低限度标准规则》规则 65、66 和 70 至 81]

规则 42

1. 女性囚犯应能参与均衡和全面的活动方案,其中应考虑到与性别相关的适当需要。

2. 监狱制度应具有足够灵活性,满足怀孕妇女、哺乳母亲以及带有子女的妇女的需要。监狱中应提供托儿设施或安排,使女性囚犯能够参与监狱活动。

3. 应作出特别努力,为怀孕妇女、哺乳母亲以及在监狱中带有子女的妇女提供适当安排。

4. 应作出特别努力,为有社会心理辅导需要特别是遭受过身心方面或性方面虐待的女性囚犯提供适当服务。

社会关系及出狱后关怀[补充《囚犯待遇最低限度标准规则》规则 79 至 81]

规则 43

监狱管理部门应鼓励并在可能情况下便利对女性囚犯的探视,以此作为确保她们心理健康和重新融入社会的重要前提。

规则 44

鉴于女性囚犯多有遭受家庭暴力的经历,应妥善询问她们包括家庭成员在内的哪些人可被允许来探视她们。

规则 45

监狱管理部门应在尽可能最大程度上对女性囚犯采用请假回家、开放式监狱、重返社会训练所和基于社区的方案和服务等可选办法,为她们从监狱到重获自由的过渡提供方便,减少耻化并尽可能早地使她们与家人重新建立联系。

规则 46

监狱管理部门应与缓刑和(或)社会福利机构、地方社区团体和非政府组织合作,设计并实施释放前和释放后重新融入社会的综合方案,其中应考虑到妇女的特殊需要。

规则 47

应与社区服务机构合作,为刑满释放后需要心理、医疗、法律和实际帮助的女性提供释放之后的进一步支助,以确保她们成功地重新融入社会。

3. 怀孕妇女、哺乳母亲和在监狱中带有子女的母亲

[补充《囚犯待遇最低限度标准规则》规则 23]

规则 48

1. 对怀孕或哺乳的女性囚犯,应按照由合格保健人员起草和监测的方案,向她们提供健康和饮食建议。应向怀孕妇女、婴儿、儿童和哺乳母亲免费提供适当和及时的食品、健康的环境以及日常活动的机会。

2. 除非有具体健康原因,不应劝阻女性囚犯为其婴儿哺乳。

3. 对最近分娩但其婴儿不在狱中与其一起生活的女性囚犯,应将其医疗和营养需要纳入待遇方案。

规则 49

是否允许子女与狱中母亲待在一起的决定应以儿童的最高利益为本。与狱中母亲待在一起的儿童绝不应被作为囚犯对待。

规则 50

应尽可能为子女与其同在狱中的女性囚犯提供与子女相处的机会。

规则 51

1. 应与社区保健服务机构合作,为与狱中母亲一起生活的儿童提供持续的保健服务,并由专家监测儿童的成长情况。

2. 为这类儿童成长而提供的环境应尽可能接近监狱之外儿童所处的环境。

规则 52

1. 应在相关国内法范围内,根据个案评估,并以儿童的最高利益为本,决定何时将子女与母亲分开。

2. 应审慎采取让子女离开监狱的措施,并且只能在已为儿童确定其他照看安排的情况下实施,对于外国囚犯,还应与领事官员协商。

3. 子女与母亲分开并安排由家人或亲属照看或通过其他替代方式照看之后,应在符合儿童最高利益和无损公共安全的情况下,为女性囚犯与子女会面提供尽可能多的机会和便利。

4. 外国人

[补充《囚犯待遇最低限度标准规则》规则 38]

规则 53

1. 如存在相关的双边或多边协定,在非居民外国女性囚犯提出申请或经其知情同意后,应在其监禁期间尽早考虑移交她们本国,尤其是在她们有子女在本国的情况下。

2. 如果让与非居民外国女性囚犯一起生活的儿童离开监狱,应考虑将该儿童迁回其本国,同时应考虑到该儿童的最高利益,并与其母亲协商。

5. 少数群体和土著人民

规则 54

监狱管理部门应认识到来自不同宗教和文化背景的女性囚犯有着不同的需要,她们在寻求与性别和文化相关的方案和服务时可能面临多种形式的歧视。因此,监狱管理部门应与女性囚犯本人以及相关群体协商,提供满足这些需要的综合方案和服务。

规则 55

应与相关群体协商,审查释放前和释放后服务,以确保它们适合于土著女性囚犯以及来自不同族裔和种族群体的女性囚犯,并且确保她们可以获得这些服务。

B. 被捕或候审囚犯

[补充《囚犯待遇最低限度标准规则》规则 84 至 93]

规则 56

相关当局应认识到审前在押妇女所面临的受虐待特殊风险,应在政策和实践中采取适当措施,保障这些女性在此期间的安全(另见下文关于审前拘押替代安排的规则 58)。

三、非拘禁措施

规则 57

《东京规则》各项规定应成为制定和实施对女性罪犯的适当应对措施的指导方针。应在会员国法律制度范围内拟定有性别区分的转化措施和审前及量刑替代安排等可选办法,其中应考虑到许多女性罪犯的受害史以及她们担负的照看责任。

规则 58

考虑到《东京规则》规则 2.3 的规定,不应在不适当考虑女性罪犯的背景和家庭联系的情况下,将她们与家人和社区分开。只要适当和可能,应尽量实施替代方式管理犯有罪行的妇女,例如转化措施和审前及量刑替代安排等。

规则 59

一般而言,应使用非拘禁手段的保护方式,例如,安置在由独立团体、非政府组织或者其他社区服务机构管理的避难所中,以此保护需要这种保护的妇女。只有在必要时并且在所涉妇女明确请求的情况下,才可采用涉及拘禁的临时措施保护妇女,并且在任何情况下都应由司法或其他主管部门予以监督。不得违背所涉妇女的意愿而继续实施这种保护措施。

规则 60

应提供适当资源为女性罪犯设计合适的替代安排,以便将非拘禁措施与干预措施相结合,解决导致妇女触及刑事司法制度的最常见问题。这些安排可包括对家庭暴力和性虐待受害人的治疗课程和咨询服务;为精神残疾者提供的适当治疗;改善就业前景的教育和培训方案。这种方案应考虑到提供照看儿童服务和专为妇女提供服务的必要性。

规则 61

在对女性罪犯量刑时,考虑到她们的照看责任和典型背景,法院应有权力考虑减轻罪行的因素,例如无犯罪史、犯罪行为相对不严重及犯罪性质。

规则 62

应改善社区的对性别问题有敏感认识、考虑到心灵创伤和专对妇女开放的药物滥用治疗方案的提供情况,并进一步方便妇女获取这种治疗,目的是预防犯罪、转化和替代量刑。

1. 量刑后处置

规则 63

关于有条件提前释放(假释)的决定,应积极考虑女性囚犯的照看责任以及她们重新融入社会的特殊需要。

2. 怀孕妇女和有受扶养子女的妇女

规则 64

在可能和适当情况下,对怀孕妇女和有受扶养子女的妇女应首先选择非拘禁判决,只有在罪行严重或暴力犯罪或该妇女构成持续危险的情况下,并在考虑到儿童最高利益之后,才考虑拘禁判决,同时还应确保做好照看这类儿童的适当安排。

3. 少年女性罪犯

规则 65

对于触犯法律的儿童,应尽最大可能避免实行监禁。在作出决定时应考虑到少年女性罪犯因其性别而容易受到伤害这一因素。

4. 外国人

规则 66

应尽最大努力批准《联合国打击跨国有组织犯罪公约》及其《关于预防、禁止和惩治贩运人口特别是妇女和儿童行为的补充议定书》,以期充分实施其中的规定,从而为人口贩运活动受害人提供最大限度的保护,以避免许多外国妇女二次受害。

四、研究、规划、评价以及提高公众认识

1. 研究、规划和评价

规则 67

应作出努力,围绕妇女所犯罪行、妇女对抗刑事司法制度的诱因、二次判罪和监禁对妇女的影响、女性罪犯的特性以及用以减少妇女再次犯罪可能性的方案等问题,组织和促进注重成果的综合研究,以此作为有效规划、拟定方案和制定政策的基础,以期对女性罪犯重新融入社会的需要做出回应。

规则 68

应作出努力,组织和促进研究,查明由于母亲对抗刑事司法制度,尤其是母亲被监禁而受到影响的儿童人数,以及这种状况对儿童的影响,以期协助制定政策和拟定方案,其中考虑到儿童的最高利益。

规则 69

应作出努力,定期审查、评价和公布与女性犯罪行为相关的趋势、问题和因素,以及对女性罪犯及其子女重新融入社会的需要做出回应的效果,以期减少这些妇女对抗刑事司法制度而给她们自身及其子女带来的耻辱和负面影响。

2. 提高公众认识、信息共享和培训

规则 70

1. 应告知媒体和公众有关导致妇女身陷刑事司法系统禁锢的原因以及对此做出回应的最有效方法,以使妇女能够重新融入社会,同时应考虑到其子女的最高利益。

2. 公布和传播研究成果和良好做法范例应构成相关政策的综合要素,这些政策旨在改善刑事司法系统对女性罪犯做出的回应对她们及其子女产生的结果并提高公正性。

3. 应向媒体、公众和专职负责女性囚犯和罪犯事务的人员经常提供有关本规则涵盖的事项以及本规则实施情况的事实信息。

4. 应为相关的刑事司法人员制定和实施关于本规则和研究成果的培训方案,以提高他们的认识,并使他们敏感了解本规则所载各项规定。

153. 联合国预防少年犯罪准则("利雅得准则")

(联合国大会 1990 年 12 月 14 日通过)

一、基 本 原 则

1. 预防少年违法犯罪是社会预防犯罪的一个关键部分。青少年通过从事合法的、有益社会的活动,对社会采取理性态度和生活观,就可以形成非犯罪型的态度。

2. 要成功地预防少年违法犯罪,就需要整个社会进行努力,确保青少年的均衡发展,从其幼童期起尊重和促进其性格的发展。

3. 为诠释本《准则》的目的,应遵循以儿童为中心的方针。青少年应发挥积极作用,参与社会活动,而不应被看作仅仅是社会化的或控制的对象。

4. 在实施本《准则》时,根据国家法律制度,青少年从其幼年开始的福利应是任何预防方案所关注的重心。

5. 应认识到制定进步的预防少年违法犯罪政策以及系统研究和详细拟订措施的必要性和重要性。这些政策措施应避免对未造成严重损害其发展或危害他人行为的儿童给予定罪和处罚。这种政策和措施应包括:

(a) 提供机会,特别是受教育的机会,以满足青少年的不同需要,作为对所有青少年、特别是那些明显处于危险或面临社会风险而需要特别照顾和保护的青少年的一种辅助办法,以保障所有青少年的个人发展;

(b) 在法律、程序和建立机构、设施和服务网的基础上,采取专门化的防止不端行为的理论和方法,以减少发生违法的动机、需要和机会或诱发的条件;

(c) 官方干预,首先应着重于青少年的整体利益并以公正、公平的思想作为指导;

(d) 维护所有青少年的福利、发展、权利和利益;

(e) 要考虑青少年不符合总的社会规范和价值的表现或行为,往往是成熟和成长过程的一部分,在他们大部分人中,这种现象将随着其步入成年而消失;

(f) 要认识到专家绝大多数的意见是,把青少年列为"离经叛道"、"违规闹事"或"行为不端",往往会助成青少年发展出不良的一贯行为模式。

6. 在防止少年违法犯罪中,应发展以社区为基础的服务和方案,特别是在还没有设立任何机构的地方。正规的社会管制机构只应作为最后的手段来利用。

二、本《准则》的范围

7. 本《准则》应在下列国际文书的广义范围内予以诠释和执行:《世界人权宣言》、《经济、社会、文化权利国际盟约》、《公民权利和政治权利国际盟约》、《儿童权利宣言》和《儿童权利公约》,并符合《联合国少年司法最低限度标准规则》(北京规则)的内容以及有关儿童和青少年权利、利益和福祉的其他文书和规范。

8. 本《准则》应结合每个会员国当前的经济、社会和文化条件予以执行。

三、总的预防

9. 全面性的预防计划应由各级政府制订,并包括下列内容:

(a) 深入地分析问题,查明现有的方案、服务、设施和可取得的资源;

(b) 明确划定参与预防工作的合格机关、机构和人员的责任;

(c) 制定具体办法,适当协调各政府机构和非政府机构间的预防工作;

(d) 对根据预测的研究所制定的政策、方案和战略不断进行监测,并在执行过程中认真作出评估;

(e) 制定有效减少发生不端行为的机会的方法;

（f）促进社区通过各种服务和方案进行参与；

（g）国家、州省和地方政府之间开展密切的跨学科合作，吸收私营部门、所针对社区的公民代表、劳工、儿童保育、卫生教育、社会、执法、司法机关等部门参加，采取协调一致共同行动防止少年违法和犯罪行为；

（h）让青少年参与制定防止不端行为的政策和程序，包括借助社区资源、青少年自助、受害者赔偿和援助方案等；

（i）各级的专业人员。

四、社会化过程

10. 预防政策的重点应促使所有儿童和青少年尤其是要通过家庭、社区、同龄人、学校、职业培训和工作环境以及通过各种自愿组织成功地走向社会化和达到融合。应对儿童和青少年适当的个人发展给予应有的尊重，并应在其社会化和融合的过程中，把他们视为完全的、平等的伙伴。

A. 家庭

11. 每个社会均应将家庭及其所有成员的需要和福利置于高度优先地位。

12. 由于家庭是促使儿童初步社会化的中心环节，政府和社会应竭力维护家庭、包括大家庭的完整。社会有责任帮助家庭提供照料和保护，确保儿童的身心福祉。应提供适当安排、包括托儿服务。

13. 各国政府应制定政策以利儿童在稳定和安定的家庭环境中成长。凡在解决不稳定状况或冲突状况中需要帮助的家庭，均应获得必要的服务。

14. 如缺乏稳定和安定的家庭环境，而社区在这方面向父母提供帮助的努力又归于失败，同时不能依靠大家庭其他成员发挥这种作用的情况下，则应考虑采取其他的安置办法，包括寄养和收养。这种安置应尽最大可能仿造成一种稳定和安定的家庭环境，与此同时还应为孩子建立永久感，以避免引起由于连续转移寄养而连带产生的问题。

15. 对受到经济、社会和文化上迅速而不平衡变化影响的家庭的儿童，尤其是土著、移民和难民家庭的儿童，应给予特别的关注。由于这类变化可能破坏家庭的社会能力，而往往由于角色和文化冲突的结果，无法按照传统方式抚养培育孩子时，则必须采用创新性的、有益于社会的方式来保证儿童的社会化过程。

16. 应采取措施和制定方案，为家庭提供机会，学习在孩子发展和照顾方面父母的角色和义务，同时促进亲子之间的关系，使父母能敏锐地发现孩子的种种问题，并鼓励参与家庭和社区范围的活动。

17. 各国政府应采取措施，促进家庭的和睦团结，并劝阻使孩子与父母分开的做法，除非出现特殊情况，影响到孩子的幸福和前途，而没有别的可行办法。

18. 强调家庭和大家庭的社会化功能十分重要；认识到青少年在社会上的未来作用、责任、参加与合作精神也同样十分重要。

19. 为确保儿童适当社会化的权利，各国政府及其他机构应依靠现有的社会和法律机构，但当传统的制度和习俗不起作用时，还应提供和允许创新措施。

B. 教育

20. 各国政府有义务使所有青少年都能享受公共教育。

21. 教育系统除其学术和职业培训活动外,还应特别注意以下方面:

(a) 进行基本价值观念的教育,培养对孩子自身的文化特性和模式、对孩子所居住国家的社会价值观念、对与孩子自身不同的文明、对人权和基本自由的尊重;

(b) 促使青少年的个性、才能、身心方面的能力得到最充分的发展;

(c) 青少年应作为教育过程的积极而有效的参加者,而不仅是作为教育的对象;

(d) 举办一些活动,培养学生对学校和社区的认同感和归属感;

(e) 鼓励青少年理解和尊重各种不同的观点和意见以及文化上和其他的差异;

(f) 提供职业培训、就业机会及职业发展方面的信息和指导;

(g) 对青少年提供正面的情绪支助并避免精神方面的不适待遇;

(h) 避免粗暴的处分方式,特别是体罚。

22. 教育系统应设法与家长、社区组织和关注青少年活动的机构共同合作。

23. 应让青少年及其家庭认识法律,知道他们的法定权利和责任以及普遍的价值体系,包括联合国的各项文书。

24. 教育系统应对面临社会风险的青少年给予特别的关怀和注意。应编制专门的预防方案、教材、课程、方法和工具,并予以充分利用。

25. 应特别重视制订防止青少年酗酒吸毒及滥用其他药物的全面政策和战略。教师和其他专业人员应充分准备并得到培训来防止和对付这些问题。应向全体学生提供关于包括酒精在内的药物使用和滥用情况资料。

26. 各学校应成为向青少年提供医疗、辅导及其他服务的中心和介绍中心,特别是应向那些受到虐待、忽视以及受到伤害和剥削利用而有特殊需要的青少年提供上述服务。

27. 应通过各种教育方案使教师及其他成年人以及全体学生能敏锐地注意到青少年的问题、需要和见解,尤其是贫困阶层、处境不利阶层、少数族裔或其他少数人和低收入阶层的青少年。

28. 学校系统应致力要求在课程、教学方法以及聘请和培训合格教师方面,达到并推动最高的专业水平和教育水平。应确保由合适的专业组织和当局对工作绩效进行定期监测并作出评估。

29. 学校系统应与社区团体合作,规划、制定和实施青少年感兴趣的课外活动。

30. 对于有困难遵守出勤规定的学生和对于中途退学者,应给予特别的帮助。

31. 各个学校应推动定出公平合理的政策和规定;在制订学校政策包括纪律政策的委员会上以及决策方面应有学生的代表。

C. 社区

32. 社区应制订或加强现有的符合青少年特殊需要,适应他们的问题、兴趣和忧虑的各种社区性服务和方案,以及向青少年及其家庭提供适当的辅导和指导。

33. 社区应提供或加强现有的各种社区性支助青少年的措施,其中包括设立社区发展中心、文娱活动设施和服务,以解决面临社会风险的儿童的特殊问题。在提供这些协助措施时,应确保尊重个人的权利。

34. 对已无法留在家里或无家可归的青少年,应建立专门设施,向他们提供适当的收容住所。

35. 应提供各种服务和帮助措施,解决青少年步入成年期所经历的种种困难。这种服务应包括对吸毒青少年的特别方案,其中应强调关怀、辅导、协助和着重治疗的干预。

36. 向青少年提供服务的自愿组织,应由各国政府及其他有关机构提供财政及其他支助。

37. 应建立或加强地方一级的青少年组织,并给予管理社区事务的充分参加资格。这些组织应鼓励青少年举办集体性和自愿性的项目,尤其是帮助那些需要协助的青少年的项目。

38. 政府机构应负起特别责任,向无家可归或流浪街头的儿童提供必要的服务;应随时向青少年提供当地设施、住所、就业及其他帮助形式和来源的信息。

39. 应建立各种适合青少年的特别兴趣的文娱设施和服务,并方便他们使用。

D. 大众传播媒介

40. 应鼓励大众传播媒介确保青少年能获得本国和国际的各种信息和资料。

41. 应鼓励大众传播媒介表现青少年对社会的积极贡献。

42. 应鼓励大众传播媒介向社会上青少年提供关于现有的服务、设施和机会等方面的信息。

43. 应促使一般的大众传播媒介、特别是电视和电影尽量减少对色情、毒品和暴力行为的描绘,在展现暴力和剥削时要表现出不赞成的态度,特别是对儿童、妇女和人与人的关系要避免卑贬、污辱性的呈现,提倡平等的原则和角色的平等。

44. 大众传播媒介在播放有关青少年吸毒酗酒的消息时,应意识到自身的广泛社会作用、责任和影响。应通过平衡的方式播放始终一贯的信息,发挥其防止药物滥用的威力。应促进在各个层次开展有效的认识毒品的宣传。

五、社 会 政 策

45. 政府机构应把帮助青少年的计划和方案放在高度优先地位,并应拨付足够资金及其他资源,以有效地提供服务、设施和配备人员,进行适当医疗、精神保健、营养、住房及其他有关服务,包括吸毒酗酒的预防和治疗,保证这些资源真正用于青少年身上,使青少年得到益处。

46. 将青少年安置教养的做法,应作为最后的手段,而且时间应尽可能短,应把他们的最大利益放在最重要的位置。应严格规定允许采取此种正规干预的标准,并且一般只限于下述几种情况:

(a) 孩子受到了父母或监护人的伤害;

(b) 孩子受到了父母或监护人的性侵犯或身体上、精神上的虐待;

(c) 孩子受到了父母或监护人的疏忽、遗弃或剥削;

(d) 孩子因父母或监护人的行为而遭到身体或道德方面的危险;

(e) 孩子的行为表现对其有严重的身心危险,如采取非安置教养办法,其父母、监护人或孩子本身,或任何社区服务,均无法应付此种危险。

47. 政府机构应向青少年提供机会,使其可继续接受全日制教育,如果父母或监护人不能供养,则应由国家提供经费,并且得到工作的锻炼。

48. 防止违法不端行为的方案应以可靠的、科学的研究结果为依据,进行规划和制定,并应定期监测、评价和作出相应的调整。

49. 应向专业界和一般公众传播关于何种行为或情况显示或可导致青少年身心受到伤害、损害、虐待和剥削的科学知识。

50. 参与各种计划和方案应以自愿为原则。应使青少年本身参与计划和方案的规划、制订和执行。

51. 各国政府应在刑事司法系统内和系统外,开始或继续探讨、制订和执行各项政策、措施和战略,以防止对青少年的和影响到青少年的家庭暴力,并确保家庭暴力的受害者得到公正待遇。

六、立法和少年司法工作

52. 各国政府应颁布和实施一些特定的法律和程序,促进和保护所有青少年的权利和福祉。

53. 应颁布和实施防止伤害、虐待、剥削儿童和青少年以及利用他们进行犯罪活动的法规。

54. 不应使儿童或青少年在家庭、学校或任何其他机构内受到粗暴或污辱性的纠正或惩罚措施的对待。

55. 应制订立法,限制和管制儿童和青少年获取任何种类武器的可能,并予以执行。

56. 为防止青少年进一步受到污点烙印、伤害和刑事罪行处分,应制定法规,确保凡成年人所做不视为违法或不受刑罚的行为,如为青少年所做,也不视为违法且不受刑事。

57. 应考虑设立一个监察处或类似的独立机关,确保维护青少年的地位、权利和利益并适当指引他们得到应有的服务。监察官或指定的其他机关也应监督《利雅得准则》、《北京规则》和《保护被剥夺自由少年规则》的执行情况。监察官或其他机关应定期出版一份关于执行这些文书的进展情况和在执行过程中所遭遇困难的报告。还应建立推动儿童福利的机构。

58. 为适应青少年的特殊需要,应培训一批男女执法人员及其他有关人员,尽可能地使他们熟悉和利用各种方案和指引办法,不把青少年放在司法系统中处置。

59. 应颁布立法,保护儿童和青少年免受吸毒和贩毒之害,并予以严格执行。

七、研究、政策制订和协调

60. 应作出努力并建立适当机制,以促进各经济、社会、教育和卫生机构和服务、司法系统、青少年、社区和发展机构及其他有关机构之间开展多学科和部门内的协调和配合。

61. 应加强在国家、区域和国际各级交流通过执行项目、方案、实践和创新活动所得的有关防止青少年犯罪和违法行为以及少年司法的信息、经验和专门知识。

62. 应进一步发展和加强包括开业者、专家和决策者在内的关于防止少年犯罪和违法行为以及少年司法的区域和国际合作。

63. 关于某些实际问题和政策性问题、特别是培训、试点和示范项目以及关于有关防止青少年犯罪和违法行为的具体问题的技术和科学合作,各国政府和联合国系统及其他有关部门应给予强有力的支持。

64. 应鼓励开展协作,进行防止青少年犯罪和违法行为的有效办法的科学研究,并将研究结果广为散播和予以评价。

65. 联合国各有关机关、研究所、机构和部门应就有关儿童、少年司法以及防止青少年犯罪和违法行为的各种问题,继续进行密切的合作与协调。

66. 根据本《准则》,联合国秘书处应与有关机构合作,在进行研究、科学协作、提出政策选择以及审查和监测其执行情况方面发挥积极的作用,并应作为取得有关防止违法不端行为有效办法的可靠信息的来源。

154. 联合国关于在刑事司法系统中获得法律援助机会的原则和准则

(联合国大会1952年12月16日通过)

大会,

回顾《世界人权宣言》,③其中载有以下主要原则:法律面前人人平等、推定无罪、有权由独立和无偏倚的法庭进行公正和公开审讯并享有为被控刑事罪的任何人进行辩护所必需的所有保证以及其他最低限度的保证,以及审理不得无故拖延,

又回顾《公民权利和政治权利国际公约》,④特别是其中第14条规定,被控犯有刑事罪行的每个人,应当有权出席受审并亲自替自己辩护,或经由其自己选择的或在司法利益有此要求的情况下为其指定的法律援助进行辩护,有资格由依法设立的合格、独立和无偏倚的法庭进行公正和公开审讯,

铭记经济及社会理事会1957年7月31日第663C(XXIV)号决议核准的、经社理事会1977年5月13日第2076(LXII)号决议扩充的《囚犯待遇最低限度标准规则》⑤,根据该规则,应允许未经审判的囚犯为其辩护的缘故接受法律顾问的探视

又铭记《保护所有遭受任何形式拘留或监禁的人的原则》,⑥其原则11规定被拘留者有权按照法律规定为自己辩护或得到律师的帮助,

---

③ 第217A(III)号决议。
④ 见第2200A(XXI)号决议,附件。
⑤ 《人权:国际文件汇编》第一卷(第一部分),《世界文书》(联合国出版物,出售品编号:C. 02. XIV.4(Vol. I, Part 1)),J节,第34号。
⑥ 第43/173号决议,附件。

  还铭记《关于律师作用的基本原则》,⑦特别是其原则 6 规定,任何没有律师的人在司法利益需要情况下均有权获得按犯罪性质指派给他的一名有经验和能力的律师以便得到有效的法律协助,如果他无足够经济能力为此种服务支付费用,可不交费,

  回顾《关于协作与对策:建立预防犯罪和刑事司法战略联盟的曼谷宣言》,⑧特别是第 18 段,其中吁请会员国根据本国法律采取步骤,促进司法救济,考虑向有需要的人提供法律援助,使他们能够在刑事司法系统中有效地维护自己的权利,

  又回顾《关于应对全球挑战的综合战略:预防犯罪和刑事司法系统及其在变化世界中的发展的萨尔瓦多宣言》,⑨特别是其中第 52 段建议各会员国努力酌情减少审前羁押,并促进增加诉诸司法和法律辩护机制的机会,

  还回顾经济及社会理事会关于开展国际合作以增进特别是非洲刑事司法系统中获得法律援助的机会的 2007 年 7 月 26 日第 2007/24 号决议,

  认识到法律援助是以法治为依据的公正、人道和高效的刑事司法系统的一个基本要件,是享有其他权利包括公正审判权的基石,是行使这类权利的一个先决条件,并且是确保刑事司法程序基本公正而且得到公众信任的一个重要保障,

  又认识到会员国可适用本决议附件中的《联合国关于在刑事司法系统中获得法律援助机会的原则和准则》,同时考虑到世界上的法律制度和社会经济条件有很大差别,

  赞赏地注意到加强在刑事司法系统中获得法律援助机会问题不限成员名额的政府间专家组在 2011 年 11 月 16 日至 18 日于维也纳举行的会议上为制定一套关于在刑事司法系统中获得法律援助机会的原则和准则而开展的工作;

  通过本决议所附的《联合国关于在刑事司法系统中获得法律援助机会的原则和准则》,将其作为一个有益的框架,根据刑事司法中的法律援助制度所应依据的原则为会员国提供指导,同时考虑到本决议的内容,并考虑到附件中的所有内容都将依据国内法加以适用;

  请会员国按照各自的国内法,采取并加强各种措施确保本着该《原则和准则》的精神提供有效的法律援助,同时铭记全世界不同国家和区域的刑事司法制度各不相同,并铭记实际上法律援助是按照刑事司法制度的总体平衡以及各国和各区域的实际情形得到发展的;

  鼓励会员国在适当情形下审议法律援助提供工作,并尽可能在最大程度上提供此类援助;

  又鼓励会员国在进行国内努力并采取措施加强在刑事司法系统中提供法律援助的过程中,依照国内法律酌情借鉴《原则和准则》;

  请联合国毒品和犯罪问题办公室在可获得预算外资源的情况下,继续根据请求在刑事司法改革领域向会员国提供咨询服务和技术援助,该领域包括恢复性司法、监外教养办法和制订提供法律援助的综合计划;

  又请联合国毒品和犯罪问题办公室在可获得预算外资源的情况下,广泛传播《原则和准则》,包括制作相关工具,如手册和培训手册;

---

  ⑦ 《第八届联合国预防犯罪和罪犯待遇大会,1990 年 8 月 27 日至 9 月 7 日,哈瓦那:秘书处编写的报告》(联合国出版物,出售品编号:C.91.IV.2),第一章,B.3 节,附件。
  ⑧ 第 60/177 号决议,附件。
  ⑨ 第 65/230 号决议,附件。

请会员国和其他捐助方按照联合国的规则和程序为上述用途提供预算外资源；

请秘书长向预防犯罪和刑事司法委员会第二十三届会议报告本决议的执行情况。

2012 年 12 月 20 日
第 60 次全体会议

附件　联合国关于在刑事司法系统中获得法律援助机会的原则和准则

导　言

法律援助是以法治为依据的公正、人道和高效的刑事司法系统的一个基本要件。法律援助是享有《世界人权宣言》第 11 条第 1 款所界定的其他权利包括公正审判权的基石，是行使这类权利的一个先决条件，并且是确保刑事司法程序基本公正而且得到公众信任的一个重要保障。

此外，《公民权利和政治权利国际公约》第 14 条第 3(d) 款称，每个人除其他权利外都应当有权"出席受审并亲自替自己辩护或经由他自己所选择的法律援助进行辩护；如果他没有法律援助，要通知他享有这种权利；在司法利益有此需要的案件中，为他指定法律援助，而在他没有足够能力偿付法律援助的案件中，不要他自己付费"。

作为运作良好的刑事司法系统的一部分，运作良好的法律援助制度可以减少监狱人口、不当定罪、监狱过分拥挤和法院拥挤的现象并减少重新犯罪和再次受害的现象，除此之外还可减少嫌疑犯在警署和拘留中心的羁押时间。它还可保护和保障受害人和证人在刑事司法程序中享有的权利。可以利用法律援助提高对法律的认识，从而协助预防犯罪。

法律援助在为以下方面提供方便上发挥了重要作用：使用转处分和社区型制裁和措施，包括非拘禁措施；推动社区更多参与刑事司法系统；减少对拘留和监禁的不必要使用；使刑事司法政策合理化；并确保有效使用国家的资源。

令人遗憾的是，许多国家仍然缺乏为嫌疑犯、被控刑事犯罪者、囚犯、受害人和证人提供法律援助的必要资源和能力。

《联合国关于在刑事司法系统中获得法律援助机会的原则和准则》摘自于国际标准和公认的良好做法，力求就刑事司法方面法律援助制度所应依据的基本原则向各国提供指导，并扼要列出高效和可持续的国家法律援助制度所需具体要件，目的是依照题为"开展国际合作以增进特别是非洲刑事司法系统中获得法律援助机会"的经济及社会理事会 2007 年 7 月 26 日第 2007/24 号决议增进获得法律援助的机会。

按照《关于非洲刑事司法系统中获得法律援助的利隆圭宣言》和关于执行该《宣言》的《利隆圭行动计划》，《原则和准则》采纳了法律援助的宽泛概念。

就《原则和准则》而言，"法律援助"一语包括向被拘留者、被逮捕者或被监禁者、涉嫌或被控告或被指控刑事犯罪者以及向刑事司法程序中的受害人和证人提供法律咨询、援助和诉讼代理，对于没有足够的经济手段者或在司法利益有此需要时将免费提供。此外，"法律援助"意在包括法律教育、获得法律信息以及通过替代争议解决机制和恢复性司法程序向人们提供其他服务等概念。

就《原则和准则》而言,此处把提供法律援助的个人称作"法律援助服务人员",把提供法律援助的组织称作"法律援助服务组织"。第一类法律援助服务人员是律师,但《原则和准则》还建议国家让各种各样的利益攸关人以非政府组织、社区型组织、宗教和非宗教型慈善组织、专业性机构和协会及学术机构等形式作为法律援助服务组织予以参与。向外国国民提供法律援助应当遵行《维也纳领事关系公约》⑩及其他可适用的双边条约的要求。

应当指出,各国在提供法律援助方面使用了不同的模式。其中可能包括:公设辩护人、私营律师、定约律师、公益计划、律师协会、律师助理及其他人。《原则和准则》并不核可任何特定的模式,而是鼓励各国保障被拘留者、被逮捕者或被监禁者⑪、涉嫌⑫或被控告或被指控刑事犯罪者获得法律援助的基本权利,同时扩大法律援助以将与刑事司法系统有所接触的其他人包括在内并使提供法律援助计划多样化。

《原则和准则》立足于承认,各国应当酌情采取一系列措施,即使这些措施严格地说与法律援助无关,但仍可最大限度地提高建立和(或)加强正常运作的法律援助系统对正常运作的刑事司法系统和司法救济所可产生的积极影响。

承认有些群体有权得到更多保护或在与刑事司法系统有关时境况更为脆弱,《原则和准则》还订有针对妇女、儿童和有特殊需要的群体的具体规定。

《原则和准则》主要涉及获得法律援助的权利,而有别于国际法所承认的获得法律援助的权利。对于《原则和准则》所提供的保护,一概不得解释为低于各国现行法律和条例以及司法处置所可适用的国际和区域人权公约所提供的保护,这些公约包括但不局限于:《公民权利和政治权利国际公约》⑬、《儿童权利公约》、《消除对妇女一切形式歧视公约》⑭和《保护所有移徙工人及其家庭成员权利国际公约》。⑮ 然而,不应将这解释为是指各国受其尚未批准或加入的国际文书和区域文书的约束。

原　　则

原则 1. 获得法律援助的权利

鉴于法律援助是以法治为依据并且行之有效的刑事司法系统的一个基本要件,是享有包括公正审判权等其他权利的基石,并且是确保刑事司法程序基本公正并且得到公众信任的一个重要保障,⑯各国应当尽最大可能在本国法律体系中保障获得法律援助的权利,包括酌情在宪法中保障这一权利。

原则 2. 国家的责任

国家应当把提供法律援助视为其义务和责任。为此目的,它们应当考虑酌情颁布具体法

---

⑩ 联合国,《条约汇编》,第 596 卷,第 8638 号。
⑪ 对"逮捕""被拘留者"和"被监禁者"的用语的理解,将按照《保护所有遭受任何形式拘留或监禁的人的原则》(第 43/173 号决议,附件)的定义。
⑫ 嫌疑犯获得法律援助的权利产生于其在讯问前已经意识到成为调查对象以及例如在拘禁环境下受到虐待和恐吓的威胁。
⑬ 联合国,《条约汇编》,第 1577 卷,第 27531 号。
⑭ 同上,第 1249 卷,第 20378 号。
⑮ 同上,第 2220 卷,第 39481 号。
⑯ 对"司法程序"一语的理解,将按照《关于在涉及罪行的儿童被害人和证人的事项上坚持公理的准则》(经济及社会理事会第 2005/20 号决议,附件)的定义。就《原则和准则》而言,该用语还应涵盖引渡、移交囚犯和司法协助程序。

规和条例,确保有一个方便使用的、有效的、可持续的和可信的法律援助综合制度。国家应当为法律援助制度调拨必要的人力和财政资源。

国家不应干涉法律援助受益方的答辩安排或其法律援助服务人员的独立性。

国家应当采取适当手段深化人们对其权利和义务的认识,目的是预防犯罪行为及其造成的伤害。

国家应当努力加深本国社会对其司法系统及其职能、向法院提出申诉的方式以及替代争议解决机制的认识。

国家应当考虑采取适当措施,让社会了解法律规定为犯罪的行为。如果其他法域对犯罪的分类和起诉有所不同,向前往这些法域旅行者提供这类信息对预防犯罪至关重要。

原则 3. 给涉嫌或被控刑事犯罪者的法律援助

国家应当确保,被拘留者、被逮捕者、涉嫌或被控可处以徒刑或死刑的刑事犯罪者在刑事司法程序各阶段均有权得到法律援助。

考虑到案情的紧迫性和复杂性或潜在处罚的严厉性,举例说,如果司法利益有此要求,也应不论一人经济情况如何而提供法律援助。

儿童应当在与成人相同或更为宽厚的条件下享有获得法律援助的机会。

警察、检察官和法官有责任确保向无力聘请律师和(或)境况脆弱的受其审问者提供获得法律援助的机会。

原则 4. 给犯罪受害人的法律援助

在不侵害或不有悖于被告权利的前提下,国家应当酌情向犯罪受害人提供法律援助。

原则 5. 给证人的法律援助

在不侵害或不有悖于被告权利的前提下,国家应当酌情向犯罪的证人提供法律援助。

原则 6. 不歧视

国家应当确保向所有人提供法律援助而不论其年龄、种族、肤色、性别、语言、宗教或信仰、政治或其他见解、民族血统或社会出身或财产、公民身份或居所、出身、教育或社会地位或其他地位。

原则 7. 迅捷有效地提供法律援助

国家应当确保在刑事诉讼程序各阶段迅捷提供有效的法律援助。

有效的法律援助包括但不局限于:被拘留者有权不受阻碍地接触法律援助服务人员、对来往函件保密、有机会接触案卷并且有充足的时间和便利准备其答辩。

原则 8. 知情权

国家应当确保在进行任何讯问之前以及在剥夺自由之时,向相关人告知其享有获得法律援助和其他程序性保障措施的权利,并向其告知自愿放弃这些权利所可能产生的后果。

国家应当确保关于在刑事司法程序中享有的权利及法律援助服务的信息免费提供并向公众开放。

原则 9. 救济措施和保障措施

国家应当就获得法律援助的机会受损、遭拖延或被剥夺或在相关人未充分获知其享有法律援助权的情况下拟订所可适用的有效的救济措施和保障措施。

原则 10. 公平获得法律援助的机会

应当采取特别措施以便确保妇女、儿童和有特殊需要的群体享有获得法律援助的有意义的机会,有特殊需要的群体包括但局限于:老年人、少数群体、残疾人、精神病患者、艾滋病毒携带者和患有其他严重传染性疾病者、吸毒者、原住民和土著人、无国籍者、寻求庇护者、外国公民、移民和移徙工人、难民和国内流离失所者。这类措施应当述及这些群体的特殊需要,包括性别敏感措施和年龄适宜措施。

国家还应当确保,向生活在农村、偏僻地区以及在经济和社会上处于不利地位的地区的人以及向属于在经济和社会上处于不利地位的群体的人提供法律援助。

原则 11. 符合儿童根本利益的法律援助

在影响到儿童⑰的所有法律援助决定中,儿童的根本利益应当是主要的考虑。

应当优先向儿童提供法律援助,这类法律援助应当符合儿童的根本利益,并且应当方便获得、与年龄适宜、是多学科的、有效的并且对儿童在法律和社会上的具体需求作出了回应。

原则 12. 法律援助服务人员的独立性以及向其提供的保护

国家应当确保法律援助服务人员能够有效、自由和独立地开展其工作。国家尤其应当确保法律援助服务人员能够不受恐吓、阻碍、骚扰或不当干扰地行使其所有专业职能;能够在本国及国外自由和完全保密地旅行、与其客户进行协商和会晤,并且能自由地接触关于起诉的档案及其他相关档案;并且不会因为根据公认的职业责任、标准和道德而采取的行动遭到及被威胁遭到起诉或行政、经济或其他制裁。

原则 13. 法律援助服务人员的能力和责任

国家应当建立相关机制,以便确保所有法律援助服务人员都拥有与其工作性质包括所处理罪行的严重性质相称,且与妇女、儿童和有特殊需要的群体的权利和需要相称的教育、培训、技能和经验。

对于声称法律援助服务人员违纪的投诉,应当由一个中立机构根据职业道德守则立即展开调查并作出裁决,并将允许进行司法复审。

原则 14. 伙伴关系

国家应当承认并鼓励律师协会、大学、公民社会及其他群体和机构协助提供法律援助。

应当酌情建立公私伙伴关系及其他形式的伙伴关系,以便扩大法律援助的范围。

准 则

准则 1. 提供法律援助

凡适用经济能力审查法来确定获得法律援助资格的国家,都应当确保:

对于其经济能力虽然超出了经济能力审查法所确定的限度但仍然无力或无法聘请律师的人,如果根据有关情况本来应该提供法律援助而且提供这类援助符合司法利益的,就不应当排斥其获得援助;

对适用经济能力审查法的标准加以广泛宣传;

对于在警署、拘留中心或法院期间迫切需要获得法律援助的人,应当在确定其资格的同时向其提供初步法律援助。对儿童将一概免予适用经济能力审查法;

---

⑰ 按照《儿童权利公约》,"儿童"应当是指任何不满 18 岁的人。

根据经济能力审查法而未获法律援助的人有权对拒不提供法律援助的决定提出上诉；

法院可针对一人的特定情况并在考虑到拒不向其提供法律援助的原因之后，在司法利益有此要求时，指示向该人提供法律援助，而不论其是否需要分担费用；

如果经济能力审查法所作计算是根据一个家庭的家庭收入，但家庭各个成员互有冲突或无法平等使用家庭收入，则就经济能力审查法的目的而言，仅使用法律援助申请人的收入。

准则 2. 对法律援助的知情权

为保障相关人对其获得法律援助权利的知情权，国家应当确保：

在当地政府机构、教育和宗教机构并通过互联网等媒体或采用其他适当手段，向社会和公众提供有关获得法律援助权的信息以及这类援助的内容，包括提供法律援助服务的情况以及获得这类服务及其他相关信息的方式；

向偏远群体和边缘群体提供相关信息。应当为此利用广播和电视节目、地区和地方报纸、互联网及其他手段，尤其是根据修改法律的情况或影响社区的具体问题，利用目标社区会议；

警官、检察官、司法官员和任何监禁中心或拘留中心的官员向没有代理的人告知其所享有的获得法律援助的权利及其他程序性保障措施；

警署、拘留中心、法院和监狱通过出具权利证书或以任何其他官方形式提交给被告的书信等方式，提供关于涉嫌或被控刑事犯罪者在刑事司法程序中享有的权利以及法律援助服务提供情况的信息。这类信息应当使用与不识字者、少数群体、残疾者和儿童的需要相一致的方式提供；并且这类信息应当使用这些人所能理解的语言、文字。向儿童提供的信息必须使用与其年龄和成熟程度相适宜的方式提供；

对于未适当获知其所享有的法律援助权的人将提供有效的救济办法。这类救济办法可包括：禁止进行程序性诉讼、解除拘留、证据排除、司法复审和赔偿；

采取核实措施，以证实当事人确实享有了知情权。

准则 3. 被拘留者、被逮捕者、涉嫌或被控告或被指控刑事犯罪者所享有的其他权利

国家应当拟订措施：

向每一个被拘留者、被逮捕者、涉嫌或被控告或被指控刑事犯罪者迅速告知其所享有的保持沉默的权利；与律师协商的权利或如有资格的话则在诉讼程序任何阶段与法律援助服务人员进行协商的权利，尤其在接受主管当局面谈之前；以及其享有的在接受面谈时和在其他程序性诉讼期间得到独立律师或法律援助服务人员援助的权利；

如果不存在任何令人信服的情况，禁止警察在没有律师在场的情况下与一人进行任何面谈，除非该人在知情前提下自愿同意放弃要求律师在场，并且应当建立核实该人所作同意是否自愿的机制。面谈应当在法律援助服务人员到达之后开始；

以对方所理解的语文向所有外国拘留者和囚犯告知其所享有的请求不加延迟地与本国领事机构进行接洽的权利；

确保被逮捕者在被捕后迅速完全秘密地与律师或法律援助服务人员会面；并且保障进一步来往函件的保密性；

使每一个被拘留者得以因任何理由而将其被拘留一事、被拘留地以及被拘留地的即将发生的变更立即告知其家人和由其选择的任何其他适当的人；但主管机构也可在绝对有必

要、法律有所规定以及传递信息将阻碍刑事侦查的情况下推迟予以通知;

凡有必要则将提供一名独立口译员的服务并酌情提供文件翻译;

凡有必要则将指派一名监护人;

在警署和拘留地点提供与法律援助服务人员进行联系的手段;

确保以明白无误的方式向被拘留者、被逮捕者、涉嫌或被控告或被指控刑事犯罪者介绍其享有的权利以及放弃此种权利所涉后果;并努力确保这些人对这两者均能理解;

确保向这些人告知在就酷刑或虐待提出申诉方面所可利用的任何机制;

确保一人行使这些权利对其案件并无损害。

准则 4. 审判前阶段的法律援助

为确保被拘留者能够有机会依照法律迅速得到法律援助,各国应当采取措施:

确保警察和司法机关不得任意限制被拘留者、被逮捕者、涉嫌或被控告或被指控刑事犯罪者尤其在警署期间享有获得法律援助的权利或机会;

便利被指派提供援助的法律援助服务人员为提供该援助的目的而有机会接触警署及其他拘留地点的被拘留者;

确保在所有审判前程序和听审阶段都有法律代理;

监督并强制执行看守所或其他拘留中心的羁押时限,举例说,可以指示司法机关定期甄别拘留中心还押候审案件数量以确保被羁押者是被合法羁押的,并且其案件得到及时处理,羁押条件符合相关法律标准,包括国际标准;

在被拘留者进拘留所时向其中每一个被拘留者提供法律中有关他们权利的信息、关于拘留所规则以及审判前程序各初步阶段的信息。提供这类信息的方式应当与不识字者、少数群体、残疾人和儿童的需要相一致,并且应当使用需要得到法律援助的人所可理解的语文。向儿童提供的信息应当使用与其年龄和成熟程度相适宜的方式提供。新闻资料应当辅之以放在各拘留中心醒目位置的直观材料;

请律师协会或法律协会及其他伙伴机构拟订律师和法律助理名册,以便尤其在警署为针对被拘留者、被逮捕者、涉嫌或被控告或被指控刑事犯罪者的综合法律制度提供支助;

确保每一个被指控刑事犯罪的人如本人没有充分的经济能力则会向其提供充足的时间、便利、技术和财力支助,以便其为辩护做准备,并且能够完全秘密地与本人的律师进行协商。

准则 5. 在司法诉讼期间的法律援助

为保证法院可对其处以徒刑或死刑的每一个被指控刑事犯罪者在法院的所有诉讼中,包括在上诉和其他相关诉讼进行过程中都能有机会获得法律援助,各国应当拟订措施:

确保被告了解对其提出的诉讼以及审判所可能产生的后果;

确保所有被指控刑事犯罪者如本人没有充分的经济能力则会向其提供充足的时间、便利、技术和财力支助,以便其为辩护作准备,并且能够完全秘密地与本人的律师进行协商;

在法院的任何诉讼程序中由指定律师酌情提供代理,在本人没有足够的支付能力和(或)司法利益有此要求时,由法院或其他法律援助机构指定的有能力的律师免费提供代理;

确保在诉讼程序所有关键阶段被告的法律顾问均能在场。关键阶段即为在刑事诉讼进行中律师的意见对确保被告的公正审判权必不可少或法律顾问的缺席可能会损害辩护的准备或陈述的所有各阶段；

请律师协会或法律协会及其他伙伴机构拟订律师和法律助理名册，以便为针对嫌疑犯、被逮捕者、被拘留者、被控告或被指控刑事犯罪者的综合法律制度提供支助；这类支助例如可包括在固定日期内在法院出庭受审；

使法律助理和法学专业学生能够根据本国法律在法庭上向被告提供适当类型的援助，但必须在合格律师监督下提供援助；

确保没有法律代理的嫌疑犯和被告了解其权利。这可以包括但并不局限于要求法官和检察官以明白无的语言向其解释其权利。

准则 6. 在审判后阶段的法律援助

国家应当确保被监禁者和被剥夺自由的儿童能有机会获得法律援助。如果无法提供法律援助，国家就应当确保这类人的监禁依照法律进行。

为此目的，国家应当拟订措施：

在所有被监禁者被监禁之时和被监禁期间向其提供有关监禁地点的规则及其根据法律所享有的权利的信息，包括秘密得到法律援助、咨询意见和援助的权利；对其案件加以进一步复审的各种可能性；其在惩戒程序进行期间所享有的权利；以及关于申诉、上诉、提前释放、赦免或宽大处理的程序。这类信息应当使用与不识字者、少数群体、残疾人和儿童的需要相一致的方式提供，并且应当使用需要得到法律援助的人所能理解的语文。向儿童提供的信息应当使用与其年龄和成熟程度相适宜的方式提供。新闻资料应当辅之以放在监所中囚犯定期出入的醒目位置的直观材料；

鼓励律师协会和法律协会及其他法律援助服务人员酌情拟订律师和法律助理名册，以便走访监狱免费向囚犯提供法律咨询和援助；

确保囚犯有机会为以下目的得到法律援助：提交上诉状、并就其待遇和监禁条件提交请求书，包括在面临严重的纪律指控时、提出赦免的请求，特别是针对死刑犯的赦免请求，以及申请假释和在假释听审会上作陈述；

向外国囚犯告知在条件允许的情况下其可以争取转移至其国籍国服刑，但必须征得所涉国家的同意。

准则 7. 给受害者的法律援助

在不损害或不有悖于被告的权利并符合相关国家法律的前提下，国家应当酌情采取适当措施以确保：

在整个刑事司法诉讼程序期间，以防止重复受害和间接受害的方式向犯罪受害人提供适当的咨询意见、援助、照顾、各种便利和支助[18]；

将按照《关于在涉及罪行的儿童被害人和证人的事项上坚持公理的准则》[19]向儿童受害人提供所需的法律援助；

受害人就其参与的刑事司法诉讼的任何方面得到法律咨询，包括可在符合国家法律的

---

[18] 对"重复受害"和"间接受害"的理解将按照欧洲委员会所属部长委员会就对犯罪受害者提供援助而给成员国的建议 Rec(2006)8 之附录第 1.2 和 1.3 段所下的定义。

[19] 经济及社会理事会第 2005/20 号决议，附件。

另外的法律诉讼中提起民事诉讼或提出索赔；

警察和其他第一线应对人员(例如保健、社会和儿童福利提供方)立即向受害人告知其所享有的知情权、在获得法律援助、协助和保护上的应享权利以及争取这些权利的方式；

在刑事司法诉讼程序适当阶段，如果受害人个人利益受到影响或如果司法利益有此要求，则将陈述和考虑受害人所持的观点和关切；

受害人服务机构和非政府组织可以向受害人提供法律援助；

建立相关机制并拟订相关程序，以确保法律援助服务人员与其他专业人员(例如保健、社会和儿童福利提供方)展开密切合作并且建立适当的转介制度，目的是争取对受害人有一个全面的了解，并能对其法律、心理、社会、情感、身体和认知状况与需要作出评估。

准则8. 给证人的法律援助

国家应当酌情采取适当措施以确保：

相关机构立即向证人告知其所享有的知情权、在获得援助和保护上的应享权利以及争取这些权利的方式；

在整个刑事司法诉讼程序期间向罪行证人提供适当的咨询、援助、照顾便利和支助；

将按照《关于在涉及罪行的儿童被害人和证人的事项上坚持公理的准则》向儿童证人提供所需的法律援助；

对证人在刑事司法诉讼程序各阶段所作的所有陈述或证词提供准确的口译和笔译。

国家应当酌情向证人提供法律援助。

似宜向证人提供法律援助的情况包括但不局限于以下情况：

证人存在自证其罪的风险；

证人因作证而致使其安全和福祉受到威胁；

证人处境尤为脆弱，包括因为其有特殊需要的缘故。

准则9. 落实妇女争取法律援助的权利

国家应当采取可适用的适当措施以确保妇女享有争取法律援助的权利，其中包括：

推行把性别角度纳入与法律援助有关的所有政策、法律、程序、方案和做法的积极政策，以确保两性平等并享有平等公正地获得司法救济的机会；

采取积极步骤以确保，凡有可能就应当为女性被告人、女性刑事被告人和女性受害人提供女性律师；

在所有法律诉讼程序进行之中向暴力行为女性受害人提供以确保有机会得到司法救济并避免间接受害为目的的法律援助、咨询和法庭上的支助服务及其他这类服务，其中可包括根据请求或需要翻译法律文件。

准则10. 针对儿童的特别措施

国家应当确保订有针对儿童的特别措施，以推动儿童切实享有获得司法救济的机会，以便防止其由于被迫卷入刑事司法系统而蒙受耻辱和其他不利影响，其中包括：

在儿童与其父母或所涉其他当事人之间实际存在或可能存在利益冲突的诉讼程序中，确保儿童有权由指定的法律顾问以儿童本人的名义代理行事；

为了儿童的根本利益务使被拘留、被逮捕、涉嫌或被控告或被指控刑事犯罪的儿童能够立即与其父母或监护人取得联系，禁止在其律师或其他法律援助服务人员缺席的情况下以

及禁止在父母或监护人本可在场但却缺席的情况下与儿童进行任何面谈;

确保儿童有权在其父母或法定监护人在场的情况下作出决定,除非这种做法被视为不符合儿童的根本利益;

确保儿童可以同父母和(或)监护人及法定代理人自由并且完全秘密地展开协商;

使用与儿童的年龄和成熟程度相适宜的方式并以儿童所能理解的语言以及对性别和文化敏感的方式提供有关法定权利的信息。向父母、监护人和照看人提供信息应当是除了向儿童传递信息以外的做法,而并非是一种替代做法;

酌情推动将正式的刑事司法系统改为转处分程序并确保儿童在转处分程序的每一阶段都享有获得法律援助的权利;

鼓励酌情使用并不剥夺自由的替代措施和制裁,确保儿童享有获得法律援助的权利,从而将剥夺自由作为一种最后采取的措施,并且适用的时间越短越好;

拟订相关措施以确保司法和行政诉讼是在使用符合本国法律程序性规则的方式并能直接听取儿童的意见或通过代理人或适当机构听取儿童意见的气氛和方式进行。考虑到儿童的年龄和成熟程度,还可能需要对司法和行政程序与做法加以变更;

对于目前卷入或已经卷入司法或非司法程序及其他干预做法的儿童,其隐私和个人数据在所有各阶段都应当得到保护,并且这类保护应当得到法律的保证。这通常意味着,任何信息或个人数据,凡是会披露或造成间接披露包括儿童图像在内的儿童身份、有关儿童或其家庭的详细介绍、儿童家人的姓名或地址以及视听记录,则一概不得予以提供或公布,尤其不得在媒体上予以提供或公布。

准则 11. 全国性法律援助制度

为鼓励全国性法律援助制度的运行,国家应当酌情采取措施:

确保并推动在刑事司法诉讼程序各阶段向被拘留者、被逮捕者或被监禁者、涉嫌或被控告或被指控刑事犯罪者以及犯罪受害人提供有效的法律援助;

向被非法逮捕或非法拘留或所受法庭终审判决出自审判不公的人提供法律援助,以便落实其在重新审判、包括赔偿等补偿、恢复名誉和保证不再发生等方面的权利;

推动司法机构与卫生服务部门、社会服务部门和支助受害人工作者之类其他专业人员展开协调,以便在不损害被告人权利的前提下使法律援助制度发挥最大效能;

建立与律师协会或法律协会之间的伙伴关系,以便确保在刑事司法诉讼程序各个阶段提供法律援助;

使法律助理能够尤其在警署或其他拘留中心向被逮捕者、被拘留者、涉嫌或被指控刑事犯罪者提供本国法律或惯例可允许的形式的法律援助;

推动为预防犯罪之目的而提供适当的法律援助。

国家还应当采取措施:

鼓励法律协会和律师协会按照其专业操守和道德义务而提供包括免费(公益性)服务在内的多种服务以支持提供法律援助;

确定鼓励律师前往经济和社会条件不利地区工作的奖励性措施(例如免税、提供助研金及旅费和生活津贴);

鼓励律师在全国各地定期组织向需要者提供法律援助的巡回服务。

在设计本国全国性法律援助计划时,各国应当按照准则9和10考虑到特定群体的需要,其中包括但不局限于:老年人、少数群体、残疾人、精神病患者、艾滋病毒携带者及患有其他严重传染病者、吸毒者、原住民和土著人、无国籍者、寻求庇护者、外国公民、难民和内部流离失所者。

国家应当采取适当措施,考虑到儿童能力的发展和需要在儿童根本利益与在司法诉讼程序中顾及儿童权利之间取得适当平衡,建立对儿童友善的⑳和对儿童敏感的法律援助制度:

在可能时建立各种专门机制,支持向儿童提供专门的法律援助,并支持将对儿童友善的法律援助纳入一般性和非专业性的机制;

采纳明确考虑到儿童权利和在发展方面特殊需要的法律援助法规、政策和条例,其中包括:在准备和陈述其辩护方面有权得到法律援助或其他适当援助;在对其有影响的所有司法诉讼程序中的陈述权;确定根本利益的标准程序;隐私和对个人数据的保护;以及在转处分上得到考虑的权利;

拟订对儿童友善的法律援助服务标准和专业行为守则。在必要时应当对从事儿童工作的法律援助服务人员进行定期审查,以确保其适宜从事儿童工作;

推动标准的法律援助培训方案。代理儿童事务的法律援助服务人员应当得到有关儿童权利及相关问题的培训并具有这方面的知识、获得不间断的深入培训并且能够在儿童所能理解的水平上与儿童沟通。从事儿童工作的所有法律援助服务人员应当得到关于不同年龄组儿童权利和需要以及关于适应其情况的程序的基本跨学科培训;并得到关于儿童发展所涉心理学及其他方面的培训(特别重视属于少数群体或土著人群体的女孩和儿童)以及得到关于推动为违法儿童进行辩护的现有措施的培训;

建立相关机制并拟订相关程序,以确保法律援助服务人员与其他专业人员之间展开密切合作并且建立适当的转介制度,目的是争取对所涉儿童有一个全面的了解,并能对其法律、心理、社会、情感、身体和认知状况与需要作出评估。

为确保有效执行全国性法律援助计划,各国应当考虑建立一个法律援助机构或管理机构,以便提供、管理、协调和监督法律援助服务。这类机构应当:

不受政治或司法不当干预、在法律援助相关决策上独立于政府并且在履行其职能方面不应当接受任何人或任何行政管理机构的指示或控制或经济恫吓,而不论其行政架构如何;

享有提供法律援助的必要权限,包括但不局限于:人事任命、将法律援助服务指派给个人、拟订标准并对法律援助服务人员进行资格认证,包括确定培训要求;对法律援助服务人员实施监督并建立处理对其提出的申诉的独立机构;在全国范围内对法律援助需要作出评估;并且有权制订自身的预算;

与司法部门关键利益相关者和公民社会组织协商,拟订指导法律援助工作发展和可持续能力的长期战略;

---

⑳ "对儿童友善的法律援助"即在刑事、民事和行政诉讼程序中向儿童提供法律援助,这类援助应当是方便获取的、与年龄适宜的、多学科的并且有效的,而且对儿童和青年所面临的多种法律与社会需要作出了回应。对儿童友善的法律援助的提供者既可以是律师,也可以不是律师,但后者必须受过有关儿童法律以及儿童和青少年发展方面的培训,并且能够与儿童及其照看者进行有效的沟通。

定期向负责机构报告。

准则 12. 全国性法律援助制度的供资

考虑到法律援助服务的好处包括在整个刑事司法诉讼过程中均能带来经济上的好处并能节省费用,各国应当酌情为法律援助服务提供与其需要相称的充足的专项预算经费,包括给国家法律援助制度建立专门的并且可持续的筹资机制。

为此目的,各国应当采取措施:

设立为包括公设辩护人计划在内的法律援助计划筹资的法律援助基金,以便对法律协会或律师协会提供法律援助予以支持;对大学法律诊所予以支持;并赞助非政府组织和包括法律助理组织在内的其他组织在全国各地尤其在农村及经济和社会条件不利的地区提供法律援助服务;

确定为法律援助调拨资金的财政机制,例如:

将一定比例的国家刑事司法预算拨给与有效提供法律援助的需要相称的法律援助服务;

利用通过扣押或罚款而从犯罪活动中追回的资金来负担为受害人提供法律援助的费用;

确定并落实鼓励律师在农村地区以及经济和社会条件不利地区工作的激励措施(例如,免税或减税、减少学生贷款的还款额);

确保在检察机构和法律援助机构之间公平地按比例分配资金。

法律援助的预算应当能够负担向被拘留者、被逮捕者或被监禁者、涉嫌或被控告或被指控刑事犯罪者以及受害者提供的所有各项服务的费用。应当为辩护费用提供充足的专项资金,这些费用包括:相关案卷和文件的复印费、收集证据费、与专家证人、法医专家和社会工作者有关的费用以及旅行费用。付款应当及时。

准则 13. 人力资源

国家应当酌情预先为全国性法律援助制度的人员配备专门作出与其需要相称的充分准备。

国家应当确保为国家法律援助制度工作的专业人员具有与其所提供的服务相适宜的资格和培训。

如果缺乏合格的律师,提供法律援助服务还可把非律师从业人员或法律助理包括在内。与此同时,国家应当推动法律职业的发展,取消影响法律教育的各种财政障碍。

国家还应当鼓励为进入法律职业广开门路,包括采取肯定行动措施,以确保妇女、少数群体和经济条件不利的群体享有进入该职业的机会。

准则 14. 法律助理

各国应当根据本国国内法,酌情承认在接触律师机会有限的情况下法律助理或类似服务提供人在提供法律援助服务方面所起的作用。

为此目的,各国应当与公民社会和司法机构及专业协会协商拟订措施:

酌情拟订全国性法律助理服务计划,该计划设有标准化培训课程表和资格认证项目,包括适当的甄别和审查;

确保拟订关于法律助理服务的质量标准,并确保法律助理获得适当培训并在合格律师监督下工作;

确保建立监督和评价机制以保障法律助理所提供的服务质量;

与公民社会和司法机构协商推动拟订对工作在刑事司法系统的所有法律助理均有约束力的行为守则；

指明法律助理所可提供的法律服务类型以及必须由律师独家提供的服务类型,除非这类确定工作属于法院或律师协会的权限范围以内；

对于被分派向警署、监狱、拘留所或审判前拘留中心等提供法律援助的获得资格认证的法律助理,确保其进出无碍；

根据本国法律和条例允许得到法院认可并且受过适当培训的法律助理参加法院诉讼程序并且在没有律师现场提供咨询的情况下向被告提供咨询。

准则 15. 对法律援助服务人员的监管和监督

遵行原则 12 并依照确保透明度和问责制的现行国家法规,各国应当与专业协会合作：

确保为法律援助服务人员的资格认证拟订相关标准；

确保法律援助服务人员遵行可予适用的专业行为守则,并对违规行为给予适当的制裁；

拟订相关规则以便确保法律援助服务人员如果未获授权则不得请求法律援助受益人支付任何费用；

确保由中立机构审查对法律援助服务人员提出的违纪行为投诉；

为法律援助服务人员建立以预防腐败行为为主要目的的适当监督机制。

准则 16. 与非国有法律援助服务提供人和大学之间的伙伴关系

国家应当酌情与非国有法律援助服务提供人包括与非政府组织和其他服务提供人建立伙伴关系。

为此目的,国家应当与公民社会、司法机构和专业协会协商采取措施：

在本国法律制度中承认民间力量在提供法律援助服务以满足人们需要方面所起的作用；

为法律援助服务制订高质量标准并支持为非国有法律援助服务提供人拟订标准化培训方案；

建立监督和评价机制以确保法律援助服务的质量,尤其是免费提供的法律援助服务的质量；

协同所有法律援助服务提供人,在全国各地和各社区,尤其在农村地区及经济和社会条件不利的地区以及在少数人群体之间,扩大对法律援助的宣传,提高法律援助的质量和影响,并为获得法律援助提供方便；

采取全面的做法以拓宽法律援助服务提供人的队伍,举例说,为此鼓励设立配备律师和法律助理的法律援助服务中心,与法学会和律师协会、大学法律诊所、非政府组织及其他组织订立提供法律援助服务的协议。

国家还应当酌情采取措施：

鼓励并支持在大学内的法律系设立法律援助诊所,以便在教职员和学生中间推行诊所法律和公共利益法律课程,并将这些课程列入大学的得到认可的课程表；

鼓励和激励法律专业学生在适当监督下根据本国法律或惯例参加法律援助诊所或其他法律援助社区计划,以此作为其学术课程表或专业发展的一部分；

拟订学生实践规则(如果尚未订立这类规则),允许学生在合格律师或教职员的监督下在法院进行实习,但先决条件是,这类规则与主管法院或监管在法院进行法律实习的机构协商拟订并得到其认可；

要求法律专业学生参加法律实习的法域，拟订允许其在合格律师监督下在法院进行实习的相关规则。

准则 17. 研究和数据

各国应当确保建立负责追踪、监督和评价法律援助的机制，并且应当不断努力改进法律援助提供工作。

为此目的，各国可以拟订措施：

按法律援助接受者的性别、年龄、社会经济地位和地域分布情况分类，分别展开定期研究和数据收集工作，并公布这类研究的结果；

分享在提供法律援助方面的良好做法；

根据国际人权标准监督提供法律援助的效率和效能；

向法律援助服务人员提供跨文化、在文化上适宜的、对性别敏感并与年龄相适宜的培训；

尤其在地方一级改进所有司法机构之间的沟通、协调与合作，以便找出当地存在的问题并商定改进法律援助提供情况的解决办法。

准则 18. 技术援助

联合国等相关政府间组织、双边捐助方和主管非政府组织以及各国应当在双边和多边合作框架内提供基于请求国所确定的需要和优先事项的技术援助，以酌情建立并加强关于发展和落实法律援助系统和刑事司法改革的国家能力与国家机构。

IX 新闻自由相关文件

IX. 海南岛热带雨林

155. 国际更正权公约

(联合国大会1952年12月16日通过)

序　　言

缔约国，

切望实施其本国人民获享充分及翔实报道之权利，

切望借新闻及言论之自由流通，促进其各国人民间之了解，

切望借此保障人类免罹战祸，防止侵略自任何方面复起，并对抗旨在或足以煽动或鼓励任何威胁和平，破坏和平或侵略行为之一切宣传，

鉴于不实消息之发表，足以危及各国人民间友好关系之维持及和平之保卫，

鉴于联合国大会曾于其第二届常会中建议采取措施，以对抗足以中伤国际友好关系之虚构歪曲之消息之传播，

惟鉴于制订一项国际间施行之程序，以判定消息之是否正确，借对虚构或歪曲消息之发表，施以处罚，此事目前尚无由实行，

且鉴于欲防止此种消息之发表或减少其流弊，首须促进新闻之广大传流，以及提高经常从事于新闻传播人员之责任心，

鉴于达此目的之有效办法为：凡某一新闻社传播一项消息，经直接受其影响之国家认为虚构歪曲时，其所为更正应予以同等公布之机会，

鉴于若干国家之法律，对于可供外国政府利用之更正权，并无明文规定，故允宜于国际间创设此种权利，

并经议决为此目的订立公约，

爰议定如下：

第一条

于本公约规定之适用范围内：

一、称"新闻稿"者，谓以书面或电信传递之新闻资料，以新闻社所习用之形式于发表前传递至各报纸、新闻杂志及广播机构者。

二、称"新闻社"者，谓经常从事于新闻资料之搜集与传播之一切公营私营新闻纸、广播、电影、电视或影印机构，其设立与组织依据其总组织所在缔约国之法律与规章，而其执行业务则依照其工作所在之各缔约国之法律与规章者。

三、称"通讯员"者，谓缔约国之国民或缔约国新闻社之受雇人，经常从事于新闻资料之搜集与报道，且居留于本国境外时，持有有效之护照或国际间公认之类似文件，以证明其通讯员身份者。

第二条

一、缔约国承认：通讯员与新闻社本于职业责任之要求，应就事实作正当之报道而不分

轩轾,俾克促进对于人权与基本自由之尊重,增进国际了解与合作,并助成国际和平与安全之维持。

并认为:通讯员与新闻社本其职业道德,遇有原由其传递或发表之新闻稿而经证明为虚构或歪曲时,悉应依循通常惯例经由同样途径,将此种新闻稿之更正,予以传递或发表。

爰同意:一缔约国如认为经另一缔约国或非缔约国之通讯员或新闻社自一国传至他国而发表或传播于国外之新闻稿为虚构或歪曲,足以妨害该国与其他国家间之邦交或损害其国家威信或尊严时,得向此种新闻稿发表或传播所在领土之缔约国提出其所知之事实(此后简称"公报")。同时应将公报抄本一份送达有关通讯员或新闻社,以便该通讯员或新闻社更正该项新闻。

二、公报之发布以针对新闻稿为限,不得附具评论或意见。其文不应长于更正所称之不确或歪曲所需之篇幅,并应检送业经发表或传播之新闻原稿全部原文,以及关系该项新闻稿系由通讯员或新闻社自国外传出之证据。

第三条

一、缔约国于收到依照第二条规定所递送之公报后,不问其对有关事实之意见为何,应于最短可能期间(至迟于收到后五足日):

(甲)经由惯常发布国际新闻之途径将公报发文在其领土内执行业务之通讯员与新闻社予以发表;

(乙)如负责发出该项新闻稿之通讯员,其所属新闻社之总办事处设于该缔约国领土内时,将公报递送该办事处。

二、如一缔约国对他缔约国所送公报未履行本条规定之义务时,该他缔约国嗣后对此不践约之缔约国向其提送任何公报时,得据相互原则予以同样待遇。

第四条

一、任何缔约国于收到依照第二条规定所递送之公报后,未于规定时限内履行第三条所规定之义务时,行使更正权之缔约国得将其公报连同业经发表或传播之新闻稿全文提送联合国秘书长,同时应将此事通知其所指责之国家。该国得于收到此项通知后五足日内向秘书长提出意见,但以有关该国未履行第三条所规定义务之指责者为限。

二、无论如何,秘书长应于收到公报十足日内,借可资利用之报道途径,将公报连同该项新闻稿及受指责国家所提出之意见(如有此项意见时),为适当之公布。

第五条

两缔约国或两个以上之缔约国间关于本公约之解释或适用问题之争端,未能以磋商方式解决时,除各缔约国同意以其他方式谋求解决外,应交由国际法院裁决。

第六条

一、本公约应开放给联合国所有会员国,被邀参加一九四八年在日内瓦举行之联合国新闻自由会议之每一国家,以及大会以决议宣告合格之其他每一国家签字。

二、本公约应由签字国各依其宪法程序批准。批准书应交存联合国秘书长。

第七条

一、本公约应开放给第六条第一款所指之国家加入。

二、加入应向联合国秘书长交存加入书。

第八条

第六条第一款所指之国家如有六国已经交存其批准书或加入书,本公约应自第六份批准书或加入书交存后之第三十日起对该六国生效。嗣后批准或加入之每一国家,本公约应自其批准书或加入书交存后之第三十日起对之生效。

第九条

本公约各项规定应推行或同样适用于缔约国之本国及由该国管理或治理之一切领土,无论其为非自治领土,托管领土或殖民地。

第十条

任何缔约国得通知联合国秘书长宣告提出本公约。退约应于联合国秘书长收到退约通知书六个月后生效。

第十一条

如因退约关系致本公约缔约国少于六国时,本公约应自最后之退约通知生效之日失效。

第十二条

一、任何缔约国得随时通知联合国秘书长请求修改本公约。

二、对于该项请求所应采取之步骤,应由大会决定之。

第十三条

联合国秘书长应将下列事项通知第六条第一款所指之国家:

(甲)依照第六条及第七条规定所收取之签署、批准书及加入书;

(乙)依照第八条规定本公约开始生效之日期;

(丙)依照第十条规定所收到之退约通知书;

(丁)依照第十一条规定本公约之废止;

(戊)依照第十二条规定所收到之通知书。

第十四条

一、本公约应交存联合国档库,其中文、英文、法文、俄文及西班牙文各本同一作准。

二、联合国秘书长应将正式副本一份送交第六条第一款所指之第一国家。

三、本公约应于生效之日送由联合国秘书处登记。

156. 人权事务委员会第 34 号一般性意见:《公约》第 19 条见解自由和言论自由(2011 年)

(2011 年 7 月 11 日至 29 日人权事务委员会第一〇二届会议)

导 言

1. 本一般性意见取代第 10 号一般性意见(第十九届会议)。

2. 见解自由和言论自由是个人全面发展不可或缺的条件。这些自由在任何社会都是必要的。① 它们是充分自由和民主社会的奠基石。这两项自由密切相关,言论自由为交流和进一步形成见解提供了途径。

3. 言论自由是实现透明和问责原则的必要条件,而这些原则反之又是增进和保护人权的基础。

4. 载有保障见解和/或言论自由内容的其他条款包括第十八条、第十七条、第二十五条和第二十七条。见解自由和言论自由为充分享有广泛的其他人权奠定了基础。例如,言论自由是享有集会和结社自由的权利以及行使投票权所必需的。

5. 考虑到第十九条第 1 款的具体规定,以及见解和思想(第十八条)的关系,对第 1 款提出的保留与《公约》的目标和宗旨不符。② 此外,见解自由虽未被列入不得根据《公约》第四条之规定而克减的权利清单,但据回顾,"在第四条第 2 款没有列出的《公约》条款中,委员会认为有些要素不能根据第四条受到合法的克减"。③ 见解自由便属于这种要素,因为在紧急情势下,从来没必要克减此项权利。④

6. 考虑到言论自由与《公约》中其他权利的关系,虽然对第十九条第 2 款的某些内容提出的保留可以接受,但对第 2 款规定的权利的笼统保留不符合《公约》的目标和宗旨。⑤

7. 尊重见解自由和言论自由的义务对所有缔约国都具有约束力。国家所有部门(执法、立法和司法)以及国家、区域或地方各级的公共或者政府机构均应承担缔约国的责任。⑥ 对于某些情况下的半国家实体行为,缔约国也需承担此责任。⑦ 这项义务还要求缔约国确保个人免遭私人或者私营实体采取的将妨碍其享受根据《公约》应在私人或者实体之间实现的见解自由和言论自由权利的行为。⑧

8. 缔约国须确保根据委员会在其关于《公约》缔约国一般法律义务性质的第 31 号一般性意见中提供的指导,在各自国内法中落实《公约》第十九条所载的各项权利。据回顾,缔约国应根据按照第四十条提交的报告,向委员会提供相关国内法律规则、行政管理做法和司法判决,以及相关政策信息和与第十九条所保护权利有关的部门做法,同时考虑到本一般性意见中所讨论的问题。如这些权利受到侵犯,缔约国还应载入关于现有补救办法的信息。

见 解 自 由

9. 第十九条第 1 款要求保护持有主张不受干涉的权利。对于此项权利,《公约》不允许

---

① 见第 1173/2003 号来文,Benhadi 诉阿尔及利亚,2007 年 7 月 20 日通过的意见;第 628/1995 号来文,Park 诉大韩民国,1996 年 7 月 5 日通过的意见。
② 见委员会第 24 号一般性意见(1994 年):关于批准或加入《公约》或其《任择议定书》时提出的保留或者有关《公约》第四十一条下声明的问题,《大会正式记录,第五十届会议,补编第 40 号》,第一卷(A/50/40(Vol. 1)),附件五。
③ 见委员会第 29 号一般性意见(2001 年):紧急状态期间的克减问题,第 13 段,《大会正式记录,第五十六届会议,补编第 40 号》,第一卷(A/56/40(Vol. I)),附件六。
④ 第 29 号一般性意见,第 11 段。
⑤ 第 24 号一般性意见。
⑥ 见委员会第 31 号一般性意见(2004 年):《公约》缔约国的一般法律义务的性质,第 4 段,《大会正式记录,第五十九届会议,补编第 40 号》,第一卷(A/59/40(Vol. I)),附件三。
⑦ 见第 61/1979 号来文,Hertzberg 等人诉芬兰,1982 年 4 月 2 日通过的意见。
⑧ 第 31 号一般性意见,第 8 段;见第 633/1995 号来文,Gauthier 诉加拿大,1999 年 4 月 7 日通过的意见。

任何例外或限制。见解自由还扩展至个人自由选择任何实际或出于任何理由改变见解的权利。不得以其实际、被别人认为或者假定的见解为由,侵犯任何人根据《公约》所享有的权利。应保护一切形式的见解,包括政治、科学、历史、道德或者宗教见解。将持有主张视为刑事犯罪的行为与第1款不符。⑨ 以其所持见解为由骚扰、恐吓或者侮辱某人,包括予以逮捕、拘留、审讯或者关押违反了第十九条第1款。⑩

10. 禁止以任何形式企图强迫持有或者不持有任何见解的行为。⑪ 表达个人见解的自由必须包括不表达个人见解的自由。

言 论 自 由

11. 第2款要求缔约国保障言论自由的权利,其中包括不分国界地寻求、接受和传递各种消息和思想的权利。根据第十九条第3款和第二十条,该权利包括表达和接受可传递给他人的各种形式的思想和见解。⑫ 它包括政治言论⑬、关于个人⑭和公共事务⑮的评论、游说⑯、人权讨论⑰、新闻报道⑱、文化和艺术言论⑲、学说⑳,以及宗教言论。㉑ 它还可能包括商业广告。第2款的范围甚至包括可能被认为极为冒犯的言论,尽管根据第十九条第3款和第二十条对此类言论做出了限制。㉒

12. 第2款保护一切言论表达形式及其传播途径。这些形式包括口头、书面形式和手语,以及图像和艺术品等非言语表达。㉓ 表达途径包括书籍、报纸、㉔小册子、㉕海报、标语、㉖服饰和法律呈件。㉗ 它们包括所有影音形式,以及电子和以互联网为基础的言论表达模式。

言论自由和媒体

13. 在任何一个确保见解和言论自由以及享有《公约》其他权利的社会中,自由、不受审

---

⑨ 见第550/93号来文,Faurisson诉法国,1996年11月8日通过的意见。
⑩ 见第157/1983号来文,Mpaka-Nsusu诉Zaire,1986年3月26日通过的意见;第414/1990号来文,Mika Miha诉赤道几内亚,1994年7月8日通过的意见。
⑪ 见第878/1999号来文,Kang诉大韩民国,2003年7月15日通过的意见。
⑫ 见第359/1989号和第385/1989号来文,Ballantyne、Davidson和McIntyre诉加拿大,1990年10月18日通过的意见。
⑬ 见第414/1990号来文,Mika Miha诉赤道几内亚。
⑭ 见第1189/2003号来文,Fernando诉斯里兰卡,2005年3月31日通过的意见。
⑮ 见第1157/2003号来文,Coleman诉澳大利亚,2006年7月17日通过的意见。
⑯ 关于日本的结论性意见(CCPR/C/JPN/CO/5)。
⑰ 见第1022/2001号来文,Velichkin诉白俄罗斯,2005年10月20日通过的意见。
⑱ 见第1334/2004号来文,Mavlonov和Sa'di诉乌兹别克斯坦,2009年3月19日通过的意见。
⑲ 见第926/2000号来文,Shin诉大韩民国,2004年3月16日通过的意见。
⑳ 见第736/97号来文,Ross诉加拿大,2000年10月18日通过的意见。
㉑ 同上。
㉒ 同上。
㉓ 见第926/2000号来文,Shin诉大韩民国。
㉔ 见第1341/2005号来文,Zundel诉加拿大,2007年3月20日通过的意见。
㉕ 见第1009/2001号来文,Shchetoko等人诉白俄罗斯,2006年7月11日通过的意见。
㉖ 见第412/1990号来文,Kivenmaa诉芬兰,1994年3月31日通过的意见。
㉗ 见第1189/2003号来文,Fernando诉斯里兰卡。

查和妨碍的新闻或其他媒体都是极为重要的。它是构建民主社会的基石。㉘《公约》包含了媒体可以获得其履行职能所依据的信息的权利。㉙ 公民、候选人和当选代表之间就公共和政治问题自由交流信息和交换意见至关重要。这意味着自由的新闻或其他媒体可以在不受新闻检查或限制的情况下，对公共问题发表意见并发表公众意见。㉚ 公众还享有相应的获得媒体产出的权利。㉛

14. 缔约国应尤其重视鼓励独立和多元媒体，以此作为一种保护包括在族裔和语言上属于少数群体成员在内的媒体受众的权利，以及获得广泛信息和思想的途径。

15. 缔约国应考虑互联网和移动电子信息传播系统等信息和通信技术的发展能够在多大程度显著改变全球通信业务。现在，交流各种观念和见解的全球网络已不必依靠传统大众媒介。缔约国应采取一切必要步骤，促进这些新媒体的独立，并确保个人能够接触这些媒体。

16. 缔约国应确保公共广播服务的独立运作。㉜ 在这方面，缔约国应保障其独立和编辑自由，应以无损其独立的方式提供资助。

17. 本一般性意见关于言论自由限制的部分进一步讨论了与媒体有关的问题。

获取信息的权利

18. 第十九条第 2 款包括获取公共机构掌握的信息的权利。此类信息包括公共机构保存的记录，不论信息的存放方式、来源及编制日期为何。公共机构为本一般性意见第 7 段中所述的机构。此类机构的选定还可能包括其履行公共职能时的其他实体。如前所述，考虑到《公约》第二十五条，获取信息的权利包括媒体获取公共事务相关信息的权利㉝，以及大众获取媒体产出的权利。㉞《公约》其他条款也述及了获取信息权利的内容。如委员会在关于《公约》第十七条的第 16 号一般性意见中所述，人人都有权以明白易解的方式确定是否个人资料存放在自动数据档案中，如果是，那么有哪些资料，为何目的。此外，人人能够确定有哪些公共当局或个人或私营机构控制或可以管理其档案。如果这种档案中有不正确的个人资料，或以违法方式收集或处理，则人人有权要求改正。根据《公约》第十条，囚犯未丧失获得其病历的权利。㉟在关于第十四条的第 32 号一般性意见中，委员会述及了受到刑事犯罪指控者享有的获得信息的各种权利。㊱ 根据第二条，个人应普遍获得关于其享有《公约》各项权利的信息。㊲ 根据第二十七条，缔约国应当通过与受影响社区开展信息共享和协商才可做出可

㉘ 见第 1128/2002 号来文，Marques 诉安哥拉，2005 年 3 月 29 日通过的意见。
㉙ 见第 633/95 号来文，Gauthier 诉加拿大。
㉚ 见委员会第 25 号一般性意见(1996 年)：第二十五条(参与公共生活和投票的权利)，第 25 段，《大会正式记录，第五十一届会议，补编第 40 号》，第一卷(A/51/40(Vol.I))，附件五。
㉛ 见第 1334/2004 号来文，Mavlonov 和 Sa'di 诉乌兹别克斯坦。
㉜ 关于摩尔多瓦共和国的结论性意见(CCPR/CO/75/MDA)。
㉝ 见第 633/95 号来文，Gauthier 诉加拿大。
㉞ 见第 1334/2004 号来文，Mavlonov 和 Sa'di 诉乌兹别克斯坦。
㉟ 见第 726/1996 号来文，Zheludkov 诉乌克兰，2002 年 10 月 29 日通过的意见。
㊱ 见委员会第 32 号一般性意见(2007 年)：在法庭和裁判面前一律平等和获得公正审判的权利，第 33 段，《大会正式记录，第六十二届会议，补编第 40 号》，第一卷，(A/62/40(Vol.I))，附件六。
㊲ 第 31 号一般性意见。

能对少数民族生活和文化方式造成实质性危害的决策。㊳

19. 为落实获取信息的权利,缔约国应积极公开公众感兴趣的政府相关信息。缔约国应尽力确保可便捷、迅速、有效和切实地获得此类信息。缔约国还应颁布必要程序,各人可据此获取信息,例如通过新闻自由立法的途径。㊴ 根据与《公约》一致的明确规则,程序应规定及时处理提供信息的请求。关于信息申请的费用不应形成对信息获取的不合理阻碍。主管当局应给出拒绝获取信息的理由。对于因拒绝获取信息及未对请求做出回应而提出的申诉应做出安排。

言论自由和政治权利

20. 在关于参与公共生活和投票的权利的第 25 号一般性意见中,委员会阐述了言论自由对于管理公共事务的重要性以及有效行使投票权的重要意义。公民、候选人和当选代表之间就公共和政治问题自由交流信息和交换意见至关重要。这意味着自由的新闻或其他媒体可以在不受新闻检查或限制的情况下,对公共问题发表评论。㊵ 在这方面,提请缔约国注意第 25 号一般性意见提供的关于增进和保护言论自由的指导。

第十九条第(3)款的适用情况

21. 第 3 款明确指出,行使言论自由权利带有特殊的义务和责任。因此,允许对此权利设定两方面的限制,这些限制涉及尊重他人的权利或名誉,或涉及保障国家安全或公共秩序,或公共卫生或道德。然而,缔约国如对行使言论自由实行限制,则这些限制不得危害该权利本身。委员会回顾,不得颠倒权利与限制以及规范与例外之间的关系。㊶ 委员会还回顾,《公约》第五条第 1 款之规定,根据该条款"本公约中任何部分不得解释为隐示任何国家、团体或个人有权利从事于任何旨在破坏本公约所承认的任何权利和自由或对它们加以较本公约所规定的范围更广的限制的活动或行为"。

22. 第 3 款规定了具体条件,只能在符合这些条件时实行限制:限制必须由"法律规定";只能出于第 3 款(甲)项和(乙)项所列任一理由实行限制;以及必须符合关于必要性和相称性的严格判断标准。㊷ 不得以第 3 款未规定之理由实行限制,即使这些理由证明是对《公约》所保护的其他权利的合理限制。施加限制的目的仅限于明文规定的,并且必须与所指特定需要直接相关。㊸

23. 缔约国应出台有效措施,避免以压制行使言论自由权利为目的的攻击。决不能将第

㊳ 见第 1457/2006 号来文,Poma 诉秘鲁,2009 年 3 月 27 日通过的意见。
㊴ 关于阿塞拜疆的结论性意见(CCPR/C/79/Add.38(1994 年))。
㊵ 见第 25 号一般性意见:第二十五条,第 25 段。
㊶ 见委员会第 27 号一般性意见:第十二条,《大会正式记录,第五十五届会议,补编第 40 号》,第一卷(A/55/40(Vol.I)),附件六,A 节。
㊷ 见第 1022/2001 号来文,Velichkin 诉白俄罗斯,2005 年 10 月 20 日通过的意见。
㊸ 见委员会第 22 号一般性意见:《大会正式记录,第四十八届会议,补编第 40 号》(A/48/40),附件六。

3 款作为打压倡导多党民主制、民主原则和人权的理由。㊹ 在任何情况下,以个人行使见解或者言论自由为由对其进行攻击的行为,包括任意逮捕、酷刑、以生命相威胁及杀害等形式的攻击均违反第十九条。㊺ 新闻记者经常因其活动遭到这样的威胁、恐吓和攻击。㊻ 从事人权状况资料收集、分析,以及发表人权相关报告的人也经常遭到此类威胁、恐吓或攻击,其中包括法官和律师。㊼ 应及时对此类攻击开展积极调查,起诉犯罪者㊽,并向受害人或在杀害案件中向受害人代表提供适当形式的补救。㊾

24. 相关限制必须有法律规定。法律可包括议会特权法㊿以及藐视法庭的法律。㊱ 由于针对言论自由的所有限制都是严重的剥夺人权,因此传统法律、宗教法律或其他此类习惯法中所载的限制不符合《公约》。㊲

25. 为了第 3 款之目的,必须以充分的准确性来制订一项具有为"法律"特征的规范,以使个人能够相应地约束自身行为㊳,并且必须将此规范公之于众。法律不得赋予负责限制言论自由的人以不受约束的酌处权。㊴ 法律必须为负责限制言论自由的人提供充分的指导,以使他们能够确定何种言论应当适当限制,何种言论不需限制。

26. 限制第十九条第 2 款所列权利的法律,包括第 24 段提及的法律,不仅要遵循《公约》第十九条第 3 款的严格规定,而且还须符合《公约》的条款、目标和宗旨。㊵ 法律不得违反《公约》的不歧视条款。法律不得规定违背《公约》的处罚,例如体罚。㊶

27. 缔约国应表明其对言论自由实施的任何限制的法律依据。㊷ 如果委员会必须审议特定缔约国是否通过法律实施了特别的限制,则缔约国应提供相关法律以及在其管辖范围内的各项活动的详细资料。㊸

28. 第 3 款列出的有关限制的合法理由第一条即尊重他人的权利和名誉。"权利"一词包括《公约》承认及国际人权法更为普遍承认的人权。例如,为保护第二十五条规定的投票权以及第十七条规定的各项权利而限制言论自由的做法可以是合法的(见第 37 段)。㊹ 必须谨慎设定此类限制:尽管允许保护选民不受构成恐吓或胁迫的言论的影响,但此类限制不得

㊹ 见第 458/91 号来文,Mukong 诉喀麦隆,1994 年 7 月 21 日通过的意见。
㊺ 见第 1353/2005 号来文,Njaru 诉喀麦隆,2007 年 3 月 19 日通过的意见。
㊻ 例如见关于阿尔及利亚的结论性意见(CCPR/C/DZA/CO/3);关于哥斯达黎加的结论性意见(CCPR/C/CRI/CO/5);关于苏丹的结论性意见(CCPR/C/SDN/CO/3)。
㊼ 见第 1353/2005 号来文,Njaru 诉喀麦隆;关于尼加拉瓜的结论性意见(CCPR/C/NIC/CO/3);关于突尼斯的结论性意见(CCPR/C/TUN/CO/5);关于阿拉伯叙利亚共和国的结论性意见(CCPR/CO/84/SYR);关于哥伦比亚的结论性意见(CCPR/C/80/COL)。
㊽ 同上,以及关于格鲁吉亚的结论性意见(CCPR/C/GEO/CO/3)。
㊾ 关于圭亚那的结论性意见(CCPR/C/79/Add.121)。
㊿ 见第 633/95 号来文,Gauthier 诉加拿大。
㊱ 见第 1373/2005 号来文,Dissanayake 诉斯里兰卡,2008 年 7 月 22 日通过的意见。
㊲ 见第 32 号一般性意见。
㊳ 见第 578/1994 号来文,de Groot 诉荷兰,1995 年 7 月 14 日通过的意见。
㊴ 见第 27 号一般性意见。
㊵ 见第 488/1992 号来文,Toonen 诉澳大利亚,1994 年 3 月 30 日通过的意见。
㊶ 第 20 号一般性意见,《大会正式记录,第四十七届会议,补编第 40 号》(A/47/40),附件六,A 节。
㊷ 见第 1553/2007 号来文,Korneenko 等人诉白俄罗斯,2006 年 10 月 31 日通过的意见。
㊸ 见第 132/1982 号来文,Jaona 诉马达加斯加,1985 年 4 月 1 日通过的意见。
㊹ 见第 927/2000 号来文,Svetik 诉白俄罗斯,2004 年 7 月 8 日通过的意见。

妨碍政治辩论,例如包括呼吁联合抵制非强制性投票。⑩ "他人"涉及其他的个人或者社区成员。⑪ 因此,可以是按例如宗教信仰⑫或族裔⑬界定的个别社区成员。

29. 第二个合法理由是保障国家安全或公共秩序,或公共卫生或道德。

30. 缔约国必须极其重视确保以符合第 3 款之严格规定的方式,拟订并适用叛国法⑭及与国家安全有关的类似条款,不论称之为官方机密或煽动叛乱法还是其他。例如,援用此类法律禁止或限制具有合法公众利益且无损国家安全的公共信息,或者因新闻记者、研究员、环境积极人士、人权捍卫者或其他人传播此类信息而对其提起诉讼均与第 3 款不符。⑮ 一般而言,将与商业部门、银行业及科学进步相关的信息类别纳入此类法律的豁免范围并非恰当之举。⑯ 委员会在一起案件中认定,不允许以国家安全为由限制发表支持劳资争端,包括举行全国罢工的声明。⑰

31. 例如,为维护公共秩序,可允许在一些情况下约束特定公共场合中的发言。⑱ 可以公共秩序为依据检验与言论表达形式有关的藐视法庭诉讼。为履行第 3 款,法庭在行使保持有序诉讼的权力时必须保证诉讼和实施的处罚正当合理。⑲ 不得以任何方式利用此类诉讼来限制辩护权的合理行使。

32. 在第 22 号一般性意见中,委员会认为"道德观念来源于许多社会、哲学和宗教传统;因此,为了保护道德对……. 实行的限制必须基于不光是来自单一传统的原则"。对任何此类限制必须按照人权普遍性和不歧视原则来加以理解。

33. 出于合法之目的是限制的"必要"条件。因此,例如,如果可通过其他不限制言论自由的方式来实现保护特定社区的语言而禁止使用某种语言的商业广告,则违反了必要性的判断标准。⑳ 另一方面,委员会认为,为保护校区内有某种信仰的儿童的权利和自由而将针对此宗教群体发表含有敌意的材料的教师调任至非教学岗位,则缔约国遵循了必要性的判断标准。㉑

34. 限制不得过于宽泛。在第 27 号一般性意见中,委员会认为:"限制性措施必须符合相称原则;必须适合于实现保护功能;必须是可用来实现预期结果的诸种手段中侵犯性最小的一个;必须与要保护的利益相称……相称原则不仅必须在规定限制的法律中得到尊重,而且还须得到行政和司法当局的遵守。"㉒相称原则还必须考虑到所涉及的言论表达形式及其传播途径。例如,在民主社会中,涉及公共和政治领域公众人物的公开辩论情况下,《公约》

---

⑩ 同上。
⑪ 见第 736/97 号来文,Ross 诉加拿大,2000 年 10 月 18 日通过的意见。
⑫ 见第 550/93 号来文,Faurisson 诉法国;关于奥地利的结论性意见(CCPR/C/AUT/CO/4)。
⑬ 关于斯洛伐克的结论性意见(CCPR/CO/78/SVK);关于以色列的结论性意见(CCPR/CO/78/ISR)。
⑭ 关于香港的结论性意见(CCPR/C/HKG/CO/2)。
⑮ 关于俄罗斯联邦的结论性意见(CCPR/CO/79/RUS)。
⑯ 关于乌兹别克斯坦的结论性意见(CCPR/CO/71/UZB)。
⑰ 见第 518/1992 号来文,Sohn 诉大韩民国,1994 年 3 月 18 日通过的意见。
⑱ 见第 1157/2003 号来文,Coleman 诉澳大利亚。
⑲ 见第 1373/2005 号来文,Dissanayake 诉斯里兰卡。
⑳ 见第 359、385/89 号来文,Ballantyne、Davidson 和 McIntyre 诉加拿大。
㉑ 见第 736/97 号来文,Ross 诉加拿大,2006 年 7 月 17 日通过的意见。
㉒ 第 27 号一般性意见,第 14 段。另见第 1128/2002 号来文,Marques 诉安哥拉;第 1157/2003 号来文,Coleman 诉澳大利亚。

尤其高度重视不受限制的言论。⑦

35. 如果缔约国援用一项合理理由限制言论自由，则其必须以具体和单独的方式表明威胁的确切性质，以及所采取具体行动的必要性和相称性，特别是通过在言论和威胁之间建立直接和紧密的关联。⑦

36. 委员会保留了在特定局势下评估是否存在有必要对言论自由做出限制的情况的权利。⑦ 在这方面，委员会回顾不依据"判断余地"来评估该项自由的范围，⑦为使委员会履行其职能，缔约国在任何特定情况下均须具体表明导致其限制言论自由的对第3款所列任何理由的确切威胁性。⑦

某些特定地区言论自由限制的限定范围

37. 令委员会关切的政治言论限制包括禁止挨户游说⑦，限制可能在选举活动期间散发的书面材料的数量和类型，⑦在选举期间阻碍获得政治评论的来源，包括在地方和国际媒体，⑧以及限制反对党和反对派政治人物接触媒体机构。⑧ 每一项限制均应符合第3款。然而，缔约国限制选举前夕政治民意测验以保持选举过程完整的做法可以是合理的。⑧

38. 如上文有关政治言论内容的第13段和第20段所述，委员会认为，在涉及政治领域和公共机构公众人物的公开辩论情况下，《公约》尤其高度重视不受限制的言论。⑧ 因此，尽管公众人物也享有《公约》条款规定的权益，但不认为有辱社会名人的言论表达形式足以成为实施的处罚理由。⑧ 此外，所有公众人物，包括国家元首和政府首脑等行使最高政治权力的人也应受到合理的批评和政治反对。⑧ 因此，委员会对涉及不敬⑧、冒犯⑧、不尊重当局⑧、不尊重国旗和标志、藐视国家元首⑧和保护公共官员名誉⑨等事项的法律表示关切，并且法律不能仅仅依据受到攻击者的个人身份而给予更严厉处罚。缔约国不得禁止对军队或行政管理部门等机构提出批评。⑨

---

⑦ 见第1180/2003号来文，Bodrozic诉塞尔维亚和黑山，2005年10月31通过的意见。
⑦ 见第926/2000号来文，Shin诉大韩民国。
⑦ 见第518/1992号来文，Sohn诉大韩民国。
⑦ 见第511/1992号来文，Ilmari Länsman等人诉芬兰，1993年10月14日通过的意见。
⑦ 见第518/92号来文，Sohn诉大韩民国；第926/2000号来文，Shin诉大韩民国。
⑦ 关于日本的结论性意见（CCPR/C/JPN/CO/5）。
⑦ 同注⑦。
⑧ 关于突尼斯的结论性意见（CCPR/C/TUN/CO/5）。
⑧ 关于多哥的结论性意见（CCPR/CO/76/TGO）；关于摩尔多瓦的结论性意见（CCPR/CO/75/MDA）。
⑧ 见第968/2001号来文，Kim诉大韩民国，1996年3月14日通过的意见。
⑧ 见第1180/2003号来文，Bodrozic诉塞尔维亚和黑山，2005年10月31日通过的意见。
⑧ 同上。
⑧ 见第1128/2002号来文，Marques诉安哥拉。
⑧ 见第422-424/1990号来文，Aduayom等人诉多哥，1994年6月30日通过的意见。
⑧ 见关于多米尼加共和国的结论性意见（CCPR/CO/71/DOM）。
⑧ 见关于洪都拉斯的结论性意见（CCPR/C/HND/CO/1）。
⑧ 见关于赞比亚的结论性意见（CCPR/ZMB/CO/3），第25段。
⑨ 见关于哥斯达黎加的结论性意见（CCPR/C/CRI/CO/5），第11段。
⑨ 同上，以及见关于突尼斯的结论性意见（CCPR/C/TUN/CO/5），第91段。

39. 缔约国应确保规范大众传媒的立法和行政框架符合第 3 款的规定。[92] 监管制度应考虑到印刷和广播部门与互联网之间的不同,同时注意到各种媒体报道的方式。不允许发行报纸和其他印刷媒体违反了第十九条,适用第 3 款的具体情况除外。而这些情况决不包括禁止特定出版物,除非其中不可分割的具体内容可依据第 3 款合理地加以禁止。缔约国必须避免对广播媒体,包括社区和商业电台实行苛刻的许可条件并征收费用。[93] 适用此类条件和许可费用的标准应客观合理[94]、明确[95]、透明[96]、不歧视,并在其他方面符合《公约》。[97] 针对通过地面和卫星视听服务等能力有限的媒体进行广播的许可制度应向公共、商业和社区广播公司平等分配获取路径和频道。建议尚未采取此做法的缔约国应建立独立的公共广播许可机构,该机构有权审查播放申请并授予许可。[98]

40. 委员会重申其在第 10 号一般性意见中的意见,即"由于现代大众传播媒体的发展,所以需要采取有效措施,防止有人控制这种工具,干涉每个人的言论自由权利"。国家不得对媒体形成垄断控制,并应促进媒体的多元化。[99] 因此,缔约国应根据《公约》,采取适当行动,防止媒体被过度掌控或集中在私人控制的媒体集团手上,这会损害来源和意见的多样化。

41. 必须注意确保,政府补贴媒体机构的制度以及刊登政府广告做法[100]的不会被用于妨碍言论自由。[101] 此外,在获得传播/散发途径和获得新闻等方面,不得使私营媒体处于与公共媒体相比的劣势地位。[102]

42. 单纯因批评政府或政府支持的政治社会制度[103] 而处罚媒体机构、出版商或新闻记者不得视为对言论自由的必要限制。

43. 只允许在符合第 3 款的情况下,对网站、博客或任何其他互联网、电子或其他信息传播系统的运作实行任何限制,其中包括支持此类通信的系统,诸如互联网服务提供商或者搜索引擎。所允许的限制一般应视具体内容而定;普遍禁止某些网站和系统的运作不符合第 3 款。单纯因批评政府或者政府支持的政治社会制度而禁止某网站或信息传播系统公布相关材料也与第 3 款不符。[104]

44. 新闻报道是广泛行为者共有的一项职能,其中包括专职通讯员和分析员、博客作者,

---

[92] 见关于越南的结论性意见(CCPR/CO/75/VNM),第 18 段,以及关于莱索沃的结论性意见(CCPR/CO/79/Add.106),第 23 段。

[93] 关于冈比亚的结论性意见(CCPR/CO/75/GMB)。

[94] 见关于黎巴嫩的结论性意见(CCPR/CO/79/Add.78),第 25 段。

[95] 关于科威特的结论性意见(CCPR/CO/69/KWT);关于乌克兰的结论性意见(CCPR/CO/73/UKR)。

[96] 关于吉尔吉斯斯坦的结论性意见(CCPR/CO/69/KGZ)。

[97] 关于乌克兰的结论性意见(CCPR/CO/73/UKR)。

[98] 关于黎巴嫩的结论性意见(CCPR/CO/79/Add.78)。

[99] 见关于圭亚那的结论性意见(CCPR/CO/79/Add.121),第 19 段;关于俄罗斯联邦的结论性意见(CCPR/CO/79/RUS);关于越南的结论性意见(CCPR/CO/75/VNM);关于意大利的结论性意见(CCPR/C/79/Add.37)。

[100] 关于莱索沃的结论性意见(CCPR/CO/79/Add.106),第 22 段。

[101] 关于乌克兰的结论性意见(CCPR/CO/73/UKR)。

[102] 关于斯里兰卡的结论性意见(CCPR/CO/79/LKA);以及见关于多哥的结论性意见(CCPR/CO/76/TGO),第 17 段。

[103] 关于秘鲁的结论性意见(CCPR/CO/70/PER)。

[104] 关于阿拉伯叙利亚共和国的结论性意见(CCPR/CO/84/SYR)。

以及通过印刷、在互联网或其他媒介参与各种形式自助出版的其他人,普遍的国家新闻记者注册或许可制度不符合第3款。只能在必须给予新闻记者特许进入某些场所和/或活动机会的情况下,才允许实行限制性核准采访计划。应根据客观标准,以不歧视和符合《公约》第十九条及其他条款的方式适用此类计划,同时考虑到新闻报道是广泛行为者共有的一项职能。

45. 以下行为通常与第3款不符:限制新闻记者及试图行使言论自由的其他人[105](如希望参加人权相关会议的人员)到缔约国之外的地方;限制外国记者和特定国家的记者进入缔约国[106];或者限制新闻记者和人权调查员在缔约国内的行动自由(包括到达冲突波及地方、自然灾害发生地和存在侵犯人权指控的地方)。缔约国应承认和尊重包括不披露信息来源的限制性新闻特权的言论自由权利。[107]

46. 缔约国应确保反恐措施符合第3款。应明确界定"怂恿恐怖主义"[108]和"极端主义活动"[109]等罪行,以及"鼓吹"、"颂扬"恐怖主义及为其辩护的罪行,以确保不会导致对言论自由的不必要或者过分干涉。还必须避免过度限制信息获取。媒体在向公众通报恐怖主义行为方面发挥着关键作用,不应对其运作能力施加不合理限制。在这方面,不能因记者开展合法活动而对其进行处罚。

47. 应谨慎拟定诽谤法,以确保这些法律符合第3款,并且在实行中不会妨碍言论自由。[110] 所有此类法律,特别是诽谤相关刑法,应包括捍卫真理等抗辩措施,并且不得对性质未经核查的言论表达方式适用此类法律。至少在关于公众人物的评论方面,应考虑避免处罚或者以其他方式对错误但却无恶意情况下发表的非法虚假言论做出有罪裁决。[111] 在任何情况下,均应将公众对受批评事项的关注视作一种捍卫。缔约国应注意避免采取过度惩罚性的措施和处罚。如相关,缔约国应对胜诉方要求被告偿还费用的申请做出适当限制。[112] 缔约国应考虑对诽谤行为免除刑事处罚[113],并且在任何情况下,只应支持在最严重案件中适用刑法,监禁绝不是适当的处罚。不允许缔约国因刑事诽谤对某人提出指控却不立即进行审讯——此做法令人恐惧,会过度限制相关人员和其他人行使言论自由。[114]

48. 禁止不尊重宗教或其他信仰体系的表现,包括亵渎宗教法不符合《公约》,但《公约》第二十条第2款规定的具体情况除外。此类禁止还必须符合第十九条第3款的严格要求,以及第二条、第五条、第十七条、第十八条和第二十六条等条款。因此,例如,任何此类法律均不得存在利于或不利于某个或某些宗教或信仰体系,或者其拥护者优于他人,或者宗教信徒优于非信徒的差别待遇。也不得利用此类限制,防止或处罚批评宗教领袖或评论宗教教义和信

---

[105] 关于乌兹别克斯坦的结论性意见(CCPR/CO/83/UZB);以及关于摩洛哥的结论性意见(CCPR/CO/82/MAR)。
[106] 关于朝鲜民主主义人民共和国的结论性意见(CCPR/CO/72/PRK)。
[107] 关于科威特的结论性意见(CCPR/CO/69/KWT)。
[108] 关于大不列颠及北爱尔兰联合王国的结论性意见(CCPR/C/GBR/CO/6)。
[109] 关于俄罗斯联邦的结论性意见(CCPR/CO/79/RUS)。
[110] 关于大不列颠及北爱尔兰联合王国的结论性意见(CCPR/C/GBR/CO/6)。
[111] 同上。
[112] 同上。
[113] 关于意大利的结论性意见(CCPR/C/ITA/CO/5);关于前南斯拉夫的马其顿共和国的结论性意见(CCPR/C/MKD/CO/2)。
[114] 见第909/2000号来文,Kankanamge 诉斯里兰卡,2004年7月27日通过的意见。

仰原则的行为。⑮

49. 处罚对历史事实发表见解的法律违反了《公约》在尊重见解自由和言论自由方面赋予缔约国的义务。⑯《公约》不得全面禁止表达错误见解,或对历史事件的错误解释。决不应对见解自由权利施加限制,关于言论自由的限制不得超出第 3 款允许或者第二十条规定的范围。

第十九条与第二十条之间的关系

50. 第十九条与第二十条互相兼容,互为补充。第二十条所述行为均受到第十九条第 3 款的限制。同样,依据第二十条正当合理的限制也必须符合第十九条第 3 款。⑰

51. 第二十条所述行为与可能受第十九条第 3 款限制的其他行为之间的区别是,《公约》针对第二十条所述行为指出了各国必须做出的具体回应:以法律加以禁止。只有在这个意义上可以将第二十条视为与第十九条相关的特别法。

52. 缔约国只在第二十条述及的具体言论表达形式方面有以法律加以禁止的义务。在国家限制言论自由的所有情况下,必须证明限制及其规定完全符合第十九条。

157. 联合国关于记者安全和有罪不罚问题的行动计划

1. 引 言

"每一位遭到恐怖行动杀害或压制的记者都使我们减少了一位报道人类状况的观察员。每一次攻击都通过制造恐惧和自我审查的气氛使现实遭到扭曲。"⑱

近年来,关于危害记者和媒体工作者的人身安全,以起诉、逮捕、监禁、不许从事新闻业相威胁从而影响其行使表达自由的能力的事件,以及不调查和起诉针对记者和媒体工作者的犯罪行为,有令人不安的证据说明了其范围之大,数量之多。政府间组织、专业协会、非政府组织(NGO)以及其他利益攸关者再三提请国际社会注意这些证据。

教科文组织以及保护新闻记者委员会(CPJ)、无疆界记者(RSF)、国际新闻安全研究所

---

⑮ 关于大不列颠及北爱尔兰联合王国—泽西岛、根西岛和马恩岛王国属地的结论性意见(CCPR/C/79/Add.119)。另见关于科威特的结论性意见(CCPR/CO/69/KWT)。

⑯ 所谓的"记忆—法律",见第 550/93 号来文,Faurisson 诉法国。另见关于匈牙利的结论性意见(CCPR/C/HUN/CO/5),第 19 段。

⑰ 见第 736/1997 号来文,Ross 诉加拿大,2000 年 10 月 18 日通过的意见。

⑱ Barry James:《新闻自由中的记者安全和有罪不罚》,教科文组织出版物 2002 年。

(INSI)、国际言论自由交流网(IFEX)和美洲新闻协会(IAPA)等其他组织收集到的统计数据证明,在履行其专业职责期间遭到杀害的记者和媒体工作者的人数令人震惊。

此外,据国际言论自由交流网称,这些罪行的实施者十有八九永远不会遭到起诉。有罪不罚可被理解为不将侵犯人权的犯罪者绳之以法,这使得针对记者的暴力行为周而复始地发生,这个问题必须得到解决。

记者的安全以及打击杀害记者的凶手不受惩罚的现象,对于维护受《世界人权宣言》第19条保障的表达自由这一基本权利至关重要。表达自由是一项个人的权利,任何人都不应因为表达自由而遭到杀害,但它也是一项集体权利,通过促进对话、参与和民主赋予人民这项权利,从而使可持续的自主发展成为可能。

如果没有表达自由,尤其是新闻自由,就不可能有知情的、积极参与的公民。在一个记者安全的环境下,公民们发现获得有质量的信息更加容易,许多目标因而变得可行:民主治理和减贫;保护环境;性别平等和妇女赋权;正义和人权文化等等。因此,虽然有罪不罚问题不仅仅局限于不对杀害记者和媒体工作者的凶手进行调查,但限制记者和媒体工作者的表达使得整个社会看不到其对新闻事业的贡献,并引起对新闻自由的更广泛影响,即在恐吓和暴力气氛中导致自我审查。在这样一种氛围中,因为缺乏充分实现其潜力所需的信息,受害的是社会。终结对记者的罪行不受惩罚的努力必须与更普遍地维护和保护人权维护者的工作相结合。此外,对记者的保护不应局限于那些正式被承认为记者的人,而应涵盖其他人,包括社区媒体工作者和公民记者以及可以利用新媒体来接触受众的其他人。

促进记者安全和打击有罪不罚绝不能局限于事后的行动,而是需要预防机制和行动来解决导致暴力侵犯记者和有罪不罚的某些根本原因。这意味着必须解决腐败、有组织犯罪和一个有效的法制框架等问题,以应对不利因素。此外,必须废除遏制表达自由的法律(例如限制性过强的诽谤法)。传媒业还必须解决低工资的问题,提高记者的技能。必须尽可能让公众了解公共和私营领域的这些挑战以及不采取行动的后果。对记者的保护应适应对记者产生影响的当地现实情况。例如,报告腐败和有组织犯罪的记者日益成为有组织犯罪团伙和类似势力的目标。应鼓励采用适应当地需要的方式。

鉴于以上所述,联合国采取了若干措施,以加强旨在确保冲突和非冲突地区记者安全的法律框架和执行机制。联合国的优势和机会在建立自由、独立和多元媒体以及支持该媒体的法律框架和民主制度方面。

在国际一级,联合国安全理事会在2006年通过了S/RES/1738号决议,该决议为武装冲突中记者的安全确立了一种一致的、注重行动的方式。在那以后,联合国秘书长就该决议的实施情况向大会提交了一份年度报告。

此外,人权事务高级专员办事处(OHCHR)在提高关于该问题的认识方面发挥着重要作用,包括通过其向人权理事会(HRC)提交的报告。它与联合国促进和保护意见和表达自由权问题特别报告员密切合作,被授权:收集有关侵犯表达自由的信息;寻求、接收和回复来自政府、非政府组织和其他方面的相关信息;就如何更好地促进表达自由提出建议。其他一些特别报告员,包括法外处决、即决处决或任意处决问题特别报告员、关于暴力侵害妇女行为问题特别报告员、酷刑问题特别报告员和强迫失踪问题工作组和任意拘留问题工作组在这方面也都有很大的作用。

作为被授权告。它与联合国促进和保护意见和表达自由权问题特别报告[119]，联合国教育、科学及文化组织(UNESCO)在通过促进记者安全和打击有罪不罚来维护表达自由方面一直是一个重要的参与者。通常通过与其他组织合作，教科文组织在该领域采取了许多果断的行动。例如，它与无疆界记者(RSF)合作，为在冲突地区工作的记者出版了一本定期更新的实用指南，如今以10种语言出版该指南。2008年，教科文组织参与编写了《关于在战争地区或危险地区工作的记者安全的宪章》，其中媒体、公共当局和记者承诺系统地寻找减少所涉风险的办法。教科文组织还支助了若干组织向记者和媒体工作者提供安全和风险意识培训。

除了这些务实措施，教科文组织还开展了大量活动，这些活动旨在提高对记者安全和有罪不罚问题的认识。教科文组织在该领域的旗舰活动包括每年5月3日庆祝的世界新闻自由日，以及教科文组织——吉列尔莫·卡诺世界新闻自由奖，该奖项意在向在世界任何地方尤其是危险条件下维护或促进新闻自由的个人或组织的工作致敬。2007年的《麦德林宣言》[120]和2004年的《贝尔格兰德宣言》进一步强调了该问题的重要性，《麦德林宣言》特别强调在冲突和非冲突局势下确保记者的安全和打击有罪不罚，《贝尔格兰德宣言》则强调支持暴力冲突地区和转型期国家的媒体。按照教科文组织大会第二十九届会议第29号决议，总干事自1997年以来公开谴责杀害个别记者和媒体工作者的行为以及反复大规模侵犯新闻自由的行为，并敦促主管当局履行其预防、调查和惩处此种罪行的职责。最后，国际传播发展计划(IPDC)在促进记者安全和打击有罪不罚方面起着至关重要的作用。除了制定项目以在实地解决这个问题，国际传播发展计划自2008年以来还鼓励会员国在自愿基础上提供信息，说明对教科文组织所谴责的每一起谋杀事件进行司法调查的情况，这些信息将被纳入总干事每两年一次向国际传播发展计划理事会提交的公开报告。

国际法律文书是包括联合国(UN)在内的国际社会在努力确保记者安全和打击有罪不罚中所拥有的重要手段之一。这些文书在国际上得到承认，并且常常具有法律约束力。相关公约、宣言和决议包括《世界人权宣言》、《日内瓦公约》、《公民权利和政治权利国际公约》、联合国人权委员会第2005/81号决议、联合国安全理事会第1738(2006)号决议。

人权背景下的地区制度同样至关重要，这些制度是在地区和次地区组织框架内制定的，例如美洲国家组织(OAS)和南美洲国家联盟(UNASUR)；非洲联盟(AU)；东南亚国家联盟(ASEAN)、阿拉伯国家联盟、欧洲委员会(CoE)和欧洲安全与合作组织(OSCE)。虽然一般而言有许多针对人权问题的国际法律文书，但只有少数文书特别涉及记者的状况及安全。

一些地区制度也得到了监测机构的加强，这些机构观测国家遵守其承诺的程度，并且在必要时提请注意违背承诺的情况。这些机构包括美洲人权委员会(IACHR)内部的表达自由问题特别报告员办公室、非洲人权和人民权利委员会内部的表达自由和获取信息问题特别报告员以及欧安组织内部的媒体自由问题特别报告员。

在国家一级，联合国系统的许多机构、基金和计划署也致力于采用一种促进记者安全和解决有罪不罚问题的方式。这涉及"一体行动"框架内联合国的战略讨论和联合规划。

虽然认识到对针对记者的犯罪行为进行调查仍是会员国的责任，但各种背景下的暴力

---

[119] 1945年《教科文组织组织法》，第1条。
[120] 《麦德林宣言》见 http://www.unesco.org/new/en/communication-and-information/flagship-project-activities/world-press-freedom-day/previous-celebrations/worldpressfreedomday2009000/medellin-declaration/

和恐吓行为(包括谋杀、诱拐、劫持人质、骚扰、恐吓和非法逮捕和拘留)正变得比以往任何时候都更加频繁。尤其是,恐怖主义组织和犯罪企业等非国家行为人所带来的威胁与日俱增。因此,应以对环境敏感的方式审慎考虑冲突和非冲突地区记者的不同需要,考虑在确保对他们的保护方面可利用的各种法律文书。另外,有必要调查研究如何应对在不符合严格意义上的武装冲突定义的情况下(例如有组织犯罪集团之间的持续冲突)记者所面临的危险。

女记者也面临着越来越大的危险,这凸显了采取性别敏感的方式的必要性。在履行其专业职责时,女记者常常面临性侵犯的风险,不论是有针对性的性暴力(常常出于对其工作的报复);针对报道公众事件的记者的与暴徒有关的性暴力;还是对遭到拘留或监禁的记者的性虐待。此外,由于强烈的文化和职业羞耻感,这些罪行中有许多没有被报告。[121]

对联合国各机构、基金和计划署来说,当务之急是对记者安全和侵害记者的罪犯不受惩罚问题拟定一种单一的、战略性的和一致的方式。为此,2010 年 3 月,国际传播发展计划政府间理事会[122]呼吁教科文组织总干事"就召集一个所有相关联合国机构、基金和计划署的机构间会议来设计一个关于记者安全和有罪不罚问题的联合国共同战略的可行性与会员国进行商议。"根据此次商议后收到的答复,教科文组织总干事决定在 2011 年 9 月组织一个关于记者安全和有罪不罚问题的联合国机构间会议。该会议得出的结论将被纳入一个《行动计划》,该计划将阐明一种针对记者安全和有罪不罚问题的适用于整个联合国系统的全面、一致和注重行动的方式。

理　　由

本《行动计划》对于支持表达自由这一基本权利以及在这样做的时候确保公民完全知情和积极充分地参与社会是必要的。联合国机构、基金和计划署在合力解决这个问题方面很有优势。它们拥有设立已久的平台,通过这些平台可以表达关切和提出解决办法,还拥有一个由伙伴组织和联合国外地办事处组成的重要网络。此外,作为政府间组织,它们可以鼓励会员国开展合作和分享最佳做法,并且在必要时对会员国开展"秘密外交"。

原　　则

拟议《行动计划》以下述原则为依据:
本着提高整个系统的效率和一致性的精神开展联合行动;
利用不同机构的优势来促进协同增效,避免重复;
采用一种注重成果的方式,优先采取影响最大的行动和干预措施;
基于人权的方式;
对性别敏感的方式;
对残疾敏感的方式;
将记者安全和打击有罪不罚纳入联合国更广泛的发展目标;

---

[121] Lauren Wolfe:《沉默的犯罪:对记者的性暴力》,保护记者委员会 2011 年。
[122] 关于记者安全和有罪不罚问题的国际传播发展计划第 27 号决定。可查阅 http://www.unesco.org/new/fileadmin/MULTIMEDIA/HQ/CI/CI/pdf/ipdc2010_safety_decision_final.pdf

实施 2005 年 2 月《巴黎援助效益宣言》的原则（自主、协调、整合、成果和相互责任）；

联合国系统外的战略伙伴关系，利用致力于记者和媒体工作者安全的各种国际、地区和地方性组织的倡议；

以一种对环境敏感的、多学科的方式解决导致记者遭受威胁和有罪不罚问题的根本原因；

用于监测和评估反映联合国核心价值的干预行动和战略的影响的可靠机制（指标）。

目　　标

致力于在冲突和非冲突的情况下为记者和媒体工作者创造一个自由和安全的环境，以期加强全世界的和平、民主与发展。

建议的行动

强化联合国机制

确定联合国各机构、基金和计划署在围绕记者袭击事件打击有罪不罚现象及其更广泛的原因中的作用，以期建立一个协调中心，通过为实现《行动计划》中确立的目标创建有效的干预形式（例如，首先是召开定期的机构间会议），加强联合国各相关行为人的具体工作；

为加强整个联合国系统的一致性，建议一个协调的机构间机制，以跟踪和评估在记者安全和有罪不罚问题上的关注事项，包括定期审查在国家和国际层面取得的进展，并继续解决该问题，例如通过支持在世界新闻自由日就全世界的媒体自由状况发出的一项联合声明；

将记者安全和袭击记者的人不受惩罚的问题纳入联合国在国家一级的战略。这将意味着，例如，鼓励将一项基于教科文组织媒体发展指标的记者安全指标纳入国家分析，并且在制定计划时考虑分析结果。

更广泛地说，促进将表达自由和媒体发展目标，尤其是记者安全和有罪不罚问题纳入联合国更广泛的发展议程；

努力加强联合国人权事务高级专员办事处，加强联合国促进和保护意见和表达自由权问题特别报告员以及法外处决、即决处决或任意处决问题特别报告员、关于暴力侵害妇女行为问题特别报告员、酷刑问题特别报告员的授权和资源。

与会员国的合作

协助会员国发展保障表达和信息自由的立法和机制，包括，例如，要求各国有效调查和起诉针对表达自由的犯罪行为；

协助会员国全面实施现行国际规则和原则，以及，在必要时，改进关于在冲突和非冲突情况下保护记者、媒体专业人员和有关人员的国家立法；

鼓励会员国在防止袭击记者中发挥积极作用，并对袭击行为迅速采取行动，例如，通过建立不同的利益攸关者可采纳的国家应急机制；

鼓励会员国全面遵守题为"谴责对记者的暴力行为"的教科文组织大会第 29 号决议[123]，

---

[123] 1997 年 11 月 12 日获教科文组织大会通过。

该决议要求会员国采纳犯下侵犯表达自由罪行的人应不适用诉讼时效法规的原则;改进和宣传该领域的立法,并且确保将诽谤定为一种民事而不是刑事诉讼;

鼓励会员国遵守国际传播发展计划关于记者安全和有罪不罚问题的各项决定,并提交资料,说明为防止杀害记者的行为不受惩罚而采取的行动,以及就教科文组织所谴责的每一起杀戮事件进行的司法调查的情况;

鼓励会员国探讨扩大安全理事会第1738号决议范围的方式,将促进记者安全和在非冲突情况下同样打击有罪不罚现象包括进去。

与其他组织和机构合作

在国际和地区层面加强联合国机构与其他政府间组织的合作,并鼓励将媒体发展计划纳入其战略,尤其是关于记者安全的计划;

加强联合国与致力于在国家、地区和国际各级监测记者和媒体工作者安全状况的民间社会组织和专业协会的伙伴关系。这可以包括与伙伴组织和外地办事处分享最新信息和最佳做法,以及派联合特派团对具体案件进行调查;

在腐败可能影响所有社会部门的情况下,按照联合国《反腐败公约》的原则,与记者组织一起开展工作,就报告腐败行为制定良好做法,共同参与国际反腐日(12月9日)。

提 高 意 识

向会员国宣传表达自由的重要性,并宣传对媒体专业人员犯下的罪行不受惩罚将危及自由与民主;

向记者、媒体所有者和政策制定者宣传关于记者安全的现有国际文书和公约以及现有的各种实用指南;

向新闻组织、媒体所有者、编辑和记者宣传其工作人员尤其是地方记者所面临的危险;

向上述各方宣传所有反对劫持人质、性暴力、绑架、不当逮捕和其他形式的惩罚的行为人和工作所面临的越来越大的危险以及包括非国家行为人在内的媒体专业人员所面临的其他新威胁;

通过促进全球宣传运动,例如教科文组织的世界新闻自由日,向普通公众宣传记者安全和打击有罪不罚的重要性;

鼓励新闻教育机构开发课程,将有关记者安全和有罪不罚问题的材料纳入其中;

传播关于记者安全和抵制有罪不罚的最佳做法。

促进安全倡议

促请所有利益攸关者,尤其是传媒业及其专业协会为记者制定一般性安全规定,包括但不限于针对自由职业者和全职雇员的安全培训课程、保健和人寿保险、获得社会保护以及适当的报酬;

为团体和传媒组织建立可及的、实时的应急反应机制,包括联络可以利用的联合国资源和特派团以及在实地工作的其他团体,并让其介入;

加强对冲突地区记者安全的规定,例如鼓励通过与联合国实地工作人员的密切合作来创建所谓的"媒体通道"。

后续行动机制

在所有相关的联合国机构、基金和计划署建立一个关于记者安全问题的协调中心网络,以便制定有效措施来促进记者安全和打击有罪不罚,协调行动和交流信息,并且在可能的情况下也对该网络进行宣传;

与联合国国家工作队(UNCT)合作,在国际和国家级别定期安排相关联合国机构、基金和计划署的会议,邀请相关的职业协会、非政府组织和其他利益攸关者参加会议;

委托教科文组织通过与其他联合国机构,尤其是与人权事务高级专员办事处(OHCHR)和纽约联合国秘书处合作,全面协调联合国在记者安全方面的努力;

向 2012 年 3 月国际传播发展计划理事会下届会议以及方案问题高级别委员会(HLCP)和行政首长理事会(CEB)的下次会议提交最终完成的《联合国行动计划》。

X 社会福利、进步和发展相关文件

158. 发展权利宣言

(联合国大会1986年12月4日通过)

大会,

铭记《联合国宪章》中有关促成国际合作以解决属于经济、社会、文化或人道主义性质的国际问题,且不分种族、性别、语言或宗教,增进并激励对全体人类人权和基本自由的尊重的宗旨和原则,

承认发展是经济、社会、文化和政治的全面进程,其目的是在全体人民和所有个人积极、自由和有意义地参与发展及其带来的利益的公平分配的基础上,不断改善全体人民和所有个人的福利,

认为根据《世界人权宣言》的规定,人人有权要求一种社会的和国际的秩序,在这种秩序中,本宣言所载的权利和自由可得到充分实现,

忆及《经济、社会、文化权利国际公约》和《公民权利和政治权利国际公约》的规定,

还忆及联合国及其各专门机构关于个人的全面发展和各国人民的经济及社会进步和发展的有关协议、公约、决议、建议及其他文书,包括关于非殖民化、防止歧视、尊重和遵守人权和基本自由、根据《宪章》维护国际和平与安全并进一步促进各国间友好关系与合作的文书,

忆及各国人民的自决权利,由于这种自决权利,各国人民有权自由决定他们的政治地位和谋求他们经济、社会和文化的发展,

还忆及各国人民有权在关于人权的两项国际公约有关规定的限制下对他们的所有自然资源和财富行使充分和完全的主权,

念及各国按照《宪章》的规定有义务促进对全体人类人权和基本自由的普遍尊重和遵守,而不分种族、肤色、性别、语言、宗教、政治或其他见解、民族本源或社会出身、财产、出生或其他身份等任何区别,

认为消除大规模公然侵犯受到下列情况影响的各国人民和个人人权的现象,将有助于创造有利条件,以利人类大多数的发展,这些情况是由于新老殖民主义、种族隔离、一切形式的种族主义和种族歧视、外国统治和占领、侵略、对国家主权、国家统一和领土完整的威胁以及战争的威胁等所造成的,

关注继续存在着阻碍发展和彻底实现所有个人和各国人民愿望的严重障碍,这是除其他事项外由于剥夺了公民、政治、经济、社会和文化等权利所造成的,认为所有人权和基本自由都是不可分割和相互依存的,为了促进发展,应当一视同仁地重视和紧急考虑实施、增进和保护公民、政治、经济、社会和文化等权利,因而增进、尊重和享受某些人权和基本自由不能成为剥夺其他人权和基本自由的理由,

认为国际和平与安全是实现发展权利的必不可少的因素,

重申裁军与发展之间关系密切,裁军领域的进展将大大促进发展领域的进展,裁军措施

腾出的资源应用于各国人民的经济及社会发展和福利,特别是发展中国家的这些发展和福利,

承认人是发展进程的主体,因此,发展政策应使人成为发展的主要参与者和受益者,

承认创造有利于各国人民和个人发展的条件是国家的主要责任,

认识到除了在国际一级努力增进和保护人权外,同时还必须努力建立一个新的国际经济秩序,

确认发展权利是一项不可剥夺的人权,发展机会均等是国家和组成国家的个人的一项特有权利,

兹宣布《发展权利宣言》如下:

第 1 条

1. 发展权利是一项不可剥夺的人权,由于这种权利,每个人和所有各国人民均有权参与、促进并享受经济、社会、文化和政治发展,在这种发展中,所有人权和基本自由都能获得充分实现。

2. 人的发展权利这意味着充分实现民族自决权,包括在关于人权的两项国际公约有关规定的限制下对他们的所有自然资源和财富行使不可剥夺的完全主权。

第 2 条

1. 人是发展的主体,因此,人应成为发展权利的积极参与者和受益者。

2. 鉴于有必要充分尊重所有人的人权和基本自由以及他们对社会的义务,因此,所有的人单独地和集体地都对发展负有责任,这种责任本身就可确保人的愿望得到自由和充分的实现,他们因而还应增进和保护一个适当的政治、社会和经济秩序以利发展。

3. 国家有权利和义务制定适当的国家发展政策,其目的是在全体人民和所有个人积极、自由和有意义地参与发展及其带来的利益的公平分配的基础上,不断改善全体人民和所有个人的福利。

第 3 条

1. 各国对创造有利于实现发展权利的国家和国际条件负有主要责任。

2. 实现发展权利需要充分尊重有关各国依照《联合国宪章》建立友好关系与合作的国际法原则。

3. 各国有义务在确保发展和消除发展的障碍方面相互合作。各国在实现其权利和履行其义务时应着眼于促进基于主权平等、相互依赖、各国互利与合作的新的国际经济秩序,并激励遵守和实现人权。

第 4 条

1. 各国有义务单独地和集体地采取步骤,制订国际发展政策,以期促成充分实现发展权利。

2. 为促进发展中国家更迅速的发展,需采取持久的行动。作为发展中国家努力的一种补充,在向这些国家提供促进全面发展的适当手段和便利时,进行有效的国际合作是至关紧要的。

第 5 条

各国应采取坚决步骤,消除大规模公然侵犯受到下列情况影响的各国人民和个人人权

的现象,这些情况是由于种族隔离、一切形式的种族主义和种族歧视、殖民主义、外国统治和占领、侵略、外国干涉和对国家主权、国家统一和领土完整的威胁、战争的威胁及拒绝承认民族自决的基本权利等造成的。

第 6 条

1. 所有国家应合作以促进、鼓励并加强普遍尊重和遵守全体人类的所有人权和基本自由,而不分种族、性别、语言或宗教等任何区别。

2. 所有人权和基本自由都是不可分割和相互依存的;对实施、增进和保护公民、政治、经济、社会和文化权利应予以同等重视和紧急考虑。

3. 各国应采取步骤以扫除由于不遵守公民和政治权利以及经济、社会和文化权利而产生的阻碍发展的障碍。

第 7 条

所有国家应促进建立、维护并加强国际和平与安全,并应为此目的竭尽全力实现在有效国际监督下的全面彻底裁军,并确保将有效的裁军措施腾出的资源用于发展,特别是发展中国家的发展。

第 8 条

1. 各国应在国家一级采取一切必要措施实现发展权利,并确保除其他事项外所有人在获得基本资源、教育、保健服务、粮食、住房、就业、收入公平分配等方面机会均等。应采取有效措施确保妇女在发展过程中发挥积极作用。应进行适当的经济和社会改革以根除所有的社会不公正现象。

2. 各国应鼓励民众在各个领域的参与,这是发展和充分实现所有人权的重要因素。

第 9 条

1. 本宣言规定的发展权利的所有各方面都是不可分割和相互依存的,各方面均应从整体上加以解释。

2. 本宣言的任何部分,不得作违背联合国宗旨和原则的解释,也不得暗示任何国家、集体或个人有权从事旨在侵犯《世界人权宣言》和有关人权的两项国际公约中所规定的权利的任何活动或任何行为。

第 10 条

应采取步骤以确保充分行使和逐步增进发展权利,包括拟订、通过和实施国家一级和国际一级的政策、立法、行政及其他措施。

159. 社会进步和发展宣言

(联合国大会 1969 年 12 月 11 日通过)

大会,

注意到联合国各会员国根据宪章保证采取共同的和单独的行动,与本组织合作,以促进

较高的生活水准、充分就业和经济与社会的进步和发展的条件，

重申对于人权和基本自由，以及宪章所宣布的关于和平、人的尊严与价值和社会公平的各项原则的信念。

回顾到世界人权宣言关于人权的各项国际公约、儿童权利宣言、给予殖民地国家和人民独立宣言、消除一切形式种族歧视国际公约、联合国消除一切形式种族歧视宣言、在青年中促进各国人民之间和平、互尊和了解的理想的宣言、消除对妇女歧视宣言以及联合国决议中的各项原则，

牢记在国际劳工组织、联合国粮食及农业组织、联合国教育、科学及文化组织、世界卫生组织、联合国儿童基金会以及其他有关组织的规约、公约、建议和决议为社会进步所列举的各项标准，

深信人只有在一个公正的社会秩序中才能彻底实现他的各种愿望，因此普遍促进社会和经济进步，从而为国际和平和团结作出贡献实具有极大的重要性，

深信国际和平与安全作为一个方面，社会进步与经济发展作为另一个方面，两者密切地相互依赖和相互影响，

相信社会、经济或政治制度不同国家之间的和平共处、友好关系和合作能够促进社会发展，

强调经济和社会发展在更广泛的成长和变革过程中的相互依赖性，并强调一种对其社会各方面的一切阶段都充分考虑的整体发展战略的重要性。

感到遗憾：虽经各国和国际社会作出努力，世界社会局势发展仍没有取得足够的进步，

认识到发展中国家实现其发展的主要责任在于这些国家本身，认为迫切需要缩短并从而消除经济上较先进的国家和发展中国家之间的生活水准的差距，为达该目的，各会员国应有责任采取各种旨在促进整个世界社会进步，特别是帮助发展中国家加速其经济成长的对内和对外政策，

认识到把消耗于军备上的和浪费于冲突和破坏的资源转而用于和平和社会进步工作的迫切性，

意识到科学和技术对于满足全人类的共同需要所能作出的贡献，

相信一切国家和国际组织的首要任务在于从社会生活中消除一切妨害社会进步的罪恶和障碍，特别是诸如不平等、剥削、战争、殖民主义和种族主义这类罪恶，

希望促进全体人类朝着这些目标前进和克服妨碍实现这些目标的一切障碍，

庄严公布社会进步和发展宣言，并吁请为将本宣言用作各项社会发展政策的共同基础而采取国内的和国际的行动：

第一部分　原　则

第一条

一切人民和全体人类不分种族、肤色、性别、语言、宗教、国籍、人种来源、家庭地位或社会地位、政治信念或其他信念，均应有权在尊严和自由中生活和享受社会进步的成果，而他们本身则应对此作出贡献。

第二条

社会进步和发展应建立在对人的尊严与价值的尊重上面,并应确保促进人权和社会公平,因而要求:

(甲) 立即和彻底消除一切形式的不平等、对人民和个人的剥削、殖民主义和种族主义,包括纳粹主义和种族隔离政策,以及一切违背联合国宗旨和原则的其他政策和意识形态;

(乙) 承认和有效地实行民事和政治的权利以及经济的、社会的和文化的权利而不加以任何歧视。

第三条

以下各项被认为是社会进步和发展的主要条件:

(甲) 以人民自决权为基础的民族独立;

(乙) 不干涉各国内政的原则;

(丙) 尊重各国主权和领土完整;

(丁) 每个国家对其自然财富和资源有永久的主权;

(戊) 每个国家以及每个民族和人民都有权利和责任自由决定自己的社会发展目标,确定自己的优先重点以及按照联合国宪章的原则决定其完成这些目标的方法和手段而不受任何外来干涉;

(己) 社会、经济或政治方面制度不同的各国之间的和平共处、和平、友好关系和合作。

第四条

家庭,作为社会的基本单位,并作为全体家庭成员,特别是儿童和少年的成长和幸福所需的固有环境,应得到帮助和保护,以便它可以充分承担其在社会中的各种责任。父母有自由而负责地决定其子女的数目和出生间隔的专有权。

第五条

社会进步和发展要求对人力资源的充分利用,其中特别包括:

(甲) 在开明舆论的条件下鼓励创造性的主动精神;

(乙) 传播国内和国际的情报使人们了解整个社会中所发生的变化;

(丙) 社会中的一切成员充分尊重世界人权宣言所表述的各项基本自由,单独地或通过社团积极参加确定和完成共同的发展目标;

(丁) 保证人口中处于不利地位或边缘地位的那部分人对社会和经济的进步享有平等的机会,以求实现一个有效的完整社会。

第六条

社会发展要求保证人人有工作的权利和就业的自由。

社会进步和发展要求社会一切成员参加生产性的和有益于社会的劳动,要求对土地和生产资料建立符合人权和基本自由以及符合公平和财产的社会机能等原则的所有权的形式,以排除任何种类的对人的剥削,保证一切人对财产的平等权利和创造导致人民之间真正平等的条件。

第七条

国民收入和财富的迅速扩大及其在所有社会成员之间的平等分配是所有社会进步的根本问题,并应因此而成为每个国家和政府首先关注的问题。

发展中国家为了能够增加国民收入和促进社会发展,必须通过取得优惠的贸易条件和销售它们的产品的公平而有利的价格以及其他办法来改善它们在国际贸易中的地位。

第八条

每个国家的政府的首要任务和根本的责任在于确保其人民的社会进步和福利,拟定作为全面发展规划的一部分的各种社会发展措施,鼓励、调整或集结全国的力量以达此目的,以及引导社会结构中的必要的改变。在拟定社会发展措施中,每个国家内部发展中地区和发展地区之间以及城市地区和农村地区之间需要的不同应受到适当的注意。

第九条

社会进步和发展是国际社会共同关心的事务,国际社会应以一致的国际行动补充国家提高人民生活水准的努力。

社会进步和经济增长要求承认一切国家专为和平目的并为了全人类利益而按照联合国宪章的宗旨和原则探查、保护、使用和开发在国家管辖范围之外诸如外层空间、海床、洋底及其底土等环境区域的共同利益。

第二部分 目 标

社会进步和发展的目的应在尊重与符合人权和基本自由的条件下,通过下述主要目标的实现,不断地提高所有社会成员的物质和精神生活水准:

第十条

(甲)在一切职业阶层保证人人有工作的权利以及每个人有组织工会、工人协会与参加集体谈判的权利;促进充分的生产就业以及消除失业和就业不足;为一切人建立公平和有利的工作条件,包括改善卫生和安全的条件;保证不加任何歧视地给予劳动以公正的报酬和保证一种正当而合适的生活水准所需的足够高的最低限度工资;保护消费者;

(乙)消除饥饿和营养不良以及保证获得适当营养的权利;

(丙)消除贫困;保证不断地改进生活水平和给以公平的收入分配;

(丁)实现最高卫生标准,对全体居民提供健康保护,如果可能则免费提供;

(戊)扫除文盲和保证普遍获得文化、初级免费义务教育和各级免费教育的权利;提高终身教育的一般水平;

(己)为一切人,特别是为低收入的各部分人和人口多的家庭提供足够的住房和社会服务。

社会进步和发展同样应以逐步实现下述主要目标为目的:

第十一条

(甲)提供全面的社会保障计划和社会福利事业,为所有因疾病、残废或年老而暂时或永久不能谋生的人,制定和改进社会保障和保险方案,以保证这些人和他们的家庭与家属维持适当的生活水准;

(乙)保护母亲和儿童的权利;关心儿童的抚育和健康;提供措施,保障妇女的健康和福利,特别是在怀孕期及其子女在幼年期工作的母亲和其收入是家庭生活唯一来源的母亲的健康和福利;对妇女给予孕产假和补助,并不使其失业和在工资方面受到损失;

(丙)保护儿童、老年人和残废人的权利并保证他们的福利;对在身体或精神方面处于不利状态的人提供保护;

(丁)以正义与和平和各国人民之间相互尊重与了解的理想教育青年,并在青年之中提高他们对这些理想的认识;促使青年充分参加国家发展的活动;

(戊)提供社会防卫措施并消除导致犯罪和违法行为,特别是导致青少年犯罪的条件;

(己)保证使一切个人在不受任何歧视的情况下了解他们的权利和义务,并在行使和保障他们的权利中得到必要的帮助。

社会进步和发展应进一步以完成下述主要目标为目的:

第十二条

(甲)为迅速而持续不断的经济和社会发展创造条件,特别要在各发展中国家创造这种条件;改变国际经济关系,即采取新的和有效的国际合作方法,在国际合作中应以机会均等为各国的特有的权利,一如它在一个国家内部是个人的特有的权利那样;

(乙)消除一切形式的歧视与剥削和一切违反联合国宪章的宗旨和原则的其他习惯和意识形态;

(丙)消除一切形式的外国经济剥削,特别是国际垄断组织所进行的那种经济剥削,俾使每个国家的人民能够充分享受其本国资源的利益。

社会进步和发展最后应以实现下述主要目标为目的:

第十三条

(甲)由发达国家和发展中国家公平地分享科学和技术的进步,以及为了人类社会中社会方面发展的利益而不断地增进科学和技术的利用;

(乙)在科学、技术和物质进步同人类的智力、精神、文化和道德进步之间建立和谐的平衡;

(丙)保护和改善人类环境。

第三部分 方法和手段

根据本宣言所陈述的原则,社会进步和发展的各项目标的实现,要求以国内和国际的行动来动员必要的资源,并须特别注意下述的方法和手段:

第十四条

(甲)对社会进步和发展进行规划,作为平衡的全面发展规划的一个必要组成部分;

(乙)在必要时建立为制定和实行社会政策和计划所需的国内制度,并由有关各国考虑不同区域的条件和需要,特别是同这一国家的其他地方相比处于较为不利地位或较不发达的地区的发展,来促进有计划的地区发展;

(丙)促进基本的和实用的社会研究,特别是应用于社会发展计划的规划与执行的国际比较研究。

第十五条

(甲)采取措施,保证由社会的一切成员有效地适当参加国家经济和社会发展的规划和计划的拟订和执行;

(乙) 采取措施,运用诸如国家的和区域性的社会和经济进步及社会发展规划这类方法,使居民中越来越多的人,通过本国政府机关、非政府组织、合作社、农村社团、工人和雇主组织以及妇女和青年组织参加各国的经济、社会、文化和政治生活,以期实现一个充分完整的民族社会,加速社会流动的过程和巩固民主制度;

(丙) 动员国内和国际两方面的舆论以支持社会进步和发展的原则和目标;

(丁) 在国内和国际两方面传播社会情报使人民了解整个社会的变化情况并教育消费者。

第十六条

(甲) 最大限度地动员一切国家资源并加以合理的和有效的利用;促进在社会与经济领域内增多和加速生产性投资和促进就业;确定社会发展进程的方向;

(乙) 逐渐增拨为资助发展的诸社会方面所需的必要预算资源和其他资源;

(丙) 实现国民收入的公平分配,特别是利用财政制度和政府开支作为收入的公平分配和再分配的一种工具,以促进社会进步;

(丁) 采取各种措施,防止各发展中国家的资本外流,以免这些国家的经济和社会发展受到损害。

第十七条

(甲) 采取措施,加速工业化过程,特别是加速各发展中国家工业化的过程,并适当注意这一过程的各个社会方面,以求有利于全体居民;发展一种有助于工业部门不停顿的和多样化的增长的适当的组织和法律体制;采取措施,克服由于城市发展和工业化——包括自动化——而产生的有害的社会后果;保持农村发展和城市发展之间的适当平衡,并特别在各大工业中心采取旨在保证较合乎健康的生活条件的措施;

(乙) 进行整体的规划,以求解决城市化和城市发展的各种问题;

(丙) 制订各种全面性的农村发展计划,以求提高农村居民的生活水平,并促成一种有利于平衡的国家发展和社会进步的城乡关系和人口分布;

(丁) 采取为社会的利益而适当地监督土地利用的措施。

实现社会进步和发展的各项目标同样需要采用下述的方法和手段:

第十八条

(甲) 采取适当的立法、行政和其他措施,确保每个人不仅能有政治的和民事的权利,而且也能不受任何歧视地充分实现在经济、社会和文化方面的权利;

(乙) 促进以民主为基础的社会的和制度的改革并推动为消灭一切形式的歧视和剥削所必需、有助于高速度的经济和社会发展,包括土地改革在内的变革。在土地改革中,要使土地所有权和土地的利用最好地为社会公正和经济发展的各项目标服务;

(丙) 采取措施,尤其是通过实施民主性的土地改革,提高农业生产并使之多样化,以保证足够的和良好平衡的粮食供应、保证在全体居民之中的公平的粮食分配和营养水准的改善;

(丁) 采取措施,在政府的参加下实行农村地区和城市地区造价低廉的住房计划;

(戊) 发展和扩大运输和交通系统,特别是各发展中国家的运输和交通系统。

第十九条

(甲) 对全体居民提供免费的卫生服务和人人可以利用的充足防治疾病设备及福利医疗

服务；

（乙）制定和确立立法措施和行政条例，以便执行社会保障计划与社会福利服务的全面规划和改进与调整现有服务业务；

（丙）按照国际劳工组织第97号公约和有关外来移居工人的其他国际文件的规定，为外来移居工人及其家庭采取措施和提供社会福利服务；

（丁）制定适当措施，使精神或身体残废的人特别是儿童和少年恢复正常生活，以便他们能在最大可能的程度上成为有用的社会成员——这些措施应包括提供治疗和专门用具、教育、职业指导和社会指导、训练和有选择地安置工作以及其他必须的帮助——并创造社会条件，使有缺陷的人不因其丧失劳动能力而受到歧视。

第二十条

（甲）对工会提供充分的民主自由；给予一切工人以结社的自由，包括参加集体谈判和罢工的权利，承认建立其他劳动人民组织的权利；为工会日益参与经济和社会发展作出准备；工会一切成员有效地参与决定影响其利益的各种经济和社会问题；

（乙）通过适当的技术措施和立法措施并为实行包括限制工时在内的这类措施提供物质前提，改善工人的健康和安全的条件；

（丙）为发展协调的工业关系采取适当的措施。

第二十一条

（甲）训练本国人员和干部，包括社会发展和全面发展的规划和政策所需要的管理、执行、专业和技术人员；

（乙）采取措施，加速扩大和改进普通教育、职业教育和技术教育，以及在各级均应免费提供的训练和再训练；

（丙）提高教育的一般水平；发展和扩大国内报道工具以及合理的充分使用这些工具，以继续教育全体居民和鼓励他们参加社会发展活动；建设性地利用空闲时间，特别是儿童和少年的空闲时间；

（丁）制定国内和国际的政策与措施，以避免"人才外流"和排除其不利的影响。

第二十二条

（甲）发展和调整各项旨在增强家庭作为社会基本单位的根本作用的政策和措施；

（乙）按照需要，在国家人口政策范围内制定和建立作为福利医疗服务的一部分的属于人口领域的各项计划，包括教育、人员训练和对家庭提供必要的知识和方法使他们能够行使其自由而负责地决定子女的数目和出生间隔的权利；

（丙）建立照料儿童的适当设施以有利于儿童和工作的父母。

实现社会进步和发展的各项目标最后需要采用下述的方法和手段：

第二十三条

（甲）在联合国发展政策内为各发展中国家确定足够高的经济增长率指标，以导致这些国家的增长率有实质性的加速提高；

（乙）提供条件较优的更大援助；执行以经济上先进的各国国民总产值按市场价格计算的百分之一为最低限度的援助量指标；通过低利率贷款和宽期限偿还贷款的办法，普遍放宽对发展中国家贷款的条件，并保证这种贷款严格地根据社会经济标准进行分配而不带有任何政治考虑；

（丙）在尽可能最充分的程度上和优惠的条件下提供双边的和多边的技术、财政与物质援助并对国际援助予以进一步的调整，以求实现国家发展计划的各项社会目标；

（丁）对各发展中国家提供技术、财政与物质的援助和便于这些国家直接开发其本国资源与自然财富的有利条件，俾使这些国家的人民能够充分地从其本国资源中获得利益；

（戊）扩大基于平等和无歧视的原则的国际贸易；用公平的贸易条件纠正发展中国家的国际贸易地位；为发展中国家对发达国家的输出建立一种普遍的、非互惠的和无歧视的特惠待遇制度；缔结和执行普遍的和广泛的商品协定；由国际机构对合理的缓冲储备提供资助。

第二十四条

（甲）加强国际合作以求保证有关社会进步和发展的情报、知识和经验的国际交换；

（乙）经济与社会制度不同和发展水平相异的各国在互利和严格遵守与尊重国家主权的基础上进行尽可能最广泛的技术、科学与文化的国际合作和经验的相互利用；

（丙）为社会和经济的发展而增加对科学和技术的利用；为向发展中国家传送和交换包括专门技能和专利权在内的技术作出安排。

第二十五条

（甲）在国内和国际方面制定保护和改善人类环境的法律措施和管理措施；

（乙）按照适当的国际制度，并在对发展中国家的利益和需要予以特殊考虑的情况下，在不论其地理位置如何的每一个国家中，为求补充可用于实现经济、社会进步和发展的国家资源，来利用和开发国家管辖范围之外的诸如外层空间、海床、洋底及其底土这类环境区域的资源。

第二十六条

对各种由于侵略和侵略者非法占领领土而造成的不论是属于社会性质或经济性质的损失予以补偿，包括归还和赔偿。

第二十七条

（甲）实现全面彻底裁军并引导逐步腾出的资源用于经济社会进步，为世界各地的人民谋求福利和特别为发展中国家谋求利益；

（乙）采取有助于裁军的措施，特别是包括彻底禁止核武器试验，禁止试制、生产和储存化学和细菌（生物）武器以及防止核废弃物污染海洋和内陆水域等措施。

160. 世界消灭饥饿和营养不良宣言

（联合国大会 1974 年 11 月 16 日通过）

认识到：

（a）现在贻害发展中各国人民的严重粮食危机——世界上饥饿和营养不良的人，多数在发展中国家,这些国家的人口合计占世界人口的三分之二强,而其生产的粮食约为世界产量的三分之一,而且这个差距在今后十年内大有加大的可能——不但是充满了严重的经济和社会问题,并且尖锐地威胁到人权宣言中所崇奉的关系生存权利和人类尊严的最根本的原则和价值;

(b) 消除饥饿和营养不良——这是联合国社会进步和发展宣言内规定的目标之一——和消除这种境况的根本原因,是所有国家的共同目标;

(c) 使人民陷于饥饿和营养不良的境况是由历史条件造成的,特别是由社会不平等造成,这些历史条件在很多情况下包括外来统治和殖民统治、外国占领、种族歧视、种族隔离和形形色色的新殖民主义,这一切仍然是发展中国家和所有有关人民的彻底解放和进步的最大障碍;

(d) 近年来由于世界经济发生了一连串的危机,例如:国际货币制度的败坏,进口费用的激增,许多发展中国家的国际收支受到外债的沉重负担,部分由于人口压力而导致的粮食需求的提高,投机及基本农业投入物的缺乏和涨价等,因而使境况更加严重;

(e) 这些现象应该在现在进行的有关各国经济权利和义务宪章的谈判范畴内审议,并应敦促联合国大会一致同意通过一项宪章,作为在平等和公正原则基础上建立新的国际经济关系的有效手段;

(f) 所有国家不论大小贫富,一律平等。所有国家都有充分的权利,参加有关粮食问题的决定;

(g) 全世界人民的幸福主要须靠粮食的充足生产和分配以及世界粮食安全系统的建立,借此保证随时随地粮食能有充分供应,粮价维持合理水平,不受不时发生的涨落以及变幻莫测的气候的影响,也没有政治和经济压力,这样,除了别的以外,还会加速发展中国家的发展过程;

(h) 和平与正义的经济一面,可以帮助解决世界经济问题,彻底消除发展落后,使所有人民的粮食问题得到持久的彻底解决,保证各国都有自由而有效地执行其发展方案的权利。要做到这一点,必须消除使用武力的威胁和武力的使用,促进各国间的和平合作达到最大可能的程度,实行不干涉别国内政、权利的完全平等、尊重国家的独立和主权等原则,以及不论其政治、经济和社会制度,鼓励所有国家间的和平合作。国际关系的进一步改善,可以为各方面的国际合作创造较好的条件,使大量资金和物资,除其他外,用于发展农业生产和显著地增进世界粮食安全;

(i) 如果要持久地解决粮食问题,必须作出一切努力,消除目前在发达国家同发展中国家之间的愈来愈大的差距,并建立一个新的国际经济秩序。所有的国家都应能积极地、有效地参加新的国际经济关系,建立适当的国际体制,斟酌情况采取适当行动,以便在国际经济合作方面建立公平合理的关系;

(j) 发展中国家重申它们的信念,确保它们自己的迅速发展的基本责任落在它们自己身上。因之,它们声明它们愿意继续加紧它们个别的和集体的努力,以扩展它们彼此在农业发展和粮食生产方面的合作,包括消除饥饿和营养不良在内;

(k) 许多发展中国家,由于种种原因,还不能在任何时候都满足它们的粮食需要,因此必须紧急采取有效的国际行动,向它们提供援助,不附任何政治压力。依照联合国大会第六届特别会议通过的建立一个新的国际经济秩序的宣言和行动纲领的目的和目标。

世界粮食会议因此庄严宣告：

1. 男女老幼人人都有不挨饿和不受营养不良之害的不可剥夺的权利，借以充分发展他们的身心能力。今日社会已经具有充分的资源、组织能力及技术，所以有能力达到这个目的。因此，消除饥饿是国际社会中所有国家的共同责任，特别是发达国家及力能相助的其他国家的责任。

2. 各国政府负有根本责任，来同心协力提高粮食生产，在各国之间及各国以内促成更公平、更有效的粮食分配。各国政府，对于易受害及低收入人群的长期营养不良的种种病患，应该立刻展开更大力的总攻击。为了保证所有人的适当营养，各国政府应在其经济—社会及农业发展的通盘计划中制订适当的粮食和营养政策，要以现有及潜在粮食资源的正确估计为依据。在这方面应根据人奶的营养价值强调其重要性。

3. 为经济社会发展制订和执行国家计划和方案时应注意粮食问题，并应突出这个问题的人道方面。

4. 每个有关国家都负有责任，依照其主权判断及国内立法去消除粮食生产的种种障碍，对农业生产者给予适当的鼓励。要完成这些目标，首要之举是采取有效的社经改造措施，即土地、赋税、信贷和投资政策的改革，以及农村体制的改组，例如在发展中国家中实行所有权条件的改革，生产和消费合作社的提倡，男女人力资源潜力的充分动员，以促进综合农村发展，同时还要动员小农、渔民及无地农工，借以达成所需要的粮食生产和就业指标。此外还必须承认许多国家内妇女在农业生产和农村经济中所起的重要作用，因此应保证妇女与男子平等享受适当的教育、推广的方案及财政设施。

5. 海洋和内陆水利资源，作为粮食及经济繁荣的来源，现已取得了空前的重要性。因此应当采取行动来促进合理利用这些资源，最好是供人类直接享用，从而对满足全人类粮食需要作出贡献。

6. 对于增加粮食生产的努力，必须辅以防止浪费各种粮食的措施。

7. 为了推动发展中国家，特别是其中最不发达和受影响最严重国家的粮食生产，必须由发达国家及力能相助的其他国家紧急采取有效的国际措施，在双边及多边安排之下，向它们提供更大量的技术和财政援助，条件要宽厚，数量要足够满足它们的需要。这种援助不得附有与受援国的主权不符的条件。

8. 所有国家，主要是高度工业化国家，应该促进粮食生产技术的进步，并作出一切努力，为了发展中国家的利益，促进粮食生产技术的转让、变通、应用和传播，并为此目的向发展中国家的政府和科学机关传播它们科技研究的成果，使它们能够促成持续的农业发展。

9. 为保证用于或可用于粮食生产的自然资源的妥善养护，所有国家必须通力合作，以保全环境，包括海洋环境。

10. 所有的发达国家以及有能力的其他国家，应与发展中国家在技术上及财政上进行合作，来协助它们为了农业生产而扩展水土资源的努力，并保证以合理价格向它们迅速增加供应农业投入物，例如肥料和其他化学品、高品质种子、信贷和技术。在这方面，发展中国家彼此之间的合作亦甚重要。

11. 所有国家应当竭尽全力，斟酌情况调整它们的农业政策，把粮食生产列为优先事项，并在这方面认识到世界粮食问题与国际贸易之间的相互关系。发达国家在决定对于国内粮食生产的农田支持方案的态度时,应当尽可能考虑到出口粮食的发展中国家的利益,以免对它们的出口造成不利后果。此外,所有国家应当合作共同订出有效步骤,在适当情况下通过国际安排,来处理稳定世界市场和促进公平的、有利的价格问题,用减低或取消对发展中国家有利益关系的产品所加的关税和非关税壁垒的办法来增加进入市场机会,使它们的出口收入大量增加,它们的出口多样化,并在多边贸易谈判中对它们适用《东京宣言》中所协议的包括非互惠和优厚待遇概念的各项原则。

12. 整个国际社会既负有共同责任,保证基本粮食随时随地都能通过适当的储备、包括紧急储备、得到充分供应,所有国家应当进行合作,通过下列途径,成立一个有效的世界粮食安全体制:

参加和支持全球粮农情报和早期警报系统的作业;

遵守世界粮食会议所核准提议的世界粮食安全国际约定的目标、政策和准则;

依照提议的世界粮食安全国际约定中的规定,在可能时指定存货或资金以应付国际紧急粮食需要,并订出协调和利用这类储备的国际准则;

合作提供粮食援助,以满足紧急需要和营养需要,同时通过发展计划来刺激农村就业。

所有援助国应接受和实施粮食援助抢先规划的概念,并应作出一切努力,提供商品及(或)财政援助,以保证获得足量的谷物和其他食物商品。

时间迫切,采取紧急而持久的行动十分重要。因此,粮食会议促请所有的人民个别地和通过他们的政府和非政府组织,表示出他们的意愿,共同努力,来消灭由来已久的饥饿灾祸。

世界粮食会议申明:

与会各国决心充分利用联合国系统,来执行本宣言及会议通过的其他决定。

161. 利用科学和技术进展以促进和平并造福人类宣言

(联合国大会 1975 年 11 月 10 日通过)

大会,

注意到科学和技术进展已成为人类社会的发展的最重要因素之一,

考虑到科学和技术进展虽然使各国和各国人民生活条件的改善机会日增,但在某些情况下,也能够引起社会问题,威胁个人的人权和基本自由,

关切地注意到科学和技术的成就可以用来加紧军备竞赛,镇压民族解放运动,剥夺个人和人民的人权利和基本自由,

又关切地注意到科学和技术的成就可以侵犯个人或团体的公民权利和政治权利,并可侵犯人类尊严,

注意到迫切需要充分利用科学和技术进展以造福人类,并消除某些科学和技术成就在目前和未来可能引起的有害后果,

认识到科学和技术进展对加速发展中国家社会和经济发展极为重要，

认识到科学和技术的转让是加速发展中国家的经济发展的主要方法之一，

重申人民享有自决权利，以及在科学和技术进展的情况中，有尊重人权和自由及人身尊严的需要，

期望促进构成联合国宪章、世界人权宣言、关于人权的各项国际公约、给予殖民地国家和人民独立宣言、各国按照联合国宪章建立友好关系和合作的国际法原则宣言、社会进步和发展宣言和各国经济权利和义务宪章的基础的各项原则的实现，

庄严宣告：

1. 所有国家应按照联合国宪章促进国际合作，以确保科学和技术发展的成就用于加强国际和平与安全、自由与独立，并用于各国人民的经济和社会的发展以及实现人权和自由。

2. 所有国家应采取适当措施，防止利用，特别是防止国家机构利用科学和技术发展来限制或妨碍个人享有世界人权宣言、关于人权的各项国际公约和其他有关国际文书中规定的人权和基本自由。

3. 所有国家应采取措施，以确保科学和技术的成就用于满足所有各界人民的物质和精神需要。

4. 所有国家应避免采取利用科学和技术的成就以侵犯其他国家主权和领土完整、干涉他国内政、发动侵略战争、镇压民族解放运动、或推行种族歧视政策的任何行动。这些行动不仅悍然违反联合国宪章和国际法各项原则，并且不可容忍地歪曲了将科学和技术发展导向造福人类的宗旨。

5. 所有国家应在建立、加强和发展各发展中国家的科学和技术能力方面提供合作，以谋加速实现这些国家人民的社会和经济权利。

6. 所有国家应采取措施，使所有阶层的人民都得到科学和技术的利益，并使他们在社会和物质方面免受科学和技术的进展因使用不当而可能产生的不良影响，包括因使用不当而侵害个人或团体的权利，特别是在尊重私人生活和保护人格和身心健全的方面。

7. 所有国家应采取必要措施，包括立法措施在内，以确保利用科学和技术的成就来促进人权和基本自由的最充分实现，不得有任何基本种族、性别、语言和宗教信仰的歧视。

8. 所有国家应采取有效措施，包括立法措施在内，以预防并禁止利用科学和技术的成就以侵害人权和基本自由以及人身尊严。

9. 所有国家应在必要时，采取行动，以保证在科学和技术进展的情况下，有关保障人权和自由的立法获得遵守。

162. 人民享有和平权利宣言

（联合国大会 1984 年 11 月 12 日通过）

大会，

重申联合国的主要宗旨是维持国际和平与安全，

念及《联合国宪章》所提出的国际法基本原则，

表达了各国人民从人类生活中铲除战争、首先是避免世界性核浩劫的意志和愿望，

深信没有战争的生活是促进各国物质福利、发展和进步，并充分实现联合国宣布的各种权利和人类基本自由的首要国际先决条件，

认识到在核时代里建立地球上的持久和平是人类文明得以保存和人类得以生存的首要条件，

确认维持各国人民的和平生活是每个国家神圣至上的职责，

1. 庄严宣布全球人民均有享受和平的神圣权利；

2. 庄严宣告维护各国人民享有和平的权利和促进实现这种权利是每个国家的根本义务；

3. 强调如要保证各国人民行使和平权利，各国的政策务必以消除战争，尤其是核战争威胁，放弃在国际关系中使用武力，以及根据《联合国宪章》以和平方式解决国际争端为其目标；

4. 吁请各国和各国际组织在国家和国际一级均采取适当措施，尽最大力量协助实现人民享有和平权利。

163. 世界人类基因组与人权宣言

（联合国大会1998年12月9日通过）

大会，

遵循《联合国宪章》、《世界人权宣言》、国际人权盟约以及其他有关人权的国际文书所载的宗旨和原则，

回顾人权委员会关于人权与生命伦理学的1993年3月10日第1993/91号和1997年4月16日第1997/71号决议，

回顾根据《世界人权宣言》，确认人类大家庭所有成员的固有尊严及其平等和不可剥夺的权利，乃是世界自由、正义与和平的基础，

意识到生命科学的迅速发展以及其中某些应用对人类的尊严和个人的权利和自由所产生的伦理问题，

谋求在尊重基本人权和人人获益的情况下促进生物学和遗传学的科技进步，

强调在这方面必须进行国际合作，以便使全人类均能享受生命科学的成果，防止利用生命科学做其他有害于人类的用途，

回顾联合国教育、科学及文化组织大会第二十九届会议于1997年11月11日通过的《世界人类基因组与人权宣言》和实施该宣言的决议，

认识到在联合国教育、科学及文化组织的范围内实施《世界人类基因组与人权宣言》的进程的重要性，

确信必须在国家和国际计划中发展生命伦理学,

核可联合国教育、科学及文化组织大会于1997年11月11日通过的《世界人类基因组与人权宣言》。

164. 世界文化多样性宣言

(联合国大会2001年11月2日通过)

大会,

重视充分实现《世界人权宣言》和其他普遍认同的文件中宣布的人权与基本自由,例如有关公民权利和政治权利及有关经济、社会与文化权利的两项国际盟约。

忆及教科文组织《组织法》序言确认"……文化之广泛传播以及为争取正义、自由与和平对人类进行之教育为维护人类尊严不可缺少的举措,亦为一切国家关切互助之精神,必须履行之神圣义务",

还忆及《组织法》第一条特别规定教科文组织的其中一项宗旨是,建议"订立必要之国际协定,以便于运用文字与图像促进思想之自由交流",

参照教科文组织颁布的国际文件中涉及文化多样性和行使文化权利的各项条款①,

重申应把文化视为某个社会或某个社会群体特有的精神与物质,智力与情感方面的不同特点之总和;除了文学和艺术外,文化还包括生活方式、共处的方式、价值观体系、传统和信仰②,

注意到文化是当代就特性、社会凝聚力和以知识为基础的经济发展问题展开的辩论的焦点,

确认在相互信任和理解氛围下,尊重文化多样性、宽容、对话及合作是国际和平与安全的最佳保障之一,

希望在承认文化多样性、认识到人类是一个统一的整体和发展文化间交流的基础上开展更广泛的团结互助,

认为尽管受到新的信息和传播技术的迅速发展积极推动的全球化进程对文化多样性是一种挑战,但也为各种文化和文明之间进行新的对话创造了条件,

认识到教科文组织在联合国系统中担负着保护和促进丰富的文化多样性的特殊职责,

宣布下述原则并通过本宣言:

---

① 其中特别是1950年《佛罗伦萨协定》及其1976年《内罗毕议定书》、1952年《世界版权公约》、1966年《国际文化合作原则宣言》、1970年《关于禁止和防止非法进出口文化财产和非法转让其所有权的方法的公约》、1972年《保护世界文化和自然遗产公约》、1978年教科文组织《种族与种族偏见问题宣言》、1980年《关于艺术家地位的建议》和1989年《关于保护传统和大众文化的建议》。

② 这一定义与世界文化政策会议(1982年,墨西哥城)、世界文化与发展委员会(我们的创造性多样化,1995年)和文化政策促进发展政府间会议(1998年,斯德哥尔摩)的结论是一致的。

特性、多样性和多元化

第 1 条 文化多样性——人类的共同遗产

文化在不同的时代和不同的地方具有各种不同的表现形式。这种多样性的具体表现是构成人类的各群体和各社会的特性所具有的独特性和多样化。文化多样性是交流、革新和创作的源泉,对人类来讲就像生物多样性对维持生物平衡那样必不可少,从这个意义上讲,文化多样性是人类的共同遗产,应当从当代人和子孙后代的利益考虑予以承认和肯定。

第 2 条 从文化多样性到文化多元化

在日益走向多样化的当今社会中,必须确保属于多元的、不同的和发展的文化特性的个人和群体的和睦关系和共处。主张所有公民融入和参与的政策是增强社会凝聚力、民间社会活力及维护和平的可靠保障。因此,这种文化多元化是与文化多样性这一客观现实相应的一套政策。文化多元化与民主制度密不可分,它有利于文化交流和能够充实公众生活的创作能力的发挥。

第 3 条 文化多样性——发展的因素

文化多样性增加了每个人的选择机会;它是发展的源泉之一,它不仅是促进经济增长的因素,而且还是享有令人满意的智力、情感、道德精神生活的手段。

文化多样性与人权

第 4 条 人权——文化多样性的保障

捍卫文化多样性是伦理方面的迫切需要,与尊重人的尊严是密不可分的。它要求人们必须尊重人权和基本自由,特别是尊重少数人群体和土著人民的各种权利,任何人不得以文化多样性为由,损害受国际法保护的人权或限制其范围。

第 5 条 文化权利——文化多样性的有利条件

文化权利是人权的一个组成部分,它们是一致的、不可分割的和相互依存的。富有创造力的多样性的发展要求充分地实现《世界人权宣言》第 27 条和《经济、社会、文化权利国际盟约》第 13 条和第 15 条所规定的文化权利。因此,每个人都应当能够用其选择的语言,特别是用自己的母语来表达自己的思想、进行创作和传播自己的作品;每个人都有权接受充分尊重其文化特性的优质教育和培训;每个人都应当能够参加其选择的文化生活和从事自己所特有的文化活动,但必须在尊重人权和基本自由的范围内。

第 6 条 促进面向所有人的文化多样性

在保障思想通过文字和图像的自由交流的同时,务必使所有的文化都能表现自己和宣传自己的言论自由、传媒的多元化、语言多元化、平等享有各种艺术表现形式、科学和技术知识——包括数码知识——以及所有文化都有利用表达和传播手段的机会等,均是文化多样性的可靠保证。

文化多样性与创作

第 7 条文化遗产——创作的源泉

每项创作都来源于有关的文化传统,但也在同其他文化传统的交流中得到充分的发展。因此,各种形式的文化遗产都应当作为人类的经历和期望的见证得到保护、开发利用和代代相传,以支持各种创作和建立各种文化之间的真正对话。

第 8 条文化物品和文化服务——不同一般的商品

面对目前为创作和革新开辟了广阔前景的经济和技术的发展变化,应当特别注意创作意愿的多样性,公正地考虑作者和艺术家的权利,以及文化物品和文化服务的特殊性,因为它们体现的是特性、价值观和观念,不应被视为一般的商品或消费品。

第 9 条文化政策——推动创作的积极因素

文化政策应当在确保思想和作品的自由交流的情况下,利用那些有能力在地方和世界一级发挥其作用的文化产业,创造有利于生产和传播文化物品和文化服务的条件。每个国家都应在遵守其国际义务的前提下,制订本国的文化政策,并采取其认为最为合适的行动方法,即不管是在行动上给予支持还是制订必要的规章制度,来实施这一政策。

文化多样性与国际团结

第 10 条增强世界范围的创作和传播能力

面对目前世界上文化物品的流通和交换所存在的失衡现象,必须加强国际合作和国际团结,使所有国家,尤其是发展中国家和转型期国家能够开办一些有活力、在本国和国际上都具有竞争力的文化产业。

第 11 条建立政府、私营部门和民间社会之间的合作伙伴关系

单靠市场的作用是作不到保护和促进文化多样性这一可持续发展之保证的。为此,必须重申政府的政策与私营部门和民间社会合作具有首要作用。

第 12 条教科文组织的作用

教科文组织根据其职责和职能,应当:

(a) 促进各政府间机构在制订发展方面的战略时考虑本宣言中陈述的原则;

(b) 充任各国、各政府组织和国际非政府组织、民间社会及私营部门之间为共同确定文化多样性的概念、目标和政策,所需要的联系和协商机构;

(c) 继续在其与本宣言有关的各主管领域中开展制定准则的行动、提高认识和培养能力的行动;

(d) 为实施其主要方针附于本宣言之后的行动计划提供便利。

XI 国籍、无国籍状态、庇护和难民相关文件

165. 关于难民地位的公约

(联合国大会 1951 年 7 月 28 日通过)

序　　言

缔约各方,

考虑到联合国宪章和联合国大会于 1948 年 12 月 10 日通过的世界人权宣言确认人人享有基本权利和自由不受歧视的原则,

考虑到联合国在各种场合表示过它对难民的深切关怀,并且竭力保证难民可以最广泛地行使此项基本权利和自由,

考虑到通过一项新的协定来修正和综合过去关于难民地位的国际协定并扩大此项文件的范围及其所给予的保护是符合愿望的,

考虑到庇护权的给予可能使某些国家负荷过分的重担,并且考虑到联合国已经认识到这一问题的国际范围和性质,因此,如果没有国际合作,就不能对此问题达成满意的解决,

表示希望凡认识到难民问题的社会和人道性质的一切国家,将尽一切努力不使这一问题成为国家之间紧张的原因,

注意到联合国难民事务高级专员对于规定保护难民的国际公约负有监督的任务,并认识到为处理这一问题所采取措施的有效协调,将依赖于各国和高级专员的合作,

兹议定如下:

第一章　一般规定

第一条　"难民"一词的定义

(一) 本公约所用"难民"一词适用于下列任何人:

(甲) 根据 1926 年 5 月 12 日和 1928 年 6 月 30 日的协议或根据 1933 年 10 月 28 日和 1938 年 2 月 10 日的公约以及 1939 年 9 月 14 日的议定书,或国际难民组织约章被认为难民的人;

国际难民组织在其执行职务期间所作关于不合格的决定,不妨碍对符合于本款(乙)项条件的人给予难民的地位。

(乙) 由于 1951 年 1 月 1 日以前发生的事情并因有正当理由畏惧由于种族、宗教、国籍、属于某一社会团体或具有某种政治见解的原因留在其本国之外,并且由于此项畏惧而不能或不愿受该国保护的人;或者不具有国籍并由于上述事情留在他以前经常居住国家以外而现在不能或者由于上述畏惧不愿返回该国的人。

对于具有不止一国国籍的人,"本国"一词是指他有国籍的每一国家。如果没有实在可

以发生畏惧的正当理由而不受他国籍所属国家之一的保护时,不得认其缺乏本国的保护。

(二)(甲)本公约第一条第(一)款所用"1951 年 1 月 1 日以前发生的事情"一语,应了解为:(子)"1951 年 1 月 1 日以前在欧洲发生的事情";或者(丑)"1951 年 1 月 1 日以前在欧洲或其他地方发生的事情";缔约各国应于签字、批准、或加入时声明为了承担本公约的义务,这一用语应作何解释。

(乙)已经采取上述(子)解释的任何缔约国,可以随时向联合国秘书长提出通知,采取(丑)解释以扩大其义务。

(三)如有下列各项情况,本公约应停止适用于上述(甲)款所列的任何人:

(甲)该人已自动接受其本国的保护;或者

(乙)该人于丧失国籍后,又自动重新取得国籍;或者

(丙)该人已取得新的国籍,并享受其新国籍国家的保护;或者

(丁)该人已在过去由于畏受迫害而离去或躲开的国家内自动定居下来;或者

(戊)该人由于被认为是难民所依据的情况不复存在而不能继续拒绝受其本国的保护;

但本项不适用于本条第(一)款(甲)项所列的难民,如果他可以援引由于过去曾受迫害的重大理由以拒绝受其本国的保护;

(己)该人本无国籍,由于被认为是难民所依据的情况不复存在而可以回到其以前经常居住的国家内;

但本项不适用于本条第(一)款(甲)项所列的难民,如果他可以援引由于过去曾受迫害的重大理由以拒绝受其以前经常居住国家的保护。

(四)本公约不适用于目前从联合国难民事务高级专员以外的联合国机关或机构获得保护或援助的人。

当上述保护或援助由于任何原因停止而这些人的地位还没有根据联合国大会所通过的有关决议明确解决时,他们应在事实上享受本公约的利益。

(五)本公约不适用于被其居住地国家主管当局认为具有附着于该国国籍的权利和义务的人。

(六)本公约规定不适用于存在着重大理由以足以认为有下列情事的任何人:

(甲)该人犯了国际文件中已作出规定的破坏和平罪、战争罪、或危害人类罪;

(乙)该人在以难民身份进入避难国以前,曾在避难国以外犯过严重政治罪行;

(丙)该人曾有违反联合国宗旨和原则的行为并经认为有罪。

第二条 一般义务

一切难民对其所在国负有责任,此项责任特别要求他们遵守该国的法律和规章以及为维持公共秩序而采取的措施。

第三条 不受歧视

缔约各国应对难民不分种族、宗教、或国籍,适用本公约的规定。

第四条 宗教

缔约各国对在其领土内的难民,关于举行宗教仪式的自由以及对其子女施加宗教教育的自由方面,应至少给予其本国国民所获得的待遇。

第五条　与本公约无关的权利

本公约任何规定不得认为妨碍一个缔约国并非由于本公约而给予难民的权利和利益。

第六条　"在同样情况下"一词的意义

本公约所用"在同样情况下"一词意味着凡是个别的人如果不是难民为了享受有关的权利所必须要具备的任何要件(包括关于旅居或居住的期间和条件的要件),但按照要件的性质,难民不可能具备者,则不在此例。

第七条　相互条件的免除

(一)除本公约载有更有利的规定外,缔约国应给予难民以一般外国人所获得的待遇。

(二)一切难民在居住期满三年以后,应在缔约各国领土内享受立法上相互条件的免除。

(三)缔约各国应继续给予难民在本公约对该国生效之日他们无需在相互条件下已经有权享受的权利和利益。

(四)缔约各国对无需在相互条件下给予难民根据第(二)、(三)两款他们有权享受以外的权利和利益,以及对不具备第(二)、(三)两款所规定条件的难民亦免除相互条件的可能性,应给予有利的考虑。

(五)第(二)、(三)两款的规定对本公约第十三、十八、十九、二十一和二十二条所指权利和利益,以及本公约并未规定的权利和利益,均予适用。

第八条　特殊措施的免除

关于对一外国国民的人身、财产、或利益所得采取的特殊措施,缔约各国不得对形式上为该外国国民的难民仅仅因其所属国籍而对其适用此项措施。缔约各国如根据其国内法不能适用本条所表示的一般原则,应在适当的情况下,对此项难民给予免除的优惠。

第九条　临时措施

本公约的任何规定并不妨碍一缔约国在战时或其他严重和特殊情况下对个别的人在该缔约国断定该人确为难民以前,并且认为有必要为了国家安全的利益应对该人继续采取措施时,对他临时采取该国所认为对其国家安全是迫切需要的措施。

第十条　继续居住

(一)难民如在第二次世界大战时被强制放逐并移至缔约一国的领土并在其内居住,这种强制留居的时期应被认为在该领土内合法居住期间以内。

(二)难民如在第二次世界大战时被强制逐出缔约一国的领土,而在本公约生效之日以前返回该国准备定居,则在强制放逐以前和以后的居住时期,为了符合于继续居住这一要求的任何目的,应被认为是一个未经中断的期间。

第十一条　避难海员

对于在悬挂缔约一国国旗的船上正常服务的难民,该国对于他们在其领土内定居以及发给他们旅行证件或者暂时接纳他们到该国领土内,特别是为了便利他们在另一国家定居的目的,均应给予同情的考虑。

第二章 法律上地位

第十二条 个人身份

（一）难民的个人身份，应受其住所地国家的法律支配，如无住所，则受其居住地国家的法律支配。

（二）难民以前由于个人身份而取得的权利，特别是关于婚姻的权利，应受到缔约一国的尊重，如必要时应遵守该国法律所要求的仪式，但以如果他不是难民该有关的权利亦被该国法律承认者为限。

第十三条 动产和不动产

缔约各国在动产和不动产的取得及与此有关的其他权利，以及关于动产和不动产的租赁和其他契约方面，应给予难民尽可能优惠的待遇，无论如何，此项待遇不得低于同样情况下给予一般外国人的待遇。

第十四条 艺术权利和工业财产

关于工业财产的保护，例如发明、设计或模型、商标、商号名称，以及对文学、艺术和科学作品的权利，难民在其经常居住的国家内，应给以该国国民所享有的同样保护。他在任何其他缔约国领土内，应给以他经常居住国家的国民所享有的同样保护。

第十五条 结社的权利

关于非政治性和非营利性的社团以及同业公会组织，缔约各国对合法居留在其领土内的难民，应给以一个外国的国民在同样情况下所享有的最惠国待遇。

第十六条 向法院申诉的权利

（一）难民有权自由向所有缔约各国领土内的法院申诉。

（二）难民在其经营居住的缔约国内，就向法院申诉的事项，包括诉讼救助和免予提供诉讼担保在内，应享有与本国国民相同的待遇。

（三）难民在其经常居住的国家以外的其他国家内，就第（二）款所述事项，应给以他经常居住国家的国民所享有的待遇。

第三章 有利可图的职业活动

第十七条 以工资受偿的雇佣

（一）缔约各国对合法在其领土内居留的难民，就从事工作以换取工资的权利方面，应给以在同样情况下一个外国国民所享有的最惠国待遇。

（二）无论如何，对外国人施加的限制措施或者为了保护国内劳动力市场而对雇佣外国人施加限制的措施，均不得适用于在本公约对有关缔约国生效之日已免除此项措施的难民，亦不适用于具备下列条件之一的难民：

（甲）已在该国居住满三年；

（乙）其配偶具有居住国的国籍，但如难民已与其配偶离异，则不得援引本项规定的利益；

（丙）其子女一人或数人具有居住国的国籍。

（三）关于以工资受偿的雇佣问题，缔约各国对于使一切难民的权利相同于本国国民的权利方面，应给予同情的考虑，特别是对根据招工计划或移民入境办法进入其领土的难民的此项权利。

第十八条 自营职业

缔约各国对合法在其领土内的难民，就其自己的经营农业、工业、手工业、商业以及设立工商业公司方面，应给以尽可能优惠的待遇，无论如何，此项待遇不得低于一般外国人在同样情况下所享有的待遇。

第十九条 自由职业

（一）缔约各国对合法居留于其领土内的难民，凡持有该国主管当局所承认的文凭并愿意从事自由职业者，应给以尽可能优惠的待遇，无论如何，此项待遇不得低于一般外国人在同样情况下所享有的待遇。

（二）缔约各国对在其本土以外而由其负责国际关系的领土内的难民，应在符合其法律和宪法的情况下，尽极大努力使这些难民定居下来。

第四章 福　　利

第二十条 定额供应

如果存在着定额供应制度，而这一制度是适用于一般居民并调整着缺销产品的总分配，难民应给以本国国民所享有的同样待遇。

第二十一条 房屋

缔约各国对合法居留于其领土内的难民，就房屋问题方面，如果该问题是由法律或规章调整或者受公共当局管制，应给以尽可能优惠的待遇，无论如何，此项待遇不得低于一般外国人在同样情况下所享有的待遇。

第二十二条 公共教育

（一）缔约各国应给予难民凡本国国民在初等教育方面所享有的同样待遇。

（二）缔约各国就初等教育以外的教育，特别是就获得研究学术的机会，承认外国学校的证书、文凭和学位、减免学费以及发给奖学金方面，应对难民给以尽可能优惠的待遇，无论如何，此项待遇不得低于一般外国人在同样情况下所享有的待遇。

第二十三条 公共救济

缔约各国对合法居住在其领土内的难民，就公共救济和援助方面，应以凡其本国国民所享有的同样待遇。

第二十四条 劳动立法和社会安全

（一）缔约各国对合法居留在其领土内的难民，就下列各事项，应给以本国国民所享有的同样待遇。

（甲）报酬：包括家庭津贴——如此种津贴构成报酬一部分的话，工作时间，加班办法，假日工资，对带回家去工作的限制，雇佣最低年龄，学徒和训练，女工和童工，享受共同交涉的利益，如果这些事项由法律或规章规定，或者受行政当局管制的话；

(乙) 社会安全(关于雇佣中所受损害、职业病、生育、疾病、残废、年老、死亡、失业、家庭负担或根据国家法律或规章包括在社会安全计划之内的任何其他事故的法律规定),但受以下规定的限制:

(子) 对维持既得权利和正在取得的权利可能作出适当安排;

(丑) 居住地国的法律或规章可能对全部由公共基金支付利益金或利益金的一部分或对不符合于为发给正常退职金所规定资助条件的人必给津贴,制订特别安排。

(二) 难民由于雇佣中所受损害或职业病死亡而获得的补偿权利,不因受益人居住地在缔约国领土以外而受影响。

(三) 缔约各国之间所缔结或在将来可能缔结的协定,凡涉及社会安全既得权利或正在取得的权利,缔约各国应以此项协定所产生的利益给予难民,但以符合对有关协定各签字国国民适用的条件者为限。

(四) 缔约各国对以缔约国和非缔约国之间随时可能生效的类似协定所产生的利益尽量给予难民一事,将予以同情的考虑。

第五章 行政措施

第二十五条 行政协助

(一) 如果难民行使一项权利时正常地需要一个对他不能援助的外国当局的协助,则难民居住地的缔约国应安排由该国自己当局或由一个国际当局给予此项协助。

(二) 第(一)款所述当局应将正常地应由难民的本国当局或通过其本国当局给予外国人的文件或证明书给予难民,或者使这种文件或证明书在其监督下给予难民。

(三) 如此发给的文件或证书应代替由难民的本国当局或通过其本国当局发给难民的正式文件,并应在没有相反证据的情况下给予证明的效力。

(四) 除对贫苦的人可能给予特殊的待遇外,对上述服务可以征收费用,但此项费用应有限度,并相当于为类似服务向本国国民征收的费用。

(五) 本条各项规定对第二十七条和第二十八条并不妨碍。

第二十六条 行动自由

缔约各国对合法在其领土内的难民,应给予选择其居住地和在其领土内自由行动的权利,但应受对一般外国人在同样情况下适用的规章的限制。

第二十七条 身份证件

缔约各国对在其领土内不持有有效旅行证件的任何难民,应发给身份证件。

第二十八条 旅行证件

(一) 缔约各国对合法在其领土内居留的难民,除因国家安全或公共秩序的重大原因应另作考虑外,应发给旅行证件,以凭在其领土以外旅行。本公约附件的规定应适用于上述证件。缔约各国可以发给在其领土内的任何其他难民上述旅行证件。缔约各国特别对于在其领土内而不能向其合法居住地国家取得旅行证件的难民发给上述旅行证件一事,应给予同情的考虑。

(二) 根据以前国际协定由此项缔约各方发给难民的旅行证件,缔约各方应予承认,并应当作根据本条发给旅行证件同样看待。

第二十九条　财政征收

（一）缔约各国不得对难民征收其向本国国民在类似情况下征收以外的或较高于向其本国国民在类似情况下征收的任何种类捐税或费用。

（二）前款规定并不妨碍对难民适用关于向外国人发给行政文件包括旅行证件在内的法律和规章。

第三十条　资产的移转

（一）缔约国应在符合于其法律和规章的情况下，准许难民将其携入该国领土内的资产，移转到难民为重新定居目的而已被准许入境的另一国家。

（二）如果难民声请移转不论在何地方的并在另一国家重新定居所需要的财产，而且该另一国家已准其入境，则缔约国对其声请应给予同情的考虑。

第三十一条　非法留在避难国的难民

（一）缔约各国对于直接来自生命或自由受到第一条所指威胁的领土未经许可而进入或逗留于该国领土的难民，不得因该难民的非法入境或逗留而加以刑罚，但以该难民毫不迟延地自行投向当局说明其非法入境或逗留的正当原因者为限。

（二）缔约各国对上述难民的行动，不得加以除必要以外的限制，此项限制只能于难民在该国的地位正常化或难民获得另一国入境准许以前适用。缔约各国应给予上述难民一个合理的期间以及一切必要的便利，以便获得另一国入境的许可。

第三十二条　驱逐出境

（一）缔约各国除因国家安全或公共秩序理由外，不得将合法在其领土内的难民驱逐出境。

（二）驱逐难民出境只能以按照合法程序作出的判决为根据。除因国家安全的重大理由要求另作考虑外，应准许难民提出有利于其自己的证据，向主管当局或向由主管当局特别指定的人员申诉或者为此目的委托代表向上述当局或人员申诉。

（三）缔约各国应给予上述难民一个合理的期间，以便取得合法进入另一国家的许可。缔约各国保留在这期间内适用它们所认为必要的内部措施的权利。

第三十三条　禁止驱逐或送回（"推回"）

（一）任何缔约国不得以任何方式将难民驱逐或送回（"推回"）至其生命或自由因为他的种族、宗教、国籍、参加某一社会团体或具有某种政治见解而受威胁的领土边界。

（二）但如有正当理由认为难民足以危害所在国的安全，或者难民已被确定判决认为犯过特别严重罪行从而构成对该国社会的危险，则该难民不得要求本条规定的利益。

第三十四条　入籍

缔约各国应尽可能便利难民的入籍和同化。它们应特别尽力加速办理入籍程序，并尽可能减低此项程序的费用。

第六章 执行和过渡规定

第三十五条 国家当局同联合国的合作

一、缔约各国保证同联合国难民事务高级专员办事处或继承该国办事处的联合国任何其他机关在其执行职务时进行合作，并应特别使其在监督适用本公约规定而行使职务时获得便利。

二、为了使高级专员办事处或继承该办事处的联合国任何其他机关向联合国主管机关作出报告，缔约各国保证于此项机关请求时，向它们在适当形式下提供关于下列事项的情报和统计资料：

（甲）难民的情况，

（乙）本公约的执行，以及

（丙）现行有效或日后可能生效的涉及难民的法律、规章和法令。

第三十六条 关于国内立法的情报

缔约各国应向联合国秘书长送交它们可能采用为保证执行本公约的法律和规章。

第三十七条 对以前公约的关系

在不妨碍本公约第二十八条第（二）款的情况下，本公约在缔约各国之间代替1922年7月5日、1924年5月31日、1926年5月12日、1928年6月30日以及1935年7月30日的协议，1933年10月28日和1938年2月10日的公约，1939年9月14日议定书和1946年10月15日的协定。

第七章 最后条款

第三十八条 争端的解决

本公约缔约国间关于公约解释或执行的争端，如不能以其他方法解决，应依争端任何一方当事国的请求，提交国际法院。

第三十九条 签字、批准和加入

（一）本公约应于1951年7月28日在日内瓦开放签字，此后交存联合国秘书长。本公约将自1951年7月28日至8月31日止在联合国驻欧办事处开放签字，并将自1951年9月17日至1952年12月31日止在联合国总部重新开放签字。

（二）本公约将对联合国所有会员国，并对应邀出席难民和无国籍人地位全权代表会议或由联合国大会致送签字邀请的任何其他国家开放签字。本公约应经批准，批准书交存联合国秘书长。

（三）本公约将自1951年7月28日起对本条第（二）款所指国家开放任凭加入。加入经向联合国秘书长交存加入书后生效。

第四十条 领土适用条款

（一）任何一国得于签字、批准或加入时声明本公约将适用于由其负责国际关系的一切或任何领土。此项声明将于公约对该有关国家生效时发生效力。

（二）此后任何时候，这种适用于领土的任何声明应用通知书送达联合国秘书长，并将从联合国秘书长收到此项通知之日后第九十天起或者从公约对该国生效之日发生效力，以发生在后之日期为准。

（三）关于在签字、批准或加入时本公约不适用的领土，各有关国家应考虑采取必要步骤的可能，以便将本公约扩大适用到此项领土，但以此项领土的政府因宪法上需要已同意者为限。

第四十一条　联邦条款

对于联邦或非单一政体的国家，应适用下述规定：

（一）就本公约中属于联邦立法当局的立法管辖范围内的条款而言，联邦政府的义务应在此限度内与非联邦国家的缔约国相同；

（二）关于本公约中属于邦、省或县的立法管辖范围内的条款，如根据联邦的宪法制度，此项邦、省或县不一定要采取立法行动的话，联邦政府应尽早将此项条款附具赞同的建议，提请此项邦、省或县的主管当局注意；

（三）作为本公约缔约国的联邦国家，如经联合国秘书长转达任何其他缔约国的请求时，应就联邦及其构成各单位有关本公约任何个别规定的法律和实践，提供一项声明，说明此项规定已经立法或其他行动予以实现的程度。

第四十二条　保留

（一）任何国家在签字、批准、或加入时，可以对公约第一、三、四、十六（一）、三十三以及三十六至四十六（包括首尾两条在内）各条以外的规定作出保留。

（二）依本条第（一）款作出保留的任何国家可以随时通知联合国秘书长撤回保留。

第四十三条　生效

（一）本公约于第六件批准书或加入书交存之日后第九十天生效。

（二）对于在第六件批准书或加入交存后批准或加入本公约的各国，本公约将于该国交存其批准书或加入书之日后第九十天生效。

第四十四条　退出

（一）任何缔约国可以随时通知联合国秘书长退出本公约。

（二）上述退出将于联合国秘书长收到退出通知之日起一年后对该有关缔约国生效。

（三）依第四十条作出声明或通知的任何国家可以在此以后随时通知联合国秘书长，声明公约将于秘书长收到通知之日后一年停止扩大适用于此项领土。

第四十五条　修改

（一）任何缔约国可以随时通知联合国秘书长，请求修改本公约。

（二）联合国大会应建议对于上述请求所应采取的步骤，如果有这种步骤的话。

第四十六条　联合国秘书长的通知

联合国秘书长应将下列事项通知联合国所有会员国以及第三十九条所述非会员国：

（一）根据第一条第（二）款所作声明和通知；

（二）根据第三十九条签字、批准和加入；

（三）根据第四十条所作声明和通知；

（四）根据第四十二条声明保留和撤回；

（五）根据第四十三条本公约生效的日期；

（六）根据第四十四条声明退出和通知；

（七）根据第四十五条请求修改。

下列签署人经正式授权各自代表本国政府在本公约签字，以昭信守。

1951年7月28日订于日内瓦，计一份，其英文本和法文本有同等效力，应交存于联合国档案库，其经证明为真实无误的副本应交给联合国所有会员国以及第三十九条所述非会员国。

166. 关于难民地位的议定书

(该议定书经联合国经社理事会在1966年11月18日第1186(XLI)号决议赞同地加以注意，并经联合国大会在1966年12月16日第2198(XXI)号决议里加以注意。联合国大会在该项决议书里要求秘书长将这个议定书的文本转递给该议定书第五条所述各国，以使它们能加入议定书)

本议定书缔约各国，

考虑到1951年7月28日订于日内瓦的关于难民地位的公约（以下简称"公约"）仅适用于由于1951年1月1日以前发生的事情而变成难民的人，

考虑到自通过公约以来，发生了新的难民情况，因此，有关的难民可能不属于公约的范围，

考虑到公约定义范围内的一切难民应享有同等的地位而不论1951年1月1日这个期限，是合乎愿望的，

兹议定如下：

第一条　一般规定

（一）本议定书缔约各国承担对符合下述定义的难民适用公约第二至三十四（包括首尾两条在内）各条的规定。

（二）为本议定书的目的，除关于本条第三款的适用外，"难民"一词是指公约第一条定义范围内的任何人，但该第一条第（一）款（乙）项内"由于1951年1月1日以前发生的事情并……"等字和"……由于上述事情"等字视同已经删去。

（三）本议定书应由各缔约国执行，不受任何地理上的限制，但已成为公约缔约国的国家按公约第一条第（二）款（甲）项（子）目所作的现有声明，除已按公约第一条第（二）款（乙）项予以扩大者外，亦应在本协定下适用。

第二条　各国当局同联合国的合作

（一）本议定书缔约各国保证同联合国难民事务高级专员办事处或继承该办事处的联合国任何其他机关在其执行职务时进行合作，并应特别使其在监督适用本议定书规定而行使职务时获得便利。

（二）为了使高级专员办事处或继承该办事处的联合国任何其他机关向联合国主管机关作出报告，本议定书缔约各国保证于此项机关请求时，向它们在适当形式下提供关于下列事项的情报和统计资料：

（甲）难民的情况，

（乙）本议定书的执行，以及

（丙）现行有效或日后可能生效的涉及难民的法律、规章和法令。

第三条　关于国内立法的情报

本议定书缔约各国应向联合国秘书长送交它们可能采用为保证执行本议定书的法律和规章。

第四条　争端的解决

本议定书缔约国间关于议定书解释或执行的争端，如不能以其他方法解决，应依争端任何一方当事国的请求，提交国际法院。

第五条　加入

本议定书应对公约全体缔约国、联合国任何其他会员国、任何专门机构成员和由联合国大会致送加入邀请的国家开放任凭加入。加入经向联合国秘书长交存加入书后生效。

第六条　联邦条款

对于联邦或非单一政体的国家，应适用下述规定：

（一）就公约内应按本议定书第一条第（一）款实施而属于联邦立法当局的立法管辖范围内的条款而言，联邦政府的义务应在此限度内与非联邦国家的缔约国相同；

（二）关于公约内应按本议定书第一条第（一）款实施而属于邦、省或县的立法管辖范围内的条款，如根据联邦的宪法制度，此项邦、省或县不一定要采取立法行动的话，联邦政府应尽早将此项条款附具赞同的建议，提请此项邦、省或县的主管当局注意；

（三）作为本议定书缔约国的联邦国家，如经联合国秘书长转达任何其他缔约国的请求时，应就联邦及其构成各单位有关公约任何个别规定的法律和实践，提供一项声明，说明此项规定已经立法或其他行动予以实现的程度。

第七条　保留和声明

（一）任何国家在加入时，可以对本议定书第四条及对按照本议定书第一条实施公约第一、三、四、十六（一）及三十三各条以外的规定作出保留，但就公约缔约国而言，按照本条规定作出的保留，不得推及于公约所适用的难民。

（二）公约缔约国按照公约第四十二条作出的保留，除非已经撤回，应对其在本议定书下所负的义务适用。

（三）按照本条第（一）款作出保留的任何国家可以随时通知联合国秘书长撤回保留。

（四）加入本议定书的公约缔约国按照公约第四十条第（一）、（二）款作出的声明，应视为对本议定书适用，除非有关缔约国在加入时向联合国秘书长作出相反的通知。关于公约第四十条第（二）、（三）款及第四十四条第（三）款，本议定书应视为准用其规定。

第八条　生效

（一）本议定书于第六件加入书交存之日生效。

（二）对于在第六件加入书交存后加入本议定书的各国，本议定书将于该国交存其加入书之日生效。

第九条 退出

(一) 本议定书任何缔约国可以随时通知联合国秘书长退出本议定书。

(二) 上述退出将于联合国秘书长收到退出通知之日起一年后对该有关缔约国生效。

第十条 联合国秘书长的通知

联合国秘书长将本议定书生效的日期、加入的国家、对本议定书的保留和撤回保留、退出本议定书的国家以及有关的声明和通知书通知上述第五条所述各国。

第十一条 交存联合国秘书处档案库

本议定书的中文本、英文本、法文本、俄文本和西班牙文本都具有同等效力,其经联合国大会主席及联合国秘书长签字的正本应交存于联合国秘书处档案库。秘书长应将本议定书的正式副本转递给联合国全体会员国及上述第五条所述的其他国家。

167. 关于难民和移民的纽约宣言

(联合国大会 2016 年 9 月 19 日通过)

大会,

通过解决难民和移民大规模流动问题高级别全体会议的成果文件如下:

关于难民和移民的纽约宣言

我们,各国国家元首和政府首脑及高级代表,于 2016 年 9 月 19 日在纽约联合国总部开会,讨论难民和移民大规模流动问题,通过以下政治宣言。

一、导 言

1. 自古以来,人类就一直在流动。有些人流动是为了寻找新的经济机会和新天地;另些人流动是为了逃离武装冲突、贫困、粮食无保障、迫害、恐怖主义或侵犯和践踏人权行径;还有一些人是因为气候变化、自然灾害(其中有些可能与气候变化有关)或其他环境因素的不利影响。事实上,许多人流动是出于上述多种原因。

2. 我们今天审议了国际社会应如何最好地应对难民和移民大规模流动这一愈演愈烈的全球现象。

3. 我们在当今世界正目睹着前所未有的人员流动。在非出生地国家生活的人超过以往任何时候。全世界所有国家都有移民存在,其中大多数人得以顺利流动。2015 年,移民人数超过 2.44 亿,其增长速度超过世界人口增长。然而,有大约 6500 万人被迫流离失所,其中包括 2100 多万难民、300 万寻求庇护者和 4000 多万境内流离失所者。

4. 一年前,我们通过了《2030年可持续发展议程》。① 这表示我们清楚地认识到移民为包容型增长和可持续发展作出的积极贡献。这种贡献使我们的世界变得更加美好。安全、有序和正常移民带来巨大的惠益和机会,但常被低估。另一方面,大量被迫流离失所者和非正常移民往往构成错综复杂的挑战。

5. 我们重申《联合国宪章》的宗旨和原则。我们也重申《世界人权宣言》,②并回顾国际人权核心条约。我们重申并将充分保护所有难民和移民的人权,无论其移民身份如何;所有人都是权利持有人。我们的应对举措将显示我们对国际法和国际人权法以及适用的国际难民法和国际人道主义法的充分尊重。

6. 虽然难民和移民的待遇另有法律框架规定,但他们享有同样的普世人权和基本自由。他们也面对许多共同的挑战,存在类似的弱势,包括在大规模流动过程中。"大规模流动"可被理解为反映了若干考虑因素,包括:涌来的人数;经济、社会和地理环境;接收国的应对能力;突如其来或旷日持久的流动的影响。该词语并不包括诸如移民从一个国家到另一个国家的正常流动。"大规模流动"可涉及难民或移民的混合流动。他们流动的原因不同,但所走的路线可能相似。

7. 难民和移民大规模流动问题具有政治、经济、社会、发展、人道主义和人权方面的跨界影响。这些都是全球现象,需要全球对策和全球解决办法。没有一个国家能够独自管控这种流动。邻国或过境国尤受影响,其中大多数是发展中国家。这些国家多已不堪重负,影响其自身的社会经济凝聚力和发展。此外,久拖不决的难民危机如今已司空见惯,对难民本人以及对收容国和收容社区都造成长期影响。为了帮助收容国和收容社区,需要加强国际合作。

8. 我们对世界各地数百万因自身无法控制的原因而被迫背井离乡的移民及其家庭成员深表同情和声援。

9. 大规模流动的难民和移民往往面临走投无路的困境。许多人冒着巨大风险,踏上危险旅途,其中许多人可能无法生还。一些人感到不得不雇用偷运者等犯罪团伙的服务,另一些人可能陷入这类团伙的魔掌,或成为贩运的牺牲品。即便他们到达目的地,也不知会得到怎样的对待,不知会有怎样的未来。

10. 我们决心拯救生命。我们的挑战首先是道义和人道主义的挑战。同样,我们决心找到长期和可持续的解决办法。我们将用手中掌握的一切手段,消除身处弱势的无数难民和移民遭受的虐待和剥削。

11. 我们承认,以人道、敏感、同情和以人为中心的方式管理难民和移民大规模流动问题是大家共同的责任。我们将为此开展国际合作,同时认识到应对这种流动的能力和资源各有差异。国际合作,特别是来源国或国籍国、过境国和目的地国之间的合作,比以往任何时候都重要。这方面的"共赢"合作对人类有着巨大惠益。国家必须对难民和移民大规模流动提供符合国际法义务的全面政策支持、援助和保护。我们还回顾,我们有义务充分尊重他们的人权和基本自由,并强调他们需要安全和有尊严地生活。我们保证支持当今受影响的人们和今后参与大规模流动的人们。

12. 我们决心着手解决造成难民和移民大规模流动的根本原因,包括为此加强努力,开

---

① 第70/1号决议。
② 第217A(Ⅲ)号决议。

展预防外交,及早预防危机局势的发生。我们还将为此预防并和平解决冲突,进一步协调人道主义、发展和建设和平的努力,促进国家和国际一级的法治,保护人权。同样,我们将着手解决贫困、不稳定、边缘化和排斥以及缺乏发展和经济机会造成的流动,特别注意最弱势的民众。我们将与来源国合作,加强它们的能力。

13. 人人生而自由,在尊严和权利上一律平等。每个人在法律面前的人格在任何地方都有权得到承认。我们回顾,我们根据国际法承担的义务禁止基于种族、肤色、性别、语言、宗教、政治或其他见解、国籍或社会出身、财产、出生和其他身份的任何形式歧视。然而,我们在世界许多地方却目睹越来越多的针对难民和移民的仇外心理和种族主义,令人非常关切。

14. 我们强烈谴责对难民和移民的种族主义、种族歧视、仇外心理和相关不容忍言行以及对他们常持有的成见,包括基于宗教或信仰的成见。多样化使每个社会更加丰富多彩,并有助于社会凝聚力。对难民或移民妖魔化严重违背我们所承诺的人人享有尊严和平等的价值观。联合国是这些普世价值的诞生地和守护者,我们今天聚集在此,谴责所有这些仇外心理、种族歧视和不容忍表现。我们将采取各种步骤,制止这种态度和行为,特别是仇恨罪、仇恨言论和种族暴力行为。我们欢迎秘书长提议的打击仇外心理全球运动。我们将按照国际法,与联合国和相关利益攸关方合作,开展这场运动。这场运动将特别强调收容社区与难民和移民之间直接的人际接触,并将突出宣传难民和移民作出的积极贡献以及我们人类的共性。

15. 我们邀请私营部门和民间社会,包括难民和移民组织,参加多利益攸关方联盟,支持努力落实我们今天作出的承诺。

16. 我们在《2030年可持续发展议程》中,保证"决不让任何一个人掉队"。我们宣布,我们希望看到所有国家、所有人民和所有社会阶层都实现可持续发展目标及其具体目标。我们还表示,我们将首先尽力帮助落在最后面的人。今天,我们重申我们对移民或难民具体需求的承诺。《2030年议程》除其他外明确表明,我们将促进有序、安全、正常和负责的移民和人口流动,包括执行合理规划和管理完善的移民政策。《议程》明确认识到难民、境内流离失所者和移民的需要。

17. 执行《2030年可持续发展议程》的所有有关规定将有助于巩固移民正在对可持续发展作出的积极贡献,同时将解决被迫流离失所的许多根源问题,帮助在来源国创造更为有利的条件。我们在《2030年议程》通过一年后的今天聚集一起开会,决心充分实现该议程对难民和移民具有的潜在意义。

18. 我们回顾《2015—2030年仙台减少灾害风险框架》③及其关于减少灾害风险措施的建议。已经签署和批准关于气候变化的《巴黎协定》④的国家欢迎该协定并承诺予以执行。我们重申《第三次发展筹资问题国际会议亚的斯亚贝巴行动议程》⑤,包括其中适用于难民和移民的规定。

19. 我们注意到秘书长根据2015年12月22日大会第70/539号决定为准备本次高级别

---

③ 第69/283号决议,附件二。
④ 见 FCCC/CP/2015/10/Add.1,第1/CP.21号决定,附件。
⑤ 第69/313号决议,附件。

会议编写的题为"有安全和尊严:处理大规模难民和移民流动问题"的报告。⑥ 我们注意到下列会议,并认识到这些会议没有政府间商定的成果,或者属区域范围:2016年5月23日和24日在土耳其伊斯坦布尔举行的世界人道主义峰会、联合国难民事务高级专员公署2016年3月30日召开的叙利亚难民接纳途径责任分担问题高级别会议、2016年2月4日在伦敦举行的"援助叙利亚和该区域"会议和2015年10月21日在布鲁塞尔举行的索马里难民捐助会议。我们注意到下列区域举措,并认识到它们属区域性质,只适用于参与国:关于打击偷渡、贩运人口及相关跨国犯罪问题的巴厘进程、欧洲联盟—非洲之角移民路线倡议和非洲联盟—非洲之角关于打击贩运人口和偷运移民的倡议(喀土穆进程)、拉巴特进程、瓦莱塔行动计划以及巴西宣言和行动计划。

20. 我们认识到境内流离失所的人数极为庞大,而且这些人有可能作为难民或移民在其他国家寻求保护和援助。我们注意到需要思考有效战略以确保境内流离失所者获得充分保护和援助,并预防和减少这种流离失所。

承诺

21. 今天,我们核可了对难民和移民都适用的一系列承诺以及分别对难民和移民适用的一系列承诺。我们在这样做时考虑到各国不同的实际情况、能力和发展程度,并尊重各国的政策和优先事项。我们重申对国际法的承诺,并强调本宣言及其附件的执行方式应符合国际法赋予各国的权利和义务。有些承诺主要适用于某一群体,或许也可适用于另一群体。此外,虽然这些承诺均以我们今天所审议的大规模流动情况为背景,但其中许多承诺也可能适用于正常移民情况。本宣言附件一载有难民问题全面响应框架,并概述了在2018年制定难民问题全球契约前的各个步骤。附件二说明了在2018年制定安全、有序和正常移民全球契约前的各个步骤。

二、对难民和移民的承诺

22. 我们强调必须统筹处理所涉问题,将确保本着以人为中心、敏感、人道、有尊严、促进性别平等的宗旨迅速接收所有抵达本国的人员,特别是大规模流动的人员,无论难民还是移民。我们还将确保充分尊重和保护他们的人权和基本自由。

23. 我们认识到并将按照国际法规定的义务解决与大规模流动的难民和移民一起跋涉的所有处境脆弱者的特殊需要,包括处境危险的妇女;儿童(特别是孤身儿童或与家人失散的儿童);族裔和宗教少数群体成员;暴力受害者;老年人;残疾人;因种种原因受歧视的人;土著人民;人口贩运受害者;偷运移民活动中遭受剥削和虐待的受害者。

24. 我们认识到,各国有权利也有责任管理和控制本国边境,因此我们将遵守国际人权法和国际难民法等国际法规定的适用义务,实施边境控制程序。我们将在边境控制和管理方面促进国际合作,将此作为国家安全的一个重要因素,包括与打击跨国有组织犯罪、恐怖主义和非法贸易有关的问题。我们将确保在边境地区工作的公职人员和执法人员得到培训,使其尊重所有跨越或试图跨越国际边境者的人权。我们将加强国际边境管理合作,包括培训和交流最佳做法方面的合作。我们将强化这方面的支持,酌情帮助建设能力。我们重申,根据不

---

⑥ A/70/59。

推回原则,不得在边境将人推回。我们还承认,在遵守这些义务和原则的同时,各国有权采取措施,防止非正常过境行为。

25. 我们将努力收集关于难民和移民大规模流动的准确信息。我们还将采取措施,正确识别他们的国籍以及流动原因。我们将采取措施,确定那些以难民身份寻求国际保护的人。

26. 我们将继续保护所有过境者和抵达者的人权和基本自由。我们强调,那些在途中遭受身心折磨的人们抵达后的迫切需要必须立即予以满足,不得有歧视,也不论他们的法律地位或移民身份或交通工具为何。为此,我们将考虑应要求为接收大量难民和移民的国家提供适当支助,帮助它们建设能力。

27. 我们决心解决不安全流动问题,特别是非正常流动。我们在这样做时将不妨碍寻求庇护的权利。对于许多难民和移民遭受的剥削、虐待和歧视,我们将予以打击。

28. 我们对许多人在途中丧生深感关切,赞扬已为援救海上落难者作出的努力。我们承诺加强国际合作,加强搜救机制。我们还将致力于更好地提供关于海上受困人员和船只准确位置的数据。此外,我们将加强对危险或偏僻路线沿岸援救工作的支持。我们将首先提请注意使用此类路线的风险。

29. 我们认识到妇女和儿童在来源国至抵达国途中特别易受伤害,包括可能遭受歧视和剥削以及性、身、心三方面的摧残、暴力、贩运和当代形式奴役,将采取步骤加以解决。

30. 我们鼓励各国克服移民和流动人口以及难民和受危机影响的民众在艾滋病毒方面的脆弱性,满足他们在保健方面的具体需要,采取步骤减少污名化、歧视和暴力,并审查因艾滋病毒而限制入境的政策,以取消这类因艾滋病毒而限制人们和将他们推回的做法,帮助他们获得预防和治疗艾滋病毒以及护理和支持服务。

31. 我们将确保对难民和移民大规模流动问题采取的措施具有性别视角,促进性别平等,增强所有妇女和女童的权能,并充分尊重和保护妇女和女童的人权。我们将竭尽全力打击性暴力和性别暴力,提供性和生殖保健服务。我们将应对针对难民和移民妇女和女童的多重而交叉的歧视。与此同时,我们认识到难民和移民社区中的妇女所作的显著贡献和发挥的领导作用,因此将努力确保她们充分、平等和有效参与制定地方解决方案和开拓机会的工作。我们将考虑妇女、女童、男童和男子不同的需要、脆弱之处和能力。

32. 我们将保护所有难民和移民儿童的人权和基本自由,无论其身份如何,并将始终首先考虑儿童的最佳利益。这一点尤其适用于孤身儿童与家人失散的儿童;我们将把他们交给相关国家保护儿童机构和其他有关当局照料。我们将履行根据《儿童权利公约》[7]承担的义务,努力提供基本的保健、教育和心理社会发展,并登记在境内出生的所有人。我们决心确保所有儿童在抵达若干月后就能入学,并将为此优先提供预算,包括酌情支持收容国。我们将努力为难民和移民儿童提供有利环境,使他们充分实现自己的权利和发挥自己的能力。

33. 我们重申,所有跨越或试图跨越国际边境的人都有权在其法律身份、入境和居留问题处于评估时享有正当程序;因此,我们将考虑审查将跨境流动定为犯罪的政策。我们还将寻求以其他方式替代在评估期间予以拘留的做法。此外,我们认识到,为确定移民身份而予以拘留很少符合儿童的最佳利益。我们将只在万不得已的情况下才使用这种措施,而且安排

---

[7] 联合国,《条约汇编》,第 1577 卷,第 27531 号。

在限制最少的场所,尽量缩短时间,给予能尊重他们人权的条件,并在方式方法上首先考虑儿童的最佳利益,同时我们将努力结束这种做法。

34. 我们重申《联合国打击跨国有组织犯罪公约》及其两个有关议定书的重要性⑧,因此鼓励批准、加入和执行关于预防和打击贩运人口和偷运移民的有关国际文书。

35. 我们认识到,大规模流动的难民和移民面临被贩运和强迫劳动的风险更大。我们将充分尊重国际法规定的义务,大力打击贩运人口和偷运移民的活动,以期消除这种现象,包括为此采取针对性措施,查明贩运人口的受害者或有此风险的人。我们将为贩运人口活动受害者提供帮助。我们将努力在流离失所者中防范贩运人口活动。

36. 为了打击和取缔所涉犯罪网络,我们将审查国家立法,确保遵守关于偷运移民、贩运人口和海上安全的国际法规定的义务。我们将执行《联合国打击贩运人口行为全球行动计划》,⑨酌情制订或更新打击贩运人口活动的国家和区域政策。我们注意到《非洲联盟非洲之角关于贩运人口和偷运移民的倡议》、《东南亚国家联盟打击贩运人口特别是妇女和儿童行为的行动计划》、《2012—2016 年欧洲联盟取缔贩运人口活动战略》和《西半球打击贩运人口工作计划》等区域举措。我们欢迎来源国、过境国和目的地国在区域和双边基础上加强防范贩运人口和偷运移民以及起诉贩运者和偷运者方面的技术合作。

37. 我们赞同解决难民和移民大规模流动的推动因素和根本原因,包括被迫流离失所和持久未决的危机。这种做法将减少脆弱性,消除贫困,改善自力更生和应对能力,确保强化人道主义与发展之间的联系,并改善与建设和平工作之间的协调。这将要求在联合和公正的需求评估基础上,根据轻重缓急采取协调的对策,并要求各机构任务相互配合。

38. 我们将采取措施,在双边、区域和国际合作的基础上,提供足够、灵活、可预测和一贯的人道主义资助,使收容国和收容社区既能应对眼前的人道主义需求,又能应对长期发展的需要。需要解决人道主义资金缺口,酌情考虑增加资源。我们期待会员国、联合国机构和其他行为体之间以及联合国与世界银行等国际金融机构之间酌情在这方面密切合作。我们希望看到创新筹资策略,为受影响的社区进行风险融资,并采取降低管理成本、提高透明度、更多使用国家救助人员、扩大现金援助的使用、减少重叠、增加与受惠者的联系、减少专用资金和统一报告等其他增效手段,确保更有效地使用现有资源。

39. 我们承诺打击我们社会中存在的对难民和移民的仇外心理、种族主义和歧视。我们将采取措施,酌情改善难民和移民的安置和融入,特别是在获得教育、保健、司法服务和语言培训方面。我们认识到,这些措施将减少边缘化和激进化的风险。国家将与相关民间社会组织(包括信仰组织)、私营部门、雇主组织和工人组织以及其他利益攸关方一起酌情制订有关安置和融入的政策。我们也指出,难民和移民有义务遵守收容国的法律法规。

40. 我们认识到改善数据收集工作的重要性,特别是改善国家当局的数据收集工作,将为此加强国际合作,包括通过能力建设、资金支持和技术援助等渠道进行合作。这种数据应按性别和年龄分类,并包括以下信息:正常和非正常流动、移民和难民流动的经济影响、人口贩运活动、难民、移民和收容社区的需要以及其他问题。我们将依照适用的数据保护国家立法及适用的保护隐私国际义务开展这方面的工作。

---

⑧ 同上,第 2225、2237 和 2241 卷,第 39574 号。

⑨ 第 64/293 号决议。

三、对移民的承诺

41. 我们承诺在任何时候都保护所有移民的安全、尊严、人权和基本自由,不论其移民身份如何。我们将相互密切合作,促进并确保安全、有序和正常移民,包括回返和重新接纳,同时考虑各国的立法。

42. 我们承诺按照有关国际法保障移民国外的群体的权利,保护他们的利益,并给予援助,包括通过领事保护、援助与合作等途径。我们重申,人人都有权离开任何国家,包括自己的祖国,并有权回返自己的祖国。与此同时,我们回顾,每个国家都有决定让谁入境的主权权利,同时应遵循自身的国际义务。我们还回顾,各国必须在按照国家法律确认国籍后重新接纳回返的国民,并确保妥善接收他们,不无故拖延。我们将采取措施,让移民了解抵达和住留过境国、目的地国和回返国的各个流程。

43. 我们承诺处理造成或加剧大规模流动的推动因素。我们将分析来源国等地方造成或助长大规模流动的因素,并采取对策。我们将开展合作,创造条件,使社区和个人能够在自己的家园过着安宁和富足的生活。移民应该是自主选择,而非迫不得已。我们将采取措施,尤其是采取措施执行《2030 年可持续发展议程》,其目标包括消除极端贫困和不平等;重振可持续发展全球伙伴关系;在国际人权和法治的基础上创建和平、包容的社会;为平衡、可持续和包容的经济增长和就业创造条件;防止环境退化;确保有效应对自然灾害和气候变化的不利影响。

44. 我们认识到,缺乏教育机会往往是促使移民的一个因素,尤其对年轻人而言;因此,我们承诺加强来源国的能力,包括教育机构的能力。我们还承诺改善来源国的就业机会,特别是年轻人的就业机会。我们还承认移民对来源国人力资本的影响。

45. 我们将考虑审查我们的移民政策,检查可能存在的并非有意的不良后果。

46. 我们还认识到,国际移民是一个多层面的现实情况,对来源国、过境国和目的地国的发展关系重大,需要采取一致和全面的对策。移民可以对收容社会的经济和社会发展以及对创造全球财富作出积极而深远的贡献。他们可有助于因应收容社会的人口结构趋势,解决劳动力短缺问题和其他难题,同时为收容社会的经济带来新的技能和活力。我们承认移民对来源国的发展惠益,包括海外侨民参与经济发展和重建。我们将致力于减少劳动力流动的成本,促进劳力输出国和接收国之间合乎道德的招聘政策和做法。我们将促进收发移民汇款的双方国家更快、更便宜和更安全地完成收付工作,包括降低交易成本,便利侨民与其来源国之间的互动。我们希望在《2030 年可持续发展议程》执行进程中,这些贡献能得到更广泛的认可和加强。

47. 我们将确保有关移民的各方面工作纳入全球、区域和国家的可持续发展计划以及人道主义、建设和平、人权政策和方案。

48. 我们吁请尚未批准或加入《保护所有移徙工人及其家庭成员权利国际公约》⑩的国家考虑这样做。我们还吁请尚未加入国际劳工组织相关公约的国家酌情考虑加入。此外,我们指出,移民享有国际法各种条款规定的权利和保护。

---

⑩ 联合国,《条约汇编》,第 2220 卷,第 39481 号。

49. 我们承诺加强移民问题全球治理。因此,我们热忱支持并欢迎目前已达成协定,将国际移民组织这一被其成员国视为全球移民问题牵头机构的组织以联合国联系组织的身份,与联合国建立法律和工作上的进一步联系。⑪ 我们期待这一协定的落实。这将有助于更全面地援助和保护移民,帮助各国解决移民问题,并促进移民和有关政策领域之间的进一步协调。

50. 我们将酌情与有关国家当局合作,根据需要公正地援助正在经受冲突和自然灾害的国家境内的移民。我们注意到危机国家移民倡议以及南森倡议所产生的在灾害和气候变化情况下保护跨境流离失所者议程,并认识到并非所有国家都参加了这两个倡议。

51. 我们表示注意到全球移民小组为制定关于保护处境脆弱移民人权的原则和实际指南而开展的工作。

52. 我们将考虑针对处境脆弱(尤其是孤身和失散儿童)但没有资格作为难民获得国际保护的移民和可能需要援助的移民待遇问题制定符合国际法的无约束性指导原则和自愿准则。在制定这些指导原则和准则时,将利用国家主导的进程,由所有相关利益攸关方参与,并征求负责国际移民与发展问题秘书长特别代表、国际移民组织、联合国人权事务高级专员办事处、联合国难民事务高级专员公署和联合国系统其他相关实体的意见。这些将补充保护和协助移民的国家努力。

53. 我们欢迎一些国家愿意对不符合难民资格但因自己国家的条件而无法回返的移民提供暂时保护。

54. 我们将按照国际法,在现有的双边、区域和全球合作和伙伴关系机制基础上,根据《2030年可持续发展议程》,为移民提供便利。我们将为此加强来源国、过境国和目的地国(包括通过区域协商进程)、国际组织、国际红十字与红新月运动、区域经济组织和地方政府部门之间以及与相关私营部门招聘人员和雇主、工会、民间社会、移民和侨民团体之间的相互合作。我们认识到身处接收移民第一线的地方当局的特殊需要。

55. 我们确认联合国系统内包括国际移民与发展问题第一次和第二次高级别对话在国际移民与发展问题方面取得的进展。我们将支持加强移民问题全球和区域对话,并深化合作,特别是交流最佳做法,互相学习,制定国家或区域举措。在这方面,我们注意到全球移民与发展论坛的宝贵贡献,并承认移民与发展多利益攸关方对话的重要性。

56. 我们申明,不应因儿童本人或其父母的移民身份而对儿童定罪或采取惩罚措施。

57. 我们将考虑促进安全、有序、正常移民的机会,酌情包括创造就业以及所有技能水平的劳动力流动、循环移民、家庭团聚和教育方面的机会。我们将特别关注适用的移民工最低劳工标准,不论其移民身份如何,并关注招聘以及与移民有关的其他费用、汇款流动、技能和知识转移、为年轻人创造就业机会等方面。

58. 我们大力鼓励来源国或国籍国、过境国、目的地国和其他有关国家开展合作,确保按照所有国家的国际义务,并考虑符合国际法的国内立法,允许在目的地国无居留许可的移民安全、有序、有尊严地回返来源国或国籍国,最好是自愿回返。我们指出,回返和重新接纳方面的合作是在移民问题上开展国际合作的重要组成部分。这种合作将包括确保妥善识别身

---

⑪ 第70/296号决议,附件。

份和提供有关旅行证件。任何类型的回返,无论自愿与否,都必须符合我们根据国际人权法承担的义务,并遵守不推回原则。此外还应该尊重国际法的规则,并且必须符合儿童的最佳利益和正当程序。我们确认应该充分执行现有的重新接纳协定,并承认这些协定只适用已加入的国家。我们支持加强回返人员接待工作和帮助他们重新融入社会的工作。应该特别关注处境脆弱的回返移民的需求,如儿童、老年人、残疾人以及贩运活动受害者。

59. 我们再次承诺保护移民儿童的人权,因为他们处境脆弱,特别是孤身移民儿童,承诺为他们提供基本的医疗、教育和心理服务,确保在所有的相关政策中,首要考虑儿童的最佳利益。

60. 我们认识到需要解决移民妇女和女童的特殊处境和弱势问题,为此除其他外,需将性别视角纳入移民政策,加强国家打击性别暴力包括打击贩运人口以及歧视妇女和女童行为的法律、制度和方案。

61. 我们认识到包括非政府组织在内的民间社会为促进移民福祉和融入社会所作的贡献,尤其是在极端不利的条件下作出的贡献,并认识到国际社会对此给予的支持,因此鼓励各国政府与民间社会进一步互动,找到回应国际移民带来的挑战和机遇的办法。

62. 我们注意到,负责国际移民与发展问题秘书长特别代表彼得·萨瑟兰先生将在2016年底提交报告,其中将提出如何加强国际合作和联合国参与移民问题的建议。

63. 我们承诺在2016年开展政府间谈判,最终在2018年举行的政府间会议上通过一个促进安全、有序和正常移民的全球契约。我们邀请大会主席作出安排,确定与谈判进程有关的方式、时间安排和其他实际问题。关于该进程的进一步详情见本宣言附件二。

四、对难民的承诺

64. 我们认识到武装冲突、迫害和暴力,包括恐怖主义,都是导致难民大规模流动的因素,因此将努力从根源上解决此类危机局势,预防或以和平手段解决冲突。我们将努力以一切可能的方式和平解决争端,预防冲突,并达成所需的长期政治解决办法。各国和联合国开展预防外交和早期应对冲突至关重要。增进人权也是关键所在。此外,我们还将在国际、区域、国家和地方各级促进善治、法治、有效、负责和包容的体制以及可持续发展。我们认识到,如果武装冲突各方尊重国际人道主义法,流离失所现象就可以减少,因此再次承诺维护人道主义原则和国际人道主义法。我们还确认,我们尊重冲突中保护平民规则。

65. 我们重申,1951年《关于难民地位的公约》[12]及其1967年《议定书》[13]是国际难民保护制度的基础。我们确认缔约国充分和有效执行这两项文书的重要性,确认这两项文书所体现的价值。我们满意地注意到,目前已有148个国家加入其中一项或全部两项文书。我们鼓励非缔约国考虑加入这两项文书,并鼓励有保留的缔约国考虑撤回保留。我们还确认,国际难民文书的一些非缔约国也在收容难民方面展现了慷慨做法。

66. 我们重申,国际难民法、国际人权法和国际人道主义法为加强难民保护提供了法律框架。在这方面,我们将确保为所有需要的人提供保护。我们表示注意到一些区域难民问题

---

[12] 联合国,《条约汇编》,第189卷,第2545号。
[13] 同上,第606卷,第8791号。

文书,例如《非洲统一组织关于非洲难民问题某些特定方面的公约》⑭和《卡塔赫纳难民宣言》。

67. 我们重申尊重庇护制度和寻求庇护的权利。我们还重申根据国际难民法尊重和遵守不推回的基本原则。

68. 我们着重指出,国际合作是难民保护制度的核心。我们认识到难民大规模流动给国家资源造成的负担,特别是给发展中国家造成的负担。为满足难民和接收国的需要,我们承诺更公平地分担收容和支助世界难民的负担和责任,同时考虑到各国已作贡献和不同的能力和资源。

69. 我们认为,联合国难民事务高级专员公署应与包括收容国在内的有关国家密切协调,在其他有关联合国实体参与下,针对每个难民大规模流动局势制定和提出难民问题全面响应措施。这应采用多利益攸关方办法,广泛动员国家和地方当局、国际组织、国际金融机构、民间社会伙伴(包括信仰组织、侨民组织和学术界)、私营部门、媒体和难民本身参与其中。本宣言附有这样一个全面框架。

70. 我们将确保难民接纳政策或安排符合我们根据国际法承担的义务。我们期待消除行政障碍,尽可能加快难民接纳程序。我们将酌情协助各国尽早对难民进行有效的登记和记录。我们还将促进对儿童采用适合儿童的程序。与此同时,我们认识到,难民在所选国家提出庇护申请的能力可加以规定,但前提是确保他们能够在其他地方获得和享受保护。

71. 我们鼓励采取措施,帮助难民获得民事登记和记录。在这方面,我们认识到早期和有效登记和记录的重要性,这是一种保护工具,也方便提供人道主义援助。

72. 我们认识到,无国籍状态可能会成为被迫流离失所的根本原因,而被迫流离失所也会导致无国籍状态。我们表示注意到,联合国难民事务高级专员公署已行动起来,以期在十年内结束无国籍现象,我们鼓励各国考虑为减少无国籍现象可采取的行动。我们鼓励那些尚未加入1954年《关于无国籍人地位的公约》⑮和1961年《减少无国籍状态公约》⑯的国家考虑加入这两项公约。

73. 我们认识到,难民营应属例外情形,应尽可能作为应对紧急情况的一项临时措施。我们注意到,全球难民中有60%生活在城市,只有少数难民生活在难民营中。我们将确保因地制宜地向难民和收容社区提供援助。我们着重指出,收容国在确保难民营和安置点的平民性质和人道主义性质方面负有首要责任。我们将努力确保武装分子的存在或活动不会破坏这种性质,并确保难民营不被用于不符合其平民性质的目的。我们将应收容国的要求并征得其同意,努力加强难民营和周边当地社区的安全。

74. 我们欢迎收容大量难民的国家迄今所作的格外慷慨的贡献,并将努力增加对这些国家的支持。我们呼吁迅速支付相关会议上作出的认捐。

75. 我们承诺争取在难民局势一出现便寻求解决办法。我们将积极促进持久解决办法,特别是对于久拖不决的难民局势,重点是可持续和及时、安全和有尊严地回返。此种回返包括遣返、重返社会、恢复和重建活动。我们鼓励各国和其他相关行为体以拨付资金等各种形

---

⑭ 同上,第1001卷,第14691号。
⑮ 同上,第360卷,第5158号。
⑯ 同上,第989卷,第14458号。

式提供支持。

76. 我们重申,自愿遣返不必以来源国实现政治解决为前提条件。

77. 我们打算扩大第三国接纳或重新安置难民的合法渠道的数目和范围。除了减轻难民的苦难以外,这对于收容大量难民的国家和接纳难民的第三国也有裨益。

78. 我们敦促尚未设立重新安置方案的国家考虑尽早设立这一方案,并鼓励已经设立这一方案的国家考虑扩大方案规模。我们的目标是提供接纳难民的重新安置地点和其他合法渠道,使其规模能够满足联合国难民事务高级专员公署确定的年度重新安置需求。

79. 我们将考虑:扩大现有人道主义收容方案;可能的临时后送方案,包括医疗后送;帮助家庭团聚的灵活安排;对个体难民的私人赞助;难民的劳工流动机会,包括通过私营部门之间的伙伴关系;教育机会,如奖学金和学生签证。

80. 我们致力于向难民提供人道主义援助,以确保对保健、住房、食物、水和卫生设施等关键救生部门的必不可少的支助。我们承诺在这方面支持收容国和收容社区,包括利用当地现有知识和能力。我们将支持既有益于难民也有益于收容社区的社区发展方案。

81. 我们决心为所有难民儿童提供有安全学习环境的高质量的小学和中学教育,并在流离失所最初发生后几个月内即做好这一工作。我们承诺为收容国提供这方面的支持。包括收容社区在内的民众获得优质教育,这可为流离失所儿童和青年提供基本保护,特别是在冲突和危机的情况下。

82. 我们将支持难民子女的儿童早期教育。我们还将促进大学教育、技能培训和职业教育。在冲突和危机局势中,高等教育是变革的强大推动力,它庇护和保护青年男女这一关键群体,维系他们对未来的希望,促进包容和不歧视,并且是恢复和重建冲突后国家的推动力量。

83. 我们将努力确保难民社区的基本保健需求得到满足,妇女和女童有机会获得基本的保健服务。我们承诺为收容国提供这方面的支持。我们还将酌情在国家社会保障制度框架内制定难民保护国家战略。

84. 我们欢迎各国采取的积极步骤,鼓励收容国政府考虑向难民开放劳动力市场。我们将努力加强收容国和收容社区的韧性,例如帮助他们创造就业,制订创收计划。在这方面,我们认识到青年人的潜力,并将努力创造条件,促进增长、就业和教育,使青年人成为发展的推动者。

85. 为应对难民大规模流动带来的挑战,各类人道主义和发展行为体需要密切协调。我们承诺在规划和行动中以受影响最大的人为中心。收容国政府和收容社区可能需要联合国有关实体、地方当局、国际金融机构、区域开发银行、双边捐助方、私营部门和民间社会的支持。我们大力鼓励所有这些行为体采取联合应对措施,加强人道主义行为体与发展行为体之间的联系,促进机构任务之间的合作,并帮助建立自力更生能力和韧性,为可持续解决办法奠定基础。除了满足直接的人道主义和发展需要以外,我们还将努力支持受难民大规模流动影响地区的环境、社会和基础设施的恢复。

86. 我们关切地注意到难民的需求与现有资源之间存在很大差距。我们鼓励广大捐助方提供支持,我们将采取措施使人道主义筹资更加灵活,更可预测,并减少指定用途,增加多年期资金,以弥补这一差距。联合国难民事务高级专员公署和联合国近东巴勒斯坦难民救济和工程处等联合国实体以及其他有关组织需要充足的资金,以便能够以可预测的方式有效开展活动。我们欢迎世界银行和多边开发银行更多参与,并欢迎受影响社区获得优惠发展资金的机会增加。此外,在今后几年中,私营部门投资支持难民社区和收容国显然至关重要。民间社会也是世界每个区域满足难民需求的关键伙伴。

87. 我们注意到,美利坚合众国、加拿大、埃塞俄比亚、德国、约旦、墨西哥、瑞典和秘书长将于2016年9月20日主办一次难民问题高级别会议。

五、落实和审查我们的承诺

88. 我们认识到,需要作出安排来确保系统地落实和审查我们今天所作各项承诺。因此,我们请秘书长酌情参照《2030年可持续发展议程》,确保将会员国和联合国对于今天高级别会议上所作承诺的落实进展情况纳入提交大会的定期评估范围。

89. 此外,我们设想国际移民与发展问题定期高级别对话和联合国难民事务高级专员提交大会的年度报告应包含对本宣言相关方面的审查。

90. 我们认识到,受难民和移民大规模流动影响的收容国和收容社区需要大量的资金和方案支助,因此请秘书长向大会第七十一届会议提出报告,说明如何提高效率和业务效力,并增强全系统一致性,如何加强联合国与国际金融机构和私营部门的互动,以充分履行本宣言概述的各项承诺。

2016年9月19日
第3次全体会议

附件一 难民问题全面响应框架

1. 当今难民流离失所的规模和性质要求我们在难民大规模流动中以可预见的方式采取综合行动。我们在国际合作以及负担和责任分担原则基础上采取全面的难民应对措施,能够更好地保护和帮助难民,并支持相关收容国和收容社区。

2. 联合国难民事务高级专员公署将与包括收容国在内的有关国家密切协调,在其他有关联合国实体参与下,针对每个难民大规模流动局势制定和提出难民问题全面响应框架。全面的难民应对措施应采用多利益攸关方办法,广泛动员国家和地方当局、国际组织、国际金融机构、区域组织、区域协调和伙伴关系机制、民间社会伙伴(包括信仰组织和学术界)、私营部门、媒体和难民本身参与其中。

3. 虽然每个难民大规模流动局势都性质不同,根据国际法和国际最佳做法并根据具体情况,下文所述要素提供了一个以人为中心的难民问题全面响应框架。

4. 我们设想每一个难民大规模流动局势,包括久拖不决的局势,都应有一个难民问题全面响应框架,作为但凡有总体人道主义应对措施都包括的一个不可分割而又独特的一部分,通常包含以下要素。

接收和接纳

5. 在难民大规模流动伊始,接收国考虑到国家能力和国际法律义务,酌情与联合国难民事务高级专员公署、国际组织和其他伙伴合作,在其他国家应请求提供的支持下,按照国际义

务,将:

(a) 确保尽可能采取措施,查明需要国际难民保护的人,提供充足、安全和有尊严的接待条件,尤其重视有特殊需要者、人口贩运活动受害者、儿童保护、家庭团聚、预防和应对性暴力和性别暴力,并支持接收社区和社会在这方面作出重要贡献;

(b) 考虑到难民妇女和女童的权利、具体需要、贡献和心声;

(c) 评估和满足难民的基本需求,包括提供途径使他们能获得充足的安全饮用水、卫生设施、食物、营养、住房、心理社会支助和保健,包括性和生殖健康,并在需要时向收容国和收容社区提供这方面的援助;

(d) 对寻求难民保护的人进行逐个登记和记录,包括在他们抵达首次寻求庇护的国家后尽快进行登记和记录。为此可能需要在生物鉴别技术以及其他技术和资金支持等领域提供援助,在必要情况下由联合国难民事务高级专员公署与相关行为体和合作伙伴协调;

(e) 在可能的情况下,利用登记程序查明具体援助需求,确定保护安排,包括但不限于有特殊保护问题的难民,包括面临风险的妇女、儿童(特别是孤身儿童和与家庭失散的儿童)、儿童户主家庭和单亲家庭、人口贩运活动受害者、心理创伤受害者和性暴力幸存者以及残疾难民和老年人;

(f) 努力确保在境内出生的难民儿童一出生就能获得登记,并视情况尽快为难民获得其他必要的民事地位文件提供适当帮助,如结婚证、离婚证和死亡证明等;

(g) 采取措施,并提供适当的法律保障,维护难民的人权,以确保难民的安全,并采取措施回应收容国的合理安全关切问题;

(h) 采取措施维护难民营和安置点的平民性质和人道主义性质;

(i) 采取措施确保庇护体系的公信力,包括为此而在来源国、过境国和目的地国之间开展协作,并便利不符合难民地位资格者的回返和重新接纳。

对当前和长期需求的支持

6. 各国酌情与多边捐助方和私营部门伙伴合作,经与接收国协调,将:

(a) 调动足够的资金和其他资源,以满足在难民问题全面响应框架内确定的人道主义需求;

(b) 以及时、可预测、一致和灵活的方式提供资源,包括通过与国家、民间社会、信仰组织和私营部门合作伙伴建立的更广泛伙伴关系提供资源;

(c) 采取措施,把现有为发展中国家设立的融资贷款计划扩大至收容大量难民的中等收入国家,同时考虑到这些国家的经济和社会代价;

(d) 考虑为这些国家建立发展筹资机制;

(e) 协助收容国保护受难民大规模流动影响的环境,并加强受影响的基础设施;

(f) 视情加强对以现金为基础的交付机制和其他创新手段的支持,以有效提供人道主义援助,同时加强问责,确保人道主义援助送达受益者。

7. 收容国将与联合国难民事务高级专员公署以及联合国其他实体、金融机构和其他相关合作伙伴合作:

(a) 根据现行人道主义原则,为难民提供迅速、安全和不受阻碍地获取人道主义援助的途径;

（b）尽可能通过卫生、教育、社会服务和儿童保护方面的公共当局等适当的国家和地方服务提供者提供援助；

（c）在紧急阶段一开始即鼓励难民建立难民和收容社区共同参与的对年龄和性别敏感的支助系统和网络，为此增强难民的权能，并特别强调对妇女和儿童及其他有特殊需求者的保护和赋权；

（d）支持为人道主义应对措施做出贡献的地方民间社会合作伙伴，肯定他们的辅助贡献；

（e）确保人道主义和发展行为体及其他有关行为体密切合作，鼓励他们酌情进行联合规划。

对收容国和收容社区的支持

8. 各国、联合国难民事务高级专员公署和有关伙伴将：

（a）在难民大规模流动发生之前或之后，实施一项联合、公正和迅速的风险和（或）影响评估，以确定并优先处理难民、国家和地方当局及因难民存在而受影响社区的所需援助；

（b）酌情将难民问题全面响应框架纳入国家发展规划，以加强为收容社区和难民提供基本服务和基础设施的工作；

（c）考虑到需求的增加和对社会服务的压力，努力为国家和地方政府当局和其他服务提供者提供充足的资源，但不影响官方发展援助。方案应有利于难民、收容国和收容社区。

持久解决办法

9. 我们认识到，当前世界各地数百万难民无法获得及时和持久的解决办法，达成持久解决办法是国际保护的主要目标之一。能否成功找到解决办法在很大程度上取决于是否有坚定和持久的国际合作和支持。

10. 我们认为，应当采取行动，以达成以下持久解决办法：自愿遣返、当地解决和重新安置以及辅助接纳渠道。这些行动应包括以下要素。

11. 我们重申创造条件以助难民安全和有尊严地回返本国这一首要目标，强调需要从根源上解决暴力和武装冲突，实现必要的政治解决及和平解决争端，并协助重建工作。为此，来源国/国籍国将：

（a）承认人人有权离开任何国家，包括其本国在内，并有权回返自己的国家；

（b）尊重这一权利，并遵守重新接收本国国民的义务，但应以安全、有尊严和人道的方式进行，并按照国际法规定的义务充分尊重人权；

（c）提供必要的身份证件和旅行证件；

（d）便利回返者重新融入社会经济生活；

（e）考虑采取措施，便利财产归还。

12. 为确保可持续回返和重返社会，各国、联合国组织和有关伙伴将：

（a）确认如果难民仍然需要国际保护，即如果他们不能重新获得自己国家的充分保护，遣返就必须在自愿基础上进行；

（b）规划和支持鼓励自愿和知情的遣返、重返社会及和解的措施；

（c）酌情支持来源国/国籍国，包括为恢复、重建和发展提供资金，并提供必要的法律保障措施，使难民能够取用重新获得国家保护和重返社会所需的法律、物质和其他支助机制；

(d) 支持在妇女和青年的平等参与下努力促进和解和对话,尤其是与难民社区的和解和对话,并确保在国家和地方各级尊重法治;

(e) 促进包括妇女在内的难民参与和平与和解进程,并确保这类进程的成果充分支持他们安全和有尊严地回返;

(f) 确保国家发展规划纳入回返者的特别需要,并促进可持续和包容的重返社会,作为预防未来流离失所的措施。

13. 收容国考虑到自身能力和国际法律义务,酌情与联合国难民事务高级专员公署、联合国近东巴勒斯坦难民救济和工程处以及与其他联合国实体、金融机构和其他相关伙伴合作,将:

(a) 为那些以难民身份寻求和需要国际保护者提供合法居留,同时确认,关于任何形式永久安置的任何决定,包括可能的归化,均应由收容国作出;

(b) 采取措施促进自力更生,为此承诺以同样有助于收容社区的方式扩大难民获得适当教育、医疗保健和服务、谋生机会和进入劳动力市场的机会,不对难民进行歧视;

(c) 采取措施,使难民特别是妇女和青年能够最充分地利用自身技能和能力,承认难民能力增强才能更好地促进自己及所在社区的福祉;

(d) 投资于人力资本建设、自力更生和可传授的技能,作为推动长期解决方法的重要一步。

14. 第三国将:

(a) 考虑通过医疗后送和人道主义接纳方案、家庭团聚以及技术移民、劳工流动和教育机会,提供或扩大重新安置机会和接纳难民的辅助途径,包括为此而鼓励私营部门参与和采取行动,作为辅助措施;

(b) 承诺分享最佳做法,向难民提供作出知情决定所需的充分信息,并保障保护标准;

(c) 考虑扩大大规模流离失所和久拖不决局势中的重新安置和人道主义接纳方案标准,并酌情配以临时人道主义后送方案和其他形式的接纳。

15. 我们鼓励尚未设立重新安置方案的国家考虑尽早设立这一方案,并鼓励已经设立这一方案的国家考虑扩大方案规模。这类方案自始至终应采取非歧视性做法和性别平等视角。

16. 各国的目标是提供重新安置地点和其他合法途径,使其规模能够满足联合国难民事务高级专员公署确定的年度重新安置需要。

下一步行动

17. 我们承诺落实这一难民问题全面响应框架。

18. 我们邀请联合国难民事务高级专员公署在今后两年里与各国接触,并与所有相关利益攸关方协商,以评估难民问题全面响应框架的实际应用详情,并评估其在多大程度上需要改进和进一步发展。这一进程将参考在一系列具体局势中实施框架的实际经验。其目的是减轻收容国的压力,提高难民的自力更生能力,让更多的人可选择第三国解决办法,并支持在来源国创造有利于安全和有尊严地回返的条件。

19. 我们将在难民问题全面响应框架和上述进程的成果基础上,争取在2018年通过一项难民问题全球契约。我们邀请联合国难民事务高级专员在其提交大会的2018年度报告中列入这一拟议的难民问题全球契约,供大会第七十三届会议与关于联合国难民事务高级专员公署的年度决议一并审议。

附件二 以促进安全、有序和正常移民全球契约为目标

一、导　言

1. 今年我们将启动一个政府间谈判进程,以期通过一项促进安全、有序和正常移民全球契约。

2. 这一全球契约将规定会员国关于国际移民各方面问题的一系列原则、承诺和谅解。它将对全球治理作出重要贡献,并加强国际移民问题上的协调。它将提出一个关于移民和人口流动的全面国际合作框架。它将处理国际移民的所有方面,包括人道主义、发展、人权和其他移民问题。它将遵循《2030年可持续发展议程》和《第三次发展筹资问题国际会议亚的斯亚贝巴行动议程》,并参考2013年10月通过的《国际移民与发展问题高级别对话宣言》。

二、背　景

3. 我们确认移民和移民现象对来源国、过境国和目的地国发展作出的重要贡献,并承认移民与发展之间的复杂关系。

4. 我们确认,移民对可持续和包容型发展做出了积极贡献。我们还确认,国际移民实际上涉及多种因素,对于来源国、过境国和目的地国的发展具有重大影响,需要有统一和全面的对策。

5. 我们将在国际上开展合作,确保安全、有序、正常的移民,充分尊重移民的人权并人道地对待移民,不论他们的移民身份如何。我们着重指出,需要尊重移民的尊严,并保护他们根据可适用的国际法,包括国际法中的不歧视原则享有的权利。

6. 我们强调国际移民有着多层面性质,必须在此方面开展国际、区域和双边合作与对话,并且需要保护所有移民的人权,而不论其移民身份如何,尤其是在目前移民流动增加的情况下。

7. 我们铭记,关于移民问题的政策和举措应当促进那些能考虑到这一现象的原因及后果的整体解决办法。我们承认,移民的驱动因素包括贫困、发展不足、缺乏机会、治理不善和环境因素。反过来,有利于贫困者的贸易、就业和生产性投资政策能够刺激增长和创造巨大的发展潜力。我们注意到,国际经济不平衡、贫困和环境退化,加上没有和平与安全以及缺乏对人权的尊重,都是影响国际移民的因素。

三、内　容

8. 这一全球契约的内容包括但不限于下列要素:

(a) 正如《2030年可持续发展议程》所确认,国际移民是个多层面的现实,对于来源国、过境国和目的地国的发展具有重大影响;

(b) 国际移民对移民及其家人而言是潜在机会;

(c) 需要解决移民现象的驱动因素,包括为此而加大发展力度、消除贫困、预防和解决冲突;

(d) 移民对可持续发展作出的贡献,移民与发展之间的复杂关系;

(e) 促进有序、安全、正常和负责的移民和人口流动,包括执行合理规划和管理完善的移

民政策,这可能包括建立和扩大安全、正常的移民途径;

(f) 扩大国际合作空间,以改善移民治理;

(g) 移民对来源国人力资本的影响;

(h) 汇款作为私人资本的重要来源及其对发展的贡献,推动通过汇出国和汇入国的合法渠道更快、更便宜和更安全的汇款,包括降低交易费用;

(i) 有效地保护所有移民尤其是妇女和儿童的人权和基本自由,而无论其移民身份为何,满足处境脆弱移民的特殊需要;

(j) 边境控制方面的国际合作,并充分尊重移民的人权;

(k) 打击人口贩运、偷运移民和当代形式奴役;

(l) 查明被贩运者,并考虑提供援助,酌情包括临时或永久居留和工作许可;

(m) 减少非正常移民的发生率和影响;

(n) 解决危机中国家境内移民的处境;

(o) 酌情促进移民融入收容国社会,使移民能获得基本服务和促进性别平等的服务;

(p) 审议规范移民身份的政策;

(q) 保护劳工权利,确保移民工人和没有稳定工作的人有一个安全的环境,保护所有部门的移民女工,促进劳工流动,包括循环移民;

(r) 移民对收容国的责任和义务;

(s) 回返和重新接纳,并加强来源国和目的地国在这方面的合作;

(t) 利用侨民的贡献,加强与来源国的联系;

(u) 打击对所有移民的种族主义、仇外心理、歧视和不容忍现象;

(v) 国际移民分类数据;

(w) 承认外国资历、学历和技能,在既得福利获取机会及其可携带性方面开展合作;

(x) 在国家、区域和国际各级就移民各个方面开展合作。

四、下一步行动

9. 将通过政府间谈判进程拟订全球契约,筹备工作将立即开始。谈判将在 2017 年初开始,最后将于 2018 年举行一次国际移民问题政府间会议,会上将提交该全球契约供通过。

10. 由于第三次国际移民与发展问题高级别对话将最迟于 2019 年在纽约举行,应为高级别对话设想在此进程中的作用。

11. 邀请大会主席尽早安排任命两位共同协调人牵头与各国进行公开、透明和包容的磋商,以确定方式、时间表、是否举行筹备会议以及与政府间谈判有关的其他实际问题,包括整合日内瓦的移民问题专门知识。

12. 请秘书长为谈判提供适当支持。我们设想,联合国秘书处和国际移民组织将共同为谈判提供服务,前者提供能力和支持,后者提供所需的技术和政策方面的专门知识。

13. 我们还设想,负责国际移民与发展问题秘书长特别代表彼得·萨瑟兰先生将协调全球移民与发展论坛和全球移民小组对谈判进程的贡献。我们设想,国际劳工组织、联合国毒品和犯罪问题办公室、联合国难民事务高级专员公署、联合国开发计划署、联合国人权事务高级专员办事处和具有移民方面的重要任务和专门知识的其他实体将为这一进程作出贡献。

14. 应开展区域协商以支持谈判,包括酌情通过现有协商进程和机制开展此类协商。
15. 将邀请民间社会、私营部门、侨民社群和移民组织为全球契约的拟定作出贡献。

168. 难民问题全球契约

(联合国大会 2018 年 12 月 17 日通过)

一、导　　言

A. 背　　景

1. 难民的困境是人类共同关切的问题。难民局势不断扩大,而且日益严重复杂,难民需要得到保护和援助并找出解决办法。数百万难民生活在久拖不决的局势中,而且往往是在自身面临经济和发展挑战的低收入和中等收入国家,难民的平均停留时间也持续延长。尽管收容国和捐助方极力慷慨相助,人道主义资金也达到了空前的规模,但是需求和人道主义资金之间的缺口仍在扩大。迫切需要更为公平地分担在收容和支助全球难民方面的负担和责任,同时考虑到现有捐助及各国不同的能力和资源水平。难民和收容社区不应落在后面。

2. 如《联合国宪章》所述,促成国际合作以解决人道主义性质的国际问题是联合国的一项核心宗旨,而且符合国家主权平等的原则。⑰ 同样,1951 年《关于难民地位的公约》(1951 年公约)承认,庇护权的给予可能使某些国家承担过重的负担,因此,没有国际合作就不能满意地解决难民局势。⑱ 必须把这项长期原则转化为具体的实际行动,包括在曾经收容难民或通过其他手段为解决难民问题作出贡献的国家之外,进一步扩大支助的基础。

3. 在此背景下,难民问题全球契约意在提供一项依据,以可预测和公平的方式在联合国全体会员国和其他相关利益攸关方之间分担负担和责任,这些攸关方包括但不限于:联合国系统内外的国际组织,包括国际红十字与红新月运动的组成机构;其他人道主义和发展行为方;国际和区域金融机构;区域组织;地方当局;民间社会,包括信仰组织;学者和其他专家;私营部门;媒体;收容社区成员和难民本人(下称"相关利益攸关方")。

4. 全球契约不具法律约束力,却体现了整个国际社会与难民和受影响收容国加强合作与团结的政治意愿和雄心。契约将以自愿捐助的方式落实,以取得集体成果并逐步实现下文第 7 段所述各项目标。各国和相关利益攸关方将考虑不同的国情、能力和发展水平,尊重各国的政策和优先事项,决定做出何种贡献。

---

⑰ 《联合国宪章》第一条第三款;A/RES/25/2625。
⑱ 序言,叙文 4 +(联合国,《条约汇编》,第 189 卷,第 2545 号)。另见 A/RES/22/2312,第二条第 2 款。

B. 指 导 原 则

5. 全球契约源于人道和国际团结的基本原则,旨在落实负担和责任分担原则,更好地保护和援助难民,支助收容国和收容社区。全球契约及其执行工作完全不具政治性质,且符合《联合国宪章》的宗旨和原则。契约立足于国际难民保护制度,此制度以不推回的根本原则为中心,核心内容是 1951 年《公约》及其 1967 年《议定书》。[19] 有些区域也已通过适用于各地具体情况的专项文书。[20] 全球契约遵循相关国际人权文书[21]、国际人道主义法,以及其他适用的国际文书。[22] 契约的内容还得到适用的保护无国籍人的文书的补充。[23] 全球契约的实施工作遵循人道、中立、公正和独立的人道主义原则(第 A/RES/46/182 号决议及此后关于这一主题的所有大会决议,包括第 A/RES/71/127 号决议),以及保护的中心地位。各国发挥自主权和领导权,同时考虑到国家立法、政策和优先事项,对于成功实施契约至为关键。

6. 各方认识到,一些非国际难民文书缔约国在收容难民方面展现了慷慨做法。鼓励所有尚未成为缔约方的国家考虑加入这些文书,鼓励持有保留意见的缔约国考虑撤回保留。

C. 目 标

7. 全球契约的总体目标是:(一) 减轻收容国的压力;(二) 提高难民的自力更生能力;(三) 让更多的人可选择第三国解决办法;(四) 支持在来源国创造有利于安全和有尊严地回返的条件。全球契约力求实现上述四项相互联系、相互依存的目标,为此调动政治意愿、扩大支助基础、作出安排以促进各国和其他相关利益攸关方做出更为公平、持久及可预测的贡献。

D. 预防和解决根本原因

8. 世界各地持续存在大规模难民流动和久拖不决的难民局势。对难民的保护和照顾能挽救相关个人的生命,而且是对未来的投资,但同时必须努力解决难民问题产生的根本原因。气候、环境退化和自然灾害本身虽然不是造成难民流动的原因,但是它们与驱动难民流动的因素之间的相互作用日益增强。解决根本原因首先是难民流动来源国的责任。然而,避免和

---

[19] 联合国,《条约汇编》,第 606 卷,第 8791 号。

[20] 见 1969 年《非统组织关于非洲难民问题某些特定方面的公约》(联合国,《条约汇编》,第 1001 卷,第 14691 号);1984 年《卡塔赫纳难民宣言》;《欧洲联盟运作条约》,第 78 条,以及《欧洲联盟基本权利宪章》,第 18 条。另见 1966 年 12 月 31 日《关于难民地位和待遇的曼谷原则》(最终文本于 2001 年 6 月 24 日通过)。

[21] 包括但不限于:《世界人权宣言》(除其他外,第十四条规定了寻求庇护权)(A/RES/3/217 A);《维也纳宣言和行动纲领》;《儿童权利公约》(联合国,《条约汇编》,第 1577 卷,第 27531 号);《禁止酷刑公约》(联合国,《条约汇编》,第 1465 卷,第 24841 号);《消除一切形式种族歧视国际公约》(联合国,《条约汇编》,第 660 卷,第 9464 号);《公民权利和政治权利国际公约》(联合国,《条约汇编》,第 999 卷,第 14668 号);《经济、社会及文化权利国际公约》(联合国,《条约汇编》,第 993 卷,第 14531 号);《消除对妇女一切形式歧视公约》(联合国,《条约汇编》,第 1249 卷,第 20378 号);《残疾人权利公约》(联合国,《条约汇编》,第 2515 卷,第 44910 号)。

[22] 例如,《联合国打击跨国有组织犯罪公约关于预防、禁止和惩治贩运人口特别是妇女和儿童行为的补充议定书》(联合国,《条约汇编》,第 2237 卷,第 39574 号);《联合国打击跨国有组织犯罪公约关于打击陆、海、空偷运移民的补充议定书》(联合国,《条约汇编》,第 2241 卷,第 39574 号)。

[23] 1954 年《关于无国籍人地位的公约》(联合国,《条约汇编》,第 360 卷,第 5158 号);1961 年《减少无国籍状态公约》(联合国,《条约汇编》,第 909 卷,第 14458 号)。

解决大规模难民局势也是整个国际社会严重关切的问题,需要尽早努力解决其驱动因素和触发因素,并改善各类政治、人道主义、发展与和平行为方之间的合作。

9. 在此背景下,全球契约补充了联合国在预防、和平、安全、可持续发展、移民及建设和平领域正在开展的努力。呼吁所有国家和相关利益攸关方:加强预防和解决冲突的国际努力,解决大规模难民局势的根本原因;维护《联合国宪章》、国际法(包括国际人道主义法),以及国家和国际一级的法治;促进、尊重、保护和实现所有人的人权和基本自由;终止剥削和虐待,以及基于种族、肤色、性别、语言、宗教、政治或其他见解、国籍或社会出身、财产、出生、残疾、年龄或其他身份的任何形式的歧视。又呼吁整个国际社会按照《2030年可持续发展议程》和其他相关框架[24]提供支助,以减轻贫困、减少灾害风险,并向来源国提供发展援助。

二、难民问题全面响应框架

10. 全球契约第二部分是联合国大会通过的难民问题全面响应框架(响应框架)(A/RES/71/1,附件一)。该框架是全球契约的组成部分。

三、行　动　纲　领

11. 依照第 A/RES/71/1 号决议,行动纲领的宗旨在于:通过有效的负担和责任分担安排,促进采取全面对策,支助难民和受大规模难民流动及久拖不决的难民局势影响尤为严重的国家(第三部分 A 节);确定需要及时获得捐助的领域,支助收容国并酌情支助来源国(第三部分 B 节)。这两部分应被视为相互关联。

12. 虽然响应框架具体针对大规模难民局势,但人口流动的性质不一定相同,可能具有复杂特征。有的是难民和其他迁徙人口的大规模流动;有的局势可能涉及难民和境内流离失所者;还有些情况可能是由突发自然灾害和环境退化引发的境外被迫流离失所。这些局势为受影响国家带来复杂挑战,这些国家可能向国际社会寻求支助以应对挑战。支助它们采取适当对策,可依托难民署和国际移民组织(移民组织)等相关行为方之间的业务伙伴关系,酌情发挥各自的授权、作用和专门知识,确保采取协调一致的方法。

13. 行动纲领立足于难民和收容社区之间牢固的伙伴关系和参与式做法,以及年龄、性别和多样性[25]方面的考虑因素,其中包括:促进性别平等及增强妇女和女童的权能;终止一切形式的性暴力和性别暴力、贩运人口、性剥削和性虐待以及有害做法;促进青年、残疾人和老年人有意义的参与;确保儿童的最大利益;打击歧视。

A. 负担和责任分担安排

14. 接收和收容(往往是长期收容)难民的国家利用本国有限的资源为集体利益做出巨大贡献,实际上也为人道主义事业做出了巨大贡献。这些国家率先做出响应,亟需得到整个

---

[24] 例如《2015—2030年仙台减少灾害风险框架》和《2063年议程》。
[25] 见难民署执行委员会(执委会)第108(LIX)号结论(2008年),(f)段至(k)段。

国际社会的切实支持。

15. 以下安排力求以更加公平和可预测的方式与收容国和收容社区分担负担和责任,为寻求解决办法提供支助,包括酌情向来源国提供援助。这些安排需要在全球、区域或国家层面采取相辅相成的行动。

16. 为了确保充分落实国际团结与合作的原则,这些安排力求做到高效、有效且切实可行。将采取行动避免重复,并在适当情况下精简现有程序内的安排,包括确保与高级专员方案执行委员会(执行委员会)保持适当联系。与此同时,这些安排必将超越现有程序,改变整个国际社会应对大规模难民局势的方式,以确保更好地分担因存在大量难民所带来的负担和责任。

1. 全球国际合作安排:难民问题全球论坛

17. 将定期举行联合国全体会员国和相关利益攸关方部长级难民问题全球论坛,宣布为实现第7段所述全球契约各项目标所做的具体承诺和贡献,审议机遇和挑战,以及如何加强负担和责任分担安排。首届论坛将于2019年举行。除非大会另有协议,否则后续论坛将每四年举行一次,以保持这一势头和政治意愿。论坛将由一国或多国与联合国难民事务高级专员共同召集和主办,并邀请联合国秘书长出席。论坛原则上在日内瓦举行,以便于所有国家参会。举行论坛的年度不举行高级专员关于保护方面挑战的对话。

18. 可采取不同形式在难民问题全球论坛上做出承诺和捐款,包括资金、物资和技术援助;[20]重新安置名额和第三国接纳难民的辅助途径;以及各国选择在国家层面为支持全球契约的各项目标而采取的其他行动。下文第三部分B节是关于可做出承诺和捐款领域的非详尽指南。

19. 2019年首届难民问题全球论坛将专门接受正式承诺和捐款。后续论坛不仅为各国和相关利益攸关方提供了做出新承诺的机会,而且可以评估前期承诺的落实情况以及为实现全球契约各项目标所取得的进展。论坛闭会期间将举行两年一次的高级别官员会议,进行"中期审查",以为补充。难民问题全球论坛和高级别官员会议期间开展的评估工作将成为全球契约后续工作的关键内容(如下文第四部分所述)。

2. 全面应对具体难民局势的支助安排

2.1 国家安排

20. 借鉴良好做法并认识到必须由国家发挥主导作用,相关收容国可制定国家安排,协调和促进所有相关利益攸关方努力落实全面对策。由收容国确定国家安排的组成和工作方法,以及国家有关部门为开展此类工作需要发展的能力。

21. 这些工作有助于各国在难民署和其他相关利益攸关方的协助下,根据国家政策和优先事项,制定由国家主导的全面计划,对以下内容做出规定:政策优先事项、机构和业务安排、需要国际社会提供的支助(包括投资、资金、物资和技术援助),以及解决方案(包括重新安置、第三国接纳难民的辅助途径及自愿遣返)。

---

[20] 例如备用能力或对支助平台的贡献(第2.2节)。

2.2 支助平台

22. 收容国可寻求启动一个支助平台，为国家安排提供支持。㉗

23. 支助平台能够为难民和相关收容国及收容社区提供有针对性的具体支助。平台本着伙伴关系精神，遵循由收容国自主和主导的原则，其职能包括：

促发政治承诺和宣传，推动预防、保护、应对工作和找出解决办法；

动员资金、物资和技术援助，以及重新安置和第三国接纳难民的辅助途径，支持全面计划（第21段），酌情借鉴难民问题全球论坛的承诺；

促进协调一致的人道主义和发展对策，包括通过发展行为方早日和持续参与支助收容社区和难民；

支持全面的政策举措，以减轻收容国的压力，发展自力更生能力和韧性，并找到解决办法。

24. 应相关收容国或来源国的要求，可在难民署协助下，与原则上已承诺认捐的国家密切协商，同时考虑到现有的应对工作和政治举措、维持及建设和平的举措，酌情启动/关闭支助平台。启动标准包括：

难民局势规模较大和/或情况复杂，收容国的应对能力已经或即将不堪重负；

难民局势久拖不决，收容国需要大量额外支助，和/或出现了解决问题的重大机会（例如大规模自愿遣返来源国）。

25. 每个支助平台将由一组国家牵头和参与，动员各种形式的捐助和支助（第23段）。小组的构成取决于具体情况。将酌情邀请其他相关利益攸关方参与其中。

26. 支助平台不是固定机构，也不会承担业务活动。平台将利用预先表达的意向（包括在难民问题全球论坛上表达的意向）和备用安排。平台与现有的人道主义和发展合作协调机制互为补充并相互作用。难民署将与参与平台的国家协商，确保定期向执行委员会、联合国大会和难民问题全球论坛报告支助平台的工作，包括促进在不同平台之间交流信息、做法和经验。

27. 平台支助战略可以借鉴多种备选方案。可召集声援大会，以便为全面计划提供支持，这将创造额外价值，而不是重复其他进程，同时铭记下文第32段的呼吁——人道主义援助应具有灵活性、持续多年且不指定用途。声援大会将围绕具体难民局势，提供战略手段，为收容国或来源国寻求广泛支助，涵盖国家、发展行为方、民间社会、当地社区和私营部门，并寻求资金、物资和技术捐助，以及重新安置和辅助接纳途径。

2.3 区域和次区域办法

28. 难民流动往往具有重要的区域或次区域性质。虽然区域和次区域机制和分组的特点各不相同，但它们可在全面对策中发挥重要作用。以往采取的全面对策也表明，区域合作触及难民局势成因的政治层面，对于解决难民局势意义重大。

29. 在不影响全球支助的前提下，区域和次区域机制或分组将积极促进解决所在区域的难民局势，包括征得相关国家的同意，在支助平台、声援大会和其他安排中发挥关键作用。全面对策还将以现有的区域和次区域难民保护倡议及可行和适当的持久解决办法（包括区域

㉗ 依照第5段。

和次区域重新安置举措)为基础,以确保相互补充并避免重复。

30. 难民署将在难民问题全球论坛的框架内定期促进相关区域和次区域机制交流良好做法,以汇集不同观点,鼓励协调一致。

3. 实现负担和责任分担的关键工具

31. 以下段落叙述了实现负担与责任分担及巩固上文所述各项安排的工具。

3.1 筹资和切实有效地利用资源

32. 虽然整个国际社会对负担和责任分担的贡献不仅限于资金,但成功实施全球契约的关键仍然在于调动及时、可预测、充足和可持续的公共和私人资金,同时铭记所有相关利益攸关方均希望最大限度切实高效地利用资源、防止舞弊和确保透明度。将通过上文所述安排和其他相关渠道,向面临大规模难民局势(包括新局势和久拖不决的局势)的国家提供资源,包括努力扩大支助基础,使之超越传统捐助方的范围。㉘具体内容包括:

人道主义援助:各国和各人道主义行为方将努力确保完全依照人道主义原则,为应对紧急状况和久拖不决的局势提供及时、充分和按需提供的人道主义援助,包括在可能情况下提供可预测、灵活、未指定用途的多年期资金㉙;

发展合作:各国和其他发展行为方将努力加强对难民、收容国和收容社区的支助,并在其规划和政策中考虑到难民局势对收容国和收容社区的影响。这关系到超出常规发展援助范围和层次的额外发展资源,往往通过双边和多边渠道、以赠款或大幅度优惠的形式提供,直接惠及收容国和收容社区以及难民。将努力确保发展援助切实有效,本着伙伴关系精神,而且尊重国家自主权和主导权的首要地位。㉚ 在可能情况下,还将优先考虑向来源国提供发展援助,为自愿遣返创造条件;

最大限度地发挥私营部门的贡献:应相关收容国和来源国的要求,私营部门可酌情与各国和其他相关利益攸关方共同探讨以下方面:政策措施和降低风险的安排;在营商环境有利的情况下,开展私营部门投资、加强基础设施和创造就业的机会;开发可再生能源等创新技术,以缩小发展中和最不发达难民收容国在技术和承载能力方面的差距;为难民和收容社区提供更多的金融产品和信息服务。

3.2 多利益攸关方和伙伴关系办法

33. 在承认各国负有首要责任和拥有主权的同时,将按照相关法律框架并与国家机构密切协调,推行多利益攸关方和伙伴关系办法。难民署除履行其任务职责外,还将发挥支持和促进作用。

34. 应对措施要取得最大的效果,需要其保护和协助的对象积极而有意义地参与其中。相关行为方将视情况继续发展和支持协商进程,使难民和收容社区成员能够协助制定适当、可及和包容各方的对策。各国和相关利益攸关方将探讨如何最好地将难民和收容社区成员,特别是妇女、青年和残疾人,以及侨民,纳入关键的论坛和进程。受理投诉及调查和防止舞弊、侵权和腐败的机制有助于确保问责。

㉘ 包括通过人道主义筹资问题高级别小组提交秘书长的报告(2016 年 1 月)中建议的创新融资计划。

㉙ 例如,见 A/RES/71/127、A/71/353。

㉚ 例如,见 A/RES/71/127、A/71/353、A/RES/69/313。

35. 在不影响人道主义组织按照各自任务开展活动的前提下,人道主义和发展行为方将在难民局势甫发及久拖不决的情况下携手合作。这些行为方将制定办法,确保其干预措施能够有效地相互补充,以支助收容国并酌情支助来源国,包括其体制能力难以满足难民需求的国家。双边和多边发展行为方及金融行为方将以伙伴关系方式提供额外支助,直接惠及收容社区和难民,尊重国家自主权和主导权的首要地位,同时不会对相关国家更广泛的发展目标造成负面影响或削弱支持。

36. 联合国系统将充分发挥作用。这包括联合国可持续发展小组和联合国国家工作队以及所有有关机构,按照联合国秘书长的改革议程,为确保实地行动合作,特别是在和平、安全与发展领域的合作所做的贡献。将在驻地协调员的指导下,为促进各国的发展要务,在经与各国政府充分协商并达成一致编写完成的"联合国发展援助框架"[31]内酌情审议联合国支助收容社区和难民的发展行动。还将通过联合国区域办事处提供技术咨询和支持。

37. 城乡地区的地方当局和其他当地行为方,包括当地社区领导人和传统的社区治理机构,往往率先对大规模难民局势做出响应,而且承受了最严重的中期影响。整个国际社会可与国家当局进行协商,尊重相关法律框架,为其提供支助,包括酌情通过筹资和能力建设举措,加强当地的体制能力、基础设施和住宿条件。鼓励人道主义和发展机构按照有关法律和政策招聘当地人员,同时铭记当地行为方、组织和结构需要保持能力。

38. 请收容难民城市网络在难民署和其他相关利益攸关方的支持下,通过结对安排及其他方式,交流在城市环境中应对难民局势的良好做法和创新办法。

39. 同样,鼓励议会酌情在相关的国家安排之下参与支持全球契约的工作。[32]

40. 民间社会组织,包括难民、妇女、青年或残疾人领导的组织,以及在地方和国家层面运作的组织,为难民、收容国和收容社区做出了重要工作。这些组织将本着伙伴关系精神,为评估社区优势和需求、制定和实施包容各方的可及规划和方案,以及能力建设(如适用)做出贡献。

41. 信仰组织可以支持规划和实施各类安排,协助难民和收容社区,包括在预防冲突、和解和建设和平以及其他有关领域。

42. 将在充分尊重人道主义原则的基础上探索公私伙伴关系,[33]其中包括:可能采取的新的体制安排和方法,以创造商业活动条件和金融/商业工具;支持难民和收容社区的就业和劳动力流动;为私营部门投资提供更多机会。鼓励私营部门提出难民局势中的道德行为标准,交流在收容国发现商业机会的工具,在国家层面发展能够增加价值的私营部门促进平台。

43. 将建立一个关于难民、其他被迫流离失所和无国籍问题的全球学术网络,组织大学、学术联盟和研究机构,以及难民署和其他相关利益攸关方开展工作,促进研究、培训和奖学金机会,取得具体的可实践成果,以支持实现全球契约的目标。将努力确保区域多样性,并从广泛的相关专题领域获得专门知识。

44. 认识到体育和文化活动在社会发展、包容、凝聚力和福祉方面可发挥重要作用,特别

---

[31] A/RES/72/279。
[32] A/RES/72/278,还注意到各国议会联盟(议联)的工作。
[33] 注意到国际商会和世界经济论坛的工作以及全球移民与发展论坛(GFMD)商业机制提供的模式。

是对难民儿童(男童和女童)、少年和青年以及老年人和残疾人的重要作用,将发展伙伴关系,在收容难民的地区进一步普及体育和文化设施及活动。㉞

3.3 数据和证据

45. 可靠、可比、及时的数据对基于证据的措施至关重要,这些措施能够:改善难民和收容社区的社会经济条件;评估和处理紧急和久拖不决的难民局势中大量难民人口对收容国的影响;确定和规划适当的解决方案。所有收集和传播个人数据的工作均适用相关数据保护和数据隐私原则,包括必要性、相称性和机密性原则。

46. 为支持基于证据的应对措施,各国和相关利益攸关方将酌情促进制定统一或可互用的标准,用于收集、分析和交流关于难民和回返者的年龄、性别、残疾状况和多样性的分类数据。㉟将应有关国家的请求提供支助,将难民和收容社区以及相关回返者和无国籍人员纳入国家数据和统计程序,并加强关于难民和收容社区以及回返者的国家数据收集系统。

47. 加强数据和证据也有助于实现解决方案。数据和证据将协助制定政策、投资和方案,支持回返者自愿返回来源国和重新融入社会。此外,各国、难民署和其他相关利益攸关方将致力于实现系统收集、交流和分析关于为具有国际保护需求者提供和使用重新安置和辅助接纳途径的分类数据,并交流这一领域的良好做法和经验教训。

48. 为了给负担和责任分担安排提供信息,难民署将与相关国家及适当伙伴进行协调,协助衡量收容、保护和援助难民所产生的影响,找出国际合作中的不足并促进以更加公平、可预测和可持续的方式分担负担和责任。㊱ 2018年,难民署将集结国际组织和成员国的技术专长,协调对相关方法的技术审查,以便就应采取的方法达成广泛共识。难民署将交流审查结果,并于2018至2019年为各国提供正式讨论的机会。2019年将与首届难民问题全球论坛同期发布第一份报告。还将定期提交后续报告,据以确定是否在根据第7段实现更加公平和可预测的负担和责任分担方面取得了进展(另见下文第四部分)。

B. 需要支助的领域

49. B部分所列需要支助的领域旨在减轻收容国的负担,惠及难民和收容社区成员。这些领域围绕着响应框架的几大支柱,依据以往的全面应对措施,突出显示了国际社会可以在哪些领域充分利用支助,对大规模难民局势做出全面的、以人为本的响应,这种响应适应具体情况且符合各国的优先事项、战略和政策。B部分的措施要取得成功,需要有扎实稳健、运作良好的负担和责任分担安排(A部分),还需要整个国际社会根据负担与责任共担原则做出具体捐助承诺㊲,来实现这些安排。

50. 将应相关收容国或来源国的要求提供支助,遵循国家自主和主导原则,并尊重国家政策和优先事项。承认每种情况都具有特殊性,各国也具备不同的框架、能力和资源。B部分并非详尽无遗,也不具规范性。B部分也不希望为收容国造成额外的负担或要求。实际

㉞ 注意到奥林匹克避难基金会的工作,以及难民署与国际奥林匹克委员会以及巴塞罗那足球俱乐部基金会等其他实体之间的伙伴关系。另见《国际体育教育、体育活动和体育运动宪章》和 A/RES/71/160。

㉟ "关于难民统计数据的国际建议"。

㊱ A/RES/72/150,第20段。

㊲ 依照上文第4段。

上,全球契约的一项关键目标是通过其他国家和相关利益攸关方的捐助来减轻压力,特别是减轻低收入和中等收入国家的压力。

51. B部分的措施将考虑到具有不同需求和潜在脆弱性的人群(其中包括:女童和妇女;儿童,少年和青年;少数群体成员;性暴力和性别暴力、性剥削和性虐待或贩运人口幸存者;老年人和残疾人),让他们切实参与进来并征求他们的意见。

1. 接收和接纳

1.1 预警、准备和应急规划

52. 准备工作,包括应急规划,加强了对大规模难民局势的全面响应,包括中期响应。在不影响解决根本原因的前提下,各国和相关利益攸关方将根据联合国秘书长的预防议程,提供资源和专门知识,以符合响应框架的方式,将应对大规模难民流动的准备工作纳入国家、区域和联合国支持下的准备和应急规划工作。

53. 将在各国主导下支持有关当局的能力建设,使其能够提前制定风险监测和准备措施,并酌情利用包括私营部门在内的广泛相关利益攸关方的支持。准备措施将考虑到全球、区域、次区域和国家层面的预警和早期行动机制,减少灾害风险的努力,以及加强对未来的流动和紧急局势进行循证预测的措施。准备措施还可酌情考虑到特定局势可能造成的强迫境内流离失所问题。难民署将通过交流有关人员流动的信息,加强对有关国家的支持。难民署还将以备用能力的形式提供支助,包括可能的备用服务援助计划以及事先承诺提供的必要的技术和人力资源。

1.2 快速接收安排

54. 大量难民抵达时,国家和社区都会竭尽全力扩大接收安排。难民署、各国和相关利益攸关方将提供资源和专门知识,支持政府的入境者管理战略,加强国家的接收能力,包括支助设立顾及年龄、性别、残疾和其他特殊需求的接收和过境区域(酌情设置"安全空间"),以及在接收难民的地区提供基本的人道主义援助和基本服务。若相关收容国认为适当,将支持其建立有效机制,寻找办法取代边境附近的难民营。

55. 将优先支持有关国家制定的应对措施,包括在可行和适当情况下利用国家执行手段提供援助。可以与有关国家协商,启动区域和国际性人员、技术和物资援助的备用安排。鼓励有关国家采取措施,促进及时进入准备和紧急部署状态。

1.3 安全和安保

56. 安全考虑和国际保护相辅相成。国家负有安全和安保的主要责任,各国可采取综合方针,在维护国家安全的同时保护难民及其人权。充分承认收容国拥有合理的安全关切,也认识到在紧急局势和久拖不决的局势中,必须维护国际保护及适用国际法的民事和人道主义性质。[38]

57. 难民署和相关利益攸关方将应有关国家的要求,充分尊重国家法律和政策,提供资源和专门知识,支持考虑到保护需求的安排,以便及时对新难民进行安全筛查和健康评估。还将提供以下支助:发展有关部门的能力,例如国际难民保护和排除标准;加强国际努力,预

---

[38] 见《1951年公约》第9条;执行委员会第94(LIII)号(2002年)和第109(LX)号(2009年)结论,以及A/RES/72/150,第28段。

防和消除性暴力和性别暴力以及贩运和偷运人口行为;发展面向社区的警务能力和诉诸司法的能力;根据有关的保护措施,在入境点或在难民抵达后尽早查明和区分战斗和作战人员。还将支持为曾卷入武装团体的儿童制定并实施保护和援助方案。

1.4 登记和证件

58. 难民登记和识别工作对于相关人员和国家了解谁已经抵达十分重要,并有助于相关人员(包括有特殊需求的人)获得基本援助和保护。这也是确保难民保护制度的完整性以及预防和打击舞弊、腐败和犯罪(包括贩运人口)的重要工具。登记对于解决方案来说同样重要。难民署将与各国和相关利益攸关方一道,应相关国家的要求提供资源和专门知识,加强国家能力,对个人(包括妇女和女童,不论其婚姻状况如何)进行登记并发放证件。支助领域包括数字化、生物识别和其他相关技术,以及按照相关的数据保护和隐私原则收集、使用和交流按年龄、性别、残疾和多样性分类的优质登记数据。

1.5 解决特殊需求

59. 解决特殊需求的能力尤为欠缺,需要额外资源和有针对性的援助。有特殊需求的人员包括:儿童(包括孤身和失散儿童);面临风险的妇女、酷刑、心理创伤、贩运人口、性暴力和性别暴力、性剥削和性虐待或有害习俗的幸存者;需要就医的人;残疾人;文盲;少年和青年;老年人。[39]

60. 各国和相关利益攸关方将提供资源和专门知识,帮助相关国家建立机制,识别、筛查有特殊需求的人员,并将其转介到适当的可利用的进程和程序。可建立多利益攸关方响应小组,从业务角度为此提供便利。[40] 这将包括查明和转介儿童(包括孤身和失散儿童),让其接受最大利益评估和/或鉴定,以及适当的护理安排或其他服务。[41] 查明贩运人口和其他形式剥削的受害者并将其转介到适当的进程和程序,包括确定国际保护需要或受害者支助程序,十分重要。[42]查明和转介无国籍人和有无国籍风险的人,包括转介至无国籍人确定程序,也很重要。还将支助各方制定非拘禁和基于社区的拘留替代办法,特别是儿童拘留的替代办法。

1.6 查明国际保护需求

61. 公正有效的个人国际保护申请确定机制,使各国有机会根据其适用的国际和区域义务,适时确定处于其领土内者的身份(A/RES/72/150,第51段),避免保护出现漏洞,并且让所有需要国际保护的人都能够获得和享有保护。[43] 在大规模难民流动的背景下,以群体为基础的保护(例如初步确认难民地位)可以在国家认为合适的情况下协助解决国际保护需求。

62. 难民署将在不影响根据任务规定所开展活动的前提下,设立一个有相关技术领域专家参加的庇护能力支助小组。人员组成将适当考虑到区域多样性。小组将利用难民问题全球论坛上作出的承诺和贡献,无论是在专门知识还是资金方面。小组可应有关国家的请求设立,按照适用的国际、区域、国家文书和法律向有关国家当局提供支助,加强其庇护制度的各个方面,以确保庇护制度公平、有效、适应性强而且完整。支助可包括备用安排及交流各国在

---

[39] A/RES/46/91。
[40] 可以包括民间社会、区域组织和难民署、国际移民组织等国际组织。
[41] A/RES/64/142。
[42] 按照《联合国打击跨国有组织犯罪公约关于预防、禁止和惩治贩运人口特别是妇女和儿童行为的补充议定书》。
[43] 见上文第5段;执行委员会第103(LVI)号结论(2005年)和第96(LIV)号结论(2003年)。

庇护制度各方面的良好做法，包括案件处理方式（例如，对明显存在或不存在依据的案件采取简化或加速程序）、登记和案件管理程序、面谈技巧和更广泛的机构能力建设。

63. 此外，拥有相关任务和专门知识的利益攸关方将酌情为解决其他保护和人道主义挑战的措施提供指导和支持。其中可包括采取措施，协助因自然灾害而被迫流离失所的人，同时考虑到适用的国家法律和区域文书，以及临时保护[44]和人道主义停留安排等做法。

2. 满足需求和支助社区

64. 妥善管理难民局势往往要依靠收容社区的韧性。人们也日益认识到大规模难民局势所带来的发展挑战，认识到按照《2030年可持续发展议程》在难民收容地区取得共享的包容性经济增长可以惠及所有人。全球契约有助于吸收支助，确保难民及收容社区不会落在国家实现可持续发展目标的进程之后。与此同时，收容国要加强国家政策和机构，提高地方社区和难民社区的韧性，往往需要整个国际社会提供足够的捐助，以配合他们的努力，直到找到持久的解决办法。对难民和收容社区提供支助，不仅不会削弱制定未来安排以找到持久解决办法的必要性，而且实际上对此起到辅助作用。[45]

65. 在不影响人道主义援助的前提下，发展行为方将以互补方式采取人道主义援助干预措施，确保在规划和实施直接惠及难民和收容社区的发展方案和政策时考虑到大规模难民局势对收容国的影响。伙伴关系精神、国家主导和自主权的首要地位，动员可预测的、符合国家发展战略并与《2030年可持续发展议程》相一致的国际应对措施，是确保援助可持续性的关键。与此同时，收容国需要能够依靠额外的发展资源，以确保受难民局势影响的社区在实现可持续发展目标方面不受拖累。

66. 人道主义援助仍然由需求驱动，并以人道、中立、公正和独立的人道主义原则为基础。在可能情况下，将以同时惠及难民和收容社区双方的方式提供援助。这包括酌情通过地方和国家服务提供者（包括通过多用途现金援助）提供援助，而不是为难民设立平行制度（这种制度并不会随着时间的推移而惠及收容社区）。难民越来越多地出现在难民营之外的城乡地区，这种现象也必须加以应对。

67. 下列领域需要国际社会提供特别支助，增强收容社区和难民的韧性。这些领域可能有赖于捐助，包括通过A部分的安排提供捐助，以协助执行全面应对措施。以下内容不具规范性、并非详尽无遗，也不希望为收容国造成额外的要求或负担。所有支助均将本着密切伙伴关系与合作的精神，与有关国家当局协调提供，并与国家正在执行的工作和政策相关联。

2.1 教育

68. 各国和相关利益攸关方[46]将按照收容国的教育法律、政策和规划，提供资源和专门知识，提高收容国教育系统的质量和包容性，便利难民和收容社区的儿童（男童和女童）、少年和青年接受小学、中学和大学教育。将调动更多的直接财政支助和专项努力，尽量缩短难

---

[44] 执行委员会第22(XXXII)号结论(1981年)；第74(XLV)号结论(1994年)，(r)段至(u)段；第103(LVI)号结论(2005年)，(1)段。

[45] 另见执行委员会第109(LX)号结论(2009年)。

[46] 除教育部和国家教育规划机构外，还可包括联合国儿童基金会（儿童基金会）、"在危机中学习"联合体、全球教育伙伴关系、难民署、联合国教育、科学及文化组织（教科文组织）、教科文组织国际教育规划研究所、教科文组织统计研究所、近东救济工程处、"教育不能等"基金会、机构间应急教育网、非政府组织和私营部门。

民男童和女童失学的时间,最好是自抵达起不超过三个月。

69. 可视具体情况提供额外支助,用以扩大教育设施(包括幼儿发展、技术或职业培训)和发展教学能力(包括依照国家法律和政策酌情支持担任或可能担任教师的难民和收容社区成员)。其他支助领域包括努力满足难民的特殊教育需求(包括通过"安全学校"和在线教育等创新方法),克服妨碍难民入学和就学的障碍(包括通过经认证的机动学习方案),特别面向女童、残疾人和受过社会心理创伤的人。将支持国家教育部门制定和实施包含难民教育问题的计划。还将在必要时提供支助,使对等学历、专业和职业资格得到认可(另见第3.3节,第三国接纳难民的辅助途径)。

2.2 工作和生计

70. 为促进收容社区和难民享有包容性经济增长,各国和相关利益攸关方[47]将遵守相关国家法律和政策,为收容国提供资源和专门知识,为收容社区成员和难民(包括妇女、年轻人、老年人和残疾人)增加经济机会和体面工作,创造就业并促进创业方案。[48]

71. 可视具体情况在以下领域提供资源和专门知识:分析劳动力市场,确定在创造就业和收入方面存在的差距和机会;查明并承认难民和收容社区拥有的技能和资格;结合市场就业机会提供专项培训,包括语言培训和职业培训,增强这些技能和资格,特别是妇女、残疾人和青年的技能和资格。将特别关注缩小技术差距和建设能力(特别是收容难民的发展中国家和最不发达国家的能力),包括促进网络谋生机会。将努力支持为收容社区和难民社区的男女成员提供负担得起的金融产品和服务,包括减少相关风险,尽可能为这些服务实现低成本的移动和互联网接入,并为汇款提供便利。某些情况下,可酌情根据有关国际义务探讨为劳动力中难民居多的商品和部门制定优惠贸易安排;还可开发有关工具,吸引私营部门和基础设施投资并支持发展当地企业的能力。

2.3 健康

72. 各国和相关利益攸关方[49]将依照国家卫生保健法律、政策和计划,为收容国提供资源和专门知识,扩大国家卫生系统并提高服务质量,以便利难民和收容社区成员(包括妇女和女童;儿童、少年和青年;老年人;慢性病患者,包括肺结核和艾滋病毒感染者;贩运人口、酷刑、创伤或暴力幸存者,包括性暴力和性别暴力的幸存者;残疾人)接受卫生系统的服务。

73. 可视具体情况提供资源和专门知识,修建和配备卫生设施及加强服务,包括依照国家法律和政策为担任或可能担任医务人员的难民和收容社区成员提供包括精神健康和社会心理保健方面的能力建设和培训机会。鼓励开展疾病预防、免疫服务和健康宣传活动,包括体育活动;还鼓励承诺使有关人员能够公平获得负担得起、数量充足的药品、医疗用品、疫苗、诊断和预防用品。

---

[47] 可包括私营部门和当地企业,以及国际劳工组织(劳工组织)、世界银行集团、联合国开发计划署(开发署)、经合组织、难民署、联合国资本发展基金、国际移民组织、工人协会和雇主协会、小额信贷机构和学术界。

[48] 这些工作也要遵循国际劳工组织大会2017年通过的R205号文件——《关于面向和平与复原力的就业和体面劳动建议书》(第205号)和《关于难民和其他被迫流离失所人员进入劳动力市场的指导原则》(劳工组织,2016年7月)。

[49] 可包括世界卫生组织(世卫组织)、难民署、联合国儿童基金会、联合国人口基金、国际移民组织、全球疫苗和免疫联盟(GAVI)、全球抗击艾滋病、结核和疟疾基金及相关民间社会组织。另见WHA70.15(2017)。

2.4 妇女和女童

74. 妇女和女童可能遇到与性别有关的特殊障碍,需要在大规模难民局势中调整对策。各国和相关利益攸关方将根据有关国际文书和国家安排,设法通过和实施政策方案,增强难民和收容社区中妇女和女童的能力,促进她们充分享有人权,平等获得各种服务和机会,同时考虑到男子和男童的特殊需求和情况。

75. 这方面的捐助将用于促进妇女和女童切实参与社会和发挥领导作用,帮助国家和社区两级妇女组织及所有相关政府部门发展机构能力并促进其参与。呼吁各方提供资源和专门知识,加强对妇女和女童的司法救助和安全保障,预防和应对各种形式的暴力,包括性剥削和性虐待、性暴力和性别暴力以及有害做法;还呼吁各方通过招募和部署女性卫生工作者等方式便利妇女和女童获得顾及年龄、残疾和性别因素的社会和保健服务。将采取措施提高妇女和女童的能动性,增强妇女的经济权能,并支持妇女和女童接受教育(包括中等和高等教育)。

2.5 儿童、少年和青年

76. 儿童占世界难民人数一半以上。各国和相关利益攸关方[50]将为收容国提供资源和专门知识,以制定政策和方案,考虑到以下各类儿童的具体脆弱性和保护需求:女童和男童,残疾儿童,少年,孤身和失散儿童,性暴力、性别暴力、性剥削和性虐待及有害习俗的幸存者和其他面临风险的儿童。根据具体情况,支助将包括资源和专门知识,帮助为难民和收容社区的女童和男童提供顾及年龄特点的综合服务,包括解决心理健康和心理社会需求,发展国家儿童保护系统和跨境合作及区域伙伴关系,为面临风险的儿童提供持续的保护、照顾和服务。将支持有关部门开展能力建设,以确定和评估最大利益,为涉及难民儿童的决定以及其他顾及儿童特点的程序和家人下落追查工作提供信息。难民署将与各国合作,增加难民儿童获得重新安置和辅助接纳途径的机会。

77. 发挥难民和收容社区青年的才能、潜力和能量,增强他们的权能,有助于增强韧性和实现最终解决办法。各国和相关利益攸关方将通过承认、利用、发展难民和收容社区青年的能力和技能以及促进其身心健康的项目,支持他们积极参与各项事务。

2.6 住所、能源和自然资源管理

78. 收容国可视具体情况寻求整个国际社会的支持,解决大量难民的住宿问题和环境影响。因此,各国和相关利益攸关方将根据国家法律、政策和战略,为收容国提供资源和专门知识,加强基础设施,便利难民和收容社区获得适当的住处,促进对城乡自然资源和生态系统的综合可持续管理。

79. 这将包括增强国家能力,解决收容难民的城乡地区及周边的住宿、水、环境卫生和个人卫生、基础设施和环境问题;在发展中和最不发达难民收容国努力缩小技术差距,提高能力,开发负担得起和适当的智能技术和可再生能源。将积极支持环境影响评估、支持更有效满足难民和收容社区清洁能源需求的国家可持续发展项目和商业模式,以及"安全获取燃料和能源"方案,以提高人类住区的质量,包括城乡居民的生活和工作条件。将通过国家间安排及其他方式,促进发展技术能力,包括私营部门的技术能力。还将酌情提供支助,将难民纳

---

[50] 包括儿童基金会和相关民间社会组织。

入减少灾害风险战略。

2.7 食物保障和营养

80. 认识到食物和营养是最重要的基本需求,各国和相关利益攸关方(51)将提供资源和专门知识,促进难民和收容社区获得充足、安全和有营养的食物,并促进妇女、儿童、青年、残疾人和老年人及其他群体在食物保障和营养方面的自给自足。

81. 这方面的资源和专门知识包括有针对性的粮食援助,以最适当的方式满足难民和收容社区对粮食和营养的直接需求,包括更多地利用现金补助或社会保障制度,同时支持难民和收容社区获得顾及营养需求的社会保障措施,包括学校供餐计划。还将提供支持,增强难民收容地区的家庭和粮食及农业生产系统的韧性,包括促进购买当地农民的产品和突破食物价值链中的瓶颈,同时考虑到多样性、普遍的文化和宗教习俗,以及对食物和农业生产的偏好。将优先考虑发展收容国政府和当地社区承受冲击的能力,克服粮食供应(包括粮食生产)受限或食物获取不足造成的压力。

2.8 民事登记册

82. 民事登记和出生登记有助于各国掌握其境内居民的准确信息,是保护难民(包括难民妇女、女童和有特殊需求的难民)和解决问题的主要工具。虽然出生登记后不一定会授予国籍,但出生登记有助于确立法律身份和防范无国籍风险。各国和相关利益攸关方将为收容国提供资源和专门知识,加强国家民事登记部门的能力,酌情便利难民和无国籍人士及时获得民事和出生登记及证件,包括利用数字技术和提供移动服务,并充分尊重数据保护和隐私原则。

2.9 无国籍状态

83. 认识到无国籍状态既可能是造成难民流动的原因,也可能是难民流动的后果(52),各国、难民署和其他相关利益攸关方将提供资源和专门知识,交流在预防和减少无国籍状态方面顾及性别差异的良好做法,并根据相关标准和倡议(包括难民署"结束无国籍状态运动"),酌情制定国家、区域及国际层面结束无国籍状态的行动计划。鼓励尚未加入1954年《关于无国籍人地位的公约》和1961年《减少无国籍状态公约》的国家考虑加入这两项公约。

2.10 促进良好关系与和平共处

84. 认识到社区间必须保持良好的关系,在找出持久解决办法之前将依照国家政策制定方案和项目,打击一切形式的歧视并促进难民和收容社区之间的和平共处。通过技术合作及发展当地社区和人员的能力,支持开展专项方案和项目,加强对难民所处困境的了解。通过体育和文化活动、语言学习和教育等方式,促进儿童、少年和青年的参与。利用民间社会、宗教组织和媒体(包括社交媒体)的力量和积极影响,促进尊重和理解并消除歧视。

3. 解决办法

85. 全球契约的主要目标(第7段)之一是促进获得持久的解决办法,包括自难民局势出现便规划解决办法。消除根本原因是实现解决办法的最有效方式。依照国际法和《联合国

---

(51) 可包括世界粮食计划署(粮食署)和粮食及农业组织(粮农组织),以及国际农业发展基金(农发基金)。

(52) 见执行委员会第101(LV)号结论(2004年),(k)段。

宪章》，政治与安全合作、外交、发展以及促进和保护人权是解决久拖不决的难民局势和防止出现新危机的关键所在。与此同时，解决难民流动的原因需要时间。因此，行动纲领设想了适应具体情况的各种解决方案，考虑到不同国家的吸收能力、发展水平和人口状况。其中包括自愿遣返、重新安置和就地定居这三种传统的持久解决办法，以及可能提供额外机会的其他地方解决方案[53]和第三国接纳难民的辅助途径。

86. 如 B 部分前几节所述，下列要素旨在提高可预测性，并使更广泛的国家和相关利益攸关方参与实现解决方案。尤其是：

将酌情应来源国和收容国的要求提供支持，包括通过难民问题全球论坛和支助平台，为自愿遣返提供便利条件；

重新安置办法和补充途径[54]将是 A 部分所列安排中不可或缺的组成部分；

虽然就地定居属于主权决定，但选择提供此方案或其他地方解决方案的国家将需要得到特别支持。

3.1 对来源国的支助和自愿遣返

87. 在安全和有尊严的条件下自愿遣返仍然是大多数难民局势中首选的解决办法。[55] 最重要的优先事项是在充分尊重不推回原则的情况下为自愿遣返创造有利条件，确保自由和知情选择权得到行使，[56]并调动支持来保障安全和有尊严的遣返。各方认识到，自愿遣返不一定要以来源国实现政治解决办法为前提条件，以免妨碍难民行使返回本国的权利。[57] 各方同样认识到，有些情况下难民是在正规自愿遣返方案之外自愿返回本国，需要得到支持。虽然来源国对本国人民实现自愿遣返负有首要责任，但整个国际社会随时准备提供支助，包括促进回返的可持续性。

88. 因此，整个国际社会将在不影响对收容国现有支持的情况下，应来源国的要求提供资源和专业知识，解决根本原因，消除返回障碍，创造有利于自愿遣返的条件。这些努力将考虑到现有的协调人道主义、建设和平及发展干预措施的政治和技术机制，并且符合《2030 年可持续发展议程》。某些情况下，有关国家和难民署有必要缔结促进自愿遣返的三方协议。

89. 此外，各国和相关利益攸关方将应来源国的要求提供资源和专门知识，在社会、政治、经济和法律方面提高来源国接收回返者（特别是妇女、青年、儿童、老年人和残疾人）及促进其重新融入社会的能力。支助领域可包括发展、谋生和经济机会以及解决住房、土地和财产问题的措施。将酌情提供捐款，以现金和其他援助形式向回返者提供直接遣返支助。有关国家可视情况寻求技术指导，采取措施避免在（境内或跨境）返回时出现再次被迫流离失所的现象，并考虑到境内流离失所者和非流离失所居民的情况。[58] 相关利益攸关方将酌情与当

---

[53] 见第 100 段。

[54] 根据上文第 4 段制定。

[55] A/RES/72/150，第 39 段；执行委员会第 90（LII）号结论（2001 年），（j）段；第 101（LV）号结论（2004 年）；第 40（XXXVI）号结论（1985 年）。

[56] 根据执行委员会第 101（LV）号结论（2004 年）。

[57] 如执行委员会第 112（LXVII）号结论（2016 年）第（7）条所述。另见第 8 段所述，解决久拖不决难民局势的根本原因，需要开展合作并采取行动。

[58] 另见关于保护和援助国内流离失所者的第 A/RES/54/167 号决议及大会关于这一主题的后续决议，包括第 A/RES/72/182 号决议。

局合作,为交流关于回返地区保护风险的信息及建立分析此类风险的系统提供支助。⑤⑨

3.2 重新安置

90. 重新安置不仅是保护难民和解决难民问题的一项工具,也是促进负担和责任分担及展现团结的实际机制,各国能藉此分担彼此的负担,减轻大规模难民局势对收容国的影响。与此同时,历来只有少数国家提供重新安置。因此,一定要为重新安置创造积极的环境,增强安置能力并扩大安置基础。

91. 将寻求各国做出捐助⑥⓪,在相关利益攸关方㉑的协助下,制定安置方案或扩大现有方案的范围、规模,提高方案的质量。㉒ 为此,难民署将与各国和相关利益攸关方合作,制定一项为期三年(2019 至 2021 年)的战略,增加重新安置名额,包括在尚未参与全球重新安置工作的国家;在新兴移民安置国联合支助机制(ERCM)和区域安排的良好做法和经验教训的基础上,巩固新的移民安置计划。战略将确定新的安置国和新兴安置国,为其提供支助并建立联系,包括提供专门知识和其他技术支助、结对项目、用于能力建设的人力和财政资源,还将依靠相关利益攸关方的参与。

92. 此外,还将酌情寻求捐助,确立或加强重新安置方案中的良好做法。这些做法可包括:制定多年期安置计划;努力确保重新安置过程的可预测性、效率和效果(例如,使用充分解决安全关切的灵活处理方式,在难民署转介后六个月内落实至少 25% 的年度安置申请);确保战略性地开展重新安置工作,改善保护条件,争取采取全面办法应对难民局势(例如,根据难民署的重新安置标准,为难民署在其年度安置需求预测中确定的须优先处理的局势(包括久拖不决的局势)中的难民分配重新安置名额;和/或例如将至少 10% 的安置申请作为难民署确定的未分配名额的特急或紧急案件处理);为获得重新安置的难民,包括面临危险的妇女和女童,努力提供健全的接收和融入服务;利用紧急过境设施或其他安排进行紧急安置,包括安置面临危险的妇女和儿童。㉓

93. 鉴于重新安置问题核心小组已证明其价值,小组将在具体情况下继续促进协调一致做出反应,同时适当考虑保护需求和安全因素。㉔ 在更大范围内,全球契约下的所有努力均将与现有多边重新安置架构(包括重新安置问题年度三方协商、重新安置问题工作组和核心小组)保持一致,以发挥它们的价值。

3.3 第三国接纳难民的辅助途径

94. 作为重新安置的辅助手段,其他接纳途径可以便利需要国际保护的人员获得保护和/或解决办法。有必要确保在更系统、有组织、可持续和顾及性别差异的基础上提供此类途径,确保其中包含适当的保护措施,确保全面增加提供此类机会的国家的数量。

95. 三年期重新安置战略(上文第 3.2 节)的内容还将包括辅助接纳途径,以期大幅度提

---

⑤⑨ 包括根据难民署监测回返者的任务;执行委员会第 40(XXXVI)号结论(1985 年),(1)段;第 101(LV)号结论(2004 年),(q)段;第 102(LVI)号结论(2005 年),(r)段。

⑥⓪ 根据上文第 4 段。

㉑ 可包括难民署、国际移民组织、民间社会组织、社区团体、信仰组织、学术界、个人和私营部门。

㉒ 根据第 A/RES/71/1 号决议,附件一,第 16 段。

㉓ 为便于疏散,可能需要签发单程的难民公约旅行证件。难民署可破例为此提供便利。

㉔ 有可能与支助平台开展协调或成为支助平台的一部分。

高这些途径的可利用性和可预测性。将寻求各国做出捐助,在相关利益攸关方⑥的支持下,为家庭团聚提供有效的程序和明确的转介途径,或者为辅助常规安置方案制定私人或社区赞助计划,包括通过全球难民赞助倡议(GRSI)推广的社区计划。在辅助途径方面做出的其他贡献可包括:人道主义签证、人道主义走廊和其他人道主义准入方案;提供奖学金和学生签证,并通过政府和学术机构之间的合作,为难民(包括妇女和女童)提供教育机会;为难民提供劳动力流动机会,包括确定哪些难民拥有第三国所需的技能。

96. 将寻求捐助,支持交流良好做法和经验教训,帮助考虑采取此类方案的新安置国建设能力(见上文第47段)。

3.4 就地定居

97. 虽然自愿遣返仍然是大多数难民局势中首选的解决办法,但必须为那些选择在当地解决难民局势的国家提供支助。就地定居是一项主权决定,是各国可遵循其条约义务和人权原则选择的备选办法。⑥ 有些国家认为,在不影响面临大规模难民局势的某些中等收入和发展中国家的具体国情的前提下,逐步安排难民就地定居,包括酌情提供长期合法身份和归化,是有益的办法。

98. 就地定居是一个动态的双向进程,需要所有各方付出努力:难民要做好适应收容社区的准备,收容社区和公共机构同样要做好准备迎接难民及满足各种人群的需求。在低收入和中等收入国家,需要国际社会提供额外的财政和技术支持,确保考虑到难民和收容社区双方的需求,成功实现就地定居。

99. 为了支持选择让难民就地定居的国家,整个国际社会将与收容国当局密切合作,提供资源和专业知识,协助制定就地定居战略框架。相关国家机构、当地社区和民间社会的能力将得到加强,以支持就地定居过程(例如,解决证件问题、促进语言培训和职业培训,包括为妇女和女童提供培训)。支持促进尊重和培养良好关系的方案,通过分析难民收容地区的经济情况便利融入当地的难民获得谋生机会,同时考虑到当地劳动力市场的评估结果和技能概况,包括妇女和年轻人的技能概况。将积极促进对难民定居地区开展投资,依照《2030年可持续发展议程》支持国家发展计划和战略,还将酌情探索研究可以补充国家法律的区域框架,为难民提供获得长期合法身份或归化的途径。

3.5 其他地方解决方案

100. 就地定居让难民找到了走出困境的持久解决办法;除此之外,有些收容国也可能会选择向难民提供其他地方解决办法。此类办法需要临时合法停留,包括促进难民在经济、社会和文化方面适当融入当地社会,提供此类办法也不能影响可能出现的最终持久解决办法。各国和相关利益攸关方将根据选择向难民提供其他地方解决办法的国家的具体情况和确定的需求,⑥提供资源和专门知识,包括就法律和体制框架提供技术指导,促进难民以和平和有利于生产力的方式融入社会及增强地方社区福祉,并解决证件和居留许可等问题。

---

⑥ 包括民间社会、信仰组织、私营部门、雇主、国际组织、个人和学术界。
⑥ 如执行委员会第104(LVI)号结论(2005年)叙文1所述。
⑥ 可能支助的相关领域,另见第99段。

四、后续行动和审查

101. 国际社会将全力以赴，调动一切力量为全球契约提供支持，以更加可预测和公平的方式分担负担和责任，争取在平等的基础上实现各项目标。这是所有国家和相关利益攸关方共同承担的任务。难民署将根据其任务规定在此项努力中发挥催化和支持作用。全球契约的后续行动和审查工作主要通过以下途径开展：难民问题全球论坛（除非另有决定，每四年举行一次）；高级别官员会议（论坛闭会期间每两年举行一次）；联合国难民事务高级专员提交联合国大会的年度报告。各国、难民署和相关利益攸关方将努力协调全球契约的后续行动，促进与涉及迁移人口的其他进程和行动的一致性。

102. 实现四项目标（第7段）的进展情况将成为全球契约成功与否的评估标准。在2019年首届难民问题全球论坛之前，将为每项目标拟订评估指标。

103. 难民问题全球论坛将为各国和其他相关利益攸关方提供一项重要工具，用以评估实现全球契约各项目标的进展情况。论坛还将为各国和相关利益攸关方提供机会，就特定国家或区域的局势以及在全球层面交流良好做法和经验，审查负担和责任分担安排当前取得的效果。论坛的评估工作将参考以下方面的信息：由难民署协调的衡量收容、保护和援助难民所产生影响的进程（第48段）；由难民署与各国和其他相关利益攸关方密切协商后建立的追踪认捐和捐款的执行情况及衡量全球契约的影响的机制。

104. 论坛闭会期间将组织全球契约高级别官员会议。会议将与高级专员关于保护方面挑战的对话同期举行。会议将向所有联合国会员国和相关利益攸关方开放，对执行进展进行"中期审查"，促进定期评估并保持执行动力。第一次高级别官员会议将于2021年举行。

105. 联合国难民事务高级专员将在提交联合国大会的定期报告中提供最新资料，说明在实现全球契约各项目标方面取得的进展。

106. 各国和相关利益攸关方将促进难民（包括妇女、残疾人和青年）有意义地参与难民问题全球论坛，确保纳入他们对进展的看法。难民署开发的数字平台可供所有人使用，将用于交流在执行全球契约各项基本内容方面的良好做法，特别是从年龄、性别、残疾和多样性的角度开展交流。

107. 全球契约能够动员所有相关利益攸关方支持一项共同议程并取得集体成果。携手努力，我们取得的成果将彻底改变难民和收容社区的生活。

169. 关于无国籍人地位的公约

（联合国无国籍人地位会议1954年9月28日通过）

序　言

缔约各方，

考虑到联合国宪章和联合国大会于一九四八年十二月十日通过的世界人权宣言确认人

人享有基本权利和自由不受歧视的原则，

考虑到联合国在各种场合表示过它对无国籍人的深切关怀，并且竭力保证无国籍人可以最广泛地行使此项基本权利和自由，

考虑到一九五一年七月二十八日关于难民地位的公约仅适用于同时是难民的无国籍人，还有许多无国籍人不在该公约适用范围以内，

考虑到通过一项国际协定来规定和改善无国籍人的地位是合乎愿望的，

兹议定如下：

第一章 一 般 规 定

第一条 "无国籍人"的定义

一、本公约所称"无国籍人"一词是指任何国家根据它的法律不认为它的国民的人。

二、本公约不适用于：

（一）目前从联合国难民事务高级专员以外的联合国机关或机构获得保护或援助的人，只要他仍在获得此项保护或援助；

（二）被其居住地国家主管当局认为具有附着于该国国籍的权利和义务的人；

（三）存在着重大理由足以认为有下列情事的人：

（甲）该人犯了国际文件中已作出规定的破坏和平罪、战争罪、或危害人类罪；

（乙）该人在进入居住地国以前，曾在该国以外犯过严重的非政治性罪行；

（丙）该人曾有违反联合国宗旨和原则的罪行，并经认为有罪。

第二条 一般义务

每一无国籍人对其所在国负有责任，此项责任特别要求他遵守该国的法律和规章以及为维持公共秩序而采取的措施。

第三条 不受歧视

缔约各国应对无国籍人不分种族、宗教、或原籍，适用本公约的规定。

第四条 宗教

缔约各国对在其领土内的无国籍人，关于举行宗教仪式的自由以及对其子女施加宗教教育的自由方面，应至少给予其本国国民所获得的待遇。

第五条 与本公约无关的权利

本公约任何规定不得认为妨碍一个缔约国并非由于本公约而给予无国籍人的权利和利益。

第六条 "在同样情况下"一词的意义

本公约所用"在同样情况下"一词意味着凡是个别的人如果不是无国籍人，为了享受有关的权利所必需具备的任何要件（包括关于旅居或居住的期间和条件的要件），但按照要件的性质，无国籍人不可能具备者，则不在此例。

第七条 相互条件的免除

一、除本公约载有更有利的规定外，缔约国应给予无国籍人以一般外国人所获得的待遇。

二、一切无国籍人在居住期满三年以后,应在缔约各国领土内享受立法上相互条件的免除。

三、缔约各国应继续给予无国籍人在本公约对该国生效之日他们无需在相互条件下已经有权享受的权利和利益。

四、缔约各国对无需在相互条件下给予无国籍人根据第二、三两款他们有权享受以外的权利和利益,以及对不具备第二、三两款所规定条件的无国籍人亦免除相互条件的可能性,应给予有利的考虑。

五、第二、三两款的规定对本公约第十三、十八、十九、二十一和二十二条所指权利和利益,以及本公约并未规定的权利和利益,均予适用。

第八条 特殊措施的免除

关于对一外国国民的人身、财产、或利益所得采取的特殊措施,缔约各国不得仅仅因无国籍人过去曾属有关外国国籍而对其适用此项措施。缔约各国如根据其国内法不能适用本条所表示的一般原则,应在适当情况下,对此项无国籍人给予免除的优惠。

第九条 临时措施

本公约的任何规定并不妨碍一缔约国在战时或其他严重和特殊情况下对个别的人在该缔约国断定该人确为无国籍人以前,并且认为有必要为了国家安全的利益应对该人继续采取措施时,对他临时采取该国所认为对其国家安全是迫切需要的措施。

第十条 继续居住

一、无国籍人如在第二次世界大战时被强制放逐并移至缔约一国的领土并在其内居住,这种强制留居的时期应被认为在该领土内合法居住期间以内。

二、无国籍人如在第二次世界大战时被强制逐出缔约一国的领土,而在本公约生效之日以前返回该国准备定居,则在强制放逐以前和以后的居住时期,为了符合于继续居住这一要求的任何目的,应被认为是一个未经中断的期间。

第十一条 无国籍海员

对于在悬挂缔约一国国旗的船上正常服务的无国籍人,该国对于他们在其领土内定居以及发给他们旅行证件或者暂时接纳他们到该国领土内,特别是为了便利他们在另一国家定居的目的,均应给予同情的考虑。

第二章 法律上地位

第十二条 个人身份

一、无国籍人的个人身份,应受其住所地国家的法律支配,如无住所,则受其居住地国家的法律支配。

二、无国籍人以前由于个人身份而取得的权利,特别是关于婚姻的权利,应受到缔约一国的尊重,如必要时应遵守该国法律所要求的仪式,但以如果他不是无国籍人该有关的权利亦被该国法律承认者为限。

第十三条 动产和不动产

缔约各国在动产和不动产的取得及与此有关的其他权利,以及关于动产和不动产的租赁和其他契约方面,应给予无国籍人尽可能优惠的待遇,无论如何,此种待遇不得低于在同样情况下给予一般外国人的待遇。

第十四条　艺术权利和工业财产

关于工业财产的保护,例如对发明、设计或模型、商标、商号名称,以及对文学、艺术、和科学作品的权利,无国籍人在其经常居住的国家内,应给以该国国民所享有的同样保护。他在任何其他缔约国领土内,应给以他经常居住国家的国民所享有的同样保护。

第十五条　结社的权利

关于非政治性和非营利性的社团以及同业公会组织,缔约各国对合法居留在其领土内的无国籍人,应给以尽可能优惠的待遇,无论如何,此项待遇不得低于一般外国人在同样情况下所享有的待遇。

第十六条　向法院申诉的权利

一、无国籍人有权自由向所有缔约各国领土内的法院申诉。

二、无国籍人在其经常居住的缔约国内,就向法院申诉的事项,包括诉讼救助和免予提供诉讼担保在内,应享有与本国国民相同的待遇。

三、无国籍人在其经常居住的国家以外的其他国家内,就第二款所述事项,应给以他经常居住国家的国民所享有的待遇。

第三章　有利可图的职业活动

第十七条　以工资受偿的雇佣

一、缔约各国对合法在其领土内居留的无国籍人,就从事工作以换取工资的权利方面,应给以尽可能优惠的待遇,无论如何,此项待遇不得低于一般外国人在同样情况下所享有的待遇。

二、在使一切无国籍人以工资受偿雇佣的权利相同于本国国民的此项权利方面,特别是对根据劳力招募计划或移民计划而进入其领土的无国籍人,缔约各国应给以同情的考虑。

第十八条　自营职业

缔约各国对合法在其领土内的无国籍人,就其自己经营农业、工业、手工业、商业以及设立工商业公司方面,应给以尽可能优惠的待遇,无论如何,此项待遇不得低于一般外国人在同样情况下所享有的待遇。

第十九条　自由职业

缔约各国对合法居留于其领土内的无国籍人,凡持有该国主管当局所承认的文凭并愿意从事自由职业者,应给以尽可能优惠的待遇,无论如何,此项待遇不得低于一般外国人在同样情况下所享有的待遇。

第四章　福　利

第二十条　定额供应

如果存在着定额供应制度,而这一制度是适用于一般居民并调整着缺销产品的总分配,无国籍人应给以本国国民所享有的同样待遇。

第二十一条　房屋

缔约各国对合法居留于其领土的无国籍人,就房屋问题方面,如果该问题是由法律或规章调整或者受公共当局管制,应给以尽可能优惠的待遇,无论如何,此项待遇不得低于一般外国人在同样情况下所享有的待遇。

第二十二条　公共教育

一、缔约各国应给予无国籍人凡本国国民在初等教育方面所享有的同样待遇。

二、缔约各国就初等教育以外的教育,特别是就获得研究学术的机会,承认外国学校的证书、文凭和学位、减免学费、以及发给奖学金方面,应对无国籍人给以尽可能优惠的待遇,无论如何,此项待遇不得低于一般外国人在同样情况下所享有的待遇。

第二十三条　公共救济

缔约各国对合法居住在其领土内的无国籍人,就公共救济和援助方面,应给以凡其本国国民所享有的同样待遇。

第二十四条　劳动立法和社会安全

一、缔约各国对合法居留在其领土内的无国籍人,就下列各事项,应给以本国国民所享有的同样待遇:

(甲)报酬,包括家庭津贴——如这种津贴构成报酬一部分的话、工作时间、加班办法、假日工资、对带回家去工作的限制、雇佣最低年龄、学徒和训练、女工和童工、享受共同交涉的利益,如果这些事项由法律或规章规定,或者受行政当局管制的话;

(乙)社会安全(关于雇佣中所受损害、职业病、生育、疾病、残废、年老、死亡、失业、家庭负担或根据国家法律或规章包括在社会安全计划之内的任何其他事故的法律规定),但受以下规定的限制:

(子)对维持既得权利和正在取得中的权利可能作出适当安排;

(丑)居住地国的法律或规章可能对全部由公共基金支付利益金或利益金的一部或对不符合于为发给正常退职金所规定资助条件的人发给津贴,制订特别安排。

二、无国籍人由于雇佣中所受损害或职业病死亡而获得的补偿权利,不因受益人居住在缔约国领土以外而受影响。

三、缔约各国之间所缔结或在将来可能缔结的协定,凡涉及社会安全既得权利或正在取得的权利,缔约各国应以此项协定所产生的利益给予无国籍人,但以符合对有关协定各签字国国民适用的条件者为限。

四、缔约各国对以缔约国和非缔约国之间随时可能生效的类似协定所产生的利益尽量给予无国籍人一事,将予以同情的考虑。

第五章　行政措施

第二十五条　行政协助

一、如果无国籍人行使一项权利时正常地需要一个对他不能援助的外国当局的协助,则无国籍人居住地的缔约国应安排由该国自己当局给予此项协助。

二、第一款所述当局应将正常地应由该国的本国当局或通过其本国当局给予外国人的文件或证明书给予无国籍人，或者使这种文件或证明书在其监督下给予无国籍人。

三、如此发给的文件或证明书应代替由该国人的本国当局或通过其本国当局发给外国人的正式文件，并应在没有相反证据的情况下给予证明的效力。

四、除对贫苦的人可能给予特殊的待遇外，对上述服务可以征收费用，但此项费用应有限度，并应相当于为类似服务向本国国民征收的费用。

五、本条各项规定对第二十七条和第二十八条并不妨碍。

第二十六条　行动自由

缔约各国对合法在其领土内的无国籍人，应给予选择其居住地和在其领土内自由行动的权利，但应受对一般外国人在同样情况下适用的规章的限制。

第二十七条　身份证件

缔约各国对在其领土内不持有有效旅行证件的任何无国籍人，应发给身份证件。

第二十八条　旅行证件

缔约各国对合法在其领土内居留的无国籍人，除因国家安全或公共秩序的重大原因应另作考虑外，应发给旅行证件，以凭在其领土以外旅行。本公约附件的规定应适用于上述证件。缔约各国可以发给在其领土内的任何其他无国籍人上述旅行证件，缔约各国特别对于在其领土内而不能向其合法居住地国家取得旅行证件的无国籍人发给上述旅行证件一事，应给予同情的考虑。

第二十九条　财政征收

一、缔约各国不得对无国籍人征收其向本国国民在类似情况下征收以外的或较高于向其本国国民在类似情况下征收的任何种类捐税或费用。

二、前款规定并不妨碍对无国籍人适用关于向外国人发给行政文件包括身份证件在内征收费用的法律和规章。

第三十条　资产的移转

一、缔约国应在符合于其法律和规章的情况下，准许无国籍人将其携入该国领土内的资产，移转到他们为重新定居目的而已被准许入境的另一国家。

二、如果无国籍人申请移转，不论在何地方的并在另一国家重新定居所需要的财产，而且该另一国家已准其入境，则缔约国对其申请应给予同情的考虑。

第三十一条　驱逐出境

一、缔约各国除因国家安全或公共秩序理由外，不得将合法在其领土内的无国籍人驱逐出境。

二、驱逐无国籍人出境只能以按照合法程序作出的判决为根据。除因国家安全的重大理由要求另作考虑外，应准许无国籍人提出可以为自己辩白的证据，向主管当局或向由主管当局特别指定的人员申诉或者为此目的委托代表向上述当局或人员申诉。

三、缔约各国应给予上述无国籍人一个合理的期间，以便取得合法进入另一国家的许可。缔约各国保留在这期间内适用它们所认为必要的内部措施的权利。

第三十二条　入籍

缔约各国应尽可能便利无国籍人的入籍和同化。它们应特别尽力加速办理入籍程序，并尽可能减低此项程序的费用。

第六章 最后条款

第三十三条 关于国内立法的情报

缔约各国应向联合国秘书长送交它们可能采用为保证执行本公约的法律和规章。

第三十四条 争端的解决

本公约缔约国间关于公约解释或执行的争端，如不能以其他方法解决，应依争端任何一方当事国的请求，提交国际法院。

第三十五条 签字、批准和加入

一、本公约应于一九五五年十二月三十一日以前在联合国总部开放签字。

二、本公约对下列国家开放签字：

（甲）联合国任何会员国；

（乙）应邀出席联合国关于无国籍人地位会议的任何其他国家；

（丙）联合国大会对其发出签字或加入的邀请的任何国家。

三、本公约应经批准，批准书应交存联合国秘书长。

四、本公约应对本条第二款所指国家开放任凭加入。加入经向联合国秘书长交存加入书后生效。

第三十六条 领土适用条款

一、任何一国得于签字、批准、或加入时声明本公约将适用于由其负责国际关系的一切或任何领土。此项声明将于公约对该有关国家生效时发生效力。

二、此后任何时候，这种适用于领土的任何声明应用通知书送达联合国秘书长，并将从联合国秘书长收到此项通知书之日后第九十天起或者从公约对该国生效之日起发生效力，以发生在后之日期为准。

三、关于在签字、批准、或加入时本公约不适用的领土，各有关国家应考虑采取必要步骤的可能，以便将本公约扩大适用到此项领土，但以此项领土的政府因宪法上需要已同意者为限。

第三十七条 联邦条款

对于联邦或非单一政体的国家，应适用下述规定：

一、就本公约中属于联邦立法当局的立法管辖范围内的条款而言，联邦政府的义务应在此限度内与非联邦国家的缔约国相同；

二、关于本公约中属于邦、省、或县的立法管辖范围内的条款，如根据联邦的宪法制度，此项邦、省、或县不一定要采取立法行动的话，联邦政府应尽早将此项条款附具赞同的建议，提请此项邦、省、或县的主管当局注意；

三、作为本公约缔约国的联邦国家，如经联合国秘书长转达任何其他缔约国的请求时，应就联邦及其构成各单位有关本公约任何个别规定的法律和实践，提供一项声明，说明此项规定已经立法或其他行动予以实现的程度。

第三十八条 保留

一、任何国家在签字、批准、或加入时,可以对公约第一、三、四、十六(一)以及三十三至四十二(包括首尾两条在内)各条以外的条款作出保留。

二、依本条第一款作出保留的任何国家可以随时通知联合国秘书长撤回保留。

第三十九条 生效

一、本公约于第六件批准书或加入书交存之日后第九十天生效。

二、对于在第六件批准书或加入书交存后批准或加入本公约的各国,本公约将于该国交存其批准书或加入书之日后第九十天生效。

第四十条 退出

一、任何缔约国可以随时通知联合国秘书长退出本公约。

二、上述退出将于联合国秘书长收到退出通知之日起一年后对该有关缔约国生效。

三、依第三十六条作出声明或通知的任何国家可以在此以后随时通知联合国秘书长,声明公约于秘书长收到通知之日后一年停止扩大适用于此项领土。

第四十一条 修改

一、任何缔约国可以随时通知联合国秘书长,请求修改本公约。

二、联合国大会应建议对于上述请求所应采取的步骤,如果有这种步骤的话。

第四十二条 联合国秘书长的通知

联合国秘书长应将下列事项通知联合国所有会员国以及第三十五条所述非会员国:

(甲)根据第三十五条签字、批准、和加入;

(乙)根据第三十六条所作声明和通知;

(丙)根据第三十八条声明保留和撤回;

(丁)根据第三十九条本公约生效的日期;

(戊)根据第四十条声明退出和通知;

(己)根据第四十一条请求修改。

下列签署人经正式授权各自代表本国政府在本公约签字,以昭信守。

一九五四年九月二十八日订于纽约,计一份,其英文本、法文本和西班牙文本都具有同等效力,应交存于联合国档案库,其经证明为真实无误的副本应交给联合国所有会员国以及第三十五条所述非会员国。

XII 战争罪行和危害人类罪行相关文件

170. 防止及惩治灭绝种族罪公约

（联合国大会1948年12月9日通过）

缔约国，

鉴于联合国大会在其1946年12月11日第96(I)号决议内曾声明灭绝种族系国际法上的一种罪行，违背联合国的精神与宗旨，且为文明世界所不容，

认为有史以来，灭绝种族行为殃祸人类至为惨烈，

深信欲免人类再遭此类狞恶之浩劫，国际合作实所必需，

兹议定条款如下：

第一条

缔约国确认灭绝种族行为，不论发生于平时或战时，均系国际法上的一种罪行，承允防止并惩治之。

第二条

本公约内所称灭绝种族系指蓄意全部或局部消灭某一民族、人种、种族或宗教团体，犯有下列行为之一者：

(a) 杀害该团体的成员；

(b) 致使该团体的成员在身体上或精神上遭受严重伤害；

(c) 故意使该团体处于某种生活状况下，以毁灭其全部或局部的生命；

(d) 强制施行办法，意图防止该团体内的生育；

(e) 强迫转移该团体的儿童至另一团体。

第三条

下列行为应予惩治：

(a) 灭绝种族；

(b) 预谋灭绝种族；

(c) 直接公然煽动灭绝种族；

(d) 意图灭绝种族；

(e) 共谋灭绝种族。

第四条

凡犯灭绝种族罪或有第三条所列其他行为之一者，无论其为依宪法负责的统治者、公务员或私人，均应惩治之。

第五条

缔约国承允各依照其本国宪法制定必要的法律，以实施本公约各项规定，而对于犯灭绝种族罪或有第三条所列其他行为之一者尤应规定有效的惩治。

第六条

凡被诉犯灭绝种族罪或有第三条所列其他行为之一者,应交由行为发生地国家的主管法院,或缔约国接受其管辖权的国际刑事法庭审理之。

第七条

灭绝种族罪及第三条所列其他行为不得视为政治罪行,俾便引渡。

缔约国承诺遇有此类案件时,各依照其本国法律及现行条约,予以引渡。

第八条

任何缔约国得提请联合国的主管机关遵照联合国宪章,采取其认为适当的行动,以防止及惩治灭绝种族的行为或第三条所列任何其他行为。

第九条

缔约国间关于本公约的解释、适用或实施的争端,包括关于某一国家对于灭绝种族罪或第三条所列任何其他行为的责任的争端,经争端一方的请求,应提交国际法院。

第十条

本公约载有下列日期:1948年12月9日;其中文、英文、法文、俄文及西班牙文各本同一作准。

第十一条

联合国任何会员国及曾经大会邀请参加签订的任何非会员国,得于1949年12月31日前签署本公约。

本公约应予批准;批准书应交存联合国秘书长。

1950年1月1日,联合国任何会员国及曾接上述邀请的任何非会员国得加入本公约。

加入书应交存联合国秘书长。

第十二条

任何缔约国得随时通知联合国秘书长将本公约适用于该缔约国负责办理外交的一切或任何领土。

第十三条

秘书长应于收存批准书或加入书满二十份之日,拟具备忘录一件,分送联合国各会员国及第十一条所规定的各非会员国一份。

本公约应自第二十份批准书或加入书交存之日起,九十日后发生效力。

本公约生效后的任何批准或加入,应于各该批准书或加入书交存后第九十日起发生效力。

第十四条

本公约自发生效力之日起十年内有效。

嗣后本公约对于未经声明退约的缔约国仍继续有效,以五年为一期;退约声明须在有效时期届满至少六个月前为之。

退约应以书面通知联合国秘书长。

第十五条

如因退约结果,致本公约的缔约国数目不满十六国时,本公约应于最后的退约通知生效之日起失效。

第十六条

任何缔约国得随时以书面通知秘书长请求修改本公约。

大会对于此种请求,应决定采取何种步骤。

第十七条

联合国秘书长应将下列事项通知联合国各会员国及第十一条所规定的非会员国:

(a) 依照第十一条所收到的签署、批准及加入;

(b) 依照第十二条所收到的通知;

(c) 依照第十三条本公约开始生效的日期;

(d) 依照第十四条所收到的退约通知;

(e) 依照第十五条,本公约的废止;

(f) 依照第十六条所收到的通知。

第十八条

本公约的正本应交存联合国档案库。

本公约的正式副本应分送联合国各会员国及第十一条所规定的非会员国。

第十九条

本公约应于生效之日,由联合国秘书长予以登记。

171. 战争罪及危害人类罪不适用法定时效公约

(联合国大会1968年11月26日通过)

序　言

本公约缔约国,

回顾联合国大会关于引渡与惩治战争罪犯的一九四六年二月十三日第3(I)号决议及一九四七年十月三十一日第170(II)号决议以及确认纽伦堡国际军事法庭组织法及该法庭判决所承认国际法原则的一九四六年十二月十一日第95(I)号决议与分别明白谴责侵害土著人民经济及政治权利及种族隔离政策为危害人类罪的一九六六年十二月十二日第2184(XXI)号决议及一九六六年十二月十六日第2202(XXI)号决议,

回顾联合国经济及社会理事会关于惩治战争罪犯及危害人类罪犯的一九六五年七月二十八日第1074D(XXXIX)号决议及一九六六年八月五日第1158(XLI)号决议,

鉴悉关于战争罪及危害人类罪追诉权及行刑权的各项郑重宣言、约章或公约均不设法定时效期间的规定,

鉴于战争罪及危害人类罪乃国际法上情节最重大之罪,

深信有效惩治战争罪及危害人类罪为防止此种罪行、保障人权与基本自由、鼓励信心、促进民族间合作及增进国际和平与安全的一个重要因素,

鉴悉国内法关于普通罪行的时效规则适用于战争罪及危害人类罪，为世界舆论极感忧虑的事，因其足以防止追诉与惩罚犯各该罪的人，

承认必须且合乎时宜经由本公约在国际法上确认战争罪及危害人类罪无时效期间的原则并设法使此原则普遍适用，

爰议定条款如下：

第一条

下列各罪，不论其犯罪日期，不适用法定时效：

（甲）一九四五年八月八日纽伦堡国际法庭组织法明定，并经联合国大会一九四六年二月十三日第3（I）号决议及一九四六年十二月十一日第95（I）号决议确认的战争罪，尤其为一九四九年八月十二日保护战争受害人日内瓦公约列举的"重大违约情事"；

（乙）一九四五年八月八日纽伦堡国际军事法庭组织法明定并经联合国大会一九四六年二月十三日第3（I）号决议及一九四六年十二月十一日第95（I）号决议确认的危害人类罪，无论犯罪系在战时抑在平时，以武装攻击或占领迫使迁离及因种族隔离政策而起的不人道行为，及一九四八年防止及惩治灭绝种族罪公约明定的灭绝种族罪，即使此等行为并不触犯行为所在地的国内法。

第二条

遇犯在第一条所称各罪情事，本公约的规定适用于以正犯或从犯身份参加或直接煽动他人犯各该罪，或阴谋伙党犯各该罪的国家当局代表及私人，不问既遂的程度如何，并适用于容许犯此种犯罪的国家当局代表。

第三条

本公约缔约国承允采取一切必要国内立法或其他措施，俾得依国际法引渡本公约第二条所称的人。

第四条

本公约缔约国承允各依本国宪法程序，采取必要立法或其他措施，以确保法定或他种时效不适用于本公约第一条及第二条所称各罪的追诉权及行刑权，倘有此项时效规定，应行废止。

第五条

本公约在一九六九年十二月三十一日以前开放给联合国任何会员国、任何专门机构或国际原子能机构的会员国、国际法院规约任何当事国及经由联合国大会邀请参加为本公约缔约国的任何其他国家签字。

第六条

本公约须经批准。批准书应交存联合国秘书长。

第七条

本公约开放给第五条所称任何国家加入。加入书应交存联合国秘书长。

第八条

一、本公约于第十件批准书或加入书交存联合国秘书长后第九十日起发生效力。

二、对于在第十件批准书或加入书存放后批准或加入本公约的国家，本公约应于各该国交存批准书或加入书后第九十日起发生效力。

第九条

一、任何缔约国得于本公约生效之日起满十年后随时以书面通知联合国秘书长请求修改本公约。

二、对于此项请求应采何种步骤,由联合国大会决定。

第十条

一、本公约应交存于联合国秘书长。

二、联合国秘书长应将本公约正式副本分送第五条所称所有国家。

三、联合国秘书长应将下列各事通知第五条所称所有国家:

(甲)依第五条、第六条及第七条对本公约所为的签字及交存的批准书及加入书;

(乙)本公约依第八条发生效力的日期;

(丙)依第九条收到的来文。

第十一条

本公约中文、英文、法文、俄文及西班牙文各本同一作准,订约日期为一九六八年十一月二十六日。

为此,下列各代表各秉其正式授予签字的权利,谨签字于本公约。

172. 国际刑事法院罗马规约(节选)

(联合国大会设立国际刑事法院全权代表外交会议 1998 年 7 月 17 日通过)

序　言

本规约缔约国,

意识到各国人民唇齿相依,休戚与共,他们的文化拼合组成人类共同财产,但是担心这种并不牢固的拼合随时可能分裂瓦解,

注意到在本世纪内,难以想象的暴行残害了无数儿童、妇女和男子的生命,使全人类的良知深受震动,

认识到这种严重犯罪危及世界的和平、安全与福祉,

申明对于整个国际社会关注的最严重犯罪,绝不能听之任之不予处罚,为有效惩治罪犯,必须通过国家一级采取措施并加强国际合作,

决心使上述犯罪的罪犯不再逍遥法外,从而有助于预防这种犯罪,

忆及各国有义务对犯有国际罪行的人行使刑事管辖权,

重申《联合国宪章》的宗旨及原则,特别是各国不得以武力相威胁或使用武力,或以与联合国宗旨不符的任何其他方法,侵犯任何国家的领土完整或政治独立,

强调本规约的任何规定不得解释为允许任何缔约国插手他国内政中的武装冲突,

决心为此目的并为了今世后代设立一个独立的常设国际刑事法院,与联合国系统建立

关系,对整个国际社会关注的最严重犯罪具有管辖权,

强调根据本规约设立的国际刑事法院对国内刑事管辖权起补充作用,

决心保证永远尊重国际正义的执行,

议定如下:

第一编 法院的设立

第一条 法院

兹设立国际刑事法院("本法院")。本法院为常设机构,有权就本规约所提到的、受到国际关注的最严重犯罪对个人行使其管辖权,并对国家刑事管辖权起补充作用。本法院的管辖权和运作由本规约的条款加以规定。

第二条 法院与联合国的关系

本法院应当以本规约缔约国大会批准后,由院长代表本法院缔结的协定与联合国建立关系。

第三条 法院所在地

(一)本法院设在荷兰("东道国")海牙。

(二)本法院应当在缔约国大会批准后,由院长代表本法院与东道国缔结总部协定。

(三)本法院根据本规约规定,在其认为适宜时,可以在其他地方开庭。

第四条 法院的法律地位和权力

(一)本法院具有国际法律人格,并享有为行使其职能和实现其宗旨所必需的法律行为能力。

(二)本法院根据本规约规定,可以在任何缔约国境内,或以特别协定在任何其他国家境内,行使其职能和权力。

第二编 管辖权、可受理性和适用的法律

第五条 法院管辖权内的犯罪

(一)本法院的管辖权限于整个国际社会关注的最严重犯罪。本法院根据本规约,对下列犯罪具有管辖权:

1. 灭绝种族罪;
2. 危害人类罪;
3. 战争罪;
4. 侵略罪。

(二)在依照第一百二十一条和第一百二十三条制定条款,界定侵略罪的定义,及规定本法院对这一犯罪行使管辖权的条件后,本法院即对侵略罪行使管辖权。这一条款应符合《联合国宪章》有关规定。

第六条 灭绝种族罪

为了本规约的目的,"灭绝种族罪"是指蓄意全部或局部消灭某一民族、族裔、种族或宗教团体而实施的下列任何一种行为:

1. 杀害该团体的成员;
2. 致使该团体的成员在身体上或精神上遭受严重伤害;
3. 故意使该团体处于某种生活状况下,毁灭其全部或局部的生命;
4. 强制施行办法,意图防止该团体内的生育;
5. 强迫转移该团体的儿童至另一团体。

第七条 危害人类罪

(一)为了本规约的目的,"危害人类罪"是指在广泛或有系统地针对任何平民人口进行的攻击中,在明知这一攻击的情况下,作为攻击的一部分而实施的下列任何一种行为:

1. 谋杀;
2. 灭绝;
3. 奴役;
4. 驱逐出境或强行迁移人口;
5. 违反国际法基本规则,监禁或以其他方式严重剥夺人身自由;
6. 酷刑;
7. 强奸、性奴役、强迫卖淫、强迫怀孕、强迫绝育或严重程度相当的任何其他形式的性暴力;
8. 基于政治、种族、民族、族裔、文化、宗教、第三款所界定的性别,或根据公认为国际法不容的其他理由,对任何可以识别的团体或集体进行迫害,而且与任何一种本款提及的行为或任何一种本法院管辖权内的犯罪结合发生;
9. 强迫人员失踪;
10. 种族隔离罪;
11. 故意造成重大痛苦,或对人体或身心健康造成严重伤害的其他性质相同的不人道行为。

(二)为了第一款的目的:

1. "针对任何平民人口进行的攻击"是指根据国家或组织攻击平民人口的政策,或为了推行这种政策,针对任何平民人口多次实施第一款所述行为的行为过程;
2. "灭绝"包括故意施加某种生活状况,如断绝粮食和药品来源,目的是毁灭部分的人口;
3. "奴役"是指对一人行使附属于所有权的任何或一切权力,包括在贩卖人口,特别是贩卖妇女和儿童的过程中行使这种权力;
4. "驱逐出境或强行迁移人口"是指在缺乏国际法容许的理由的情况下,以驱逐或其他胁迫行为,强迫有关的人迁离其合法留在的地区;
5. "酷刑"是指故意致使在被告人羁押或控制下的人的身体或精神遭受重大痛苦;但酷刑不应包括纯因合法制裁而引起的,或这种制裁所固有或附带的痛苦;
6. "强迫怀孕"是指以影响任何人口的族裔构成的目的,或以进行其他严重违反国际法

的行为的目的,非法禁闭被强迫怀孕的妇女。本定义不得以任何方式解释为影响国内关于妊娠的法律;

7. "迫害"是指违反国际法规定,针对某一团体或集体的特性,故意和严重地剥夺基本权利;

8. "种族隔离罪"是指一个种族团体对任何其他一个或多个种族团体,在一个有计划地实行压迫和统治的体制化制度下,实施性质与第一款所述行为相同的不人道行为,目的是维持该制度的存在;

9. "强迫人员失踪"是指国家或政治组织直接地,或在其同意、支持或默许下,逮捕、羁押或绑架人员,继而拒绝承认这种剥夺自由的行为,或拒绝透露有关人员的命运或下落,目的是将其长期置于法律保护之外。

(三)为了本规约的目的,"性别"一词应被理解为是指社会上的男女两性。"性别"一词仅反映上述意思。

第八条 战争罪

(一)本法院对战争罪具有管辖权,特别是对于作为一项计划或政策的一部分所实施的行为,或作为在大规模实施这些犯罪中所实施的行为。

(二)为了本规约的目的,"战争罪"是指:

1. 严重破坏1949年8月12日《日内瓦公约》的行为,即对有关的《日内瓦公约》规定保护的人或财产实施下列任何一种行为:

(1) 故意杀害;

(2) 酷刑或不人道待遇,包括生物学实验;

(3) 故意使身体或健康遭受重大痛苦或严重伤害;

(4) 无军事上的必要,非法和恣意地广泛破坏和侵占财产;

(5) 强迫战俘或其他被保护人在敌国部队中服役;

(6) 故意剥夺战俘或其他被保护人应享的公允及合法审判的权利;

(7) 非法驱逐出境或迁移或非法禁闭;

(8) 劫持人质。

2. 严重违反国际法既定范围内适用于国际武装冲突的法规和惯例的其他行为,即下列任何一种行为:

(1) 故意指令攻击平民人口本身或未直接参加敌对行动的个别平民;

(2) 故意指令攻击民用物体,即非军事目标的物体;

(3) 故意指令攻击依照《联合国宪章》执行的人道主义援助或维持和平行动的所涉人员、设施、物资、单位或车辆,如果这些人员和物体有权得到武装冲突国际法规给予平民和民用物体的保护;

(4) 故意发动攻击,明知这种攻击将附带造成平民伤亡或破坏民用物体或致使自然环境遭受广泛、长期和严重的破坏,其程度与预期得到的具体和直接的整体军事利益相比显然是过分的;

(5) 以任何手段攻击或轰击非军事目标的不设防城镇、村庄、住所或建筑物;

(6) 杀、伤已经放下武器或丧失自卫能力并已无条件投降的战斗员;

(7) 不当使用休战旗、敌方或联合国旗帜或军事标志和制服,以及《日内瓦公约》所订特殊标志,致使人员死亡或重伤;

(8) 占领国将部分本国平民人口间接或直接迁移到其占领的领土,或将被占领领土的全部或部分人口驱逐或迁移到被占领领土内或外的地方;

(9) 故意指令攻击专用于宗教、教育、艺术、科学或慈善事业的建筑物、历史纪念物、医院和伤病人员收容所,除非这些地方是军事目标;

(10) 致使在敌方权力下的人员肢体遭受残伤,或对其进行任何种类的医学或科学实验,而这些实验既不具有医学、牙医学或住院治疗有关人员的理由,也不是为了该人员的利益而进行的,并且导致这些人员死亡或严重危及其健康;

(11) 以背信弃义的方式杀、伤属于敌国或敌军的人员;

(12) 宣告决不纳降;

(13) 摧毁或没收敌方财产,除非是基于战争的必要;

(14) 宣布取消、停止敌方国民的权利和诉讼权,或在法院中不予执行;

(15) 强迫敌方国民参加反对他们本国的作战行动,即使这些人在战争开始前,已为该交战国服役;

(16) 抢劫即使是突击攻下的城镇或地方;

(17) 使用毒物或有毒武器;

(18) 使用窒息性、有毒或其他气体,以及所有类似的液体、物质或器件;

(19) 使用在人体内易于膨胀或变扁的子弹,如外壳坚硬而不完全包裹弹芯或外壳经切穿的子弹;

(20) 违反武装冲突国际法规,使用具有造成过分伤害或不必要痛苦的性质,或基本上为滥杀滥伤的武器、射弹、装备和作战方法,但这些武器、射弹、装备和作战方法应当已被全面禁止,并已依照第一百二十一条和第一百二十三条的有关规定以一项修正案的形式列入本规约的一项附件内;

(21) 损害个人尊严,特别是侮辱性和有辱人格的待遇;

(22) 强奸、性奴役、强迫卖淫、第七条第二款第 6 项所界定的强迫怀孕、强迫绝育或构成严重破坏《日内瓦公约》的任何其他形式的性暴力;

(23) 将平民或其他被保护人置于某些地点、地区或军事部队,利用其存在使该地点、地区或军事部队免受军事攻击;

(24) 故意指令攻击依照国际法使用《日内瓦公约》所订特殊标志的建筑物、装备、医疗单位和运输工具及人员;

(25) 故意以断绝平民粮食作为战争方法,使平民无法取得其生存所必需的物品,包括故意阻碍根据《日内瓦公约》规定提供救济物品;

(26) 征募不满十五岁的儿童加入国家武装部队,或利用他们积极参与敌对行动。

3. 在非国际性武装冲突中,严重违反 1949 年 8 月 12 日四项《日内瓦公约》共同第三条的行为,即对不实际参加敌对行动的人,包括已经放下武器的武装部队人员,及因病、伤、拘留或任何其他原因而失去战斗力的人员,实施下列任何一种行为:

(1) 对生命与人身施以暴力,特别是各种谋杀、残伤肢体、虐待及酷刑;

(2) 损害个人尊严,特别是侮辱性和有辱人格的待遇;
(3) 劫持人质;
(4) 未经具有公认为必需的司法保障的正规组织的法庭宣判,径行判罪和处决。

4. 第二款第 3 项适用于非国际性武装冲突,因此不适用于内部动乱和紧张局势,如暴动、孤立和零星的暴力行为或其他性质相同的行为。

5. 严重违反国际法既定范围内适用于非国际性武装冲突的法规和惯例的其他行为,即下列任何一种行为:
(1) 故意指令攻击平民人口本身或未直接参加敌对行动的个别平民;
(2) 故意指令攻击按照国际法使用《日内瓦公约》所订特殊标志的建筑物、装备、医疗单位和运输工具及人员;
(3) 故意指令攻击依照《联合国宪章》执行的人道主义援助或维持和平行动的所涉人员、设施、物资、单位或车辆,如果这些人员和物体有权得到武装冲突法规给予平民和民用物体的保护;
(4) 故意指令攻击专用于宗教、教育、艺术、科学或慈善事业的建筑物、历史纪念物、医院和伤病人员收容所,除非这些地方是军事目标;
(5) 抢劫即使是突击攻下的城镇或地方;
(6) 强奸、性奴役、强迫卖淫、第七条第二款第 6 项所界定的强迫怀孕、强迫绝育以及构成严重违反四项《日内瓦公约》共同第三条的任何其他形式的性暴力;
(7) 征募不满十五岁的儿童加入武装部队或集团,或利用他们积极参加敌对行动;
(8) 基于与冲突有关的理由下令平民人口迁移,但因所涉平民的安全或因迫切的军事理由而有需要的除外;
(9) 以背信弃义的方式杀、伤属敌对方战斗员;
(10) 宣告决不纳降;
(11) 致使在冲突另一方权力下的人员肢体遭受残伤,或对其进行任何种类的医学或科学实验,而这些实验既不具有医学、牙医学或住院治疗有关人员的理由,也不是为了该人员的利益而进行的,并且导致这些人员死亡或严重危及其健康;
(12) 摧毁或没收敌对方的财产,除非是基于冲突的必要;

6. 第二款第 5 项适用于非国际性武装冲突,因此不适用于内部动乱和紧张局势,如暴动、孤立和零星的暴力行为或其他性质相同的行为。该项规定适用于在一国境内发生的武装冲突,如果政府当局与有组织武装集团之间,或这种集团相互之间长期进行武装冲突。

(三) 第二款第 3 项和第 4 项的任何规定,均不影响一国政府以一切合法手段维持或恢复国内法律和秩序,或保卫国家统一和领土完整的责任。

第九条 犯罪要件

(一) 本法院在解释和适用第六条、第七条和第八条时,应由《犯罪要件》辅助。《犯罪要件》应由缔约国大会成员三分之二多数通过。

(二) 下列各方可以对《犯罪要件》提出修正案:
1. 任何缔约国;
2. 以绝对多数行事的法官;

3. 检察官。

修正案应由缔约国大会成员三分之二多数通过。

(三)《犯罪要件》及其修正应符合本规约。

第十条 除为了本规约的目的以外,本编的任何规定不得解释为限制或损害现有或发展中的国际法规则。

第十一条 属时管辖权

(一) 本法院仅对本规约生效后实施的犯罪具有管辖权。

(二) 对于在本规约生效后成为缔约国的国家,本法院只能对在本规约对该国生效后实施的犯罪行使管辖权,除非该国已根据第十二条第三款提交声明。

第十二条 行使管辖权的先决条件

(一) 一国成为本规约缔约国,即接受本法院对第五条所述犯罪的管辖权。

(二) 对于第十三条第1项或第3项的情况,如果下列一个或多个国家是本规约缔约国或依照第三款接受了本法院管辖权,本法院即可以行使管辖权:

1. 有关行为在其境内发生的国家;如果犯罪发生在船舶或飞行器上,该船舶或飞行器的注册国;

2. 犯罪被告人的国籍国。

(三) 如果根据第二款的规定,需要得到一个非本规约缔约国的国家接受本法院的管辖权,该国可以向书记官长提交声明,接受本法院对有关犯罪行使管辖权。该接受国应依照本规约第九编规定,不拖延并无例外地与本法院合作。

第十三条 行使管辖权

在下列情况下,本法院可以依照本规约的规定,就第五条所述犯罪行使管辖权:

1. 缔约国依照第十四条规定,向检察官提交显示一项或多项犯罪已经发生的情势;

2. 安全理事会根据《联合国宪章》第七章行事,向检察官提交显示一项或多项犯罪已经发生的情势;或

3. 检察官依照第十五条开始调查一项犯罪。

第十四条 缔约国提交情势

(一) 缔约国可以向检察官提交显示一项或多项本法院管辖权内的犯罪已经发生的情势,请检察官调查该情势,以便确定是否应指控某个人或某些人实施了这些犯罪。

(二) 提交情势时,应尽可能具体说明相关情节,并附上提交情势的国家所掌握的任何辅助文件。

第十五条 检察官

(一) 检察官可以自行根据有关本法院管辖权内的犯罪的资料开始调查。

(二) 检察官应分析所收到的资料的严肃性。为此目的,检察官可以要求国家、联合国机构、政府间组织或非政府组织,或检察官认为适当的其他可靠来源提供进一步资料,并可以在本法院所在地接受书面或口头证言。

(三) 检察官如果认为有合理根据进行调查,应请求预审分庭授权调查,并附上收集到的任何辅助材料。被害人可以依照《程序和证据规则》向预审分庭作出陈述。

(四) 预审分庭在审查请求及辅助材料后,如果认为有合理根据进行调查,并认为案件显

然属于本法院管辖权内的案件,应授权开始调查。这并不妨碍本法院其后就案件的管辖权和可受理性问题作出断定。

(五)预审分庭拒绝授权调查,并不排除检察官以后根据新的事实或证据就同一情势再次提出请求。

(六)检察官在进行了第一款和第二款所述的初步审查后,如果认为所提供的资料不构成进行调查的合理根据,即应通知提供资料的人。这并不排除检察官审查根据新的事实或证据,就同一情势提交的进一步资料。

第十六条 推迟调查或起诉

如果安全理事会根据《联合国宪章》第七章通过决议,向本法院提出要求,在其后十二个月内,本法院不得根据本规约开始或进行调查或起诉;安全理事会可以根据同样条件延长该项请求。

第十七条 可受理性问题

(一)考虑到序言第十段及第一条,在下列情况下,本法院应断定案件不可受理:

1. 对案件具有管辖权的国家正在对该案件进行调查或起诉,除非该国不愿意或不能够切实进行调查或起诉;

2. 对案件具有管辖权的国家已经对该案进行调查,而且该国已决定不对有关的人进行起诉,除非作出这项决定是由于该国不愿意或不能够切实进行起诉;

3. 有关的人已经由于作为控告理由的行为受到审判,根据第二十条第三款,本法院不得进行审判;

4. 案件缺乏足够的严重程度,本法院无采取进一步行动的充分理由。

(二)为了确定某一案件中是否有不愿意的问题,本法院应根据国际法承认的正当程序原则,酌情考虑是否存在下列一种或多种情况:

1. 已经或正在进行的诉讼程序,或一国所作出的决定,是为了包庇有关的人,使其免负第五条所述的本法院管辖权内的犯罪的刑事责任;

2. 诉讼程序发生不当延误,而根据实际情况,这种延误不符合将有关的人绳之以法的目的;

3. 已经或正在进行的诉讼程序,没有以独立或公正的方式进行,而根据实际情况,采用的方式不符合将有关的人绳之以法的目的。

(三)为了确定某一案件中是否有不能够的问题,本法院应考虑,一国是否由于本国司法系统完全瓦解,或实际上瓦解或者并不存在,因而无法拘捕被告人或取得必要的证据和证言,或在其他方面不能进行本国的诉讼程序。

第十八条 关于可受理性的初步裁定

(一)在一项情势已依照第十三条第1项提交本法院,而且检察官认为有合理根据开始调查时,或在检察官根据第十三条第3项和第十五条开始调查时,检察官应通报所有缔约国,及通报根据所得到的资料考虑,通常对有关犯罪行使管辖权的国家。检察官可以在保密的基础上通报上述国家。如果检察官认为有必要保护个人、防止毁灭证据或防止潜逃,可以限制向国家提供的资料的范围。

(二)在收到上述通报一个月内,有关国家可以通知本法院,对于可能构成第五条所述犯罪,而且与国家通报所提供的资料有关的犯罪行为,该国正在或已经对本国国民或在其管辖权内的其他人进行调查。根据该国的要求,检察官应等候该国对有关的人的调查,除非预审分庭根据检察官的申请,决定授权进行调查。

(三)检察官等候一国调查的决定,在决定等候之日起六个月后,或在由于该国不愿意或不能够切实进行调查,情况发生重大变化的任何时候,可以由检察官复议。

(四)对预审分庭作出的裁定,有关国家或检察官可以根据第八十二条第二款向上诉分庭提出上诉。上诉得予从速审理。

(五)如果检察官根据第二款等候调查,检察官可以要求有关国家定期向检察官通报其调查的进展和其后的任何起诉。缔约国应无不当拖延地对这方面的要求作出答复。

(六)在预审分庭作出裁定以前,或在检察官根据本条等候调查后的任何时间,如果出现取得重要证据的独特机会,或者面对证据日后极可能无法获得的情况,检察官可以请预审分庭作为例外,授权采取必要调查步骤,保全这种证据。

(七)质疑预审分庭根据本条作出的裁定的国家,可以根据第十九条,以掌握进一步的重要事实或情况发生重大变化的理由,对案件的可受理性提出质疑。

第十九条 质疑法院的管辖权或案件的可受理性

(一)本法院应确定对收到的任何案件具有管辖权。本法院可以依照第十七条,自行断定案件的可受理性。

(二)下列各方可以根据第十七条所述理由,对案件的可受理性提出质疑,也可以对本法院的管辖权提出质疑:

1. 被告人或根据第五十八条已对其发出逮捕证或出庭传票的人;
2. 对案件具有管辖权的国家,以正在或已经调查或起诉该案件为理由提出质疑;或
3. 根据第十二条需要其接受本法院管辖权的国家。

(三)检察官可以请本法院就管辖权或可受理性问题作出裁定。在关于管辖权或可受理性问题的程序中,根据第十三条提交情势的各方及被害人均可以向本法院提出意见。

(四)第二款所述任何人或国家,只可以对某一案件的可受理性或本法院的管辖权提出一次质疑。这项质疑应在审判开始前或开始时提出。在特殊情况下,本法院可以允许多次提出质疑,或在审判开始后提出质疑。在审判开始时,或经本法院同意,在其后对某一案件的可受理性提出的质疑,只可以根据第十七条第一款第3项提出。

(五)第二款第2项和第3项所述国家应尽早提出质疑。

(六)在确认指控以前,对某一案件的可受理性的质疑或对本法院管辖权的质疑,应提交预审分庭。在确认指控以后,应提交审判分庭。对于就管辖权或可受理性问题作出的裁判,可以依照第八十二条向上诉分庭提出上诉。

(七)如果质疑系由第二款第2项或第3项所述国家提出,在本法院依照第十七条作出断定以前,检察官应暂停调查。

(八)在本法院作出裁定以前,检察官可以请求本法院授权:

1. 采取第十八条第六款所述一类的必要调查步骤;
2. 录取证人的陈述或证言,或完成在质疑提出前已开始的证据收集和审查工作;和
3. 与有关各国合作,防止已被检察官根据第五十八条请求对其发出逮捕证的人潜逃。

（九）提出质疑不影响检察官在此以前采取的任何行动，或本法院在此以前发出的任何命令或逮捕证的有效性。

（十）如果本法院根据第十七条决定某一案件不可受理，检察官在确信发现的新事实否定原来根据第十七条认定案件不可受理的依据时，可以请求复议上述决定。

（十一）如果检察官考虑到第十七条所述的事项，等候一项调查，检察官可以请有关国家向其提供关于调查程序的资料。根据有关国家的请求，这些资料应予保密。检察官其后决定进行调查时，应将曾等候一国进行调查的程序通知该国。

第二十条　一罪不二审

（一）除本规约规定的情况外，本法院不得就本法院已经据以判定某人有罪或无罪的行为审判该人。

（二）对于第五条所述犯罪，已经被本法院判定有罪或无罪的人，不得因该犯罪再由另一法院审判。

（三）对于第六条、第七条或第八条所列的行为，已经由另一法院审判的人，不得因同一行为受本法院审判，除非该另一法院的诉讼程序有下列情形之一：

1. 是为了包庇有关的人，使其免负本法院管辖权内的犯罪的刑事责任；或

2. 没有依照国际法承认的正当程序原则，以独立或公正的方式进行，而且根据实际情况，采用的方式不符合将有关的人绳之以法的目的。

第二十一条　适用的法律

（一）本法院应适用的法律依次为：

1. 首先，适用本规约、《犯罪要件》和本法院的《程序和证据规则》；

2. 其次，视情况适用可予适用的条约及国际法原则和规则，包括武装冲突国际法规确定的原则；

3. 无法适用上述法律时，适用本法院从世界各法系的国内法，包括适当时从通常对该犯罪行使管辖权的国家的国内法中得出的一般法律原则，但这些原则不得违反本规约、国际法和国际承认的规范和标准。

（二）本法院可以适用其以前的裁判所阐释的法律原则和规则。

（三）依照本条适用和解释法律，必须符合国际承认的人权，而且不得根据第七条第三款所界定的性别、年龄、种族、肤色、语言、宗教或信仰、政见或其他见解、民族本源、族裔、社会出身、财富、出生或其他身份等作出任何不利区别。

第三编　刑法的一般原则

第二十二条　法无明文不为罪

（一）只有当某人的有关行为在发生时构成本法院管辖权内的犯罪，该人才根据本规约负刑事责任。

（二）犯罪定义应予以严格解释，不得类推延伸。涵义不明时，对定义作出的解释应有利于被调查、被起诉或被定罪的人。

（三）本条不影响依照本规约以外的国际法将任何行为定性为犯罪行为。

第二十三条 法无明文者不罚
被本法院定罪的人,只可以依照本规约受处罚。

第二十四条 对人不溯及既往
(一) 个人不对本规约生效以前发生的行为负本规约规定的刑事责任。

(二) 如果在最终判决以前,适用于某一案件的法律发生改变,应当适用对被调查、被起诉或被定罪的人较为有利的法律。

第二十五条 个人刑事责任
(一) 本法院根据本规约对自然人具有管辖权。

(二) 实施本法院管辖权内的犯罪的人,应依照本规约的规定负个人责任,并受到处罚。

(三) 有下列情形之一的人,应依照本规约的规定,对一项本法院管辖权内的犯罪负刑事责任,并受到处罚:

1. 单独、伙同他人、通过不论是否负刑事责任的另一人,实施这一犯罪;

2. 命令、唆使、引诱实施这一犯罪,而该犯罪事实上是既遂或未遂的;

3. 为了便利实施这一犯罪,帮助、教唆或以其他方式协助实施或企图实施这一犯罪,包括提供犯罪手段;

4. 以任何其他方式支助以共同目的行事的团伙实施或企图实施这一犯罪。这种支助应当是故意的,并且符合下列情况之一:

(1) 是为了促进这一团伙的犯罪活动或犯罪目的,而这种活动或目的涉及实施本法院管辖权内的犯罪;

(2) 明知这一团伙实施该犯罪的意图;

5. 就灭绝种族罪而言,直接公然煽动他人灭绝种族;

6. 已经以实际步骤着手采取行动,意图实施犯罪,但由于其意志以外的情况,犯罪没有发生。但放弃实施犯罪或防止犯罪完成的人,如果完全和自愿地放弃其犯罪目的,不按犯罪未遂根据本规约受处罚。

(四) 本规约关于个人刑事责任的任何规定,不影响国家依照国际法所负的责任。

第二十六条 对不满十八周岁的人不具有管辖权
对于实施被控告犯罪时不满十八周岁的人,本法院不具有管辖权。

第二十七条 官方身份的无关性
(一) 本规约对任何人一律平等适用,不得因官方身份而差别适用。特别是作为国家元首或政府首脑、政府成员或议会议员、选任代表或政府官员的官方身份,在任何情况下都不得免除个人根据本规约所负的刑事责任,其本身也不得构成减轻刑罚的理由。

(二) 根据国内法或国际法可能赋予某人官方身份的豁免或特别程序规则,不妨碍本法院对该人行使管辖权。

第二十八条 指挥官和其他上级的责任
除根据本规约规定须对本法院管辖权内的犯罪负刑事责任的其他理由以外:

(一) 军事指挥官或以军事指挥官身份有效行事的人,如果未对在其有效指挥和控制下的部队,或在其有效管辖和控制下的部队适当行使控制,在下列情况下,应对这些部队实施的本法院管辖权内的犯罪负刑事责任:

1. 该军事指挥官或该人知道,或者由于当时的情况理应知道,部队正在实施或即将实施这些犯罪;和

2. 该军事指挥官或该人未采取在其权力范围内的一切必要而合理的措施,防止或制止这些犯罪的实施,或报请主管当局就此事进行调查和起诉。

(二)对于第一款未述及的上下级关系,上级人员如果未对在其有效管辖或控制下的下级人员适当行使控制,在下列情况下,应对这些下级人员实施的本法院管辖权内的犯罪负刑事责任:

1. 该上级人员知道下级人员正在实施或即将实施这些犯罪,或故意不理会明确反映这一情况的情报;

2. 犯罪涉及该上级人员有效负责和控制的活动;和

3. 该上级人员未采取在其权力范围内的一切必要而合理的措施,防止或制止这些犯罪的实施,或报请主管当局就此事进行调查和起诉。

第二十九条　不适用时效

本法院管辖权内的犯罪不适用任何时效。

第三十条　心理要件

(一)除另有规定外,只有当某人在故意和明知的情况下实施犯罪的物质要件,该人才对本法院管辖权内的犯罪负刑事责任,并受到处罚。

(二)为了本条的目的,有下列情形之一的,即可以认定某人具有故意:

1. 就行为而言,该人有意从事该行为;

2. 就结果而言,该人有意造成该结果,或者意识到事态的一般发展会产生该结果。

(三)为了本条的目的,"明知"是指意识到存在某种情况,或者事态的一般发展会产生某种结果。"知道"和"明知地"应当作相应的解释。

第三十一条　排除刑事责任的理由

(一)除本规约规定的其他排除刑事责任的理由外,实施行为时处于下列状况的人不负刑事责任:

1. 该人患有精神病或精神不健全,因而丧失判断其行为的不法性或性质的能力,或控制其行为以符合法律规定的能力;

2. 该人处于醉态,因而丧失判断其行为的不法性或性质的能力,或控制其行为以符合法律规定的能力,除非该人在某种情况下有意识地进入醉态,明知自己进入醉态后,有可能从事构成本法院管辖权内的犯罪的行为,或者该人不顾可能发生这种情形的危险;

3. 该人以合理行为防卫本人或他人,或者在战争罪方面,防卫本人或他人生存所必需的财产,或防卫完成一项军事任务所必需的财产,以避免即将不法使用的武力,而且采用的防卫方式与被保护的本人或他人或财产所面对的危险程度是相称的。该人参与部队进行的防御行动的事实,本身并不构成本项规定的排除刑事责任的理由;

4. 被控告构成本法院管辖权内的犯罪的行为是该人或他人面临即将死亡的威胁或面临继续或即将遭受严重人身伤害的威胁而被迫实施的,该人为避免这一威胁采取必要而合理的行动,但必须无意造成比设法避免的伤害更为严重的伤害。上述威胁可以是:

(1)他人造成的;或(2)该人无法控制的其他情况所构成的。

(二) 对于审理中的案件,本法院应确定本规约规定的排除刑事责任的理由的可适用性。

(三) 审判时,除可以考虑第一款所列的排除刑事责任的理由外,本法院还可以考虑其他排除刑事责任的理由,但这些理由必须以第二十一条规定的适用的法律为依据。《程序和证据规则》应规定考虑这种理由的程序。

第三十二条 事实错误或法律错误

(一) 事实错误只在否定构成犯罪所需的心理要件时,才可以作为排除刑事责任的理由。

(二) 关于某一类行为是否属于本法院管辖权内的犯罪的法律错误,不得作为排除刑事责任的理由。法律错误如果否定构成犯罪所需的心理要件,或根据第三十三条的规定,可以作为排除刑事责任的理由。

第三十三条 上级命令和法律规定

(一) 某人奉政府命令或军职或文职上级命令行事而实施本法院管辖权内的犯罪的事实,并不免除该人的刑事责任,但下列情况除外:

1. 该人有服从有关政府或上级命令的法律义务;
2. 该人不知道命令为不法的;和
3. 命令的不法性不明显。

(二) 为了本条的目的,实施灭绝种族罪或危害人类罪的命令是明显不法的。

(以下略)

XII 国际人道法文件

次・國人貴賓名簿

173. 1949年8月12日改善战地武装部队伤者病者境遇之日内瓦公约

(1949年8月12日在日内瓦订立,1950年10月21日生效)

第一章 总 则

第一条

各缔约国承诺在一切情况下尊重本公约并保证本公约之被尊重。

第二条

于平时应予实施之各项规定之外,本公约适用于两个或两个以上缔约国间所发生之一切经过宣战的战争或任何其他武装冲突,即使其中一国不承认有战争状态。

凡在一缔约国的领土一部或全部被占领之场合,即使此项占领未遇武装抵抗,亦适用本公约。

冲突之一方虽非缔约国,其他曾签订本公约之国家于其相互关系上,仍应受本公约之拘束。设若上述非缔约国接受并援用本公约之规定时,则缔约各国对该国之关系,亦应受本公约之拘束。

第三条

在一缔约国之领土内发生非国际性之武装冲突之场合,冲突之各方最低限度应遵守下列规定:

(一)不实际参加战事之人员,包括放下武器之武装部队人员及因病、伤、拘留或其他原因而失去战斗力之人员在内,在一切情况下应予以人道待遇,不得基于种族、肤色、宗教或信仰、性别、出身或财力或其他类似标准而有所歧视。

因此,对于上述人员,不论何时何地,不得有下列行为:

(甲)对生命与人身施以暴力,特别如各种谋杀、残伤肢体、虐待及酷刑;

(乙)作为人质;

(丙)损害个人尊严,特别如侮辱与降低身份的待遇;

(丁)未经具有文明人类所认为必需之司法保障的正规组织之法庭之宣判,而遽行判罪及执行死刑。

(二)伤者、病者应予收集与照顾。

公正的人道主义团体,如红十字国际委员会,得向冲突之各方提供服务。

冲突之各方应进而努力,以特别协定之方式,使本公约之其他规定得全部或部分发生效力。

上述规定之适用不影响冲突各方之法律地位。

第四条

中立国对于在其领土内所收容或拘禁之伤者、病者、医务人员、随军牧师及所发现之死者，应准用本公约之规定。

第五条

本公约应适用于落于敌人手中之被保护人，直至彼等最后遣返为止。

第六条

于第十、十五、二十三、二十八、三十一、三十六、三十七及五十二各条明文规定之协定之外，各缔约国对其认为需另作规定之一切事项得订立特别协定。是项特别协定不得对本公约关于伤者、病者、医务人员或随军牧师所规定之境遇有不利的影响，亦不得限制本公约所赋予彼等之权利。

除在上述或后订之协定中有相反之明文规定，或冲突之一方对彼等采取更优待之措施外，伤者、病者、医务人员及随军牧师，在本公约对其适用期间，应继续享受是项协定之利益。

第七条

在任何情况下，伤者、病者、医务人员及随军牧师不得放弃本公约或上条所述之特别协定——如其订有是项协定——所赋予彼等之权利之一部或全部。

第八条

本公约之适用应与保护国合作并受其监察。保护国之责任为维护冲突各方之利益。为此目的，保护国在其外交或领事人员之外，得自其本国国民或其他中立国国民中指派代表。上述代表应经其执行任务所在国之认可。

冲突各方对于保护国之代表之工作应尽最大可能予以便利。

保护国之代表，在任何情况下，不得逾越本公约所畀予之任务，彼等尤须顾及其执行任务所在国之安全上迫切的必要。仅遇有迫切的军事需要时，始能作为一种例外及暂时的措施而限制其活动。

第九条

本公约之规定并不妨碍红十字国际委员会或其他公正的人道主义组织，在有关冲突各方之同意之条件下，从事保护与救济伤者、病者、医务人员及随军牧师之人道主义活动。

第十条

各缔约国得随时同意将根据本公约应由保护国负担之任务，委托于具有公允与效能之一切保证之组织。

当伤者、病者、或医务人员及随军牧师，不拘为何原因，不能享受或已停止享受保护国或本条第一款所规定之组织的活动之利益时，则拘留国应请一中立国或此种组织担任依照本公约应由冲突各方指定之保护国所执行之任务。

若保护不能依此布置，则拘留国应在本条之规定之约束下，请求或接受一人道主义组织，如红十字国际委员会，提供服务，以担任依本公约由保护国执行之人道主义的任务。

任何中立国或任何组织经有关国家邀请或自愿提供服务而执行任务时，在行为上须对本公约所保护之人员所依附之冲突一方具有责任感，并须充分保证能适当执行其所负之任务,且能公允执行之。

各国间订立特别协定,如其中一国因军事关系,特别是因其领土之大部或全部被占领,以致该国与其他一国或其盟国谈判之自由受限制,即或是暂时的,本公约上列规定不得因该项特别协定而有所减损。

凡本公约中提及保护国者,亦适用于本条所指之代替组织。

第十一条

保护国认为于被保护人之利益适宜时,尤其遇冲突各方对于本公约之适用与解释意见有分歧时,应从事斡旋以期解决分歧。

为此目的,各保护国得应一方之请求,或主动向冲突各方建议,可能在适当选择之中立领土召开代表会议,负责管理伤者、病者之当局代表和医务人员与随军牧师之代表尤须参加。冲突各方对于为此目的而提出之建议负有实行之义务。各保护国得于必要时,提请冲突各方同意,特邀一中立国人员或红十字国际委员会委派之人员参加此项会议。

第二章 伤者与病者

第十二条

受伤或患病之下条所列武装部队人员或其他人员,在一切情况下,应受尊重与保护。

冲突之一方,对于在其权力下之此等人员应予以人道之待遇与照顾,不得基于性别、种族、国籍、宗教、政治意见或其他类似标准而有所歧视。对其生命之任何危害或对其人身之暴行均应严格禁止;尤其不得加以谋杀或消灭,施以酷刑或供生物学的实验;不得故意不给予医疗救助及照顾,亦不得造成使其冒传染病危险之情况。

只有医疗上紧急理由,可予提前诊治。

对于妇女之待遇应充分顾及其性别。

冲突之一方被迫委弃伤者、病者于敌人时,在军事的考虑许可范围内,应留下一部分医疗人员与器材,以为照顾彼等之助。

第十三条

本公约适用于下列各类之伤者、病者:

(一)冲突之一方之武装部队人员及构成此种武装部队一部之民兵与志愿部队人员;

(二)冲突之一方所属之其他民兵及其他志愿部队人员,包括有组织之抵抗运动人员之在其本国领土内外活动者,即使此项领土已被占领。但须此项民兵或志愿部队,包括有组织之抵抗运动人员,合乎下列条件:

(甲)有一为其部下负责之人统率;

(乙)备有可从远处识别之固定的特殊标志;

(丙)公开携带武器;

(丁)遵守战争法规及惯例进行战斗。

(三)自称效忠于未经拘留国承认之政府或当局之正规武装部队人员;

(四)伴随武装部队而实际并非其成员之人,如军用机上之文职工作人员、战地记者、供应商人、劳动队工人或武装部队福利工作人员,但须彼等已获得其所伴随之武装部队的准许；

（五）冲突各方之商船队之船员，包括船长驾驶员与见习生，以及民航机上之工作人员，而依国际法之任何其他规定，不能享受更优惠之待遇者；

（六）未占领地之居民，当敌人迫近时，未及组织成为正规部队，而立即自动拿起武器抵抗来侵军队者，但须彼等公开携带武器并尊重战争法规及惯例。

第十四条

在第十二条规定之限制下，交战国的伤者、病者之落于敌人手中者，应为战俘，国际法有关战俘之规定并应适用于彼等。

第十五条

无论何时，特别在每次战斗之后，冲突各方应立即采取一切可能的措施以搜寻并收集伤者、病者，加以保护借免抢劫虐待，而予以适宜之照顾，并搜寻死者而防其被剥劫。

环境许可时，应商定停战或停火或局部办法，以便搬移、交换及运送战场上遗落之受伤者。

冲突各方之间亦得商定局部办法，以便搬移、交换被包围地区之伤者与病者；并使送往该地区之医疗与宗教人员及器材得以通过。

第十六条

冲突各方应尽速登记落于其手中之每一敌方伤者、病者或死者之任何可以证明其身份之事项。

可能时，此项记录应包括：

（甲）所依附之国；

（乙）军、团、个人番号；

（丙）姓；

（丁）名；

（戊）出生日期；

（己）身份证或身份牌上所表明之任何其他事项；

（庚）被俘或死亡之日期及地点；

（辛）有关伤病之情况或死亡之原因。

上述登记材料应尽速转送1949年8月12日关于战俘待遇之日内瓦公约第一百二十二条所述之情报局，该局应通过保护国及战俘中央事务所转达上述人员所依附之国。

冲突各方应制备死亡证书，并通过前项规定之情报局互送死亡证书或签证之死亡表；并应搜集并通过该局转送死者尸体上发现之双身份牌之一半，遗嘱或对于其最近亲属具有重要性之其他文件、金钱及一般具有实质价值或情感价值之物品。此项物品连同未能辨认其所有人之物品，应以密封包裹寄送，并附说明书载明死者身份之详情以及包裹内容之清单。

第十七条

冲突各方应保证在情况许可下将死者分别埋葬或焚化之前，详细检查尸体，如可能时，应经医生检查，以确定死亡，证明身份并便作成报告。双身份牌之一半、或整个身份牌，如其系单身份牌，应留于尸体上。

除因卫生上迫切之理由，或出于死者所奉宗教之动机外，尸体不得焚化。如举行焚化，则在死亡证明书或经证实之死亡表上应详注焚化之情况及理由。

冲突各方更应保证死者得到荣誉的安葬，可能时，应按照彼等所属宗教之仪式埋葬之，其坟墓应受尊重，于可能时，按死者之国籍集中一处，妥为维护，并加以标志，俾随时可觅见。因此，冲突各方在战事开始时应即组织正式坟墓登记处，以便事后迁葬，并保证认明尸体，不论坟墓位置如何，及可能运回本国。此项规定应适用于骨灰，骨灰应由坟墓登记处保管，直至依照本国愿望处理时为止。

一俟情况允许，并至迟在战事结束之时，各坟墓登记处应通过第十六条第二项所指之情报局互相交换表册，载明坟墓之确实地点与标志以及有关该处埋葬的死者之详细情形。

第十八条

军事当局得号召居民以慈善精神，自愿在其指导下，收集与照顾伤者、病者。并对于响应此项号召之人予以必要之保护及便利。倘敌方控制或再控制该地区，则对于上述之人亦应予以同样之保护及便利。

军事当局，即令在侵入或占领地区，亦应准许居民或救济团体自动收集与照顾任何国籍之伤者、病者。一般平民应尊重此种伤者、病者；尤不得施以暴行。

任何人不得因看护伤者、病者而被侵扰或定罪。

本条规定并不免除占领国对于伤者、病者给予身体上及精神上照顾之义务。

第三章　医疗队及医疗所

第十九条

医务部门之固定医疗所，及流动医疗队，在任何情况下不得被攻击，而应随时受冲突各方之尊重及保护。倘落于敌方之手，在俘获国自身对于发现在该医疗所及医疗队之伤者、病者未能保证必需之照顾期中，其人员仍应有执行其任务之自由。

负责当局应保护上述医疗所及医疗队尽可能如此设置，以期不致因对军事目标之攻击而危及其安全。

第二十条

1949 年 8 月 12 日改善海上武装部队伤者病者及遇船难者境遇之日内瓦公约所保护之医院船，不得自陆上加以攻击。

第二十一条

医务部门之固定医疗所及流动医疗队应得之保护不得停止，除非此等组织越出其人道主义任务之外，用以从事有害于敌方之行为。惟如经给予相当警告，并依各个情形，指定合理之时限而警告仍被忽视时，始得停止保护。

第二十二条

下列情形不得认为剥夺第十九条所保证的对于医疗队或医疗所之保护：

（一）医疗所或医疗队之人员配有武器，且因自卫或保护伤者、病者而使用武器；

（二）医疗所或医疗队因无武装勤务员，而由警卫或哨兵或护送卫士保卫；

（三）医疗所或医疗队发现有由伤者、病者身上所解除之小型武器及弹药而尚未缴送主管机关者；

（四）在医疗所或医疗队发现有兽医人员及器材，但并不构成该所或该队不可分之一部；

（五）医疗所或医疗队或其人员扩展其人道主义的活动及于伤病平民之照顾。

第二十三条

平时各缔约国及战事开始后冲突各方，均得在其领土内，于必要时在占领地内，设立医院地带及处所，加以适当的组织以便保护伤者、病者，及在该地带处所负责组织与管理工作以及照顾集中于该处人们之人员，俾免受战争影响。

在战事开始时，及其进行中，有关各方得缔结协定互相承认其所设立之医院地带及处所。为此目的并得执行本公约所附协定草案之规定，连同其所认为必要之修改。

为便利此等医院地带及处所之设立与承认，保护国及红十字国际委员会当被邀从事斡旋。

第四章 人　　员

第二十四条

专门从事寻觅、收集、运送、医治伤者、病者及预防疾病之医务人员，专门从事管理医疗队及医疗所之职员以及随军牧师，在一切情况下应受尊重与保护。

第二十五条

武装部队中曾受特别训练以备于需要时充当医院勤务员、护士或辅助担架员，从事寻觅、收集、运送或诊疗伤者及病者之人员，如其执行任务时与敌人接触，或落于敌方之手，应同样受尊重与保护。

第二十六条

凡经本国政府正式认可并核准之各国红十字会及其他志愿救济团体之人员，如担任第二十四条所述人员同样之任务，则应与该条所述人员处同样地位，但此类团体之人员应受军事法规之约束。

每一缔约国应将在其责任下准许从事协助其武装部队的正规医疗工作之各团体之名称，通知其他一方。此项通知，应于平时，或战事开始时，或战事进行中，但无论如何，在实际使用各该名称以前为之。

第二十七条

凡中立国认可之团体，必需经其本国政府之事先同意及有关冲突一方之核准，始得以其医疗人员及医疗队协助该冲突之一方。此项人员及此等医疗队应受该冲突一方之管制。

该中立国应将此项同意通知接受协助国家之敌方。接受此项协助之冲突一方在利用之前，必须通知敌方。

此种协助在任何情况下不得视为对于冲突之干预。

对于第一款所指之人员于离开其所属之中立国前，应发给第四十条所规定之身份证。

第二十八条

第二十四及二十六各条所指人员之落于敌方手中者，仅在战俘之健康状况精神需要以及人数上均有此要求时，方得留用之。

因上述情形而留用之人员不得视为战俘。但至少应享受1949年8月12日关于战俘待遇之日内瓦公约所规定之利益。上项人员应在拘留国军事法规范围内,并在该国主管部门管辖下,本其职业之道义,继续为战俘,尤其属于其本国武装部队者,执行其医疗及精神任务。此等人员为执行上项任务,应享受下列便利:

(甲) 彼等应许其定期访问战俘营外之劳动队或医院中之战俘。拘留国应供给所需之交通工具。

(乙) 关于每一战俘营中留用医务人员之职务上活动,由该营最高级医官对该营军事当局负责。为此目的,在战事开始时,冲突各方应就医务人员相当等级之事取得协议,其中包括第二十六条所列团体之医务人员之等级。上述医官及随军牧师有权直接与该营之军事及医务当局接洽有关职务之一切问题,该军事及医务当局应予彼等以有关此项问题之通讯所必需之便利。

(丙) 营中留用人员虽应服从内部纪律,但不得令其从事医疗或宗教任务以外之任何工作。

在战事中,冲突各方应制定关于可能时遣返留用人员之办法,并决定遣返之程序。

上述各规定并不解除拘留国对于战俘医疗及精神上之福利所应尽之义务。

第二十九条

第二十五条所指人员落于敌方手中者,应为战俘,但于需要时应令其担任医务工作。

第三十条

非系第二十八条所规定之必需留用人员,一俟归路可通及军情许可,应将其送回其所属之冲突一方。

上述人员在等候回国期间,不应视为战俘,但至少应享受1949年8月12日关于战俘待遇之日内瓦公约所规定之利益。彼等并应在敌方指挥下,继续执行其任务,尤以派其照顾其所同属冲突一方之伤者、病者为宜。

彼等出发时,应携带其所有行李、个人用品、贵重品及工具等。

第三十一条

依第三十条规定,送回人员之选择,应不拘种族、宗教或政治意见之任何考虑,但宜按照其被俘日期之次序及身体健康之状况为之。

自战事开始时起,冲突各方得以特别协定,按照战俘之人数之比例及战俘营中此等人员之分配,决定留用人员之百分比。

第三十二条

第二十七条所指之人员落于敌方之手者,不得拘留。

除另有协议外,应许其返回本国,如其不可能,则一俟归路可通及军情许可,应准予返回其所服役之冲突一方的领土。

等候释放期间,彼等应在敌方指导下,继续其工作,尤以担任看护其所服役之冲突一方之伤者、病者为宜。

彼等出发时,应携带其行李、个人用品、贵重品、工具、武器,并于可能时,其所有之交通工具。

冲突各方对于在其权力下之此种人员,应予以与本国武装部队相等人员同样之食物、居所、津贴及薪给。在任何情形下,食物之质、量及种类均应足以维持上述人员之正常健康状况。

第五章 建筑物及器材

第三十三条

武装部队之流动医疗队落于敌方之手者,其器材应留作照顾伤者及病者之用。

武装部队之固定医疗所的建筑物、器材及物资,应仍受战争法规之拘束,但在其为照顾伤者、病者所必需之期间,不得移作别用。惟战地司令遇紧急军事需要时得使用之,但须彼等预订关于在该所疗养之伤者、病者的福利之办法。

本条所指之器材与物资不得故意摧毁。

第三十四条

凡许予本公约的特权之各救济团体,其不动产与动产应视为私有财产。

战争法规及惯例所承认之交战国征用权,仅在紧急需要的场合,并在对伤者、病者之福利已有保证后,始得行使。

第六章 医疗运输

第三十五条

伤者及病者或医疗设备之运输队,应与流动医疗队受同样之尊重及保护。

此项运输队或车辆如落于敌方手中时,应受战争法规之拘束;但以俘获该项运输或车辆之冲突一方在一切情形下,应保证照顾其所载运之伤者、病者为条件。

文职人员及由征用所得之一切运输工具应受国际法一般规则之拘束。

第三十六条

对于医务飞机,即专用以搬移伤者、病者,及运送医务人员及设备之飞机,不得袭击,而在各有关交战国间所特别约定之高度、时间及航线飞行时,应受各交战国之尊重。

此项飞机在其上下及两侧面应显明标以第三十八条所规定之特殊标志,以及其本国国旗。并应备有战事开始时或战事进行中经各交战国间同意之任何其他标志或识别方法。

除另有协议外,在敌人领土或敌人占领地上空之飞行应予禁止。

医务飞机应服从一切降落命令。如被令降落,而需要检查时,则经过检查后,该机载其乘员得继续航行。

非自愿降落于敌人领土或敌人占领地时,机内之伤者、病者及飞行人员应为战俘。医务人员应按第二十四条及以下各条待遇之。

第三十七条

冲突各方之医务飞机,在本条第二款规定之拘束下,得在中立国之领土上空飞行,必要时,得在该国领土降落,或用以为停留站。该项飞机之飞越上述领土,应预先通知各中立国,并服从一切水陆降落之命令。仅在冲突各方与有关中立国特别约定之航线、高度及时间飞行时,始免受袭击。

但中立国对于医疗飞机之飞越其领土或在其领土降落,得规定条件或限制。此项可能的条件与限制对于冲突各方一律适用。

除中立国与冲突各方另有协议外，凡经地方当局之同意由医务飞机运至中立国领土之伤者、病者，如国际法有此要求，应由中立国以适当方式予以拘留，俾彼等不能再行参加战斗。收容与拘禁之费用应由其所依附之国负担。

第七章　特　殊　标　志

第三十八条

为对瑞士表示敬意，白底红十字之旗样，系将其联邦国旗翻转而形成者，留作武装部队医务部门之标志与特殊记号。

但各国如已采用白底红新月或白底红狮与日以代替红十字之标志者，此等标志亦为本公约规定所承认。

第三十九条

在军事主管当局之指导下，上项标志应标明于旗帜、臂章，及医务部门所使用之一切设备上。

第四十条

第二十四、二十六、二十七各条所指之人员，应在左臂佩带由军事机关发给并盖印而具有特殊标志之防水臂章。

此种人员除应携带第十六条所述之身份牌外，应另携带具有此项特殊标志之特种身份证。此证应有防水之效能，并具有适当的尺寸以便携带于衣袋内。其上应用本国文字，至少载明持用者之姓名、出生日期、等级、番号，并应注明其以何种身份享受本公约之保护。该证应附有本人像片，及其签字或指纹，或二者俱备。该证并应加盖军事当局之钢印。

同一武装部队所使用之身份证应式样一致，并尽可能使各缔约国之武装部队使用类似的式样。冲突各方可参照本公约所附之示范格式。在战事开始时，冲突各方应互相通知其所采用之式样。在可能范围内，身份证至少应制备两份，其中一份存于本国。

在任何情况下对上述人员不得剥夺其符号或身份证，或佩带臂章之权利。如遇遗失时得领取身份证副本或补领符号。

第四十一条

第二十五条所指之人员，仅于执行医疗任务时，应佩带白色臂章，中有小型特别符号；此项臂章由军事当局盖印发给。

此种人员所佩带之军事证明文件，应注明其所受之特别训练，其所担任任务之临时性以及佩带臂章之权利。

第四十二条

本公约特殊旗帜之悬挂仅限于依本公约应受尊重之医疗队及医疗所，并须经军事当局同意。

流动医疗队与固定医疗所，均得加悬其所属冲突一方之国旗。

但落于敌方手中之医疗队，除本公约之旗帜外，不得悬挂其他任何旗帜。

冲突各方，于军情许可下，应采取必要之步骤，使标明医疗队所之特殊标志易为敌方海陆空军所辨识,以避免任何敌对行动之可能。

第四十三条

属于中立国之医疗队经获准依照第二十七条所规定之条件协助一交战国者,在该交战国欲利用第四十二条所给予之特许时,除悬挂本公约之旗帜外,应加悬该交战国之国旗。

除受负责军事当局相反的命令之拘束外,此等医疗队得于一切情况下悬挂其本国国旗,即使其落于敌方手中。

第四十四条

除本条下列各款所列情形外,白底红十字标志及"红十字"字样,或"日内瓦十字"字样,不论在平时或战时,只能用以标明或保护本公约及规定类似事项之其他公约所保护之医疗队及医疗所,以及其人员与器材。对于使用第三十八条第二款提及之标志之国家,本规定应适用于该项标志。第二十六条所指之各国红十字会及其他救济团体仅在本款所指范围内有权使用给予本公约之保护之特别标志。

此外,各国红十字会(红新月、红狮与日)在平时依照其本国法律,得使用红十字名义及标志,以从事其他符合国际红十字大会所定之原则之活动。若在战时进行此项活动,则使用该项标志之条件,应足以使该标志不致被认为赋予本公约之保护;此项标志应用比较小的尺寸,并不得置于臂章或屋顶上。

国际红十字组织及其正式委派之人员,不论何时均得使用白底红十字之标志。

作为一种例外措施,本公约之标志,得依照本国内法律并经本国红十字会(红新月、红狮与日)之一的明白许可,于平时得用以辨别用作救护车之车辆及标明专为免费治疗伤者、病者之救护站所在地。

第八章 公约之执行

第四十五条

冲突各方应通过其总司令保证以上条款之详细执行,并依照本公约之一般原则规定预料不到之事件。

第四十六条

对于本公约所保护之伤者、病者、工作人员、建筑物或设备之报复行为,均予禁止。

第四十七条

各缔约国在平时及战时应在各该国尽量广泛传播本公约之约文,尤应在其军事,并如可能时在公民教育计划中,包括本公约之学习,俾本公约之原则为全体人民,尤其武装战斗部队、医务人员及随军牧师所周知。

第四十八条

条缔约国应通过瑞士联邦委员会,在战时则通过保护国,互相通知本公约之正式译文,及其所采用以保证实施本公约之法律与规则。

第九章　滥用及违约之取缔

第四十九条

各缔约国担任制定必要之立法，俾对于本身犯有或令人犯有下条所列之严重破坏本公约之行为之人，处以有效之刑事制裁。

各缔约国有义务搜捕被控为曾犯或曾令人犯此种严重破坏本公约行为之人，并应将此种人，不分国籍，送交各该国法庭。该国亦得于自愿时，并依其立法之规定，将此种人送交另一有关之缔约国审判，但以该缔约国能指出案情显然者为限。

各缔约国应采取必要之措施，以制止下条所列严重破坏本公约之行为以外之一切违反本公约之规定之行为。

在一切情况下，被告人应享有适当的审讯及辩护之保障。此种保障，不得次于1949年8月12日关于战俘待遇之日内瓦公约第一百零五条及其以下各条所规定者。

第五十条

上条所述之严重破坏公约行为，应系对于受本公约保护之人或财产所犯之任何下列行为：故意杀害，酷刑或不人道待遇，包括生物学实验，故意使身体及健康遭受重大痛苦或严重伤害，以及无军事上之必要，而以非法与暴乱之方式，对财产之大规模的破坏与征收。

第五十一条

任何缔约国不得自行推卸，或允许任何其他缔约国推卸，其本身或其他缔约国所负之关于上条所述之破坏公约行为之责任。

第五十二条

经冲突之一方之请求，应依有关各方所决定之方式，进行关于任何被控违犯本公约的行为之调查。

如关于调查程序不能获致协议，则各方应同意选定一公断人，由其决定应遵行之程序。

违约行为一经确定，冲突各方应使之终止，并应迅速加以取缔。

第五十三条

除按本公约有权使用者之外，一切个人、公私团体、商号或公司，不论其使用之目的及采用之日期为何，使用"红十字"或"日内瓦十字"之标志或名称以及其他仿冒之标志或名称，无论何时均应禁止。

因为依采用翻转的联邦国旗而对瑞士表示之敬意，及瑞士国徽与本公约之特殊标志之间可以发生之混淆，任何私人、团体或商号，不论系作为厂标或商标，或此种厂标商标之一部分，或出于违反商业信义的目的，或在可以伤害瑞士国家情感之情况下，使用瑞士国徽，或仿冒此项国徽标志，无论何时，均应予禁止。

但未参加1929年7月27日日内瓦公约之各缔约国对于早已使用前款规定之各种符号标志者，得限期令其停止使用。此项期限自本公约生效之日起，不得超过三年。但此种使用，在战时，不得视为系受本公约之保护。

本条第一款所规定之禁止事项，亦适用于第三十八条第二款所指之标志及符号，但不影响其过去使用所获得之权利。

第五十四条

各缔约国,若其立法尚未完备,应采取必要之措施,以便随时防止及取缔第五十三条所规定之各种滥用行为。

最 后 条 款

第五十五条

本公约以英文及法文订立。两种文字之约文具有同等效力。

瑞士联邦委员会应准备本公约之俄文及西班牙文之正式译文。

第五十六条

本公约以本日为订立之日期,至1950年2月12日为止,凡参加1949年4月21日日内瓦会议各国,以及未参加该次会议,但系1864年、1906年或1929年救济战地军队伤者病者之日内瓦公约之缔约国,均可签字。

第五十七条

本公约应尽速批准,其批准书应交存于伯尔尼。

每一批准书交存时,应予登记,并由瑞士联邦委员会将该项登记之证明的抄本分送业经签字或通知加入本公约之各国。

第五十八条

本公约在至少两国批准书交存后六个月发生效力。

嗣后,本公约对于每一缔约国自其批准书交存后六个月发生效力。

第五十九条

在各缔约国间之关系上,本公约代替1864年8月22日、1906年7月6日及1929年7月27日之各公约。

第六十条

本公约自生效之日起,任何未签字本公约之国家均得加入。

第六十一条

本公约之加入应以书面通知瑞士联邦委员会,自加入之通知收到之日起六个月后发生效力。

瑞士联邦委员会应将此项加入通知所有业经签字或加入本公约之国家。

第六十二条

第二条及第三条所载之情况应使在战事开始或占领之前或后,冲突各方所交存之批准书及加入之通知立即生效。瑞士联邦委员会应将其从冲突各方收到之任何批准书或加入之通知,以最迅速方法通告之。

第六十三条

每一缔约国得自由退出本公约。

退约须用书面通知瑞士联邦委员会,并由该委员会转告所有缔约国政府。

退约须于通知瑞士联邦委员会后一年发生效力。但如缔约国于作退约通知时已卷入冲突,则其退约须待至和议成立后,并在有关本公约所保护之人员之释放及遣返之工作完毕后,始能生效。

退约仅对该退约国有效,但并不减轻冲突各方依国际法原则仍应履行之义务,此等原则系产自文明人民间树立之惯例,人道法则与公众良心之要求。

第六十四条

瑞士联邦委员会应将本公约在联合国秘书处登记,并应将其所接获之所有关于本公约之批准、加入及退约通知联合国秘书处。

为此,下列签署人于交存全权证书后,签署本公约,以昭信守。

1949年8月12日以英文法文订于日内瓦。正本应交存于瑞士联邦委员会之档案中。瑞士联邦委员会应将证明之抄本送交每一签字及加入之国家。

附件一:关于医院地带及处所之协定草案

第一条

医院地带应严格保留,以供1949年8月12日改善战地武装部队伤者病者境遇之日内瓦公约第二十三条所指之人及在该地带及处所担任组织、管理及照顾集中于该处的人们之人员之用。

但在该地带内有永久居所之人,仍有权在该地居住。

第二条

在医院地带居住者,无论具有何种资格,不得在该地带内外从事直接与军事行动或战争物资的生产有关之工作。

第三条

设立医院地带之国家应采取一切必要之措置,对于无权居住或进入该地带者,禁止入内。

第四条

医院地带应合于下列条件:

(甲)仅占设立医院地带之国家所统治的领土之一小部分。

(乙)就容纳可能言,应属人口稀少之地区

(丙)应远离并无军事目标或大工业及大行政机构。

(丁)不应设在可能变成军事要地之区域。

第五条

医院地带应遵守下列义务:

(甲)医院地带所有之交通线及运输工具不得供运输军事人员或物资之用,即使是过境的。

(乙)在任何情形下不得以军事方法防御之。

第六条

医院地带应在其四周及建筑物上以白底红十字(红新月、红狮与日)为标志。夜间得以适当照明方法为同样之标志。

第七条

平时或战事开始时,各国应将其统治领土内之医院地带列表通知各缔约国。在战事期间所设立之新地带,亦应通知。

一俟敌方接到上述通知,该地带即为正式成立。

但如敌方认为本协定之各条件尚未履行时,得拒绝承认该地带,而将此事立即通知负责该地带之国家,或提出第八条所规定之监督制度作为承认之条件。

第八条

凡已承认敌方设立之一个或数个医院地带的国家,有权要求一个或数个特别委员会代为监督,以确定各该地带是否履行本协定所规定之条件与义务。

为此目的,特别委员会之委员得随时自由进入各地带,并可在各该处长期居住。此项人员应给予执行视察任务之各种便利。

第九条

倘特别委员会发现有与本协定不符之事实,应立即唤起统治该地带之国家的注意,并限定五日内予以纠正。此等委员会应正式通知承认该地带之国家。

倘统治该地带之国家逾限未遵警告办理,则敌方得声明关于上述地带不再受本协定之约束。

第十条

凡设立一个或数个医院地带及处所之国家,及接获有关此项地带处所之通知之敌方,应指派或使中立国代派第八、九两条提及之特别委员会委员。

第十一条

医院地带在任何情况下,不得为攻击之目标。该地带应随时受冲突各方之保护及尊重。

第十二条

如遇领土被占领时,其中医院地带应继续予以尊重,并仍用作医院地带。

此项地带之用途,得由占领国予以变更,但以采取一切措施以保证被收容人之安全为条件。

第十三条

本协定并应适用于各国作医院地带同样用途之处所。

附件二:附属武装部队之医务及宗教人员之身份证(略)

174. 1949年8月12日改善海上武装部队伤者病者及遇船难者境遇之日内瓦公约

(1949年8月12日在日内瓦订立,1950年10月21日生效)

第一章 总 则

第一条

各缔约国承诺在一切情况下尊重本公约并保证本公约之被尊重。

第二条

于平时应予实施之各项规定之外,本公约适用于两个或两个以上缔约国间所发生之一切经过宣战的战争或任何其他武装冲突,即使其中一国不承认有战争状态。

凡在一缔约国的领土一部或全部被占领之场合,即使此项占领未遇武装抵抗,亦适用本公约。

冲突之一方虽非缔约国,其他曾签订本公约之国家于其相互关系上,仍应受本公约之拘束。设若上述非缔约国接受并援用本公约之规定时,则缔约各国对该国之关系,亦应受本公约之拘束。

第三条

在一缔约国之领土内发生非国际性的武装冲突之场合,冲突之各方最低限度应遵守下列规定:

(一) 不实际参加战事之人员,包括放下武器之武装部队人员及因病、伤、拘留或其他原因而失去战斗力之人员在内,在一切情况下,应予以人道待遇,不得基于种族、肤色、宗教或信仰、性别、出身或财力或其他类似标准而有所歧视。

因此,对于上述人员不论何时何地不得有下列行为:

(甲) 对生命与人身施以暴力,特别如各种谋杀、残伤肢体、虐待及酷刑;

(乙) 作为人质;

(丙) 损害个人尊严,特别如侮辱与降低身份的待遇;

(丁) 未经具有文明人类所认为必需之司法保障的正规组织之法庭之宣判,而遽行判罪及执行死刑。

(二) 伤者、病者及遇船难者应予收集与照顾。公正的人道主义团体,如红十字国际委员会,得向冲突之各方提供服务。

冲突之各方应进而努力以特别协定之方式,使本公约之其他规定得全部或部分发生效力。

上述规定之适用不影响冲突各方之法律地位。

第四条

遇有冲突各方之陆海军作战时,本公约之规定仅适用于在舰上之部队。

登陆之部队,应立即受1949年8月12日改善战地武装部队伤者病者境遇之日内瓦公约的规定之拘束。

第五条

中立国对于在其领土内所收容或拘禁之伤者、病者、遇船难者、医务人员与随军牧师及所发现之死者,应准用本约之规定。

第六条

于第十、十八、三十一、三十八、三十九、四十、四十三及五十三各条明文规定之协定之外,各缔约国对其认为需另作规定之一切事项,得订立特别协定。是项特别协定不得对本公约关于伤者、病者、遇船难者、医务人员或随军牧师所规定之境遇有不利的影响,亦不得限制本公约所赋予彼等之权利。

除在上述协定或后订之协定中有相反之明文规定,或冲突之一方对彼等采取更优待之措施外,伤者、病者、遇船难者、医务人员及随军牧师,在本公约对其适用期间,应继续享受是项协定之利益。

第七条

在任何情况下,伤者、病者、遇船难者、医务人员及随军牧师不得放弃本公约或上条所述特别协定——如其订有是项协定——所赋予彼等之权利之一部或全部。

第八条

本公约之适用应与保护国合作并受其监察。保护国之责任为维护冲突各方之利益。为此目的,保护国在其外交或领事人员之外,得自其本国国民或其他中立国国民中指派代表。上述代表应经其执行任务所在国之认可。

冲突各方对于保护国之代表之工作应尽最大可能予以便利。

保护国之代表在任何情况下不得逾越本约所界予之任务。彼等尤须顾及其执行任务所在国之安全上迫切的必要。仅遇有迫切的军事要求时,始能作为一种例外及暂时的措施而限制其活动。

第九条

本公约之规定并不妨碍红十字国际委员会或其他公正的人道主义组织,在有关冲突各方之同意之条件下,从事保护与救济伤者、病者、遇船难者、医务人员及随军牧师之人道主义活动。

第十条

各缔约国得随时同意将根据本公约应由保护国负担之任务,委托于具有公允与效能的一切保证之组织。

当伤者、病者、遇船难者或医务人员及随军牧师,不拘为何原因,不能享受或已停止享受保护国或本条第一款所规定之组织的活动之利益时,则拘留国应请一中立国或此种组织担任依照本公约应由冲突各方指定之保护国所执行之任务。

若保护不能依此布置,则拘留国应在本条之规定之约束下,请求或接受一人道主义组织,如红十字国际委员会,提供服务,以担任依本公约由保护国执行之人道主义的任务。

任何中立国或任何组织经有关国家邀请或自愿提供服务而执行任务时,在行为上须对本公约所保护之人员所依附之冲突一方具有责任感,并须充分保证能执行其所负之任务,且能公允执行之。

各国间订立特别协定,如其中一国因军事关系,特别是因其领土之大部或全部被占领,以致该国与其他一国或其盟国谈判之自由受限制,即或是暂时的,本公约上列规定不得因该项特别协定而有所减损。

凡本公约中提及保护国,亦适用于本条所指之代替组织。

第十一条

保护国认为于被保护人之利益适宜时,尤其遇冲突各方对于本公约之适用与解释意见有分歧时,应从事斡旋以期解决分歧。

为此目的,各保护国得因一方之请求,或主动向冲突各方建议,可能在适当选择之中立领土召开代表会议,负责管理伤者、病者、遇船难者之当局代表和医务人员与随军牧师之代表尤须参加。冲突各方对于为此目的而提出之建议负有实行之义务。各保护国得于必要时,提请冲突各方同意,特邀一中立国人员或红十字国际委员会委派之人员参加此项会议。

第二章 伤者病者及遇船难者

第十二条

在海上受伤、患病或遇船难之下条所列武装部队人员或其他人员,在一切情况下,应受尊重与保护,而"船难"一词应了解为系指任何原因之船难,并包括飞机被迫降落海面或被迫自飞机上跳海者在内。

冲突之各方对于在其权力下之此等人员,应予以人道之待遇与照顾,不得基于性别、种族、国籍、宗教、政治意见或其他类似标准而有所歧视。对其生命之任何危害或对其人身之暴行,均应严格禁止;尤其不得加以谋杀和消灭,施以酷刑或供生物学的实验,不得故意不给予医疗救助及照顾,亦不得造成使其冒传染病危险之情况。

只有医疗上之紧急理由始可予提前诊治。

对于妇女之待遇应充分顾及其性别。

第十三条

本公约适用于下列各类之海上伤者、病者及遇船难者:

(一)冲突之一方之武装部队人员及构成此种武装部队一部之民兵与志愿部队人员;

(二)冲突之一方所属之其他民兵及其他志愿部队人员,包括有组织之抵抗运动人员之在其本国领土内外活动者,即使此项领土已被占领;但须此项民兵或志愿部队,包括有组织之抵抗运动人员,合乎下列条件:

(甲)由一为其部下负责之人统率;

(乙)备有可从远处识别之固定的特殊标志;

(丙)公开携带武器;

(丁)遵守战争法规及惯例进行战斗。

(三)自称效忠于未经拘留国承认之政府或当局之正规武装部队人员;

(四)伴随武装部队而实际并非其成员之人,如军用机上之文职工作人员、战地记者、供应商人、劳动队工人或武装部队福利工作人员,但须彼等已获得其所伴随之武装部队的准许;

(五)冲突各方之商船队之船员,包括船长、驾驶员与见习生,以及民航机上之工作人员,而依国际法之任何其他规定不能享受更优惠之待遇者;

(六)未占领地之居民,当敌人迫近时,未及组织成为正规部队,而立即自动拿起武器抵抗来侵军队者,但须彼等公开携带武器并尊重战争法规及惯例。

第十四条

交战国之一切军舰应有权要求交出军用医院船,属于救济团体或私人之医院船,以及商船、游艇或其他船只上之伤者、病者或遇船难者,不拘国籍,但须伤者与病者处于适合移动之情状,而该军舰具有必要的医治之适当设备。

第十五条

如伤者、病者或遇船难者被收容于中立国军舰或军用飞机上,如国际法有此要求,应保证此等人员不再参加战争行动。

第十六条

在第十二条规定之限制下,交战国之伤者、病者及遇船难者之落于敌方手中者,应为战俘,并对之适用国际法有关战俘之规定。俘获者得按情况决定是否便于扣留或送至俘获国之港口、中立国港口、甚或敌国领土内之港口。如属最后一情形,被送回本国之战俘,在战争期间不得服役。

第十七条

如中立国与交战国间无相反之协定,经地方当局之许可,在中立国港口登陆之伤者、病者或遇船难者,遇国际法有此要求时,应由中立国加以看守,务使彼等不能再参加战争行动。

医院收容及拘禁费用应由伤者、病者或遇船难者所依附之国负担。

第十八条

每次战斗之后,冲突各方应立即采取一切可能之措施以搜寻并收集遇船难者、伤者与病者加以保护借免抢劫及虐待,而予以适宜之照顾,并搜寻死者而防其被剥劫。

环境许可时,冲突各方应商定局部办法以便经由海路搬移被包围地区之伤者与病者,并使送往该地区之医疗与宗教人员及器材得以通过。

第十九条

冲突各方应尽速登记落于其手中之每一敌方遇船难者、伤者、病者或死者之任何可以证明其身份之事项。可能时,此项记录应包括:

(甲) 所依附之国;

(乙) 军、团、个人番号;

(丙) 姓;

(丁) 名;

(戊) 出生日期;

(己) 身份证或身份牌上所表明之任何其他事项;

(庚) 被俘或死亡之日期及地点;

(辛) 有关伤病之情况或死亡之原因。

上述登记材料应尽速转送1949年8月12日关于战俘待遇之日内瓦公约第一百二十二条所述之情报局,该局应通过保护国及战俘中央事务所转达上述人员所依附之国。

冲突各方应制备死亡证书,并通过前项规定之情报局互送死亡证书或经证实之死亡表;亦应搜集并通过该局转送死者尸体上所发现之双身份牌之一半,或整个身份牌如其系单身份牌,遗嘱或对于其最近亲属具有重要性之其他文件、金钱及一般具有实质价值或情感价值之物品。此项物品连同未能辨认其所有人之物品,应以密封包裹寄送,并附说明书载明死者身份之详情以及包裹内容之清单。

第二十条

冲突各方应保证在情况许可下分别海葬死者之前,详细检查尸体,如可能时,经医生检查,以确定死亡,证明身份并作成报告。如用双身份牌者,则其一半应留在尸体上。

如死者运抵陆上时,则应适用1949年8月12日改善战地武装部队伤者病者境遇之日内瓦公约之规定。

第二十一条

冲突各方得呼吁中立国商船、游艇或其他中立国船只之船长以慈善精神收容与照顾伤者、病者或遇船难者于其船上,并收集死者。

响应此项呼吁之任何种类船只以及自动收集伤者、病者或遇船难者之船只,均应享受特别保护及为执行此项协助之便利。

上述船只绝不得因从事此项运输而受拿捕;但上述船只若有违反中立之行为,除非有相反之诺言,仍得予以拿捕。

第三章 医 院 船

第二十二条

军用医院船即各国特别并专用以救助、医治并运送伤者、病者及遇船难者而建造或装备之船只,在任何情况下,不得加以攻击或拿捕,而应随时予以尊重与保护,但须于使用前十日,将该船之名称及其说明通知冲突各方。

通知书内必须载明之特征,应包括注册之总吨位,自船首至船尾之长度以及桅杆、烟囱之数目。

第二十三条

岸上建筑物之应受1949年8月12日改善战地武装部队伤者病者境遇之日内瓦公约之保护者,应予以保护,免受海上之炮轰或攻击。

第二十四条

各国红十字会及官方承认之救济团体或私人所使用之医院船,如经其所依附之冲突一方正式委任,并已遵照第二十二条关于通知之规定者,应享受与军用医院船同样之保护并应免予拿捕。

此等船只,必须备有负责当局发给之证明书,载明该船只于装备及出发时已在该当局之管辖下。

第二十五条

各中立国之红十字会及官方承认之救济团体或私人所使用之医院船,如受冲突一方之管辖,经其本国政府之预先同意及该冲突一方之认可,并已遵照第二十二条关于通知之规定者,应享受与军用医院船同样之保护并免予拿捕。

第二十六条

第二十二、二十四及二十五各条提及之保护,适用于任何吨位之医院船及其救生艇,不论其活动地点何在。但为保证最大限度之舒适与安全,冲突各方务须使用总吨位在二千吨以上之医院船,以运送远距离及在公海上之伤者、病者及遇船难者。

第二十七条

在第二十二及二十四各条所规定之同样条件下,国家用或官方承认之救济团体为沿海岸救生用之小型船只,在行动需要之许可范围内,亦应予以尊重及保护。

前项规定应尽可能适用于前述船只在其人道主义的任务上所专用之海岸固定设备。

第二十八条

若在军舰上发生战斗,则病室应予以尊重,并尽可能予以保全。病室及其设备应受战争法规之限制,在伤者与病者需要期中,不得改作其他用途。但病室落于敌方司令之权力下,而该司令在保证对疗养中之伤者与病者予以适当之照顾后,于紧急军事需要时,得将病室改作他用。

第二十九条

凡泊于陷落敌方手中之港口之任何医院船,应准其离去该港。

第三十条

第二十二、二十四、二十五及二十七各条所述之船只应不拘国籍,对于伤者、病者及遇船难者予以救济与协助。

各缔约国承诺不将此等船只作任何军事用途。

此等船只绝不得妨碍战斗员之行动。

在每次战斗中及战斗后,此等船只行动上所冒危险,自负其责。

第三十一条

冲突各方应有权管制及搜查第二十二、二十四、二十五及二十七各条提及之船只,并得拒绝其协助,命令其离去,指定其航线,控制其无线电及其他通讯工具之使用,如因情况之严重性有此必要时,并得扣留之,其期限自截留之时起,不超过七日。

冲突各方得派员暂时驻在船上,其唯一任务应为保证根据上款规定所发布之命令均予执行。

冲突各方应尽可能将发给医院船船长之命令以该船长所了解之文字,记录于该船航海日志。

冲突各方得单独或依特别协定,安置中立国视察员在其船上,该员等应检定本公约规定之严格遵行。

第三十二条

第二十二、二十四、二十五及二十七各条所述之船只,就其在中立国港口停泊而言,不列为军舰。

第三十三条

商船之改装为医院船者,在全部战事期间不能移作他用。

第三十四条

医院船及舰上病室应得之保护不得停止,除非此等船室越出其人道主义任务之外,用以从事有害于敌方之行为。惟如经给予相当警告,并依各个情形指定合理之时限而警告仍被忽视时,始得停止保护。

医院船尤其不得备有或使用密码,为无线电或其他通讯方法之用。

第三十五条

下列情况不得认为剥夺医院船及舰上病室应得之保护:

(一)医院船或病室之船员为维持秩序,自卫或保护伤者、病者而配有武器;

(二)船上有专为便于航行或通讯用之装备;

(三)医院船上或舰上病室内发现有由伤者、病者及遇船难者身上所解除之随身武器及

弹药而尚未缴送主管部门者;

（四）医院船及舰上病室或其船员扩展其人道主义之活动及于伤、病或遇船难之平民之照顾;

（五）运送专为医疗任务之用的设备及人员,而超过正常之需要。

第四章　人　　员

第三十六条

医院船上之宗教、医务及医院工作人员以及其船员,应受尊重及保护;不论船上有无伤者及病者,在医院船上服务期间,不得被俘。

第三十七条

凡宗教、医务及医院工作人员被派担任医务上或精神上照顾第十二及十三两条所指之人者,如落于敌方手中,应受尊重及保护;在需要照顾伤者及病者之期间,得继续执行其职务。一俟管辖此项人员之总司令认为可行时,应将其送回。彼等离船时得携带其私人财物。

但如发觉因战俘之医疗上及精神上之需要,须留用若干人员时,则应尽一切可能使其尽早登陆。

留用人员登陆后,即受1949年8月12日改善战地武装部队伤者病者境遇之日内瓦公约规定之拘束。

第五章　医　疗　运　输

第三十八条

为此项目的而租用之船只,应准其运输专为医治武装部队之伤者与病者或防止疾病用之设备,但须将该船航行之事项通知敌国,并经其认可。敌国保留登船检查之权,但不得予以拿捕或截留其所载之设备。

经冲突各方之协议,中立国观察员得驻在该项船只上,以检定所载之设备。为此目的,应准其自由检视此项设备。

第三十九条

医务飞机,即专用以搬移伤者、病者及遇船难者以及运送医务人员与设备之飞机,不得为袭击之目标,而在有关冲突各方所特别约定之高度、时间及航线飞行时,应受冲突各方之尊重。

此项飞机在其上下及两侧面,应显明标以第四十一条所规定之特殊标志,以及其本国国旗,并应备有战事开始时或战事进行中经冲突各方间同意之任何其他标志或识别方法。

除另有协议外,在敌人领土或敌人占领地上空之飞行应予禁止。

医务飞机应服从一切水陆降落之命令。如被令降落而需受检查时,则经过检查后,该机载其乘员得继续飞行。

非自愿降落于敌人领土或敌人占领地之陆上或水面时,伤者、病者及遇船难者以及飞行人员应为战俘。医务人员应按第三十六条及第三十七条两条待遇之。

第四十条

冲突各方之医务飞机,在本条条二款规定之拘束下,得在中立国之领土上空飞行,必要时,得在该国领土降落,或用以为停留站。该项飞机之飞越上述领土,应预先通知各中立国,并服从一切水陆降落之命令。仅在冲突各方与有关中立国特别约定之航线、高度及时间飞行时,始免受袭击。

但中立国对于医务飞机之飞越其领土或在其领土降落,得规定条件或限制。此项可能的条件与限制对于冲突各方应一律适用。

除中立国与冲突各方另有协议外,凡经地方当局之同意由医务飞机运至中立国领土之伤者、病者或遇船难者,如国际法有此要求,应由中立国以适当方式予以拘留,俾彼等不能再行参加战斗。医院收容与拘禁之费用应由其所依附之国负担。

第六章 特 殊 标 志

第四十一条

在军事主管当局之指导下,白底红十字之标志应标明于旗帜、臂章及医务部门使用之所有设备上。

但各国如已采用白底红新月或白底红狮与日以代替红十字之标志者,此等标志亦为本公约规定所承认。

第四十二条

第三十六及三十七两条所指之人员,应在左臂佩带由军事机关发给并盖印而具有特殊标志之防水臂章。

此种人员除应携带第十九条所述之身份牌外,应另携带具有此项特殊标志之特种身份证。此证应有防水之效能,并具有适当之尺寸以便携带于衣袋内。其上应用本国文字,至少载明持用者之姓名、出生日期、等级、番号,并应注明其以何种身份享受本公约之保护。该证应附有本人相片,及其签字或指纹,或二者俱备。该证并应加盖军事当局之钢印。

同一武装部队所使用之身份证应式样一致,并尽可能使各缔约国之武装部队使用类似的式样。冲突各方可参照本公约所附之示范格式。在战事开始时,冲突各方应互相通知其所采用之式样。在可能范围内,身份证至少应制备两份,其中一份存于本国。

在任何情况下对上述人员不得剥夺其符号或身份证,或佩带臂章之权利。如遇遗失时得领取身份证副本或补领符号。

第四十三条

第二十二、二十四、二十五及二十七各条所指之船只,应特别标志如下:

(甲)一切外表应为白色。

(乙)在船身之两侧及其平面,应涂漆而显露可能最大之深红十字一个或多个,其位置以自海上及空中最易于望见者为宜。

一切医院船应悬挂本国国旗,如属于中立国者并应悬挂其所受指挥的冲突一方之国旗,以资识别。大桅杆上应在可能高处悬挂白底红十字旗。

医院船之救生艇、海岸救生艇及医务部门所使用之一切小型船只均应漆成白色,并加画鲜明之深红十字,大体应遵照上述医院船识别之方法。

上述船艇,如欲于黑夜及可视度减少之时间保证其应得之保护,则应在其管辖之冲突一方的同意下,采取必要措施,务使其所漆颜色及特殊标志充分显明。

依第三十一条暂时为敌人扣留之医院船,必须将其所服役或其所受指挥之冲突一方的旗帜降下。

海岸救生艇,如其经占领国同意,从被占领之基地继续活动,于离开该基地时,得准其继续悬挂其本国国旗连同白底红十字旗,但须先通知有关冲突各方。

本条有关红十字之一切规定,应一律适用于第四十一条所列之其他标记。

冲突各方应随时设法达成相互的协议,俾使用其所有之最现代化方法,以便利各医院船之辨别。

第四十四条

除其他国际公约或有关冲突各方间另有协定外,第四十三条所指之特殊标志,无论平时或战时,只能用以标明或保护该条提及之船只。

第四十五条

各缔约国,若其立法尚未完备,应采取必要之措施,以便随时防止及取缔第四十三条所规定关于特殊标志之任何滥用行为。

第七章　公约之执行

第四十六条

冲突各方应通过其总司令保证以上条款之详细执行,并依照本公约之一般原则规定预料不到之事件。

第四十七条

对于本公约所保护之伤者、病者、遇船难者、工作人员、船只或设备之报复行为,均予禁止。

第四十八条

各缔约国在平时及战时应在各该国尽量广泛传播本公约之约文,尤应在其军事,并如可能时在公民教育计划中,包括本公约之学习,俾本公约之原则为全体人民,尤其武装战斗部队、医务人员及随军牧师所周知。

第四十九条

各缔约国应通过瑞士联邦委员会,在战时则通过保护国,互相通知本公约之正式译文,及其所采用以保证实施本公约之法律与规则。

第八章　滥用及违约之取缔

第五十条

各缔约国担任制定必要之立法,俾对于本身犯有或令人犯有下条所列之严重破坏本公约之行为之人,处以有效的刑事制裁。

各缔约国有义务搜捕被控为曾犯或曾令人犯此种严重破坏本公约行为之人,并应将此种人,不分国籍,送交各该国法庭。该国亦得于自愿时,并依其立法之规定,将此种人送交另一有关之缔约国审判,但以该缔约国能指出案情显然者为限。

各缔约国应采取必要之措施,以制止下条所列严重破坏本公约之行为以外之一切违反本公约之规定之行为。

在一切情况下,被告人应享有适当的审讯及辩护之保障。此种保障,不得次于1949年8月12日关于战俘待遇之日内瓦公约第一百零五条及其以下各条所规定者。

第五十一条

上条所述之严重破坏公约行为,应系对于受本公约保护之人或财产所犯之任何下列行为:故意杀害,酷刑或不人道待遇,包括生物学实验,故意使身体及健康遭受重大痛苦或严重伤害,以及无军事上之必要,而以非法与暴乱之方式,对财产之大规模的破坏与征收。

第五十二条

任何缔约国不得自行推卸,或允许任何其他缔约国推卸,其本身或其他缔约国所负之关于上条所述之破坏公约行为之责任。

第五十三条

经冲突之一方之请求,应依有关各方所决定之方式,进行关于任何被控违犯本公约的行为之调查。

如关于调查程序不能获致协议,则各方应同意选定一公断人,由其决定应遵行之程序。

违约行为一经确定,冲突各方应使之终止,并应迅速加以取缔。

最 后 条 款

第五十四条

本公约以英文及法文订立。两种文字之约文具有同等效力。

瑞士联邦委员会应准备本公约之俄文及西班牙文之正式译文。

第五十五条

本公约以本日为订立之日期,至1950年2月12日为止,凡参加1949年4月21日日内瓦会议各国,以及未参加该次会议,但系推行1906年日内瓦公约之原则于海战之1907年10月18日第十海牙公约缔约国,或1864年、1906年及1929年关于救济战地军队伤者病者之日内瓦公约之缔约国,均可签字。

第五十六条

本公约应尽速批准,其批准书应交存于伯尔尼。

每一批准书交存时,应予登记,并由瑞士联邦委员会将该项登记之证明的抄本分送业经签字或通知加入本公约之各国。

第五十七条

本公约在至少两国批准书交存后六个月发生效力。

嗣后,本公约对于每一缔约国自其批准书交存后六个月发生效力。

第五十八条

在各缔约国间关系上,本公约代替推行1906年日内瓦公约之原则于海战之1907年10月18日第十海牙公约。

第五十九条

本公约自生效之日起,任何未签字本公约之国家均得加入。

第六十条

本公约之加入应以书面通知瑞士联邦委员会,自加入之通知收到之日起六个月后发生效力。

瑞士联邦委员会应将此项加入通知所有业经签字或加入本公约之国家。

第六十一条

第二条及第三条所载之情况应使在战事开始或占领之前或后,冲突各方所交存之批准书及加入之通知立即生效。瑞士联邦委员会应将其从冲突各方收到之任何批准书或加入之通知,以最迅速方法通告之。

第六十二条

每一缔约国得自由退出本公约。

退约须用书面通知瑞士联邦委员会,并由该委员会转告所有缔约国政府。

退约须于通知瑞士联邦委员会后一年发生效力。但如缔约国于作退约通知时已卷入冲突,则其退约须待至和议成立后,并在有关本公约所保护之人员之释放及遣返之工作完毕后,始能生效。

退约仅对该退约国有效,但并不减轻冲突各方依国际法原则仍应履行之义务,此等原则系产自文明人民间树立之惯例,人道法则与公众良心之要求。

第六十三条

瑞士联邦委员会应将本公约在联合国秘书处登记,并应将其所接获之所有关于本公约之批准、加入及退约通知联合国秘书处。

为此,下列签署人于交存全权证书后,签署本公约,以昭信守。

1949年8月12日以英文法文订于日内瓦。正本应交存于瑞士联邦委员会之档案中。瑞士联邦委员会应将证明之抄本送交每一签字及加入之国家。

附件:附属于海上武装部队之医务及宗教人员之身份证(略)

附录:1949年8月12日日内瓦公约签字国名单及其交存批准书日期和加入国名单及其加入日期(略)

175. 1949年8月12日关于战俘待遇之日内瓦公约

(1949年8月12日在日内瓦订立,1950年10月21日生效)

第一部 总 则

第一条

各缔约国承诺在一切情况下尊重本公约并保证本公约之被尊重。

第二条

于平时应予实施之各项规定之外,本公约适用于两个或两个以上缔约国间所发生之一切经过宣战的战争或任何其他武装冲突,即使其中一国不承认有战争状态。

凡在一缔约国的领土一部或全部被占领之场合,即使此项占领未遇武装抵抗,亦适用本公约。

冲突之一方虽非缔约国,其他曾签订本公约之国家于其相互关系上,仍应受本公约之拘束。设若上述非缔约国接受并援用本公约之规定时,则缔约各国对该国之关系,亦应受本公约之拘束。

第三条

在一缔约国之领土内发生非国际性的武装冲突之场合,冲突之各方最低限度应遵守下列规定:

(一)不实际参加战事之人员,包括放下武器之武装部队人员及因病、伤、拘留、或其他原因而失去战斗力之人员在内,在一切情况下应予以人道待遇,不得基于种族、肤色、宗教或信仰、性别、出身或财力或其他类似标准而有所歧视。

因此,对于上述人员,不论何时何地,不得有下列行为:

(甲)对生命与人身施以暴力,特别如各种谋杀、残伤肢体、虐待及酷刑;

(乙)作为人质;

(丙)损害个人尊严,特别如侮辱与降低身份的待遇;

(丁)未经具有文明人类所认为必需之司法保障的正规组织之法庭之宣判,而遽行判罪及执行死刑。

(二)伤者、病者应予收集与照顾。

公正的人道主义团体,如红十字国际委员会,得向冲突之各方提供服务。

冲突之各方应进而努力,以特别协定之方式,使本公约之其他规定得全部或部分发生效力。

上述规定之适用不影响冲突各方之法律地位。

第四条

（子）本公约所称之战俘系指落于敌方权力之下列各类人员之一种：

（一）冲突之一方之武装部队人员及构成此种武装部队一部之民兵与志愿部队人员。

（二）冲突之一方所属之其他民兵及其他志愿部队人员，包括有组织之抵抗运动人员之在其本国领土内外活动者，即使此项领土已被占领，但须此项民兵或志愿部队，包括有组织之抵抗运动人员，合乎下列条件：

（甲）有一为其部下负责之人统率；

（乙）备有可从远处识别之固定的特殊标志；

（丙）公开携带武器；

（丁）遵守战争法规及惯例进行战斗。

（三）自称效忠于未经拘留国承认之政府或当局之正规武装部队人员。

（四）伴随武装部队而实际并非其成员之人，如军用机上之文职工作人员、战地记者、供应商人、劳动队工人或武装部队福利工作人员，但须彼等已获得其所伴随之武装部队的准许，该武装部队应为此目的发给彼等以与附件格式相似之身份证。

（五）冲突各方之商船队之船员，包括船长、驾驶员与见习生，以及民航机上之工作人员，而依国际法之任何其他规定不能享受更优惠之待遇者。

（六）未占领地之居民，当敌人迫近时，未及组织成为正规部队，而立即自动拿起武器抵抗来侵军队者，但须彼等公开携带武器并尊重战争法规及惯例。

（丑）下列人员亦应依照本公约以战俘待遇之：

（一）现属于或曾属于被占领国武装部队之人员，而占领国认为因此种隶属关系有加以拘禁之必要者，即令占领国于该占领区外进行战事时原曾将其释放，特别是曾企图再行参加其原来所属而正在作战之武装部队未获成功，或并未遵从对彼等所发出之拘禁令者。

（二）属于本条所列举各类人员之一种，为中立国或非交战国收容于其领土内，依照国际法应由该国拘禁者，惟不碍及该国之愿对彼等予以更优惠之待遇，但第八、十、十五、三十（第五款）、五十八——六十七、九十二、一百二十六各条除外，且若冲突之各方与有关中立国或非交战国有外交关系存在，则有关保护国之各条亦除外。若有此种外交关系存在时，则此项人员所依附之冲突各方可对彼等执行本公约所规定之保护国之任务，但不碍及该各方依照外交与领事惯例及条约正常执行之任务。

（寅）本条无论如何不得影响本公约第三十三条所规定之医务人员与随军牧师之地位。

第五条

本公约对于第四条所列之人员之适用，应自其落于敌方权力下之时起至最后被释放及遣返时为止。

凡曾从事交战行为而陷落于敌方者，其是否属于第四条所列举各类人员之任何一种发生疑问时，在其地位未经主管法庭决定前，应享受本公约之保护。

第六条

于第十、二十三、二十八、三十三、六十、六十五、六十六、六十七、七十二、七十三、七十五、一百零九、一百一十、一百一十八、一百一十九、一百二十二、及一百三十二各条明文规定之协定之外，各缔约国对其认为需另作规定之一切事项得订立特别协定。是项特别协定不得对本公约关于战俘所规定之境遇有不利的影响,亦不得限制本公约所赋予彼等之权利。

除在上述或后订之协定中有相反之明文规定,或冲突之一方对彼等采取更优待之措施外,战俘在本公约对其适用期间应继续享受是项协定之利益。

第七条

在任何情况下,战俘不得放弃本公约或上条所述之特别协定——如其订有是项协定——所赋予彼等权利之一部或全部。

第八条

本公约之适用应与保护国合作并受其监察。保护国之责任为维护冲突各国之利益。为此目的,保护国在其外交或领事人员之外,得自其本国国民或其他中立国国民中指派代表。上述代表应经其执行任务所在国之认可。

冲突各方对于保护国之代表之工作应尽最大可能予以便利。

保护国之代表在任何情况下不得逾越本公约所界予之任务。彼等尤须顾及其执行任务所在国之安全上迫切的必要。

第九条

本公约之规定并不妨碍红十字国际委员会或其他公正的人道主义组织,在有关冲突各方之同意之条件下,从事保护与救济战俘之人道主义活动。

第十条

各缔约国得随时同意将根据本公约应由保护国负担之任务,委托于具有公允与效能之一切保证之组织。

当战俘,不拘何原因,不能享受或已停止享受保护国或本条第一款所规定之组织的活动之利益时,则拘留国应请一中立国或此种组织担任依照本公约应由冲突各方指定之保护国所执行之任务。

若保护不能依此布置,则拘留国应在本条之规定之约束下,请求或接受一人道主义组织,如红十字国际委员会,提供服务,以担任依本公约由保护国执行之人道主义的任务。

任何中立国或任何组织经有关国家邀请或自愿提供服务而执行任务时,在行为上须对本公约所保护之人员所依附之冲突一方具有责任感,并须充分保证能执行其所负之任务,且能公允执行之。

各国间订立特别协定,如其中一国因军事关系,特别是因其领土之大部或全部被占领,以致该国与其他一国或其盟国谈判之自由受限制,即或是暂时的,本公约上列规定不得因该项特别协定而有所减损。

凡本公约中提及保护国,亦适用于本条所指之代替组织。

第十一条

保护国认为于被保护人之利益适宜时,尤其遇冲突各方对于本公约之适用与解释意见有分歧时,应从事斡旋以期解决分歧。

为此目的,各保护国得应一方之请求,或主动向冲突各方建议,可能在适当选择之中立领土召开代表会议,负责管理战俘之当局代表尤须参加。冲突各方对于为此目的而提出之建议负有实行之义务。各保护国得于必要时,提请冲突各方同意,特邀一中立国人员或红十字国际委员会委派之人员参加此项会议。

第二部　战俘之一般保护

第十二条

战俘系在敌国国家手中,而非在俘获彼等之个人或军事单位之手中。不论个人之责任如何,拘留国对战俘所受之待遇应负责任。

拘留国仅能将战俘移送至本公约之缔约国,并须于拘留国对于接受国实施本公约之意愿与能力认为满意后行之。战俘在此种情形下被移送时,其在接受国看管期间,本公约的实施之责任即由该接受国担承之。

但若该接受国在任何重要方面未能实行本公约之规定,则原移送战俘之国,一经保护国通知,即应采取有效办法以纠正此种情况,或要求将战俘送还。此项要求必须照办。

第十三条

战俘在任何时候须受人道之待遇。拘留国任何不法行为或不行为可致其看管中之战俘死亡或严重危害其健康者须予禁止,并当视为严重破坏本公约之行为。尤其不得对战俘加以肢体残伤,或供任何医学或科学试验而非为有关战俘之医疗、治牙或住院诊疗所应有且为其本身利益而施行者。

战俘亦应在任何时候受到保护,尤其免致遭受暴行或恫吓及侮辱与公众好奇心的烦扰。

对战俘之报复措施应予禁止。

第十四条

战俘在一切情况下应享受人身及荣誉之尊重。

对于妇女之待遇应充分顾及其性别,并在一切情形下彼等应享受与男子同等之优遇。

战俘应保有被俘时所享受之全部民事能力。除因在俘关系之需要外,拘留国不得限制战俘在该国领土内外行使此种能力所赋予之权利。

第十五条

拘留战俘之国家应免费维持战俘生活及给予其健康状况所需之医药照顾。

第十六条

拘留国对于所有战俘,除因本公约关于其等级及性别之规定以及因健康状况、年龄或职业资格得予以特别待遇外,应同样待遇之,不得基于种族、国籍、宗教信仰、或政治意见、或根据类似标准之任何其他区别而有所歧视。

第三部　在　　俘

第一编　在俘之开始

第十七条

每一战俘,当其受讯问时,仅须告以其姓名、等级、出生日期,及军、团、个人番号,如其不能,则提供相当之材料。

如其故意违反此项规则,则可因此而被限制其原有等级或地位所应得之权利。

冲突之每一方对于在其管辖下有资格成为战俘之人,应为之制备身份证,记载持用者之姓名、等级、军、团、个人番号或相当之材料及出生日期。身份证上并得有持用者之签字或指纹，或二者具有，以及冲突之一方愿列入其武装部队所属人员之其他材料。该证之尺寸应尽可能为6.5×10公分，并应颁发正副两份。此证遇要求时应由战俘出示之，但绝不得自其本人取去。

对战俘不得施以肉体或精神上之酷刑或任何其他胁迫方式借以自彼等获得任何情报。战俘之拒绝答复者不得加以威胁，侮辱，或使之受任何不快或不利之待遇。

战俘，因身体及精神状态不能言明其身份者，应送交医疗机构。此种战俘之身份应用各种可能方法证明之，但受前款规定之限制。

讯问战俘应以其所了解之语言执行之。

第十八条

凡自用物品除武器、马匹、军事装备及军事文件外，应仍归战俘保有，钢盔、防毒面具及其他为保护个人而发给之物品亦然。衣食所用之物品亦应仍归战俘保有，即使此等物品系军队规定装备之一部分。

无论何时战俘不得无身份证明文件。对于无身份证明文件之战俘，拘留国应发给此种文件。

战俘之等级与国籍之徽章、勋章，以及特别具有个人或情感价值之物品不得自其本人取去。

除依官长之命令，并经将银钱数目及所有者之详情登记在特别账册内并给予详细之收据，收据上清晰记有出具收据者之姓名、等级及单位外，战俘所带之银钱不得被取去。其银钱如系拘留国之货币，或经战俘请求换成该国货币者应按第六十四条之规定存入战俘账目。

拘留国只可由于安全的理由自战俘身上取去贵重物品；当此种物品取去时，应适用关于押收银钱之手续。

此种物品，以及拘留国货币以外之银钱未经原主要求兑换而被取去者，应由拘留国保管之，并应于其在俘终了时原样归还战俘。

第十九条

战俘应在被俘获后尽速撤退至处于远离战斗地带足使其免于危险之地区之战俘营。

惟战俘之因受伤或患病以致撤退之危险反大于停留原处者，始得暂时留于危险地带。

在等候自战斗地带撤退时，不得令战俘冒不必要之危险。

第二十条

战俘之撤退必须经常依人道方式，并于与拘留国部队换防时相类似之条件下执行之。

拘留国对撤退之战俘应供给足够之食物与饮水以及必需之衣服与医药照顾。拘留国应采取各种适当戒备以保证战俘撤退时之安全，并应尽速编造被撤退之战俘名单。

如战俘撤退时须经过转运营，其停留于转运营之时间务求其短速。

第二编　战俘之拘禁

第一章　总　则

第二十一条

拘留国得将战俘拘禁。得令战俘不得越出拘留营一定界限，若上述拘留营设有围栅，则不得越出围栅范围。除适用本公约关于刑事与纪律制裁之规定外，不得将战俘禁闭，但遇为保障其健康有必要时，且仅在必需予以禁闭之情况继续存在期中，则为例外。

在战俘所依附之国法律允许下，得将战俘部分或全部依宣誓或诺言释放。此种办法，在有助于改善战俘健康状况之场合，尤应采取。任何战俘不得强令接受宣誓或诺言释放。

战事开始时，冲突之每一方应将准许或禁止其本国国民接受宣誓及诺言释放之法律及规则通知对方。依照此项通知之法律及规则而宣誓或给予诺言之战俘，应以其个人之荣誉保证对于所依附之国及俘获国严守其所宣誓或承诺之条件。在此种情况下，其所依附之国不得要求或接受彼等从事违反其宣誓或诺言之任何服役。

第二十二条

战俘仅能拘禁于陆地上之场所而具有卫生与健康之保证者。除在战俘本身利益所许可之特殊场合外，不得将彼等拘禁于反省院中。

战俘之被拘禁于不合卫生之地区，或其气候对彼等身体有害之处所者，应从速移送至气候较适宜之地区。

拘留国应按战俘之国籍、语言及习惯，集中于各营或营场，但除经本人同意外，此种战俘不应与同属于其被俘时所服役之武装部队之战俘分开。

第二十三条

无论何时不得将战俘送赴或拘留于战斗地带炮火所及之地，亦不得利用彼等安置于某点或某地区以使该处免受军事攻击。

战俘应备有与当地平民同等之防御空袭或其他战争危险之避难所。除从事于保护其居所免受上述危险之人外，彼等可于警报发出后尽速进入避难所。任何其他保护居民之措施亦应适用于战俘。

拘留国，应通过保护国之媒介，将有关战俘营地理位置之一切有用的情报提交有关各国。

在军事考虑许可时，战俘营在白天应标明自高空清晰可见之 PW 或 PG 字母。有关各国亦得商定其他标志方法。惟战俘营始得如此标志之。

第二十四条

永久性之转运营或分发营应按本编所述之同样条件布置之，其中之战俘亦应与其他各营之战俘享受同样待遇。

第二章 战俘之住宿、饮食与衣服

第二十五条

战俘住宿之条件应与在同一区域内拘留国驻扎之部队居住之条件同样优良。上述条件应顾及战俘之习惯与风俗，并绝不得有害其健康。

上述规定尤应适用于战俘之宿舍，如关于总面积与最低限度之立方空间，及一般设备、垫褥、被毯等。

为战俘个人或集体设置之住所，应全无潮湿之患，并应有充足之温度与光线，特别是在黄昏与熄灯之时间内。对于火灾应采取一切预防措施。

任何战俘营，如同时收容男女战俘，应为其分设宿舍。

第二十六条

每日基本口粮在量、质与种类上应足够保持战俘之健康及防止体重减轻或营养不足。战俘所习惯之饮食亦应顾及。

拘留国应为作工之战俘供给因其从事之劳动所需之额外口粮。

对战俘应供给以充足之饮水。吸烟应被准许。

战俘应尽量参与其膳食之准备，彼等得为此目的在厨房工作。此外，并应给予战俘以自行烹调其自有的额外食品之工具。

为供战俘用膳，应备适当之场所。

饮食上的集体处罚措施应予禁止。

第二十七条

服装、内衣、及鞋袜应由拘留国充分供给战俘，并应顾及拘留战俘地区之气候。拘留国缴获之敌军制服，若与气候相适，应充作战俘服装之用。

拘留国应保证上述衣物之按期更换与修补。此外，作工之战俘，凡因工作性质之需要，应给予适当之服装。

第二十八条

在各战俘营内应设贩卖部，俾战俘得购买食品、肥皂、烟草、及日常用品。其售价不得超过当地市价。

战俘营贩卖部所获得之利润应为战俘之利益而使用；为此目的应设立一项特别基金。战俘代表应有权参与贩卖部及该项基金之管理。

战俘营结束时，特别基金之结余，应交与一国际福利组织，以供与凑集基金之战俘同一国籍之战俘的利益而使用。如遇全数遣返，此项利润，除有关各国间议有相反之办法外，应由拘留国保存。

第三章　卫生与医药照顾

第二十九条

拘留国应负责采取保证战俘营清洁、卫生及防止传染病所必要之卫生措施。

战俘应有，不论昼夜，可以使用之合于卫生规则并经常保持清洁的设备。战俘营之收容女俘者，应另有设备供其使用。

战俘营除应设之浴盆及沐浴外，应供给战俘足够之用水及肥皂以备个人盥洗及洗濯衣物之用；并应为此目的给予彼等以必需之设备、便利、及时间。

第三十条

每一战俘营内应设有适当之医疗所，俾战俘可获得所需之照顾与适当之饮食。必要时对于传染病或精神病患者应另设隔离病房。

战俘之患重病或需要特别医疗，外科手术，或住院治疗者，任何军用或民用医疗机构之能作此项诊疗者均须予以收容，即使彼等将于最近被遣返。在遣返前，对于残废者，尤其对于盲者之照顾及其复元，应予以特别便利。

战俘最好由其所依附之国之医疗人员照顾，如可能时，由其同国籍者照顾。

战俘请求医疗当局检查时，不得予以阻止。拘留当局一经请求，应对已受治疗之战俘发给正式证书,说明其疾病或伤害之性质,及所受治疗之期限及类别。此项证书之副本应送交战俘中央事务所。

医疗费用,包括维持战俘健康需用之器具,尤其假牙及其他假装置,以及眼镜等费用,应由拘留国负担。

第三十一条

战俘之健康检查至少应每月举行一次。检查应包括对每一战俘体重之衡量及记载。其目的应特别为监察战俘之一般健康状况,营养及清洁,并察觉传染病,特别是肺结核、疟疾及性病。为此目的,应采用最有效之方法,如定期集体小型照相透视,以便及早察觉肺结核。

第三十二条

战俘中之医生、外科医生、牙医、护士或医事服务员,虽非其本国武装部队之医疗工作者,拘留国得令彼等为其所依附之国之战俘的利益执行医疗任务。在此种情况下,此项人员应仍视为战俘,但应与拘留国所留用之相当之医务人员享受同样待遇。彼等应免除第四十九条中之任何工作。

第四章　被留用协助战俘之医务人员及随军牧师

第三十三条

拘留国为协助战俘而留用之医务人员及随军牧师不得视为战俘。但彼等至少应享受本公约之利益与保护,并应给予彼等以从事战俘之医疗照顾及宗教工作所必需之一切便利。

彼等应在拘留国军事法规范围内,并在该国主管部门管辖下,按照其职业上之道义,继续为战俘,尤其属于其本国武装部队者,执行其医疗及精神任务。此等人员为执行其医疗及精神任务,应享受下列便利:

(甲)彼等应准定期访问战俘营外之劳动队或医院中之战俘。

为此目的,拘留国应供给以所需之交通工具。

(乙)关于各战俘营中留用医务人员之活动之一切事项,由该营上级医官对该营军事当局负责。为此目的,在战事开始时,冲突各方就医务人员相当等级之问题取得协议,其中包括1949年8月12日改善战地武装部队伤者病者境遇之日内瓦公约第二十六条所列团体之医务人员之等级。上述上级医官及随军牧师有权与战俘营之主管当局商洽与其职务有关之一切问题。该当局应予彼等以有关此项问题之通讯所必需之便利。

(丙)彼等在被留用营中虽应服从内部纪律,但不得强迫其作任何医务或宗教以外之工作。

在交战期间,冲突各方关于留用人员之可能遣放应成立协议,并决定遣放之程序。

上述各规定并不解除自医疗及精神的观点上拘留国对于战俘应尽之义务。

第五章　宗教、文化与体育活动

第三十四条

战俘应有履行其宗教义务之完全自由,包括参加其所信仰宗教之仪式,但以遵守军事当局规定之例行的纪律措施为条件。

为举行宗教仪式之用,应供给以适当之场所。

第三十五条

落于敌国手中之随军牧师，其为协助战俘而留下或被留用者，应准依其宗教道义，对战俘执行宗教任务，并在属于同一宗教之战俘中自由执行宗教任务。彼等应分派至属于同一部队，使用同一语言，或遵奉同一宗教之各战俘营或劳动队。彼等应享有访问本营以外之战俘必需之便利，包括第三十三条所提之交通工具。彼等应得与拘留国教会当局及国际宗教组织自由通讯，商讨有关宗教职务事项，但其通讯得受检查。彼等为此目的发出之信件或邮片，应在第七十一条所规定之限额以外。

第三十六条

战俘中之牧师其未经正式委派为其所属部队之随军牧师者，不论其教派为何，得自由对其本教教徒自由执行宗教任务。为此目的，彼等应享受与拘留国留用之随军牧师同样之待遇。彼等不得被强迫从事任何其他工作。

第三十七条

当战俘中并无留用之随军牧师或同一宗教之战俘牧师协助时，应依有关战俘之请求，指派一属于战俘之教派或类似教派之牧师担任此项工作。若此等牧师亦无之，则在宗教信仰观点认为可行时，应指派一合格之非宗教人员担任之。此项人员之指派，须经过拘留国核准，并须取得有关战俘团体之同意，必要时并应经当地同一信仰之宗教当局核准。此种指派之人员应遵守拘留国为维护纪律及军事安全而制定之一切规则。

第三十八条

拘留国应在尊重战俘个人兴趣之条件下，鼓励战俘之文化、教育、娱乐、运动与游戏活动。并应采取必要措施，供给适当之场所及必需之设备，以保证其实行。

战俘应有作健身活动之机会，包括运动、游戏及户外停留。所有战俘营均应设置为此目的所必需之充足之空场。

第六章 纪 律

第三十九条

各战俘营应由属于拘留国正规部队之负责军官直接管辖之。此项军官应备有本公约一份；应保证该营职员及警卫均知悉其中条款，并应在其政府指示下，负责本公约之实施。

战俘，除军官外，对拘留国一切军官均须敬礼，并表示其本国部队适用的规则所规定之礼貌。

军官战俘仅须向拘留国军官中等级较本人为高者敬礼；但对战俘营长官，不论其等级为何，必须敬礼。

第四十条

佩带等级及国籍徽章以及勋章均应许可。

第四十一条

各战俘营应以战俘本国文字，将本公约及其附件之条文及第六条所规定之特别协定之内容张贴在人人均能阅读之处。战俘之无法前去阅读此项张贴文件者，如请求发给抄本时，应供给之。

与战俘行为有关之各种规则、命令、通告及印刷品，应以其所了解之文字发给之。此项规则、命令及印刷品应照上述方式张贴之,并应将抄本交与战俘代表。所有对战俘个别发出之命令亦须使用彼等所了解之文字。

第四十二条

对战俘,尤其对脱逃或企图脱逃之战俘,使用武器,应属最后之手段,并应每次先予以适合于当时情况之警告。

第七章　战俘之等级

第四十三条

战事开始时,冲突各方应互相通知本公约第四条所述人员之军衔及等级,以保证等级相当之战俘之待遇平等。嗣后设置之名义及等级亦应同样通知之。

战俘被擢升之等级,而经其所依附之国正式通知者,拘留国应予承认。

第四十四条

军官及与其地位相等之战俘之待遇,应依其等级及年龄而定。

为保证军官营内之勤务,应从同一武装部队中派遣适当数目之其他等级人员,在可能范围内,应择其使用同一语言者,并须顾及军官及相当地位之战俘之等级,此种服务员不应令其从事其他工作。

对于军官之自行管理膳食,应予以一切便利。

第四十五条

军官及与其地位相等之战俘以外之战俘所受待遇应依其等级及年龄而定。

对于战俘之自行管理膳食,应予以一切便利。

第八章　战俘入营后之移送

第四十六条

拘留国于决定移送战俘时,应考虑战俘本身之利益,尤须避免增加其遣返之困难。

战俘之移送应始终依人道办理。其情形不得劣于拘留国部队调动之情形。战俘所习惯之气候状况必须顾及,其移送情形绝不得有害其健康。

拘留国在移送时,应供给战俘以充足之食物及饮水以维持其健康,以及必需之衣服、住宿及医药照顾。拘留国应采取适当之慎重措施,以保证彼等迁移时,尤其在海空运输时之安全,并应在其启程前,编造被移送战俘之全部名单。

第四十七条

患病或受伤之战俘,除因其安全必须移送者外,在旅行有碍其复元期间,不得迁移。

如战区逼近战俘营时,该营中之战俘不得移送,除非其移送能在适当安全情形下实行,或者其继续留在该地所冒之危险大于移送之危险。

第四十八条

在移送时,应向战俘正式通知其行期及新通信地址。此项通知应及时发出,俾彼等得以收拾行李及通知其最近亲属。

彼等应准携带个人物品及所收到之函件与包裹。在移送情形有此必要时得限制其随身携带行李之重量,以每人所能适当负荷者为度,但绝不得超过二十五公斤。

寄到旧战俘营之函件及包裹，应予转递，不得迟延。战俘营长官，于征得战俘代表同意后，应采取一切必要措施，保证运送战俘之公共财物以及因本条第二款之限制不能随身携带之行李。

移送之费用应由拘留国负担。

第三编 战俘之劳动

第四十九条

拘留国得斟酌战俘之年龄、性别、等级及体力，并特别以保持战俘之身心健康为目的，而利用体力合格之战俘之劳动。

战俘中之士级军官应仅令其从事监督工作，其无此项工作者得要求其他适当之工作，而应尽力为之觅得。

若军官或与其地位相等之人要求适当工作，应尽可能为之觅获。但在任何情况下不得强迫彼等工作。

第五十条

于有关战俘营之管理、设备，或保养工作外，战俘仅得强迫其从事下列各类所包括之工作：

（甲）农业；

（乙）与生产或采炼原料有关之工业及制造工业，但冶金、机械与化学工业除外；无军事性质或目的之公共工程及建筑；

（丙）非军事性质或目的之运输与物资管理；

（丁）商业，美术与工艺；

（戊）家庭役务；

（己）无军事性质或目的之公用事业。

遇有违反上列条款情事，战俘应准按第七十八条行使提出申诉之权利。

第五十一条

对战俘须给予适当之工作条件，尤其关于居住、饮食、衣着及设备；此等条件不得劣于拘留国人民从事类似工作所享有者；气候状况亦应顾及。

拘留国在利用战俘劳动时，应保证在战俘工作区域，适当遵行该国保护劳工之立法，尤其关于工人安全之规则。

对于战俘从事之工作，拘留国应与对其本国人民同样给予适合其工作之训练与保护装备。在第五十二条规定之限制下，战俘得令其冒普通工人所冒之通常危险。

劳动条件绝不得因纪律措施而使更为劳苦。

第五十二条

战俘除自愿者外，不得使其从事有害健康或危险性之劳动。

拘留国本国武装部队人员所视为屈辱之劳动，不得派战俘担任之。

扫雷或扫除类似装置，应视为危险性之劳动。

第五十三条

战俘每日劳动时间，包括往返路程之时间，不应过度，绝不得超过拘留国本国普通工人在该区从事同样工作者所许可之时间。

战俘在每日工作之中间,必须给与不少于一小时之休息。若拘留国工人之休息时间较长,则战俘之休息亦应与之相同。每周应另给与连续二十四小时之休息时间。以星期日或其本国所遵行之休息日为宜,此外工作满一年之战俘应给予连续八日之休息,在此期间工资应予照付。

如采用计件工作等类方法时,其工作时间亦不得因而致其过长。

第五十四条

战俘工资应按本公约第六十二条规定订定之。

战俘因工作遭致意外,或在工作期间染病或因工作致病,应予以其情况所需之一切照顾。拘留国对此项战俘并应发给医疗证明书,使其能向其所依附之国提出请求,并应将证明书复本送交第一百二十三条所规定之战俘中央事务所。

第五十五条

战俘是否宜于工作,应定期作健康检查,至少每月一次,以资证明。检查时应特别顾及战俘所须担任工作之性质。

任何战俘若认为其本人不能工作时,应许其往见该营之医务当局。医生或外科医生如认为该战俘不宜工作,得建议免除其工作。

第五十六条

劳动队之组织与管理应与战俘营相类似。

每一劳动队应仍受其战俘营之管辖,在行政上构成该营一部分。军事当局及该营长官,在其政府指导下,应负在劳动队中遵行本公约之责任。

战俘营长官应备有该营所属各劳动队之到新近为止之记录,并应将该记录递交前来视察战俘营之保护国,红十字国际委员会,及其他救济战俘组织之代表。

第五十七条

战俘之为私人工作者,即使该私人为负责看守及保护战俘之人,对于该战俘之待遇不得低于本公约所规定者。拘留国、军事当局及该战俘所属战俘营长官,对于此项战俘之给养、照顾、待遇及工资之付给,应完全负责。

此项战俘应有与其所属战俘营之俘虏代表保持通讯之权利。

第四编　战俘之经济来源

第五十八条

在战事开始时并在与保护国商定前,拘留国得决定战俘可保有现金或类似款项之最大数目。其超过之数目,确属彼等所有而自彼等取去或扣留者,应连同其自行交存之银钱,悉数记入彼等之账目,未经其同意,不得兑成其他货币。

若战俘经准许在战俘营外以现款购取役务或物品,此种款项应由战俘自行付给,或由该营管理当局付给而记入该战俘之账目。拘留国关于此事得订立必要之规则。

第五十九条

战俘被俘时,依照第十八条而自彼等所取去之款,如其为拘留国之货币,应照本编第六十四条之规定列入其各别之账目。

其于同时自战俘取去之他国货币兑成拘留国货币者,亦应按拘留国货币数目存入其各别账目。

第六十条

拘留国应对所有战俘按月垫发薪给,其数目应照以下所列折成该国货币。

第一类:中士以下之战俘:八瑞士法郎。

第二类:中士及其他士级军官或相当等级之战俘:十二瑞士法郎。

第三类:上士及少校以下之军官或相当等级之战俘:五十瑞士法郎。

第四类:少校、中校、上校或相当等级之战俘:六十瑞士法郎。

第五类:将官或相当等级之战俘:七十五瑞士法郎。

但相关之冲突各方得以特别协定更改对上列各类战俘垫发薪给之数目。

又若上列第一款所列之数目过高于拘留国武装部队之薪给,或因任何理由致使拘留国极感困难时,则在与战俘所依附之国缔结特别协定更改上列数目前,拘留国:

(甲)应按第一款所列数目继续存入战俘之账目;

(乙)得暂时将垫发薪给中可为战俘自用而支取之数目限制到一合理之数目,但对第一类而言,则此数目,绝不得低于拘留国给予本国武装部队人员之数目。

任何限制之原因当随即通知保护国。

第六十一条

战俘所依附之国寄交战俘之款项,拘留国应予接受,以之分发战俘为补助薪给,惟同一类中之战俘每人所得之数应均相同,且该类中所有该国战俘均应发给,并应依照第六十四条之规定尽早存入其各别账目。此项补助薪给并不解除拘留国在本公约下之任何义务。

第六十二条

拘留当局应直接付给战俘以公平之工资,其工资数额应由该当局规定,但对于每一人全日之工作其数额绝不得低于四分之一瑞士法郎。拘留国应将其所规定之每一人每日工资数额通知战俘,并通过保护国,通知战俘所依附之国。

战俘之被派长期担任与营内管理、设备、保养有关之职务或熟练、半熟练之工作,以及战俘之须为同伴战俘执行精神上或医疗上之任务者,应同样由拘留当局付给工资。

战俘代表及其助理人员之工资应从贩卖部利润之基金中付给,该代表如有顾问亦然。此项工资之标准应由战俘代表规定,并经战俘营长官批准。若无此项基金,则应由拘留当局对此种战俘付给公平之工资。

第六十三条

战俘应准其接受寄交彼等个人或集体之汇款。

下条规定之战俘账目中结存款项,在拘留国规定数目内,战俘得自由支配,拘留国应依其请求付给之。在拘留国认为必要之金融或货币管制之许可限度内,战俘得向国外汇款。在此种场合,战俘寄交受赡养人之汇款应有优先权。

在任何情形下,经战俘所依附之国的同意,战俘得照下列办法向其本国汇款:拘留国应通过保护国向上述国家发出通知,载明有关该战俘之各种必要的事项,汇款之受益人,以及按拘留国货币计算之汇款数额。上述通知应由战俘签署,并由战俘营长官加签。拘留国应自该战俘账目中扣除该款,并将扣除之款存入战俘所依附之国之账目。

拘留国为实施上述各项规定,宜参照本公约附件五之示范规则。

第六十四条

拘留国应为每一战俘开立账目,至少记有下列各项:

(一)应归战俘所有或其收到之垫付薪给、工资,或自其他来源所得之数目;自该战俘取去之拘留国货币数目;自该战俘取去之款项经其本人请求,而兑成拘留国货币之数目。

(二)付给战俘之现款或其他类似形式之款项;经其请求而为其付出之款项;按第六十三条第三款转账之款项。

第六十五条

登入战俘账目之每一项目应由其本人加签或简签,或由俘虏代表代签。

战俘应有随时查看其账目及领取其账目之抄本之相当的便利。保护国代表在视察战俘营时,亦得检查该项账目。

当战俘自一营移送至另一营时,其私人账目应随同移去。若自一拘留国移送至另一拘留国,其所有之钱币而非该拘留国之货币者,亦随之移去,其账上所存之其他钱币,应另发给证书。

有关冲突各方得议定于特定期间通过保护国互相通知战俘账目之数额。

第六十六条

在俘终了时,不论系因被释放或被遣返,拘留国应发给战俘一清单,该项清单经该国授权军官签署,载明该战俘当时结存之款项。拘留国并应通过保护国将各表册送交战俘所依附之政府,此项表册记载因遣返、释放、脱逃、死亡或其他原因而在俘终止之所有战俘之一切关系事项,并表明其结存款项之数目。此项表册每张均应经拘留国授权代表证明。

本条上列任何规定得经冲突之任何两方相互同意改变之。

在俘终了时,战俘所依附之国应负责与战俘结清其在拘留国所存余之款项。

第六十七条

按照第六十条之规定垫付战俘之薪给应视为系代战俘所依附之国付给者。此项垫付之薪给以及按第六十三条第三款及第六十八条由拘留国所付之款项,在战事终止时,应由有关各国协议处理之。

第六十八条

战俘因工作受伤或成为残废,而要求补偿者,应通过保护国向其所依附之国提出。拘留国当依照第五十四条,在一切情形下,给予有关战俘一说明文件,载明其受伤或残废之性质,事件发生之情形及所受之医疗或医院诊治之详情。此项说明文件应由拘留国负责军官签署,其医疗情形由医官证明之。

战俘关于其个人物品,金钱或贵重品之按第十八条由拘留国押收而在其遣返时未经发还,或关于认为因拘留国或其任何人员之过失所致之损失而提出之赔偿要求,应同样向战俘所依附之国提出。但任何此类个人物品而为战俘在俘期间需用者应由拘留国担负补还。拘留国在一切情形下,当发给战俘一说明文件,由负责军官签署,载明关于此项物品、金钱、或贵重品何以未经发还之理由之一切可提供的情报。此项说明文件之抄本应通过第一百二十三条所规定之战俘中央事务所转达战俘所依附之国。

第五编 战俘对外间之关系

第六十九条

战俘一经落入拘留国权力内,拘留国应将其实施本编各项规定之措施立即通告彼等,并通过保护国通知战俘所依附之国。此种措施嗣后如有修改,应同样通知有关各方。

第七十条

战俘一经俘获之后,或在到达战俘营后一星期内,即使其为转运营,又如患病或移送医院或其他战俘营,均应许其直接写邮片分寄其家庭及第一百二十三条规定之战俘中央事务所,将其被俘事实、通信处及健康状态通知其亲属,此项邮片于可能时当与本公约所附之式样相类似。上述邮片应尽速转递,绝不得迟延。

第七十一条

战俘应准其收寄信件及邮片。若拘留国认为必需限制每一战俘所发信件及邮片之数量,其数量应不得少于每月信件二封及邮片四张,第七十条所规定之被俘邮片在外。其格式尽可能与本公约所附式样一致。惟遇保护国确认拘留国因未能觅得足用之合格语文人才以从事必要之检查,而引起之翻译困难,为有关战俘之利益计,须限制通信时,得再加限制。若必须限制寄交战俘之信件,则仅能由战俘所依附之国下令为之,可能出于拘留国之请求。此等信件及邮片必须由拘留国以其所有最迅速方法转递之,不得以纪律理由而缓递或扣留。

战俘之久未得音信者,或不能由普通邮路获得其最近亲属之消息或向彼等寄递消息者,以及离家遥远者,应许其拍发电报,其费用自战俘在拘留国之账目中扣付,或以其所持有之货币支付。遇有紧急情况,彼等亦应同样享受此种办法之利益。

通常战俘通信,应用其本国文字。冲突各方得许其使用其他文字通信。

装置战俘邮件之袋,必须妥为封固,清晰标明其内容,并寄交目的地之局所。

第七十二条

战俘应准其接受由邮递或依其他方法寄来之个人包裹,或集体装运物资,尤其内装食物、衣服、医药用品,及应彼等所需之宗教、教育,或娱乐性质之物品,包括书籍、宗教用物、科学设备、试验纸、乐器、运动用品,及供战俘从事研究或文化活动之材料。

此等装运物资并不免除本公约所加诸拘留国之义务。

对于此等装运物资,只能依保护国为战俘本身利益之提议,或依红十字国际委员会或其他协助战俘之组织因运输或交通之特殊困难,专就其装运物资之提议,而加以限制。

寄递个人包裹与集体救济品之条件,必要时应由有关各国特别协定之,此等国家,应使战俘及时收到此项救济物品,绝不得延误。书籍不得装入衣服及食物之包裹内,药品通常应以集体包裹寄递。

第七十三条

有关各国对于集体救济装运物资之接受与分配之条件,如无特别协定,则应适用本公约所附关于集体装运物资之条款与规则。

上述特别协定绝不得限制战俘代表接收寄交战俘之集体救济装运物资,进行分配,或为战俘利益而处置此项物品之权利。

此项协定亦不得限制保护国,红十字国际委员会或其他协助俘虏及负责转送集体装运物资之组织之代表,监督分配此项物品于受物人之权利。

第七十四条

所有寄交战俘之救济装运物资,应豁免进口,海关及其他税捐。

由邮局直接或通过第一百二十二条所规定之情报局及一百二十三条所规定之战俘中央事务所而寄交战俘之信件,救济装运物资,及核准之汇款,或战俘寄出之汇款,在发信国、收信国及转递国应一律免收邮费。

倘寄给战俘之救济装运物资,因过重或其他原因,不能邮寄时,则拘留国应负担在其所管辖境内之运费。参加本公约之其他各国应负担各该国境内之运费。

有关各国间如无特别协定,则与此项装运物资运输有关之费用,除上述豁免之费额外,应由寄件人负担。

各缔约国应尽可能减低战俘拍发电报,或寄交彼等之电报之收费。

第七十五条

若军事行动致有关国家不能履行其义务保证第七十、七十一、七十二及七十七各条所载之装运物资之输送时,则有关之保护国,红十字国际委员会,或其他经冲突各方正式承认之组织,得采取适当方法(火车、汽车、船舶,或飞机等)以保证此等装运物资之运送。为此目的,各缔约国应设法供给此项运输工具,并准其通行,尤须发给必需之通行证。

此种运输工具亦可用以载送:

(甲)第一百二十三条所载之战俘情报中央事务所与第一百二十二条所载之各国情报局间交换之信件、表册及报告;

(乙)保护国,红十字国际委员会或任何其他协助战俘之组织与其所派之代表间或与冲突各方间交换之有关战俘之通讯与报告。

此项规定绝不影响任何冲突一方自愿布置其他运输工具之权利;亦不妨碍在彼此同意条件下,对该项运输工具发给通行证。

若无特别协定,使用此项运输工具之费用应由受益人所依附之冲突各方比例负担之。

第七十六条

对于战俘来往信件之检查,应尽速办理,邮件仅得由发信国及收信国检查,每一国仅能检查一次。

对于寄交战俘之装运物资之检查,不得在致使内装之物品受损坏之情形下执行,除手抄或印刷品外,检验应在收件人或其所正式委托之同伴战俘面前执行。个人或集体之装运物资,不得以检查困难为借口而延迟交付于战俘。

任何冲突一方,为军事或政治理由,对于通信之禁止应仅属暂时性,其期间务求其短。

第七十七条

拘留国对于通过保护国或第一百二十三条所规定之战俘中央事务所而送交战俘或自彼等寄发之证件、文书,尤其委托书或遗嘱之转递,应给予一切便利。

在一切情形下,拘留国对于为战俘准备及执行此类文件,应予以便利;尤其应准许彼等咨询律师,并采取一切为证实彼等之签署所必要之措施。

第六编　战俘与当局之关系

第一章　战俘关于在俘情况之申诉

第七十八条

战俘有权向管辖之军事当局提出其关于彼等在俘情况之请求。

彼等并有无限制之权利通过其代表，或如其认为必要时，直接向保护国之代表请求注意彼等关于在俘情况有所申诉之处。

此项请求与申诉不得加以限制，或认为构成第七十一条所指之通信限额之一部分，并须立即传递。即使认为此项请求与申诉并无根据，亦不得因此加以处罚。

战俘代表得向保护国代表致送关于战俘营情况及战俘的需要之定期报告。

第二章　战　俘　代　表

第七十九条

凡有战俘之处，除该处有军官外，每六个月，并遇缺额时，由战俘以秘密投票方式自由选举战俘代表，以便在军事当局，保护国，红十字国际委员会及其他协助彼等之组织之前代表彼等。此等战俘代表得连选连任。

在军官或与其地位相等人员之战俘营或混合战俘营内，战俘中之上级军官应认为该营之战俘代表。在军官战俘营内，该代表应由军官推举之顾问一人或多人协助。在混合战俘营内，其助理人员应自非军官之战俘中选择之，并应由战俘自行选举。

在战俘劳动营内应驻有同一国籍之军官战俘，以便执行应由战俘负责之营内管理任务。此等军官得被选举为本条第一款所规定之战俘代表。在此种场合，战俘代表之助理人员，应自非军官之战俘中推举。

各当选代表须经拘留国批准后，始有权执行任务。拘留国于拒绝批准同伴战俘所选举之战俘时，须将拒绝之理由通知保护国。

在一切场合，战俘代表必须与其所代表之战俘具有同一之国籍、语言及习惯。因此，按国籍、语言或习惯而分配于一战俘营内各别部分之战俘，每一部分应按照前数项之规定，有其自己之战俘代表。

第八十条

战俘代表应增进战俘之物质，精神，及文化福利。

于本公约其他规定赋予战俘代表之特别任务之外，若战俘决定自行组织互助制度时，此项组织尤当属于战俘代表之任务范围。

战俘代表不得因其任务关系而使之对于战俘所为之任何过犯负责任。

第八十一条

战俘代表不得令其担任其他工作，假使因此将使其任务的完成更为困难。

战俘代表得自战俘中指派其所需之助理人员。彼等应获有一切物质上之便利，尤其为完成其任务所需之某种之行动自由（视察劳动队，接受供应品等）。

战俘代表应准视察拘留战俘之场所。每一战俘均应有自由咨询其战俘代表之权利。

对于战俘代表并应予以与拘留当局、保护国、红十字国际委员会及其代表、混合医务委员会，及与协助战俘之团体等邮电通讯之一切便利。劳动队之战俘代表应享受与主要战俘营之战俘代表同样之通讯便利。此项通讯不得加以限制，并不得认为构成第七十一条所指限额之一部分。

战俘代表之被移送者，应许其有相当时间以便将进行中之事务告知其后任。

遇免职时，应将免职理由通知保护国。

第三章　刑事及纪律制裁

一、总　　则

第八十二条

战俘应受拘留国武装部队现行法律、规则及命令之拘束；拘留国对于战俘任何违犯此项法律、规则或命令之行为，得采取司法或纪律上之措施。但不许有与本章之规定相反之程序或处罚。

若拘留国任何法律、规则、或命令规定战俘所犯之行为应受处罚，而同样行为如为拘留国武装部队人员所犯则不受处罚，则该项行为应仅受纪律性的处罚。

第八十三条

拘留国在决定对于战俘被控所为之过犯之处理程序究应属司法性或纪律性时，应保证主管当局尽量从宽，而尽可能采取纪律性而非司法性之措施。

第八十四条

战俘应只由军事法庭审判，除非按照拘留国现行法律明文之规定，普通法庭得审讯该拘留国武装部队人员，如其犯有战俘被控之特种过犯。

战俘在任何情况下不得由不能保证一般认为必要的独立与公正之任何法庭审判，尤其法庭之诉讼程序之不能给予被告以第一百零五条所规定之辩护权利及方法者。

第八十五条

战俘之因被俘前所犯之行为而依据拘留国法律被诉追者，即令已定罪，应仍享有本公约之利益。

第八十六条

战俘不得因同一行为或同一罪名而受一次以上之处罚。

第八十七条

拘留国军事当局及法庭对于战俘判处刑罚不得超出对其本国武装部队人员犯同一行为所规定之刑罚。

判处刑罚时，拘留国法庭或当局应尽量顾及以下事实，即被告，因非拘留国人民，不受对该国效忠义务之拘束，系因不在其本人意志支配下之环境关系落于拘留国权力下。上述法庭或当局应得自由减轻对战俘被控之罪行所定之刑罚，因此并无必须援用规定的最低刑罚之义务。

因个人行为而予集体处罚、体刑、监禁于无日光之场所，以及任何形式之酷刑或残暴，应予一律禁止。

拘留国不得剥夺战俘原有之等级，或禁止其佩带徽章。

第八十八条

军官、士级军官及兵士而为战俘者,在受纪律性或司法性处罚时,其所受之待遇不得苛于拘留国本国武装部队中相当等级之人员因同样处罚所受之待遇。

对女战俘所给予或判处之刑罚或在其受刑罚时所予之待遇不得较苛于拘留国武装部队之女性人员因类似过犯所受之刑罚或待遇。

对女战俘所给予或判处之刑罚或在其受刑罚时所予之待遇绝不得较苛于拘留国武装部队男性人员因类似过犯所受之刑罚或待遇。

凡受过纪律性或司法性处罚之战俘,其待遇不得异于其他战俘。

二、纪 律 制 裁

第八十九条

适用于战俘之纪律性处罚如下:

(一)罚款不得超过战俘按照第六十及六十二两条之规定所应能获得的不超过三十日期间之垫发薪给与工资之50%。

(二)停止其超过本公约规定的待遇之特权。

(三)每日不超过两小时之疲劳服役。

(四)禁闭。

第(三)项所列之处罚不得适用于军官。

纪律性处罚绝不得非人道,残暴,或危害战俘健康。

第九十条

每次处罚之时期绝不得超过三十日。等候违反纪律行为的审讯或纪律处罚的宣判之禁闭时期,应自战俘所判处之日期中减去之。

即使战俘在被判处罚时,同时犯有数种行为,亦不论其所犯行为有无关联,上项规定之三十日之最高限期不得超过。

纪律性处罚的宣判及其执行之相隔时期,不得超过一个月。

战俘再度被判纪律性处罚时,如其前后两次处罚中之一次之时期为十日或十日以上,则该两次处罚之执行,其间至少须隔三日。

第九十一条

战俘脱逃应认为完成,如:

(一)彼已参加其所依附之国或其盟国之武装部队;

(二)彼已离开拘留国或其盟国所控制之领土;

(三)彼已逃登悬有其所依附之国或其盟国之国旗之船只,而该船在拘留国领水内,但不为其所控制。

凡在本条意义下完成脱逃之战俘而又重被俘获者,不得为其前次之脱逃受任何处罚。

第九十二条

战俘企图脱逃而未能在第九十一条之意义下完成脱逃以前而重被俘获时,对于该行为应只受纪律性处罚,纵属累犯。

凡重被俘获之战俘,应立即送交主管军事当局。

不论第八十八条第四款之规定如何,因脱逃未完成而被处罚之战俘得受特别监视。此种监视不得影响其健康,须于战俘营中行之,并须不剥夺本公约赋予彼等之任何保障。

第九十三条

战俘因在脱逃或企图脱逃中所为之过犯受司法审判时,其脱逃或企图脱逃,纵属累犯行为,不得成为加重处罚之情由。

按第八十三条所述之原则,战俘纯为便利脱逃所为之过犯而未对于生命或肢体施暴行者,如侵害公物,非为利己意图之盗窃,制作或使用伪造文件,穿着平民衣服,应仅受纪律性处罚。

凡协助或唆使脱逃或企图脱逃之战俘应仅因此受纪律性处罚。

第九十四条

脱逃之战俘,若被重俘,应按第一百二十二条所规定之方式通知其所依附之国,如其脱逃曾经通知。

第九十五条

战俘被控违犯纪律,在候审期间不得予以禁闭,除非拘留国武装部队人员犯被控有类似过犯时亦受禁闭,或为战俘营之秩序与纪律计须如此办理。

战俘因违犯纪律等候处理之禁闭期间,应尽量减短,并不得超过十四日。

本章第九十七、九十八两条之规定应适用于违犯纪律等候处理而受禁闭之战俘。

第九十六条

构成违犯纪律之行为应立即调查之。

在不妨碍法庭及上级军事当局之权限范围内,纪律性处罚仅能由以战俘长官之地位具有纪律权之军官或代替该长官之负责军官或其所委付以纪律权之军官命令之。

此项权力绝不得委托战俘或由战俘行使之。

在纪律判决宣布前,应将关于其所被控之过犯之确切案情通知被告人,并予以解释其行为及辩护之机会。尤应许其召唤证人,并于必要时,使用合格之译员。判决应向被告战俘及战俘代表宣布之。

纪律性处罚之记录应由战俘营长官保存之,并得由保护国代表检查。

第九十七条

战俘绝不得移送于反省机关(监所、反省院、已决犯监狱)受纪律性处罚。

执行纪律性处罚之处所应合于第二十五条所规定之卫生条件。受纪律性处罚之战俘,应使其能依照第二十九条自行保持清洁。

军官或相当地位人员不得与士级军官或士兵同住一处。

受纪律性处罚之女战俘之禁闭地方应与男战俘分开,并应由妇女直接监管。

第九十八条

作为纪律性处罚而受禁闭之战俘,应继续享受本公约规定之利益,但因其被禁闭之事实,致不能适用者除外。第七十八及一百二十六两条所规定之利益绝不得剥夺之。

被判纪律性处罚之战俘不得剥夺其所属等级应有之特权。

被判纪律性处罚之战俘应许其运动及在露天地方停留,每日至少二小时。

战俘请求时,应许其参加每日之健康检查。彼等应获得其健康情况所需之照顾,并应于必要时,移送战俘营之疗养所或医院。

彼等应准阅读及书写并收发信件。寄给彼等之包裹及汇款得予扣留,直至其处罚满期为止;在此期间,此等物款应交与战俘代表保管,战俘代表当将包裹中易于腐坏之物品交与疗养所。

三、司 法 诉 讼

第九十九条

战俘之行为,在其犯此行为时,非为当时有效之拘留国法律或国际法所禁止者,不得因此而受审判或处刑。

对战俘不得加以精神或身体上之胁迫,使之对其所被控之行为自认有罪。

战俘在未有提出辩护之机会及合格之辩护人或律师之协助前,不得定罪。

第一〇〇条

按拘留国法律得处死刑之罪行应尽速通知战俘及保护国。

嗣后其他罪行非经战俘所依附之国之同意不得以死刑处罚。

对战俘不得判处死刑,除非法庭曾经依照第八十七条第二款被特别提醒注意以下事实,即被告因非拘留国人民,不受对该国效忠义务之拘束,且系因不在其本人意志支配下之环境关系落于拘留国权力下。

第一〇一条

若有战俘被宣判死刑,则应在保护国于其指定之地址接获第一百零七条所规定之详细通知后至少满六个月,始得执行。

第一〇二条

对于战俘之判决只有经审判拘留国武装部队人员之同一法院,按照同样程序而宣布,并曾遵照本公约之各项规定者,始属有效。

第一〇三条

关于战俘之司法侦查,应依环境所许从速进行,以便其审判得以尽早开始。战俘在候审期间不得禁闭,除非拘留国武装部队人员犯同一罪行者亦将禁闭,或为国家安全计必须如此办理。在任何情况下此项禁闭时期不得超过三个月。

战俘因候审禁闭之期间,应自其所判处之监禁中减去之,在判处任何刑罚时,此项期间亦应顾及。

本章第九十七及九十八两条之规定适用于禁闭候审之战俘。

第一〇四条

拘留国如决定对某一战俘进行司法程序,应尽速通知保护国,并至少在开审前三周通知之。此三周期限应自该项通知到达保护国事先向拘留国指定之地址之日算起。

上述通知应包括下列情报:

(一)战俘之姓名,等级,所属军、团或个人番号,出生日期,及职业或行业,如其有之。

(二)拘禁或禁闭地点。

(三)战俘被控之某一种或某数种罪名及其适用之法律条文。

(四)承审该案之法庭及开审之日期与地点。

同样通知,应由拘留国发给战俘代表。

在开审时,若无证据提出以证明保护国,战俘及有关之战俘代表至少已在开审前三周接获上述通知,则此项审判不得举行而必须延期。

第一○五条

战俘有权由其同伴战俘之一人协助,由其自行选定之合格辩护人或律师为之辩护,召唤证人,及在其认为必要时,使用胜任之翻译员。拘留国应于审判前适当时期将此等权利通知战俘。

若战俘并未自行选定辩护人或律师,则保护国应代为觅请,为此目的该国应至少有一周之支配时间。拘留国一经请求,应将有资格出庭辩护人之名单送交该保护国。若战俘或保护国均未选定辩护人或律师,则拘留国应指定一合格之辩护人或律师进行辩护。

为战俘辩护之辩护人或律师,在开审前应至少有两周之支配时间及一切必要之便利,以便为被告人准备辩护。尤其彼得自由往访被告人,并作秘密晤谈。彼得为从事辩护与任何证人(包括战俘在内)商谈。彼得享有上述一切便利,直至上诉或诉愿时期届满为止。

战俘被控之罪名的详情,以及依照拘留国武装部队现行法律通常致送被告人之文件,应以其所了解之文字,在开审前及时通知被告战俘。同样之通知,亦应在同样情形下,致送于为战俘辩护之辩护人或律师。

在审判时,保护国代表应有权到庭旁听,除非为国家安全的利益例外的禁止旁听。在此种场合拘留国应照此通知保护国。

第一○六条

每一战俘应与拘留国武装部队人员同样对其所受之判决具有上诉与诉愿之权利,以期撤销或变更判决或重行审讯。此项上诉与诉愿权及其期限应全部通知战俘。

第一○七条

对战俘所宣布之判决应立即摘要通知保护国,并说明其是否有权上诉,以期撤销此项判决或重行审判。此项通知亦应送交有关之战俘代表。若宣布判决时,被告本人不在场,则应以其所了解之文字将此项通知送交该被告战俘。战俘使用或放弃其上诉权之决定,亦应由拘留国立即通知保护国。

又若战俘最后被定罪或初审判决即判处死刑,拘留国应尽速致送一详细通知于保护国,其内容包括:

(一)事实认定及判决之正确措辞;

(二)初步侦查及审判之摘要报告,尤着重起诉及辩护之要点;

(三)如属可行时,执行判决之处所之通知。

上列各项所规定之通知应按拘留国事先获悉之地址,送达保护国。

第一○八条

在正式定罪后,对战俘所宣判之处刑应在与拘留国武装部队人员犯者服刑之同一场所,并在同样条件下执行之;此项条件,应在一切情形下合乎健康及人道之要求。

被判处刑之女战俘应在分别处所禁闭,并由妇女监管之。

被判处刑之战俘,无论如何,应保有享受本公约第七十八及第一百二十六两条规定之利益。此外,彼等得收发函件,收取救济包裹至少每月一次,作定规的露天运动,获得其健康状况所需之医药照顾,及其所愿有之精神帮助。彼等所受之刑罚应合乎第八十七条第三款之规定。

第四部 在俘之终止

第一编 直接遣返及中立国之收容

第一〇九条

除受本条第三款之规定之限制外,冲突各方必须遵照下条第一款之规定,将经过治疗后适于旅行之重伤与重病之战俘,不论其数目或等级如何,遣返其本国。

在战事期间,冲突各方,应依有关中立国之合作,努力商定办法使下条第二款所列之患病及受伤战俘收容于中立国。此外,彼等并得缔结协定,俾将经过长期在俘之健壮战俘直接遣返,或拘禁于中立国。

根据本条第一款之规定有资格被遣返之患病或受伤之战俘,在战事期间不得违反其意志将其遣返。

第一一〇条

以下所列者,应予直接遣返:

(一)不能医治之伤者及病者而其精神与体力似已严重减损者。

(二)根据医生意见不象能在一年内复原之伤者及病者而其病况需要治疗且精神与体力似已严重减损者。

(三)业已复原之伤者及病者,但其精神与体力似已严重的且永久的减损者。

以下所列者,得收容于中立国:

(一)伤者及病者之可希望于自其受伤之日或患病之日起,一年之内复原,如其在中立国治疗或可有更确定及迅速复原之希望者。

(二)根据医生意见,战俘之身心健康因继续在俘而受严重威胁,如其收容于中立国可免除此种威胁者。

收容于中立国之战俘,为获准遣返所必须满足之条件以及其身份,应由有关各国协议决定之。在一般上,收容于中立国之战俘而属于下列各类者,应予遣返:

(一)健康状况已衰颓至合乎直接遣返之条件者;

(二)虽经治疗而身心健康依然相当损坏者。

若冲突各方未经缔结特别协定,以决定应予直接遣返或收容于中立国之残废及疾病之问题,则此种问题应依本公约所附之关于直接遣返及中立国收容伤病战俘之示范协定及混合医务委员会规则所定之原则决定之。

第一一一条

拘留国、战俘所依附之国,及该两国同意之中立国,应努力订立协定,俾战俘得拘禁于该中立国境内直至战事终了为止。

第一一二条

战事开始时,应指派混合医务委员会从事检查伤病战俘,并作关于彼等之适当之决定。此等委员会之指派、任务及工作,应符合本公约所附规则之规定。

但据拘留国医务当局之意见,战俘系显然受重伤或患重病者,得不经医务委员会之检查而予遣返。

第一一三条

除拘留国医务当局所指定者外，凡伤病战俘属于下列各类者，应有受前条所规定之混合医务委员会检查之权利：

（一）伤者病者之经在其战俘营执行任务，而属于该战俘之同一国籍，或属于与该战俘所依附之国同盟的冲突一方之国民之医生或外科医生提出者。

（二）伤者病者之由战俘代表提出者。

（三）伤者病者之由其所依附之国或经该国正式承认之协助战俘之组织提出者。

战俘之不属于上述三类之一者，亦可请求混合医务委员会检查，惟仅能在属于上述各类之人之后检查之。

混合医务委员会检查时，自请检查之战俘之同国籍之医生与外科医生，以及该战俘之代表，应许其在场。

第一一四条

战俘如遭遇意外，除非自伤，得享有本公约关于遣返及中立国收容之规定之利益。

第一一五条

凡判纪律性处罚之战俘而合于遣返或收容于中立国之条件者，不得以其尚未受处罚为借口而予以扣留。

因司法诉追或定罪而被拘留之战俘，被指定遣返或收容于中立国者，如得拘留国之同意，得于诉讼终结前或处罚执行完毕前，享有此项办法之利益。

冲突各方应互相通知其将予拘留至诉讼终了或处罚执行完毕为止之战俘之名单。

第一一六条

战俘遣返或送往中立国之费用，应自拘留国边境起，由该战俘等所依附之国负担。

第一一七条

被遣返之人员不得使其服军事现役。

第二编　战事结束后战俘之释放与遣返

第一一八条

实际战事停止后，战俘应即予释放并遣返，不得迟延。

冲突各方为停战而缔结之协定中，如无关于上述事项之规定，或不能成立此项协定者，各拘留国应即依照前款所定之原则，自行制定并执行遣返计划，不得迟延。

在任一情形下，其所采取之办法应使战俘知悉。

在一切情形之下遣返战俘之费用，应由拘留国与战俘所依附之国公平分摊。分摊应在下列基础上执行之：

（甲）如两国接壤，则战俘所依附之国应负担自拘留国边境起之遣返费用。

（乙）如两国不接壤，则拘留国应负担运送战俘通过其国土，直至边境或达到距战俘所依附之国最近的乘船港口之费用。其余费用应由有关各国商定公平分摊。此项协定之缔结绝不得作为迟延遣返战俘之理由。

第一一九条

战俘之遣返应在与本公约第四十六条至四十八条所规定之关于移送战俘相类似之条件

下实行之,亦应顾及第一百一十八条及下列各款之规定。

遣返时,根据第十八条押收战俘之任何贵重品及任何未经兑换成拘留国货币之外国货币,应一律交还彼等。如在遣返时,不论因何种理由,未经交还战俘之贵重品及外国货币,则应寄交依第一百二十二条设立之情报局。

战俘应准携带其个人物品及已收到之寄给彼等的任何信件及包裹,此项行李之重量,如遣返情形有此必要时,得以每人所能适当负荷者为度,至少应各准携带二十五公斤。

遣返之战俘之其他个人物品,应由拘留国负责保管,一俟该国与战俘所依附之国订成关于上项物品送还之协定,规定运输条件及费用之偿付后,即行转送战俘。

战俘因刑事上之犯罪,诉追程序正在进行中者,得将其拘留至该项程序终结为止,必要时,至刑罚执行完毕为止。此项规定,对于因刑事上之犯罪业已定罪之战俘亦适用之。

冲突各方应将被扣留至刑事程序终结,或刑罚执行完毕为止之战俘之名单,相互通知。

应依冲突各方间之协议,设立委员会以寻觅散失之战俘,并保证彼等之迅速遣返。

第三编 战俘之死亡

第一二○条

战俘之遗嘱应依照其本国法律所规定之生效条件而作成,其本国须设法将此方面之条件通知拘留国。依战俘之要求,以及在一切情形下,于其死亡后,其遗嘱应立即送达保护国;其证明之抄本并应送交战俘中央事务所。

依照本公约所附格式之战俘死亡证或由负责军官证明之一切战俘死亡名单,应尽速送交依第一百二十二条设立之战俘情报局。死亡证或证明之名单上应载明第十七条第三款所列之身份事项与死亡日期及地点,死亡原因,埋葬日期及地点,以及为辨认坟墓所必须之一切详情。

在战俘埋葬或焚化前,其身体应经医生检查,以确定其死亡而便于作报告,并于必要时,证明身份。

拘留当局应保证在俘中死亡之战俘,得到荣誉的安葬,可能时,按照彼等所属宗教之仪式埋葬之,其坟墓予以尊重而妥为维护,并加以标志,俾随时可以寻见。如其可能,应将依附同一国之死亡战俘埋葬于同一地方。

死亡之战俘,应埋葬于个别之坟墓中,除非在无法避免之情况下必须采用集体坟墓。遗体仅得因迫切的卫生理由,死者之宗教关系或其本人表明之意愿,方得予以焚化。如举行焚化,则此项事实与理由应载明于死者之死亡证。

为便于随时寻见坟墓,所有关于埋葬与坟墓之详情应在拘留国所设立之坟墓登记处登记。坟墓单及战俘埋葬于公墓及其他地点之详情应转送该战俘等所依附之国。控制此领土之国家,如系本公约之缔约国,应担负照顾此项坟墓及登记嗣后尸体移动之责任。此项规定亦应适用于骨灰,骨灰应由坟墓登记处保管,直至依照其本国之愿望适当处理为止。

第一二一条

战俘之死亡或重伤,系由于或疑为由于哨兵,另一战俘或其他任何人所致者,以及原因不明之死亡,应由拘留国立即从事正式调查。

该事件应立即通知保护国。应从证人,尤其从战俘中之证人取得供词,并将包括此项供词之报告，送达保护国。

如上述调查指明一人或多人犯罪，拘留国应采取一切必要之措施对负责人或人们进行诉追。

第五部　战俘情报局及救济团体

第一二二条

在冲突发生时，及在一切占领之场合，冲突之每一方应为在其权力下之战俘设立一正式情报局。中立国或非交战国，凡在其领土内收容属于第四条所指之各类之一种之人员者，关于此项人员应采取同样行动。有关国家应保证战俘情报局备有必要之房屋，设备及工作人员以便进行有效的工作。情报局在本公约关于战俘工作之一编规定之条件下，得自由雇用战俘。

在尽可能最短时期内，冲突之每一方应将本条第四、五、六各款所述关于落于其权力下之第四条所列各类敌人之情报通知其情报局。中立国或非交战国关于在领土内所收容之属于此类之人员，亦应采取同样行动。

情报局应立即以最迅速之方法将此类情况通过保护国以及第一百二十三条所规定之中央事务所，转达有关国家。

此项情报应能尽速通知有关最近亲属。在第十七条之规定之限制下，此项情报应包括情报局所获得之关于每一战俘之姓名、等级、军、团、个人番号、出生日期及地点、所依附之国家、父名及母亲本名、被通知人之姓名与地址，以及寄交该战俘信件之地址。

情报局应从各有关部门获得关于移送、释放、遣返、脱逃、送入医院及死亡之情报，并应照上列第三款所述方式将此项情报转送之。

关于患重病或受重伤之战俘之健康状况之情报，亦应按期供给，可能时每周供给之。

情报局并须负责答复一切关于战俘之询问，包括在俘中死亡之战俘在内；如关于所询问之事项，该局未备有情报则应作一切必要之调查以获取之。

情报局之书面通知，应以签字或盖章为凭。

情报局又应负责搜集被遣返或释放，脱逃或死亡之战俘所遗留之一切个人贵重物品，包括除拘留国货币以外之款项，以及于其最近亲属有重要关系之文件，并应将此等贵重物品转送有关国家。此等物品应由情报局以密封包裹寄送，并附说明书，清晰详载关于此项物品所有人之身份事项，及包裹内容之清单。此等战俘之其他个人物品应依有关冲突各方协定之办法转送之。

第一二三条

在中立国境内应设立一战俘情报中央事务所。红十字国际委员会认为必要时，应向有关各国建议组织此项事务所。

该事务所之任务在搜集一切自官方或私人方面可能获得关于战俘之情报，并尽速将此项情报转送战俘的本国或其所依附之国。冲突各方应给予该事务所以转送此项情报之一切便利。

各缔约国特别是其人民享受中央事务所服务之利益之国家，对该事务所应予以所需之经济援助。

上述各规定绝不得解释为限制红十字国际委员会或第一百二十五条所规定之救济团体之人道主义的活动。

第一二四条

各国情报局及中央事务所应享受邮政免费,及第七十四条所规定之一切豁免,并应尽可能豁免电报费,或至少大减其费率。

第一二五条

在拘留国认为保证其安全或适应其他合理需要所必要之措施之限制下,宗教组织,救济团体,或其他任何协助战俘之组织之代表,应能为其本人及其正式委派之代理人,自拘留国获得一切必要之便利以访问战俘,分发为供宗教、教育或娱乐目的用之任何来源的救济物资,并协助战俘在营内组织其空闲时间。此等团体或组织得在拘留国境内或任何其他国家内组成,或具有国际性质。

拘留国得限制派有代表在其领土内及在其监督下从事活动之团体及组织之数目,但该项限制不得妨碍对全体战俘之适当救济之有效活动。

红十字国际委员会在该方面之特殊地位无论何时均应予以承认及尊重。

为上述目的之救济物资,一经交给战俘,或于交给后短时间内,战俘代表为每批装运物资签署之收据,应即送交运寄此项物资之救济团体或组织。同时负责看管战俘之行政当局亦应为此等装运物资出具收据。

第六部　本公约之执行

第一编　总　　则

第一二六条

保护国之代表,应许其前往战俘所在之一切地方,尤其拘禁、监禁及劳动之地方,并可进入战俘居住之一切场所;彼等亦应准许前赴被移送战俘之出发,经过或到达之地点。彼等又应能亲自或通过译员与战俘,尤其战俘代表会晤,而不须有他人在场。

保护国之代表,应有选择其愿访问地点之充分自由。访问之时间及次数不得加以限制。除因迫切的军事需要之理由,且仅作为一种例外及暂时的措施外,不得禁止此种访问。

必要时,拘留国及该战俘所依附之国得同意允许战俘之同国人参加访问。

红十字国际委员会之代表应享受同样特权。此项代表之指派应取得拘留其所访问之战俘之国家之同意。

第一二七条

各缔约国在平时及战时应在各该国尽量广泛传播本公约之约文,尤应在其军事,并如可能时,在公民教育计划中,包括本公约之学习,俾本公约之原则为全部武装部队及全体人民所周知。

在战时负战俘事宜之任何军事或其他当局必须备有本公约之约文,并须对其各项规定受有特别之教导。

第一二八条

各缔约国应通过瑞士联邦委员会,在战时,则通过保护国,互相通知本公约之正式译文,及其所采用以保证实施本公约之各项法律与规则。

第一二九条

各缔约国担任制定必要之立法,俾对于本身犯有或令人犯有下条所列之严重破坏本公约之行为之人,处以有效的刑事制裁。

各缔约国有义务搜捕被控为曾犯或曾令人犯此种严重破坏本公约行为之人,并应将此种人,不分国籍,送交各该国法庭。该国亦得于自愿时,并依其立法之规定,将此种人送交另一有关之缔约国审判,但以该缔约国能指出案情显然者为限。

各缔约国应采取必要之措施,以制止下条所列严重破坏本公约之行为以外之一切违反本公约之规定之行为。

在一切情况下,被告人应享有适当的审判及辩护之保障。此种保障,不得次于本公约第一百零五条及其以下各条所规定者。

第一三〇条

上条所述之严重破坏公约行为,应系对于受本公约保护之人或财产所犯之任何下列行为:故意杀害,酷刑或不人道待遇,包括生物学实验,故意使身体及健康遭受重大痛苦或严重伤害,强迫战俘在敌国部队中服务,或故意剥夺战俘依本公约规定应享之公允及合法的审判之权利。

第一三一条

任何缔约国不得自行推卸,或允许任何其他缔约国推卸,其本身或其他缔约国所负之关于上条所述之破坏公约行为之责任。

第一三二条

经冲突之一方之请求,应依有关各方所决定之方式,进行关于任何被控违犯本公约的行为之调查。

如关于调查程序不能获致协议,则各方应同意选定一公断人,由其决定应遵行之程序。

违约行为一经确定,冲突各方应使之终止,并应迅速加以取缔。

第二编 最后条款

第一三三条

本公约以英文及法文订立。两种文字之约文具有同等效力。

瑞士联邦委员会应准备本公约之俄文及西班牙之正式译文。

第一三四条

在各缔约国间之关系上,本公约代替 1929 年 7 月 27 日之公约。

第一三五条

在受 1899 年 7 月 29 日或 1907 年 10 月 18 日海牙陆战法规与惯例公约之拘束并为本公约之缔约国之各国关系上,本公约应为上述海牙公约所附规则第二编之补充。

第一三六条

本公约以本日为订立之日期,至 1950 年 2 月 12 日为止,凡参加 1949 年 4 月 21 日日内瓦会议各国,以及未参加该次会议,但系1929年7月27日公约之缔约国,均可签字。

第一三七条

本公约应尽速批准,其批准书应交存于伯尔尼。

每一批准书交存时,应予登记,并由瑞士联邦委员会将该项登记之证明的抄本分送业经签字或通知加入本公约之各国。

第一三八条

本公约在至少两国批准书交存后六个月发生效力。

嗣后,本公约对于每一缔约国自其批准书交存后六个月发生效力。

第一三九条

本公约自生效之日起,任何未签字本公约之国家均得加入。

第一四〇条

本公约之加入,应以书面通知瑞士联邦委员会,自加入之通知收到之日起六个月后发生效力。

瑞士联邦委员会应将此项加入通知所有业经签字或加入本公约之国家。

第一四一条

第二条及第三条所载之情况应使在战事开始或占领之前或后,冲突各方所交存之批准书及加入之通知立即生效。瑞士联邦委员会应将其从冲突各方收到之任何批准书或加入之通知,以最迅速方法通告之。

第一四二条

每一缔约国得自由退出本公约。

退约须用书面通知瑞士联邦委员会,并由该委员会转告所有缔约国政府。

退约须于通知瑞士联邦委员会后一年发生效力。但如缔约国于作退约通知时已卷入冲突,则其退约须待至和议成立后,并在有关本公约所保护之人员之释放及遣返之工作完毕后,始能生效。

退约仅对该退约国有效,但并不减轻冲突各方依国际法原则仍应履行之义务,此等原则系产自文明人民间树立之惯例,人道法则与公众良心之要求。

第一四三条

瑞士联邦委员会应将本公约在联合国秘书处登记,并应将其所接获之所有关于本公约之批准、加入及退约通知联合国秘书处。

为此,下列签署人于交存全权证书后,签署本公约,以昭信守。

1949年8月12日以英文法文订于日内瓦。正本应交存于瑞士联邦委员会之档案中。瑞士联邦委员会应将证明之抄本送交每一签字及加入之国家。

附件一:关于直接遣返及中立国收容伤病战俘之示范协定(见第一一〇条)

一、直接遣返及中立国收容之原则

甲、直接遣返

下列战俘应直接遣返:

（一）凡因创伤而残废之战俘：丧失肢体、瘫痪、关节的或其他残废，其残废至少丧失一手或一足，或相当于丧失一手或一足者。

在不妨碍更宽大解释下，下列病情均应视为相当于丧失一手或一足：

1. 丧失一手或全部手指，或丧失一手之拇（姆）指及食指；丧失一足，或一足之全部足趾及趾骨。

2. 关节强硬，骨组织消失，瘢痕性收缩妨碍某一大关节机能，或一手之全部指关节机能者。

3. 长骨成假关节。

4. 因骨折或其他创伤严重妨害机能或荷重能力之畸形。

（二）凡受伤之战俘，其伤势转为慢性，自受伤日起一年内虽经治疗，而似无法恢复者，例如：

1. 心脏中的外物如弹片等，虽经混合医务委员会检查，当时未能查出任何严重病情者。

2. 脑部或肺部中的金属碎片，虽经混合医务委员会检查，当时未能查出任何局部或全身反应者。

3. 骨髓炎，自受伤时起一年中未能预期其恢复，并可引起关节强硬者，或其他相当于丧失一手或一足之损害者。

4. 大关节穿通其化脓性损伤。

5. 颅骨损伤，并有骨组织的损失或错位。

6. 面部损伤或烧伤，并有组织损失及官能损害。

7. 脊髓损伤。

8. 周围神经损伤，其后患相当于丧失一手或一足，且自受伤日起需时一年以上之治疗者，例如：损伤臂丛或腰骶丛，正中神经或坐骨神经，并损伤桡神经及肘神经，或损伤guo外侧神经（腓总神经）及guo内侧神经（胫神经）等。桡神经，肘神经，guo内外侧神经等单独损伤，除因收缩或严重神经营养的妨害外，应不予以遣返。

9. 尿系统损伤，并有功能不全者。

（三）凡患病之战俘其病情转为慢性，自患病日起一年内虽经治疗而似无法恢复者，例如：

1. 任一进行性器官结核，据医生诊断，在中立国治疗不能治愈，或至少不能有大进步者。

2. 渗液性胸膜炎。

3. 认为不能医治之非结核性病原之呼吸器严重病，例如：严重性肺气肿不论有无支气管炎者；慢性气喘（混合医务委员会之决定应大体根据与此等战俘同一国籍之战俘营医生及外科医生所保存之纪录，或拘留国医学专家之检查）；慢性支气管炎在俘时持续一年以上者（混合医务委员会之决定应大体根据与此等战俘同一国籍之战俘营医生及外科医生所保存之纪录，或拘留国医学专家之检查）；支气管扩张病（混合医务委员会之决定应大体根据与此等战俘同一国籍之战俘营医生及外科医生所保存之纪录，或拘留国医学专家之检查）等。

4. 循环系统之严重慢性病，例如：心瓣膜损害及心肌炎（混合医务委员会之决定应大体根据与此等战俘同一国籍之战俘营医生及外科医生所保存之纪录，或拘留国医学专家之检查。）；而其在被俘期间曾呈现循环衰竭征状，虽经混合医务委员会检查，当时并未查出任何此种征状者;心包病及血管病(闭塞性血栓性血管炎,大血管动脉瘤)等。

5. 消化器之严重慢性病,例如:胃溃疡或十二指肠溃疡;被俘期间施行胃手术之后遗;曾患一年以上并严重影响身体健康之慢性胃炎,肠炎或结肠炎;肝硬变;慢性胆囊病等(混合医务委员会之决定应大体根据与此等战俘同一国籍之战俘营医生及外科医生所保存之纪录,或拘留国医学专家之检查)。

6. 沁尿器之严重慢性病,例如:肾脏慢性病与不良之后果;肾结核而施行肾截除术者;慢性肾盂炎或慢性膀胱炎;肾盂积水或肾盂积脓;严重慢性妇科病;正常妊娠及产科病而不可能在中立国收容者等。

7. 中枢及周围神经系统之严重慢性病,例如:一切显著之精神病及精神神经病,如:曾经专家(混合医务委员会之决定应大体根据与此等战俘同一国籍之战俘营医生及外科医生所保存之纪录,或拘留国医学专家之检查)证明之严重性癔病、严重性被俘精神神经病等;曾经俘房营医师证明之任何癫痫(混合医务委员会之决定应大体根据与此等战俘同一国籍之战俘营医生及外科医生所保存之纪录,或拘留国医学专家之检查);大脑动脉硬化症;持续一年以上之慢性神经炎等。

8. 自主神经系统之严重慢性病,并大大削弱精神或身体健康,显有体重减轻,及体力衰弱。

9. 双目失明,或一目失明,而另一目之视力虽配用矫正眼镜仍不及1者;视力敏度衰退,如经矫正仍不能至少使一目之敏度恢复二分之一者(混合医务委员会之决定应大体根据与此等战俘同一国籍之战俘营医生及外科医生所保存之纪录,或拘留国医学专家之检查);其他重眼病,例如:青光眼,虹膜炎;脉络膜炎;沙眼等。

10. 听觉病,如一耳全聋,而另一耳距离一米即不能辨明普通谈话者(混合医务委员会之决定应大体根据与此等战俘同一国籍之战俘营医生及外科医生所保存之纪录,或拘留国医学专家之检查)等。

11. 严重性代谢机能病,例如:糖尿病需用胰岛素治疗者等。

12. 内分泌腺之严重病,例如:甲状腺中毒症,甲状腺机能迟钝症,阿狄森氏病;垂体病性恶病质,手足搐搦等。

13. 造血器之严重慢性病。

14. 严重之慢性中毒症,例如:铅中毒,汞中毒,吗啡中毒,古碱柯中毒,醇中毒,气体或放射线中毒等。

15. 运动器慢性病显有官能失调,例如:畸形性关节炎,原发性及继发性进行的慢性多关节炎;风湿症并有严重之临床症候等。

16. 难于治疗之严重慢性皮肤病。

17. 任何恶病瘤。

18. 曾患一年之严重慢性传染性病,例如:疟疾显有器官损害阿米巴或杆菌痢疾并有严重的病患;三期内脏梅毒难于治疗者;麻疯等。

19. 严重之维生素缺乏病或严重的营养缺乏病。

乙、中立国收容

下列战俘得送往中立国收容:

（一）凡受伤之战俘在俘中不像能恢复，但由中立国收容则或可获痊愈或可获相当好转者。

（二）无论身患任何器官结核之战俘，其在中立国治疗或可获得恢复或至少获得相当好转者，但在被俘前曾被治愈之原发性结核病除外。

（三）凡战俘患呼吸器，循环器，消化器，神经系统，感觉器，泌尿器，皮肤，运动器等病而需要医治者，若在中立国医治较比在俘中医治显然可有更良好结果者。

（四）凡战俘在被俘期间因患非结核性肾脏病，曾经施行肾截除术者；患骨髓炎之在恢复期或潜伏期者，患糖尿病无须施行胰岛素治疗者等。

（五）凡患战争神经病或被俘神经病之战俘。

患被俘神经病之战俘，在中立国收容医治三个月未见治愈或经过那个时期未显然走上完全治愈之途上者，应予遣返。

（六）凡患慢性中毒（气体、金属、膺碱等）之战俘，而在中立国治疗特别有利者。

（七）凡妊娠之女俘，或有婴儿或小孩之女俘。

下列病例均不得送往中立国收容：

（一）一切正式证明之慢性神经病。

（二）一切认为无法医治之器官性或机能性神经病。

（三）除结核病外，一切易于传染之接触传染病。

二、守　　则

（一）所列之病情一般应尽可能从广义予以解释及适用。因战争或被俘而引起之神经病及精神病病情以及各期结核病，尤应享受此项从宽解释的利益。凡受伤多处之战俘，而无一处伤势足资使其遣返者，亦应本此同一精神予以检查，并适当顾及因受伤多处而引起之精神创伤。

（二）凡具有直接遣返权利之无疑问的病者，截肢，全盲或全聋，开放性肺结核，精神病，恶性瘤等应由战俘营医生或拘留国指定之军医委员会尽速予以检查遣返。

（三）凡于战前已有的而迄未转剧之损伤与疾病，以及不妨碍嗣后军役之战伤，均不得享有直接遣返之权。

（四）本附录之规定应在冲突各国内同样予以解释与适用。各有关国家与当局应予混合医务委员会以一切完成其工作必要的便利。

（五）上述（一）项内所举之实例仅代表与典型病例。凡与上述规定之病例不完全相符合者应根据本公约第一百一十条之规定及本协定所包含之原则之精神判定之。

附件二：混合医务委员会规则（见第一一二条）

第一条

本公约第一百一十二条所规定之混合医务委员会应由委员三人组成之，其中二人应系中立国人，第三人由拘留国指派之。中立国委员中之一人应任主席。

第二条

中立国委员二人应经拘留国请求由红十字国际委员会与保护国协议指派之。该二委员得为在其本国或在任何其他中立国,或拘留国之领土内有住所之人。

第三条

中立国委员应经有关冲突各方之认可,冲突各方应将其认可通知红十字国际委员会及保护国。经上述通知后,中立国委员始认为有效派定。

第四条

应指派数目充足之副委员,俾于必要时代替正委员。副委员应与正委员同时指派,或至少应尽速指派。

第五条

红十字国际委员会若因任何理由未能指派中立委员,则应由保护受检查之战俘的利益之国家指派之。

第六条

应尽可能使中立国委员二人中之一人为外科医生,另一人为医生。

第七条

中立国委员对冲突各方应完全独立,冲突各方应给予彼等完成其任务之一切便利。

第八条

红十字国际委员会在指派本规则第二及第四两条规定之人员时,应与拘留国协议决定被指派之人员之服务条件。

第九条

中立国委员经认可后,混合医务委员会应尽速开始工作,无论如何须自认可之日起三个月内开始工作。

第十条

混合医务委员会应检查本公约第一百一十三条所指之一切战俘。该会应建议遣返,否决,或交以后检查,其决定应依多数为之。

第十一条

混合医务委员会对每一案件之决定,应在其视察后一月内通知拘留国,保护国,及红十字国际委员会。混合医务委员会并应将其决定通知每一受检查之战俘并将类似本公约所附示范式样之证件发给其所建议遣返之战俘。

第十二条

拘留国应在接获混合医务委员会之决定之正式通知后三个月内实施其决定。

第十三条

在需要混合医务委员会工作之国家若无中立国之医生,及因其他原因而未能指派在另一国内之中立国医生时,则拘留国应与保护国协议后设立一医务委员会担任与混合医务委员会相同之任务,但应受本规则第一、二、三、四、五及八各条之规定之限制。

第十四条

混合医务委员会应长期执行任务,并应至少每隔六个月视察各战俘营一次。

附件三:关于集体救济物品之规则(见第七十三条)

第一条

战俘代表应准将其所负责之集体救济装运物资分配与其本营所管理之各战俘,包括在医院、监狱或其他服刑处所之战俘。

第二条

集体救济装运物资之分配应按照捐赠人之指示及战俘代表所拟之计划办理。但医药材料之发给宜与上级医官商定进行,该医官遇病人之需要有此要求时,得在医院与疗养所中放弃上项指示。在以上所规定之限度内,分配应始终公平执行之。

第三条

上述战俘代表或其助理人员应准前往战俘营附近之救济物品到达之地点,以便彼等得查验所收到之物品之品质与数量,并对捐赠人作详细报告。

第四条

对战俘代表应给予必需之便利以便查验战俘营之各分处及各附属处所是否已依照其指示分配集体救济物品。

第五条

战俘代表应准填写,或令劳动队中之战俘代表或疗养所及医院之上级医官填写,送交捐赠人之关于集体救济物品(分配、需要、数量等)之表格或问题。此项表格或问题填就后应即转送捐赠人,不得迟延。

第六条

为保证在战俘营内对战俘正常分发集体救济物品,及适应因新到战俘而发生之需要起见,应允许战俘代表准备并保持充分之集体救济物品存储量。为此目的,彼等应有适当之库房以供使用;每一库房均应备锁两把,战俘代表保管一锁之钥匙,另一锁之钥匙由战俘营长官保管之。

第七条

若集体装运物资中有衣服,每一战俘应至少保有衣服一整套,若一战俘持有一套以上之衣服,应允许战俘代表得自衣服最多之战俘收回其多余之衣服,或超过一件之特殊物品,如其为供给衣服较少之战俘有此必要。惟内衣、袜、鞋之第二套不得收回,除非此系为救济一无所有之战俘之唯一办法。

第八条

各缔约国,尤其拘留国,应尽可能并在管理居民供应之规则之限制下,准许在其境内采购物品作为集体救济品分配予战俘。各该国对为此项采购所需之款项转移及其他技术或行政性之金融措施应同样给予便利。

第九条

上述规定并不妨碍战俘在到达战俘营前或在移送途中受取集体救济物品之权利,亦不妨碍保护国、红十字国际委员会,或其他协助战俘并负责运送此项物资之团体之代表依其所认为有用之任何其他方法保证将上项物品分配予受物人之可能。

附件四：

甲、身份证（见第四条）（略）

乙、被俘邮片（见第七十条）（略）

丙、邮片及信（见第七十一条）（略）

丁、死亡通知（见第一二〇条）（略）

戊、遣返证（见附件二第十一条）

遣返证日期：战俘营：医院：姓：名：出生日期：等级：部队番号：战俘号码：伤病：委员会之决定：

混合医务委员会主席 A＝直接遣返 B＝中立国收容 NC＝由下届委员会复验

附件五：关于战俘向其本国汇款之示范规则（见第六十三条）

（一）第六十三条第三款所述之通知应载明：

（甲）第十七条所列举之战俘汇款人之番号、等级、姓名；

（乙）在其本国之收款人之姓名及住址；

（丙）所交付之拘留国货币数目。

（二）此项通知应由战俘签署，如其不能书写，则可在其上做一证明之记号，并由战俘代表加签。

（三）战俘营长官对此项通知应附加一证明书，以证明该有关战俘之存款并不少于所载汇款数目。

（四）此项通知可编成清单，此等清单之每张应由战俘代表证明并由战俘营长官签证。

附录：1949年8月12日日内瓦公约签字国名单及其交存批准书日期和加入国名单及其加入日期（略）

176. 1949年8月12日 关于战时保护平民之日内瓦公约

（1949年8月12日在日内瓦订立，1950年10月21日生效）

第一部 总 则

第一条

各缔约国承诺在一切情况下尊重本公约并保证本公约之被尊重。

第二条

于平时应予实施之各项规定之外,本公约适用于两个或两个以上缔约国间所发生之一切经过宣战的战争或任何其他武装冲突,即使其中一国不承认有战争状态。

凡在一缔约国的领土一部或全部被占领之场合,即使此项占领未遇武装抵抗,亦适用本公约。

冲突之一方虽非缔约国,其他曾签订本公约之国家于其相互关系上,仍应受本公约之拘束。设若上述非缔约国接受并援用本公约之规定时,则缔约各国对该国之关系,亦应受本公约之拘束。

第三条

在一缔约国之领土内发生非国际性的武装冲突之场合,冲突之各方最低限度应遵守下列规定:

(一) 不实际参加战事之人员,包括放下武器之武装部队人员及因病、伤、拘留、或其他原因而失去战斗力之人员在内,在一切情况下应予以人道待遇,不得基于种族、肤色、宗教或信仰、性别、出身或财力或其他类似标准而有所歧视。

因此,对于上述人员,不论何时何地,不得有下列行为:

(甲) 对生命与人身施以暴力,特别如各种谋杀、残伤肢体、虐待及酷刑;

(乙) 作为人质;

(丙) 损害个人尊严,特别如侮辱与降低身份的待遇;

(丁) 未经具有文明人类所认为必需之司法保障的正规组织之法庭之宣判而遽行判罪及执行死刑。

(二) 伤者、病者应予收集与照顾。

公正的人道主义团体,如红十字国际委员会,得向冲突之各方提供服务。

冲突之各方应进而努力,以特别协定之方式,使本公约之其他规定得全部或部分发生效力。

上述规定之适用不影响冲突各方之法律地位。

第四条

在冲突或占领之场合,于一定期间内及依不论何种方式,处于非其本国之冲突之一方或占领国手中之人,即为受本公约保护之人。

不受本公约拘束之国家之人民即不受本公约之保护。凡在交战国领土内之中立国人民及共同作战国人民,在其本国尚有通常外交使节驻在控制彼等之国家时,不得认为被保护人。

惟本公约第二部之各项规定,如第十三条所划定,其适用范围较广。

凡受1949年8月12日改善战地武装部队伤者病者境遇之日内瓦公约,或1949年8月12日改善海上武装部队伤者病者及遇船难者境遇之日内瓦公约,或1949年8月12日关于战俘待遇之日内瓦公约保护之人,不得认为本公约意义内之被保护人。

第五条

凡冲突之一方深信在其领土内之个别被保护人确有危害该国安全之活动之嫌疑,或从事该项活动,而本公约之各项权利与特权若为该个人行使将有害该国安全时,该个人即不得要求此等权利与特权。

在占领地内个别被保护人如系因间谍或破坏分子，或因确有危害占领国安全之活动嫌疑而被拘留者，在绝对的军事安全有此要求之情况下，其人应即认为丧失在本公约下之通讯权。

唯在每种情形下，此等人仍应受人道待遇，且在受审判时，不应剥夺本公约规定之公平正常的审判之权利。又应斟酌个别情况尽早在合于该国或占领国之安全时给予彼等以被保护人依本公约所享有之全部权利与特权。

第六条

本公约应于第二条所述之任何冲突或占领开始时适用。

在冲突各方之领土内，本公约之适用，于军事行动全面结束时应即停止。

本公约在占领地内之适用，于军事行动全面结束后一年应即停止；惟占领国于占领期间在该国于占领地内行使政府职权之限度内，应受本公约下列各条规定之拘束：第一至十二、二十七、二十九至三十四、四十七、四十九、五十一、五十二、五十三、五十九、六十一至七十七、一百四十三条。

被保护人之释放、遣返、或安置，若在上述各期限以后实现者，则在其实现之期间，彼等仍应继续享受本公约之利益。

第七条

于第十一、十四、十五、十七、三十六、一百零八、一百零九、一百三十二、一百三十三及一百四十九各条明文规定之协定之外，各缔约国对其认为需另作规定之一切事项，得订立特别协定。是项特别协定不得对于本公约关于被保护人所规定之境遇有不利的影响，亦不得限制本公约所赋予彼等之权利。

除在上述或后订之协定中有相反之明文规定，或冲突之一方对彼等采取更优待之措施外，被保护人在本公约对其适用期间应继续享受是项协定之利益。

第八条

在任何情况下，被保护人不得放弃本公约或上条所述之特别协定——如其订有是项协定——所赋予彼等权利之一部或全部。

第九条

本公约之适用应与保护国合作并受其监察。保护国之责任为维护冲突各方之利益。为此目的，保护国在其外交或领事人员之外，得自其本国国民或其他中立国国民中指派代表。上述代表应经其执行任务所在国之认可。

冲突各方对于保护国之代表之工作应尽最大可能予以便利。

保护国之代表在任何情况下不得逾越本公约所界予之任务。彼等尤须顾及其执行任务所在国之安全上迫切的必要。

第十条

本公约之规定并不妨碍红十字国际委员会或其他公正的人道主义组织，在有关冲突各方之同意之条件下，从事保护与救济平民之人道主义活动。

第十一条

各缔约国得随时同意将根据本公约应由保护国负担之任务，委托于具有公允与效能之一切保证之组织。

当受本公约保护之人,不拘为何原因,不能享受或已停止享受保护国或本条第一款所规定之组织的活动之利益时,则拘留国应请一中立国或此种组织担任依照本公约应由冲突各方指定之保护国所执行之任务。

若保护不能依此布置,则拘留国应在本条之规定之约束下,请求或接受一人道主义组织,如红十字国际委员会,提供服务,以担任依本公约由保护国执行之人道主义的任务。

任何中立国或任何组织经有关国家邀请或自愿提供服务而执行任务时,在行为上须对本公约所保护之人员所依附之冲突一方具有责任感,并须充分保证能执行其所负之任务,且能公允执行之。

各国间订立特别协定,如其中一国因军事关系,特别是因其领土之大部或全部被占领,以致该国与其他一国或其盟国谈判之自由受限制,即或是暂时的,本公约上列规定不得因该项特别协定而有所减损。

凡本公约中提及保护国,亦适用于本条所指之代替组织。

凡中立国人民处于占领地或交战国领土内而其本国并无通常外交代表驻在该国时,本条各项规定应对彼等适用。

第十二条

保护国认为为被保护人之利益适宜时,尤其遇冲突各方对于本公约之适用与解释意见有分歧时,应从事斡旋以期解决分歧。

为此目的,各保护国得应一方之请求,或主动向冲突各方建议,可能在适当选择之中立领土召开代表会议,被保护人之负责当局代表尤须参加。冲突各方对于为此目的而提出之建议负有实行之义务。各保护国得于必要时,提请冲突各方同意,特邀一中立国人员或红十字国际委员会委派之人员参加此项会议。

第二部 居民之一般保护以防战争之若干影响

第十三条

本公约第二部之规定,涉及冲突各国之全部人民,尤不得基于种族、国籍、宗教或政治意见而有所歧视,各规定之目的在于减轻战争所致之痛苦。

第十四条

各缔约国在平时,冲突各方在战事开始后,得在其领土内,并于必要时在占领地内,设立医院及安全地带与处所,加以适当的组织,使能保护伤者、病者、老者、十五岁以下儿童、孕妇及七岁以下儿童之母亲,俾免受战争影响。

在战事开始时及其进行中,有关各方得缔结协定互相承认所设立之地带与处所。各该国得为此目的实施本公约所附协定草案之规定,连同其所认为必要之修改。

为便于医院与安全地带及处所之设立及承认,应请保护国及红十字国际委员会从事斡旋。

第十五条

任何冲突之一方,得直接或通过一中立国或人道主义组织,向其敌方建议在作战区域内设立中立化地带,保护下列人等免受战争之影响,不加歧视:

（甲）伤、病战斗员或非战斗员；

（乙）不参加战事及虽居住在该地带内而不从事军事性工作之平民。

如有关各国对于拟议之中立化地带之地理位置、管理、食物供给及监督均予同意，应由冲突各方之代表签定一书面协定，该协定应规定该地带之中立化之开始及期限。

第十六条

伤者、病者、弱者以及孕妇应为特别保护与尊重之对象。

在军事的考虑许可时，冲突各方对于寻觅死者、伤者，协助遇船难者及其他冒严重危险之人，及保护彼等免遭抢劫及虐待所采取之各项步骤应予以便利。

第十七条

冲突各方应尽力缔结局部协定以便将被包围地区内之伤者、病者、弱者、老者、幼童及产妇撤出，及使送往该地区之一切宗教之牧师、医务人员、医疗设备得以通过。

第十八条

凡为照顾伤者、病者、弱者及产妇而组织之民用医院，在任何环境下，不得为攻击之目标，而应随时受冲突各方之尊重与保护。

冲突各方之国家，对所有民用医院应发给证书，证明各该医院系民用医院且其所占用之建筑物并未作依第十九条应剥夺其保护之任何用途。

各民用医院均应标以1949年8月12日改善战地武装部队伤者病者境遇之日内瓦公约第三十八条所规定之标志，惟须经各该国认可。

在军事的考虑许可之限度内，冲突各方应采取必要步骤，使标明民用医院之特殊标志能为敌方陆、空及海军清晰望见，以避免任何敌对行动之可能。

鉴于医院临近军事目标不免遭受危险，故建议上述医院之位置应尽量远离该项目标。

第十九条

民用医院应得之保护不得停止，除非此项医院越出其人道主义任务之外，用以从事有害于敌方之行为。惟如经给予相当警告，并按个别情形规定合理时限而警告仍被忽视时，始得停止保护。

如有武装部队伤病人员在前项医院疗养，或由该项战斗员卸下之小型武器及弹药尚未缴交主管机关之事实，不得视为有害敌方之行动。

第二十条

经常专门从事民用医院工作及管理之人，包括从事搜寻、移送、运输与照顾伤病平民、弱者及产妇之人员，均应受尊重与保护。

上述人员在占领地及军事行动地带内执行任务时，应有证明其地位之身份证，上贴本人像片，并轧有负责当局之钢印，并应有在左臂佩带加盖印章之防水臂章，以资识别。此项臂章应由国家颁发，并须有1949年8月12日改善战地武装部队伤者病者境遇之日内瓦公约第三十八条所规定之标志。

其他从事民用医院工作及管理之人员，若担任此类任务时，应受尊重与保护，并按照本条所规定之条件，佩戴臂章。彼等之身份证上应注明其担任之任务。

各医院之管理当局应随时备有上述各项工作人员之最近名单，以供本国或占领国主管当局之用。

第二十一条

凡运送伤病平民、弱者、产妇之陆地运输车队、陆地医院列车或海上之特备船只,均应与第十八条所规定之医院受同样之尊重与保护,此项车船,经各该国同意后,应标以1949年8月12日改善战地武装部队伤者病者境遇之日内瓦公约第三十八条所规定之特殊标志。

第二十二条

凡专为移送伤病平民、弱者、产妇或运输医务人员、医疗设备之飞机,在有关冲突各方所特别约定之高度、时间、航线飞行时,应不受攻击而予以尊重。

此项飞机得标以1949年8月12日改善战地武装部队伤者病者境遇之日内瓦公约第三十八条所规定之特殊标志。

除非另有协定,飞越敌方领土或敌人占领地均所禁止。

此项飞机应服从降落命令。如被令降落,而需要检查时,则经过检查后,该机载其乘员得继续飞行。

第二十三条

各缔约国对于纯为另一缔约国平民使用之医疗与医院供应品,或宗教礼拜所需物品之一切装运物资,均应许其自由通过,即使该另一缔约国为其敌国。对于供十五岁以下儿童、孕妇与产妇使用之主要食物、衣服及滋补剂之装运,亦应同样许其自由通过。

缔约国允许上款所述装运物资之自由通过之义务,以该国深信并无严重理由足以引起下列之恐惧为条件:

(甲) 该项装运物资可自其目的地改运他处;

(乙) 管制可能无效,或

(丙) 由于上述各项物资代替当由敌方供给或生产之物品,或使生产此类物品所需之材料,工作或设备得以腾出,而可能予敌方军事努力或经济以确定之利益。

凡允许本条第一款所述装运物资通过之国家,得要求在该项物资分发于受惠人时,应以由保护国就地监督为允许之条件。

上述装运物资应尽速转送,而允许此等物资自由通过之国家应有权规定准许该项通过之技术方面的办法。

第二十四条

冲突各方应采取必要措施,俾十五岁以下儿童因受战争影响成为孤儿或与家庭分离者,不致无人照管,并使彼等之扶养,宗教与教育之进行,在一切情形下均获便利。彼等之教育,应尽可能委托于具有相似的文化传统之人。

冲突各方应便利冲突期间此种儿童收容于中立国,此事应经保护国——如其有保护国——之同意,并有遵守第一款所述原则之适当保证。

冲突各方并应尽力设法使十二岁以下儿童均佩带身份牌,或用其他方式,以资识别。

第二十五条

冲突各方之领土内或其占领地内所有人们,应能将纯属个人性质的消息通知其在任何地方之家人,并接获其家人之此类消息。此项通讯应迅速传递,不得有不当之迟延。

如由于环境影响,难于或不可能由普通邮政互递家庭信件时,有关冲突各方应向中立媒介接洽,如第一百四十条所规定之中央事务所,并与之商定如何在可能最好的情况下保证其义务之履行,尤应取得各国红十字(红新月、红狮与日)会之合作。

如冲突各方认为有限制家庭通讯之必要,该项限制只应限于能容任择二十五字之标准信纸之强制使用,及将寄发此项格式之信件每月限为一份。

第二十六条

冲突各方对于因战争致与家庭离散之人所为之调查,以期在可能时与其家庭重新联系或团聚者,应给予便利。冲突各方尤应鼓励从事此项任务之组织之工作,但须此项组织能为其所接受并遵照其安全规则。

第三部　被保护人之地位与待遇

第一编　对于冲突各方之领土及占领地之共同规定

第二十七条

被保护人之人身、荣誉、家庭权利、宗教信仰与仪式、风俗与习惯,在一切情形下均应予以尊重。无论何时,被保护人均须受人道待遇,并应受保护,特别使其免受一切暴行,或暴行的威胁及侮辱与公众好奇心的烦扰。

妇女应受特别保护以免其荣誉受辱,尤须防止强奸、强迫为娼或任何形式的非礼之侵犯。

冲突各方对在其权力下之被保护人,在不妨有关其健康状况、年龄、性别之各项规定之条件下,应同样待遇之,尤不得基于种族、宗教或政治意见而有所歧视。

但冲突各方对被保护人得采取由于战争而有必要之管制及安全之措施。

第二十八条

对于被保护人不得利用其安置于某点或某地区以使该处免受军事攻击。

第二十九条

在冲突一方对于权力下之被保护人所受该国人员之待遇,该国均应负责,不论此项人员所负之个人责任如何。

第三十条

被保护人应有向保护国、红十字国际委员会、彼等所在国之红十字(红新月、红狮与日)会,或能予以协助之任何组织提出申请之各种便利。

上述各组织应由当局在根据军事或安全的考虑所定之范围内,予以上述目的所需之各种便利。

于第一百四十三条所规定之保护国及红十字国际委员会代表之访问之外,各拘留国或占领国对于以给予被保护人精神协助或物质救济为目的之其他组织的代表之访问被保护人,应尽量予以便利。

第三十一条

对被保护人不得施以身体上或精神上之强迫,尤其不得借以从彼等或第三者取得情报。

第三十二条

各缔约国特别同意禁止各该国采取任何足以使其手中之被保护人遭受身体痛苦或消灭之措施。此项禁令不仅适用于谋杀、酷刑、体刑、残伤肢体及非为治疗被保护人所必需之医学或科学实验,并适用于文武人员施行之其他任何残酷措施。

第三十三条

被保护人无论男女不得因非本人所犯之行为而受惩罚。集体惩罚及一切恫吓恐怖手段,均所禁止。

禁止掠夺。

禁止对被保护人及其财产采取报复行为。

第三十四条

禁止作为人质。

第二编　在冲突一方领土内之外国人

第三十五条

一切被保护人,在冲突开始时,或冲突进行中,希望离境者,除非其离去有违所在国之国家利益,均应有权离境。此等人之离境申请应按照正常规定之手续予以决定,此项决定并应尽速为之。凡获准离境之人得自行准备必须之旅费并携带相当数量之个人物品。

如上述任何人之离境请求被拒绝时,彼应有权请求拘留国所指定之主管法庭或行政审议机关对此项拒绝从速重新考虑。

除非安全理由所不许或关系人反对,一经保护国代表之请求,应即告以不准离境之理由,并应尽速检送不准离境之人的全体名单。

第三十六条

依上条获准之离境,应在关于安全、卫生、保健及食物方面之妥善条件下实行之。一切有关离境之费用,自拘留国领土内之出境地点起,应由出境人目的地之国家担负,若出境人被收容于中立国,则该项费用应由受益人之本国负担。此项移动之施行细则,必要时,得由有关国家以特别协定决定之。

前项规定不得影响冲突各方间所订关于交换及遣返在敌方手中之人民之特别协定。

第三十七条

凡被保护人在候审期间,或因受有剥夺自由之判决而被禁闭者,在其禁闭期间应受人道待遇。

一经释放,彼等即得依照以上各条请求离境。

第三十八条

除本公约,尤其第二十七及四十一两条所准许之特别办法外,各被保护人之地位,在原则上应继续按照和平时期有关外国人之规章,予以规定。在任何情形下,应予以下列权利:

（一）应能领受送来之个人或集体救济物品;

（二）如其健康情形有此需要,应获得与有关国家之人民同等之医药照顾与住院待遇;

（三）应获准举行其宗教仪式,并接受其本教牧师之精神协助;

（四）如居住于特别冒战争危险之区域时,应与有关国家之人民同样获准迁出该区域;

（五）十五岁以下儿童、孕妇及七岁以下儿童之母亲,应与有关国家之人民受同等之优惠待遇。

第三十九条

凡被保护人因战事影响而失去其收入之工作者,应予以寻觅有报酬之工作之机会。该项机会应与其所在国家之人民所享受之机会相等,但须受安全考虑及第四十条规定之限制。

冲突一方对被保护人施行管制办法因而使其不能自行维持生活,尤以该人因安全原因不能寻觅在合理条件下之有报酬之工作时,该冲突国应保证维持其本人与受其赡养人之生活。

各被保护人在任何情况下均得接受其本国、保护国,或第三十条所述之救济团体之津贴。

第四十条

被保护人仅得在与其所在之冲突国之人民同样限度内被强迫工作。

如被保护人系属敌国国籍,则只能强迫其担任通常为保证人类食、住、衣、行及健康所必需之工作而与军事行动无直接关系者。

在前两款所述之情形下,被强迫工作之被保护人应与本国工人享受同样工作条件及同样保障之利益,尤其关于工资、工作时间、衣服与设备、事先训练及工作上意外伤害与疾病之赔偿。

上述各项规定如被违反,应允许被保护人按照第三十条行使其申诉之权利。

第四十一条

如被保护人所在之国家认为本公约所述之管制措施不足时,不得采行较第四十二及第四十三两条所定之指定居所或拘禁更为严厉之管制措施。

在适用第三十九条第二款之规定,于按照安置于他处指定居所之决定而须离开其原居所之人之场合时,拘留国应尽可能密切遵循本公约第三部第四编所定之福利标准。

第四十二条

对被保护人之拘禁或安置于指定居所,仅于拘留国之安全有绝对需要时方可施行。

如有人通过保护国之代表,自动请求拘禁,而其处境使其采取此步骤为必要者,则其所在之国家应即予以拘禁。

第四十三条

任何被保护人被拘禁或被安置于指定居所者,有权请拘留国为该项目的所指定之主管法庭或行政审议机关对于该项举措尽速重新考虑。如该项拘禁或安置于指定居所仍予维持时,该法庭或行政审议机关应定期,至少一年两次,对于案情予以审查,以期于环境许可时对于最初决定作有利之修正。

除非有关之被保护人反对,拘留国应尽速将已被拘禁或已被指定居所之被保护人,及从拘禁或指定居所中已释放之被保护人之姓名通知保护国。本条第一款提及之法庭或行政审议机关之决定,亦应依同样条件之限制尽速通知保护国。

第四十四条

适用本公约内提及之管制措施时,拘留国不得将事实上不受任何政府保护之难民仅依其法律上之敌国国籍而以敌侨待遇之。

第四十五条

被保护人不得移送于非本公约缔结国之国家。

本规定不得构成对于被保护人在战事结束后被遣返或其回到原居住国之障碍。

拘留国只能将被保护人移送至本公约之缔约国，并须于拘留国对于接受国家实施本公约之意愿与能力认为满意后行之。如被保护人在此种情况下被移送时，其在该接受国看管期间，实施本公约之责任即由该接受国担任之。但若该国在任何重要方面未能实行本公约之规定，则原移送国一经保护国通知，即应采取有效措施以纠正此种情况或要求将被保护人送还，此项要求必须照办。

男女被保护人在任何情况下不得移送于因其政治意见或宗教信仰有恐惧迫害之理由之国家。

本条各项规定亦不构成对于根据战事开始前所订之引渡条约，将被控违犯普通刑法之被保护人予以引渡之障碍。

第四十六条

凡对被保护人实行之限制措施，其尚未撤销者，在战事结束后应尽速取消之。

影响彼等财产之限制措施，应按照拘留国之法律，于战事结束后尽速取消之。

第三编 占 领 地

第四十七条

本公约所赋予在占领地内之被保护人之各项利益，均不得因占领领土之结果引起该地制度或政府之变更，或因被占领地当局与占领国所订立之协定，或因占领国兼并占领地之全部或一部，而在任何情况下或依任何方式加以剥夺。

第四十八条

被保护人之非领土被占领的国家之人民者，得依第三十五条规定之限制，使用其离境权利，关于离境事项之决定，应按照占领国依该条所订之手续为之。

第四十九条

凡自占领地将被保护人个别或集体强制移送及驱逐往占领国之领土或任何其他被占领或未被占领之国家之领土，不论其动机如何，均所禁止。

但如因居民安全或迫切的军事理由，有此必要，占领国得在一定区域施行全部或部分之撤退。上述撤退不得致使被保护人在占领地境外流离失所，但因物质原因不能避免上述流离失所则为例外。依此被撤退之人，一俟该区域内战事停止，应立即移送回家。

凡实行此种移送或撤退之占领国，应尽最大可行的限度，保证供给适当设备以收容被保护人，该项移动应在卫生、保健、安全及营养之满足的条件下执行，并应保证同一家庭之人不相分离。

一经实行移送或撤退，应立即以其事实通知保护国。

除非因居民安全或迫切的军事理由有此必要，占领国不得将被保护人拘留于特别冒战争危险之区域。

占领国不得将其本国平民之一部分驱逐或移送至其所占领之领土。

第五十条

占领国在国家与地方当局之合作下，对于一切从事照顾及教育儿童团体之正当工作应予以便利。

占领国应采取一切必要步骤以便利儿童之辨认及其父母之登记。但该国绝不得改变彼等之个人地位,亦不得使其参加隶属于该国之各种组织。

如当地团体不能适应该目的时,占领国应筹定抚养教育因战争变成孤儿或与父母失散,且不能由其近亲或朋友适当照顾之儿童之办法,倘属可能,应由该项儿童同一国籍、语言及宗教之人士担任该项工作。

依第一百三十六条设立之情报局所属之一特别部门,应负责采行一切必要步骤辨认身份不明之儿童。彼等父母或其他近亲之详细情形,如能获悉时,应予记录。

在被占领前,为惠及十五岁以下儿童、孕妇,及七岁以下儿童之母亲所采关于食物、医药照顾及保护之任何优待措施以防战争影响者,占领国不得妨碍其实施。

第五十一条

占领国不得强迫被保护人在其武装或辅助部队服务。以获得志愿应募为目的之压迫及宣传均所不许。

占领国不得强迫被保护人工作,除非彼等已满十八岁,而届此年龄,亦只能派任占领军、公用事业或被占领国居民之衣、食、住、行或保健所需要之工作。被保护人不得强迫其担任任何使彼等有参加军事行动之义务之工作。占领国不得强迫被保护人使用强力方法以保证彼等从事强迫劳动所在地之设备之安全。

上述工作之执行应仅限于被征服役人所在之占领地以内。此种人,应尽可能置于其平常工作之地方。对工人应付以公平工资,其工作应与其体力与智力相当。凡被占领国关于工作条件,尤其关于工资、工作时间、设备、事先训练及工作上意外伤害与疾病之赔偿等保障之现行立法,对于派任本条所述工作之被保护人,应予适用。

在任何情况下,征工不得变为动员工人参加军事或半军事性之组织。

第五十二条

任何契约、协定或规则均不得减损任何工人向保护国代表申请请求该国干涉之权利,不论该工人是否系属志愿,亦不论其所在地点。

在占领地内,一切以造成失业或限制工人工作机会借以引诱工人为占领国工作为目的之措施,均所禁止。

第五十三条

占领国对个别或集体属于私人,或国家,或其他公共机关,或社会或合作组织所有之动产或不动产之任何破坏均所禁止,但为军事行动所绝对必要者则为例外。

第五十四条

占领地之公务人员与法官如为良心原因拒绝执行其职务时,占领国不得改变其地位,或以任何方式施行制裁,或采用任何强迫或歧视措施。

前项条例不妨碍第五十一条第二款之适用。亦不影响占领国撤换公务人员之权。

第五十五条

占领国在其所有方法之最大限度内,负有保证居民之食物与医疗供应品之义务;如占领地资源不足时,尤应运入必需之食物、医疗物资及其他物品。

占领国不得征用占领地所有之食物、物品或医疗供应品,但为占领军或行政人员使用者除外,并须业已顾及平民之需要,始能征用。占领国应在其他国际公约规定之限制下,设法保证对其所征用之物品付予公平价格。

保护国得随时自由检查占领地内食物及医疗供应品之情形,但因迫切的军事需要而定之暂时限制,不在此限。

第五十六条

占领国在其所有方法之最大限度内,负有依国家与地方当局之合作,保证并维护占领地内之医疗与医院设置与服务,公共保健与卫生之义务,尤须采取并实行扑灭传染病与流行病传播所必要之预防及措施。各类医务人员应许其执行任务。

如占领地内成立新医院而被占领国之主管机关不在该地执行任务,占领国于必要时应对该项医院予以第十八条所规定之承认。在类似情况下,占领国亦应对医院人员与运输车辆予以第二十及二十一两条所规定之承认。

占领国于采用及实施保健与卫生之措施时,应注意占领地居民的道德上及伦理上之感受性。

第五十七条

占领国得征用民用医院,但只能暂时征用,并限于为照顾伤病军事人员之紧急需要场合,且须以在相当期间对病人之照顾与医疗及平民之住院需要,制定适当办法为条件。

民用医院之器材与用品在须供平民需要之期中不得征用。

第五十八条

占领国应允许牧师对其本教教徒予以精神上之协助。

占领国亦应接受宗教所需的书籍与物品之装运物资,并对该项物资在占领地内之分发予以便利。

第五十九条

如占领地全部或部分居民之给养不足时,占领国应同意救济该项居民之计划,并对该项计划使用力所能及之一切方法予以便利。

该项计划,可以由国家或公正人道主义组织如红十字国际委员会承担之,在该计划中尤应包括食物,医疗品及衣服的装运物资之供给。

各缔约国均应允许该项装运物资之自由通过并保证予以保护。

但缔约国之允许上项装运物资自由通过以运往冲突之敌方所占领之区域者,有权检查该项装运物资,规定其依指定时间与路线通过,并通过保护国,查明该项装运物资系为救济待救之居民之用而非为占领国之利益之用。

第六十条

救济之装运物资在任何情况下,不得解除占领国在第五十五、五十六与五十九各条下之任何责任。占领国无论如何不得将救济之装运物资移作他用,但在紧急需要情形中为占领地居民之利益并征得保护国之同意者,则为例外。

第六十一条

以上各条所述之救济装运物资的分配,应在保护国之合作与监督下进行之。该项任务亦得依占领国与保护国间之协定,委托一中立国,红十字国际委员会或任何其他公正之人道主义团体办理之。

上项装运物资在占领地内应豁免一切捐、税、或关税,除非此项捐、税为该地经济利益所必需。占领国应便利此等装运物资之迅速分配。

各缔约国应尽力允许此等救济装运物资免费通过以运往占领地。

第六十二条

占领地之被保护人应许其领受送与彼等之个人救济物资,但须受迫切的安全理由之限制。

第六十三条

在占领国因紧急的安全理由所采用之暂时及例外措施之限制下:

(甲) 经认可之各国红十字(红新月、红狮与日)会应能按照国际红十字大会所定之红十字原则进行活动。其他救济团体亦应许其在类似条件下继续其人道主义活动;

(乙) 占领国不得要求此等团体为任何足以妨碍上述活动之人事或组织上之变更。

已经存在或将行设立之非军事性质之特别组织,而以维持必要的公用事业,分配救济物品与组织救护借以保证居民生活状况为目的者,上述之原则亦应适用于此等组织之活动及人员。

第六十四条

占领地之刑事法规应继续有效,但遇该项法规构成对占领国安全之威胁或对本公约实行之障碍时,占领国得予以废除或停止。在后者之考虑及保证有效的司法之需要之限制下,占领地之法庭对于上述法规涉及之一切罪行,应继续执行职务。

但占领国得使占领地居民服从该国为执行其在本公约下所负之义务,维持该地有秩序之统治,与保证占领国、占领军、与行政机关之人员及财产,以及其所使用之设置与交通线之安全所必要之规定。

第六十五条

占领国所订之刑法规定,在公布及用居民本国语言使居民周知以前,不得生效。该项刑事法规不得具有追溯力。

第六十六条

遇有违犯根据第六十四条第二款公布之刑法规定之案件,占领国得将被告交付正当组织之非政治的军事法庭,但以该法庭在占领地开庭为条件。上诉法庭最好在占领地开庭。

第六十七条

前项法庭应仅适用在该罪行发生前已经实施并符合一般法律原则,尤其罚罪相当之原则之法律规定。此等法庭对于被告之非占领国人民之事实,应加以考虑。

第六十八条

被保护人犯有纯以损害占领国为目的之罪行,而此项罪行并非企图杀害占领军或行政机关之人员之生命或肢体,亦不构成严重之集体危险,复未严重损害占领军及行政机关之财产或其所使用之设备者,应处以拘禁或单纯监禁,而拘禁或监禁之期间应与所犯罪行相当。且因此等罪行而处之拘禁或监禁,应为剥夺被保护人自由之仅有措施。本公约第六十六条所规定之法庭可自行斟酌将监禁之判决改为同样期限之拘禁。

仅在被保护人犯间谍罪,或严重破坏占领国军事设备之罪行或故意犯罪致一人或多人于死亡之案件中,占领国依第六十四及六十五两条所公布之刑法规定,始得对被保护人处以死刑,但须此种罪行依占领地在占领开始前通行之法律亦受死刑之处罚。

除非法庭特别被提起注意被保护人因非拘留国之人民,不受对该国效忠义务之拘束之事实后,不得将被保护人判处死刑。

凡被保护人犯罪时年龄在十八岁以下者,在任何情况下不得判处死刑。

第六十九条

无论任何案件中,被保护人因被控犯罪而遭逮捕,等候审判或处罚之时间,应从判处之监禁时间内,予以扣除。

第七十条

占领国不得因被保护人在占领前或占领暂时中断期间之行为或发表之意见,而将其逮捕,诉追或定罪,但破坏战争法律与惯例之行为除外。

凡占领国人民在战事开始前即逃亡于被占领国领土者,不得加以逮捕、诉追、定罪或驱逐出占领地,但其在战事开始后所犯之罪行,或其在战事开始前所犯普通法下之罪行,而依被占领国法律在和平时期应予引渡者除外。

第七十一条

占领国之主管法庭非经合法审判不得宣告判决。

占领国对于其所诉追之被告,应迅速以被告所了解之文字,书面通知其被诉罪名之详情,并应尽速交付审判。占领国应将对被保护人所进行之涉及死刑或二年或二年以上监禁等罪名之诉讼,通知保护国,保护国应能随时获悉该项诉讼之情形。又保护国应有权,于提出请求时,获得上项及占领国对被保护人所提起其他诉讼之详情。

本条第二款所规定对于保护国之通知,应立即发出,且必需在第一次审讯前三个星期到达保护国。除非在审判开始时,提出证据,证明本条各项规定均已完全遵照,审讯不得进行。该项通知应包括下列各点:

(甲)关于被告之说明;

(乙)居所或拘留处所;

(丙)某一种罪名或某几种罪名之列举(注明控诉所根据之刑法规定);

(丁)承审该案之法庭名称;

(戊)第一次审讯之日期及地点。

第七十二条

被告有权提出为其辩护所需之证据,尤得请求传唤证人。彼等有权由其自行选定之合格辩护人或律师协助,该辩护人或律师得自由访问被告并有权享受准备辩护词所需之便利。

被告如未自行选定,则保护国得提供辩护人或律师。当被告被控重罪而保护国未执行任务时,占领国在被告同意之条件下,应提供一辩护人或律师。

在初步侦查及审讯期间被告应获有译员之协助,除非被告自由放弃此项协助。被告有权随时反对译员并要求撤换。

第七十三条

被判罪人应有法庭适用之法律所规定之上诉权。对被判罪人应详细通知其上诉或诉愿之权利及行使该项权利之期限。

本编所规定之刑事程序应在可能使用范围以内,适用于上诉。如法庭适用之法律无上诉之规定时,被判罪人应有权向占领国主管当局对事实的认定及判决提出诉愿。

第七十四条

保护国之代表应有权到庭旁听任何被保护人之审判,除非为占领国安全的利益而必须例外的禁止旁听,在此种场合,占领国应通知保护国。审判之日期地点应通知保护国。

涉及死刑或两年或两年以上监禁之任何判决,应连同其有关之根据尽速通知保护国。该通知应引述第七十一条所规定之通知;如为监禁判决时,并应载明服刑地方之名称。上述各项判决以外之记录,应由法庭保存,且应供保护国代表之检查。凡涉及死刑或两年或两年以上监禁的判决之上诉期限,在保护国接到判决通知前,不得开始。

第七十五条

被判死刑者请求赦免或缓刑之权利,绝不得予以剥夺。

从保护国接到确定死刑最后判决的通知或接到拒绝赦免及缓刑之命令的通知之日起,至少六个月期限届满以前,不得执行死刑。

遇有个别案件,其情形严重紧急,对于占领国或其部队安全发生有组织之威胁时,本条所规定之暂停执行死刑六个月之期限得予缩短,但必须将该项缩短情形通知保护国,并须予以相当之时间及机会,以便向主管占领当局提出关于此项死刑判决之意见。

第七十六条

被保护人被控犯罪者应拘留于被占领国内,如经判罪亦应在该国内服刑。如可能,彼等应与其他被拘留者隔离,并应享有足以保持其健康之饮食与卫生条件,至少亦应与被占领国监狱内通行之条件相同。

彼等应受到其健康所需之医药照顾。

彼等亦应有权受到其所需之精神协助。

妇女应禁闭于分开之处所,并应由妇女直接监管之。

未成年人应受之特别待遇应予以适当之注意。

拘留之被保护人应有受保护国及红十字国际委员会代表依照第一百四十三条之规定访问之权。

此项人等应有权领受救济包裹,至少每月一件。

第七十七条

被保护人之在占领地被控犯罪或被法庭判罪者,应在占领终止时,连同有关记录一并移交该解放地区之当局。

第七十八条

如占领国由于迫切的安全理由认为对被保护人需采取安全措施时,至多得置之于指定居所或加以拘禁。

关于此项指定居所或拘禁之决定,应按照占领国依本公约规定所订之正常程序为之。该项程序应包括各有关当事人之上诉权。上诉应迅速判决。如仍维持原判决,应由占领国所设立之主管机关定期复核,可能时每六个月一次。

被保护人经指定住所而须离开其家庭者应享受本公约第三十九条之全部利益。

第四编 被拘禁人待遇规则

第一章 总 则

第七十九条

冲突各方,除按照第四十一、四十二、四十三、六十八与七十八各条之规定外,不得拘禁被保护人。

第八十条
被拘禁人应保有其全部民事能力,并应行使与其地位相合之附随的权利。

第八十一条
冲突各方之拘禁被保护人者应负责免费维持其生活,并应予以其健康状况所需之医药照顾。

不得扣除被拘禁人应得之津贴,薪给或债款以偿还上项费用。

如被拘禁人之依附人无适当之维持生活方法或不能谋生时,拘留国应供给其生活。

第八十二条
拘留国应尽可能依照被拘禁人之国籍、语言与习惯安置之。同一国籍之被拘禁人不得仅因其语言不同而隔离之。

在拘禁期间,同一家庭之人,尤其父母子女,应使之居于同一拘禁处所,但因工作或健康关系或因执行本编第九章之规定必须暂时分离时则不在此限。被拘禁人得要求将其未受拘禁而无父母照顾之子女与彼等一同拘禁。

可能时,同一家庭之被拘禁人应使其居于同一住所,予以与其他被拘禁人分开之设备以及适当的家庭生活所需之便利。

第二章 拘 禁 处

第八十三条
拘留国不得将拘禁处所设立于特别冒战争危险之区域。

拘留国应通过保护国之媒介将有关拘禁处所地理位置之一切有用的情报,提交敌国。

在军事的考虑许可时,拘禁营应用 IC 两字母标明,该二字母应标于白天可自高空清晰望见之处。但有关各国得商定其他标志方法。除拘禁营外,任何其他地方不得如此标志之。

第八十四条
被拘禁人应与战俘及因其他任何原因而被剥夺自由之人分别安置及管理。

第八十五条
拘留国应采取一切必要及可能之措施,以保证被保护人自拘禁开始时起,即被安置于合于下列条件之房屋或住所:在卫生与保健上具备一切可能保障并给予有效保护,以防严寒酷热与战争影响。在任何情况下,永久拘禁处所不得设于不卫生之区域或气候有害被拘禁人之区域。如被保护人暂时拘禁区域为不卫生区域或其气候有害其健康,应视环境所许尽速将其移往较为适之拘禁处所。

住所应无潮湿之患,有适当温度及光线,尤其在黄昏与熄灯之间。睡眠地方应充分广敞通风,并应依气候,及被拘禁人之年龄、性别及健康状况,给予充分之垫褥与被毯。

被拘禁人应有不论日夜均可使用之合于卫生规则之设备,并经常保持清洁;应供以充分用水及肥皂以备日常盥洗及洗濯个人衣服之用;应予以为此所需之设备与便利。又应备有沐浴或盆浴。应保留洗涤及清洁所需之时间。

倘必须将非同一家人之被拘禁之妇女与男子安置一处,而为一种例外及暂时措施时,对于被拘禁之妇女必须予以分开睡眠地方及卫生设备供其使用。

第八十六条

被拘禁人不论属于任何教派，拘留国应给以适于举行宗教仪式之场所。

第八十七条

各拘禁处所均应设置贩卖部，但另有其他适当之便利者则为例外。其目的应为使被拘禁人，能以不高于当地市价之价格购买食品及日用品——包括肥皂及烟草——以资增加其个人福利及舒适。

贩卖部所获利润应划归各拘禁处所设立，并为各该处所被拘留人利益而管理之福利基金。第一百零二条规定之被拘禁人委员会有权检查贩卖部及基金之管理。

拘禁处所结束时，福利基金之结余，应转拨与拘禁同一国籍人民之另一拘禁处所之福利基金；或如无此类之拘禁处所，则应转拨与为仍在拘留国看管下之全体被拘禁人之利益而管理之中央福利基金。如有全体释放情形，此项利润，除有关国家间议有相反之协定外，应由拘留国保存。

第八十八条

在一切冒空袭及其他战争危险之拘禁处所内，应设有在数目上与构造上均足保证必要的保护之避难所。在警报时，除留守保护住处免受上述危险之人外，被拘禁人应得自由尽速进入避难所。任何为居民而采取之保护措施，亦应适用于被拘禁人。

拘禁处所应采用一切防火之适当措施。

第三章 食物与衣服

第八十九条

被拘禁人每日口粮在量、质与种类上应足以保持被拘禁人之健康及防止营养不足。被拘禁人所习惯之饮食，亦应顾及。

被拘禁人亦应予以自行烹调其自有之额外食物之工具。

对被拘禁人应供给充分之饮水。应允许吸烟。

从事工作之被拘禁人应领得比照其所任的工作之额外口粮。

对孕妇、乳母及十五岁以下儿童，应比照其生理需要给予额外食物。

第九十条

被拘禁人当被看管时，应予以自备必需衣服、鞋袜，及内衣替换，以后如需要时，并可再获得供给之一切便利。如任何被拘禁人未备有依气候所需之充分衣服且亦不能获得衣服者，应由拘留国免费供给之。

拘留国供给被拘禁人之衣服，及在其私有衣服上所加之标志，均不得有侮辱性或使其遭受嘲笑。

工作者应领得适当之工作服装，包括保护衣服，如其工作性质有此必要。

第四章 卫生及医药照顾

第九十一条

各拘禁处所应设有适当之疗养所，由合格医生主持，使被拘禁人可获得其所需之照顾与适当之饮食。对于患传染病或精神病者应另设隔离病房。

凡生产及被拘禁人之患重病者,或需要特别治疗、外科手术或住院者,应送任何可予以适当医治之机构,且其所应受到之照顾不得劣于一般居民之所受到者。

被拘禁人自愿时,应得到其本国国籍之医务人员之照顾。

被拘禁人请求医务当局检查时,不得阻止。拘留国之医务当局,一经请求,应对已受治疗之被拘禁人发给正式证书,说明其疾病或伤害之性质,及所受治疗之时期与性质。此项证书之副本应送交第一百四十条所规定之中央事务所。

各项医疗,包括为保持被拘禁人健康需用器具之供给,尤其是假牙及其他假装置与眼镜,对于被拘禁人应予免费。

第九十二条

被拘禁人之健康检查至少应每月举行一次。其目的应特别为监察被拘禁人之一般健康状况,营养及清洁,并察觉传染病,特别是肺结核、疟疾,及性病。此项检查,尤应包括被拘禁人之体重测量,及至少每年一次之透视检查。

第五章 宗教、文化与体育活动

第九十三条

被拘禁人应有履行其宗教义务之完全自由,包括参加其所信仰宗教之仪式,但以遵守拘留国当局规定之例行的纪律措施为条件。

凡被拘禁之牧师应许其向本教教徒自由执行宗教任务。为此目的,拘留国应使此类牧师公平分配于用同一语言及属于同一宗教之被拘禁人之各拘禁处所。倘此类牧师为数过少,则拘留国应供给以必要之便利,包括运输工具,以便由一地前往他地,并应允许其访问居住医院之被拘禁人。牧师得自由与拘留国教会当局关于其职务上事项自由通讯,并在可能范围内,与同一信仰之国际宗教组织通讯。该项通信不得视为构成第一百零七条所定限额之一部分,但应受第一百一十二条规定之限制。

如被拘禁人无其本教之牧师之协助,或后者为数过少,则同一信仰之当地宗教机关得与拘留国协议,指派与被拘禁人同一信仰之牧师,或在宗派观点上认为可行时,指派类似的宗教之牧师或合格之非宗教人员。后者应享有其所担任之职务工作之各种便利。此种指派之人员应遵守拘留国为维护纪律及安全而制定之一切规则。

第九十四条

拘留国应鼓励被拘禁人之文化、教育与娱乐活动、运动与游戏,参加与否任其自由。并应采取各种实际措施以保证其实行,尤应供给适当之场所。

对于被拘禁人之继续其学习或研究新科目者应予以一切可能之便利。儿童及青年之教育应予保证;应许其在拘禁处所以内或以外之学校读书。

对被拘禁人应给予体操、运动及室外游戏之机会。为此目的,在一切拘禁处所应留有空场。应为儿童及青年保留特别运动场。

第九十五条

除非被拘禁人自愿,拘留国不得雇其为工人。强迫雇用未被拘禁之被保护人即属破坏本公约第四十与第五十一两条,此项雇用及雇用从事有降低身份或侮辱性质之工作均应绝对禁止。

被拘禁人在工作六星期后得随时离工，惟须于八日前通知。

拘留国得为同被拘禁人雇用被拘禁之医师、牙医及其他医务人员从事其职业上的任务，或雇用被拘禁人担任拘禁处所之管理与保养工作，及分派该项人员担任厨房或其他内务工作，或令其担任有关被拘禁人防御空袭或其他战争危险之保护工作，此等权利，并不因上项规定而受妨碍。但不得令被拘禁人从事医官认为与其体力不适合之工作。

拘留国对于工作条件，医药照顾，工资支付，及保证受雇之被拘禁人获得工作上意外伤害或疾病之赔偿，应负完全责任。此项工作条件及赔偿之标准，应按照该国法规及现行惯例规定之；绝不得低于同一地区同一性质的工作通用之标准。工资应由被拘禁人与拘留国及拘留国以外之雇主——如有此情形——之间以特别协定公平决定之，并应对拘留国免费维持被拘禁人生活，及予以其健康状况所需之医药照顾之义务，加以适当注意。凡被拘禁人被派长期从事本条第三款所述之各类工作者，应由拘留国付以公平之工资。被派是项工作之被拘禁人之工作条件、与工作上意外伤害及疾病赔偿之标准。不得低于同一地区同一性质的工作所适用之条件及标准。

第九十六条

一切劳动队均仍为拘禁处所之一部分并附属于拘禁处所。拘留国主管当局及拘禁处所长官应负责使在劳动队中遵守本公约各项规定。该长官应备有所属劳动队之到新近为止之名单，并应送交前来视察拘禁处所之保护国，红十字国际委员会及其他人道主义组织之代表。

第六章　个人财产及经济来源

第九十七条

被拘禁人应许其保有个人用品。除按照规定之手续外，不得取去其所持有之钱币、支票、债券等及贵重物品。凡取去之物品应开给详细收据。

款项应登入第九十八条所规定之被拘禁人账目之内。此种款项不得换成任何其他货币，除非所有人被拘禁地方之现行立法有此规定，或被拘禁人表示同意。

具有个人或情感价值之物品，不得取去。

被拘禁之妇女仅得由妇女搜查。

被拘禁人释放或遣返时，应给还在拘禁期间被取去之物品，钱币或其他贵重物品，其按照第九十八条所立之账目中之结余款项，亦应以现款付给之，但拘留国按照现行立法予以扣留之物品或款项除外。被拘禁人之财物因此被扣留者，应给予其所有人以详细收据。

凡被拘禁人所有之家庭或身份证明文件，非经开给收据不得取去。无论何时不得使被拘禁人无身份证明文件。若无身份证明文件，拘留国应发给特别证件，在拘禁终止前作为其身份证明文件。

被拘禁人得随身保有一定数目之金钱、现款或购物券，以便其购买物品。

第九十八条

被拘禁人应获得经常津贴，足敷其购买物品，如烟草、盥洗用品等之需。该项津贴得采用记账或购物券形式。

被拘禁人亦得接受其所隶属国家，保护国，可予以协助之组织，或其家庭之津贴，以及按照拘留国法律自其财产所得之收入。其所隶属国家所给予之津贴数目,对于同属一类之被拘禁人(弱者、病者、孕妇等)均须相等,而该国或拘留国均不得根据本公约第二十七条所禁止之对被拘禁人之歧视标准予以分配。

拘留国对每一被拘禁人应开立经常账目,以便存入本条所述之各项津贴,及所得工资与所收到之汇款,连同自彼取去而依其被拘禁地之现行立法可以动用之款项。对被拘禁人应按照当地现行立法予以汇款于其家庭及其他依赖以生活之人之一切便利,被拘禁人在拘留国所定之限制内,得自其账目内支取个人费用所需款项。应随时有查阅其账目或获得其账目之抄本之相当的便利。如经请求,应以账目清单送交保护国。被拘禁人被移送他处时,此项账目清单应一同移送。

第七章 管理及纪律

第九十九条

各拘禁处所均应由一负责官员管理,该官员由拘留国正规武装部队或正规民政机关内选任之。管理拘禁处所之官员必须备有其本国正式文字,或正式文字之一之本公约抄本一份,并应负责实施本公约。管理被拘禁人之职员应教以本公约之规定及所采用以保证本公约实施之行政措施。

本公约及根据本公约所订之特别协定之条文,均应以被拘禁人所了解之文字张贴于拘禁处所内,或由被拘禁人委员会保存之。

各种规则、命令、通告或出版物均应以被拘禁人所了解之文字向其传达,并在拘禁处所内张贴之。

所有对被拘禁人个人所下之命令亦应用其所了解之文字。

第一○○条

拘禁处所之纪律制度应与人道主义之原则相符合,绝不得包括对被拘禁人加以妨碍其健康之体力运用或致其身体上或精神上之牺牲之规则。以刺字或在身体上印成符号或标记为辨别身份之方法,均所禁止。

长时间之站立与点名、罚操、军操与军事演习或减少口粮尤所禁止。

第一○一条

被拘禁人有向管制当局提出有关拘禁情况之任何诉愿之权。

被拘禁人亦应有权无限制的通过被拘禁人委员会,或如其认为必要时,直接向保护国代表申述其对于拘留情况有所申诉之处。

该项诉愿与申诉应立予传递,不加更改;即使认为所提申诉并无根据,亦不得因此加以处罚。

被拘禁人委员会得向保护国代表致送关于拘禁处所情形及被拘禁人的需要之定期报告。

第一○二条

在各拘禁处所内,被拘禁人应每六个月以秘密投票方式自由选举委员会委员,该委员会有权向拘留国、保护国、红十字国际委员会及予以协助之任何其他组织,代表被拘禁人。该委员会委员连选得连任。

凡当选之被拘禁人在拘留当局批准其选举后,应即执行职务。任何拒绝批准或撤职之理由均应通知有关之保护国。

第一〇三条

被拘禁人委员会应促进被拘禁人之物质、精神及文化福利。

于本公约其他规定赋予被拘禁人委员会之特殊任务之外,如被拘禁人特别决定自行组织互助制度时,则此项组织亦当属于该委员会之任务范围。

第一〇四条

被拘禁人委员会委员不应令其担任其他工作,假使因此将使其任务的完成更为困难。

被拘禁人委员会委员得自被拘禁人中指派其所需之助理人员。应给予彼等一切物质上之便利,尤其为完成其任务所需之若干行动自由(如视察劳动队,接受供应品等)。

对被拘禁人委员会委员亦应予以与拘留国当局、保护国、红十字国际委员会与其代表以及其他协助被拘留人之各项组织,邮电通讯之一切便利。劳动队中之该委员会委员应享受与主要的拘禁处所之被拘禁人委员会类似之通讯便利。该项通讯应不受限制,亦不得认为构成第一百零七条所指限额之一部分。

被拘禁人委员会委员之被移送他处者,应予以相当时间,以便将进行中之事务告知其后任。

第八章 与外界之关系

第一〇五条

拘留国一经拘禁被保护人后,应将其执行本章各项规定所采之措施立即通知被拘禁人,其所隶属之国以及其保护国。此类措施嗣后如有更改,拘留国应同样通知有关各方。

第一〇六条

被拘禁人一经被拘禁时,或最迟在其到达拘禁处所后一星期内,或在染病或移送其他拘禁处所或医院之场合,均应使其能直接向其家庭,同时并向第一百四十条所载之中央事务所寄发拘禁邮片,将其被拘禁情形、地址及健康状况告知其亲属;该邮片,如属可能,当与本公约所附之式样相类似。上述邮片应尽速传递,无论如何不得迟延。

第一〇七条

被拘禁人应许其发收信件及邮片。如拘留国认为有限制每人所发信件及邮片数目之必要时,则其数目不得少于每月信二封及邮片四张;该信件与邮片之式样应尽可能依照本公约所附之格式制定。如被拘禁人收信数目必须限制时,则仅能由被拘禁人所隶属之国家予以规定,可能因拘留国请求而行之。该项信件与邮片必须以相当速度递送;不得迟延或为纪律理由而扣留。

凡被拘禁人之久未得音信者,或不能由普通邮路获得其亲属之消息,或向彼等寄递消息者,以及离家遥远者,应许其拍发电报,其费用由彼等以其所持有之货币支付。如认有紧急情况,彼等亦应同样享受此项规定之利益。

通常被拘禁人之信件,应用其本国文字书写。冲突各方亦得许用其他文字通讯。

第一〇八条

凡由邮政或其他方法送交被拘禁人之个人包裹或集体寄运物资,尤其内装食物、衣服、医疗用品、书籍,以及有关彼等所需之宗教、教育或娱乐性质之物品,均应允许彼等接受。此等装运物资并不免除拘留国按照本公约所负之各项义务。

倘因军事需要而须限制此等装运物资之数量时,应将此种情况妥为通知保护国及红十字国际委员会,或其他协助被拘禁人并负责寄运上项物资之组织。

寄运个人包裹与集体物资之条件,必要时,应由有关国家特别协定之,惟该项协定不得迟延被拘禁人之收领救济物品。衣服食品包裹中不得夹有书籍。医疗救济物资通常应以集体包裹寄送之。

第一〇九条

冲突各方对于集体救济装运物资之接受与分配之条件,如无特别协定,则应适用本公约所附之关于集体救济之规则。

上述特别协定,绝不得限制被拘禁人委员会接受寄交彼等之集体救济装运物资,进行分配,以及为受物人利益而处置该项物品之权。

上述协定亦不得限制保护国,红十字国际委员会,或其他协助被拘禁人并负责转送集体装运物资之组织之代表,监督分发该项物资于受物人之权。

第一一〇条

所有寄交被拘禁人之救济装运物资应豁免进口、海关及其他捐税。

凡自其他国家由邮政寄与被拘禁人之一切物件,包括邮寄之救济包裹及汇款,或彼等经邮局寄出之物件,无论直接寄出或经由第一百三十六条所规定之情报局及第一百四十条所规定之中央情报事务所寄递者,在寄出国、寄达国,及中途经过之国家均应豁免一切邮政费用。因此,1947年万国邮政公约及万国邮政联盟所订之协定为拘留于营地或普通监狱之敌国平民而规定之豁免办法,尤应推广适用于本公约所保护之其他被拘禁人。凡未签订上述各协定之国家遇有同样情形亦应豁免各项费用。

凡寄交被拘禁人之救济装运物资因重量或其他原因不能自邮局寄递者,则在拘留国控制之领土内之运费应由拘留国负担。本公约之其他缔约国应负担各该国领土内之运费。

有关运输此类物资之各种费用而为以上各款所未及规定者,应由寄物人负担。

各缔约国对于被拘禁人所收发之电报应尽量减低其报费。

第一一一条

如军事行动使有关国家不能履行其义务以保证第一百零六、一百零七、一百零八及一百一十三各条所规定之邮件与救济物资之运送时,则有关之保护国、红十字国际委员会或冲突各方正式承认之其他组织得采取适当方法(铁路、汽车、船舶或飞机等),以确保上项物资之运送。为此目的,各缔约国应设法供给此类运输工具,并准其通行,尤须发给必需之通行证。

此种运输工具亦可用以载送:

(甲)第一百四十条所述之中央情报事务所与第一百三十六条所述之各国情报局间之来往信件、表册及报告。

(乙)保护国,红十字国际委员会,或其他协助被拘禁人之组织与其所派之代表与冲突各方间来往有关被拘禁人之通讯与报告。

上项规定绝不影响任何冲突一方自愿布置其他运输工具之权利,亦不妨碍在彼此同意条件下,对该项运输工具发给通行证。

凡使用上述运输工具所需之费用,应比照装运物资之重要性由受益人所属之冲突各方分担之。

第一一二条

对于被拘禁人来往信件之检查应尽速办理。

对于寄交被拘禁人装运物资之检验,不得在致使其内装物品受损坏之情形下执行。检验应在收件人,或其所正式委托之同被拘禁人之面前执行之。凡被拘禁人之个人或集体之装运物资,不得以检查困难为借口,延迟交付。

冲突各方无论为军事或政治理由对于通讯之禁止,应仅属暂时性,其期限应尽量缩短。

第一一三条

拘留国对于通过保护国或第一百四十条所规定之中央事务所或其他必需方法送交被拘禁人或其寄出之遗嘱、委托书、授权书或其他文件之转递,应予以一切合理之便利。

在一切情况下,拘留国对于为被拘禁人依法定格式完成并证实上述文件应予以便利,尤应允许被拘禁人咨询律师。

第一一四条

拘留国应给予被拘禁人一切便利,使其能管理其财产,但须与拘禁情形及适用之法律并无不合。为此目的,遇有紧急情形及环境许可时,拘留国得允许被拘禁人离开拘禁处所。

第一一五条

遇有被拘禁人在任何法庭中为诉讼当事人之一切场合,拘留国一经其请求,应使法庭知其系在拘留中,并应在法律范围内保证采取一切必要步骤,务使该被拘禁人对于讼案之准备与进行,或法庭判决之执行不致因其拘禁而处于不利之地位。

第一一六条

被拘禁人应许其按一定时期,而且尽可能时常接见来访者,尤其近亲。

遇有紧急情形,尤其遇有亲属死亡或重病之场合,应尽可能准被拘禁人归家。

第九章 刑事及纪律制裁

第一一七条

在本章规定之限制下,拘留地方之现行法律对于在拘禁中犯法之被拘禁人继续适用。

如普通法律、规则或命令宣布被拘禁人所犯之行为应受处罚,而同一行为如为非被拘禁人所犯,则不受处罚,则对被拘禁人之该项行为,应仅予以纪律处罚。

被拘禁人不得因同一行为或同一罪名受一次以上之处罚。

第一一八条

法庭或当局作判决时,应尽量顾及被告并非拘留国人民之一事实。法庭或当局得自由酌减被拘禁人因所犯罪行应受之刑罚,因此并无必须援用规定最低刑罚之义务。

监禁于不见日光之房屋及各种虐待,无例外地,应予禁止。

凡受纪律或司法判决之被拘禁人,不得受与其他被拘禁人不同之待遇。

凡被拘禁人曾受预防性拘留者,其拘留期间,应自其可能被判之涉及禁闭之纪律或司法惩罚之日期减除之。

对于被拘留人委员会应将对其所代表之被拘禁人之司法诉讼,及其结果通知之。

第一一九条

适用于被拘禁人之纪律处罚应如下:

（一）罚款不得超过被拘禁人按照第九十五条规定所应能获得的不超过三十日期间之工资之50%。

（二）停止其所受超过本公约规定待遇之特权。

（三）与保养拘禁处所有关之疲劳服役，每日不超过两小时。

（四）禁闭。

纪律处罚绝不得为非人道的，残暴或危及被拘禁人健康。被拘禁人之年龄、性别及健康状况，应予顾及。

任何一次处罚之期限最多绝不得超过连续三十日，即使该被拘禁人在被处分时负有数次互相关联或不关联之破坏纪律行为之责任。

第一二〇条

被拘禁人脱逃后复被拘获或企图脱逃者，对其脱逃行为仅能予以纪律处罚，即使系属累犯。

虽有第一百一十八条第三款之规定，但被拘禁人因脱逃或因企图脱逃而受处罚者，得加以特别监视，惟该项监视不得影响彼等健康，且须在拘禁处所内执行，并不得因而取消本公约所给予彼等之保障。

被拘禁人帮助，教唆脱逃或企图脱逃者，仅能因此受纪律处罚。

第一二一条

当被拘禁人因脱逃中所犯之罪行而受诉追时，不得因其脱逃或企图脱逃，即使系属累犯，而加重其罪情。

冲突各方应保证主管当局在决定一过犯之处罚应属纪律性或司法性时，持之以宽大，尤其与已成功或未成功的脱逃有关之行为。

第一二二条

构成违犯纪律之行为应立即予以调查。本规定尤应适用于脱逃或企图脱逃案件。再被拘捕之被拘禁人应尽速送交主管当局。

被拘禁人因违犯纪律等候处理之禁闭期间，应尽量减短，并不得超过十四日。该项期间应自其任何判处之禁闭中扣除之。

第一百二十四及第一百二十五两条之规定应适用于因违犯纪律等候处理而受禁闭之被拘禁人。

第一二三条

在不妨碍法庭及上级当局之权限范围内，纪律性处罚仅能由拘禁处所之长官，或代替该长官之负责官员，或由其委以纪律权之官员之命令行之。

在裁定纪律性处罚前，应将关于其所被控之过犯之确切案情通知被拘禁人，并予以解释其行为及辩护之机会。尤应许其召唤证人，并于必要时，使用合格之译员。判决应在被告及被拘禁人委员会一委员之前宣布之。

纪律性处罚的裁定及其执行之相隔时期，不得超过一个月。

被拘禁人再度被判纪律性处罚时，如其前后两次处罚中之一次之时期为十日或十日以上，则该两次处罚之执行，其间至少须隔三日。

纪律性处罚之纪录，应由拘禁处所之长官保存，并得由保护国代表检查。

第一二四条

被拘禁人绝不得移送于反省机关(监所、反省院、已决犯监狱)受纪律性处罚。

执行纪律性处罚之处所应合于卫生条件;尤须备有充分之被褥。受处罚之被拘禁人应使能保持身体清洁。

受纪律性处罚之被拘禁妇女之禁闭地方应与被拘禁男子分开,并应由妇女直接监管。

第一二五条

被判纪律性处罚之被拘禁人,应许其运动及在露天地方停留每日至少二小时。

被拘禁人请求时,应许其参加每日之健康检查。被拘禁人应获得其健康情形所需要之照顾,于必要时,并应将其送往拘禁处所之疗养所或医院。

彼等应准阅读及书写并收发信件。但寄给彼等之包裹及汇款得予扣留,直至其处罚期满为止;在此期间此等物品应暂交被拘禁人委员会保管,该会当将包裹中易于腐坏之物品交与疗养所。

受纪律性处罚之被拘禁人所享有本公约第一百零七及一百四十三两条各项规定之利益不得予以剥夺。

第一二六条

第七十一条至第七十六条之规定,应依比照,适用于在拘留国本国领土内,对被拘禁人之诉讼。

第十章 被拘禁人之移送

第一二七条

被拘禁人之移送,应始终以人道方法行之。原则上应由铁路或其他交通工具运送,而其运送情形最少须与拘留国军队换防情形相同。如为例外的措施,此项移动必须步行,则除非被拘禁人在适宜之健康状况下,不得执行,且绝不得使其过度疲劳。

拘留国在移送时,对被拘禁人应供给饮水与食物,其量、质与种类应足以维持其健康,并应供给必需之衣服,适当之住处,及必要之医疗照顾。拘留国应采取各种适当之预防措施以保证其在移送期间之安全,并在其启程之前编造移送之被拘禁人全体名单。

伤、病,或体弱之被拘禁人及产妇,如旅程对彼等极为有害时,不得移送,除非彼等之安全,有此迫切移送的要求。

如战区逼近拘禁处所,在该处之被拘禁人不得移送,除非其移送能在适当的安全情形下实行,或被拘禁人如仍居住原地其所冒之危险将更甚于移送。

拘留国决定移送被拘禁人时,应顾及被拘禁人之利益,尤不得从事任何行动以增加其遣返或遣送回家之困难。

第一二八条

在移送时,应向被拘禁人正式通知其行期及新通信地址。此项通知应及时发出,俾彼等得以收拾行李及通知其最近亲属。

彼等应准携带个人物品,及收到之函件包裹。如移送情形有此必要,得限制其携带行李之重量,但无论如何每人不得少于二十五公斤。

寄到彼等旧拘禁处所之函件包裹,应予转递,不得迟延。

拘禁处所长官于征得被拘禁人委员会同意后,应采取一切必要措施,保证运送被拘禁人之公共财物及其因本条第二款所加之限制而不能携带之行李。

第十一章 死　亡

第一二九条

被拘禁人之遗嘱应由负责当局收存保管;被拘禁人死亡时,其遗嘱应即交付其生前所指定之人,不得迟延。

被拘禁人之死亡均须由医生证明,并须作成死亡证,载明死亡之原因及其发生情形。

适当登记之正式死亡纪律,应按照拘禁处所所在地之现行手续制成,该记录之正式证明抄本应迅速送交保护国及第一百四十条所述之中央事务所。

第一三〇条

拘留国应保证在拘禁期间死亡之被拘禁人,获得荣誉之安葬。可能时按照其所属宗教之仪式埋葬之,并尊重其坟墓,妥为保护,并加以常能辨认之标志。

死亡之被拘禁人应葬于个别之坟墓中;除非在无法避免之情况下必须采用集体坟墓。遗体仅得因迫切的卫生理由,死者之宗教关系或其本人表明之意愿方得予以焚化。如举行焚化,则此项事实与理由应载明于死者之死亡证。骨灰应由拘留国妥为保存,一经死者最近亲属请求,应即尽速交付。

一俟环境许可,并不迟于战争结束时,拘留国应经由第一百三十六条所规定之情报局,将死亡之被拘禁人坟墓清单送交其所属之国家。该清单应载明为辨认死亡之被拘禁人所需要之一切详情,及其坟墓之确实地点。

第一三一条

被拘禁人之死亡或重伤,系由于或疑为由于哨兵,其他被拘禁人,或任何其他人所致者,以及原因不明之死亡,拘留国应立即从事正式调查。

该事件应立即通知保护国。一切证人之证明应行收集,并应备有包括该项证明之报告,送交上述保护国。

如上述调查指明一人或多人犯罪,拘留国应采取一切必要之措施,对该负责人一人或多人进行诉追。

第十二章 释放、遣返及收容于中立国

第一三二条

一俟必须拘禁之理由不复存在时,拘留国应即将被拘禁人释放。

冲突之各方在战事进行中并应设法缔结协定,规定若干类之被拘禁人,尤其儿童、孕妇、有婴孩与幼童之母亲,伤者、病者及已经长期拘禁者之释放、遣返、送归原居住地或收容于中立国之办法。

第一三三条

战事结束后,拘禁应予尽速终止。

对于在冲突一方领土内之被拘禁人刑事程序正在进行中而其所犯行为并非完全限于纪律性处罚范围内者,得予扣留至该项程序结束时止,并于情况需要时,直至刑罚终了时止。对

于以前被判剥夺自由的处罚之被拘禁人,本规定亦应适用之。

战事或占领结束后,得依拘留国与有关国家之协定,成立委员会,搜寻散失之被拘禁人。

第一三四条

战事或占领结束时,各缔约国应努力设法使被拘禁人归还最后居住地方,或便利彼等之遣返。

第一三五条

拘留国应负担将释放之被拘禁人送回至其被拘禁时居住之地方之费用。如被拘禁人系于过境时或在公海上始被拘管者,则该国应负担其完成旅程或返归启程地点之费用。

被拘禁人以前原在拘留国领土内有永久住所,而在释放之时该拘留国不许其继续居住于其领土者,则该国应负担该被拘禁人遣返之费用。但如被拘禁人愿自行归返其本国或因遵从其所隶属国政府命令而返国者,则拘留国不必负担该人离开该国领土出发地点后之旅费。拘留国不负担自请拘禁之被拘禁人之遣返费用。

如被拘禁人依第四十五条而被移送,移送国与接受国应商定上述各项费用之彼此分担部分。

上述规定不碍及冲突各方间所订立关于在敌方手中之本国人民之交换与遣返之特别协定。

第五编　情报局与中央事务所

第一三六条

在冲突发生时及一切占领之场合,冲突之每一方应设立一正式情报局,负责接收与传递有关在该国权利下之被保护人之情报。

冲突之每一方,在尽可能最短期内,应将其关于受看管逾两星期,受指定居所限制,或被拘禁之任何被保护人所采取任何措施之情报通知其情报局。又应令该国与此类事务有关之各部门,将关于此项被保护人之各项变动情形之情报,随时迅速供给上述之情报局。例如移送、释放、遣返、脱逃、送入医院、出生、死亡。

第一三七条

各国情报局应立即以最迅速之方法将关于被保护人之情况,通过保护国及第一百四十条所规定之中央事务所之媒介,通知被保护人之本国或其原居住国。该局并应答复其所接获有关被保护人之一切查询。

凡有关被保护人之情报,情报局均应转递,除非其转递对本人或其亲属可能有妨害。纵有此种情形亦不得将该项情报隐匿而不通知中央事务所。该所于接获此项情形之通知后,应当采取第一百四十条所载之各种必要之预防办法。

各情报局之一切书面通知应以签名或盖章为凭。

第一三八条

国家情报局所接获及传递之情报,应为具有能正确判明被保护人之身份及迅速报知其最近亲属之性质。关于各该人之情报至少应包括其姓、名,出生地点及日期、国籍、最后居所,及特征、其父之名、其母之本名、对于其人所采行动之日期、地点及性质、其收信地址,及被通知人之姓名住址。

关于重病或重伤之被拘禁人之健康情况之情报亦应按期供给,可能时每周一次。

第一三九条

各国情报局又应负责搜集第一百三十六条所述之被保护人,尤其已被遣返或释放者,或脱逃或死亡者,所遗留之一切个人贵重物品;各该局应直接,或于必要时经由中央事务所将上述贵重物品送交有关之人。此项物品应由情报局密封包裹寄送,并须附说明书清晰详载关于此项物品所有人之身份事项,及包裹内容之清单。所有此种物品之收到及寄送之详细记录应予保存。

第一四〇条

在中立国境内,应为被保护人,尤其被拘禁人,设立中央情报事务所。红十字国际委员会认为必要时,应向有关各国建议组织与1949年8月12日关于战俘待遇之日内瓦公约第一百二十三条所规定者相同之事务所。

该事务所之任务应为搜集第一百三十六条所列举一类型的,得自官方或私人方面之一切情报,并应尽速将该项消息送达关系人之本国或居住国,惟此种转递对于该项情报涉及之人或其亲属或有妨害时则为例外。冲突各方应给予该事务所以传递上项情报之一切相当便利。

各缔约国,特别是其人民享受中央事务所服务之利益之国家,对该事务所应予以所需之经济援助。

上述各规定绝不得解释为限制红十字国际委员会及第一百四十二条所述之救济团体之人道主义之活动。

第一四一条

各国情报局及中央事务所应享受邮政免费,及第一百一十条所规定之豁免,并应尽可能豁免电报费,或至少大减其费率。

第四部 本公约之执行

第一编 总 则

第一四二条

在拘留国认为保证其安全或适应其他合理需要所必须之措施之限制下,宗教组织、救济团体,或其他任何协助被保护人之组织之代表,应得为其本人或其正式委派之代理人,自拘留国获得一切必要之便利以访问被保护人,分发为供教育、娱乐或宗教目的用之任何来源之救济物资,或协助彼等在拘留处所内组织其空闲时间。此等团体或组织得在拘留国或任何其他国内组成,或具有国际性质。

拘留国得限制派有代表在其领土内及在其监督下从事活动之团体与组织之数目,但该项限制不得妨碍对于所有被保护人之有效及充分的救济之供应。

红十字国际委员会在该方面之特殊地位,无论何时均应予以承认及随时尊重。

第一四三条

保护国之代表应许其前往被保护人所在之一切地方,尤其拘禁、拘留及工作地方。

该代表等可进入被保护人居住之一切处所,并得亲自或经由译员,会见被保护人而无须他人在旁。

除因迫切的军事需要之理由且仅作为一种例外及暂时的措施外,不得禁止此项访问。访问时间之久暂与次数亦不得加以限制。

此项代表等应有选择其愿访问之地点之完全自由。拘留国或占领国、保护国及于必要时,被访问人之本国,得同意被拘禁人之本国人参加此项访问。

红十字国际委员会之代表亦应享有上述各项特权。该代表等之指派须取得管理其执行任务所在地区之国家之同意。

第一四四条

各缔约国在平时及战时应在各该国尽量广泛传播本公约之约文,尤应在军事,并如可能时在公民教育计划中,包括本公约之学习,俾本公约之原则为全体居民所周知。

凡在战时担任有关被保护人之责任之任何民政,军事,警察或其他当局必须备有本公约之约文,并须对其各项规定受有特别之教导。

第一四五条

各缔约国应通过瑞士联邦委员会,在战时则通过保护国,互相通知本公约之正式译文,及其所采用以保证实施本公约之各项法律与规则。

第一四六条

各缔约国担任制定必要之立法,俾对于本身犯有或令人犯有下条所列之严重破坏本公约之行为之人,予以有效的刑事制裁。

各缔约国有义务搜捕被控为曾犯或曾令人犯此种严重破坏本公约行为之人,并应将此种人,不分国籍,送交各该国法庭。该国亦得于自愿时,并依其立法之规定,将此种人送交另一有关之缔约国审判,但以该缔约国能指出案情显然者为限。

各缔约国应采取必要措施,以制止下条所列严重破坏本公约行为以外之一切违反本公约规定之行为。

在一切情况下,被告人应享有适当的审讯及辩护之保障。此种保障不得次于1949年8月12日关于战俘待遇之日内瓦公约第一百零五条及其以下各条所规定者。

第一四七条

上条所述之严重破坏公约行为,应系对于受本公约保护之人或财产所犯之任何下列行为:故意杀害,酷刑及不人道待遇,包括生物学实验,故意使身体及健康遭受重大痛苦或严重伤害,将被保护人非法驱逐出境或移送,或非法禁闭,强迫被保护人在敌国军队中服务,或故意剥夺被保护人依本公约规定应享之公允及合法的审讯之权利,以人为质,以及无军事上之必要而以非法与暴乱之方式对财产之大规模的破坏与征收。

第一四八条

任何缔约国不得自行推卸,或允许任何其他缔约国推卸,其本身或其他缔约国所负之关于上条所述之破坏公约行为之责任。

第一四九条

经冲突一方之请求,应依有关各方所决定之方式,进行关于任何被控违犯本公约行为之调查。

如关于调查程序不能获致协议,则各方应同意选定一公断人,由其决定应遵行之程序。违约行为一经确定,冲突各方应使之终止,并应迅速加以取缔。

第二编　最后条款

第一五〇条

本公约系以英文法文订立。两种文字之约文具有同等效力。

瑞士联邦委员会应准备本公约之俄文及西班牙文之正式译文。

第一五一条

本公约以本日为订立之日期,至1950年2月12日为止,凡参加1949年4月21日日内瓦会议各国,均可签字。

第一五二条

本公约应尽速批准,批准书应交存于伯尔尼。

每一批准书交存时,应予登记,并由瑞士联邦委员会将该项登记之证明的抄本分送业经签字或通知加入本公约之各国。

第一五三条

本公约在至少两国批准书交存后六个月发生效力。

嗣后,本公约对于每一缔约国自其批准书交存后六个月发生效力。

第一五四条

在受1899年7月29日或1907年10月18日海牙陆战法规与惯例公约之拘束并为本公约之缔约国之各国关系上,本公约应为上述海牙公约所附规则第二编及第三编之补充。

第一五五条

本公约自生效之日起,任何未签字本公约之国家均得加入。

第一五六条

本公约之加入应以书面通知瑞士联邦委员会,自加入之通知收到之日起六个月后发生效力。

瑞士联邦委员会应将此项加入通知所有业经签署或加入本公约之国家。

第一五七条

第二条及第三条所载之情况应使在战事开始或占领之前或后,冲突各方所交存之批准书及加入通知立即生效。瑞士联邦委员会应将其从冲突各方收到之任何批准书或加入之通知,以最迅速方法通告之。

第一五八条

每一缔约国得自由退出本公约。

退约须用书面通知瑞士联邦委员会,并由该委员会转告所有缔约国政府。

退约须于通知瑞士联邦委员会后一年发生效力。但缔约国于作退约通知时已卷入冲突,则其退约须待至和议成立后,并在有关本公约所保护之人员之释放、遣返及安置之工作完毕后,始能生效。

退约仅对该退约国有效,但并不减轻冲突各方依国际法原则仍应履行之义务,此等原则系产自文明人民间树立之惯例,人道法则与公众良心之要求。

第一五九条

瑞士联邦委员会应将本公约在联合国秘书处登记,并将其所接获之所有关于本公约之批准、加入及退约通知联合国秘书处。

为此,下列签署人于交存全权证书后,签署本公约,以昭信守。

1949年8月12日以英文法文订于日内瓦。正本应交存于瑞士联邦委员会之档案中,瑞士联邦委员会应将签证之抄本送交每一签字及加入之国家。

附件一:关于医院及安全地带与处所协定草案

第一条

医院及安全地带应严格保留为1949年8月12日改善战地武装部队伤者病者境遇之日内瓦公约第二十三条,及1949年8月12日关于战时保护平民之日内瓦公约第十四条所指之人,以及担任组织与管理该地带与处所及照顾集中该地的人们之人员之用。

但在该地带有永久居所之人仍有权在该地居住。

第二条

在医院或安全地带内居住之人,无论以任何资格,不得在该地带内外从事任何与军事行动或战争物资生产有关之工作。

第三条

设立医院及安全地带之国家应采取一切必要措施,对于无权居住或进入该医院与安全地带之人禁止入内。

第四条

医院及安全地带须具备下列条件:

(甲)仅能占设立医院地带之国家所统治的领土之一小部分。

(乙)就容纳可能言,应属人口稀少之地区。

(丙)应远离军事目标,或庞大工业或行政设置,并且本处亦无此项目标。

(丁)不应设在可能变为在作战上具有重要性之地区。

第五条

医院及安全地带应遵守下列义务:

(甲)其交通线与所有之运输工具不得用以运输军事人员及物资,即使是过境者。

(乙)绝不得以军事方法防御之。

第六条

医院及安全地带应在其建筑物上及其外围放置白底红斜带之标志,以资识别。

专为伤者病者保留之地带,得以白底画有红十字(红新月、红狮与日)之标志标明之。

在夜间得以适当照明方法同样标明之。

第七条

各国在平时或战事开始时,应将其统治之领土内之医院及安全地带列表通知各缔约国。在战事中所设立之新地带亦应通知。

一俟敌方接获上述通知,该地带即为正式成立。

但如敌方认为本协定之条件未经履行,得立即通知该项地带之负责国家拒绝承认,或以成立第八条所规定之管制办法为其承认之条件。

第八条

凡承认其敌国所设立之一个或数个医院及安全地带之国家,应有权要求由一个或几个特别委员会管制之,俾资确定此等地带是否履行本协定所规定之条件与义务。

为此目的,特别委员会委员应随时得自由进入并长期居住于各该地带。对于彼等之视察任务应给予各种便利。

第九条

如特别委员会发现其所认为违反本协定之条款之事实,应立即促起管理该地带之国家注意该项事实,并限定于五日内予以纠正,该委员会应及时通知承认该地带之国家。

如限期已过,而管理该地带之国家并未遵照警告办理,敌方得宣布对于该地带不复受本协定之拘束。

第十条

凡设立一个或数个医院及安全地带之国家,及接获其存在之通知之敌方,应指派,或由保护国或使其他中立国代派合格人员充任第八及第九条所述之特别委员会委员。

第十一条

医院及安全地带在任何情形下不得为攻击之目标。冲突各方应随时予以保护并尊重。

第十二条

在领土被占领之场合,当地之医院及安全地带应继续受尊重并仍作此用。

但占领国在对于该地带居住之人已采取各种措施保证其安全者,得改变其用途。

第十三条

本协定对用于医院及安全地带同样目的之处所亦适用之。

附件二:关于集体救济物品之规则草案

第一条

被拘禁人委员会应准其将所负责之集体救济物资分配与受该会所在之拘禁处所管理之各被拘禁人,包括在医院、监狱或其他反省机关中之被拘禁人。

第二条

集体救济物资之分配应照捐赠人之指示及被拘禁人委员会所拟之计划办理。但医药材料之发给宜与高级医官商定进行。该医官遇病人之需要有此要求时,得在医院与疗养所中放弃上项指示。在以上所规定之限度内分配应公平执行之。

第三条

被拘禁人委员会委员应准其前往车站,或其他在其拘禁处所附近之救济物品到达地点,俾能查核所收到物品之数量及品质,并对捐赠人作详细报告。

第四条

被拘禁人委员会应给予必需之便利,以便查核拘禁处所各分处及各附属处所是否已依照其指示分配集体救济物品。

第五条

凡送交捐赠人之有关集体救济物资(如分配、需要、数量等)之表格或问题,均应准被拘禁人委员会填写,并准该会促使其在劳动队中之委员或疗养所及医院之高级医官填写。此项表格及问题正式填写完毕后,应即送交捐赠人不得迟延。

第六条

为保证在拘禁处所内对被拘禁人正常分发集体救济物品,及适应因新到被拘禁人而发生之需要起见,应允许被拘禁人委员会准备并保持充分之集体救济物品之存储量。为此目的,该会应有适当之库房以供使用;每一库房均应有锁两把,被拘禁人委员会保管一锁之钥匙,另一锁之钥匙由拘禁处所长官保管之。

第七条

各缔约国,尤其拘留国,应尽可能并在管理居民食物供应之规则之限制下,准许在其境内采购物品,作为集体救济物品分配于被拘禁人。各该国对于为此项采购所需之款项转移,及其他技术性或行政性之金融措施,应同样给予便利。

第八条

上述规定并不妨碍被拘禁人在到达拘禁处所前,或在移送途中受取集体救济物品之权利。亦不妨碍保护国、红十字国际委员会、或其他协助被保护人并负责运送此项物品之人道主义组织之代表,依其所认为适当之方法以保证将上项物品分配于受物人之可能。

附件三:拘禁邮片、信件、通讯邮片

甲、拘禁邮片(略)

乙、信件(略)

丙、通讯邮片(略)

附录:1949年8月12日日内瓦公约签字国名单及其交存批准书日期和加入国名单及其加入日期(略)

177. 1949年8月12日日内瓦四公约关于保护国际性武装冲突受难者的附加议定书(第一附加议定书)

(1977年6月8日通过,1978年12月7日生效)

序 文

缔约各方,

宣布其愿见和平普及于各国人民之间的热望,

回顾到每个国家有义务按照联合国宪章,在其国际关系上不以武力相威胁或使用武力,

或以与联合国宗旨不符的任何其他方式，侵害任何国家的主权、领土完整或政治独立，

然而认为有必要重申和发展关于保护武装冲突受难者的规定，并补充旨在加强适用这些规定的措施，

深信本议定书或1949年8月12日日内瓦四公约的内容均不能解释为使任何侵略行为或任何与联合国宪章不符的武力使用为合法或予以认可，

并重申1949年8月12日日内瓦四公约和本议定书的规定必须在一切情况下充分适用于受这些文件保护的一切人，不得以武装冲突的性质或起因为依据或以冲突各方所赞助的或据称为各方所致力的目标为依据而加以不利区别，

议定如下：

第一部　总　则

第一条　一般原则和适用范围

一、缔约各方承诺，在一切情况下，尊重本议定书并保证本议定书被尊重。

二、在本议定书或其他国际协定所未包括的情形下，平民和战斗员仍受来源于既定习惯、人道原则和公众良心要求的国际法原则的保护和支配。

三、本议定书补充1949年8月12日关于保护战争受难者的日内瓦四公约，应适用于各公约共同第二条所指的各场合。

四、上款所指的场合，包括各国人民在行使庄严载入联合国宪章和关于各国依联合国宪章建立友好关系及合作的国际法原则宣言的自决权中，对殖民统治和外国占领以及对种族主义政权作战的武装冲突。

第二条　定义

为了本议定书的目的：

一、"第一公约"、"第二公约"、"第三公约"和"第四公约"分别指：1949年8月12日改善战地武装部队伤者病者境遇的日内瓦公约；1949年8月12日改善海上武装部队伤者病者及遇船难者境遇的日内瓦公约；1949年8月12日关于战俘待遇的日内瓦公约；1949年8月12日关于战时保护平民的日内瓦公约；"各公约"是指1949年8月12日关于保护战争受难者的日内瓦四公约；

二、"适用于武装冲突的国际法规则"是指冲突各方作为缔约各方订立的国际协定所载的适用于武装冲突的规则和适用于武装冲突的公认国际法原则和规则；

三、"保护国"是指经冲突一方提名和敌方接受并同意行使各公约和本议定书所赋予保护国的职务的中立国家或其他非冲突一方的国家；

四、"代替组织"是指按照第五条代替保护国行事的组织。

第三条　适用的开始和终止

在不妨碍不论何时均可适用的规定的条件下：

一、各公约和本议定书应自本议定书第一条所指的任何场合发生时开始适用；

二、在冲突各方领土内，于军事行动全面结束时，各公约和本议定书应终止适用，在被占领领土内，则于占领终止时终止适用，但在上述任何一种情况下，嗣后予以最后释放、遣返或

安置的人除外。这类人在最后释放、遣返或安置前，应继续享受各公约和本议定书有关规定的利益。

第四条　冲突各方的法律地位

各公约和本议定书的适用，以及这些文件所规定的协定的订立，均不应影响冲突各方的法律地位。领土的占领或各公约和本议定书的适用均不应影响有关领土的法律地位。

第五条　保护国及其代替组织的指派

一、冲突各方有义务自该冲突开始发生之时起按照下列各款适用保护国制度，其中除其他事项外，包括保护国的指定和接受，以保证各公约和本议定书的监督和执行。保护国应负保障冲突各方利益的责任。

二、自第一条所指的场合发生之时起，冲突每一方应立即为了适用各公约和本议定书的目的而指定一个保护国，并立即为了同样目的而准许在敌方指定后予以接受的保护国进行活动。

三、如果自第一条所指的场合发生之时起未指定或接受保护国，红十字国际委员会在不妨害任何其他公正的人道主义组织进行同样活动的权利的条件下，应向冲突各方提供斡旋，以便立即指定冲突各方所同意的保护国。为此目的，红十字国际委员会得在其他事项外请每一方提出一项该方认为可以接受的在对敌方关系上作为其保护国行事的至少五个国家的名单，并请每个敌方提出一项该敌方可以接受为前一方的保护国的至少五个国家的名单；这些名单应在收到请求后两周内送交该委员会；该委员会应将各名单加以比较，并寻求在双方名单中均被提名的任何国家的同意。

四、如果尽管有上述规定而未指定保护国，冲突各方应立即接受红十字国际委员会或任何其他提供一切公正和效率保证的组织所提出的建议，由该组织在与各该方妥善磋商后并在考虑磋商的结果下充当代替组织。代替组织行使职责应取得冲突各方的同意。冲突各方应尽力为代替组织按照各公约和本议定书执行其任务的工作提供便利。

五、按照第四条，为了适用各公约和本议定书的目的而指定和接受保护国，不应影响冲突各方和包括被占领领土在内的任何领土的法律地位。

六、冲突各方之间外交关系的维持，或按照关于外交关系的国际法规则将一方的利益及其国民的利益委托第三国保护，对于为了适用各公约和本议定书的目的而指定保护国，不构成任何障碍。

七、本议定书嗣后任何提及保护国之处，均包括代替组织在内。

第六条　合格人员

一、缔约各方在平时也应努力在各国红十字会（红新月会、红狮与太阳会）协助下训练合格人员，以便利各公约和本议定书的适用，特别是便利保护国的活动。

二、这类人员的征募和训练，属于国内管辖范围。

三、红十字国际委员会应备有缔约各方所制定并为该目的而送交该委员会的经过训练的人员名单，以供缔约各方使用。

四、关于在本国领土外使用这类人员的条件，应在每个场合下由有关各方之间的特别协定予以规定。

第七条　会议

本议定书保存者在缔约一方或几方请求下和缔约各方多数赞同时,应召开缔约各方会议,审议关于适用各公约和本议定书的一般问题。

第二部　伤者、病者和遇船难者

第一编　一般保护

第八条　术语

为了本议定书的目的：

一、"伤者"和"病者"是指由于创伤、疾病或其他肉体上或精神上失调或失去能力而需要医疗救助或照顾而且不从事任何敌对行为的军人或平民。这些术语还包括产妇、新生婴儿和其他需要立即予以医疗救助或照顾的,如弱者或孕妇,而且不从事任何敌对行为的人；

二、"遇船难者"是指由于遭受不幸或所乘船舶或飞机遭受不幸而在海上或在其他水域内遇险而且不从事任何敌对行为的军人或平民。这类人如果继续不从事任何敌对行为,在被营救期间,直至其依据各公约或本议定书取得另外的身份时为止,应继续视为遇船难者；

三、"医务人员"是指冲突一方专门被派用于第五款所列的目的或被派用以管理医疗队或操纵或管理医务运输工具的人员。这项派用可以是经常性或临时性的。该术语包括：

（一）冲突一方的医务人员,不论是军事或平民医务人员,包括第一和第二公约所述的医务人员以及被派到民防组织的医务人员；

（二）冲突一方所正式承认和核准的各国红十字会(红新月会、红狮与太阳会)和其他国内志愿救济团体的医务人员；

（三）第九条第二款所述的医疗队或医务运输工具的医务人员。

四、"宗教人员"是指专门从事宗教工作并依附于下列各单位的军人或平民,如牧师：

（一）冲突一方的武装部队；

（二）冲突一方的医疗队和医务运输工具；

（三）第九条第二款所述的医疗队或医务运输工具；或

（四）冲突一方的民防组织。

宗教人员依附于上述单位,可以是经常性的或临时性的,而且第十一款所载的有关规定均适用于这类人员。

五、"医疗队"是指为了医务目的,即搜寻、收集、运输、诊断或治疗——包括急救治疗——伤者、病者和遇船难者,或为了防止疾病而组织的军用或平民医疗处所或其他单位。例如,该术语包括医院和其他类似单位、输血中心、预防医务中心和院所、医药库和这类单位的医药储存处。医疗队可以是固定的或流动的,常设性或临时性的；

六、"医务运输"是指对受各公约和本议定书保护的伤者、病者、遇船难者、医务人员、宗教人员、医疗设备或医疗用品的陆上、水上或空中运输；

七、"医务运输工具"是指专门被派用于医务运输,并在冲突一方主管当局控制下的任何军用或平民、常设性或临时性的运输工具；

八、"医务车辆"是指任何陆上医务运输工具;

九、"医务船艇"是指任何水上医务运输工具;

十、"医务飞机"是指任何空中医务运输工具;

十一、"常任医务人员"、"常设医疗队"和"常设医务运输工具"是指不定期的专门被派用于医务目的的人员、单位和工具。"临时医务人员"、"临时医疗队"和"临时医务运输工具"是指有期限而在整个期限内专门用于医疗目的的人员、单位和工具。除另作规定外,"医务人员"、"医疗队"和"医务运输工具"包括经常和临时两类;

十二、"特殊标志"是指用于保护医疗队和运输工具或医务或宗教人员、设备或用品时的白底红十字(红新月会,红狮与太阳会)的特殊标志;

十三、"特殊信号"是指本议定书附件一第三章所规定的专门用以识别医疗队或运输工具的任何信号或信息。

第九条 适用范围

一、本部分,其规定以改善伤者、病者和遇船难者境遇为目的,应适用于受第一条所指场合影响的所有伤者、病者和遇船难者,而不加任何以种族、肤色、性别、语言、宗教或信仰、政治或其他意见、民族或社会出身、财富、出生或其他身份或任何其他类似标准为依据的不利区别。

二、第一公约第二十七条和第三十二条的有关规定,应适用于下列国家、团体或组织为了人道主义目的向冲突一方提供的常设医疗队和运输工具(但医院船除外,医院船适用第二公约第二十五条的规定)及人员:

(一) 中立国家或其他非该冲突一方的国家;

(二) 该国承认和核准的救济团体;

(三) 公正的国际人道主义组织。

第十条 保护和照顾

一、所有伤者、病者和遇船难者,不论属于何方,均应受尊重和保护。

二、在任何情况下,上述人员均应受人道待遇,并应在最大实际可能范围内并尽速得到其状况所需的医疗照顾和注意。在这类人之中,不应以医疗以外任何理由为依据而加以任何区别。

第十一条 对人身的保护

一、由于第一条所指的场合而落于敌方权力下或被拘禁、拘留或以其他方式被剥夺自由的人的身心健全,不应受任何无理行为或不作为的危害。因此,迫使本条所述的人接受非为该有关的人的健康状况所要求并与进行医疗程序一方未剥夺自由的国民在类似医疗情况下所适用的公认医疗标准不符的医疗程序,是禁止的。

二、特别禁止对这类人员实行下列各项办法,即使经本人同意,也应禁止:

(一) 残伤肢体;

(二) 医疗或科学实验;

(三) 除依据第一款所规定的条件系属正当的行为外,为移植而取去组织或器官。

三、对第二款第三项所规定的禁例,只有献血以供输血或献皮以供移植的情形除外,但献血或献皮均应自愿,而不加任何胁迫或劝诱,而且,只限于治疗目的,并在与公认医疗标准相符的条件下和在旨在使捐献者和领受者双方共同受益的控制下,才得除外。

四、对于在所依附的一方以外冲突一方权力下的任何人,严重危害其身心健全,并违反第一款和第二款所规定的任何禁例,或不遵守第三款的要求的任何故意行为或不作为,应是严重破坏本议定书的行为。

五、第一款所述的人有权拒绝任何外科手术。遇有拒绝的情形,医务人员应设法取得病人所签字或承认的关于拒绝的书面声明。

六、冲突每一方对于在其负责下献血以供输血或献皮以供移植,均应就每次献血或献皮,保存一份医务记录。此外,冲突每一方均应设法保存一份关于对因第一条所指的场合而被拘禁、拘留或以其他方式被剥夺自由的任何人所进行的所有医疗程序的记录。这类记录应随时提供,以备保护国检查。

第十二条　对医疗队的保护

一、医疗队无论何时均应受尊重和保护,并不应成为攻击的对象。

二、第一款应适用于平民医疗队,但须具备下列条件之一:

(一) 属于冲突一方;

(二) 为冲突一方主管当局所承认和核准;

(三) 按照本议定书第九条第二款或第一公约第二十七条被核准。

三、冲突各方应互相通知固定医疗队的位置。未通知的情况不应免除任何一方遵守第一款的规定的义务。

四、在任何情况下,均不应利用医疗队以掩护军事目标不受攻击。冲突各方应尽可能保证医疗队设在对军事目标的攻击不致危害其安全的地方。

第十三条　对平民医疗队的保护的停止

一、平民医疗队有权享受的保护,除非用于从事人道主义职务以外的害敌行为,不应停止。但保护仅在发出警告,并在任何适宜时定有合理时限,而警告仍无效果后才得停止。

二、下列各项情形不应视为害敌行为:

(一) 医疗队人员为了自卫或保卫其照顾下的伤者和病者而备有个人轻武器;

(二) 医疗队由警卫、哨兵或护送卫士守护;

(三) 医疗队内有取自伤者和病者而尚未送交主管部门的轻兵器和弹药;

(四) 武装部队人员或其他战斗员为了医疗原因而留在医疗队内。

第十四条　对征用平民医疗队的限制

一、占领国有义务保证被占领领土内平民居民的医疗需要继续得到满足。

二、因此,平民医疗队、其设备、其器材或其人员的服务,只要为向平民居民提供适当医疗服务和对已经在治疗中任何伤者和病者继续进行医疗照顾所必需,占领国即不应加以征用。

三、在继续遵守第二款所规定的一般规则的条件下,占领国依据下列特殊条件,得征用上述人员和物资:

(一) 该人员和物资为占领国武装部队伤病人员或战俘的适当和即时医疗所需要;

(二) 仅在这种需要存在时继续征用;

(三) 立即作出安排,保证平民居民以及受征用影响的任何治疗中伤者和病者的医疗需要继续得到满足。

第十五条 对平民医务和宗教人员的保护

一、平民医务人员应受尊重和保护。

二、如果需要,在战斗活动使平民医疗服务被扰乱的地区内,对平民医务人员应提供一切可能的援助。

三、在被占领领土内,占领国应向平民医务人员提供各种协助,使其能尽力执行其人道主义职务。除有医疗理由外,占领国不得要求这类人员在执行职务时优先治疗任何人。这类人员不应被迫执行与其人道主义使命不符的任务。

四、平民医务人员应得前往必需其服务的任何地方,但须遵守冲突有关一方认为必要的监督与安全措施。

五、平民宗教人员应受尊重和保护。各公约和本议定书关于保护和识别医务人员的规定,对这类人员应同样适用。

第十六条 对医疗职责的一般保护

一、在任何情况下,不问谁是受益者,任何人不应因进行符合医疗道德的医疗活动而受惩罚。

二、对从事医疗活动的人,不应迫使其从事或进行违反医疗道德规则、或违反其他为伤者和病者的利益而制订的医疗规则、或违反各公约或本议定书的规定的行为或工作,也不应迫使其不从事或进行这类规则和规定所要求的行为或工作。

三、任何从事医疗活动的人,如果认为有关情报将证明为有害于有关病人或其家属,即不应迫使其向属于敌方的任何人,或除自己一方的法律所要求外,向属于自己一方的任何人,提供关于在其照顾下或曾在其照顾下的伤者和病者的情报。但关于传染病的强制通知的规章,则应受尊重。

第十七条 平民居民和救济团体的作用

一、平民居民应尊重伤者、病者和遇船难者,即使该伤者、病者和遇船难者属于敌方,并不应对其从事任何暴力行为。平民居民和救济团体,如各国红十字会(红新月会、红狮与太阳会),即使在其主动下,并即使在被入侵或被占领地区内,均应准其收集和照顾伤者、病者和遇船难者。任何人均不应因这种人道主义行为而受伤害、追诉、判罪或惩罚。

二、冲突各方得呼吁第一款所指的平民居民和救济团体收集和照顾伤者、病者和遇船难者,和搜寻死者并报告其所在地点;冲突各方应对响应其呼吁的平民居民和救济团体给以保护和必要便利。如果敌方取得或重新取得该地区的控制权,该方应在需要保护和便利的时间内给予同样的保护和便利。

第十八条 识别

一、冲突每一方均应努力保证医务和宗教人员及医疗队和运输工具能得到识别。

二、冲突每一方还应努力采取和实行使使用特殊标志和特殊信号的医疗队和运输工具有可能被认出的方法和程序。

三、在被占领领土内或在正在进行战斗或可能进行战斗的地区内,平民医务人员和平民宗教人员应使用特殊标志和证明其身份的身份证,使其可能被认出。

四、经主管当局同意,医疗队和医务运输工具应用特殊标志标明。本议定书第二十二条所指的船艇,应按照第二公约的规定予以标明。

五、除特殊标志外,冲突一方得按本议定书附件一第三章所规定,核准使用特殊信号,以识别医疗队和医务运输工具。作为例外,在该章所包括的特别情形下,医务运输工具得使用特殊信号而不展示特殊标志。

六、本条第一款到第五款的规定的适用受本议定书附件一第一章到第三章的支配。该附件第三章为专门用于医疗队和医务运输工具所指定的信号,除该章所规定外,不应用于识别该章所规定的医疗队和医务运输工具以外的任何其他目的。

七、本条并不核准超出第一公约第四十四条的规定外在平时更广泛地使用特殊标志。

八、各公约和本议定书关于监督特殊标志的使用和关于防止和取缔其任何滥用的规定,应适用于特殊信号。

第十九条 中立国家和其他非冲突各方的国家

中立国家和其他非冲突各方的国家应对在其领土内收留或拘禁的受本部规定保护的人,或对其所发现的冲突各方的任何死者,适用本议定书的有关规定。

第二十条 对报复的禁止

对本部所保护的人和物体的报复,是禁止的。

第二编 医务运输

第二十一条 医务车辆

医务车辆应受流动医疗队依据各公约和本议定书所受的同样尊重和保护。

第二十二条 医院船和沿岸救护艇

一、各公约关于:

(一)第二公约第二十二条、第二十四条、第二十五条和第二十七条所述的船舶,

(二)其救生艇和小艇,

(三)其人员和船员,和

(四)船上伤者、病者和遇船难者的规定,在这些船舶运载不属于第二公约第十三条所载任何一类的平民伤者、病者和遇船难者的情形下,也应适用。但这类平民不应将其交给非其所属的任何一方或在海上将其拿捕。这类平民如果在其所属以外的冲突一方权力下,应包括在第四公约和本议定书的规定范围内。

二、各公约对第二公约第二十五条所述船舶所提供的保护,应扩展于

(一)中立国家或其他非该冲突一方的国家,或

(二)公正的国际人道主义组织,为了人道主义目的向冲突一方提供的医院船,但在上述任何一种情形下,均须符合该条所列的要求。

三、第二公约第二十七条所述的小艇,即使未发出该条所规定的通知,也应受保护。而关于任何其他足以便利识别和认出这类小艇的有关细节,请冲突各方彼此通知。

第二十三条 其他医务船艇

一、本议定书第二十二条和第二公约第三十八条所指以外的医务船艇,不论在海上或在其他水域内,均应受流动医疗队依据各公约和本议定书所受的同样尊重和保护。由于这种保护只有在这类船艇能被识别和认出的条件下才能有效,因而这类船艇应以特殊标志标明,并尽可能遵从第二公约第四十三条第二款的规定。

二、第一款所指的船艇应仍受战争法规的拘束。任何有可能立即强制执行其命令的水面战舰，得命令这类船艇停航，或命令其驶离，或使其航驶一定航线，而这类船艇应服从每一项这类命令。这类船艇，只要为船上伤者、病者和遇船难者所需，即不得以任何其他方式改变其医务使命。

三、第一款所规定的保护，仅应在第二公约第三十四条和第三十五条所列的条件下停止。明显地拒绝服从按照第二款所发出的命令，应是第二公约第三十四条所规定的害敌行为。

四、冲突一方得尽可能在医务船艇，特别是超过 2000 千总吨的船舶出航前，将其名称、形状、预定出航时间、航线和估计的速度通知任何敌方，并得提供任何其他便于识别和认出的情报。敌方应表明收到这项情报。

五、第二公约第三十七条的规定应适用于这类船艇上的医务和宗教人员。

六、第二公约的规定应适用于这类船艇上属于第二公约第十三条和本议定书第四十四条所指各类的伤者、病者和遇船难者。对不属于第二公约第十三条所载各类中任何一类的平民伤者、病者和遇船难者平民，如果在海上，不应将其交给非其所属的任何一方，或迫使其离开该船艇；这类平民如果在其所属一方以外的冲突一方权力下，应包括在第四公约和本议定书的规定的范围内。

第二十四条　对医务飞机的保护

在本部规定的拘束下，医务飞机应受尊重和保护。

第二十五条　敌方未控制的地区内医务飞机

在友方部队所实际控制的陆地地区内或其上空，或在敌方所未实际控制的海域内或其上空，对冲突一方医务飞机的尊重和保护，不依赖于与敌方订立的任何协定。但为更安全起见，在这些地区内操纵医务飞机的冲突一方，得按第二十九条所规定，通知敌方，特别是在该飞机飞行进入敌方地对空武器系统射程时，更须通知。

第二十六条　接触或类似地带内医务飞机

一、在友方部队所实际控制的接触地带的一些部分内和其上空，以及在实际控制权未明显确立的地区内或其上空，只有按第二十九条所规定，冲突各方主管军事当局之间事先取得协议，医务飞机才能得到充分有效的保护。在没有这种协议的情形下，医务飞机虽其操纵须自冒风险，但在其已被认出是医务飞机后，仍应受尊重。

二、"接触地带"是指敌对部队的先头部分彼此接触，特别是该部分已直接暴露于地面火力下的任何陆地地区。

第二十七条　敌方控制的地区内医务飞机

一、冲突一方的医务飞机在敌方所实际控制的陆地地区或海域上空飞行时，应继续受保护，但须事先取得该敌方的主管当局对这项飞行的同意。

二、由于航行错误或因影响飞行安全的紧急状态而在未取得第一款所规定的同意或违反该项同意的情形下飞行于敌方所实际控制的地区上空的医务飞机，应尽力使其能被识别，并应将情况通知敌方。一旦这类医务飞机为敌方所认出，该方应尽一切合理努力，立即发出第三十条第一款所指的着陆或降落水面的命令，或采取保障其本身利益的其他措施，并在上述任何一种情形下，应在对该飞机进行攻击前，允许该飞机有遵从命令的时间。

第二十八条　对医务飞机运用的限制

一、禁止冲突各方利用其医务飞机，以图从敌方取得任何军事利益。医务飞机的存在不应被利用，以图使军事目标不受攻击。

二、医务飞机不应被利用，以收集或传送情报资料，并不应携带旨在用于这项目的的任何器材。禁止医务飞机运载任何不包括在第八条第六款的定义内的任何人或货物。飞机运载机上人员的个人物品或目的仅在便利航行、通讯或识别的装备，不应视为属于禁止之列。

三、医务飞机不应携带任何武器，但取自飞机上伤者、病者和遇船难者而尚未送交主管部门的轻兵器及弹药，以及使船上医务人员能自卫和保卫在其照顾下的伤者、病者和遇船难者所需的个人轻武器除外。

四、在进行第二十六条和第二十七条所指的飞行时，医务飞机除与敌方事先达成协议外，不应用以搜寻伤者、病者和遇船难者。

第二十九条　关于医务飞机的通知和协议

一、第二十五条所规定的通知或为取得第二十六条、第二十七条、第二十八条第四款或第三十一条所规定的事先协议而提出的请求，应说明医务飞机的计划数目，其飞行计划和识别方法，并应被理解为含有每次飞行均将遵照第二十八条的规定的意思。

二、收到第二十五条所规定的通知的一方，应立即表明收到该通知。

三、收到为取得第二十六条、第二十七条、第二十八条第四款或第三十一条所规定的事先协议的请求的一方，应尽速通知请求一方：

（一）同意该请求；

（二）拒绝该请求；或

（三）提出对该请求的合理的替代建议。该方还得提议，在所涉时间内禁止或限制在该地区内的其他飞行。提出请求的一方，如果接受替代建议，应将其接受通知他方。

四、各方应采取必要措施，以保证能迅速地发出通知和取得协议。

五、各方还应采取必要措施，迅速向有关军事单位传播任何该通知和协议的内容，并将有关医务飞机所使用的识别方法指示该军事单位。

第三十条　医务飞机的降落和检查

一、对在敌方所实际控制的地区上空或在实际控制权未明显确立的地区上空飞行的医务飞机，得按适当情况命令其着陆或降落水面，以便按照下列各款进行检查。医务飞机应服从任何这类命令。

二、这类飞机，不论因被命令或基于其他原因而着陆或降落水面，仅得因确定第三款和第四款所指的事项而受检查。任何这种检查应立即开始，并应从速进行。检查一方对于伤者和病者，除为检查所需外，不应要求将其移离飞机。该方无论如何应保证伤者和病者的状况不因检查或移离而受不利的影响。

三、如果检查表明该飞机：

（一）是第八条第十款的意义内的医务飞机，

（二）不违反第二十八条所规定的条件，而且

（三）在需要事先协议的情形下，其飞行并非事先没有协议或并不破坏事先协议的规定，该飞机和属于敌方或属于中立国家或其他非冲突一方的其他国家的机上人员，应准其立即

继续飞行。

四、如果检查表明飞机:

（一）不是第八条第十款的意义内的医务飞机,

（二）违反第二十八条所规定的条件,或

（三）在需要事先协议的情形下,其飞行并无事先协议或破坏事先协议的规定;对该飞机得予拿捕。对机上人员应按照各公约和本议定书的有关规定给予待遇。曾被派为常设医务飞机的任何飞机,被拿捕后仅得用为医务飞机。

第三十一条 中立国家或其他非冲突各方的国家

一、除有事先协议外,医务飞机不应在中立国家或其他非冲突一方的国家的领土上空飞行,或在该领土内降落。但在有事先协议的情形下,医务飞机在其全部飞行中以及在该领土内任何停留期间,则均应受尊重。然而该医务飞机仍应服从着陆或在适当情况下降落水面的任何命令。

二、如果医务飞机由于航行错误或因影响飞行安全的紧急状态而在没有协议或背离协议规定的情形下飞行于中立国家或其他非冲突一方的国家的领土上空,该飞机应尽力发出飞行的通知,并使自己能被识别。一旦这类医务飞机被认出,该国应尽一切合理努力,立即发出第三十条第一款所指的着陆或降落水面的命令,或采取保障其本身的利益的其他措施,并在上述任何一种情形下,应在对该飞机进行攻击前,允许该飞行有遵从命令的时间。

三、如果医务飞机依据协议或在第二款所载的情况下,不论因被命令着陆或降落水面或基于其他原因,而在中立国家或其他非冲突一方的国家的领土内着陆或降落水面,该飞机应受检查,以确定其在事实上是否医务飞机。检查应立即开始,并应从速进行。对属于操纵飞机的一方的伤者和病者,除其移离飞机为检查所需外,检查一方不应要求其移离飞机。检查一方无论如何应保证伤者和病者的状况不因检查或移离而受不利的影响。如果检查表明,该飞机在事实上是医务飞机,则该飞机及其机上人员,除按照适用于武装冲突的国际法规则必须予以拘留外,应准其恢复飞行,并应给予继续飞行的合理便利。如果检查表明,飞机不是医务飞机,对该飞机应予拿捕,机上人员应按照第四款的规定享受待遇。

四、经地方当局同意,在中立国家或其他非冲突一方的国家领土内,并非临时地从医务飞机下来的伤者、病者和遇船难者,除该国和冲突各方之间另有协议外,如果适用于武装冲突的国际法规则有此要求,则应由该国予以拘留,使其不能再从事敌对行动。医院治疗和拘禁的费用应由这类人所属的国家负担。

五、中立国家或其他非冲突各方的国家,应对冲突所有各方同样适用关于医务飞机在其领土上空通过或在其领土内着陆的任何条件和限制。

第三编 失踪和死亡的人

第三十二条 一般原则

在执行本段的规定时,缔约各方、冲突各方和各公约和本议定书所载的国际人道主义组织的活动,主要应受家庭了解其亲属命运的权利的推动。

第三十三条 失踪的人

一、一旦情况许可,并至迟从实际战斗结束时开始,冲突各方应即搜寻经敌方报告为失踪的人。该敌方应发送有关这类人的一切情报,以便利搜寻。

二、为了便利按照上款的规定搜集情报,对于依据各公约和本议定书不受更优惠考虑的人,冲突每一方应：

（一）将第四公约第一百三十八条所规定的关于因敌对行动或占领而被拘留、监禁或以其他方式被囚禁超过两周、或在任何拘留期间死亡的这类人的有关情报记录下来；

（二）在最大可能范围内便利,并于需要时进行搜寻这类人的工作,以及如果这类人由于敌对行动或占领而在其他情况下死亡,将其有关情报记录下来的工作。

三、按照第一款已报告为失踪的人的有关情报以及获得这种情报的请求,应直接或通过保护国或红十字国际委员会中央查访局或各国红十字会（红新月会、红狮与太阳会）发送。在未通过红十字国际委员会及其中央查访局发送情报的情形下,冲突一方也应保证向中央查访局提供该项情报。

四、冲突各方应努力商定关于搜寻、识别和收回战地上死者的工作组的安排,并于适当时,包括关于在敌方控制地区内执行这项任务时由敌方人员伴随工作组的安排。这类工作组在专门履行这项职责时,应受尊重和保护。

第三十四条 死者尸体

一、基于与占领有关的原因死亡或因占领或敌对行动而在拘留中死亡的人的尸体,以及不是基于敌对行动的原因而死亡的所在地国家的国民的人的尸体,均应受尊重,所有这类人的墓地,如果依据各公约和本议定书不受更优惠的考虑,应按照第四公约第一百三十条的规定,受尊重、维护并予以标明。

二、一旦情况及敌对各方之间的关系许可,基于敌对行动的原因而死亡或在占领期间或在拘留中死亡的人的坟墓所在地,或按照情况其尸体的其他安置处所在地的缔约各方,应立即订立协定,以：

（一）便利死者亲属和正式坟墓登记处的代表前往墓地,并对前往墓地一事作出实际的安排；

（二）永久保护和维护该墓地；

（三）便利在本国请求下,或除该国反对外,在最近亲属请求下,送还死者的尸体和个人用品。

三、在未订立第二款第二项或第三项所规定的协定的情形下,如果死者本国不愿自己支付费用以安排这类墓地的维护,墓地所在地的缔约一方得建议将死者尸体送还其本国。如果这项建议未被接受,缔约一方得在提出建议满五年后,并在向死者本国发出适当通知后,采取其本国关于坟墓的法律所规定的安排。

四、本条所指的墓地所在地的缔约一方,仅应在下列条件下准予焚化尸体：

（一）遵照第二款第三项和第三款的规定,或

（二）如果焚化是超越一切的公共需要,包括医疗上和侦讯上的需要,而在这种情形下,缔约该方无论何时均应尊重尸体,并应将其焚化尸体的意图以及关于拟议的重新埋葬地点通知死者本国。

第三部 作战方法和手段,战斗员和战俘的地位

第一编 作战方法和手段

第三十五条 基本原则

一、在任何武装冲突中,冲突各方选择作战方法和手段的权利,不是无限制的。

二、禁止使用属于引起过分伤害和不必要痛苦的性质的武器、投射体和物质及作战方法。

三、禁止使用旨在或可能对自然环境引起广泛、长期而严重损害的作战方法或手段。

第三十六条 新武器

在研究、发展、取得或采用新的武器、作战手段或方法时,缔约一方有义务断定,在某些或所有情况下,该新的武器、作战手段或方法的使用是否为本议定书或适用于该缔约一方的任何其他国际法规则所禁止。

第三十七条 对背信弃义行为的禁止

一、禁止诉诸背信弃义行为以杀死、伤害或俘获敌人。以背弃敌人的信任为目的而诱取敌人的信任,使敌人相信其有权享受或有义务给予适用于武装冲突的国际法规则所规定的保护的行为,应构成背信弃义行为。下列行为是背信弃义行为的事例:

(一)假装有在休战旗下谈判或投降的意图;

(二)假装因伤或因病而无能力;

(三)假装具有平民、非战斗员的身份;和

(四)使用联合国或中立国家或其他非冲突各方的国家的记号、标志或制服而假装享有被保护的地位。

二、战争诈术是不禁止的。这种诈术是指旨在迷惑敌人或诱使敌人作出轻率行为,但不违反任何适用于武装冲突的国际法规则,而且由于并不诱取敌人在该法所规定的保护方面的信任而不构成背信弃义行为的行为。下列是这种诈术的事例:使用伪装、假目标、假行动和假情报。

第三十八条 公认标志

一、不正当使用红十字、红新月或红狮与太阳的特殊标志或各公约或本议定书所规定的其他标志、记号或信号,是禁止的。在武装冲突中故意滥用国际公认的保护标志、记号或信号,包括休战旗,以及文化财产的保护标志,也是禁止的。

二、除经联合国核准外,使用联合国的特殊标志,是禁止的。

第三十九条 国籍标志

一、在武装冲突中使用中立国家或其他非冲突各方的国家的旗帜、军用标志、徽章或制服,是禁止的。

二、在从事攻击时,或为了掩护、便利、保护或阻碍军事行动,而使用敌方的旗帜或军用标志、徽章或制服,是禁止的。

三、本条或第三十七条第一款第四项的规定,不应影响适用于间谍或在进行海上武装冲

突中使用旗帜的现行的公认国际法规则。

第四十条 饶赦

禁止下令杀无赦,禁止以此威胁敌人,或在此基础上进行敌对行动。

第四十一条 对失去战斗力的敌人的保障

一、被认为失去战斗力或按照情况应被承认失去战斗力的人,不应成为攻击的对象。

二、下列的人是失去战斗力的人：

（一）在敌方权力下的人;

（二）明示投降意图的人;或

（三）因伤或病而失去知觉,或发生其他无能力的情形,因而不能自卫的人;但在上述任何情形下,均须不从事任何敌对行为,并不企图脱逃。

三、有权作为战俘享受保护的人,在不能按第三公约第三部第一编的规定撤退的非常的战斗情况下落于敌方权力下时,应予释放,并应采取一切可能的预防措施保证其安全。

第四十二条 飞机上人员

一、从遇难飞机上跳伞降落的任何人,在其降落中,均不应成为攻击的对象。

二、从遇难飞机跳伞降落的人,在落在敌方所控制的领土的地面时,除显然表现其从事敌对行为外,在成为攻击的对象前,应有投降的机会。

三、空运部队不受本条的保护。

第二编 战斗员和战俘的地位

第四十三条 武装部队

一、冲突一方的武装部队是由一个为其部下的行为向该方负责的司令部统率下的有组织的武装部队、团体和单位组成,即使该方是以敌方所未承认的政府或当局为代表。该武装部队应受内部纪律制度的约束,该制度除其他外应强制遵守适用于武装冲突的国际法规则。

二、冲突一方的武装部队人员（除第三公约第三十三条的规定所包括的医务人员和随军牧师外）是战斗员,换言之,这类人员有权直接参加敌对行动。

三、无论何时,冲突一方如果将准军事机构或武装执法机构并入其武装部队内,应通知冲突其他各方。

第四十四条 战斗员和战俘

一、第四十三条所规定的任何战斗员,如果落于敌方权力下,均应成为战俘。

二、所有战斗员必须遵守适用于武装冲突的国际法规则,但除第三款和第四款所规定外,对这些规则的违反不应剥夺战斗员作为战斗员的权利,或者,如果落于敌方权力下,成为战俘的权利。

三、为了促进对平民居民的保护不受敌对行动的影响,战斗员在从事攻击或攻击前军事准备行动时,应使自己与平民居民相区别。然而,由于认识到在武装冲突中有一些情况使武装战斗员因敌对行动的性质而不能与平民居民相区别,因而该战斗员应保留其作为战斗员的身份,但在这种情况下,该战斗员须：

（一）在每次军事上交火期间;和

（二）在从事其所参加的发动攻击前的部署时为敌人所看得见的期间;公开携带武器。

符合本款要求的行为,不应视为第三十七条第一款第三项的意义内的背信弃义行为。

四、不符合第三款第二句所列的要求而落于敌方权力下的战斗员,应失去其成为战俘的权利,但其所享受的保护应在各方面与第三公约和本议定书所给予战俘的保护相等。这项保护包括在这类人因其犯有任何罪行而受审判和惩罚的情形下第三公约所给予战俘的同等保护。

五、未从事攻击或攻击前军事准备行动而落于敌方权力下的任何战斗员,不应因其先前活动而失去其成为战斗员和成为战俘的权利。

六、本条不妨害任何人按照第三公约第四条成为战俘的权利。

七、本条无意变动各国关于被派于冲突一方正规并穿制服的武装单位的战斗员穿着制服的公认惯例。

八、除第一公约和第二公约第十三条所载各类人外,本议定书所规定的冲突一方武装部队的所有人员,如果是伤者或病者,或在第二公约的情形下,是在海上或在其他水域内遇船难者,应有权享受这些公约所规定的保护。

第四十五条　对参加敌对行动的人的保护

一、参加敌对行动而落于敌方权力下的人,如果主张战俘的身份,或表现为有权享有这种身份,或其所依附的一方通知拘留国或保护国代其主张这种身份,应推定为战俘,因而应受第三公约的保护。如果对于任何这类人是否有权享有战俘身份的问题有任何怀疑,这类人在主管法庭决定其身份以前,应继续享有这种身份,因而受第三公约的保护。

二、如果落于敌方权力下的人不被认为战俘,并由该方就敌对行动中所发生的罪行予以审判,这样的人应有权在司法法庭上提出其享有战俘身份的权利主张,并要求对该问题予以裁决。依据适用的程序,如果可能,应在审判罪行前先进行这项裁决。除在例外情形下为了国家安全利益而秘密进行诉讼程序外,保护国代表应有权出席裁决该问题的诉讼程序。在秘密进行的情形下,拘留国应告知保护国。

三、参加敌对行动而无权享有战俘身份而且不能获得按照第四公约享受更优惠待遇的利益的任何人,无论何时,均应有权受本议定书第七十五条的保护。在被占领领土内,任何这类人,除被认为间谍外,尽管有第四公约第五条的规定,也应享受该公约所规定的通讯的权利。

第四十六条　间谍

一、尽管有各公约或本议定书的任何其他规定,在从事间谍行为时落于敌方权力下的冲突一方武装部队的任何人员,不应享受战俘身份的权利,而得予以间谍的待遇。

二、在敌方控制领土内为冲突一方搜集或企图搜集情报的该方武装部队人员,如果在其行事时穿着其武装部队的制服,即不应视为从事间谍行为。

三、冲突一方武装部队的人员,如果是敌方占领领土的居民而在该领土内为其所依附的冲突一方搜集或企图搜集具有军事价值的情报,除其通过虚假行为或故意以秘密方式搜集或企图搜集情报外,即不应视为从事间谍行为。而且,这类居民除在从事间谍行为时被俘外,不应丧失其享有战俘身份的权利,并不得予以间谍的待遇。

四、冲突一方武装部队人员,如果不是敌方占领领土的居民而在该领土内从事间谍行为,除在重返其所属武装部队前被俘外,不应丧失其享有战俘身份的权利,并不得予以间谍的待遇。

第四十七条 外国雇佣兵

一、外国雇佣兵不应享有作为战斗员或成为战俘的权利。

二、外国雇佣兵是具有下列情况的任何人：

（一）在当地或外国特别征募以便在武装冲突中作战；

（二）事实上直接参加敌对行动；

（三）主要以获得私利的愿望为参加敌对行动的动机，并在事实上冲突一方允诺给予远超过对该方武装部队内具有类似等级和职责的战斗员所允诺或付给的物质报偿；

（四）既不是冲突一方的国家，又不是冲突一方所控制的领土的居民；

（五）不是冲突一方武装部队的人员；而且

（六）不是非冲突一方的国家所派遣作为其武装部队人员执行官方职务的人。

第四部　平 民 居 民

第一编　防止敌对行动影响的一般保护

第一章　基本规则和适用范围

第四十八条　基本规则

为了保证对平民居民和民用物体的尊重和保护，冲突各方无论何时均应在平民居民和战斗员之间和在民用物体和军事目标之间加以区别，因此，冲突一方的军事行动仅应以军事目标为对象。

第四十九条　攻击的定义和适用范围

一、"攻击"是指不论在进攻或防御中对敌人的暴力行为。

二、本议定书关于攻击的规定，适用于不论在什么领土内的一切攻击，包括在属于冲突一方但在敌方控制领土内的攻击。

三、本段的规定，适用于可能影响平民居民、平民个人或民用物体的任何陆战、空战或海战。这些规定还适用于从海上或空中对陆地目标的任何攻击，但不影响适用于海上或空中武装冲突的国际法规则。

四、本段的规定是对第四公约、特别是该公约第二部以及对缔约各方有拘束力的其他国际协定关于人道主义保护的规则的补充，也是对有关保护平民和保护陆地上、海上及空中民用物体免受敌对行动影响的其他国际法规则的补充。

第二章　平民和平民居民

第五十条　平民和平民居民的定义

一、平民是指不属于第三公约第四条（子）款第一项、第二项、第三项和第六项及本议定书第四十三条所指各类人中任何一类的人。遇有对任何人是否平民的问题有怀疑时，这样的人应视为平民。

二、平民居民包括所有作为平民的人。

三、在平民居民中存有不属于平民的定义范围内的人，并不使该平民居民失去其平的性质。

第五十一条　对平民居民的保护

一、平民居民和平民个人应享受免受军事行动所产生的危险的一般保护。为了实现这项保护，在任何情况下均应遵守对适用的其他国际法规则所附加的下列各项规则。

二、平民居民本身以及平民个人，不应成为攻击的对象。禁止以在平民居民中散布恐怖为主要目的的暴力行为或暴力威胁。

三、平民除直接参加敌对行动并在直接参加敌对行动时外，应享受本编所给予的保护。

四、禁止不分皂白的攻击。不分皂白的攻击是：

（一）不以特定军事目标为对象的攻击；

（二）使用不能以特定军事目标为对象的作战方法或手段；或

（三）使用其效果不能按照本议定书的要求加以限制的作战方法或手段；而因此，在上述每个情形下，都是属于无区别地打击军事目标和平民或民用物体的性质的。

五、除其他外，下列各类攻击，也应视为不分皂白的攻击：

（一）使用任何将平民或民用物体集中的城镇、乡村或其他地区内许多分散而独立的军事目标视为单一的军事目标的方法或手段进行轰击的攻击；和

（二）可能附带使平民生命受损失、平民受伤害、平民物体受损害、或三种情形均有而且与预期的具体和直接军事利益相比损害过分的攻击。

六、作为报复对平民居民的攻击，是禁止的。

七、平民居民或平民个人的存在或移动不应用于使某些地点或地区免于军事行动，特别是不应用以企图掩护军事目标不受攻击，或掩护、便利或阻碍军事行动。冲突各方不应指使平民居民或平民个人移动，以便企图掩护军事目标不受攻击，或掩护军事行动。

八、对这些禁例的任何违犯，不应解除冲突各方关于平民居民和平民的法律义务，包括第五十七条所规定的采取预防措施的义务。

第三章　民　用　物　体

第五十二条　对民用物体的一般保护

一、民用物体不应成为攻击或报复的对象。民用物体是指所有不是第二款所规定的军事目标的物体。

二、攻击应严格限于军事目标。就物体而言，军事目标只限于由于其性质、位置、目的或用途对军事行动有实际贡献，而且在当时情况下其全部或部分毁坏、缴获或失去效用提供明确的军事利益的物体。

三、对通常用于民用目的的物体，如礼拜场所、房屋或其他住处或学校，是否用于对军事行动作出有效贡献的问题有怀疑时，该物体应推定为未被这样利用。

第五十三条　对文物和礼拜场所的保护

在不妨害1954年5月14日关于发生武装冲突时保护文化财产的海牙公约和其他有关国际文件的规定的条件下，禁止下列行为：

一、从事以构成各国人民文化或精神遗产的历史纪念物、艺术品或礼拜场所为对象的敌对行为；

二、利用这类物体以支持军事努力；

三、使这类物体成为报复的对象。

第五十四条　对平民居民生存所不可缺少的物体的保护

一、作为作战方法使平民陷于饥饿，是禁止的。

二、不论是什么动机，也不论是为了使平民饥饿、使其迁移、还是为了任何其他动机，基于使对平民居民生存所不可缺少的物体，如粮食、生产粮食的农业区、农作物、牲畜、饮水装置和饮水供应和灌溉工程，对平民居民失去供养价值的特定目的，而进行的攻击、毁坏、移动或使其失去效用，都是禁止的。

三、第二款所规定的禁例，不应适用于该款所包括但为敌方所用于下列目的的物体：

（一）仅充其武装部队人员的供养之用；

（二）如果不作为供养之用，则用以直接支持军事行动；但无论如何不应对这些物体采取行动，以致有可能使平民居民的食物或饮水不足，造成平民居民的饥饿，或迫其迁移。

四、这类物体不应成为报复的对象。

五、由于承认冲突任何一方有保卫其国家领土免遭入侵的重大要求，如果为迫切的军事必要所要求，冲突一方得在其所控制的本国领土内，不完全实行第二款所规定的禁例。

第五十五条　对自然环境的保护

一、在作战中，应注意保护自然环境不受广泛、长期和严重的损害。这种保护包括禁止使用旨在或可能对自然环境造成这种损害从而妨害居民的健康和生存的作战方法或手段。

二、作为报复对自然环境的攻击，是禁止的。

第五十六条　对含有危险力量的工程和装置的保护

一、含有危险力量的工程或装置，如堤坝和核发电站，即使这类物体是军事目标，也不应成为攻击的对象，如果这种攻击可能引起危险力量的释放，从而在平民居民中造成严重的损失。其他在这类工程或装置的位置上或在其附近的军事目标，也不应成为攻击的对象，如果这种攻击可能引起该工程或装置危险力量的释放，从而在平民居民中造成严重的损失。

二、在下列情形下，应停止第一款所规定的免受攻击的特别保护：

（一）对于堤坝，如果该堤坝是用于其通常作用以外的目的和用以使军事行动得到经常、重要和直接支持的，而且如果这种攻击是终止这种支持的唯一可能的方法；

（二）对于核发电站，如果该核发电站是供应电力使军事行动得到经常、重要和直接支持的，而且如果这种攻击是终止这种支持的唯一可能的方法；

（三）对于在这类工程或装置的位置上或在其附近的其他军事目标，如果该军事目标是用以使军事行动得到经常、重要和直接支持的，而且如果这种攻击是终止这种支持的唯一可能的方法。

三、在一切情形下，平民居民和平民个人应有权享受国际法所给予的全部保护，包括第五十七条所规定的预防措施的保护。如果保护停止，并对第一款所载的任何工程、装置或军事目标进行攻击，则应采取一切实际可行的预防措施，以避免危险力量的释放。

四、使第一款所载的任何工程、装置或军事目标成为报复的对象，是禁止的。

五、冲突各方应努力避免将任何军事目标设在第一款所载的工程或装置的附近。然而，为了保卫被保护工程或装置不受攻击的唯一目的而建立的装置，是允许的，而且其本身不应成为攻击的对象,但除对受保护工程或装置的被攻击作出反应所需的防御行动外,这类装置应不用于敌对行动,而且其武装应限于仅能击退对受保护工程或装置的敌对行动的武器。

六、关于含有危险力量的物体,敦促缔约各方和冲突各方彼此另订协定,另外加以保护。

七、为了便利对本条所保护的物体的识别,冲突各方得用本议定书附件一第十六条所规定的同一轴线上一组三个鲜橙色圆形所构成的特殊记号标明。没有这种标记,并不免除冲突任何一方依据本条所承担的义务。

第四章 预防措施

第五十七条 攻击时预防措施

一、在进行军事行动时,应经常注意不损害平民居民、平民和民用物体。

二、对于攻击,应采取下列预防措施:

(一) 计划或决定攻击的人应:

1. 尽可能查明将予攻击的目标既非平民也非民用物体,而且不受特殊保护,而是第五十二条的意义内的军事目标,并查明对该目标的攻击不是本议定书的规定所禁止的;

2. 在选择攻击手段和方法时,采取一切可能的预防措施,以期避免,并无论如何,减少平民生命附带受损失、平民受伤害和民用物体受损害;

3. 不决定发动任何可能附带使平民生命受损失、平民受伤害、民用物体受损害、或三种情形均有而且与预期的具体和直接军事利益相比损害过分的攻击;

(二) 如果发现目标不是军事目标或是受特殊保护的,或者发现攻击可能附带造成与预期的具体和直接军事利益相比为过分的平民生命受损失、平民受伤害、民用物体受损害、或三种情形均有,该攻击应予取消或停止;

(三) 除为情况所不许可外,应就可能影响平民居民的攻击发出有效的事先警告。

三、为了取得同样的军事利益有可能在几个军事目标之间进行选择时,选定的目标应是预计对平民生命和民用物体造成危险最小的目标。

四、在进行海上或空中军事行动时,冲突第一方应按照其依据适用于武装冲突的国际法规则所享受和承担的权利和义务,采取一切合理的预防措施,以避免平民生命受损失和民用物体受损害。

五、本条的任何规定均不得解释为准许对平民居民、平民或民用物体进行任何攻击。

第五十八条 防止攻击影响的预防措施

冲突各方应在最大可能范围内:

一、在不妨害第四公约第四十九条的规定的条件下,努力将其控制下的平民居民、平民个人和民用物体迁离军事目标的附近地方;

二、避免将军事目标设在人口稠密区内或其附近;

三、采取其他必要的预防措施,保护在其控制下的平民居民、平民个人和民用物体不受军事行动所造成的危害。

第五章 受特殊保护的地方和地带

第五十九条 不设防地方

一、禁止冲突各方以任何手段攻击不设防地方。

二、冲突一方的适当当局得将武装部队接触的地带附近或在其内的可以被敌方自由占领的任何居民居住地方宣布为不设防地方。不设防地方应符合下列条件：

（一）所有战斗员以及机动武器和机动军事设备必须已经撤出；

（二）固定军事装置或设施应不用于敌对目的；

（三）当局或居民均不应从事任何敌对行为；而且

（四）不应从事支持军事行动的任何活动。

三、在该地方内有依据各公约和本议定书受特殊保护的人和为了维持法律和秩序的唯一目的而留下的警察部队的存在，是不违反第二款所规定的条件的。

四、依据第二款作出的宣言应送致敌方，并应尽可能明确地规定和说明不设防地方的界限。接受宣言的冲突一方应表明收到宣言，并除在事实上与第二款所规定的条件不符外，应将该地方视为不设防地方，而在不符合条件的情形下，则应立即将该情形通知作出宣言的一方。即使不符合第二款所规定的条件，该地方应继续享受本议定书的其他规定和适用于武装冲突的其他国际法规则的保护。

五、冲突各方得商定设立不设防地方，即使该地方不符合第二款所规定的条件。协定应尽可能明确地规定和说明不设防地方的界限；于必要时，协定得规定监督的方法。

六、控制这类协定所规定的地方的一方，应尽可能用与他方商定的记号将该地方标明，该记号应展示于明显可见的地方，特别是在其四周和界限上及公路上。

七、一个地方在其不再符合第二款所规定或第五款所指的协定所规定的条件时，失去其作为不设防地方的地位。在这种情况下，该地方应继续享受本议定书的其他规定和适用于武装冲突的其他国际法规则的保护。

第六十条　非军事化地带

一、冲突各方将其军事行动扩展到其依据协定授以非军事化地带地位的地带，而且如果这种扩展是违反该协定的规定的，则这种扩展是禁止的。

二、协定应是明示协定，得用口头或书面，直接或通过保护国或任何公正的人道主义组织订立，并得由相互而一致的声明构成。协定得在平时以及在敌对行动开始后订立，并应尽可能明确地规定和说明非军事化地带的界限，并于必要时，规定监督的方法。

三、这类协定的对象，通常应是符合下列条件的任何地带：

（一）所有战斗员以及机动武器和机动军事装备必须已经撤出；

（二）固定军事装置或设施不应用于敌对目的；

（三）当局或居民均不应从事任何敌对行为；而且

（四）任何与军事努力有关的活动均应已经停止；冲突各方应商定对第四项所规定的条件的解释，并商定除第四款所载外被准予进入非军事化地带的人。

四、在该地带内有依据各公约和本议定书受特殊保护的人和为了维持法律和秩序的唯一目的而留下的警察部队的存在，是不违反第三款所载的条件的。

五、控制该地带的一方，应尽可能用与他方商定的记号将该地带标明，该记号应展示于明显可见的地方，特别在其四周和界限上及公路上。

六、如果战斗逼近非军事地带，而且如果冲突各方已经达成协议，任何一方均不得为了有关军事行动的目的使用该地带或单方面取消该地带的地位。

七、如果冲突一方对第三款或第六款的规定作出实质的破坏，他方应解除其依据授予该地带非军事地带地位的协定所承担的义务。遇有这种情事，该地带丧失其地位，但应继续享受本议定书的其他规定和适用于武装冲突的其他国际法规则所规定的保护。

第六章 民　　防

第六十一条　定义和范围

为了本议定书的目的：

一、"民防"是指旨在保护平民居民不受危害，和帮助平民居民克服敌对行动或灾害的直接影响，并提供平民居民生存所需的条件的某些或全部下列人道主义任务的执行。这些任务是：

（一）发出警报；

（二）疏散；

（三）避难所的管理；

（四）灯火管制措施的管理；

（五）救助；

（六）医疗服务，包括急救，和宗教援助；

（七）救火；

（八）危险地区的查明和标明；

（九）清除污染和类似保护措施；

（十）提供紧急的住宿和用品；

（十一）在灾区内恢复和维持秩序的紧急支助；

（十二）紧急修复不可缺少的公用事业；

（十三）紧急处理死者；

（十四）协助保护生存所必需的物体；

（十五）为执行上述任务、包括但不限于计划和组织的补充活动；

二、"民防组织"是指冲突一方主管当局所组织或核准以执行第一款所载的任何任务并被派于和专门用于执行这类任务的机构和其他单位；

三、民防组织的"人员"是指由冲突一方所派专门执行第一款所载任务的人，包括该方主管当局所派专门管理这类组织的人；

四、民防组织的"物资"是指这类组织用以执行第一款所载的任务的设备、用品和运输工具。

第六十二条　一般保护

一、除受本议定书规定的拘束，特别是受本部规定的拘束外，平民民防组织应受尊重和保护，除迫切的军事必要的情形外，这类组织应有权执行其民防任务。

二、第一款的规定也应适用于虽非平民民防组织人员但响应主管当局的呼吁而在其控制下执行民防任务的平民。

三、用于民防目的的建筑物和物资和为平民居民提供的避难所，包括于第五十二条的规定之内。用于民防目的的物体，除其所属的一方外，不得加以毁坏或转移其正当用途。

第六十三条 被占领领土内民防工作

一、在被占领领土内,平民民防组织应从当局得到其执行任务所需的便利。在任何情形下,对这类组织的人员,不应迫使其执行对执行这些任务有干扰的活动。占领国不应以任何可能危害这类组织有效执行其使命的方式变动这些组织的结构或人员。对这些组织,不应要求其对占领国的国民或利益给予优先的地位。

二、占领国不应强迫、强制或诱使平民民防组织以任何有害平民居民的利益的方式执行其任务。

三、占领国得基于安全理由解除民防人员的武装。

四、如果移作他用或加以征用将有害于平民居民,占领国不应将属于民防组织或为民防组织所用的建筑物或物资转移其正当用途或加以征用。

五、在继续遵守第四款的一般规则的条件下,占领国得征用这些建筑物或物资或将其移作他用,但须符合下列的特别条件:

(一) 该建筑物或物资为平民居民的其他需要所需;而且

(二) 仅在这种需要存在时继续征用或移作他用。

六、占领国不应将供平民居民使用或平民居民所需的避难所移作他用或加以征用。

第六十四条 中立国家或非冲突各方的国家的平民民防组织和国际协调组织

一、第六十二条、第六十三条、第六十五条和第六十六条应适用于经冲突一方同意并在该方控制下在该方领土内执行第六十一条所载民防任务的中立国家或非冲突各方的国家的平民民防组织的人员和物资。这种援助应尽速通知任何有关敌方。在任何情况下,这种活动均不应视为对冲突的干涉。但进行这种活动应适当考虑有关冲突各方的安全利益。

二、接受第一款所指的援助的冲突各方的给予援助的缔约各方,于适宜时,应便利这种民防活动的国际协调工作。在这种情形下,有关国际组织是包括在本章的规定之内的。

三、在被占领领土内,占领国只有在其能依靠自身人力物力或被占领领土的人力物力保证充分执行民防任务的条件下,才得拒绝或限制中立国家或非冲突各方的国家的平民民防组织的活动。

第六十五条 保护的停止

一、平民民防组织、其人员、建筑物、避难所和物资有权享受的保护,除其从事或用以从事正当任务以外的害敌行为外,不应停止。但保护仅在发出并在适宜时定有合理时限的警告而对警告仍不置理后,才得停止。

二、下列行为不应视为害敌行为:

(一) 在军事当局指导或控制下执行民防任务;

(二) 平民民防人员在执行民防任务时与军事人员合作,或有一些军事人员附属于平民民防组织;

(三) 民防任务的执行可能附带地有利于军人受难者,特别是失去战斗力的人。

三、平民民防人员为了维持秩序或自卫的目的而携带个人轻武器,也不应视为害敌行为。但在陆地战斗正在进行或可能进行的地区内,冲突各方应采取适当措施,将这类武器限于手持枪支,如手枪或左轮手枪,以便有助于区别民防人员和战斗员。民防人员虽在这些地区内携带其他个人轻武器,但一旦被认出为民防人员,应即受尊重和保护。

四、按照军事编制建立民防组织,和强迫在民防组织中服务,也不应剥夺这些组织依据本章所享受的保护。

第六十六条 识别

一、冲突每一方应努力保证,其民防组织、其民防组织的人员、建筑物和物资在专门用于执行民防任务时是可以识别的。向平民居民提供的避难所,也应当同样是可以识别的。

二、冲突每一方还应努力采取和实行一些方法和程序,使得有可能认出展示有民防的国际特殊记号的民用避难所以及民防人员、建筑物和物资。

三、在被占领领土内和在战斗正在进行或可能进行的地区内,平民民防人员应当是用民防的国际特殊记号和证明其身份的身份证可以认出的。

四、民防的国际特殊记号,在用以保护民防组织、其人员、建筑物和物资和用于民用避难所时,是橙色底蓝色等边三角形。

五、除特殊记号外,冲突各方得商定使用为民防识别的目的的特殊信号。

六、第一款至第四款的规定的适用,受本议定书附件一第五章的拘束。

七、在平时,第四款所述的记号,经国内主管当局同意,得用于民防识别的目的。

八、缔约各方和冲突各方应采取必要措施,监督民防的特别记号的展示,并防止和取缔该记号的任何滥用。

九、民防医务和宗教人员、医疗队和医务运输工具,也受第十八条的拘束。

第六十七条 被派到民防组织的武装部队人员和军事单位

一、被派到民防组织的武装部队人员和军事单位应受尊重和保护,但:

(一)这类人员和这类单位须永久被派于并专门用于执行第六十一条所载任务中任何任务;

(二)如果已经这样指派,该人员须在冲突期间不执行任何其他军事职责;

(三)这类人员须显著地展示适当地大些的民防的国际特殊记号,以便与武装部队其他人员有明显区别,并须持有本议定书附件一第五章所指的证明其身份的身份证;

(四)这类人员和这类单位须仅配备个人轻武器以维持秩序或自卫。第六十五条第三款的规定也应适用于这种情形;

(五)这类人员须不直接参加敌对行为,并须在其民防任务以外不从事或不被利用以从事害敌行为;

(六)这类人员和这类单位须仅在其所属一方的领土内执行其民防任务;受上述第一项和第二项所规定的条件的拘束的任何武装部队人员不遵守上述第五项所载的条件,是禁止的。

二、在民防组织内服务的军事人员,如果落入敌方权力下,应成为战俘。在被占领领土内,这类军事人员仅得在有需要的情形下,为了该领土平民居民的利益而用以执行民防任务,但如果该项工作有危险,则以该军事人员自愿执行为限。

三、被派于民防组织的军事单位的建筑物和主要设备和运输工具,应以民防的国际特殊记号明显标明。这项特殊记号,应尽可能适当地大些。

四、永久被派于民防组织并专门担任民防任务的军事单位的物资和建筑物,如果落入敌方手中,应仍受战争法规的拘束。这些物资和建筑物,只要为执行民防任务所需,除在迫切的军事必要情形外,并除对平民居民的需要事先作出充分准备的安排外,不得移作民防任务以外的用途。

第二编　对平民居民的救济

第六十八条　适用范围

本段的规定适用于本议定书所规定的平民居民,并且是第四公约第二十三条、第五十五条、第五十九条、第六十条、第六十一条和第六十二条及其他有关规定的补充。

第六十九条　被占领领土内基本需要

一、除第四公约第五十五条所规定关于食物和医疗用品的义务外,占领国应在其所拥有的手段的最大范围内,并在不加任何不利区别的条件下,还应保证向被占领领土的平民居民,提供其生存所需的衣服、被褥、住宿所和其他用品以及宗教礼拜所必需的物体。

二、为了被占领领土平民居民的利益而进行的救济行动,受第四公约第五十九条、第六十条、第六十一条、第六十二条、第一百零八条、第一百零九条、第一百一十条和第一百一十一条和本议定书第七十一条的拘束,并应立即实行。

第七十条　救济行动

一、如果除被占领领土外为冲突一方所控制的任何领土的平民居民未充分获得第六十九条所载的用品的供应,属于人道主义和公正性质并在不加任何不利区别的条件下进行的救济行动应予进行,但须受有关各方关于这种行动的协定的拘束。这种救济的提供,不应视为对武装冲突的干涉,或视为不友好行为。在分配救济物资时,对依据第四公约或本议定书应受特权待遇或特殊保护的人,如儿童、孕妇、产妇或婴儿的母亲,应给以优先地位。

二、冲突各方和缔约每一方对按照本编提供的所有救济物资、设备和人员,应准许和便利其迅速和无阻碍地通过,即使这种救助是以敌方平民居民为对象。

三、按照第二款准许救济物资、设备和人员通过的冲突各方和缔约每一方:

(一)应有权制定准许通过的技术安排,包括搜查在内;

(二)得以在保护国的当地监督下进行这种救助的分配为准许的条件;

(三)除在紧急必要情形下为了有关平民居民的利益外,不应以任何方式将救济物资移作原来目的以外的用途,也不应延迟其发送。

四、冲突各方应保护救济物资,并便利其迅速分配。

五、冲突各方和有关的缔约每一方应鼓励和便利对第一款所指的救济行动的有效国际协调工作。

第七十一条　参加救济行动的人员

一、在必要时,救济人员得构成任何救济行动所提供的救助的一部分,特别是为了救济物资的运输和分配;这类人员的参加须经这类人员履行其职责所在地一方的同意。

二、这类人员应受尊重和保护。

三、接收救济物资的每一方,应在实际可行的最大范围内,协助第一款所指的救济人员履行其救济任务。只有在迫切的军事必要的情形下,才能限制救济人员的活动,或暂时限制救济人员的移动。

四、在任何情况下,救济人员均不得超越本议定书所规定关于其任务的条件。特别是,救济人员应考虑履行其职责所在地一方的安全要求。对不尊重这些条件的任何人员,得终止其任务。

第三编 对在冲突一方权力下的人的待遇

第一章 适用范围和对人和物体的保护

第七十二条 适用范围

本编的规定是第四公约,特别是该公约第一部和第三部关于对在冲突一方权力下的平民和民用物体的人道主义保护的规则以及适用于国际武装冲突时保护基本人权的其他国际法规则的补充。

第七十三条 难民和无国籍人

在敌对行动开始前依据有关各方所接受的有关国际文件或依据避难国或居留国国内法律视为无国籍人或难民的人,在任何情况下,均应是第四公约第一部和第三部的意义内的被保护人,而不加任何不利区别。

第七十四条 离散家庭的重聚

缔约各方和冲突各方应以一切可能方法,便利由于武装冲突而离散的家庭得以重聚,并应特别鼓励按照各公约和本议定书的规定和遵守其各自的安全规章从事这项任务的人道主义组织进行工作。

第七十五条 基本保证

一、在冲突一方权力下而不享受各公约和本议定书所规定的更优惠待遇的利益的人,在其受本议定书第一条所指的场合的影响范围内,在任何情况下,均应受人道的待遇,并至少应享受本条所规定的保护,而不得以种族、肤色、性别、语言、宗教或信仰、政治或其他意见、民族或社会出身、财富、出生或其他身份或任何其他类似标准为依据而加以不利区别。每一方均应尊重所有这类人的人身、荣誉、信念和宗教仪式。

二、下列行为,在任何时候和任何地方,也不论是平民或军人的行为,均应禁止:

(一) 对人的生命、健康或身体上或精神上幸福的暴行,特别是:

1. 谋杀;
2. 各种身体上或精神上的酷刑;
3. 体刑;和
4. 残伤肢体;

(二) 对人身尊严的侵犯,特别是侮辱性和降低身份的待遇,强迫卖淫和任何形式的非礼侵犯;

(三) 扣留人质;

(四) 集体惩罚;和

(五) 以任何上述行为相威胁。

三、任何因有关武装冲突的行动被逮捕、拘留或拘禁的人,应立即以其所了解的语言被告知采取这些措施的理由。除因刑事罪行而被逮捕或拘留的情形外,这类人应尽速予以释放,而无论如何,一旦逮捕、拘留或拘禁所依据的情况不复存在,应即予释放。

四、对犯有与武装冲突有关的刑事罪行的人,除公正和正常组成的法院依照包括下列各

项在内的公认的正常司法诉讼程序原则判定有罪外,不得判刑和处罚:

（一）诉讼程序应规定使被告立即被告知被控犯罪的细节,并应使被告在审判前和审判期间享有一切必要的辩护权利和手段;

（二）任何人除以个人刑事责任为依据外均不应对其判罪;

（三）任何人,如果其行为或不作为依据其行为或不作为时对其适用的国内法或国际法不构成刑事罪行,不应对其进行控告或判罪;也不应处以较其犯刑事罪行时可判处的刑罚为重的刑罚;如果在犯罪后,法律规定较轻的刑罚,犯罪人应享受该规定的利益;

（四）任何被控犯罪的人,在按照法律证明其有罪前,均推定为无罪;

（五）任何被控犯罪的人,均应享有受审时在场的权利;

（六）任何人均不应被追证明自己有罪或供认犯罪;

（七）任何被控犯罪的人均应有权讯问或要求讯问原告方面的证人,并在与原告方面证人的同样条件下取得被告方面证人的出庭和被讯问;

（八）任何人均不应因先前依据同样法律和司法程序已宣告无罪或已定罪的终局判决所涉及的罪名而为同一方所追诉或惩罚;

（九）任何人因犯罪而被追诉,均应有取得公开宣判的权利;和

（十）被定罪的人应在定罪时被告知其司法和其他救济方法以及利用这些救济方法的时限。

五、基于有关武装冲突的原因而自由受限制的妇女,其住处应与男人的住处分开。这类妇女应由妇女直接监视。但在同一家庭的人被拘留或拘禁的情形下,如果可能,应按家庭单位予以安排,安置在同一地方。

六、基于有关武装冲突的原因而被逮捕、拘留或拘禁的人,在其最后释放、遣返或安置前,即使在武装冲突结束后,也应享受本条所规定的保护。

七、为了避免关于对被控犯有战争罪或违害人类罪的人的追诉和审判有任何怀疑,下列各项原则应予适用:

（一）被控犯有这类罪行的人,应按照适用的国际法规则提交追诉和审判;

（二）对不享受各公约或本议定书所规定的更优惠待遇的利益的人,应给予本条所规定的待遇,不论其被控的罪行是否构成严重破坏各公约或本议定书的行为。

八、本条的任何规定,均不得解释为限制或妨碍依据任何适用的国际法规则对第一款所规定的人给予更大保护的任何其他更优惠的规定。

第二章 有利于妇女和儿童的措施

第七十六条 对妇女的保护

一、妇女应是特别尊重的对象,并应受保护,特别是防止强奸、强迫卖淫和任何其他形式的非礼侵犯。

二、基于有关武装冲突的原因而被逮捕、拘留或拘禁的孕妇或抚育儿童的母亲的案情应得到最优先的考虑。

三、冲突各方应在最大可能范围内努力避免对孕妇或抚育儿童的母亲因有关武装冲突的罪行而宣判死刑。对这类妇女,不应执行因该罪行而宣判的死刑。

第七十七条 对儿童的保护

一、儿童应是特别尊重的对象,并应受保护,以防止任何形式的非礼侵犯。冲突各方应向儿童提供其年龄或任何其他原因所需的照顾和援助。

二、冲突各方应采取一切可能措施,使15岁以下的儿童不直接参加敌对行动,特别是不应征募其参加武装部队。冲突各方在征募15岁以上但不满18岁的人时,应尽力给予年岁最高的人以优先的考虑。

三、如果在例外情形下,尽管有第二款的规定,而15岁以下的儿童直接参加敌对行动,并落于敌方权力下,这类儿童不论是否战俘,均应继续享受本条所给予的保护的利益。

四、如果基于有关武装冲突的原因而被逮捕、拘留或拘禁,除按照第七十五条第五款的规定按家庭单位安排住处外,儿童的住处应与成人住处分开。

五、对于犯罪时不满十八岁的人,不应执行因有关武装冲突的罪行而宣判的死刑。

第七十八条 儿童的撤退

一、除基于儿童健康或医疗的急迫原因而需要临时撤退或被占领领土以外的儿童的安全需要临时撤退外,冲突任何一方不应安排将其本国国民以外的儿童撤往外国。如果能够找到父母或合法监护人,撤退须得父母或合法监护人的书面同意。如果不能找到这类人,撤退则须得到依据法律或习惯对儿童负主要照顾责任的人的同意。任何这种撤退应由保护国在与有关各方,即安排撤退的一方、接受儿童的一方及国民被撤退的各方协议下予以监督。在所有情形下,冲突所有各方应采取一切可能的预防措施,以避免撤退受危害。

二、在按照第一款发生撤退的任何时候,均应以最大可能的连续性向每个儿童提供教育,包括其父母所希望的宗教和道德教育。

三、为了便利按照本条撤退的儿童返回其家庭和国家的目的,安排撤退的一方的当局,并于适宜时,接受国的当局,应为每个儿童立一卡片,帖有照片,寄给红十字国际委员会的中央查访局。在任何可能时并在其不发生使儿童受害的风险的任何时候,每张卡片均应记载下列各项情报:

（一）儿童的姓;
（二）儿童名字;
（三）儿童性别;
（四）出生地点和日期(如日期不明,填写大约年龄);
（五）父亲姓名;
（六）母亲姓名和婚前姓名;
（七）儿童近亲;
（八）儿童国籍;
（九）儿童本国语言以及其所讲的任何其他语言;
（十）儿童家庭地址;
（十一）儿童的任何识别号码;
（十二）儿童健康状况;
（十三）儿童血型;
（十四）任何显著特征;

（十五）找到儿童的日期和地点；

（十六）儿童离开其国家的日期和地点；

（十七）儿童宗教，如果有的话；

（十八）儿童目前在接受国的地址；

（十九）如果儿童在返回前死亡，死亡地点和情况以及埋葬地点。

第三章 新闻记者

第七十九条 对新闻记者的保护措施

一、在武装冲突地区担任危险的职业任务的新闻记者，应视为第五十条第一款的意义内的平民。

二、这类新闻记者应依此享受各公约和本议定书所规定的保护，但以其不采取任何对其作为平民的身份有不利影响的行动为限，而且不妨碍派驻武装部队的战地记者取得第三公约第四条（子）款第四项所规定的身份的权利。

三、这类新闻记者得领取与本议定书附件二的示范证件相类似的身份证。该证件应由该新闻记者作为国民所属国家或该新闻记者居留地国家或雇用该新闻记者的新闻宣传工具所在地国家的政府发给，证明其新闻记者的身份。

第五部 各公约和本议定书的执行

第一编 总 则

第八十条 执行措施

一、缔约各方和冲突各方应立即采取一切必要措施，以履行其依据各公约和本议定书的义务。

二、缔约各方和冲突各方应发出命令和指示，保证各公约和本议定书被遵守，并应监督其执行。

第八十一条 红十字会和其他人道主义组织的活动

一、冲突各方应在其权力内给予红十字国际委员会一切便利，使该委员会有可能执行各公约和本议定书所赋予的人道主义职务，以便保证对冲突受难者的保护和援助；红十字国际委员会还得进行任何有利于这类受难者的其他人道主义活动，但须得有关冲突各方的同意。

二、冲突各方应给予各自的红十字会（红新月会、红狮与太阳会），以按照各公约和本议定书的规定和国际红十字大会所制订的红十字基本原则进行其有利于武装冲突受难者的人道主义活动所需的便利。

三、缔约各方和冲突各方应以一切可能方式，便利红十字会（红新月会、红狮与太阳会）组织和红十字会协会按照各公约和本议定书的规定和国际红十字大会所制订的红十字基本原则所给予冲突受难者的援助。

四、缔约各方和冲突各方应尽一切可能，使各公约和本议定书所指的经冲突各方正式核准并按各公约和本议定书的规定进行人道主义活动的其他人道主义组织获得第二款和第三款所规定的类似便利。

第八十二条 武装部队中法律顾问

缔约各方无论何时,以及冲突各方在武装冲突时,应保证于必要时有法律顾问,对各公约和本议定书的适用以及就此问题发给武装部队的适当指示,向相当等级的军事司令官提供意见。

第八十三条 传播

一、缔约各方承诺,在平时及在武装冲突时,尽可能广泛地在各自国家内传播各公约和本议定书,特别是将各公约和本议定书的学习包括在其军事教育计划内,并鼓励平民居民对各公约和本议定书进行学习,以便这些文件为武装部队和平民居民所周知。

二、在武装冲突时负责适用各公约和本议定书的任何军事或民政当局,应充分熟悉各公约和本议定书的本文。

第八十四条 适用规则

缔约各方应通过保存者,并于适当时通过各保护国,尽速彼此通知本议定书的正式译文以及为了保证其适用而通过的法律规章。

第二编 破坏各公约和本议定书的行为的取缔

第八十五条 破坏本议定书的行为的取缔

一、各公约关于取缔破约行为和严重破约行为的规定,经本编加以补充,应适用于破坏和严重破坏本议定书的行为的取缔。

二、各公约所述的作为严重破约行为的行为,如果是对本议定书第四十四条、第四十五条和第七十三条所保护的在敌方权力下的人,或对受本议定书保护的敌方伤者、病者和遇船难者,或对在敌方控制下并受本议定书保护的医务或宗教人员、医疗队或医务运输工具作出的行为,即是严重破坏本议定书的行为。

三、除第十一条所规定的严重破约行为外,下列行为在违反本议定书有关规定而故意作出,并造成死亡或对身体健康的严重伤害时,应视为严重破坏本议定书的行为:

(一) 使平民居民或平民个人成为攻击的对象;

(二) 知悉攻击将造成第五十七条第二款第一项第3目所规定的过分的平民生命损失、平民伤害或民用物体损害,却发动使平民居民或民用物体受影响的不分皂白的攻击;

(三) 知悉攻击将造成第五十七条第二款第一项第3目所规定的过分的平民生命损失、平民伤害或民用物体损害,却发动对含有危险力量的工程或装置的攻击;

(四) 使不设防地方和非军事化地带成为攻击的对象;

(五) 知悉为失去战斗力的人而使其成为攻击的对象;

(六) 违反第三十七条的规定背信弃义地使用红十字、红新月或红狮与太阳的特殊标志或各公约或本议定书所承认的其他保护记号。

四、除上述各款和各公约所规定的严重破约行为外,下列行为于故意并违反各公约和本议定书作出时,应视为严重破坏本议定书的行为;

(一) 占领国违反第四公约第四十九条的规定,将其本国平民居民的一部分迁往其所占领的领土,或将被占领领土的全部或部分居民驱逐或移送到被占领领土内的地方或将其驱逐或移送到被占领领土以外；

（二）对遣返战俘或平民的无理延迟；

（三）以种族歧视为依据侵犯人身尊严的种族隔离和其他不人道和侮辱性办法；

（四）如果没有证据证明敌方违反第五十三条第二款的规定，并在历史纪念物、艺术品和礼拜场所不紧靠军事目标的情形下，使特别安排，例如在主管国际组织范围内的安排所保护的，构成各国人民文化或精神遗产的公认历史纪念物、艺术品或礼拜场所成为攻击的对象，其结果使该历史纪念物、艺术品或礼拜场所遭到广泛的毁坏；

（五）剥夺各公约所保护或本条第二款所指的人受公正和正规审判的权利。

五、在不妨碍各公约和本议定书的适用的条件下，对这些文件的严重破坏行为，应视为战争罪。

第八十六条　不作为

一、缔约各方和冲突各方应取缔有作为义务而不作为所引起的严重破坏各公约或本议定书的行为，并采取必要措施制止有作为义务而不作为所引起的任何其他破坏各公约或本议定书的行为。

二、部下破坏各公约或本议定书的事实，并不使其上级免除按照情形所应负的刑事或纪律责任，如果上级知悉或有情报使其能对当时情况作出结论，其部下是正在从事或将要从事这种破约行为，而且如果上级不在其权力内采取一切可能的防止或取缔该破约行为的措施。

第八十七条　司令官的职责

一、缔约各方和冲突各方应要求军事司令官，防止在其统率下的武装部队人员和在其控制下的其他人破坏各公约和本议定书的行为，于必要时制止这种行为并向主管当局报告。

二、为了防止和制止破约行为，缔约各方和冲突各方应要求司令官，按照其负责地位，保证在其统率下的武装部队人员了解其依据各公约和本议定书所应负的义务。

三、缔约各方和冲突各方应要求任何司令官，在了解其部下或在其控制下的其他人将从事或已经从事破坏各公约或本议定书的行为时，采取防止违反各公约或本议定书的必要步骤，并于适当时对各公约或本议定书的违犯者采取纪律或刑事行动。

第八十八条　刑事事项上互助

一、缔约各方应在对严重破坏各公约或本议定书的行为提出刑事诉讼方面，彼此提供最大限度的协助。

二、除受各公约和本议定书第八十五条第一款所确定的权利和义务的拘束外，并在情况许可下，缔约各方应在引渡事项上合作。缔约各方应对被控罪行发生地国家的请求给予适当的考虑。

三、在一切场合下均应适用被请求引渡的缔约一方的法律。但上述各款规定不应影响任何其他对刑事事项上互助的全部或部分问题加以规定或将加以规定的属于双边或多边性质的条约的规定所产生的义务。

第八十九条　合作

在严重违反本公约或本议定书的情形下，缔约各方承诺在与联合国合作下按照联合国宪章采取共同或单方行动。

第九十条　国际实况调查委员会

一、（一）应设立一个国际实况调查委员会（以下简称"调委会"），由十五名道德高尚和公认公正的委员组成；

（二）当缔约各方二十个以上已经按照第二款同意接受调委会的职权时，保存者应于该时及其后每隔五年召开缔约各该方代表会议，以选举调委会委员。在会议上，代表应进行无记名投票，从缔约每一方提名一人的名单中选出调委会委员；

（三）调委会委员应以个人资格服务，并任职至下一次会议选出新委员为止；

（四）选举时，缔约各方应保证选入调委会的人选均具备所要求的资格，并保证整个调委会实行公平的地区代表制；

（五）偶有缺位时，应由调委会本身推选补缺，而适当考虑上述各项的规定；

（六）保存者应向调委会提供执行其职务所需的行政便利。

二、（一）缔约各方得在签字、批准或加入本议定书时声明，在对接受同样义务的任何缔约他方的关系上，当然承认调委会有本条所授权的调查地方提出的主张的职权，而无须订立特别协定；

（二）上述声明应交存保存者，由保存者将声明副本分送缔约各方；

（三）调委会应具有下列职权：

1. 对被控为从事严重破坏各公约或本议定书规定的行为或其他严重违反各公约或本议定书的行为的任何事实进行调查；

2. 通过调委会的斡旋，促使恢复对各公约和本议定书的尊重的态度；

（四）在其他场合下，调委会仅应在有关他方同意下，进行冲突一方所请求的调查；

（五）在本款上述规定的拘束下，第一公约第五十二条、第二公约第五十三条、第三公约第一百三十二条和第四公约第一百四十九条的规定，应继续适用于任何被控为违反各公约的行为，并应扩展适用于任何被控为违反本议定书的行为。

三、（一）除有关各方另有协议外，所有调查应由调查庭进行，调查庭由按下列方式指派的委员七名组成：

1. 由调委会在与冲突各方磋商后在公平地区代表制基础上指派非冲突任何一方国民的委员五名；

2. 分别由每一方指派的非冲突任何一方国民的特设委员两名；

（二）在收到调查请求时，调委会主席应规定设立调查庭的适当时限。如果在该期限内未指派特设委员，主席应立即根据需要另派委员会委员，以补足调查庭的成员。

四、（一）依据第三款设立的从事调查的调查庭，应请冲突各方协助，并提供证据。调查庭还得设法取得其认为适当的其他证据，并就地对情况进行考察；

（二）所有证据应完全向各方公开，而各方应有权向调委会提出对证据的评论；

（三）每一方均应有权对证据提出异议。

五、（一）调委会应向各方提出调查庭关于事实调查的报告及其认为适当的建议；

（二）如果调查庭不能取得充分证据，对事实作出公正的调查结论，调委会应说明其不能作出的理由；

（三）除经冲突各方向调委会请求外，调委会不应公开提出其调查结果的报告。

六、调委会应自行制定其规则,包括关于调委会主席职位及调查庭庭长职位的规则。这项规则应保证调委会主席的职务无论何时均得行使,并在进行调查时由非冲突一方国民的委员行使。

七、调委会的行政开支由依据第二款作出声明的缔约各方的捐助和自愿的捐助支付。请求调查的冲突一方或几方应预付调查庭开支所需的款项,并应由被控一方或几方偿付调查庭 50% 以内的费用。如果在调查庭上有反控告的情形,则每方均应预付 50% 的必需款项。

第九十一条 责任

违反各公约或本议定书规定的冲突一方,按情况所需,应负补偿的责任。该方应对组成其武装部队的人员所从事的一切行为负责。

第六部 最后规定

第九十二条 签字

本议定书应于最后文件签字后六个月开放于各公约缔约各方签字,并在十二个月的期限内仍开放听由签字。

第九十三条 批准

本议定书应尽速批准。批准书应交存各公约保存者瑞士联邦委员会。

第九十四条 加入

本议定书应开放听由未签字于各公约的任何一方加入。加入书应交存保存者。

第九十五条 生效

一、本议定书应于两份批准书或加入书交存后六个月发生效力。

二、对于嗣后批准或加入本议定书的各公约缔约每一方,本议定书应于该方交存其批准书或加入书后六个月发生效力。

第九十六条 本议定书生效时条约关系

一、当各公约缔约各方也是本议定书缔约各方时,经本议定书补充的各公约应予适用。

二、当冲突一方不受本议定书的拘束时,本议定书缔约各方在其相互关系上应仍受本议定书的拘束。而且,如果不受本议定书拘束的缔约一方接受和适用本议定书的规定,本议定书缔约各方在其对该方的关系上均受本议定书的拘束。

三、代表对缔约一方从事第一条第四款所指类型的武装冲突的人民的当局,得通过向保存者送致单方面声明的方法,承诺对该冲突适用各公约和本议定书。在保存者收到该声明时,该声明对该冲突具有下列效果:

(一)各公约和本议定书对作为冲突一方的该当局立即发生效力;

(二)该当局承担各公约和本议定书缔约一方所承担的同样权利和义务;

(三)各公约和本议定书对冲突各方具有同等的拘束力。

第九十七条 修正

一、缔约任何一方均得对本议定书提出修正案。任何已提出的修正案的文本应送交保存者,保存者应在与缔约各方和红十字国际委员会磋商后,决定应否召开会议,以审议已提出的修正案。

二、保存者应邀请缔约各方以及各公约缔约各方，不论是否本议定书的签字国，参加这项会议。

第九十八条　附件一的修订

一、不迟于本议定书生效后四年，并在其后每次至少间隔四年，红十字国际委员会应就本议定书附件一与缔约各方进行磋商，并得在其认为必要时，建议召开审查附件一的技术专家会议，并对附件一提出其认为适宜的修正案。除在向缔约各方发出召开这项会议的建议六个月内有缔约各方 1/3 表示反对外，红十字国际委员会应召开会议，并邀请适当国际组织派遣观察员参加。红十字国际委员会在缔约各方 1/3 请求下也应随时召开这项会议。

二、如果在技术专家会议后红十字国际委员会或缔约各方 1/3 请求召开会议，保存者应召开缔约各方和各公约缔约各方会议，以审议技术专家会议提出的修正案。

三、在该会议上，附件一的修正案得由出席并投票的缔约各方 2/3 通过。

四、保存者应将已通过的任何修正案送交缔约各方和各公约缔约各方。修正案在送交后满一年时应视为已被接受，除非在该期限内缔约各方的 2/3 以上发出不接受该修正案的声明。

五、按照第四款视为已被接受的修正案，应在按照该款发出不接受声明以外的缔约所有各方接受后三个月发生效力。任何发出不接受声明的一方得随时撤回该声明，修正案应在撤回后三个月对该方发生效力。

六、保存者应将任何修正案的发生效力、受该修正案拘束的各方、该修正案对每一方发生效力的日期、按照第四款发出的不接受声明和该声明的撤回，通知缔约各方和各公约缔约各方。

第九十九条　退约

一、如果缔约一方退出本议定书，退约应仅在收到退约书后一年发生效力。但如果在一年期满时，退约该方卷入第一条所指的各种场合中一种场合，退约在武装冲突或占领结束前不应发生效力，并无论如何在与受各公约保护的人最后释放、遣返或安置有关的行动终止以前不应发生效力。

二、退约应以书面通知保存者，并由保存者告知缔约各方。

三、退约仅应对退约一方有效。

四、依据第一款的任何退约，不应影响退约该方由于武装冲突而对退约生效前作出的任何行为所承担的义务。

第一百条　通知

保存者应将下列各项通知缔约各方以及各公约缔约各方，不论其是否本议定书的签字国：

一、在本议定书上的签字和依据第九十三条和第九十四条的批准书和加入书的交存；

二、依据第九十五条的本议定书的生效日期；

三、依据第八十四条、第九十条和第九十七条收到的通知和声明；

四、依据第九十六条第三款收到的声明，该声明应以最迅速的方法分送；

五、依据第九十九条的退约。

第一百零一条 登记

一、本议定书在生效后,应按照联合国宪章第一百零二条,由保存者送交联合国秘书处登记公布。

二、保存者还应将其收到的关于本议定书的所有批准、加入和退约,通知联合国秘书处。

第一百零二条 作准文本

本议定书原本,其阿拉伯文、中文、英文、法文、俄文和西班牙文各本同样作准,应交存保存者,保存者应将其经认证无误的副本分送各公约缔约各方。

178. 1949 年 8 月 12 日日内瓦四公约关于保护非国际性武装冲突受难者的附加议定书(第二附加议定书)

(1977 年 6 月 8 日通过,1978 年 12 月 7 日生效)

序　文

缔约各方,

回顾到庄严载入 1949 年 8 月 12 日日内瓦四公约共同第三条的人道主义原则,构成在非国际性武装冲突的情形下对人的尊重的基础,

还回顾到关于人权的国际文件提供对人的基本保护,

强调有必要保证这类武装冲突的受难者得到更好的保护,

回顾到在现行法律所未包括的情形下,人仍受人道原则和公众良心要求的保护,

议定如下:

第一部　本议定书的范围

第一条　对事物的适用范围

一、本议定书发展和补充 1949 年 8 月 12 日日内瓦四公约共同第三条而不改变其现有的适用条件,应适用于为 1949 年 8 月 12 日日内瓦四公约关于保护国际性武装冲突受难者的附加议定书(第一议定书)所未包括、而在缔约一方领土内发生的该方武装部队和在负责统率下对该方一部分领土行使控制权,从而使其能进行持久而协调的军事行动并执行本议定书的持不同政见的武装部队或其他有组织的武装集团之间的一切武装冲突。

二、本议定书不应适用于非武装冲突的内部动乱和紧张局势,如暴动、孤立而不时发生的暴力行为和其他类似性质的行为。

第二条 对人的适用范围

一、本议定书应适用于受第一条所规定的武装冲突影响的一切人,而不应以种族、肤色、性别、语文、宗教或信仰、政治或其他意见、民族或社会出身、财富、出生或其他身份或任何其他类似标准为依据加以任何不利区别(以下简称"不利区别")。

二、在武装冲突结束时,基于有关该冲突的原因而自由被剥夺或自由受限制的一切人,以及在该冲突后基于同样原因而自由被剥夺或自由受限制的一切人,均应享受第五条和第六条的保护,直至自由的剥夺或限制终止之时为止。

第三条 不干涉

一、本议定书的任何规定均不应援引以损害国家的主权,或损害政府用一切合法手段维持或恢复国内法律和秩序或保卫国家统一和领土完整的责任。

二、本议定书的任何规定均不应援引作为无论基于任何理由而直接或间接干涉武装冲突或冲突发生地的缔约一方的内部或外部事务的根据。

第二部 人道待遇

第四条 基本保证

一、一切未直接参加或已停止参加敌对行动的人,不论其自由是否受限制,均有权享受对其人身、荣誉以及信念和宗教仪式的尊重。这类人应在任何情况下受人道待遇,而不加任何不利区别。下令杀无赦,是禁止的。

二、在不妨害上述规定的普遍性的条件下,对第一款所指的人的下列行为是禁止的,并在任何时候和在任何地方均应禁止:

(一)对人的生命、健康和身体上或精神上幸福的暴行,特别是谋杀以及虐待,如酷刑、残伤肢体或任何形式的体罚;

(二)集体惩罚;

(三)扣留人质;

(四)恐怖主义行为;

(五)对人身尊严的侵犯,特别是侮辱性和降低身份的待遇、强奸、强迫卖淫和任何形式的非礼侵犯;

(六)各种形式的奴隶制度和奴隶贩卖;

(七)抢劫;

(八)以从事任何上述行为相威胁。

三、对儿童,应给予其所需的照顾和援助,特别是:

(一)儿童应按照其父母的愿望,或父母不在时,按照负责照顾的人的愿望得到教育,包括宗教和道德教育;

(二)应采取一切适当步骤,以便利暂时离散的家庭重聚;

(三)对未满15岁的儿童不应征募其参加武装部队或集团,也不应准许其参加敌对行动;

(四)如果尽管有第三项的规定,而未满15岁的儿童直接参加敌对行动,并被俘获,这类儿童仍应适用本条所规定的特别保护；

（五）如果有必要，并在可能时，在儿童的父母或依据法律或习惯主要负责照顾的人的同意下，应采取措施，将儿童从进行敌对行动的地区暂时移往国内较安全的地区，并保证由负责其安全和幸福的人伴同。

第五条 自由受限制的人

一、除第四条的规定外，对于基于有关武装冲突的原因而自由被剥夺的人，不论是被拘禁或被拘留，至少应尊重下列的规定：

（一）对伤者和病者，应按照第七条给予待遇；

（二）对本款所指的人，应按照当地平民居民的同样标准供给食物和饮水，并提供健康卫生方面的保障和免受严寒酷热和武装冲突的危害的保护；

（三）对这类人，应准许其接受个人或集体救济；

（四）对这类人，应准许其奉行其宗教，而且，如经请求，并于适宜时，应准许其接受执行宗教职务的人，如牧师，所给予的精神上帮助；

（五）如果使这类人做工，这类人应享有类似当地平民居民所享受的工作条件和保障的利益。

二、负责拘禁或拘留第一款所指的人的当局也应在其力所能及范围内尊重有关这类人的下列规定：

（一）除一家男女的住处安排在一起外，妇女的住处应与男子的住处分开，并应由妇女直接监视；

（二）对这类人，应准许其收发信件和邮片，主管当局如果认为必要，得限制其数目；

（三）拘禁和拘留的地方不应接近战斗地带。第一款所指的人，在其拘禁或拘留的地方特别容易遭受武装冲突所造成的危险时，如果撤退能在充分安全的条件下进行，应予撤退；

（四）这类人应享有身体检查的利益；

（五）这类人的身心健全不应受任何无理行为或不作为的危害。因此，迫使本条所述的人接受非为其健康状况所要求而且与自由的人在类似医疗状况中所适用的公认医疗标准不符的医疗程序，是禁止的。

三、对第一款所不包括但基于有关武装冲突的原因而自由以任何方式受限制的人，应按照第四条和本条第一款第一项、第三项和第四项以及第二款第二项给予人道的待遇。

四、如果决定释放自由被剥夺的人，作出决定的人应采取措施，以保证被释放的人的安全。

第六条 刑事追诉

一、本条适用于对有关武装冲突的刑事罪行的追诉和惩罚。

二、对犯有罪行的人，除遵照具备独立和公正的主要保证的法院定罪宣告外，不应判刑和处罚。特别是：

（一）程序应规定使被告立即被告知其被控犯罪的细节，并应使被告在审判前和审判期间享有一切必要的辩护权利和手段；

（二）对任何人，除以个人刑事责任为依据外，均不应对其判罪；

（三）对任何人，均不应因其在从事行为或不作为时依据法律不构成犯罪的任何行为或不作为而判决有罪；也不应处以重于其犯罪时可适用的刑罚；如果在犯罪后法律规定较轻的刑罚，犯罪人应享受该规定的利益；

（四）任何被控犯罪的人，在按照法律证明其有罪前，均推定为无罪；

（五）任何被控犯罪的人均应享有在受审时在场的权利；

（六）对任何人，均不应迫其提供对自己不利的证据或自认犯罪。

三、对被判罪的人，应在判罪时告知其司法或其他救济方法以及使用这些救济方法的时限。

四、对犯罪时不满18岁的人，不应宣判死刑，并对孕妇和幼童的母亲，不应执行死刑。

五、在敌对行动结束时，当权当局对参加武装冲突的人或基于有关武装冲突的原因而自由被剥夺的人，不论被拘禁或被拘留，应给以尽可能最广泛的赦免。

第三部　伤者、病者和遇船难者

第七条　保护和照顾

一、所有伤者、病者和遇船难者，不论曾否参加武装冲突，均应受尊重和保护。

二、在任何情况下，伤者、病者和遇难者均应受人道待遇，并应在最大实际可能范围内和尽速得到其状况所需的医疗照顾和注意。在这类人之中，不应以医疗以外的任何理由为依据加以任何区别。

第八条　搜寻

在情况许可的任何时候，特别是在战斗后，应立即采取一切可能措施，搜寻和收集伤者、病者和遇船难者，保护其不受抢劫和虐待，保证其有充分的照顾，而且搜寻死者，防止其被剥夺衣物并予以适宜的处理。

第九条　对医务和宗教人员的保护

一、医务和宗教人员应受尊重和保护，并在其履行职责中得到一切可能帮助。对这类人，不应迫其执行与其人道主义使命不符的任务。

二、除有医疗理由外，不应要求医务人员在履行其职责中给予任何人以优先地位。

第十条　对医疗职责的一般保护

一、在任何情况下，不问谁是受益者，任何人均不应因进行符合医疗职责的医疗活动而受惩罚。

二、对从事医疗活动的人，不应迫其从事或进行违反医疗道德规则、或其他为伤者和病者的利益而制订的规则、或本议定书的行为或工作，也不应迫其不从事这类规则或本议定书所要求的行为。

三、从事医疗活动的人关于其可能取得的有关在其照顾下伤者和病者的情报的职业上义务，除受国内法的限制外，应受尊重。

四、除受国内法的限制外，任何从事医疗活动的人均不得因拒绝提供或未提供关于在其照顾下或曾在其照顾下的伤者和病者的情报而受任何形式的处罚。

第十一条 对医疗队和医务运输工具的保护

一、医疗队和医务运输工具无论何时均应受尊重和保护,并不应成为攻击的对象。

二、医疗队和医务运输工具,除其用于从事人道主义职能以外的敌对行为外,其有权享受的保护不应停止。但仅在发出警告,并在任何适宜时定有合理时限,而警告仍无效果后,保护才得停止。

第十二条 特殊标志

在有关主管当局指导下,医务和宗教人员以及医疗队和医务运输工具应展示白底红十字、红新月或红狮与太阳的特殊标志。在任何情形下,该特殊标志均应受尊重。该特殊标志不应用于不正当的用途。

第四部 平 民 居 民

第十三条 对平民居民的保护

一、平民居民和平民个人应享受免于军事行动所产生的危险的一般保护。为了实现这种保护,在任何情况下均应遵守下列各项规则。

二、平民居民本身以及平民个人,不应成为攻击的对象。禁止以在平民居民中散布恐怖为主要目的的暴力行为或暴力威胁。

三、平民个人除直接参加敌对行为并在参加期间外,应享受本部所给予的保护。

第十四条 对平民居民生存所不可缺少的物体的保护

作为作战方法使平民居民陷于饥饿,是禁止的。因此,为了该目的,对平民居民所不可缺少的物体,如粮食、生产粮食的农业区、农作物、牲畜、饮水装置和供应及灌溉工程,进行攻击、破坏、移动或使其失去效用,都是禁止的。

第十五条 对含有危险力量的工程和装置的保护

含有危险力量的工程或装置,如堤坝和核发电站,如果对之进行攻击可能引起危险力量的释放,从而在平民居民中造成严重的损失,即使这类物体是军事目标,也不应成为攻击的对象。

第十六条 对文物和礼拜场所的保护

在不妨碍1954年5月14日关于发生武装冲突时保护文化财产的海牙公约的规定的条件下,对构成各国人民文化或精神遗产的历史纪念物、艺术品或礼拜场所从事任何敌对行为,以及利用这些物体以支持军事努力,都是禁止的。

第十七条 对强迫平民迁移的禁止

一、除为有关平民的安全或迫切的军事理由所要求外,不应基于有关冲突的理由下令平民居民迁移。如果必须进行迁移,则应采取一切可能的措施,使平民居民能在满意的住宿、卫生、健康、安全和营养的条件下被收留。

二、对平民,不应基于有关冲突的理由而迫其离开其本国领土。

第十八条 救济团体和救济行动

一、在缔约一方领土内的救济团体,如红十字会(红新月会、红狮与太阳会)组织,得提供服务,对武装冲突受难者执行其传统的职务。平民居民即使在其自己主动下,也得提供收集和照顾伤者、病者和遇船难者的服务。

二、如果平民居民由于缺少生存必需品，如粮食和医疗用品，而遭受非常的困难，对该平民居民，应在有关缔约一方同意下，进行专门属于人道主义和公正性质而不加任何不利区别的救济行动。

第五部 最后规定

第十九条 传播
本议定书应尽可能广泛地予以传播。

第二十条 签字
本议定书应于最后文件签字后6个月开放听由各公约缔约各方签字，并在12个月期间内继续开放听由签字。

第二十一条 批准
本议定书应尽速批准。批准书应交存各公约保存者瑞士联邦委员会。

第二十二条 加入
本议定书应开放听由未签字于本议定书的各公约任何一方加入。加入书应交存保存者。

第二十三条 生效
一、本议定书应于两份批准书或加入书交存后6个月发生效力。

二、对于嗣后批准或加入本议定书的各公约缔约每一方，本议定书应于该方交存其批准书或加入书后6个月发生效力。

第二十四条 修正
一、缔约任何一方均得对本议定书提出修正案。任何已提出的修正案的文本应送交保存者，保存者应在与缔约各方和红十字国际委员会磋商后，决定应否召开会议，以审议已提出的修正案。

二、保存者应邀请缔约各方以及各公约缔约各方，不论是否本议定书的签字国，参加该会议。

第二十五条 退约
一、如果缔约一方退出本议定书，退约应仅在退约书收到后6个月发生效力。但如果在6个月期满时，退约该方卷入第一条所指的场合，退约在武装冲突结束前不应发生效力。然而，基于有关冲突的原因而自由被剥夺或自由受限制的人，在其最后释放前，应继续享受本议定书的规定的利益。

二、退约应以书面通知保存者，保存者应即告知缔约各方。

第二十六条 通知
保存者应将下列各项通知缔约各方以及各公约缔约各方，不论是否本议定书的签字国：

一、在本议定书上的签字和依据第二十一条和第二十二条的批准书和加入书的交存；

二、依据第二十三条的本议定书的生效日期；

三、依据第二十四条收到的通知和声明。

第二十七条 登记

一、本议定书在生效后,应按照联合国宪章第一百零二条由保存者送交联合国秘书处登记公布。

二、保存者还应将其收到的关于本议定书的所有批准、加入和退约,通知联合国秘书处。

第二十八条 作准文本

本议定书原本,其阿拉伯文、中文、英文、法文、俄文、西班牙文各文本同样作准,应交存保存者,保存者应将其经认证无误的副本分送各公约缔约各方。

179. 粗暴违反国际人权法和严重违反国际人道主义法行为受害人获得补救和赔偿权基本原则和准则

(联合国大会2005年12月16日通过)

大会,

遵循《联合国宪章》、《世界人权宣言》①、国际人权公约②、其他相关人权文书及《维也纳宣言和行动纲领》③,

申明必须在国家和国际一级有系统地彻底处理严重违反国际人权法和严重违反国际人道主义法行为受害人获得补救和赔偿的问题,

确认国际社会通过尊重受害人享有补救和赔偿的权利,信守其对受害人、幸存者及子孙后代的承诺,并重申这方面的国际法,

回顾人权委员会2005年4月19日第2005/35号决议和经济及社会理事会2005年7月25日第2005/30号决议通过的《严重违反国际人权法和严重违反国际人道主义法行为受害人获得补救和赔偿的权利基本原则和导则》④,经社理事会在该项决议中建议大会通过《基本原则和导则》,

1. **通过**本决议所附《严重违反国际人权法和严重违反国际人道主义法行为受害人享有补救和赔偿的权利基本原则和导则》;

2. **建议**各国考虑《基本原则和导则》,促进对《基本原则和导则》的尊重,并提请本国政府行政机关人员,尤其是执法官员及军队和安全部队注意,以及提请立法机关、司法机关、受害人及其代理人、人权捍卫者和律师、媒体和公众注意;

3. **请**秘书长采取步骤,确保以联合国所有正式语文尽量广为传播《基本原则和导则》,包

---

① 第217 A(Ⅲ)号决议。
② 第2200 A(XXI)号决议,附件。
③ A/CONF.157/24(Part I)和Corr.1,第三章。
④ 见《经济及社会理事会正式记录,2005年,补编第3号》(E/2005/23),第二章,A节。

括将《基本原则和导则》发送各国政府、政府间组织和非政府组织,并收入联合国出版物《人权:国际文件汇编》内。

2005 年 12 月 16 日
第 64 次全体会议

序　　言

大会,

回顾许多国际文书中关于违反国际人权法行为受害人有权得到补救的规定,尤其是《世界人权宣言》[1]第 8 条、《公民及政治权利国际公约》[2]第 2 条、《消除一切形式种族歧视国际公约》⑤第 6 条、《禁止酷刑和其他残忍、不人道或有辱人格的待遇或处罚公约》⑥第 14 条和《儿童权利公约》⑦第 39 条,并回顾国际人道主义法,如 1907 年 10 月 18 日《关于陆战法规和习惯的海牙公约》(第四公约)⑧第 3 条、1977 年 6 月 8 日《1949 年 8 月 12 日日内瓦四公约关于保护国际性武装冲突受难者的附加议定书》(第一议定书)⑨第 91 条以及《国际刑事法院罗马规约》⑩第 68 条和第 75 条,

回顾各区域公约中关于违反国际人权行为受害人有权得到补救的规定,尤其是《非洲人权和人民权利宪章》⑪第 7 条、《美洲人权公约》⑫第 25 条和《保护人权与基本自由公约》⑬第 13 条,

回顾第七届联合国预防犯罪和罪犯待遇大会审议通过的《为罪行和滥用权力行为受害者取得公理的基本原则宣言》以及联合国大会 1985 年 11 月 29 日第 40/34 号决议,大会在该项决议中通过了预防犯罪和罪犯待遇大会建议的案文,

重申《为罪行和滥用权力行为受害者取得公理的基本原则宣言》所载各项原则,其中包括应当同情受害人并尊重其尊严,充分尊重其获得司法救助和补救机制救助的权利,鼓励设立、加强和扩大各国的受害人补偿基金,并迅速拟订受害人的适当权利和补救措施,

注意到《国际刑事法院罗马规约》要求制定"赔偿被害人或赔偿被害人方面的原则,包括恢复原状、补偿和康复",并要求缔约国大会设立一个信托基金,用于援助该法院管辖权内的犯罪的被害人及其家属,授权该法院"保护被害人的安全、身心健康、尊严和隐私",并准许被害人参与所有"本法院认为适当的诉讼阶段",

申明本文件所载基本原则和导则针对的是严重违反国际人权法和严重违反国际人道主

---

⑤　第 2106 A(XX)号决议,附件。
⑥　联合国,《条约汇编》,第 1465 卷,第 24841 号。
⑦　同上,第 1577 卷,第 27531 号。
⑧　见卡内基国际和平基金会,《海牙公约及 1899 年和 1907 年宣言》(1915 年,纽约,牛津大学出版社)。
⑨　联合国,《条约汇编》,第 1125 卷,第 17512 号。
⑩　《联合国设立国际刑事法院全权代表外交会议正式记录,1998 年 6 月 15 日至 7 月 17 日,罗马》,第一卷:《最后文书》(联合国出版物,出售品编号:C.02.I.5),A 节。
⑪　联合国,《条约汇编》,第 1520 卷,第 26363 号。
⑫　同上,第 1144 卷,第 17955 号。
⑬　同上,第 213 卷,第 2889 号。

义法行为,这些行为的严重性质本身就构成了对人的尊严的冒犯,

强调基本原则和导则不设定新的国际或国内法律义务,而是确定国际人权法和国际人道主义法规定的现有法律义务的各种履行机制、方式、程序和方法;国际人权法和国际人道主义法规范不同,但互为补充,

回顾国际法规定国家有义务根据其国际义务并依照国内法律的要求或根据适用的国际司法机关规约起诉某些国际罪行的行为人,这一起诉义务加强了应当依照国内法律的要求和程序履行的国际法律义务并支持补充性原则的概念,

注意到当代形式的加害行为虽然基本上以个人为目标,但也可能以群体为集体目标,

确认国际社会通过尊重受害人得到补救和赔偿的权利,信守其对受害人、幸存者以及子孙后代所作的承诺,并重申问责、公正和法治的国际法律原则,

深信根据以下基本原则和导则,通过采取以受害人为中心的视角,国际社会对违反国际法包括违反国际人权法和国际人道主义法的行为的受害人以及全人类表示了声援,

通过以下基本原则和导则:

一、尊重、确保尊重和实施国际人权法和国际人道主义法的义务

1. 按相应法律体系的规定尊重、确保尊重和实施国际人权法和国际人道主义法的义务源于:

(a) 本国为缔约方之一的条约;

(b) 习惯国际法;

(c) 每一国的国内法。

2. 国内法尚不符合其国际法律义务的国家应当按国际法的要求,通过以下方式确保其国内法符合其国际法律义务:

(a) 将国际人权法和国际人道主义法规范纳入其国内法,或以其他方式在国内法律制度中实施这些规范;

(b) 采取适当和有效的立法和行政程序以及其他适当措施,提供公正、有效、迅速的司法救助;

(c) 提供以下所界定的充分、有效、迅速和适当的补救,包括赔偿;

(d) 确保其国内法对受害人的保护至少达到其国际义务所要求的程度。

二、义务的范围

3. 按相应法律体系的规定尊重、确保尊重和实施国际人权法和国际人道主义法的义务,除其他外,包括下列义务:

(a) 采取适当的立法和行政措施及其他适当措施,防止违法行为发生;

(b) 有效、迅速、彻底和公正地调查违法行为,并酌情根据国内法和国际法对被指控的责任人采取行动;

(c) 向违反人权法或人道主义法行为的声称受害人提供下述平等和有效的司法救助,不

论何人最终应当对违法行为负责;以及

(d) 向受害人提供下述有效补救,包括赔偿。

三、构成国际法规定的犯罪的严重违反国际人权法和严重违反国际人道主义法行为

4. 对于严重违反国际人权法和严重违反国际人道主义法的行为,构成国际法规定的犯罪的,国家有义务进行调查,如果证据充分,国家有义务将被指控的违法行为责任人移交起诉,如果该人被裁定有罪,国家有义务惩处该人。此外,对这些案件,国家应当按照国际法相互合作,并协助主管国际司法机构对这些违法行为进行调查和起诉。

5. 为此目的,如果适用的条约或其他国际法律义务有此规定,国家应当在其国内法中纳入或以其他方式在其国内法中实施适当的普遍管辖权规定。此外,如果适用的条约或其他国际法律义务有此规定,国家应当便利向其他国家和适当的国际司法机构引渡或移交罪犯,并为促进国际司法提供司法协助和其他形式的合作,包括协助并保护受害人和证人。这些程序应当符合国际人权法律标准并遵守国际法律要求,诸如禁止酷刑或其他形式的残忍、不人道或有辱人格的待遇或处罚的要求。

四、时 效

6. 如果适用的条约有此规定或其他国际法律义务有此要求,构成国际法规定的犯罪的严重违反国际人权法和严重违反国际人道主义法行为不适用时效规定。

7. 对于不构成国际法规定的犯罪的其他种类的违法行为,国内的时效规定,包括适用于民事请求和其他程序的时效规定,不应当具有过大的限制性。

五、严重违反国际人权法和严重违反国际人道主义法行为的受害人

8. 为本文件的目的,受害人是指由于构成严重违反国际人权法或严重违反国际人道主义法行为的作为或不作为而遭受损害,包括身心伤害、精神痛苦、经济损失或基本权利受到严重损害的个人或集体。适当时,根据国内法,"受害人"还包括直接受害人的直系亲属或受扶养人以及介入干预以帮助处于困境的受害人或阻止加害他人行为而遭受损害的人。

9. 受害人的身份不取决于实施违法行为的人是否已被确认、逮捕、起诉或定罪,也不取决于行为人与受害人之间是否存在亲属关系。

六、受害人的待遇

10. 应当仁慈对待受害人,尊重其尊严和人权,并应当采取适当措施,以确保受害人及其家人的安全、身心健康和隐私。国家应当确保在国内法中尽可能规定,遭受暴力或创伤的

受害人应当获得特殊考虑和照顾,以免在执行司法和赔偿的法律和行政程序中使受害人再次遭受创伤。

七、受害人的补救权

11. 对严重违反国际人权法和严重违反国际人道主义法行为的补救包括国际法规定的下列受害人权利:
    (a) 获得平等和有效的司法救助;
    (b) 对所遭受的损害获得充分、有效和迅速的赔偿;
    (c) 获得与违法行为和赔偿机制相关的信息。

八、司法救助

12. 严重违反国际人权法或严重违反国际人道主义法行为的受害人应当可根据国际法平等地获得有效的司法补救。受害人还可以获得其他形式的补救,包括行政和其他机构的补救以及根据国内法设立的机制、方式和程序的补救。国内法应当反映国家根据国际法有义务确保获得司法救助和公正公平程序的权利。为此目的,国家应当:
    (a) 通过公、私机制宣传可以就严重违反国际人权法和严重违反国际人道主义法行为采取的一切补救手段;
    (b) 在关系到受害人利益的司法、行政或其他程序进行之前、期间和之后采取措施,尽量减少给受害人及其代理人带来的不便,适当保护其隐私不受非法干扰,并确保他们及其家人和证人的安全,使其免遭恐吓和报复;
    (c) 向寻求司法救助的受害人提供适当援助;
    (d) 提供一切适当的法律、外交和领事途径,以确保严重违反国际人权法或严重违反国际人道主义法行为的受害人得以行使其补救权。
13. 除了个人可寻求司法救助外,国家还应当努力制定相应程序,酌情允许受害人群体提出赔偿请求并获得赔偿。
14. 对严重违反国际人权法或严重违反国际人道主义法行为的充分、有效和迅速补救,应当包括一切个人具有法律地位的现有和适当的国际程序,并且不应当妨碍任何其他国内补救。

九、对损害的赔偿

15. 充分、有效和迅速赔偿的目的是通过补救严重违反国际人权法或严重违反国际人道主义法行为伸张正义。赔偿应当与违法行为和所受损害的严重程度相称。一国应当根据其国内法和国际法律义务,就可以归咎于该国的作为或不作为的严重违反国际人权法和严重违反国际人道主义法行为,向受害人提供赔偿。个人、法人或其他实体被裁定对受害人负有赔偿责任的,应当向受害人提供赔偿,如果国家已向受害人提供赔偿,则应当向国家提供补偿。

16. 如果应当为所遭受的损害负赔偿责任的当事方无法或不愿履行其义务,国家应当努力制定国家赔偿方案并向受害人提供其他援助。

17. 对于受害人的赔偿请求,国家应当执行对所遭受的损害负赔偿责任的个人或实体作出的国内赔偿判决,并根据国内法和国际法律义务,努力执行有效的外国赔偿法律判决。为此,国家应当在其国内法中规定执行赔偿判决的有效机制。

18. 应当根据国内法和国际法,并考虑个人情况,按照违法行为的严重性和具体情节,根据原则19至原则23的规定,酌情向受害人提供充分和有效的赔偿。赔偿应当包括以下形式:恢复原状、补偿、康复、满足和保证不再发生。

19. **恢复原状**应当尽可能将受害人恢复到发生严重违反国际人权法或严重违反国际人道主义法行为之前的原有状态。恢复原状视情况包括:恢复自由、享受人权、身份、家庭生活和公民地位,返回居住地,恢复职务和返还财产。

20. 应当按照违法行为的严重性和具体情节,对严重违反国际人权法和严重违反国际人道主义法行为所造成的任何经济上可以估量的损害提供适当和相称的**补偿**,此类损害除其他外包括:

(a) 身心伤害;

(b) 失却机会,包括就业机会、教育机会和社会福利;

(c) 物质损害和收入损失,包括收入潜力的损失;

(d) 精神伤害;

(e) 法律或专家援助费用、医药费用以及心理治疗与社会服务费用。

21. **康复**应当包括医疗和心理护理以及法律和社会服务。

22. **满足**在适用的情况下,应当包括下列任何或所有措施:

(a) 终止持续违法行为的有效措施;

(b) 核实事实并充分公开披露真相,但披露真相不得进一步伤害或威胁受害人、受害人亲属、证人或介入干预以帮助受害人或防止发生进一步违法行为的其他人的安全和利益;

(c) 寻找失踪者的下落,查明被绑架儿童的身份,寻找遇害者的尸体,并协助找回、辨认尸体并按受害人的明示或推定愿望或按家庭和社区文化习俗重新安葬;

(d) 通过正式宣告或司法裁判,恢复受害人和与受害人密切相关的人的尊严、名誉和权利;

(e) 公开道歉,包括承认事实和承担责任;

(f) 对应当为违法行为负责的人实行司法和行政制裁;

(g) 纪念和悼念受害人;

(h) 在国际人权法和国际人道主义法的培训以及各级教材中准确叙述发生的违法行为。

23. **保证不再发生**在适用的情况下,应当包括以下任何或所有同样有助于防止违法行为的措施:

(a) 确保军队和安全部队受到文职政府的有效控制;

(b) 保证所有民事和军事程序符合正当程序、公平和公正的国际标准;

(c) 加强司法独立性;

(d) 保护在法律、医卫专业、媒体和其他相关专业工作的人士以及人权捍卫者;

(e) 优先和不间断地对社会各阶层开展人权和国际人道主义法教育,并向执法官员以及军队和安全部队提供培训;

(f) 促进公职人员,包括执法、矫治、媒体、医疗、心理治疗、社会服务和军事人员以及企业遵守行为守则和道德规范,尤其是遵守国际标准;

(g) 促进建立防止和监测并解决社会冲突的机制;

(h) 审查并改革助长或允许严重违反国际人权法和严重违反国际人道主义法行为的法律。

十、获得与违法行为和赔偿机制相关的信息

24. 国家应当设法使公众尤其是使严重违反国际人权法和严重违反国际人道主义法行为的受害人知悉本基本原则和导则所述的各项权利和补救手段,以及受害人可能有权得到的一切现有的法律、医疗、心理、社会、行政及一切其他服务。此外,受害人及其代理人应当有权寻求和获得信息,了解导致其受害的原因、致使实施严重违反国际人权法和严重违反国际人道主义法行为的原因和情况,并了解这些违法行为的真相。

十一、不 歧 视

25. 本基本原则和导则的适用和解释必须符合国际人权法和国际人道主义法,不得有任何形式或任何理由的歧视。

十二、不 减 损

26. 本基本原则和导则的任何内容不应当被解释为限制或减损根据国内法或国际法产生的任何权利或义务。具体而言,一项理解是,本基本原则和导则不影响所有违反国际人权法和国际人道主义法行为的受害人得到补救和赔偿的权利。另一项理解是,本基本原则和导则不影响国际法的特别规则。

十三、其他人的权利

27. 本文件的任何内容不应当被解释为减损其他人在国际上或在国内得到保护的权利,特别是被告人得到适用的正当程序标准待遇的权利。